국가직무능력표준
National Competency Standards

한국세무사회 자격시험 대비

2019. 2. 12. 개정
부가가치세법 시행령 반영

2019 KcLep(케이렙) 프로그램에 의한

전산회계 1급
(이론+실기)

권기열, 정호주 공저

KB174999

♥ 본 교재의 기초데이터 및 답안파일은 파스칼미디어
홈페이지의 자료실/기초자료다운코너에서 다운로드
받아 사용하실 수 있습니다.

 파스칼미디어
www.pascal21.co.kr

2019 KcLep(케이렙) 프로그램에 의한

전산회계 1급(이론+실기)

- **발행일** 2019년 2월 20일 16판 1쇄 발행
- **지은이** 권기열, 정호주 공저
- **펴낸이** 고봉식
- **펴낸곳** 파스칼미디어
- **등록번호** 제301-2012-102호
- **홈페이지** www.pascal21.co.kr
- **편집·디자인** 전정희
- **주소** 서울특별시 중구 마른내로4길 28
- **전화** 02-2266-0613
- **팩스** 02-332-8598
- **ISBN** 979-11-6103-045-6
- **내용문의** 실기 010-5612-4624, 이론 010-3820-4237

▌ 이 도서의 국립중앙도서관 출판시도서목록(CIP)은 서지
정보유통지원시스템 홈페이지(http://seoji.nl.go.kr)와 국가
자료공동목록시스템(http://www.nl.go.kr/kolisnet)에서 이용
하실 수 있습니다. (CIP제어번호 : CIP2019003474)

"God bless you"

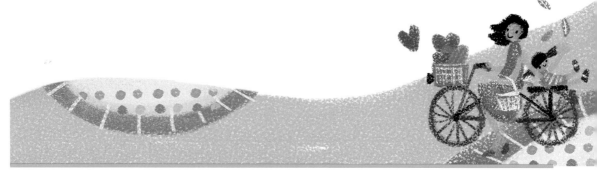

2019 改正 增補版 을 내면서 ...

우리는 매일 숫자와 접하며 살아가고 있다. 그리고 우리 생활에서 있으면 좋고 없으면 궁핍하다고 여겨지는 것이 돈이다. 우리 생활이 돈으로부터 떠날 수 없는 것처럼 숫자와도 떠날 수 없는 것이다. 이렇게 돈을 숫자로 관리해 주는 것이 회계이며 회계를 잘 알면 돈을 잘 관리하게 되고 그 생활도 윤택해 진다는 것이다. 이에 정부에서도 국가공인 민간자격 전산세무회계시험에 대하여 전산세무 1급은 16학점, 전산세무 2급은 10학점, 전산회계 1급은 4학점을 인정하고 있으며, 경찰공무원 임용시험에서도 전산회계 1급 이상 취득하면 가산점을 부여하고 있어 앞으로의 전망이 밝아지고 있다.

본 서는 한국세무사회에서 시행하는 전산세무회계 자격시험 중 전산회계 1급시험에 대비하기 위해 한국세무사회에서 개발하여 시행되고 있는 KcLep(케이렙) 프로그램으로 구성한 수험서이다. 지금까지 한국세무사회 대비 수험서는 기계적으로 모의고사만을 숙달하여 시험만 합격하면 되는 식으로 출간되어져 왔고 저자 또한 그러한 형식에 사로 잡혀 왔다. 하지만 많은 독자들로부터 실제 실행 매뉴얼과 답안작성 등에 대한 질문 전화가 많이 온 내용을 본문에 반영하였으며, 최근 들어 변하고 있는 세무사회 자격시험의 출제흐름에 맞추어 문제를 개발하고, 평소 수험생들이 가장 궁금해 하는 필수적인 문제들 중심으로 모의고사를 수록하였으며, 모의고사 회수가 진행됨에 따라 문제의 난이도를 조절하였다. 또한 기출문제는 가장 최근의 2018년도에 시행한 76회~81회(6회분)기출문제와 이론요약은 개정 기업회계기준과 2018년 12월 31일 개정 부가가치세법 및 2019년 2월 12일 개정 부가가치세법 시행령에 맞게 완전 업그레이드하여 수록하였다.

본 서로 공부하는 독자들의 편의를 위하여 기초데이터 실행에 따른 자동 연결 프로그램을 개발하여 주신 선생님께 진심으로 감사드리며, 항상 가장 가까운 거리에서 힘이 되어준 가족과 조언을 해 주신 여러 선생님들께 지면을 빌어 감사드린다. 아무쪼록 본 서로 공부하는 독자들께 한국세무사회 자격시험에 좋은 결과가 있기를 기원하는 바이다.

2019년 2월
저자 권기열 · 정호주 씀

CONTENTS 목차

제1부 [이론시험대비]

CONTENTS

CONTENTS

CONTENTS

C O N T E N T S

10 | 최근 기출문제

11 | 정답편

※ 정답 파일은 홈페이지 [자료실]-[기초자료다운코너] -[전산회계1급]에
게시되어 있습니다.

단원별 이론요약 및 문제정리

제1부 이론시험 대비

 **Insight**

오래 전 인터넷 검색사이트인 네이버 지식iN에 게시된 질문 중에 흥미로운 것이 있었다. 질문 내용은 다음과 같다.

아래와 같은 질문을 한 네티즌이 채택한 질문은 다음과 같다.

> **Q** 나는 가정에서 자산일까요 부채일까요? △ 2
> you**** | 질문 0번 | 질문마감률 0%   답변 6 조회 854
>
> 회계학과 2학년인 여대생입니다..
> 회계자료처리론이란 강의를 듣는데 교수님이
> "본인이 가정에서 '자산'인지 '부채'인지
> 작성하시오"란 숙제를 내셨습니다...
> 도무지 무슨 뜻인지 알 수가 없어서
> 구조 요청합니다.리플 많이 달아 주세요.^^

"[부자 아빠 가난한 아빠]에서는 ...... 수입이 없는 지출을 만드는 모든 것을 부채로 보던데....··

지금 현재 대학생이시라면 등록금이 나가는 상태일 것이고. 물론 용돈도 받아서 쓰시겠죠?

현재는 부채에 가까울 것 같네요, ·· 하지만 부모 입장에서 혹은 가족의 일원으로서의 재화나 소유권 등을 보면 자산입니다. 만약 정부의 실수나 사고로 다치거나(특히 죽었을 때가 예로 좋죠.) 한다면, 정부에선 가족에게 피해 보상을 합니다.

그러나 가장 중요한 것... (답으로 내서도 됩니다.) 사람은 화폐가치로 평가하기 힘듭니다. 직접적 경제적 자원이 아니니까... 경제적 원칙이 아닌 걸로 사람을 평가한다면 가족에게 있어서 님은 아주 값진 구성원일 겁니다. 집이나 차 같은 것보다... 한마디로 자산입니다. 우기세요.. 아무도 정의할 수 없습니다." (아이디 α****)

과제를 준 교수님이 재미있는 분이신 것 같다. 사람을 화폐 가치로 측정하여 자산이나 부채로 인식한다는 것은 있을 수가 없지만 살다보면 문득 짚고 넘어가 볼 만한 인생의 숙제가 아닌가 싶다.

Chapter
01

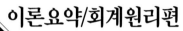

이론요약/회계원리편

1 회계의 기본 원리

 01 회계의 기본 개념

1 회계의 뜻과 목적

(1) 회계의 뜻

회계란 회계정보이용자가 합리적인 판단이나 의사결정을 할 수 있도록 기업에 관한 유용한 정보를 식별·측정·전달하는 과정을 말한다.

(2) 회계의 목적

① 회계정보이용자의 합리적인 의사결정에 유용한 정보제공
② 기업의 미래현금 창출능력의 평가정보 제공
③ 기업의 재무상태와 경영성과, 현금흐름 및 자본의 변동에 관한 정보 제공
④ 그 밖에 회계는 경영자에게 미래 기업의 효율적인 경영 방침을 수립하는데 정보를 제공하기도 하고, 정부 기관에는 세금을 부과하기 위한 과세 표준을 수립하는데 유용한 정보를 제공하는 목적이 있다.

2 회계정보이용자의 이용 목적에 따른 회계의 분류

회계정보이용자들을 기준으로 재무회계와 관리회계 및 세무회계로 분류한다.

구 분	재무회계	관리회계	세무회계
목 적	외부 보고 목적	내부 보고 목적	세무 보고 목적
정보이용자	투자자 등 외부정보이용자	경영자 등 내부정보이용자	과세관청(외부정보이용자)
보고형태	일반 목적의 재무제표	특수 목적의 재무보고서	세무조정계산서
보고기준	회계원칙을 따라야 한다.	일반적인 기준이 없다.	법인세법 등 세법규정
시간적관점	과거지향적(객관적)	미래지향적(주관적)	과거지향적(객관적)

3 회계의 역할

(1) 회계는 기업의 정보이용자인 투자자와 채권자들이 보유하고 있는 희소한 경제적 자원(economic resources)의 배분과 관련된 의사결정을 하는데 공헌한다.

(2) 주식회사는 소유자 인 주주와 전문경영진이 분리되어 있다. 이에 경영진은 주주나 채권자로부터 받은 재산을 효율적으로 관리·운용하고 보고하는 책임을 수탁책임(stewardship)이라 하고, 이를 회계의 수탁책임 보고의 기능이라고 한다.

(3) 회계정보는 그 밖에 세무 당국의 과세결정을 위하거나, 노사간의 임금협약 및 국가정책수립 등 사회적 통제의 합리화에 많이 활용되고 있다.

④ 부기와 회계

부기는 기업의 경영활동으로 발생하는 거래를 단순히 기록·계산·정리하는 기술적인 방법이다. 반면에 회계는 부기의 기술적인 측면을 바탕으로 산출된 유용한 회계정보를 식별·측정하여 기업의 회계정보이용자들에게 제공하는 과정을 말한다. 따라서, 부기는 회계정보를 산출하는 기법으로서 회계의 일부분에 속한다.

▶ **복식부기의 최초 소개**
1494년 이탈리아 베니스의 '루카파치올리'가 저술한 '산술, 기하, 비 및 비례총람'에서 소개

⑤ 부기의 종류

(1) 기록·계산하는 방법에 따른 분류 … 단식부기와 복식부기
(2) 이용자의 영리성 유·무에 따른 분류 … 영리부기와 비영리부기

⑥ 회계 단위

기록·계산의 장소적 범위 (본점과 지점, 본사와 공장)

⑦ 회계 연도 또는 회계 기간

기록·계산의 기간적 범위(상법 규정에서 1회계 연도는 1년을 초과하지 못하도록 규정)

회계충전소

1. 현행 상법 규정에서 회계 연도는 1년을 초과하지 못하도록 규정하고 있다. 단, 회계 기간의 설정은 반드시 1월 1일부터 12월 31일로 할 필요는 없다.
2. • **기 초** : 회계 연도가 처음 시작하는 날   • **기 말** : 회계 연도가 끝나는 날
　 • **전 기** : 앞 회계 연도   • **당 기** : 현재 회계 연도
　 • **차 기** : 다음 회계 연도   • **이 월** : 다음 회계 연도로 넘기는 것

1. 다음은 회계의 기본 개념에 대한 설명이다. 옳은 것은 ○, 틀린 것은 ×를 ( )안에 표기하시오.

(1) 복식부기의 특성으로 재무상의 자료를 일정한 원리 원칙에 의하여 이중적으로 기록·계산하여 자기 검증기능이 있지만 주로 가계·소비경제에 적용된다. ( )

(2) 경영관리활동에 이용할 수 있도록 기업의 내부 정보 이용자를 위한 회계 영역을 관리회계라고 한다. ( )

(3) 회계의 목적은 회계정보이용자가 합리적인 판단이나 의사결정을 할 수 있도록 기업 실체에 관한 유용한 경제적 정보를 제공하는 것이다. ( )

(4) 회계기간은 일반적으로 1년으로 구분되며, 모든 기업은 1월 1일부터 12월 31일까지를 반드시 회계기간으로 정해야 한다. ( )

(5) 회계의 역할은 사회의 한정된 경제적 자원의 효율적 배분과 수탁책임의 보고 및 사회적 통제의 합리화에 기여한다. ( )

2. 다음 중 영리 부기에 '영', 비영리 부기에는 '비'를 ( )안에 써 넣으시오.

(1) 상 업 부 기 ( )   (2) 공 업 부 기 ( )   (3) 학 교 부 기 ( )
(4) 은 행 부 기 ( )   (5) 재 단 부 기 ( )   (6) 가 계 부 기 ( )
(7) 건 설 업 부 기 ( )   (8) 관 청 부 기 ( )   (9) 수 산 업 부 기 ( )

3. 아래의 설명에 해당하는 용어의 기호를 보기에서 골라 ( )안에 표기하시오.

보기				
a. 당기	b. 기말	c. 전기	d. 차기
e. 전기이월	f. 기초	g. 차기이월	

(1) 회계기간이 시작하는 날 ··( )
(2) 앞의 회계기간 ··( )
(3) 회계 연도가 끝나는 날 ··( )
(4) 현재의 회계기간 ···( )
(5) 다음 회계기간으로 넘기는 것 ···( )
(6) 다음 회계기간 ···( )
(7) 전년도에서 당년도로 넘어오는 것 ····································( )

 기업의 재무상태와 손익계산

1 **자산**(assets)

기업이 소유하고 있는 각종 재화와 채권을 말한다. (적극적 재산, 지분)

과 목	내 용
현 금	한국은행에서 발행한 지폐와 주화, 통화대용증권(자기앞수표 등)
당 좌 예 금	당좌수표를 발행할 목적으로 은행에 돈을 예입한 것
현금및현금성자산	현금과 당좌예금·보통예금을 통합한 것
단 기 금 융 상 품	만기가 1년 이내의 정기예금·정기적금을 가입한 것
단 기 매 매 증 권	증권회사에서 단기시세차익을 목적으로 주식, 사채, 공채 증서 등을 구입한 경우
단 기 대 여 금	금전을 타인에게 빌려주고, 차용증서를 받은 경우(1년이내 회수하는 조건)
단 기 투 자 자 산	단기금융상품과 단기매매증권, 단기대여금을 통합한 것
외 상 매 출 금	상품을 매출하고, 대금은 외상으로 한 경우
받 을 어 음	상품을 매출하고, 대금을 약속어음으로 받은 경우
매 출 채 권	외상매출금과 받을어음을 합한 것
미 수 금	상품이 아닌 물건(토지, 건물 등)을 매각처분하고, 대금을 나중에 받기로 한 경우
선 급 금	상품을 매입하기로 하고, 계약금으로 상품대금의 일부를 미리 지급한 금액
장 기 대 여 금	장기간(회수기간이 1년이상)동안 현금을 빌려준 경우
상 품	판매를 목적으로 외부로부터 매입한 물품(백화점의 물품)
토 지	영업용으로 사용하기 위해 땅을 구입한 것(운동장, 주차장 등)
건 물	영업용으로 사용하기 위해 사무실, 창고, 기숙사, 점포 등을 구입한 것 (설비자산)
차 량 운 반 구	영업용으로 사용하기 위해 트럭, 승용차, 오토바이 등을 구입한 것
비 품	영업용으로 사용하기 위해 책상, 의자, 금고, 응접세트, 컴퓨터 등을 구입한 것

 회계충전소

1. 자산은 1년 기준(현금화 할 수 있는 기간)에 의하여 유동자산과 비유동자산으로 나눈다.
2. 부채는 1년 기준(갚아야 할 기간)에 의하여 유동부채와 비유동부채로 나눈다.

2 **부채**(liabilities)

기업이 장래에 타인에게 일정한 금액을 갚아야 할 채무(빚)를 말한다. (소극적재산, 채권자지분)

과 목	내 용
단 기 차 입 금	타인으로부터 현금을 빌리고, 차용증서를 발행하여 준 경우(1년 이내 갚는 조건)
외 상 매 입 금	상품을 매입하고, 대금은 외상으로 한 경우
지 급 어 음	상품을 매입하고, 대금은 약속어음을 발행한 경우
매 입 채 무	외상매입금과 지급어음을 합한 것
미 지 급 금	상품이 아닌 물건(토지, 건물 등)을 구입하고, 대금은 나중에 주기로 한 경우
선 수 금	상품을 매출하기로 하고, 계약금으로 상품대금의 일부를 미리 받은 금액
장 기 차 입 금	차용증서를 써 주고 장기간(갚는 기간이 1년 이상)동안 현금을 빌린 경우

③ **자본**(capital)

기업의 자산총액에서 부채총액을 차감한 잔액을 자본(순자산, 순재산)이라 한다. 이 관계를 등식으로 표시하면 자본등식이 된다. (법인기업<주식회사> : 소유주지분, 잔여지분, 주주지분)

자본 등식 ……　　자 산 − 부 채 ＝ 자 본

④ **재무상태표**(statement of financial position)

일정시점에 있어서 기업의 재무상태를 나타내는 재무제표로서 대차대조표라고도 한다.

재무상태표 등식 ……　　자 산 ＝ 부 채 ＋ 자 본

재　무　상　태　표

한국상사		2019년 1월 1일		단위 : 원
자 산	금 액	부 채 · 자 본	금 액	
현금및현금성자산	200,000	단 기 차 입 금	400,000	
단 기 투 자 자 산	500,000	매 입 채 무	600,000	
매 출 채 권	300,000	자 본 금	1,500,000	
상　　　품	500,000			
토　　　지	1,000,000			
	2,500,000		2,500,000	

⑤ **자본 유지 접근법**(capital maintenance approach)**에 의한 당기순손익의 측정**

회계 기간 초의 기초자본과 회계 기간 말의 기말자본을 비교하여 순이익 또는 순손실을 측정할 수 있는 방법으로서 재산법 또는 순자산접근법이라고도 한다.

자본 유지 접근법(재산법) … 　기말자본 − 기초자본 ＝ 순이익
　　　　　　　　　　　　　　기초자본 − 기말자본 ＝ 순손실

▶ 당기순이익이 발생한 경우

기초 재무상태표

기초자산 2,500,000	기초부채 1,000,000
	기초자본금 1,500,000

➡

기말 재무상태표

기말자산 3,000,000	기말부채 1,200,000
	기초자본금 1,500,000
	당기순이익 300,000

6 **수익**(revenue)

일정기간 동안 기업의 경영활동의 결과로 자본의 증가를 가져오는 원인을 수익이라 하며, 여기에는 상품매출이익, 이자수익, 임대료 등이 있다.

과 목	내 용
상품매출이익	상품을 원가 이상으로 매출하였을 때 생기는 이익
이 자 수 익	단기대여금 또는 은행예금에서 생기는 이자를 받으면
임 대 료	건물·토지 등을 빌려주고, 관리비(임대료) 및 사용료를 받으면
수 수 료 수 익	용역 등을 제공하거나 상품판매 중개역할을 하고, 수수료를 받으면
단기매매증권처분이익	주식·사채 등의 유가증권을 원가이상으로 처분하였을 때 생기는 이익
유형자산처분이익	건물·비품·토지 등의 유형자산을 원가이상으로 처분하였을 때 생기는 이익
잡 이 익	영업활동 이외에서 생기는 금액이 적은 이익(폐품 처분시 생긴 이익)

7 **비용**(expense)

일정기간 동안 기업의 경영활동의 결과로 자본의 감소를 가져오는 원인을 비용이라 하며, 여기에는 급여, 광고선전비, 보험료 등이 있다.

과 목	내 용
상품매출손실	상품을 원가 이하로 매출하였을 때 생기는 손실
이 자 비 용	단기차입금에 대한 이자를 지급하면
임 차 료	건물·토지 등을 빌리고, 관리비(임차료) 및 사용료를 지급하면
수 수 료 비 용	용역을 제공받고, 수수료를 지급한 경우(예금이체수수료, 장부기장료 등)
급 여	종업원에게 월급을 지급하면
여 비 교 통 비	택시요금, 교통카드 충전비용, 시내출장비를 지급하면
통 신 비	전화요금, 인터넷 사용료, 우편요금 등
수 도 광 열 비	수도, 전기, 가스 등에 사용되는 비용
소 모 품 비	사무용장부, 볼펜 등을 사용하면
세 금 과 공 과	재산세, 자동차세, 상공회의소회비, 적십자회비, 과태료 등을 지급하면
보 험 료	화재보험료 및 자동차보험료를 지급하면
광 고 선 전 비	상품 판매를 위하여 지급되는 TV, 신문의 광고선전비용을 지급하면
운 반 비	상품 매출시 발송비, 짐꾸리기 비용을 지급하면
차 량 유 지 비	영업용 차량의 유류대금, 주차요금, 엔진오일교체대금 등을 지급하면
도 서 인 쇄 비	신문구독료, 도서구입대금을 지급하면
단기매매증권처분손실	주식·사채 등의 유가증권을 원가 이하로 처분하였을 때 생기는 손실
유형자산처분손실	건물·비품·토지 등의 유형자산을 원가 이하로 처분하였을 때 생기는 손실
잡 손 실	영업 활동과 관계없이 생기는 적은 손실(도난 손실 등)

8 **거래 접근법**(transaction approach)**에 의한 당기순손익의 측정**

일정기간 동안 기업의 경영활동에서 발생한 수익총액과 비용총액을 비교하여 순이익 또는 순손실을 측정할 수 있는 방법으로서 손익법이라고도 한다.

거래 접근법(손익법) ··········· 총수익 − 총비용 = 당기순이익
총비용 − 총수익 = 당기순손실

⑨ **손익계산서**(income statement, I/S 또는 profit & loss statement, P/L)

일정기간 동안 기업의 경영성과를 나타내는 재무제표로서 재무성과보고서라고도 한다.

손 익 계 산 서

한국상사   2019년 1월 1일 부터 12월 31일까지   단위:원

비 용	금 액	수 익	금 액
급 여	150,000	상 품 매 출 이 익	240,000
보 험 료	100,000	이 자 수 익	60,000
당 기 순 이 익	50,000		
	300,000		300,000

손익계산서 등식 ……   **총비용 + 당기순이익 = 총수익**

손 익 계 산 서

한국상사   2019년 1월 1일 부터 12월 31일까지   단위:원

비 용	금 액	수 익	금 액
급 여	400,000	상 품 매 출 이 익	350,000
보 험 료	100,000	이 자 수 익	50,000
		당 기 순 손 실	100,000
	500,000		500,000

손익계산서 등식 ……   **총비용 = 총수익 + 당기순손실**

⑩ **재무상태표와 손익계산서의 상호관계**

▶ 당기순이익 발생

재무상태표(기말)

기말자산 800	기말 부채 250
	기초자본금 500
	당기순이익 50

손 익 계 산 서

총비용 150	총 수 익 200
당기순이익 50	

1. 다음 ( )안에 알맞은 용어를 써 넣으시오.

(1) 기업이 소유하고 있는 현금 및 현금성자산, 상품, 매출채권 등과 같은 재화와 채권을 (   )이라 하고, 매입채무, 단기차입금 등과 같이 장래에 타인에게 갚아야 할 채무를 (   )라 한다.

(2) 기업의 일정시점에 있어서 재무상태를 나타내는 재무제표를 (   )라 한다.

(3) 자본 등식 : (   ) − (   ) = (   )

(4) 재무상태표 등식 : (   ) = (   ) + (   )

(5) 자본유지접근법(재산법)에 의한 순손익 계산 등식은 다음과 같다.
    ① 순이익 = (   ) − (   )　　② 순손실 = (   ) − (   )

(6) 영업 활동의 결과 자본의 증가 원인이 되는 것을 (   )이라 하고, 자본의 감소 원인이 되는 것을 (   )이라 한다.

(7) 일정기간 동안의 기업의 경영성과를 나타내는 재무제표를 (   )라 한다.

(8) 손익계산서 등식은 총비용 + (   ) = (   )이고, 총비용 = (   ) + (   )이 된다.

2. 다음 과목 중 자산은 A, 부채는 L, 자본은 C로 표시하시오.

(1) 외상매출금 ( )	(2) 단기차입금 ( )	(3) 현금및현금성자산 ( )
(4) 상 품 ( )	(5) 외상매입금 ( )	(6) 매 출 채 권 ( )
(7) 자 본 금 ( )	(8) 단기금융상품 ( )	(9) 받 을 어 음 ( )
(10) 단 기 대 여 금 ( )	(11) 매 입 채 무 ( )	(12) 미 지 급 금 ( )
(13) 단기매매증권 ( )	(14) 미 수 금 ( )	(15) 지 급 어 음 ( )
(16) 장 기 대 여 금 ( )	(17) 선 수 금 ( )	(18) 장기차입금 ( )
(19) 선 급 금 ( )	(20) 차량운반구 ( )	(21) 건 물 ( )

3. 다음 과목 중 수익 과목은 R, 비용 과목은 E를 (   )안에 표시하시오.

(1) 상품매출이익 ( )	(2) 이 자 비 용 ( )	(3) 이 자 수 익 ( )
(4) 잡 비 ( )	(5) 임 대 료 ( )	(6) 임 차 료 ( )
(7) 세 금 과 공 과 ( )	(8) 잡 이 익 ( )	(9) 잡 손 실 ( )
(10) 수 수 료 수 익 ( )	(11) 수 수 료 비 용 ( )	(12) 도 서 인 쇄 비 ( )

4. 다음 수원상사의 다음 자료들을 보고, 기초 재무상태표와 기말 재무상태표 및 손익계산서를 작성하고, 물음에 알맞은 답을 기입하시오.

(1) 2019년 1월 1일 (기초)의 재무 상태

현금및현금성자산	200,000원	단기매매증권	100,000원	매 출 채 권	150,000원
단 기 대 여 금	300,000원	상 품	450,000원	토 지	200,000원
단 기 차 입 금	150,000원	매 입 채 무	250,000원		

(2) 2019년 12월 31일 (기말)의 재무 상태

현금및현금성자산	280,000원	단기매매증권	100,000원	매 출 채 권	320,000원
단 기 대 여 금	300,000원	상 품	300,000원	토 지	200,000원
단 기 차 입 금	100,000원	매 입 채 무	200,000원		

(3) 2019년 1월 1일부터 2019년 12월 31일 까지 발생한 수익과 비용

상품매출이익	420,000원	이 자 수 익	80,000원	급 여	120,000원
보 험 료	30,000원	광고선전비	15,000원	통 신 비	40,000원
임 차 료	75,000원	이 자 비 용	20,000원		

재 무 상 태 표 (기 초)

수원상사   2019년 1월 1일   단위 : 원

자 산	금 액	부 채 · 자 본	금 액

재 무 상 태 표(기말)

수원상사   2019년 12월 31일   단위 : 원

자　산	금　액	부 채 · 자 본	금　액

손 익 계 산 서

수원상사   2019년 1월 1일부터 12월 31일까지   단위 : 원

비　용	금　액	수　익	금　액

【 물음 】

(1) 기초 자본금은 얼마인가? ………………………………… (　　　　원)

(2) 기말 자산 총액은 얼마인가? ……………………………… (　　　　원)

(3) 기말 자본금은 얼마인가? ………………………………… (　　　　원)

(4) 총비용은 얼마인가? ……………………………………… (　　　　원)

(5) 당기순이익은 얼마인가? ………………………………… (　　　　원)

 거래와 회계순환과정

① 거래(transaction)

　　기업의 경영 활동으로 인하여 발생하는 자산·부채·자본의 증감 변화를 일으키는 일체의 모든 현상

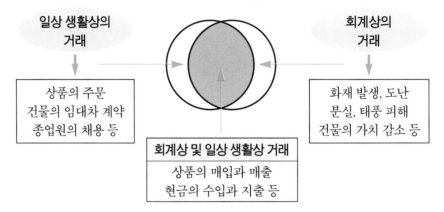

일상 생활상의 거래		회계상의 거래
상품의 주문 건물의 임대차 계약 종업원의 채용 등		화재 발생, 도난 분실, 태풍 피해 건물의 가치 감소 등

회계상 및 일상 생활상 거래
상품의 매입과 매출
현금의 수입과 지출 등

② 거래 8요소와 결합 관계

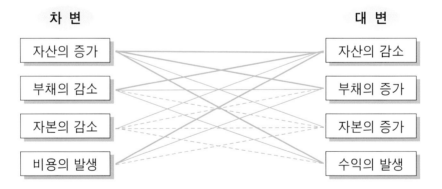

차 변	대 변
자산의 증가	자산의 감소
부채의 감소	부채의 증가
자본의 감소	자본의 증가
비용의 발생	수익의 발생

③ 거래의 이중성

　　회계상의 모든 거래는 그 발생이 반드시 차변요소와 대변요소가 대립되어 성립되며, 양쪽에 같은 금액으로 이중으로 기입되는데, 이것을 거래의 이중성이라 한다.

④ 거래의 종류

(1) 교환거래 : 자산·부채·자본은 증감하지만, 수익과 비용이 발생하지 않는 거래
(2) 손익거래 : 거래의 총액이 수익이나 비용이 발생하는 거래
(3) 혼합거래 : 하나의 거래 중에서 교환거래와 손익거래가 동시에 발생하는 거래

기본개념다지기

1. 다음 중 회계상의 거래인 것에는 ○표, 아닌 것은 ×표를 하시오.

(1) 현금 800,000원을 출자하여 영업을 개시하다. (   )

(2) 상품 50,000원을 주문하다. (   )

(3) 희망나눔이웃돕기성금 200,000원을 MBC 방송국에 현금으로 기탁하다. (   )

(4) 지진으로 인하여 창고 건물 800,000원이 소실되다. (   )

(5) 상품 300,000원을 매출하고, 대금은 외상으로 하다. (   )

(6) 매월 급여 650,000원을 지급하기로 하고, 종업원 1명을 채용하다. (   )

(7) 건물을 사용함으로 인하여 가치가 감소하다. (   )

(8) 거래처가 파산하여 외상매출금 100,000원이 회수불능되다. (   )

(9) 상품 500,000원을 외상으로 매입하다. (   )

(10) 영업용 컴퓨터 1대 1,200,000원을 구입하고, 대금은 월말에 지급하기로 하다. (   )

2. 다음 (   )안에 거래 8요소의 결합 관계에 대한 알맞은 거래를 추정하시오.

8요소의 결합 관계		거래의 내용
자산의 증가	자산의 감소	(㉠)
	부채의 증가	(㉡)
	자본의 증가	(㉢)
	수익의 발생	(㉣)
부채의 감소	자산의 감소	(㉤)
	부채의 증가	외상매입금을 약속어음 발행하여 지급하다.
	자본의 증가	회사의 차입금을 기업주가 대신 갚아주다.
	수익의 발생	(㉥)
자본의 감소	자산의 감소	(㉦)
	부채의 증가	기업주 개인의 부채를 회사의 부채로 하다.
	자본의 증가	갑의 출자금을 을의 출자금으로 변경하다.
	수익의 발생	점포의 임대료를 받아 기업주가 개인적으로 사용하다.
비용의 발생	자산의 감소	(◎)
	부채의 증가	차입금의 이자를 원금에 가산하다.
	자본의 증가	종업원의 급여를 기업주가 회사 대신 지급하다.
	수익의 발생	점포의 임대료를 받아 광고료를 지급하다.

3. 다음 거래의 결합 관계와 거래의 종류를 표기하시오.

(1) 상품 150,000원을 매입하고, 대금은 외상으로 하다.

(2) 현금 2,000,000원을 출자하여 영업을 개시하다.

(3) 영업용 컴퓨터 1대를 2,500,000원에 구입하고, 대금은 현금으로 지급하다.

(4) 영업용 책상, 의자 및 응접세트 500,000원을 구입하고, 대금은 월말에 지급하기로 하다.

(5) 상품 250,000원을 원가로 매출하고, 대금은 현금으로 받다.

(6) 상품 400,000원을 매입하고, 대금 중 300,000원은 현금으로 지급하고, 잔액은 외상으로 하다.

(7) 외상매입금 200,000원을 현금으로 지급하다.

(8) 거래처 목포상사에 상품 300,000원을 주문하다.

(9) 상품 100,000원을 원가로 매출하고, 대금은 외상으로 하다.

(10) 거래은행으로부터 현금 800,000원을 6개월간 차입하다.

(11) 현금 300,000원과 건물 500,000원을 출자하여 영업을 개시하다.

(12) 거래처에 현금 1,000,000원을 3개월간 대여하다.

(13) 거래은행에서 차용한 원금 800,000원을 현금으로 갚다.

(14) 사업주가 개인 사용을 위해 현금 60,000원을 가져가다.

(15) 외상매출금 300,000원을 현금으로 회수하다.

No.	차 변 요 소	대 변 요 소	거 래 의 종 류
(1)			
(2)			
(3)			
(4)			
(5)			
(6)			
(7)			
(8)			
(9)			
(10)			
(11)			
(12)			
(13)			
(14)			
(15)			

4. 다음 거래의 결합 관계와 거래의 종류를 표기하시오.

(1) 사무실 임대료 80,000원을 현금으로 받다.

(2) 이달분 종업원 급여 300,000원을 현금으로 지급하다.

(3) 상품 매매 중개를 하고, 수수료 20,000원을 현금으로 받다.

(4) 단기차입금에 대한 이자 4,000원을 현금으로 지급하다.

(5) 화재보험료 35,000원을 현금으로 지급하다.

(6) 단기대여금에 대한 이자 5,000원을 현금으로 받다.

(7) 전화요금 및 인터넷 사용료(데이콤) 80,000원을 현금으로 지급하다.

(8) 상품 원가 200,000원을 250,000원에 매출하고, 대금은 현금으로 받다.

(9) 한강상사에 상품 400,000원(원가 380,000원)을 외상으로 매출하다.

(10) 단기대여금 600,000원과 그에 대한 이자 12,000원을 현금으로 회수하다.

(11) 단기차입금 400,000원과 그 이자 3,000원을 현금으로 지급하다.

(12) 상품을 75,000원(원가 80,000원)에 매출하고, 대금은 현금으로 받다.

(13) 사무실 임차료 6개월분 120,000원을 현금으로 지급하다.

No.	차 변 요 소	대 변 요 소	거 래 의 종 류
(1)			
(2)			
(3)			
(4)			
(5)			
(6)			
(7)			
(8)			
(9)			
(10)			
(11)			
(12)			
(13)			

계정·분개·전기

① 계정(account, a/c)의 뜻

거래가 발생하면 자산·부채·자본의 증감변화와 수익과 비용이 발생하게 되는데, 이러한 증감변화를 구체적으로 기록·계산·정리하기 위하여 설정되는 단위를 계정(account a/c)이라 하고, 현금계정 등과 같이 계정에 붙이는 이름을 계정과목이라 하고, 계정의 기입장소를 계정계좌라 한다.

(차 변)	현	금	(대 변)
계 정 계 좌		계 정 계 좌	

② 계정의 분류

계정은 재무상태표 계정과 손익계산서 계정으로 나누어진다.

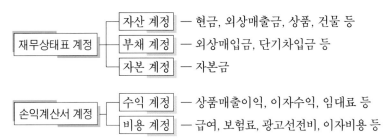

③ 계정의 기입 방법

(1) 자산 계정은 증가를 차변에, 감소를 대변에 기입하며, 잔액은 차변에 남는다.
(2) 부채 계정은 증가를 대변에, 감소를 차변에 기입하며, 잔액은 대변에 남는다.
(3) 자본 계정은 증가를 대변에, 감소를 차변에 기입하며, 잔액은 대변에 남는다.
(4) 수익 계정은 발생을 대변에, 소멸을 차변에 기입하며, 잔액은 대변에 남는다.
(5) 비용 계정은 발생을 차변에, 소멸을 대변에 기입하며, 잔액은 차변에 남는다.

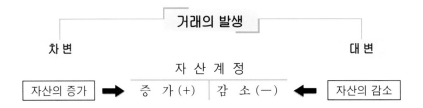

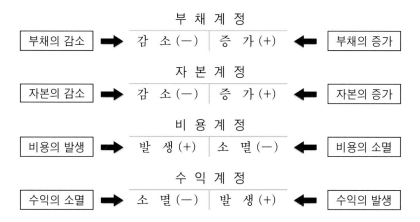

[4] **대차 평균의 원리**(principle of equilibrium)

모든 거래는 반드시 어떤 계정의 차변과 다른 계정의 대변에 같은 금액을 기입(거래의 이중성)하므로, 아무리 많은 거래가 기입되더라도 계정 전체를 보면 차변금액의 합계와 대변금액의 합계는 반드시 일치하게 되는데, 이것을 대차 평균의 원리라 한다.(복식회계의 자기관리 또는 자기검증 기능)

[5] **분개**(journalizing)**의 뜻**

거래가 발생하면 각 계정에 기입하기 전의 준비단계로서 거래를 차변요소와 대변요소로 구분하여 계정에 기입할 과목과 금액을 결정하는 것을 분개라 한다.

[6] **전기**(posting) : 분개한 것을 총계정원장에 옮겨 적는 절차를 전기(轉記)라 한다.

분개와 전기의 예제

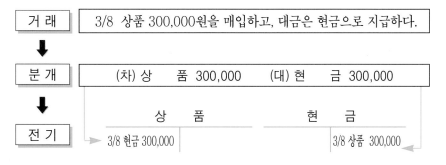

회계충전소

▶ 상대편 계정과목이 둘 이상이면 '제좌'라고 기입한다.

7 장부의 분류

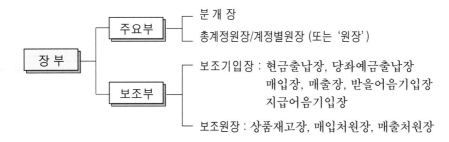

장부
- 주요부
  - 분개장
  - 총계정원장/계정별원장 (또는 '원장')
- 보조부
  - 보조기입장 : 현금출납장, 당좌예금출납장
    매입장, 매출장, 받을어음기입장
    지급어음기입장
  - 보조원장 : 상품재고장, 매입처원장, 매출처원장

8 장부조직 및 거래의 기장 순서

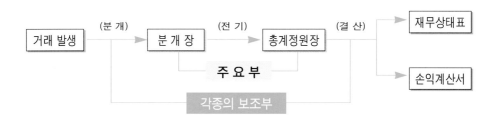

거래 발생 →(분개)→ 분개장 →(전기)→ 총계정원장 →(결산)→ 재무상태표 / 손익계산서

주요부

각종의 보조부

9 회계의 순환 과정

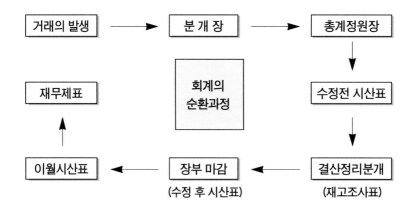

거래의 발생 → 분개장 → 총계정원장

회계의 순환과정

총계정원장 → 수정전 시산표

수정전 시산표 → 결산정리분개 (재고조사표)

재무제표

이월시산표 ← 장부 마감 (수정 후 시산표) ← 결산정리분개 (재고조사표)

재무제표 ← 이월시산표

기본개념다지기

1. 다음 계정과목 중 잔액이 차변에 남으면 '차', 대변에 남으면 '대'를 (   )안에 써 넣으시오.

(1) 현금및현금성자산 (   )　　(2) 외 상 매 출 금 (   )　　(3) 외 상 매 입 금 (   )

(4) 상　　　　품 (   )　　(5) 단 기 차 입 금 (   )　　(6) 상 품 매 출 이 익 (   )

(7) 자　　본　　금 (   )　　(8) 급　　　　여 (   )　　(9) 임　　차　　료 (   )

(10) 단 기 금 융 상 품 (   )　　(11) 단 기 매 매 증 권 (   )　　(12) 미 지 급 금 (   )

(13) 건　　　　물 (   )　　(14) 임　　대　　료 (   )　　(15) 이 자 비 용 (   )

(16) 매 출 채 권 (   )　　(17) 장 기 대 여 금 (   )　　(18) 이 자 수 익 (   )

(19) 장 기 차 입 금 (   )　　(20) 미　　수　　금 (   )　　(21) 비　　　　품 (   )

2. 다음 거래를 분개하시오.

(1) 현금 1,000,000원을 출자하여 영업을 개시하다.

(2) 서울상사에서 현금 500,000원을 6개월 후 상환 조건으로 차입하다.

(3) 상품 300,000원을 매출하고, 대금은 현금으로 받다.

(4) 상품매매 중개역할을 하고, 중개수수료 60,000원을 현금으로 받다.

(5) 경기상사의 외상매출금 150,000원을 현금으로 회수하다.

(6) 상품 500,000원(원가 470,000원)을 매출하고, 대금은 현금으로 받다.(분기법)

(7) 단기대여금 200,000원과 그 이자 6,000원을 현금으로 회수하다.

(8) 단기대여금 300,000원에 대한 이자 8,000원을 현금으로 받다.

No.	차 변 과 목	금　액	대 변 과 목	금　액
(1)				
(2)				
(3)				
(4)				
(5)				
(6)				
(7)				
(8)				

3. 다음 거래를 분개하시오.

(1) 상품 500,000원을 매입하고, 대금은 현금으로 지급하다.
(2) 영업용 컴퓨터 1대 1,000,000원을 구입하고, 대금은 현금으로 지급하다.
(3) 사무실 이달분 임차료 300,000원을 현금으로 지급하다.
(4) 인천상사의 외상매입금 120,000원을 현금으로 지급하다.
(5) 단기차입금 500,000원과 그 이자 20,000원을 현금으로 지급하다.
(6) 단기차입금 300,000원에 대한 이자 6,000원을 현금으로 지급하다.
(7) 현금 450,000원을 은행에 당좌예입하다.

No.	차 변 과 목	금 액	대 변 과 목	금 액
(1)				
(2)				
(3)				
(4)				
(5)				
(6)				
(7)				

4. 다음 거래를 분개하시오.

(1) 상품 200,000원을 매입하고, 대금 중 150,000원은 현금으로 지급하고, 잔액은 외상으로 하다.
(2) 상품 350,000원을 매입하고, 대금은 수표를 발행하여 지급하다.
(3) 상품 500,000원을 매입하고, 대금은 약속어음을 발행하여 지급하다.
(4) 영업용 책상, 의자 800,000원을 구입하고, 대금 중 500,000원은 현금으로 지급하고, 잔액은 월말에 지급하기로 하다.
(5) 상품 250,000원을 매출하고, 대금 중 150,000원은 현금으로 받고, 잔액은 외상으로 하다.
(6) 상품 300,000원을 매출하고, 대금은 현금으로 받은 즉시 당좌예입하다.
(7) 상품 500,000원(원가 470,000원)을 매출하고, 반액은 현금으로 받고, 잔액은 외상으로 하다.

No.	차 변 과 목	금 액	대 변 과 목	금 액
(1)				
(2)				
(3)				
(4)				
(5)				
(6)				
(7)				

5. 다음 연속 거래를 분개하여 아래의 계정에 전기하시오.

4월 1일 현금 2,000,000원을 출자하여 영업을 개시하다.

   3일 영업용 비품 300,000원을 구입하고, 대금은 현금으로 지급하다.

   6일 상품 450,000원을 매입하고, 대금 중 250,000원은 현금으로 지급하고, 잔액은 외상으로 하다.

   10일 거래처에서 현금 800,000원을 차입하다.

   12일 외상매입금 100,000원을 지급하다.

   15일 상품 380,000원(원가 300,000원)을 외상으로 매출하다.(분기법)

   23일 외상매출금 200,000원을 현금으로 회수하다.

   25일 종업원 월급 350,000원을 현금으로 지급하다.

월일	차 변 과 목	금 액	대 변 과 목	금 액
4 / 1				
3				
6				
10				
12				
15				
23				
25				

현   금

외 상 매 출 금

상   품

비   품

외 상 매 입 금

단 기 차 입 금

자 본 금

상 품 매 출 이 익

급   여

6. 다음 거래를 분개하시오. 단, 부가가치세는 고려하지 않는다.

(1) 현금 800,000원, 상품 500,000원, 건물 1,000,000원을 출자하여 상품매매업을
시작하다.

(2) 점핑가구점에서 영업용 책상·의자 1조 80,000원을 구입하고, 대금은 현금으로
지급하다.

(3) 한강상사에서 상품 500개 @600원을 매입하고, 대금 중 반액은 현금으로 지급
하고, 잔액은 외상으로 하다.

(4) 영업용차량의 주차요금을 현금으로 지급하고 영수증을 받다.

(5) 생활정보지 벼룩시장에 사원모집 광고료 80,000원을 현금으로 지급하다.

(6) 현금 1,000,000원을 차입하여 영업을 시작하다.

(7) 종업원 강호동을 월급 500,000원을 지급하기로 하고 채용하다.

(8) 경리부직원의 야근식대를 현금으로 지급하고 현금영수증을 받다.

(9) 전화요금과 인터넷 사용료 50,000원을 현금으로 지급하다.

(10) 하나은행에 1년 만기의 정기예금을 개설하고 현금 3,000,000원을 예입하다.

(11) 상품을 창고회사에 보관시키고, 보관료 80,000원을 현금으로 지급하다.

(12) 거래처 손님접대를 위해 다과대금을 현금으로 지급하고 영수증을 받다.

(13) 금고에 보관중이던 현금 580,000원을 도난당하다.

(14) 태풍으로 인한 수재민돕기 성금으로 현금 400,000원을 기탁하다.

No.	차 변 과 목	금 액	대 변 과 목	금 액
(1)				
(2)				
(3)				
(4)				
(5)				
(6)				
(7)				
(8)				
(9)				
(10)				
(11)				
(12)				
(13)				
(14)				

05 결 산

▶시산표는 연도말에만 작성
하는 것은 아니고, 매월(월
계표), 매주(주계표), 매일
(일계표) 작성하기도 한다.

① **시산표**(trial balance, T/B)**의 뜻**

　분개장에서 총계정원장에의 전기가 정확하게 되었는가를 검사
하기 위하여 작성하는 계정집계표를 시산표라 한다.

② **시산표의 종류**

(1) 합계시산표 : 원장 각 계정의 차변합계액과 대변합계액을 집계하여 작성한 것으로 합계시산
표의 대·차 합계액은 거래총액을 나타내며, 분개장의 합계금액과도 일치한다.

(2) 잔액시산표 : 원장 각 계정의 잔액을 산출하여 작성하는 시산표

시산표등식 …｜ 기말자산 + 총비용 = 기말부채 + 기초자본 + 총수익 ｜

(3) 합계잔액시산표 : 합계시산표와 잔액시산표를 합한 것.

③ **정산표**(working sheet, W/S) : 결산의 본 절차에 들어가기에 앞서 잔액시산표를 기초로 하여
손익계산서와 재무상태표를 작성하는 과정을 하나의 일람표로 나타내는 것을 정산표라 한다.
(가결산 보고서)

회계충전소

1. 정산표의 종류는 금액을 기입하는 난의 수에 따라 6위식, 8위식, 10위식 정산표가 있다.
2. 당기순이익의 표시 : 손익계산서 차변, 재무상태표 대변
3. 당기순손실의 표시 : 손익계산서 대변, 재무상태표 차변

④ **결산**(closing)**의 뜻** : 회계기간 말에 모든 장부를 정리·마감하여 기업의 재무상태와 경영성
과를 정확하게 파악하는 절차를 결산이라 한다.

⑤ **결산의 절차**

결산의 예비 절차	① 시산표의 작성 ② 결산정리사항의 수정 ③ 정산표의 작성

결산의 본 절차	① 총계정원장의 마감 ② 분개장 및 기타장부의 마감

결산보고서 작성 절차	① 재무상태표 작성 ② 손익계산서 작성

⑥ 총계정원장의 마감

(1) 수익·비용 계정의 마감

▶ 수익 계정의 대체

(차) 상품매출이익(등)	×××	(대) 손　　　　익	×××

▶ 비용 계정의 대체

(차) 손　　　　익	×××	(대) 급　　　여(등)	×××

(2) 순손익의 자본금 계정에 대체

▶ 당기순이익의 대체

(차) 손　　　　익	×××	(대) 자　본　금	×××

▶ 당기순손실의 대체

(차) 자　본　금	×××	(대) 손　　　　익	×××

(3) 자산·부채·자본계정의 마감

▶ 자산·부채·자본 계정의 마감

영 미 식 마 감 법	대 륙 식 마 감 법
① '차기이월' 로 마감	① '잔액' 으로 마감
② 이월시산표 작성	② 잔액계정 작성

▶ 차기 최초 일자의 표시

영 미 식 마 감 법	대 륙 식 마 감 법
전 기 이 월	개 시 잔 액

1. 다음 총계정원장으로 아래의 시산표를 작성하시오.

현 금 (1)	
160,000	40,000

상 품 (2)	
100,000	40,000

단 기 차 입 금 (3)	
20,000	50,000

자 본 금 (4)	
	140,000

상품매출이익 (5)	
	30,000

급 여 (6)	
20,000	

합 계 시 산 표

차 변	원면	계 정 과 목	대 변
	1	현 금	
	2	상 품	
	3	단 기 차 입 금	
	4	자 본 금	
	5	상 품 매 출 이 익	
	6	급 여	

잔 액 시 산 표

차 변	원면	계 정 과 목	대 변
	1	현 금	
	2	상 품	
	3	단 기 차 입 금	
	4	자 본 금	
	5	상 품 매 출 이 익	
	6	급 여	

합 계 잔 액 시 산 표

차 변		원면	계정과목	대 변	
잔 액	합 계			합 계	잔 액
		1	현 금		
		2	상 품		
		3	단 기 차 입 금		
		4	자 본 금		
		5	상 품 매 출 이 익		
		6	급 여		

2. 다음 세무상사는 기말에 잔액시산표를 작성하였으나, 그 대·차의 합계 금액이 일치하지 않았다. 틀린 곳을 찾아 정확한 잔액 시산표를 작성하시오.

잔 액 시 산 표

차 변	원면	계 정 과 목	대 변
150,000	1	현금및현금성자산	
	2	단 기 금 융 상 품	80,000
170,000	3	외 상 매 출 금	
	4	상 품	200,000
100,000	5	비 품	
	6	외 상 매 입 금	130,000
50,000	7	단 기 차 입 금	
	8	자 본 금	500,000
80,000	9	상 품 매 출 이 익	
	10	이 자 수 익	20,000
68,000	11	급 여	
	12	보 험 료	12,000
618,000			942,000

잔 액 시 산 표

차 변	원면	계 정 과 목	대 변
		현금및현금성자산	
		단 기 금 융 상 품	
		외 상 매 출 금	
		상 품	
		비 품	
		외 상 매 입 금	
		단 기 차 입 금	
		자 본 금	
		상 품 매 출 이 익	
		이 자 수 익	
		급 여	
		보 험 료	

3. 다음 정산표를 완성하시오.

정   산   표

계 정 과 목	잔 액 시 산 표 차 변	대 변	손 익 계 산 서 차 변	대 변	재 무 상 태 표 차 변	대 변
현 금	250,000				( )	
단 기 매 매 증 권	150,000				( )	
외 상 매 출 금	200,000				( )	
단 기 대 여 금	100,000				( )	
상 품	400,000				( )	
비 품	50,000				( )	
외 상 매 입 금		250,000				( )
단 기 차 입 금		400,000				( )
자 본 금		450,000				( )
상 품 매 출 이 익		75,000		( )		
급 여	20,000		( )			
이 자 비 용	5,000		( )			
당 기 순 이 익			( )			( )
	1,175,000	1,175,000	( )	( )	( )	( )

4. 다음 총계정원장을 영미식결산법에 의하여 마감하고, 손익 계정, 이월시산표 작성 및 대체 분개를 각각 표시하고 손익계산서와 재무상태표를 작성하시오.

총 계 정 원 장

현　　　　금　(1)		당 좌 예 금 (2)	
290,000	210,000	140,000	100,000

외 상 매 출 금 (3)		단 기 대 여 금 (4)	
240,000	130,000	50,000	

상　　　　품　(5)		비　　　　품　(6)	
225,000	165,000	40,000	

외 상 매 입 금 (7)		지 급 어 음 (8)	
125,000	175,000	35,000	50,000

자　　본　　금　(9)		상 품 매 출 이 익 (10)	
	300,000		35,000

수 수 료 수 익 (11)		이 자 수 익 (12)	
	1,000		4,000

급　　　　여　(13)		임　　차　　료　(14)	
10,000		4,000	

보　험　료	(15)
5,000	

광　고　선　전　비	(16)
2,000	

세　금　과　공　과	(17)
4,000	

손　　　　　익	(18)

이 월 시 산 표
2019년 12월 31일

차　　변	원면	계 정 과 목	대　　변

구　　　　분	차 변 과 목	금　액	대 변 과 목	금　액
수익계정 대체분개				
비용계정 대체분개				
당기순손익 대체분개				

재 무 상 태 표

한국상사　　　2019년 12월 31일　　　단위:원

자　산	금　액	부채·자본	금　액

손 익 계 산 서

한국상사　2019년 1월 1일부터 12월 31일까지　단위:원

비　용	금　액	수　익	금　액

2 재무회계의 개념적 체계

01 재무회계의 개념적 체계

1 재무회계 개념적 체계의 의의

재무회계 개념체계란 재무회계에 있어서 기본 골격이 되는 것으로 재무제표의 작성과 공시에 기초되는 개념을 제공하는 것을 말한다.

재무회계 개념체계는 기업회계기준을 제·개정함에 있어 기본적인 방향과 일관성 있는 지침을 제공하며, 전반적인 회계환경의 변화나 기업실무의 변화에 따라 개정될 수도 있다. 재무회계개념체계는 구체적인 회계기준이 아니므로 특정 회계기준과 상충되는 경우에는 그 특정 회계기준이 재무회계 개념체계보다 우선하여 적용되어야 한다.

2 재무보고의 목적

기업실체 외부의 다양한 이해관계자의 경제적 의사결정을 위해 경영자가 기업실체의 경제적 자원과 의무, 경영성과, 현금흐름, 자본변동 등에 관한 재무정보를 제공하는 것을 목적으로 하며, 다음과 같은 정보를 제공하여야 한다.

① 투자 및 신용의사결정에 유용한 정보의 제공
② 미래 현금흐름 예측에 유용한 정보의 제공
③ 재무상태, 경영성과, 현금흐름 및 자본변동에 관한 정보의 제공
④ 경영자의 수탁책임 평가에 유용한 정보의 제공

회계충전소

1. 투자자와 채권자의 의사결정에 유용한 정보란 기업의 미래현금흐름의 크기, 시기 및 불확실성을 예측하는데 도움을 주는 정보를 말한다.
2. **수탁책임** ··· 경영자가 기업에 투자한 이해관계자들을 대신하여 기업을 경영하고, 그 성과를 보고하는 책임

02 회계정보의 질적 특성

1 회계정보의 질적 특성(qualitative characteristics)

재무보고의 목적이 달성되기 위해서는 재무제표에 의해 제공되는 회계정보가 정보이용자들의 의사결정에 유용하여야 한다. 회계정보의 질적특성이란, 회계정보가 유용하기 위해 갖추어야 할 주요 속성을 말하며, 회계정보의 유용성의 판단기준이 된다.

회계정보의 질적특성은 회계기준제정기구가 회계기준을 제정 또는 개정할 때 대체적 회계처리방법들을 비교 평가할 수 있는 판단기준이 된다. 또한, 회계정보의 질적특성은 경영진과 감사인이 회계정책을 선택 또는 평가하거나, 회계정보이용자가 기업실체가 사용한 회계처리방법의 적절성 여부를 평가할 때 판단기준을 제공한다.

회계정보가 갖추어야 할 가장 중요한 질적특성은 목적적합성과 신뢰성이다. 또한, 회계정보의 질적특성은 비용과 효익, 그리고 중요성의 제약요인 하에서 고려되어야 한다. 회계정보의 유용성은 궁극적으로 정보이용자에 의해서 판단되며, 이 때 정보이용자는 기업실체의 경제활동 및 회계에 대한 지식을 가지고 있고 회계정보를 이해하기 위한 노력을 할 것이라는 가정(이해가능성)이 전제된다.

② 목적적합성(relevance)

목적적합성이란 정보이용자가 기업의 과거, 현재 또는 미래 사건에 대한 결과를 예측하는데 도움이 되거나, 회계정보를 이용하지 않고 의사 결정을 하는 경우에 비하여 회계 정보를 이용하여 의사 결정을 한 결과가 유리한 차이가 발생해야 한다는 특성이다. 회계정보가 목적적합성을 가지려면 예측가치와 피드백가치를 갖고 적시에 정보 이용자들에게 전달되어야 하는 것이다.

① **예측가치**(predictive value) : 예측가치란 정보 이용자가 기업의 미래 재무상태, 경영성과, 현금흐름 등을 예측하는데에 그 정보가 활용될 수 있는 능력을 말한다. **예** 반기재무제표에 의하여 발표되는 반기이익은 올해의 연간 이익을 예측하는데 활용될 수 있다.

② **피드백가치**(feedback value) : 회계정보는 정보 이용자가 과거에 행하였던 기대치를 확인하고 만약 잘못된 경우에 이를 수정시켜 줄 수 있는 특성이 있어야 한다. **예** 어떤 기업의 투자자가 당기말 결산 재무제표가 발표되기 전에 당기와 다음기의 순이익을 예측하고 있었는데 실제로 재무제표가 발표된 당기의 순이익이 자신의 예측치보다 낮은 경우, 투자자는 다음기의 순이익 예측치를 수정하게 된다. 여기서 당기에 보고된 순이익은 피드백가치를 갖고 있는 정보이다.

> ▶ 일반적으로 회계 정보는 예측 가치와 피드백 가치를 동시에 가지고 있으며, 이 둘은 투자자 및 채권자에게 기업의 미래 현금 흐름을 예측하고 평가하는데 유용한 정보를 제공해야 한다는 재무 회계의 목적과 연결되는 개념이다.

③ **적시성**(timeliness) : 회계정보가 정보이용자에게 유용하기 위해서는 그 정보가 의사결정에 반영될 수 있도록 적시에 제공되어야 한다. 적시성 있는 정보라 하여 반드시 목적적합성을 갖는 것은 아니나, 적시에 제공되지 않은 정보는 주어진 의사결정에 이용할 수 없으므로 목적적합성을 상실하게 된다. 그러나 적시성 있는 정보를 제공하기 위해 신뢰성을 희생해야 하는 경우가 있으므로 경영자는 정보의 적시성과 신뢰성간의 균형을 고려해야 한다. **예** 반기보고서와 같은 중간재무제표의 공시

③ **신뢰성**(reliability)

회계정보가 정보이용자의 의사결정에 유용하기 위해서는 신뢰할 수 있는 정보이어야 한다. 회계정보의 신뢰성은 다음의 요소로 구성된다. 첫째 회계정보는 그 정보가 나타내고자 하는 대상을 충실히 표현하고 있어야 하고, 둘째 객관적으로 검증가능하여야 하며, 셋째 중립적이어야 한다.

① **표현의 충실성**(represtntational faithfulness) : 회계정보가 신뢰성을 갖기 위해서는 그 정보가 나타내고자 하는 대상 즉, 기업실체의 경제적 자원과 의무, 그리고 이들의 변동을 초래하는 거래나 사건을 충실하게 표현하여야 한다. 표현의 충실성은 재무제표상의 회계수치가 회계기간말 현재 기업실체가 보유하는 자산과 부채의 크기를 충실히 나타내야 하고, 또한 자본의 변동을 충실히 나타내고 있어야 함을 의미한다. 만일 회계수치가 그 측정 대상의 크기를 잘못 나타내고 있으면 그러한 측정치는 신뢰할 수 없는 정보가 된다. **예** 사실상 회수 불가능한 매출채권이 회수가능한 것처럼 재무상태표에 계상된다면 이 매출채권의 측정치는 표현의 충실성을 상실한 정보가 된다.

② **검증가능성**(verifiability) : 검증가능성이란 동일한 경제적 사건이나 거래에 대하여 동일한 측정방법을 적용할 경우 다수의 독립적인 측정자가 유사한 결론에 도달할 수 있어야 함을 의미한다. **예** 독립된 당사자간의 시장거래에서 현금으로 구입한 자산의 취득원가는 검증가능성이 높은 측정치이다. 그러나 검증가능성이 높다는 것이 표현의 충실성을 보장하는 것은 아니며, 또한 반드시 목적적합성이 높다는 것을 의미하지도 않는다.

③ **중립성**(neutrality) : 회계정보가 신뢰성을 갖기 위해서는 편의 없이 중립적이어야 한다. 의도된 결과를 유도할 목적으로 회계기준을 제정하거나 재무제표에 특정 정보를 표시함으로써 정보이용자의 의사결정이나 판단에 영향을 미친다면 그러한 회계정보는 중립적이라 할 수 없다. 회계기준을 제정하거나 회계처리방법을 적용함에 있어 정보의 목적적합성과 신뢰성을 우선적으로 고려하여야 하며 특정 이용자 또는 이용자 집단의 영향을 받아서는 안된다. **예** 유형자산의 내용연수 결정, 제품하자보증관련 측정비용의 결정 시

④ **비교가능성**(comparability)

기업실체의 재무상태, 경영성과, 현금흐름 및 자본변동의 추세 분석과 기업실체간의 상대적 평가를 위하여 회계정보는 기간별 비교가 가능해야 하고 기업실체간의 비교가능성도 있어야 한다. 일반적으로 인정되는 회계원칙에 따라 재무제표를 작성하면 회계정보의 기업실체간 비교가능성이 높아진다. 또한, 당해 연도와 과거 연도를 비교하는 방식으로 재무제표를 작성하면 해당 기간의 회계정보에 대한 비교가 가능해진다. 비교가능성은 단순한 통일성을 의미하는 것은 아니며, 발전된 회계기준의 도입에 장애가 되지 않아야 한다. 또한, 목적적합성과 신뢰성을 제고할 수 있는 회계정책의 선택에 장애가 되어서도 안된다. **예** 회계정보의 목적적합성과 신뢰성을 높일 수 있는 대체적 방법이 있음에도 불구하고 비교가능성의 저하를 이유로 회계기준의 개정이나 회계정책의 변경이 이루어지지 않는 것은 적절하지 않다.

⑤ 질적특성간의 상충관계

회계정보의 질적특성은 서로 상충될 수 있다. 예를 들면 다음과 같다.

(1) 유형자산을 역사적원가로 평가하면 일반적으로 검증가능성이 높으므로 측정의 신뢰성은 제고되나 목적적합성은 저하될 수 있다.

(2) 시장성 없는 유가증권에 대해 역사적원가를 적용하면 자산가액 측정치의 검증가능성은 높으나 유가증권의 실제 가치를 나타내지 못하여 표현의 충실성과 목적적합성이 저하될 수 있다.

(3) 회계정보를 적시에 제공하기 위해 거래나 사건의 모든 내용이 확정되기 전에 보고하는 경우, 목적적합성은 향상되나 신뢰성은 저하될 수 있다.

(4) 기업실체의 재무상태에 중요한 영향을 미칠 것으로 예상되는 진행중인 손해배상소송에 대한 정보는 목적적합성 있는 정보일 수 있다. 그러나, 소송결과를 확실히 예측할 수 없는 상황에서 손해배상청구액을 재무제표에 인식하는 것은 신뢰성을 저해할 수 있다.

⑥ 재무제표의 구성요소

구성 요소		목 적
재무상태표의 구성 요소 (재무상태)	자 산	과거 거래나 사건의 결과로 기업실체에 의해 지배되고, 미래 경제적 효익을 창출할 것으로 기대되는 자원
	부 채	과거 거래나 사건의 결과로 기업 실체가 부담하고, 그 이행에 자원의 유출이 예상되는 의무
	자 본	기업 실체의 자산에서 부채를 차감한 후의 잔여액 또는 순자산으로서 자산에 대한 잔여 청구권이다.
손익계산서의 구성 요소 (경영성과)	수 익	주요 경영 활동으로서의 재화의 생산, 판매, 용역의 제공 등에 따른 경제적 효익의 유입액
	비 용	주요 경영 활동으로서의 재화의 생산, 판매, 용역의 제공 등에 따른 경제적 효익의 유출, 소비액
	차익	기업의 주요 경영 활동을 제외한 부수적인 거래나 사건으로서 소유주의 투자가 아닌 거래나 사건의 결과로 발생하는 경제적 효익의 유입액
	차손	기업의 주요 경영 활동을 제외한 부수적인 거래나 사건으로서 주주에 대한 분배가 아닌 거래나 사건의 결과로 발생하는 경제적 효익의 유출액

회계의 제약 요인

① 효익과 비용 간의 균형 (balance between benefits and costs)

효익과 비용간의 균형이란 특정 정보로부터 기대되는 효익은 그 정보를 제공하기 위하여 소비되는 비용보다 커야 함을 의미한다. 그러나 비용 대 효익의 객관적 비교는 용이하지 않은 문제이다. 회계정보가 제공되고 이용되는 과정에는 여러 유형의 비용과 효익이 발생한다. 이러한 비용에는 재무제표 작성자의 정보제공에 소요되는 비용뿐 아니라, 정보이용자는 주로 재무제표의 이해 및 분석과 관련된 비용을 부담하게 된다.

회계정보 제공의 효익에는 투자자 및 채권자를 포함한 정보이용자의 합리적 의사결정을 가능하게 하고 경제 내에서의 효율적인 자원배분에 기여하는 효과가 포함된다. 이와 같이 회계정보의 제공 및 이용에는 여러 경제주체들에게 비용과 효익이 수반되는 양 측면이 있다.

② 중요성 (materiality)

회계정보에 대한 추가적 제약요인으로서 회계항목의 성격 및 크기의 중요성이 고려되어야 한다. 목적적합성과 신뢰성이 있는 정보는 재무제표를 통해 정보이용자에게 제공되어야 한다. 그러나 재무제표에 표시되는 항목에는 또한 중요성이 고려되어야 하므로, 목적적합성과 신뢰성을 갖춘 모든 항목이 반드시 재무제표에 표시되는 것은 아니다. 즉, 중요성은 회계항목이 정보로 제공되기 위한 최소한의 요건이다.

특정 정보가 생략되거나 잘못 표시된 재무제표가 정보이용자의 판단이나 의사결정에 영향을 미칠 수 있다면 그러한 정보는 중요한 정보이다. 중요성은 일반적으로 당해 항목의 성격과 금액의 크기에 의해 결정된다. 그러나 어떤 경우에는 금액의 크기와 관계없이 정보의 성격 자체만으로도 중요한 정보가 될 수 있다.

예를 들어, 신규 사업부문의 이익수치가 영(0)에 가까울 정도로 극히 작은 경우에도 그러한 이익수치는 정보이용자가 당해 기업실체가 직면하고 있는 위험과 기회를 평가하는데 중요한 정보가 될 수 있다.

회계충전소

▶ **보수주의**(conservation) : 어떤 한 거래에 대하여 두가지 이상의 대체적인 회계 처리 방법이 있을 때 재무적 기초를 견고히 하는 관점에서 이익을 낮게 보고하는 방법을 선택하는 것을 말한다. 즉, 자산과 수익은 가능한 적게, 부채와 비용은 가능한 많게 기록하는 입장이다.
그러나, 보수주의는 순자산과 순이익을 의도적으로 계속하여 적게 기록하자는 것이 아니라 두가지 방법이 있는 경우, 더욱 안전한 방법을 선택하라는 의미이다.

※ 보수주의 회계 처리에 대한 대표적인 사례는 다음과 같다.
 ① 저가주의에 의한 재고자산의 평가
 ② 초기 감가상각 방법을 정액법 대신 정률법의 적용
 ③ 물가상승시 재고자산평가방법으로 후입선출법의 적용
 ④ 자본적지출 대신 수익적지출로 처리
 ⑤ 장기할부매출의 수익인식을 인도기준법이 아닌 회수기준법의 적용 등

04 재무제표의 기본 가정

1 기본가정의 개념

기본가정(basic assumption)은 회계공준, 환경적가정, 기본전제라고도 하는데 이는 기업실체를 둘러싼 환경으로부터 도출해 낸 회계이론 전개의 기초가 되는 사실들을 말한다.

2 기본가정의 종류

(1) 기업실체의 가정 : 기업실체(economic entity)의 가정이란, 기업을 소유주와는 독립적으로 존재하는 하나의 회계단위로 간주하고 이 회계단위의 입장에서 그 경제활동에 대한 재무적 정보를 측정·보고하는 것을 말한다.

(2) 계속기업의 가정 : 계속기업(going concern)의 가정이란, 한번 설립된 기업은 본래 목적을 달성하기 위하여 장기적으로 계속하여 존재한다는 가정으로 다음과 같은 특징이 있다.

① 기업의 자산을 역사적원가(취득원가)로 평가하는 타당성을 제공하며,

② 유형자산의 취득원가를 유형자산의 내용연수 기간 내에 비용으로 배분하는 감가상각의 회계처리 방식이 정당화 되며

③ 자산이나 부채를 유동성 순서에 따라 분류하는 근거를 제공한다.

④ 위 세가지 특징 외에 계속기업의 가정과의 관련 개념은 발생주의, 수익·비용 대응의 원칙, 개발비의 무형자산으로 인식 가능, 기업 특유의 가치(사용가치)를 측정요소로 사용 가능 등이 있다.

(3) 기간별보고의 가정 : 기간별보고(periodicity)의 가정이란, 한 기업실체의 존속기간을 일정한 기간단위로 분할하여 각 기간별로 재무제표를 작성하여 유용한 정보를 적시성 있게 보고하는 가정을 말한다. 기간별보고의 가정은 계속기업의 가정에서 2차적으로 파생된 것으로 보고기간 말에 발생과 이연에 관한 수정분개를 하는 개념이 도출되는 전제가 되는 것이다.

05 재무제표의 작성과 표시의 일반원칙

(1) 계속기업 : 경영자는 재무제표를 작성할 때 기업의 존속가능성을 평가하여야 하며, 기업이 경영 활동을 청산 또는 중단할 의도가 있거나, 경영 활동을 계속할 수 없는 상황에 놓인 경우를 제외하고는 계속기업을 전제로 재무제표를 작성한다.

(2) **재무제표의 작성책임과 공정한 표시** : 재무제표의 작성과 표시에 대한 책임은 경영진에게 있다. 재무제표는 경제적사실과 거래의 실질을 반영하여 기업의 재무상태, 경영성과, 현금 흐름 및 자본변동을 공정하게 표시하여야 하며, 일반기업회계기준에 따라 적정하게 작성 된 재무제표는 공정하게 표시된 재무제표로 보며 그러한 사실을 주석으로 기재해야 한다.

> ▶ (외감법 개정) 재무제표의 작성 책임은 회사의 대표이사와 회계담당이사(회계담당이사가 없는 경우에는 회계 업무를 집행하는 직원)에게 있다.

(3) **재무제표 항목의 구분과 통합 표시** : 중요한 항목은 재무제표의 본문이나 주석에 그 내용을 가장 잘 나타낼 수 있도록 구분하여 표시하며, 중요하지 않은 항목은 성격이나 기능이 유사한 항목과 통합하여 표시할 수 있다.

(4) **비교 재무제표의 작성** : 재무제표의 기간별 비교가능성을 제고하기 위하여 전기 재무제표의 모든 계량정보를 당기와 비교하는 형식으로 표시한다.

(5) **재무제표 항목의 표시와 분류의 계속성** : 재무제표의 기간별 비교가능성을 제고하기 위하여 재무제표 항목의 표시와 분류는 특별한 경우를 제외하고는 매기 동일하여야 한다.

(6) **재무제표의 보고 양식** : 재무제표는 이해하기 쉽도록 간단하고 명료하게 표시하여야 한다.

06 기타 회계원칙

1 **역사적 원가의 원칙**(historical cost principle)

역사적 원가란 기업이 자산을 취득할 때 지급한 현금 및 현금성 자산을 말하는 것으로 취득 원가라고도 한다. 일반적으로 취득 원가는 해당 자산의 교환 시점에서 자산의 공정 가치를 가장 잘 나타내기 때문에 확정적이고 검증가능한 것이다.

따라서, 재무상태표에 자산을 역사적원가(취득원가)로 기록하게 되면 회계정보가 객관적이고 검증가능성이 높아져 신뢰성을 갖게 된다는 장점이 있다.

2 **수익인식의 원칙**(revenue recognition principle)

수익이란 기업이 생산한 제품 등을 고객에게 판매하고, 그 대가로 자산이 유입되는 현상을 말하며, 수익의 인식이란 수익이 속하는 회계기간을 결정하여 재무제표에 기록·보고하는 것을 말한다. 수익을 인식하기 위해서는 수익이 실현되었거나 실현가능해야 하는데, 이 것은 고객에게 기업이 생산한 제품 등을 제공함으로써 그 대가를 받을 수 있는 권리가 확보되었다는 것을 말한다.

또한, 수익을 인식하기 위해서는 수익이 가득(earned)되었다고 하는데, 이것은 기업이 고객에게 제품 등을 인도하였다는 것을 의미한다. 이를 수익인식의 원칙 또는 실현주의 (realization basis)라고도 한다.

3 **수익·비용 대응의 원칙**(matching principle)

일정 기간 동안 인식된 수익과 그 수익을 창출하기 위하여 발생한 비용을 관련 수익이 보고되는 기간에 인식한다는 원칙이다. 매출액과 매출원가의 대응

④ **완전공시의 원칙**(full disclosure principle)

완전공시의 원칙이란 정보이용자들의 합리적인 판단이나 의사 결정에 상당한 영향을 미칠 수 있는 중요한 경제적 정보는 모두 공시해야 한다는 원칙이다. 공시를 하는 방법에는 재무제표에 표시된 사항을 주석을 통하여 보다 상세한 설명을 한다든지 또는 부속 명세서나 기타 보조정보(사업보고서 등)로 제시하는 방법이 있다.

재무상태표의 일부 항목만을 표시하여 주석, 부속명세서를 간단히 설명하면 다음과 같다.

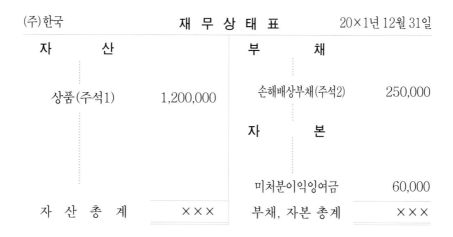

(주)한국	재 무 상 태 표		20×1년 12월 31일
자 산		**부 채**	
상품(주석1)	1,200,000	손해배상부채(주석2)	250,000
		자 본	
		미처분이익잉여금	60,000
자 산 총 계	×××	부채, 자본 총계	×××

재무상태표 주석(별지)

(1) 상품의 단위원가 결정방법은 선입선출법을 적용하고 있음.
(2) 당사는 (주)둘리와의 상표권 침해로 인한 소송에서 패소할 가능성이 확실하며, 그 손해 배상액은 250,000원일 것으로 예상함.

부 속 명 세 서

1. 상품 명세서

품 명	규 격	금 액	비 고
가전제품	세 탁 기	500,000	
	냉 장 고	700,000	
합 계		1,200,000	

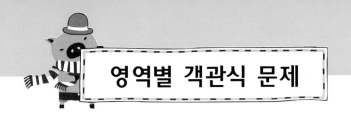

01 회계의 기초개념에 대한 설명이다. 옳은 것은?

① 회계기간의 시작 시점을 당기라 한다.
② 기업의 재무상태와 경영성과를 알리기 위해 인위적으로 구분한 기간을 회계기간이라 한다.
③ 회계연도란 기업의 재산 및 자본의 증감 변화를 기록, 계산, 정리하기 위한 장소적 범위를 말한다.
④ 대차평균의 원리란 회계상의 거래를 원인과 결과에 따라 차변과 대변에 같은 금액으로 기록하는 것을 말한다.

02 다음 중 재무회계에 관한 설명으로 가장 적절하지 않은 것은?

① 재무제표에는 재무상태표, 손익계산서, 자본변동표, 현금흐름표 등이 있다.
② 일정기간 동안 기업의 경영성과에 대한 정보를 제공하는 보고서는 재무상태표이다.
③ 기업의 외부정보이용자에게 유용한 정보를 제공하는 것을 주된 목적으로 한다.
④ 회계연도는 1년을 초과할 수 없다.

03 다음 중 재무보고의 목적이 아닌 것은?

① 투자 및 신용의사결정에 유용한 정보 제공
② 미래 현금흐름 예측에 유용한 정보 제공
③ 경영자의 장기적 의사결정의 성과평가에 관한 환경적 정보의 제공
④ 재무상태, 현금흐름, 자본변동 등의 재무정보의 제공

04 재무제표의 질적 특성에 관련된 내용이다. 성격이 다른 하나는?

① 표현의 충실성　　　　　② 검증가능성
③ 중립성　　　　　　　　④ 적시성

05 회계정보가 유용하기 위해 갖추어야 할 다음의 속성 중 가장 중요한 질적 특성으로만 나열한 것은?

① 목적적합성, 신뢰성   ② 피드백 가치, 예측가치
③ 비교가능성, 표현의 충실성   ④ 검증가능성, 중립성

06 회계정보의 질적특성인 목적적합성의 구성요소가 아닌 것은?

① 표현의 충실성   ② 피드백가치
③ 적시성   ④ 예측가치

07 회계정보의 질적특성 중 하나인 신뢰성은 회계정보에 대한 오류나 편견 없이 객관적이고 검증가능하며 나타내고자 하는 바를 충실하게 표현해야 하는 정보의 특성을 말한다. 다음 중 회계정보가 신뢰성을 갖기 위해서 필요한 요건이 아닌 것은?

① 표현의 충실성   ② 중립성
③ 적시성   ④ 검증가능성

08 재무제표의 질적 특성(회계정보의 질적 특성)간 균형에 대한 설명 중 잘못된 것은?

① 신뢰성과 목적적합성은 서로 상충관계가 발생될 수 있다.
② 수익 인식과 관련하여 완성기준을 적용하면 목적적합성은 향상되는 반면 신뢰성은 저하될 수 있다.
③ 자산 평가와 관련하여 현행원가를 적용하면 목적적합성은 향상되는 반면 신뢰성은 저하될 수 있다.
④ 회계정보의 보고와 관련하여 중간보고의 경우 목적적합성은 향상되는 반면 신뢰성은 저하될 수 있다.

09 다음 지문에서 ㉠에 들어갈 용어로 옳은 것은?

> 회계정보의 비교가능성은 목적적합성과   ㉠   만큼 중요한 질적특성은 아니나, 목적적합성과   ㉠   을(를) 갖춘 정보가 기업실체 간에 비교가능하거나 또는 기간별 비교가 가능할 경우 회계정보의 유용성이 제고될 수 있다.

① 표현의 충실성   ② 중립성
③ 회계공준   ④ 신뢰성

10 재무제표의 질적특성 중 신뢰성과 가장 관련성이 없는 것은?

① 회계정보를 생산하는데 있어서 객관적인 증빙자료를 사용하여야 한다.
② 동일한 거래에 대해서는 동일한 결과를 예측할 수 있도록 회계정보를 제공하여야 한다.
③ 유용한 정보를 위해서는 필요한 정보는 재무제표에 충분히 표시하여야 한다.
④ 의사결정에 제공된 회계정보는 기업의 미래에 대한 예측가치를 높일 수 있어야 한다.

11 발생기준에 따른 재무제표 작성시 발생과 이연의 개념을 사용하여 기말결산을 하게 되는데, 이와 관련된 계정과목으로 맞는 것은?

① 선수수익
② 선급금
③ 선수금
④ 가지급금

12 역사적 원가주의와 가장 관련성이 적은 것은?

① 회계정보의 목적적합성과 신뢰성을 모두 높일 수 있다.
② 기업이 계속하여 존재할 것이라는 가정 하에 정당화되고 있다.
③ 취득 후에 그 가치가 변동하더라도 역사적원가는 그대로 유지된다.
④ 객관적이고 검증 가능한 회계정보를 생산하는데 도움이 된다.

13 재화의 판매에 대한 수익인식기준으로 틀린 것은?

① 비용금액을 신뢰성 있게 측정할 수 있다.
② 경제적 효익의 유입 가능성이 매우 높다.
③ 재화의 소유에 따른 유의적인 위험과 보상이 구매자에게 이전된다.
④ 거래와 관련하여 발생했거나 발생할 원가를 신뢰성 있게 측정할 수 있다.

14 금액이 작은 사무용 또는 청소용 소모품은 자산으로 계상하거나 구입된 기간의 비용으로 기입할 수 있다. 소모품을 구입한 기간에 소모품비라는 비용으로 기록하는 회계처리의 근거는 무엇인가?

① 발생주의
② 보수주의
③ 수익비용대응
④ 중요성

15 재무제표는 일정한 기본가정 하에서 작성된다. 그 기본가정이 아닌 것은?

① 계속기업의 가정   ② 기업실체의 가정
③ 기간별 보고의 가정   ④ 발생과 이연의 가정

16 다음은 재무회계개념체계에 대한 설명이다. 회계의 기본가정(공준) 중 무엇에 대한 설명인가?

> 기업 실체는 그 경영 활동을 청산하거나 중대하게 축소시킬 의도가 없을 뿐 아니라 청산이 요구되는 상황도 없다고 가정된다.

① 계속기업의 가정   ② 기업실체의 가정
③ 연결재무제표   ④ 발생주의 가정

17 회사는 미래에도 계속적으로 정상적인 영업활동을 영위할 것이라는 전제하에 역사적 원가주의의 근간이 되는 회계의 기본가정은?

① 기업실체의 가정   ② 계속기업의 가정
③ 기간별보고의 가정   ④ 발생주의

18 회계순환과정에 있어 기말 결산 정리를 하게 되는 근거가 되는 가정으로 가장 적절한 것은?

① 기업실체의 가정   ② 기간별보고의 가정
③ 화폐단위의 가정   ④ 계속기업의 가정

19 재고자산 평가방법을 정당한 사유없이 선입선출법에서 이동평균법으로 변경할 경우 다음 중 어느 질적특성과 관련이 있는 변경인가?

① 이해가능성   ② 목적적합성
③ 적시성   ④ 비교가능성

3 자산에 관한 회계 처리

 현금및현금성자산

[1] **현금및현금성자산**(cash and cash equivalents account)

현금 및 현금성자산
— 통화 및 통화대용증권
— 은행예금 중 요구불예금(당좌예금·보통예금 등)
— 현금성자산

(1) 통화 및 통화대용증권 ⋯ (현금의 범위)

{ 통화 : 주화, 지폐
  통화대용증권 : 타인발행수표, 자기앞수표, 가계수표, 송금수표, 여행자수표, 송금환, 우편환
  증서, 일람출급어음, 공사채만기이자표, 배당금영수증, 국고송금통지서 등

(2) 은행예금 중 요구불예금 : 당좌예금, 보통예금 등과 같이 만기가 정해져 있지 않고 수시로 입
· 출금이 가능한 예금 등

(3) 현금성자산(cash equivalents) : 현금의 전환이 용이하고, 가치변동의 위험이 경미한 자산으
로 취득 당시, 만기가 3개월 이내에 도래하는 채권 또는 단기금융상품을 말한다.

[2] **당좌차월**(bank overdraft) : 당좌수표 발행 금액 중 당좌예금 잔액을 초과한 금액을 당좌차월
(부채)이라 하며, 재무상태표에는 단기차입금에 통괄 표시한다.

① 외상매입금 1,500원을 수표를 발행하여 지급하면(당좌예금잔액 1,000원)

| (차) 외 상 매 입 금 | 1,500 | (대) | 당 좌 예 금 | 1,000 |
| | | | 당좌차월(단기차입금) | 500 |

② 외상매출금 2,300원을 현금 회수하여 곧 당좌예입하면

| (차) | 당좌차월(단기차입금) | 500 | (대) 외 상 매 출 금 | 2,300 |
| | 당 좌 예 금 | 1,800 | | |

[3] **선일자수표** : 선일자수표란 장차 당좌예금 할 것을 예상하여 당좌수표의 발행일자란에 미래의
날짜로 기록하여 발행하는 수표로서 어음에 준하여 회계처리한다.

No.	구 분	차 변	대 변
(1)	상품을 매입하고 30일 후 지급의 선수표 발행하면	상 품 ×××	지 급 어 음 ×××
(2)	상품을 매출하고 50일 후의 선수표를 받으면	받 을 어 음 ×××	상 품 매 출 ×××

④ **수표의 부도** : 소유하고 있던 타인발행의 수표가 지급거절되는 것을 수표의 부도라 하며, 부도수표 계정 차변에 기록한다.

(1) 소유하고 있던 타인발행수표가 부도되면

(차) 부 도 수 표	×××	(대) 현　　　금	×××

(2) 당좌예입하였던 수표가 부도되면

(차) 부 도 수 표	×××	(대) 당 좌 예 금	×××

(3) 부도수표 대금이 회수불능되면

(차) 대 손 상 각 비	×××	(대) 부 도 수 표	×××

⑤ **은행계정조정표**(bank reconciliation statement) : 당좌예금의 잔액은 회사측의 장부기록과 은행측의 기록이 일치하여야 하는데, 시간적차이로 인하여 어느 한쪽에 통지의 미달 또는 오류가 발생함으로써 일치하지 않는 경우에 그 원인을 찾아 당좌예금의 잔액을 일치시키는 표를 말한다.

 단기금융상품

① **단기금융상품 계정**

단기금융상품
▶ 은행예금 중 저축성 예금(정기예금, 정기적금 등)
▶ 사용이 제한되어 있는 예금(당좌개설보증금 등)
▶ 기타 정형화된 금융상품(양도성예금증서 등)

▶사용이 제한된 예금 : 양건예금(대출시 예, 적금 예치), 차입금에 대한 담보제공예금, 당좌개설보증금이며, 단기금융상품은 재무상태표에 '단기투자자산'으로 표시한다. 단, 보고기간 종료일로부터 만기가 1년 이상인 것은 장기금융상품(투자자산)으로 분류한다.

② **기타 정형화된 금융상품의 종류**

① 양도성예금증서(CD)　② 종합자산관리계좌(CMA)　③ MMF
④ 환매채(RP)　⑤ 발행어음　⑥ 기업어음(CP)
⑦ 표지어음　⑧ 금전신탁

03 단기매매증권

1 유가증권의 분류

(1) 형태에 따른 분류

① **지분증권**(equity securities) : 회사의 순자산에 대한 소유 지분을 나타내는 유가 증권을 말한다. 주식(보통주, 우선주), 수익증권 등

② **채무증권**(debt securities) : 발행자에 대하여 금전을 청구할 수 있는 권리를 표시하는 유가증권을 말한다. 국채·공채(지방채), 사채 등

(2) 보유 목적에 따른 분류

① **단기매매증권**(trading securities) : 시장성 있는 주식 등을 주로 단기간 내의 매매차익을 목적으로 취득한 유가증권으로 매수와 매도가 적극적이고, 빈번하게 이루어져야 하므로 유동자산에 속한다. 단, 단기매매차익의 목적이라도 시장성 없는 주식은 매도가능증권으로 분류한다.

② **만기보유증권**(securities held to maturity) : 장기간 자금 운용을 목적으로 만기가 3~5년으로 확정된 채무증권(공, 사채)으로서 상환금액이 확정된 채무증권을 만기까지 보유할 적극적인 의도와 능력이 있는 경우 투자자산에 속하는 만기보유증권 계정으로 처리한다. 단, 지분증권(주식)은 만기 개념이 없으므로 만기보유증권으로 분류될 수 없다.

③ **매도가능증권**(securities available for sale) : 기업의 여유자금을 운용할 목적으로 매입한 주식이나 채권(공, 사채) 중 단기매매증권이나 만기보유증권으로 분류되지 아니하는 것을 투자자산에 속하는 매도가능증권 계정으로 처리한다.

④ **지분법적용투자주식**(equity method investments in associated companies) : 다른 회사에 유의적인 영향력을 행사하거나 타회사의 경영권을 지배, 통제할 목적으로 보유하는 주식을 투자자산에 속하는 지분법적용투자주식 계정으로 처리한다.

▶ 보유 목적에 따른 유가 증권의 재무상태표 통합 표시 과목은

① 단, 보고기간 종료일을 기준으로 1년 이내 처분될 매도가능증권과 1년 이내 만기가 도래하는 만기보유증권은 단기매매증권계정으로 그 분류를 변경할 수는 없으나, 재무상태표의 표시는 유동자산에 속하는 단기투자자산으로 통합 표시할 수 있다.

② 단기매매증권 중 드문 상황에서 더 이상 단기매매차익을 목적으로 보유하지 않는다면 단기매매증권을 매도가능증권이나 만기보유증권으로 변경할 수 있다.

2 단기매매증권의 취득과 처분

No.	구　분	차　　변	대　　변
(1)	취　득　시 (매입수수료 별도 비용처리)	단 기 매 매 증 권　6,000 수 수 료 비 용　　　100	현　　　　금　6,100
(2)	처　분　시 (취득원가 < 처분금액)	현　　　　금　6,500	단 기 매 매 증 권　6,000 단기매매증권처분이익　　500
(3)	처　분　시 (취득원가 > 처분금액)	현　　　　금　5,800 단기매매증권처분손실　200	단 기 매 매 증 권　6,000

회계충전소

1. 일반기업회계기준에서는 단기매매증권을 최초로 매입할 때는 공정가치로 측정해야 하므로 취득과 관련된 수수료 및 증권거래세 등은 당기의 영업외비용으로 처리해야 한다. 단, 단기매매증권 이외의 매도가능증권, 만기보유증권의 취득제비용은 원가에 포함한다.
2. 단기매매증권 처분시 수수료 및 증권거래세 등은 판매비와 관리비로 처리하지 않고, 처분대가에서 직접 차감하여 처분손익에 반영한다.
3. 취득시 만기일(또는 상환일)이 3개월 이내인 공·사채 및 상환우선주 : 현금성자산
4. 단기매매증권처분이익 - 영업외수익, 단기매매증권처분손실 - 영업외비용
5. 유가증권의 양도시 취득단가 결정방법으로는 개별법, 총평균법, 이동평균법 또는 다른 합리적인 방법을 사용하되, 동일한 방법을 매기 계속하여 적용하여야 한다.

3 단기매매증권에 대한 수익 계정

No.	구　분	차　　변	대　　변
(1)	소유 공·사채 등에 대한 이자를 받으면	현　　금　×××	이 자 수 익　×××
(2)	소유 주식에 대한 현금 배당을 받으면	현　　금　×××	배 당 금 수 익　×××

4 단기매매증권의 평가

No.	구　분	차　　변	대　　변
(1)	공정가치(시가)가 하락되면	단기매매증권평가손실　×××	단 기 매 매 증 권　×××
(2)	공정가치(시가)가 상승되면	단 기 매 매 증 권　×××	단기매매증권평가이익　×××

채권·채무에 관한 거래

① 미결산 계정 (suspense account)

No.	구 분	차 변		대 변	
(1)	외상매출금 회수하여 행방불명	미 결 산	100,000	외 상 매 출 금	100,000
(2)	대여금의 회수를 위한 소송제기	미 결 산	415,000	단 기 대 여 금 현금(소송비용)	400,000 15,000
(3)	화재발생, 보험금 청구	건물감가상각누계액 자산손상차손	150,000 850,000	건 물 상 품	800,000 200,000
	보험금 확정통지 받으면	미 수 금	700,000	보 험 금 수 익	700,000

▶ 화재발생시 손상차손(자산의 손상, 소실 등)과 보험금수익을 별개의 회계사건으로 보아 총액으로 표시한다. 자산손상차손(재해손실)은 당기의 영업외비용이며, 보험금수익은 영업외수익이다. 미결산계정은 기말 재무상태표에 표시해서는 안된다. 즉 (1)번의 경우는 '임직원불법행위미수금' 등과 같은 적절한 과목으로 표시해야 하고 (2)번의 소송 중인 사건으로 승소할 것이 확실한 경우는 주석으로 '손해배상채권' 등과 같이 표시해야 할 것이다.

② 상품권선수금 계정 (coupon for goods account)

No.	구 분	차 변		대 변	
(1)	상 품 권 판 매 시	현 금	100,000	상 품 권 선 수 금	100,000
(2)	상 품 매 출 시	상 품 권 선 수 금	100,000	상 품 매 출	100,000

③ 장기대여금 (자산) 과 장기차입금 (부채)

No.	구 분	차 변		대 변	
(1)	현 금 대 여 시	장 기 대 여 금	300,000	현 금	300,000
(2)	대 여 금 회 수 시	현 금	305,000	장 기 대 여 금 이 자 수 익	300,000 5,000
(3)	현 금 차 입 시	현 금	500,000	장 기 차 입 금	500,000
(4)	차 입 금 지 급 시	장 기 차 입 금 이 자 비 용	500,000 20,000	현 금	520,000

④ 장기성채무의 유동성 대체

구 분	차 변		대 변	
장기차입금이 보고기간 종료일로부터 1년 이내 만기가 도래하는 경우	장 기 차 입 금	×××	유동성장기부채	×××

5 대손에 관한 기장

(1) 대손의 예상과 대손충당금의 설정

No.	예상액	대손충당금	차 변		대 변	
(1)	30,000	없음	대 손 상 각 비	30,000	대 손 충 당 금	30,000
(2)	30,000	5,000	대 손 상 각 비	25,000	대 손 충 당 금	25,000
(3)	30,000	30,000	분 개 없 음			
(4)	30,000	35,000	대 손 충 당 금	5,000	대손충당금환입	5,000

▶ 대손충당금환입은 판매비와관리비의 부(−)의 항목으로 차감한다.

(2) 대손 발생 시 회계 처리(외상매출금 40,000원이 회수불능되다)

No.	구 분	차 변		대 변	
①	대손충당금잔액 없음	대 손 상 각 비	40,000	외 상 매 출 금	40,000
②	대손충당금잔액 35,000	대 손 충 당 금 대 손 상 각 비	35,000 5,000	외 상 매 출 금	40,000
③	대손충당금잔액 40,000	대 손 충 당 금	40,000	외 상 매 출 금	40,000
④	대손충당금잔액 45,000	대 손 충 당 금	40,000	외 상 매 출 금	40,000

(3) 대손 처리한 채권의 회수

No.	구 분	차 변		대 변	
①	전기에 대손처리한 채권회수	현 금	×××	대 손 충 당 금	×××
②	당기에 대손처리한 채권회수	현 금	×××	대손충당금(대손상각비)	×××

6 신용카드 거래

(1) 신용카드에 의한 상품의 매출

No.	구 분	차 변		대 변	
①	상 품 매 출 시	외 상 매 출 금	1,000	상 품 매 출	1,000
②	신용카드대금 입금시	보 통 예 금 매출채권처분손실	980 20	외 상 매 출 금	1,000

(2) 신용카드에 의한 상품의 매입

No.	구 분	차 변		대 변	
①	상 품 매 입 시	상 품	1,000	외 상 매 입 금	1,000
②	신용카드대금 지급시	외 상 매 입 금	1,000	현 금	1,000

▶ 상품 이외의 비품 등의 구입 및 매각처분 시의 신용카드 거래는 '미지급금'과 '미수금' 계정으로 처리한다.

7 체크카드(또는 직불카드)의 회계 거래

No.	구 분	차 변	대 변
①	상품 매출 시	보 통 예 금　9,800 매출채권처분손실　200	상 품 매 출　10,000
②	상품 매입 시	상　　　품　10,000	보 통 예 금　10,000

▶ 체크카드(또는 직불카드)의 결제계좌가 보통예금인 경우이다.

 # 05 어음과 매출채권의 양도

1 어음의 배서(endorsement)

(1) 어음의 추심위임 배서

No.	구 분	차 변	대 변
①	추심의뢰·추심료 지급 시	수 수 료 비 용　×××	현　　　금　×××
②	추심완료 통지가 온 경우	당 좌 예 금　×××	받 을 어 음　×××

(2) 대금결제를 위한 배서양도

No.	구 분	차 변	대 변
①	상품을 매입하고 배서양도 시	매　　　입　×××	받 을 어 음　×××
②	만기일 무사히 결제통보 시	분 　개 　없 　음	

(3) 어음할인을 위한 배서양도(매각거래)

No.	구 분	차 변	대 변
①	거래은행에 어음 할인 시	당 좌 예 금　480,000 매출채권처분손실　20,000	받 을 어 음　500,000
②	만기일 무사히 결제 통보 시	분 　개 　없 　음	

2 어음의 부도(dishonored)

No.	구 분	차 변	대 변
(1)	소유 어음의 부도 시	부 도 어 음　1,020	받 을 어 음　1,000 현금(청구비용)　20
(2)	부도어음 회수 시	현　　　금　1,050	부 도 어 음　1,020 이 자 수 익　30
(3)	배서 또는 할인한 어음이 부도 시	부 도 어 음　×××	당 좌 예 금　×××

③ 어음의 개서 (renewal)

No.	구　분	차　　변	대　　변
(1)	받을어음의 개서(수취인)	받을어음(신)　××× 현　　　　금　×××	받을어음(구)　××× 이 자 수 익　×××
(2)	지급어음의 개서(지급인)	지급어음(구)　××× 이 자 비 용　×××	지급어음(신)　××× 현　　　　금　×××

④ 외상매출금의 양도

기업이 자금융통을 위하여 외상매출금을 제3자인 금융기관에게 양도하는 것을 팩토링 (factoring)이라 한다.

No.	구　분	차　　변	대　　변
(1)	외상매출금을 양도하면	현　　　　금　　9,800 매출채권처분손실　　　200	외 상 매 출 금　10,000
(2)	양도한 외상매출금의 전액 회수통지가 오면	분　개　없　음	

 재 고 자 산

① 재고자산의 개념

(1) 재고자산의 정의 : 재고자산이란 일반적으로 기업의 정상적인 영업활동과정에서 판매를 목적으로 소유하거나(상품) 생산중에 있는 자산(재공품) 또는 판매할 제품을 생산하는데 사용될 자산(원재료, 저장품)을 말한다.

(2) 재고자산의 종류

종　　류	내　　　　　　　　용
상　　　품	판매를 목적으로 매입한 상품을 말하며, 부동산 매매업에 있어서 판매를 목적으로 소유하는 토지, 건물은 이를 상품에 포함한다.
제　　　품	판매를 목적으로 기업 내부에서 제조한 생산품
반 　 제 　 품	자가 제조한 중간제품과 부분품
재 　 공 　 품	제품 제조를 위하여 제조 과정에 있는 것
원 　 재 　 료	제품 제조를 위하여 매입한 재료
저 　 장 　 품	소모품, 수선용부분품, 기타저장품

② **상품매매에 따른 운임**

상품의 매매시 매출자와 매입자간에 어느 쪽이 운임을 부담할 것인가에 따라 다음과 같이 결정된다.

(1) **선적지 인도가격조건**(F.O.B. shipping) : 상품의 선적시점에서 소유권이 매입자에게 이전되기 때문에 매입자가 운임을 부담하는 조건으로 그 운임은 매입원가에 포함한다. 따라서 선적지 인도가격조건은 매출자에게는 유리하고, 매입자에게는 불리한 조건이다.

(2) **도착지 인도가격조건**(F.O.B. destination) : 상품이 계약상의 도착 목적지에 도달했을 때 소유권이 매입자에게 이전되기 때문에 선적부터 도착까지는 모든 위험을 매출자가 부담하므로 이 경우 매출자가 운임을 부담하는 조건이다. 따라서 그 운임은 운반비계정으로 처리한다. 그러므로 도착지 인도가격조건은 매출자에게는 불리하고, 매입자에게는 유리한 조건이다.

③ **매입할인과 매출할인**

(1) **매입할인**

No.	구　　　분	차　　　변	대　　　변
	외상매입금을 지급약정일 이전에 지급한 경우	외 상 매 입 금　300,000	현　　　　　금　295,000 매입할인(상품)　　5,000

(2) **매출할인**

No.	구　　　분	차　　　변	대　　　변
	외상매출금을 지급약정일 이전에 회수한 경우	현　　　　　금　295,000 매출할인(상품매출)　5,000	외 상 매 출 금　300,000

④ **재고자산의 수량결정 방법**

(1) **계속기록법**(perpetual inventory method) : 상품의 매입, 매출시마다 장부에 계속적으로 기록하는 방법으로 장부상의 재고수량을 기말재고수량으로 결정하는 방법이다. 따라서 상품관련 계정의 결산정리분개를 하지 않는다.

기초재고수량 + 당기매입수량 − 당기매출수량 = 기말재고수량

(2) **실제재고조사법**(periodic inventory method) : 장부상에는 기초 수량과 매입 수량만 기록하고, 매출시에는 기록하지 않았다가 기말에 실제 재고조사를 통하여 기말 재고수량을 결정하고, 매출원가는 기말에 산출한다.

기초재고수량 + 당기매입수량 − 기말재고수량 = 당기매출수량

(3) **혼합법** : 계속기록법과 실제재고조사법을 혼합하여 사용하면 장부상의 기말재고수량과 창고 속의 실제재고수량이 모두 파악되므로 보관 중에 발생한 재고감모수량을 쉽게 파악할 수 있다.

5 재고자산의 단위원가 결정 방법

(1) 실물흐름에 따른 단가 결정방법

▶개별법(specific identification method) : 개별상품 각각에 대하여 그 원가에 해당하는 꼬리표(바코드)를 붙인 것처럼 매출된 상품에 개별적으로 추적하여 단가를 적용하는 방법이다. 개별법은 원가흐름과 실물흐름이 일치하므로 수익과 비용이 정확히 대응된다.

(2) 가정된 원가흐름에 따른 단가 결정방법

① 선입선출법(first in first out method : FIFO) : 먼저 매입한 상품을 먼저 매출하는 방법으로 매입순법이라고도 하며, 가장 최근의 시가로 기말 상품 재고액이 표시된다.

② 후입선출법(last in first out method : LIFO) : 나중에 매입한 상품을 먼저 매출하는 방법으로 매입역법이라고도 하며, 가장 최근의 시가로 매출 원가가 표시된다.

③ 가중평균법(average cost method) : 가중평균법은 기초재고자산과 보고기간 중에 매입된 재고자산의 원가를 가중평균하여 재고항목의 단위원가를 결정하는 방법이다. 이 경우 평균은 기업의 상황에 따라 주기적으로 계산하거나(총평균법), 매입할 때마다 계산할 수 있다.(이동평균법)

  ㉠ 이동평균법(moving average method : MAM) : 단가가 다른 상품을 매입할 때마다 평균단가를 구하여 그것을 매출하는 상품에 적용한다.

  ㉡ 총평균법(total average method : TAM) : 일정기간의 순매입액을 순매입수량으로 나누어 총평균단가를 산출하여 매출단가로 적용하는 방법이다.

▶물가가 상승하는 가정하에 각 방법의 기말재고액과 당기순이익의 크기는?
선입선출법 > 이동평균법 > 총평균법 > 후입선출법

6 재고자산의 추정 방법

(1) 매출총이익률법(gross profit method)

과거의 평균매출총이익률을 이용하여 추정매출원가를 산출하고, 판매가능상품에서 매출원가를 차감하는 방법이다.

① 추정매출원가 : 매출액 × (1−매출총이익률)

② 기말재고자산 : 판매가능상품 − 추정매출원가

(2) 소매재고법(retail inventory method)

매출가격환원법이라고도 하며, 소매가(판매가)로 파악된 기말재고자산에 원가율을 곱하는 방법이다.(백화점)

① 매가에 의한 기말재고액 : (매가)판매가능상품 − 매출액

② 원가율 = $\dfrac{\text{(원가)기초재고액 + (원가)당기매입액}}{\text{(매가)기초재고액 + (매가)당기매입액}}$

7 재고자산감모손실, 평가손실

(1) 감모손실 : 상품은 보관 중에 파손, 변질, 도난, 분실 등의 원인으로 장부상의 재고수량과 실제재고수량이 일치되지 않는 경우가 있다. 이때 실제재고수량이 장부재고수량보다 부족한 경우 발생하는 손실을 재고자산감모손실 계정으로 처리한다. 단, 정상적인 발생의 감모손실은 매출원가계산에 산입하고, 비정상적인 발생의 감모손실은 당기의 영업외비용으로 처리한다.

(차) 재고자산감모손실	×××	(대) 이 월 상 품	×××	

(2) 평가손실 : 기말 결산시 재고상품의 품질 저하, 가격 변동 등으로 순실현가능가치(시가)가 취득원가보다 하락한 경우의 평가손실은 재고자산의 차감 계정으로 표시하고 매출원가에 가산하여야 한다.

(차) 재고자산평가손실	×××	(대) 재고자산평가충당금	×××
(매 출 원 가)			

단, 저가평가 후 재고자산의 가치가 다시 상승하는 경우, 최초의 장부 금액을 초과하지 않는 범위 내에서 평가손실을 환입한다. 환입액이 발생하면 그 만큼 당기 매출원가가 감소하게 된다.

(차) 재고자산평가충당금	×××	(대) 재고자산평가손실환입	×××
		(매 출 원 가)	

회계충전소

1. 재고자산 평가충당금은 상품계정에 대한 차감적 평가 계정이다.
2. 일반기업회계기준에서는 재고자산의 저가법 평가는 항목별로 적용한다.
3. 제조기업의 원재료는 제품생산을 목적으로 보유하므로 순실현가능가치 대신 현행 대체원가(현재 시점에서 원재료를 매입하는데 소요되는 금액)로 평가해야 하는데 이 경우의 현행 대체원가는 순실현가능가치에 대한 최선의 이용가능한 측정치가 될 수 있다. 다만, 원재료를 투입하여 완성할 제품의 시가가 원가보다 높을 때는 원재료에 대하여 저가법을 적용하지 아니한다.

 07 특수매매

1 미착상품 (goods transit)

No.	구 분		차 변		대 변	
(1)	화물대표증권을 받은 경우		미 착 상 품	800	외 상 매 입 금	800
(2)	상 품 의 도 착 시		상 품	800	미 착 상 품	800
(3)	매 출 시	순 액 주 의 (분 기 법)	외 상 매 출 금	850	미 착 상 품 미착상품매출이익	800 50
		총 액 주 의 (총 기 법)	외 상 매 출 금 상품(미착상품매출원가)	850 800	(미착)상품매출 미 착 상 품	850 800

▶미착상품(실기프로그램 : 미착품)의 소유권 결정
  ① 선적지인도조건인 경우 : 미착상품은 매입자의 기말재고자산에 포함시킨다.
  ② 도착지인도조건인 경우 : 미착상품은 매출자의 기말재고자산에 포함시킨다.

② **위탁판매**(consignment sales)

No.	구 분		차 변		대 변	
(1)	상품을 적송한 경우		적 송 품	520	상 품	500
					현금(적송비용)	20
(2)	매출계산서가 도착한 경우	총액주의 (총기법)	판 매 수 수 료	30	(적송)상품매출	600
			현 금	570	적 송 품	520
			상품(적송품매출원가)	520		
		순액주의 (분기법)	현 금	570	적 송 품	520
					적송품매출이익	50

▶ **수익의 실현시기 및 소유권 결정** : 위탁판매는 수탁자가 위탁품을 판매한 날에 매출수익이 실현된다. 따라서 위탁판매가 성립되기까지의 적송품은 위탁자의 기말재고자산에 포함시킨다.

③ **수탁판매**(consignment inwards)

No.	구 분	차 변		대 변	
(1)	수탁판매품 도착 인수비용 지급	수 탁 판 매	10	현 금	10
(2)	수탁품의 판매	현 금	600	수 탁 판 매	600
(3)	매출계산서의 송부	수 탁 판 매	20	보 관 료(등)	5
				수 수 료 수 익	15
(4)	실수금의 송금	수 탁 판 매	570	현 금	570

▶수탁판매품이 도착하면 분개하지 않고, 인수비용 지급 시 분개한다.

④ **위탁매입**

No.	구 분	차 변		대 변	
(1)	착수금의 지급 시	선 급 금	100	현 금	100
(2)	매입위탁상품의 도착 시	상 품	740	선 급 금	100
				외 상 매 입 금	640

⑤ **수탁매입**(indent)

No.	구 분	차 변		대 변	
(1)	착수금(계약금)을 받은 경우	현 금	100	수 탁 매 입	100
(2)	수탁매입상품의 매입 시	수 탁 매 입	700	외 상 매 입 금	700
(3)	매입계산서 송부 후 대신 지급금 청구 시	수 탁 매 입	40	제 비 용	15
				수 수 료 수 익	25
(4)	대신 지급금을 받은 경우	현 금	640	수 탁 매 입	640

6 **시용판매**(sales on approval)

No.	구 분	차 변	대 변
(1)	시용판매조건으로 상품을 발송 하면 – 대조계정사용(비망기록)	시 송 품 1,000	시용가매출 1,000
(2)	고객으로부터 전액 매입 하겠다는 통보가 오면	시 용 가 매 출 1,000 외 상 매 출 금 1,000	시 송 품 1,000 (시용)상품매출 1,000

7 **할부판매**(instalment sales) … **단기 할부판매**

No.	구 분	차 변	대 변
(1)	할부 매출 시	(할부)외상매출금 ×××	(할부)상품 매출 ×××
(2)	할부금 회수 시	현 금 ×××	(할부)외상매출금 ×××
(3)	결산 시	분 개 없 음	

▶ **수익의 실현시기와 소유권 결정** : 할부판매에 대한 매출수익은 상품이나 제품을 인도한 날, 즉 판매시점에서 실현된다. 따라서 상품이 인도되는 시점에서 매출자의 재고자산에서 제외된다.

 08 투 자 자 산

1 **투자자산**(investments)**의 개념** : 장기적으로 투자수익을 얻을 목적 또는 다른 기업을 지배 또는 유의적인 영향력을 행사할 목적 등의 부수적인 기업활동의 결과로 보유하는 자산을 말한다.

2 **투자자산의 종류**

종 류		내 용
투 자 부 동 산		영업활동에 사용하지 않고 투자목적으로 보유하는 토지와 설비자산
장 기 금 융 상 품		보고기간 종료일로 부터 만기가 1년 이상인 장기성예금과 사용이 제한되어 있는 예금(감채기금)및 기타 정형화된 장기금융상품
장기투자증권	만기보유증권	만기가 확정된 채무증권으로 만기까지 보유할 적극적인 의도와 능력을 가지고 소유하는 채무증권(국·공·사채)
	매도가능증권	단기매매증권이나 만기보유증권 및 지분법적용 투자주식으로 분류되지 아니하거나 시장성이 없는 유가증권
지분법적용투자주식		다른 회사에 유의적인 영향력을 행사할 목적으로 보유하는 주식
장 기 대 여 금		대여기간이 보고기간 종료일로부터 1년 이상인 대여금

▶ '유의적인 영향력'은 투자기업이 피투자기업의 의결권 있는 주식의 20% 이상 보유하고 피투자기업의 재무정책과 영업정책에 관한 의사결정에 참여할 수 있는 능력을 말한다.

③ 매도가능증권의 회계처리

(1) 매도가능 목적으로 주식 등을 매입하면(단기매매와 만기보유목적이 아닌 경우)

   (차) 매도가능증권 5,000   (대) 현 금 5,000

(2) 매도가능증권의 처분

No.	구　　분	차　　변	대　　변
(1)	처 분 시 (취득원가 < 처분금액)	현　　　금　6,000	매도가능증권　5,000 매도가능증권처분이익　1,000
(2)	처 분 시 (취득원가 > 처분금액)	현　　　금　4,800 매도가능증권처분손실　200	매도가능증권　5,000

(3) 매도가능증권의 평가

No.	구　　분	차　　변	대　　변
(1)	공정가치(시가)가 취득 원가보다 하락하면	매도가능증권평가손실　×××	매도가능증권　×××
(2)	공정가치(시가)가 취득 원가보다 상승하면	매도가능증권　×××	매도가능증권평가이익　×××

▶ 매도가능증권평가손익은 기타포괄손익누계액항목으로 재무상태표 자본에 가감표시하여 다음 연도로 이월시키고, 차후 매도가능증권의 처분시 처분손익(영업외손익)에 반영된다.

 09 **유형자산**

① 유형자산(property plant and equipment)의 개념

 유형자산은 재화의 생산이나 용역의 제공, 타인에 대한 임대 또는 자체적으로 사용할 목적으로 보유하는 물리적 형체가 있는 자산으로서 1년을 초과하여 사용할 것이 예상되는 토지, 건물, 기계장치 등을 말한다.

(1) 유형자산의 취득원가의 구성

 유형자산은 최초에는 취득원가로 측정하며 현물출자, 증여, 기타 무상으로 취득한 자산의 가액은 공정가치를 취득원가로 한다. 취득원가는 구입원가 및 경영진이 의도하는 방식으로 자산을 가동하는 데 필요한 장소와 상태에 이르게 하는데 직접 관련되는 원가인 (1)~(9)와 관련된 지출 등으로 구성된다.(매입할인 등은 차감한다.)

(1) 설치 장소 준비를 위한 지출
(2) 외부 운송 및 취급비 (3) 설치비

(4) 설계와 관련하여 전문가에게 지급하는 수수료

(5) 유형자산의 취득과 관련하여 국·공채 등을 불가피하게 매입하는 경우 해당 채권의 매입 금액과 일반기업회계기준에 따라 평가한 현재 가치와의 차액

(6) 자본화 대상인 차입원가

(7) 취득세, 등록세 등 유형자산의 취득과 직접 관련된 제세공과금

(8) 해당 유형자산의 경제적 사용이 종료된 후에 원상 회복을 위하여 그 자산을 제거, 해체 하거나 또는 부지를 복원하는 데 소요될 것으로 추정되는 원가가 충당부채의 인식요건 을 충족하는 경우 그 지출의 현재 가치

(9) 유형자산이 정상적으로 작동되는지 여부를 시험하는 과정에서 발생하는 원가. 단, 시험 과정에서 생산된 재화(예 장비의 시험과정에서 생산된 시제품)의 순 매각금액은 당해 원가에서 차감한다.

▶ 다음의 지출은 유형자산의 원가에 포함하지 않고 발생 즉시 비용으로 처리한다.

1. 새로운 시설을 개설하는 데 소요되는 원가
2. 새로운 상품과 서비스를 소개하는 데 소요되는 원가(광고 및 판촉활동과 관련된 원가)
3. 새로운 지역에서 또는 새로운 고객층을 대상으로 영업을 하는 데 소요되는 원가(직원 교육훈련비)
4. 관리 및 기타 일반간접원가

▶ 유형자산이 경영진이 의도하는 방식으로 가동될 수 있는 장소와 상태에 이른 후에는 원가를 더 이상 인식하 지 않는다. 따라서 유형자산을 사용하거나 이전하는 과정에서 발생하는 원가는 당해 유형자산의 장부금액 에 포함하여 인식하지 아니한다. 예를 들어 다음과 같은 원가는 유형자산의 장부금액에 포함하지 아니한다.

1. 유형자산이 경영진이 의도하는 방식으로 가동될 수 있으나 아직 실제로 사용되지 않고 있는 경우 또는 가 동수준이 완전조업도 수준에 미치지 못하는 경우에 발생하는 원가
2. 유형자산과 관련된 산출물에 대한 수요가 형성되는 과정에서 발생하는 초기 가동손실
3. 기업의 영업 전부 또는 일부를 재배치하거나 재편성하는 과정에서 발생하는 원가

1. 토지를 취득시 구 건물의 철거 관련 비용에서 철거된 건물의 부산물(골조물)을 판매하여 수취한 금액을 차감 한 금액은 토지의 취득원가에 포함한다. 단, 기존에 사용하던 건물을 철거하는 경우 그 건물의 장부금액은 처분손실로 반영하고 철거비용은 당기의 영업외비용으로 처리한다.
2. 유형자산의 취득과 건설에 상당한 기간이 소요되고, 그 필요한 자금을 외부로부터 특정 차입하여 조달하는 경우에 발생하는 이자비용(차입원가)은 기간비용으로 처리하지 않고, 유형자산의 취득원가에 포함한다. 단, 그 차입금을 은행에 일시적으로 예입한 경우에 발생한 이자수익은 취득원가에 계상되는 이자비용(차 입원가)에서 차감한다.

(2) 유형자산의 취득과 처분

No.	구 분	차 변	대 변
①	취 득 시	건 물(등) ×××	현 금 ×××
②	처 분 시 (취득원가＜처분금액)	현 금 ×××	건 물(등) ××× 유형자산처분이익 ×××
③	처 분 시 (취득원가＞처분금액)	현 금 ××× 유형자산처분손실 ×××	건 물(등) ×××

(3) 건설중인 자산(construction in progress)

No.	구 분	차 변	대 변
①	공사착수금·중도금을 지급한 경우	건설중인자산 ×××	현 금 ×××
②	완성한 경우	건 물 ×××	건설중인자산 ×××

▶ 건물, 토지 등을 취득하기 위하여 지급된 계약금은 선급금계정이 아닌 건설중인자산으로 처리한다.

(4) 자본적지출과 수익적지출(취득 후 후속지출)

No.	구 분	차 변	대 변
①	자본적 지출	건 물(등) ×××	현 금 ×××
②	수익적 지출	수 선 비 ×××	현 금 ×××

▶ 지출에 대한 판단 오류 ① 자본적지출을 수익적지출로 잘못 처리한 경우 → 자산 과소, 이익 과소
② 수익적지출을 자본적지출로 잘못 처리한 경우 → 자산 과대, 이익 과대

② 유형자산의 감가상각(depreciation)

(1) 감가상각의 계산 방법

(가) 정액법

$$감 가 상 각 비 = \frac{취득원가 - 잔존가치}{내 용 연 수}$$

(나) 체감잔액법

(ㄱ) 정률법

$$감가상각비 = 미상각잔액 \times 정률$$

$$정 \quad 률 = 1 - \sqrt[n]{\frac{잔존가치}{취득원가}} \quad (n = 내용연수)$$

(ㄴ) 이중체감법

$$감가상각비 = 미상각잔액 \times 상각률$$

$$상\ 각\ 률 = \left(\frac{1}{내용연수} \right) \times 2$$

▶ 감가상각비의 계산 방법이 정률법과 동일하고 단지 상각률을 간편하게 정액법에 의한 상각률의 두 배로 적용하는 방법으로써 정액법의 배법이라고도 한다.

(ㄷ) 연수합계법

$$감\ 가\ 상\ 각\ 비 = (취득원가 - 잔존가치) \times \frac{잔여내용연수의 합계}{내용연수합계}$$

(다) 생산량비례법

$$감\ 가\ 상\ 각\ 비 = (취득원가 - 잔존가치) \times \frac{실제생산량}{예정총생산량}$$

(2) 감가상각의 기장 방법 : 직접법, 간접법이 있다.

No.	구 분	차 변		대 변	
①	직 접 법	감 가 상 각 비	×××	건 물(등)	×××
②	간 접 법	감 가 상 각 비	×××	감가상각누계액	×××

③ 유형자산의 교환에 의한 취득

(1) 이종자산의 교환 : 다른 종류의 자산과의 교환으로 취득한 유형자산의 취득원가는 교환을 위하여 제공한 자산의 공정가치로 측정한다. 단, 교환을 위하여 제공한 자산의 공정가치가 불확실한 경우에는 교환으로 취득한 자산의 공정가치를 취득원가로 할 수 있다. 자산의 교환 시 현금 수수액은 취득원가에 반영한다.

(2) 동종자산의 교환 : 동일한 업종 내에서 유사한 용도로 사용되고 공정가치가 비슷한 동종자산의 교환으로 유형자산을 취득한 경우의 취득원가는 교환으로 제공한 자산의 장부금액으로 측정하므로 처분손익을 인식하지 않는다. 단, 교환되는 동종자산의 공정가치가 유사하지 않은 경우에는 거래조건의 일부로 현금과 같이 다른 종류의 자산이 포함될 수 있다. 이 경우 교환에 포함된 현금 등의 금액이 유의적이라면 동종자산의 교환으로 보지 않는다.

 무형자산

① 무형자산(intangible assets)의 개념

무형자산은 물리적 형태는 없지만 식별가능하고 기업이 통제하고 있으며, 미래 경제적 효익이 기업에 유입될 가능성이 높아야 하고 취득원가를 신뢰성 있게 측정할 수 있는 비화폐성자산으로 산업재산권(특허권 등), 저작권, 개발비 등과 사업결합에서 발생한 영업권을 포함한다.

② 무형자산의 종류

(1) 영업권(good-will)

No.	구 분	차 변		대 변	
①	다른 회사를 흡수합병하면	제 자 산 영 업 권	2,000 300	제 부 채 당좌예금(자본금)	500 1,800
②	결산 기말 영업권을 상각하면(5년 가정)	무형자산상각비	60	영 업 권	60

▶ 기업의 인수, 합병 시 인수한 순자산액보다 인수대가가 적은 경우 - 염가매수차익(영업외수익)으로 처리하고, 무형자산의 상각기간은 관계법령에서 정해진 경우를 제외하고 20년을 초과하지 못하며 무형자산의 상각금액은 전부 판매비와관리비에 속한다. 단, 상각방법은 유형자산에 준하고 합리적인 방법을 정할 수 없는 경우에는 정액법을 사용한다.

(2) 산업재산권(Intellectual proprietary rights)

특 허 권	새로운 발명품에 대하여 일정기간 독점적으로 이용할 수 인는 권리
실 용 신 안 권	물품의 구조, 형상 등을 경제적으로 개선하여 생활의 편익을 줄 수 있오록 신규의 공업적 고안을 하여 얻은 뒤의 권리
디 자 인 권	특정 디자인(의장)이나 로고 등을 일정기간동안 독점적으로 사용하는 권리
상 표 권	특정 상표를 등록하여 일정기간 독점적으로이용하는 권리

(3) 개발비(pre-operating costs)

No.	구 분	차 변		대 변	
①	신제품 개발비 지급 시	개 발 비	5,000	현 금	5,000
②	결산 시 상각(5년 가정)	무형자산상각비	1,000	개 발 비	1,000
③	신제품 발명 성공하여 특허권 취득 시(출원비용)	산 업 재 산 권	2,000	현 금	2,000

(4) 광업권, 어업권, 차지권

① 광업권은 일정한 광구에서 부존하는 광물을 채굴하여 취득할 수 있는 권리를 말한다.

② 어업권은 일정한 수면에서 어업을 경영할 수 있는 권리를 말한다.

③ 차지권은 임차료 또는 지대를 지급하고, 타인이 소유하는 토지를 사용, 수익할 수 있는 권리를 말한다.

(5) 기타의 무형자산

① **라이선스**(license) : 다른 기업의 상표, 특허 제품 등을 사용할 수 있는 권리를 말한다.

② **프랜차이즈**(franchise) : 특정 체인사업에 가맹점을 얻어 일정한 지역에서 특정상표나 제품을 제조·판매할 수 있는 권리를 말한다.

③ **저작권** : 저작자가 자기 저작물을 복제, 번역, 방송, 상연 등을 독점적으로 이용할 수 있는 권리를 말한다.

④ **컴퓨터소프트웨어** : 소프트웨어란 컴퓨터와 관련된 운용프로그램을 말하는 것으로 상용 소프트웨어의 구입을 위하여 지출한 금액을 말한다. 단, 소프트웨어 개발비용은 개발비에 속한다.

⑤ **임차권리금** : 토지나 건물을 빌릴 때, 그 이용권을 가지는 대가로 보증금 이외로 추가 지급하는 금액을 말한다.

(6) 내부적으로 창출한 무형자산

기업 자체의 연구와 개발로 만들어지는 내부창출 무형자산은 미래경제적효익을 창출할 인식시점을 식별하기 어렵고, 자산의 취득원가를 신뢰성 있게 측정하기 어렵기 때문에 무형자산으로서의 인식기준을 충족하는지를 평가하기는 쉽지 않다. 따라서 내부적으로 창출된 브랜드, 출판표제, 제호, 고객목록 등에 대한 지출과 내부창출 영업권은 무형자산으로 인식하지 않는다. 일반기업회계기준에서는 내부적으로 창출한 무형자산이 인식기준에 부합하는지를 평가하기 위하여 무형자산의 창출과정을 연구단계와 개발단계로 구분한다.

(1) 연구단계(research phase) : 연구란 새로운 과학적, 기술적 지식이나 이해를 얻기 위해 수행하는 독창적이고 계획적인 탐구활동을 말한다. 연구단계에서는 미래경제적효익을 창출할 무형자산이 존재한다는 것을 입증할 수 없기 때문에 연구단계에서 발생한 지출은 무형자산으로 인식할 수 없고 발생한 기간의 비용(연구비계정)으로 인식한다. 연구단계에 속하는 활동은 다음과 같다.

① 새로운 지식을 얻고자 하는 활동

② 연구결과 또는 기타 지식을 탐색, 평가, 최종선택 및 응용하는 활동

(2) **개발단계**(development phase) : 개발이란 상업적인 생산이나 사용 전에 연구결과나 관련 지식을 새롭거나 현저히 개량된 재료, 장치, 제품, 공정, 시스템이나 용역의 생산을 위한 계획이나 설계에 적용하는 활동을 말한다. 개발단계는 연구단계보다 훨씬 더 진전되어 있는 상태이므로 미래경제적효익이 기업에 유입될 가능성이 높은 지출이거나 취득원가를 신뢰성있게 측정할 수 있으면 '개발비'라는 과목으로 무형자산으로 인식하고, 그 외의 경우에는 '경상개발비' 과목으로 발생한 기간의 비용으로 인식한다. 개발단계에 속하는 활동은 다음과 같다.

① 생산이나 사용 전의 시제품과 모형을 설계, 제작 및 시험하는 활동
② 새로운 기술과 관련된 공구, 금형, 주형 등을 설계하는 활동
③ 상업적 생산목적이 아닌 소규모의 시험공장을 설계, 건설 및 가동하는 활동

 11 기타 비유동자산

1 기타 비유동자산의 개념

기타 비유동자산은 장기적이며, 비유동적인 성격을 띄는 자산으로 투자자산, 유형자산, 무형자산에 속하지 않는 비유동자산으로서 다른 자산으로 분류하기 어려운 임차보증금, 이연법인세자산, 장기매출채권 및 장기미수금 등을 포함한다.

2 기타 비유동자산의 종류

종 류		내 용
이연법인세자산		차감할 일시적 차이 등으로 인하여 미래에 경감될 법인세 부담액
보 증 금	전 세 권	전세 보증금을 지급하고, 타인의 부동산을 사용하는 민법에서 인정된 권리
	임차보증금	타인의 부동산을 월세 지급조건으로 사용하기 위하여 지급하는 보증금
	영업보증금	영업 목적을 위하여 제공한 거래 보증금, 입찰 보증금 등
	전신전화가입권	청약금을 지급하고, 특정한 전신 또는 전화를 소유, 사용하는 권리
	회 원 권	휴양시설 또는 레포츠 시설의 회원권을 취득하고 지급한 보증금
장 기 매 출 채 권		일반적 상거래에서 발생한 장기성 외상매출금 및 받을어음 (장기할부 매출시에 흔히 발생)
처 분 자 산 집 합		유형자산 중 사용을 중단하고 폐기처분 예정인 자산
기 타		장기미수금, 장기선급금, 장기미수수익, 장기선급비용 등

영역별 객관식 문제

01 다음 중 일반기업회계기준에서의 현금및현금성자산이 아닌 것은?

① 취득 당시 만기가 3개월 이내에 도래하는 채권 및 단기금융상품
② 우편환증서, 전신환증서 등 통화대용증권
③ 당좌거래개설보증금
④ 통화

02 다음 중 단기금융상품으로 분류되지 않는 것은?

① 양도성예금증서(CD)　　　　② 1년만기 정기적금
③ 신종기업어음(CP)　　　　　④ 여행자수표(TC)

03 다음 중 재무상태표상 자산의 분류가 다른 것은?

① 지분법적용투자주식　　　　② 매도가능증권
③ 단기매매증권　　　　　　　④ 만기보유증권

04 일반기업회계기준상 단기시세차익 목적으로 시장성있는 사채를 취득하는 경우 가장 적합한 계정과목은 무엇인가?

① 만기보유증권　　　　　　　② 매도가능증권
③ 단기매매증권　　　　　　　④ 지분법적용투자주식

05 유가증권과 관련한 다음의 설명 중 적절치 않은 것은?

① 유가증권에는 지분증권과 채무증권이 포함된다.
② 만기가 확정된 채무증권을 만기까지 보유할 적극적인 의도와 능력이 있는 경우에는 만기보유증권으로 분류한다.
③ 만기보유증권으로 분류되지 아니하는 채무증권은 매도가능증권으로만 분류된다.
④ 주로 단기간 내의 매매차익을 목적으로 취득한 유가증권으로서 매수와 매도가 적극적이고 빈번하게 이루어지는 것은 단기매매증권으로 분류한다.

06 다음 중 유가증권에 대한 내용으로 옳지 않은 것은?

① 유가증권은 취득 후에 만기보유증권, 단기매매증권, 매도가능증권 중의 하나로 분류한다.
② 유가증권의 분류는 취득시 결정되면 그 후에 변동되지 않는다.
③ 주로 단기간 내의 매매차익을 목적으로 취득한 유가증권으로서 매수와 매도가 적극적이고 빈번하게 이루어지는 것은 단기매매증권이다.
④ 만기가 확정된 채무증권으로서 상환금액이 확정되었거나 확정이 가능한 채무증권을 만기까지 보유할 적극적인 의도와 능력이 있는 경우에는 만기보유증권이다.

07 유가증권에 대한 설명이다. 옳은 것은?

① 유가증권 중 채권은 취득한 후에 단기매매증권이나 매도가능증권 중의 하나로만 분류한다.
② 단기매매증권이 시장성을 상실한 경우에는 매도가능증권으로 분류하여야 한다.
③ 단기매매증권과 만기보유증권은 원칙적으로 공정가치로 평가한다.
④ 매도가능증권은 주로 단기간 내의 매매차익을 목적으로 취득한 유가증권이다.

08 다음 중 나머지 셋과 계정과목의 성격이 다른 하나는?

① 단기매매증권평가손실
② 단기매매증권처분손실
③ 매도가능증권평가손실
④ 매도가능증권처분손실

09 다음 중 기업회계기준에 의한 유가증권에 관한 설명이다. 옳지 않은 것은?

① 만기보유증권으로 분류되지 아니하는 채무증권은 단기매매증권이나 매도가능증권으로 분류된다.
② 단기매매증권, 매도가능증권, 만기보유증권은 원칙적으로 공정가치로 평가한다.
③ 단기매매증권이 시장성을 상실한 경우에는 매도가능증권으로 분류하여야 한다.
④ 만기가 확정된 채무증권을 만기까지 보유할 적극적인 의도와 능력이 있는 경우에는 만기보유증권으로 분류한다.

10 유가증권의 취득과 관련된 직접 거래원가에 관한 설명이다. 틀린 것은?

① 기타의 금융부채로 분류하는 경우에는 공정가치에 가산
② 만기보유증권으로 분류하는 경우에는 공정가치에 가산
③ 매도가능증권으로 분류하는 경우에는 공정가치에 가산
④ 단기매매증권으로 분류하는 경우에는 공정가치에 가산

11 다음의 유가증권거래로 인하여 당기손익에 미치는 영향을 바르게 설명 한 것은?

> (주)광화문은 2월 5일에 시장성 있는 단기매매증권 1,000주(주당 @10,000원)를 취득하면서, 수수료비용 500,000원을 포함하여 현금으로 결제하였다. 다음날 600주를 주당 @11,000원에 현금 처분하였다.

① 당기순이익이 600,000원 증가한다.
② 당기순이익이 600,000원 감소한다.
③ 당기순이익이 100,000원 증가한다.
④ 당기순이익이 300,000원 증가한다.

12 (주)서울은 제1기(1. 1 ~ 12. 31)의 1월 2일에 단기적인 시세차익 목적으로 상장주식 100주(주당 20,000원)를 현금으로 취득하였다. 12월 31일의 1주당 시가는 25,000원이었다. (주)서울은 제2기(1. 1 ~ 12. 31) 1월 1일에 1주당 30,000원에 50주를 매각하였다. 제2기 12월 31일의 1주당 시가는 20,000원이었다. 일련의 회계처리 중 잘못된 것을 고르면?

① 주식 취득 시   : (차) 단기매매증권 2,000,000   (대) 현   금 2,000,000
② 제1기 12월 31일 : (차) 단기매매증권   500,000   (대) 단기매매증권평가이익   500,000
③ 제2기 1월 1일 : (차) 현   금 1,500,000   (대) 단기매매증권 1,000,000
　　　　　　　　　　　　　　　　　　　　　　　　　　　　단기매매증권처분이익   500,000
④ 제2기 12월 31일 : (차) 단기매매증권평가손실   250,000   (대) 단기매매증권   250,000

13 다음 (주)세무의 매도가능증권 거래로 인하여 당기손익에 미치는 영향으로 옳은 것은?

> (주)세무는 20×1년 1월 16일에 (주)한국의 주식 100주를 주당 10,000원에 취득(매도가능증권으로 회계처리함)하고, 취득 관련 수수료비용 20,000원을 포함하여 현금을 지급하였다. 그리고 다음날인 1월 17일에 (주)한국의 주식 50주를 주당 9,000원에 현금 처분하였다.

① 당기순이익 40,000원 감소한다.　　　② 당기순이익 50,000원 감소한다.
③ 당기순이익 60,000원 감소한다.　　　④ 당기순이익 70,000원 감소한다.

14 기말 현재 보유하고 있는 유가증권의 현황이 다음과 같을 경우 적절한 회계처리는?

> · 취득원가 1,000,000원의 갑회사 주식(단기보유목적), 기말공정가치 1,200,000원
> · 취득원가 9,000,000원의 을회사 주식(장기투자목적, 시장성 있음), 기말공정가치 8,500,000원

① (차) 유가증권평가손실 300,000 　　(대) 유 가 증 권 300,000

② (차) { 단 기 매 매 증 권 200,000 　(대) { 단기매매증권평가이익 200,000
　　　 { 매도가능증권평가손실 500,000 　　　 { 매 도 가 능 증 권 500,000

② (차) { 단 기 매 매 증 권 200,000 　(대) { 단기매매증권평가이익 200,000
　　　 { 매도가능증권평가손실 500,000 　　　 { 매도가능증권평가손실충당금 500,000

④ (차) 유가증권평가손실 300,000 　　(대) 유가증권평가손실충당금 300,000

15 매출채권에 대한 설명 중 잘못된 것은?

① 회수가 불확실한 매출채권에 대하여 합리적이고 객관적인 기준에 따라 산출한 대손추산액을 대손충당금으로 설정한다.
② 매출채권 등의 이전거래가 차입거래에 해당하면 처분손익을 인식하여야 한다.
③ 대손추산액에서 대손충당금잔액을 차감한 금액을 대손상각비로 계상한다.
④ 회수가 불가능한 채권은 대손충당금과 상계하고 대손충당금이 부족한 경우에는 그 부족액을 대손상각비로 처리한다.

16 결산 시 매출채권에 대한 대손충당금을 계산하는 경우의 예이다. 틀린 것은?

	결산전 대손충당금잔액	기말 매출채권잔액 (대손율 1%)	회계처리의 일부
①	10,000원	100,000원	(대) 대손충당금환입 9,000원
②	10,000원	1,000,000원	회계처리 없음
③	10,000원	1,100,000원	(차) 대손상각비 1,000원
④	10,000원	1,100,000원	(차) 기타의대손상각비 1,000원

17 다음의 거래에 대한 분개로 맞는 것은?

> 8월 31일 : 거래처의 파산으로 외상매출금 100,000원이 회수불능이 되다.(단,
> 8월 31일 이전에 설정된 대손충당금 잔액은 40,000원이 있다.)

① (차) 대 손 상 각 비　100,000원　　(대) 외 상 매 출 금　100,000원
② (차) { 대 손 충 당 금　40,000원 / 대 손 상 각 비　60,000원 }　　(대) 외 상 매 출 금　100,000원
③ (차) { 대 손 충 당 금　60,000원 / 대 손 상 각 비　40,000원 }　　(대) 외 상 매 출 금　100,000원
④ (차) { 대손충당금환입　40,000원 / 대 손 상 각 비　60,000원 }　　(대) 외 상 매 출 금　100,000원

18 (주)서울은 유형자산 처분에 따른 미수금 기말잔액 45,000,000원에 대하여 2%의 대손충당금을 설정하려 한다. 기초 대손충당금 400,000원이 있었고 당기 중 320,000원 대손이 발생되었다면 보충법에 의하여 기말 대손충당금 설정 분개로 올바른 것은?

① (차) 대 손 상 각 비　820,000원　　(대) 대 손 충 당 금　820,000원
② (차) 기타의대손상각비　820,000원　　(대) 대 손 충 당 금　820,000원
③ (차) 대 손 상 각 비　900,000원　　(대) 대 손 충 당 금　900,000원
④ (차) 기타의대손상각비　900,000원　　(대) 대 손 충 당 금　900,000원

19 (주)종로는 매출채권 기말잔액 28,000,000원에 대하여 1%의 대손충당금을 설정하고자 한다. 전기말 대손충당금 잔액은 300,000원이었으며, 기중에 전기 대손발생액 중 200,000원이 회수되어 회계처리 하였다. 기말의 회계처리로 올바른 것은?

① (차) 대 손 상 각 비　280,000원　　(대) 대 손 충 당 금　280,000원
② (차) 대 손 충 당 금　20,000원　　(대) 대손충당금환입　20,000원
③ (차) 대 손 충 당 금　220,000원　　(대) 대손충당금환입　220,000원
④ (차) 대 손 상 각 비　180,000원　　(대) 대 손 충 당 금　180,000원

20 (주)한국은 대손충당금을 보충법에 의해 설정하고 있으며, 매출채권 잔액의 1%로 설정하고 있다. 기말 재무상태표상 매출채권의 순장부금액은 얼마인가?

매 출 채 권	(단위:원)		대손충당금		(단위:원)
기 초 50,000	회 수 등 200,000	대 손 8,000		기 초 10,000	
발 생 500,000					

① 346,500원 ② 347,000원
③ 347,500원 ④ 348,000원

21 (주)세무는 A사로부터 갑상품을 12월 10일에 주문받고, 주문받은 갑상품을 12월 24일에 인도하였다. 갑상품 대금 100원을 다음과 같이 받을 경우, 이 갑상품의 수익인식시점은 언제인가?

날 짜	대금(합계 100원)
12월 31일	60원
다음해 1월 2일	40원

① 12월 10일 ② 12월 24일
③ 12월 31일 ④ 다음해 1월 2일

22 재고자산의 저가법 적용과 관련하여 타당하지 않는 것은?

① 재고자산을 저가법으로 평가하는 경우 상품의 시가는 순실현가능가치를 말한다.
② 재고자산 평가를 위한 저가법은 원칙적으로 항목별로 적용한다.
③ 시가는 매 회계기간말에 추정한다.
④ 재고자산의 시가가 장부금액 이하로 하락하여 발생한 평가손실은 영업외비용으로 처리한다.

23 재고자산의 기말평가 시 저가법을 적용하는 경우, 그 내용으로 맞는 것은?

① 재고자산평가손실은 판매비와관리비로 분류한다.
② 재고자산평가충당금은 비유동부채로 분류한다.
③ 재고자산평가충당금환입은 영업외수익으로 분류한다.
④ 재고자산평가충당금은 해당 재고자산에서 차감하는 형식으로 기재한다.

24 (주)한국상사는 거래처와 제품 판매계약을 체결하면서 계약금 명목으로 수령한 2,000,000원에 대하여 이를 수령한 시점에서 미리 제품매출로 회계처리하였다. 이러한 회계처리로 인한 효과로 가장 올바른 것은?

① 자산 과대계상 ② 비용 과대계상
③ 자본 과소계상 ④ 부채 과소계상

25 재고자산 취득원가 측정에 대한 내용으로 올바른 것은?

① 매입과 관련된 할인, 에누리는 취득원가에서 차감하지 않는다.
② 취득과정에서 정상적으로 발생한 부대비용은 취득원가에 포함하지 않는다.
③ 제조원가 중 비정상적으로 낭비된 부분은 취득원가에 포함하지 않는다.
④ 제조원가 중 추가 생산단계에 투입하기 전에 보관이 필요한 경우 외의 보관비용은 취득원가에 포함한다.

26 재고자산 평가방법이 아닌 것은?

① 계속기록법 ② 후입선출법
③ 가중평균법 ④ 선입선출법

27 재고자산의 단가결정방법에 해당하는 것은?

① 개별법 ② 실지재고조사법
③ 혼합법 ④ 계속기록법

28 기말재고자산에 포함될 항목의 결정에 대한 설명이다. 가장 틀린 것은?

① 적송품은 수탁자가 판매한 경우 위탁자의 재고자산에서 제외한다.
② 시송품은 매입자가 매입의사표시를 한 경우 판매자의 재고자산에서 제외한다.
③ 할부판매상품은 인도기준으로 매출을 인식하므로 대금회수와 관계없이 인도시점에서 판매자의 재고자산에서 제외한다.
④ 미착품이 도착지인도조건인 경우 도착시점에서 판매자의 재고자산에 포함한다.

29 재고자산으로 분류되지 않는 항목은?

① 결산일 현재 수탁자가 판매하지 못한 위탁자의 적송품
② 할부대금이 모두 회수되지 않은 할부판매상품
③ 결산일 현재 매입의사표시 없는 시송품
④ 선적지 인도조건으로 매입한 결산일 현재 운송 중인 상품

30 재고자산으로 분류되는 경우는?

① 제조업을 운영하는 회사가 공장이전으로 보유 중인 토지
② 도매업을 운영하는 회사가 단기 시세차익을 목적으로 보유하는 유가증권
③ 서비스업을 운영하는 회사가 사용목적으로 구입한 컴퓨터
④ 부동산매매업을 운영하는 회사가 판매를 목적으로 보유하는 건물

31 다음 항목 중 기말재고자산에 포함될 항목을 모두 합계하면 얼마인가?

> • 장기할부조건으로 판매한 재화 : 3,000원
> • 시용판매용으로 고객에게 제공한 재화(구매자의 매입 의사 표시 없음)
>   : 100,000원
> • 위탁판매용으로 수탁자에게 제공한 재화 중 수탁자가 현재 보관 중인 재화
>   : 10,000원
> • 목적지 인도조건으로 판매한 운송 중인 재화 : 20,000원

① 133,000원   ② 130,000원   ③ 110,000원   ④ 30,000원

32 (주)세무는 상품매출원가에 30%의 이익을 가산하여 판매하고 있다. 기말상품재고액이 기초상품재고액보다 500,000원 증가되었고, 20×1년 상품매출액은 5,200,000원으로 나타났다. 20×1년 당기상품순매입액은?

① 3,000,000원   ② 3,500,000원
③ 4,000,000원   ④ 4,500,000원

33 기간 말 재고자산금액을 실제보다 높게 계상한 경우 재무제표에 미치는 영향으로 잘못된 것은?

① 매출원가가 실제보다 감소한다.   ② 매출총이익이 실제보다 증가한다.
③ 당기순이익이 실제보다 증가한다.   ④ 자본총계가 실제보다 감소한다.

34 다음은 서울상사의 재고자산과 관련된 문제이다. 선입선출법에 의하여 평가할 경우 매출총이익은 얼마인가?(다른 원가는 없다고 가정한다.)

일 자	매입매출구분	수량	단가
10월 1일	기초재고	10개	개당 100원
10월 8일	매 입	30개	개당 110원
10월 15일	매 출	25개	개당 140원
10월 30일	매 입	15개	개당 120원

① 850원   ② 2,650원
③ 3,500원   ④ 6,100원

35 다음은 종로상사의 제1기(1.1 ~ 12. 31)재고자산 내역이다. 이를 통하여 이동평균법에 의한 기말재고자산의 단가를 계산하면 얼마인가?

일 자	적요	수량	단가
1월 4일	매입	200개	1,000원
3월 6일	매출	100개	1,200원
5월 7일	매입	200개	1,300원
7월 10일	매입	300개	1,100원

① 1,150원   ② 1,200원
③ 1,250원   ④ 1,270원

36 물가가 상승하는 시기에 있어 재고자산의 기초재고수량과 기말재고수량이 같을 경우에, 매출원가,당기순이익과 법인세비용을 가장 높게 하는 재고자산 원가결정방법으로 묶어진 것은?

	매출원가	당기순이익	법인세비용
①	선입선출법	평 균 법	평 균 법
②	후입선출법	선입선출법	선입선출법
③	평 균 법	후입선출법	후입선출법
④	선입선출법	선입선출법	선입선출법

37 다음 자료를 이용하여 상품의 기말재고액을 계산하면 얼마인가?

• 매출액　　　2,000,000원	• 매출에누리　300,000원	• 매출할인　　200,000원
• 매입액　　　1,500,000원	• 매입할인　　 50,000원	• 매입환출　　100,000원
• 타계정으로 대체　200,000원	• 기초재고액　 30,000원	• 매출총이익　370,000원

① 50,000원 　　　　　　　　　　　② 100,000원
③ 200,000원 　　　　　　　　　　　④ 30,000원

38 유형자산 취득 시 회계처리를 설명한 것이다. 옳지 않는 것은?

① 유형자산에 대한 건설자금이자는 취득원가에 포함할 수 있다.
② 무상으로 증여받은 건물은 취득원가를 계상하지 않는다.
③ 교환으로 취득한 토지의 가액은 공정가치를 취득원가로 한다.
④ 유형자산 취득 시 그 대가로 주식을 발행하는 경우 주식의 발행가액을 그 유형자산의 취득원가로 한다.

39 유형자산으로 분류하기 위한 조건으로서 가장 부적합한 것은?

① 영업활동에 사용할 목적으로 취득하여야 한다.
② 물리적인 실체가 있어야 한다.
③ 사업에 장기간 사용할 목적으로 보유하여야 한다.
④ 생산 및 판매목적으로 보유하고 있어야 한다.

40 유형자산의 취득원가가 아닌 것은?

① 설치장소 준비를 위한 지출 　　　　② 관리 및 기타 일반간접원가
③ 자본화대상인 차입원가 　　　　　　④ 설치비

41 유형자산의 취득원가에 해당하지 않는 것은?

① 유형자산의 매입 또는 건설과 직접적으로 관련되어 발생한 종업원 급여
② 유형자산의 취득과 직접 관련된 제세공과금
③ 유형자산의 설치장소 준비를 위한 지출
④ 유형자산 취득 후 발생한 이자비용

42 유형자산과 관련한 다음의 지출 중 발생기간의 비용으로 처리해야 하는 것은?

① 원상회복을 위한 수선유지 지출
② 상당한 원가절감 또는 품질향상을 가져오는 경우의 지출
③ 생산능력 증대를 위한 지출
④ 내용연수 연장을 위한 지출

43 유형자산의 자본적지출을 수익적지출로 처리한 경우에 대한 설명이다. 맞는 것은?

① 당기순이익이 증가한다.　　　　　② 자본이 감소한다
③ 자기자본이 증가한다.　　　　　　④ 이익잉여금이 증가한다.

44 사용 중인 유형자산에 대한 수익적지출을 자본적지출로 회계처리한 경우, 재무제표
에 미치는 영향으로 올바른 것은?

① 자산의 과소계상　　　　　　　　② 당기순이익의 과대계상
③ 부채의 과소계상　　　　　　　　④ 비용의 과대계상

45 유형자산의 감가상각과 관련한 다음 설명 중 가장 옳지 않은 것은?

① 감가상각대상금액은 취득원가에서 잔존가치를 차감하여 결정한다.
② 감가상각의 주목적은 취득원가의 배분에 있다.
③ 감가상각비는 다른 자산의 제조와 관련된 경우 관련자산의 제조원가로 계상한다.
④ 정률법은 내용연수동안 감가상각비를 매 기간 동일하게 계산하는 방법이다.

46 유형자산의 감가상각에 대한 내용으로 옳지 않은 것은?

① 감가상각은 자산이 사용가능한 시점부터 시작한다.
② 자산의 내용연수 동안 감가상각액이 매 기간 감소하는 상각방법은 정률법이다.
③ 제조공정에서 사용된 유형자산의 감가상각액은 당기비용으로 처리한다.
④ 유형자산의 내용연수는 자산으로부터 기대되는 효용에 따라 결정된다.

47 유형자산에 대한 감가상각을 하는 가장 중요한 목적으로 맞는 것은?

① 유형자산의 정확한 가치평가 목적
② 사용가능한 연수를 매년마다 확인하기 위해서
③ 현재 판매할 경우 예상되는 현금흐름을 측정할 목적으로
④ 자산의 취득원가를 체계적인 방법으로 기간배분하기 위해서

48 유형자산에 대한 설명 중 잘못된 것은?

① 동일한 업종 내에서 유사한 용도로 사용되고 공정가치가 비슷한 동종자산과의 교환으로 유형자산을 취득하는 경우 당해 자산의 취득원가는 교환으로 제공한 자산의 공정가치로 한다.
② 현물출자, 증여, 기타 무상으로 취득한 유형자산의 가액은 공정가치를 취득원가로 한다.
③ 건물을 신축하기 위하여 사용중인 기존 건물을 철거하는 경우 그 건물의 장부금액은 제거하여 처분손실로 반영하고, 철거비용은 전액 당기비용으로 처리한다.
④ 유형자산의 취득과 관련하여 국·공채 등을 불가피하게 매입하는 경우 당해 채권의 매입가액과 기업회계기준에 따라 평가한 현재가치와의 차액은 유형자산의 취득원가로 구성된다.

49 다음 자료를 보고 정률법으로 감가상각할 경우 2차 회계연도에 계상될 감가상각비로 맞는 것은?

• 취득원가 : 10,000,000원	• 잔존가치 : 1,000,000원
• 내용연수 : 5년	• 상각율 : 0.45 (가정)

① 1,800,000원　　　　　　　　② 2,227,500원
③ 2,475,000원　　　　　　　　④ 2,677,500원

50 연초에 취득하여 영업부서에 사용한 소형승용차(내용연수 5년, 잔존가치 "0")를 정률법으로 감가상각 할 경우, 정액법과 비교하여 1차년도의 당기순이익 및 1차년도 말 유형자산(차량운반구)의 순액에 미치는 영향으로 올바른 것은?

① 당기순이익은 과대계상 되고, 유형자산은 과대계상 된다.
② 당기순이익은 과대계상 되고, 유형자산은 과소계상 된다.
③ 당기순이익은 과소계상 되고, 유형자산은 과대계상 된다.
④ 당기순이익은 과소계상 되고, 유형자산은 과소계상 된다.

51 다음 자료를 이용하여 유형자산에 대한 감가상각을 실시하는 경우에 정액법, 정률법 및 연수합계법 각각에 의한 2차년도말까지의 감가상각누계액 크기와 관련하여 가장 맞게 표시한 것은?

| · 기계장치 취득원가 : 2,000,000원 (1월 1일 취득) | · 내용연수 : 5년 |
| · 잔존가치 : 취득원가의 10% | · 정률법 상각률 : 0.4 |

① 연수합계법 > 정률법 > 정액법
② 연수합계법 > 정액법 > 정률법
③ 정률법 > 정액법 > 연수합계법
④ 정률법 > 연수합계법 > 정액법

52 (주)세원은 2018년 7월 18일 구입하여 사용 중인 기계장치를 2019년 6월 1일 37,000,000원에 처분하였다. 당기분에 대한 감가상각 후 처분시점의 감가상각누계액은 8,000,000원이며, 처분이익 5,000,000원이 발생하였다. 내용연수 5년, 정액법으로 월할상각하였다고 가정할 경우 기계장치의 취득원가는?

① 32,000,000원
② 40,000,000원
③ 45,000,000원
④ 50,000,000원

53 무형자산에 대한 설명으로 틀린 것은?

① 물리적 형체가 없지만 식별가능함
② 기업이 통제하고 있음
③ 분류 항목은 산업재산권, 저작권, 연구개발비, 영업권 등이 있음
④ 미래의 경제적효익이 있음

54 다음 중 무형자산에 해당하는 것의 개수는?

| · 상표권 | · 내부적으로 창출된 영업권 | · 컴퓨터소프트웨어 |
| · 장기미수금 | · 임차권리금 | · 경상개발비 |

① 1개
② 2개
③ 3개
④ 4개

55 다음은 (주)희망이 무형자산을 창출하기 위해 지출한 내부 프로젝트의 경비 항목이다. 이 항목들에 대하여 연구단계와 개발단계를 구분할 수 없는 경우, 무형자산으로 인식할 수 있는 금액은 얼마인가?

• 관련자료 구입비	3,000,000원	• 창출관련 행정수수료	1,200,000원
• 인건비	6,500,000원	• 기타 창출경비	800,000원

① 0원   ② 3,000,000원   ③ 4,200,000원   ④ 11,500,000원

56 무형자산으로 인식할 수 없는 것은?

① 향후 5억 원의 가치창출이 확실한 개발단계에 2억 원을 지출하여 성공한 경우
② 내부창출한 상표권으로서 기말시점에 회사 자체적으로 평가한 금액이 1억 원인 경우
③ 통신기술과 관련한 특허권을 출원하는 데 1억 원을 지급한 경우
④ 12억 원인 저작권을 현금으로 취득한 경우

57 재무상태표상 기타비유동자산에 속하는 계정과목은?

① 만기보유증권   ② 투자부동산
③ 임차보증금   ④ 지분법적용투자주식

58 다음 중 유동부채에 해당하는 금액을 모두 합하면 얼마인가?

• 외 상 매 입 금	50,000원		
• 장 기 차 입 금	1,000,000원 (유동성장기부채 200,000원 포함)		
• 단 기 차 입 금	200,000원	• 미 지 급 비 용	70,000원
• 선 수 금	90,000원	• 퇴직급여충당부채	80,000원

① 410,000원   ② 520,000원   ③ 530,000원   ④ 610,000원

59 다음 자료에 의하여 기말 외상매입금잔액을 계산하면 얼마인가?

• 기초상품재고액 : 500,000원	• 기말상품재고액 : 600,000원
• 기중상품매출 : 1,500,000원	• 매출총이익률 : 30%
• 기초외상매입금 : 400,000원	• 기중 외상매입금 지급 : 1,200,000원
단, 상품매입은 전부 외상이다.	

① 330,000원   ② 340,000원   ③ 350,000원   ④ 360,000원

60 재무상태표에 관련 자산 부채에서 차감하는 형식으로 표시되는 것이 아닌 것은?

① 퇴직급여충당부채   ② 퇴직보험예치금
③ 감가상각누계액   ④ 대손충당금

61 유형자산에 대해 계속해서 5년간 감가상각할 경우 상각액에 대한 설명이다. 다음 중 가장 거리가 먼 것은?

① 정률법의 경우 상각율이 정해져 있으므로 상각액은 매년 일정하다.
② 정액법의 경우 금액이 정해져 있으므로 상각액은 매년 일정하다.
③ 연수합계법의 경우 내용년수를 역순으로 적용하므로 상각액은 매년 감소한다.
④ 이중체감법의 경우 매년 상각잔액에 대하여 상각율을 적용하므로 상각액은 매년 감소한다.

62 소프트웨어 개발회사인 (주)서울은 새로운 소프트웨어 개발을 위하여 연구단계에서 관련정보의 탐색 비용으로 현금 2억 원을 지출한 경우의 차변 계정과목과 분류를 바르게 한 것은?

① (차) 연구비, 2억 (무형자산)   ② (차) 연구비, 2억 (판매비와관리비)
③ (차) 개발비, 2억 (무형자산)   ④ (차) 개발비, 2억 (기타비유동자산)

63 재무상태표상 자산·부채 계정에 대한 분류가 잘못 연결된 것은?

① 미수수익 : 당좌자산   ② 퇴직급여충당부채 : 유동부채
③ 임차보증금 : 기타비유동자산   ④ 장기차입금 : 비유동부채

64 무형자산에 대한 설명으로 옳지 않은 것은?

① 무형자산은 영업권 및 개발비를 제외하고 대부분 산업재산권, 광업권 등 독점적 배타적 이용권을 표방하는 권리를 말한다.
② 연구활동으로 인한 창업비, 개업비 등의 지출은 미래경제적효익을 나타내므로 당해연도에 무형자산으로 인식하여야 한다.
③ 무형자산의 미래경제적효익을 확보할 수 있고 그 효익에 대한 제3자의 접근을 제한할 수 있다면 자산을 통제하고 있는 것이다.
④ 무형자산의 미래경제적효익은 재화의 매출이나 용역수익, 원가절감, 또는 자산의 사용에 따른 기타 효익의 형태로 발생한다.

4 부채와 자본에 관한 회계 처리

 01 주식회사의 자본

1 주식회사의 설립

주식회사의 설립은 1인 이상의 발기인이 상법의 규정에 따라 정관을 작성하고, 발행한 주식 대금을 전액 납입받아 법원에 등기함으로써 설립된다.

(1) 수권자본제도(authorized capital system) : 회사가 발행할 주식 총수와 1주의 액면 금액을 정관에 정해 두고, 회사가 설립 시 그 중 일부를 발행하여 전액 납입받아 법원에 설립등기를 하고, 잔여 주식은 설립 후 이사회의 결의에 따라 신주를 발행할 수 있는 제도를 말한다.

▶ 단, 상법의 개정(2012. 4. 15)으로 종전에 설립 시 발행하는 주식 수의 제한(발행 예정 주식 총수의 1/4)은 폐지되었다.

(2) 설립시 납입 자본 : 회사 설립 시에 필요한 납입 자본금은 발행주식 수에 1주의 액면금액을 곱한 금액이다. 단, 설립 시 최저 자본금제도는 폐지되었다.(상법 개정 2012. 4. 15)

$$자 본 금 = 발행주식 수 × 1주의 액면금액$$

(3) 주식회사의 설립 방법 : 발기 설립, 모집 설립

No.	구 분	차 변	대 변
①	주식의 공모 시(청약 시)	별 단 예 금　5,000	신주청약증거금　5,000
②	주식을 발행 교부 시	신주청약증거금　5,000 당 좌 예 금　5,000	자 본 금　5,000 별 단 예 금　5,000

▶ 청약기일이 경과된 신주청약증거금은 자본조정(가산항목)항목으로 재무상태표에 표시한다.

2 주식의 발행

No.	구 분	차 변	대 변
(1)	평가발행(액면 = 발행금액)	당 좌 예 금　5,000	보통주자본금　5,000
(2)	할증발행(액면 < 발행금액)	당 좌 예 금　6,000	보통주자본금　5,000 주식발행초과금　1,000
(3)	할인발행(액면 > 발행금액)	당 좌 예 금　4,700 주식할인발행차금　300	보통주자본금　5,000

▶ **주식발행비의 회계 처리** : 일반기업회계기준 제15장 '자본' 문단 15.5에서는 '지분상품(주식)을 발행하는 과정에서 등록비 및 기타 규제 관련 수수료, 법률 및 회계자문 수수료, 주권인쇄비 및 인지세와 같이 직접 관련되어 발생한 추가비용은 주식발행초과금에서 차감하거나 주식할인발행차금에 가산한다.'고 규정하고 있다. 따라서 주식 발행과 직접 관련되어 발생한 주식 발행 비용은 회사 설립 시와 신주 발행 시의 구분 없이 주식의 발행금액에서 차감하고, 주식 발행과 직접 관련이 없는 설립 시의 창립 사무실 임차료, 수도광열비 등의 지출액은 공통 간접 관련 원가이므로 당기의 비용으로 처리하되, 창업비 계정을 사용하지 않고 '임차료', '수도광열비' 등의 각각 개별 과목으로 처리해야 한다.

자본잉여금

1 주식회사의 자본 분류

주식회사의 자본은 자본금, 자본잉여금, 자본조정, 기타포괄손익누계액, 이익잉여금으로 분류한다.

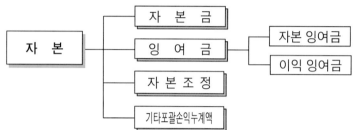

2 자본잉여금(capital surplus)

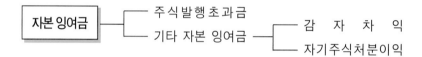

(1) 주식발행초과금(paid-in capital in excess of par-value)

구 분	차 변	대 변
할 증 발 행 시 (액면 5,000원 〈 발행가 5,800원)	당 좌 예 금 5,800	자 본 금 5,000 주식발행초과금 600 현금(발행비용) 200

(2) 감자차익(surplus from redtirement of capital sotck)

구 분	차 변	대 변
무 상 감 자 시	자 본 금 5,000	미 처 리 결 손 금 4,800 감 자 차 익 200

(3) 자기주식처분이익

No.	구 분	차 변	대 변
①	자기주식을 매입한 경우	자 기 주 식 4,500	당 좌 예 금 4,500
②	자기주식을 처분한 경우	당 좌 예 금 4,800	자 기 주 식 4,500 자기주식처분이익 300
③	자기주식을 처분하지 않고 소각한 경우(액면 5,000원)	자 본 금 5,000	자 기 주 식 4,500 감 자 차 익 500

③ **증자와 감자** (increase of capital and reduction of legal capital)

(1) 증 자

No.	구 분	차 변	대 변
①	실 질 적 증 자	당 좌 예 금 ×××	자 본 금 ×××
②	형 식 적 증 자	잉 여 금 ×××	자 본 금 ×××

(2) 감 자

No.	구 분	차 변	대 변
①	실 질 적 감 자	자 본 금 ×××	당 좌 예 금 ×××
②	형 식 적 감 자	자 본 금 5,000	미 처 리 결 손 금 4,700 감 자 차 익 300

 이익잉여금

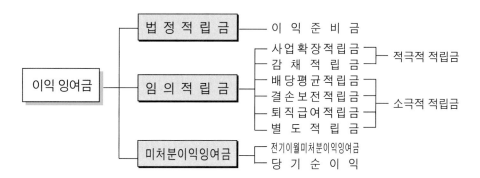

① **법정적립금**

▶ **이익준비금**(legal reserve) : 회사는 자본금의 1/2에 달할 때까지 매 결산기의 이익배당액의 1/10 이상의 금액을 이익준비금으로 적립하여야 한다.

 회계충전소

1. 상법의 개정으로 주식회사는 배당을 현금 및 주식 외에 현물로도 배당을 할 수 있다.(중간 배당 포함) 따라서 종전 상법에서는 이익준비금의 적립에 있어 금전 배당액의 10분의 1이상을 적립하였던 규정을 이익 배당액(금전 또는 현물배당액의 경우만 해당되고 주식배당은 제외)의 10분의 1이상을 적립하도록 개정되었다.(2012. 4. 15 개정 시행)
2. 종전 상법에서는 이익준비금과 자본잉여금(상법에서는 자본준비금이라 함)은 결손보전과 자본전입 외에는 사용할 수 없도록 제한하였으나 개정 상법에서는 적립된 자본잉여금 및 이익준비금의 총액이 자본금의 150%를 초과하는 경우에 그 초과한 금액 범위 내에서 주주총회의 결의에 따라 배당 등의 용도로 다양하게 사용할 수 있도록 허용하였다.

② **임의적립금**(voluntary reserve)

No.	구 분	차 변	대 변
①	적극적적립금의 목적이 달성되면(건물 취득시)	건　　　물　10,000 사업확장적립금　10,000	당 좌 예 금　10,000 별 도 적 립 금　10,000
②	소극적적립금의 목적이 달성되면(임원 퇴직시)	퇴직급여적립금　8,000	당 좌 예 금　8,000

③ **미처분이익잉여금**

　　전기이월 미처분이익잉여금과 당기순이익을 합한 금액으로서 배당금이나 다른 잉여금으로 처분되지 않고 남아있는 이익잉여금이다.

▶ 한국회계기준원은 상법의 개정과 부합되도록 기존의 결손금 처리순서(임의적립금 - 이익준비금 - 자본잉여금)를 삭제하고 회사가 자율적으로 처리할 수 있도록 일반기업회계기준을 개정하였다.【2014. 12. 24 개정】

04　배 당 금

　　배당금(dividends)이란 기업이 영업활동을 통하여 획득한 이익을 주주들에게 투자에 대한 보상의 의미로 분배지급하는 것을 말한다. 따라서 정상적인 배당은 회사의 자본을 유지하면서 이익잉여금의 한도 내에서 지급되어야 하며 납입자본에서 지급되어서는 안된다. 배당은 지급형태에 따라 현금배당, 주식배당, 현물배당 등으로 구분한다.

① **현금배당**(cash dividends)

현금배당은 가장 일반적인 배당의 유형이다.

(1) 배당기준일(date of record) : 배당을 받을 권리가 있는 주주를 확정짓는 날로서 배당기준일은 통상 회계기간 말이다.

(2) 배당선언일(date of declaration) : 주주총회에서 배당이 결의된 날로서 통상 정기배당의 경우 주주총회는 사업년도 종료 후 90일 이내에 개최되므로 다음 회계기간의 초이다.
　　⇒ 배당선언일 : (차) 미처분이익잉여금　×××　　　(대) 미지급배당금　×××

(3) 배당지급일(date of payment) : 주주명부에 기재된 주주들에게 실제로 배당금을 지급하는 날이다.
　　⇒ 배당지급일 : (차) 미지급배당금　×××　　　(대) 현　　　금　×××

회계충전소

1. 현물배당(dividends in kind)이란 금전이나 주식이 아닌 상품 등 기타의 자산으로 배당하는 것을 말한다. 개정 상법에서는 현물배당을 신설함으로써 회사가 소유하고 있는 현물을 처분하여 금전으로 배당해야 하는 불편이 해소되었다.
2. 중간배당이란 직전 결산기의 배당가능이익을 한도로 하여 사업연도 중간에 배당금을 지급하는 것(전년도 이익의 후급)을 말한다. 중간배당은 연 1회의 결산기를 정한 회사가 영업 연도 중 연 1회에 한하여 할 수 있다. 종전 상법에서 중간배당은 반드시 금전에 의한 배당만 하도록 하였으나 개정 상법에서는 주식배당과 현물배당도 가능하도록 하였지만, 주식배당은 주주총회 결의를 요한다. 단, 연차배당과 동일하게 중간배당에 상당하는 이익준비금을 적립해야 한다.

2 주식배당(stock dividends)

일반적으로 대부분의 배당은 현금으로 이루어진다. 주식배당이란 현금이 충분하지 않은 회사들이 현금으로 배당하지 않고 주식을 교부하는 것을 말한다. 주식배당은 이익배당 총액의 1/2 범위 내에서 현금으로 배당하지 않고 주식으로 교부하는 것을 말하며, 액면금액법으로 회계처리하여야 한다.

(1) 배당선언일 : (차) 미처분이익잉여금   ×××   (대) 미교부주식배당금   ×××
(2) 배당지급일 : (차) 미교부주식배당금   ×××   (대) 보 통 주 자 본 금   ×××

회계충전소

1. 주식배당(stock dividends)은 이익잉여금을 원천으로 하는 배당으로서 발행주식수는 증가시키지만, 미처분이익잉여금을 자본금으로 대체(전입)시키는 것이므로 자본총액은 변하지 않는 납입자본금과 이익잉여금 간의 재분류에 지나지 않는다.(회계상 거래로 보아야 한다.)
2. 주식분할(stock splits)은 이미 발행한 주식의 액면금액을 1:2, 1:3 등과 같이 여러 개의 주식으로 분할하여 재발행하는 것이다. 주식분할을 하면 발행주식수가 증가하고 액면금액은 낮아지지만 자본금계정에는 증감이 없다. 따라서 주식분할은 어느 계정에도 영향이 없어 회계상 거래가 아니다.
3. 주식병합(reverse stock splits)은 주식분할과 반대되는 것으로 여러 주식을 하나의 주식으로 통합하는 것이다. 주식병합을 하면 발행주식수는 감소하고 액면금액은 증가하지만 이는 주식분할과 마찬가지로 회계상 거래가 아니다. 단, 주식의 분할과 병합이 누적된 결손금을 보전하기 위해 이루어지는 경우에는 주식분할과 주식병합은 회계상 거래가 아니지만 결손금 보전은 자본금의 감소로 계정의 재분류가 이루어지므로 회계상 거래이다.

05 자본조정과 기타포괄손익누계액

1 자본 조정

(1) 자기주식(treasury stock) : 회사가 이미 발행한 주식을 주주로부터 취득한 경우 그 취득 금액으로 자기주식계정 차변에 기록하며 자본에서 차감하는 형식으로 표시한다.

(2) 주식할인발행차금(discount on stock issuance)

No.	구　분	차　　변	대　　변
①	주식의 할인 발행 시	당 좌 예 금　　4,700 주식할인발행차금　　　300	보통주자본금　　5,000
②	주식할인발행차금상각시	미처분이익잉여금　　100	주식할인발행차금　　100

▶ 주식할인발행차금의 상각은 주식 발행 연도 부터 3년 이내의 기간에 매기 균등액을 상각하며, 동 상각금액은 이익잉여금의 처분 항목이며, 미상각 금액은 자본 조정 항목에 속한다. 매기 균등상각은 발생시점에 관계없이 1년분을 상각한다는 점이 정액법상각과 다르다. 즉, 월할상각을 하지 않는 점이다.

(3) 그 외 감자차손, 자기주식처분손실, 미교부주식배당금, 주식선택권, 출자전환채무 등이 있다.

▶ 상법의 개정으로 종전의 배당건설이자를 규정하고 있던 463조가 폐지되었다. 그 이유는 대규모 건설의 경우 오늘날 컨소시엄(건설공사 따위의 수주에서 여러 기업체가 공동으로 참여하는 방식)의 형태로 시행하는 경우가 많고, 또한 우리나라의 신인도가 높아졌으므로 대규모 공사를 실시할 때 투자자를 모집하는 것에 대한 부담도 없어졌기 때문이다. 한편, 상법에서는 배당건설이자를 이연자산으로 규정하고 있었는데 회계기준에는 이연자산 자체가 없으므로 회계처리가 불가능하여 폐지한 것이다.

② 기타포괄손익누계액

일정기간 주주와의 자본거래를 제외한 모든 거래나 사건에서 발생한 순재산(자본)의 변동을 포괄손익(comprehensive income)이라 하며, 기타포괄손익누계액은 포괄손익 중 손익계산서상의 당기순이익에 포함되지 않은 포괄손익잔액을 말한다.

(1) 매도가능증권평가손익 　　　　(2) 해외사업환산손익
(3) 현금흐름위험회피 파생상품평가손익 　　(4) 재평가잉여금

 ## 06 　사　채

① 사채

사채는 주식회사가 거액의 장기자금을 조달하기 위하여 이사회의 결의를 거쳐 사채권을 발행하고, 일반 대중으로부터 자금을 차입하는 것으로, 일정기간 후에 원금을 상환하고, 정기적으로 이자를 지급하기로 약정한 비유동부채이다.

▶ 종전 상법에서는 사채 발행 총액은 순자산액의 4배를 초과하지 못하고 1좌의 액면금액은 1만 원 이상이어야 하는 등 사채발행에 대하여 제한이 많았다. 그러나 상법의 개정(2012.4.15)으로 이러한 제한을 모두 폐지하였다.

② 사채의 발행 방법

No.	구 분	차 변	대 변
(1)	평가발행 (액면 = 발행금액)	당 좌 예 금 10,000	사 채 10,000
(2)	할인발행 (액면 >발행금액)	당 좌 예 금 8,000 사채할인발행차금 2,000	사 채 10,000
(3)	할증발행 (액면 <발행금액)	당 좌 예 금 11,000	사 채 10,000 사채할증발행차금 1,000

▶사채발행비용은 사채발행가액에서 차감한다.

③ 사채이자 : 액면금액 × 이자율 × 지급월수 / 12

사채이자는 사채 액면 금액에 표시 이자율을 곱한 금액인데 사채이자의 실제 현금 지급액에 사채할인발행차금 상각액은 가산하고, 사채할증발행차금 환입액은 차감하여 처리한다.

구 분	총 사채 이자
할 인 발 행	표시 이자 금액 + 사채할인발행차금 상각액
액 면 발 행	표시 이자 금액
할 증 발 행	표시 이자 금액 − 사채할증발행차금 환입액

보기

※ 사채할인발행차금상각 : 유효이자율법

국제상사(주)는 2019년 1월 1일에 액면 ₩10,000,000, 액면 사채이자율 연 10%, 5년 만기의 사채를 ₩9,479,100에 발행하고 납입금은 당좌예입하다. 그리고 사채발행비 ₩200,000은 현금으로 지급하다. 단, 유효이자율 연 12%, 이자 지급은 연 1회이고, 결산일은 12월 31일임

(1) 2019년 1월 1일(발행 시 분개)

(차){ 당 좌 예 금   9,479,100
사채할인발행차금   720,900   (대){ 사   채   10,000,000
현   금   200,000

(2) 2019년 12월 31일(결산 시 분개)

(차) 이 자 비 용　　1,113,492　　(대) $\left\{\begin{array}{ll} \text{현금(미지급이자)} & 1,000,000 \\ \text{사채할인발행차금} & 113,492 \end{array}\right.$

※ **차금상각** : 9,279,100×0.12 = 1,113,492 − (10,000,000×0.1) = 113,492

(3) 2020년 12월 31일(결산 시 분개)

(차) 이 자 비 용　　1,127,111　　(대) $\left\{\begin{array}{ll} \text{현금(미지급이자)} & 1,000,000 \\ \text{사채할인발행차금} & 127,111 \end{array}\right.$

※ **차금상각** : (9,279,100 + 113,492) × 0.12
　　　　　　= 1,127,111 − (10,000,000×0.1) = 127,111

4 사채의 상환

(1) 만기 상환(일시상환) ⋯ 액면가 상환

(2) 만기전 상환(수시상환)

(가) 연속상환 ⋯ 액면금액 상환, (나) 매입상환 ⋯ 시가 상환

구　분	차　　변	대　　변
매입 상환 시 (할인발행한 경우)	사　　채　　×××	당 좌 예 금　××× 사채할인발행차금　××× 사 채 상 환 이 익　×××

5 감채기금과 감채적립금

No.	구　분	차　　변	대　　변
①	감채적립금과 감채기금을 동시 설정 시	미처분이익잉여금　××× 장기금융상품　×××	감 채 적 립 금　××× 현　　　　금　×××
②	예금에 대한 이자 발생 시	장기금융상품　×××	감 채 적 립 금　×××
③	사채 상환 시	사　　　채　××× 감 채 적 립 금　×××	장기금융상품　××× 별 도 적 립 금　×××

07 확정급여제도와 충당부채

① 확정 급여 제도

퇴직급여란 종업원이 퇴직할 때 또는 퇴직 이후에 지급되는 일시불이나 퇴직 연금과 같은 퇴직급여를 말한다. 퇴직 급여 제도는 기업이 퇴직급여를 지급하기로 하는 협약을 말하는 것으로 다음의 두 가지로 분류한다.

(1) 확정 기여 제도(defined contribution plans : DC)

확정 기여 제도는 기업이 별개의 실체인 퇴직연금 사업자(보험회사 등)에 사전에 확정된 고정 기여금(연간 임금총액의 1/12)을 가입자(종업원) 계정에 납입해두는 제도이다. 따라서 그 기금이 종업원의 퇴직 급여를 지급할 만큼 충분하지 못하더라도 기업에게는 추가로 기여금을 납부해야 하는 법적 의무가 없다.

▶ 확정 기여 제도 하에서 기여금을 현금으로 납부하는 경우

(차) 퇴 직 급 여 ×××	(대) 현 금 ×××

(2) 확정 급여 제도(defined benefit plans : DB)

확정 급여 제도는 확정 기여 제도 이외의 모든 퇴직 급여 제도를 말하는 것으로 이 제도하에서는 종업원이 받을 퇴직 급여의 규모와 내용이 종업원의 임금과 근무연수에 기초하는 산정식에 의하여 사전에 약정된다. 이 제도는 기업이 퇴직 급여와 관련된 기금의 운용을 책임지기 때문에 기금이 부족한 경우에는 기업이 추가적으로 기여금을 납부해야 할 의무가 있는 경우가 이에 해당한다. 따라서 기업은 퇴직급여에 대한 충당부채의 회계처리를 해야 한다.

② 퇴직급여충당부채

확정 급여 제도의 회계 처리는 재무상태표에 확정 급여 제도의 퇴직 급여와 관련되어 표시되는 부채는 퇴직급여충당부채인데 이는 비유동부채이며, 퇴직연금운용자산을 차감하는 형식으로 표시한다.

(1) 퇴직급여충당부채

퇴직급여충당부채란 종업원이 퇴직한다면 지급해야 할 퇴직 급여의 현재 가치이다. 즉 종업원이 당기와 과거기간에 근무 용역을 회사에 제공하고 획득한 급여액을 회사가 보험 수리적 가정을 적용하여 추정한 예상 미래 지급액을 말한다.

(2) 퇴직연금운용자산

퇴직연금운용자산이란 기업이 종업원의 퇴직 급여를 지급하기 위할 목적으로 사외에 기금이나 보험 회사에 적립하는 자산을 말한다.

① 당기 말 퇴직급여충당부채를 300,000원 설정한 경우

(차) 퇴 직 급 여	300,000	(대) 퇴직급여충당부채	300,000

② 보험회사에 기여금 250,000원을 현금으로 적립한 경우

(차) 퇴직연금운용자산	250,000	(대) 현 금	250,000

③ 종업원이 퇴직하여 퇴직금 250,000원을 퇴직연금운용자산에서 지급한 경우

(차) 퇴직급여충당부채	250,000	(대) 퇴직연금운용자산	250,000

③ 충당 부채 (provision liabilities)

확정부채는 매입채무와 같이 부채가 확실히 존재하고, 지급할 금액과 지급시기를 비교적 정확하게 파악이 되는 부채를 말한다. 그러나 과거 사건이나 거래의 결과에 의한 현재의 의무로서 지출시기 또는 금액이 불확실한 부채가 있는데 이를 충당부채라고 하며, 비유동부채에 속한다. 예를 들어 사무용 복사기를 제조, 판매하는 회사가 복사기를 구매한 고객에게 일정 사용기간 내에 제조상 결함이 발견되어 무상으로 수리 서비스를 제공할 경우 회사는 언제, 얼마의 수리비를 누구에게 지출할 것인지 불확실하더라도 미래에 지출할 금액을 추정하여 충당부채로 계상해야 하는 것이다.

> ▶ 충당부채는 다음의 세 가지 인식조건을 모두 충족하는 경우에만 인식한다.
> ① 과거 사건의 결과로 현재의무(법적의무와 의제의무)가 존재해야 한다.
> ② 그 의무를 이행하기 위해서는 경제적효익이 내재된 자원이 유출될 가능성이 높아야 한다.
> ③ 그 의무의 이행에 소요되는 금액을 신뢰성있게 추정할 수 있어야 한다.

충당부채의 적용대상이 되는 거래나 사건은 제품보증과 관련된 부채, 판매촉진을 위한 경품 등과 관련된 부채, 계류중인 소송사건 등이다. 여기서는 제품보증충당부채에 대하여 살펴보기로 한다.

▶ 제품 보증 충당 부채 (product warranty provision liabilities)

제품 보증이란 제품의 판매 후에 판매자가 구매자에게 일정 사용 기간 내에 제품의 품질·성능 등에 결함이 있을 경우 제품을 수리 또는 교환해 주겠다는 쌍방간의 약정을 말한다. 제품보증비는 금액이나 지출시기 및 대상 고객이 확정되지 않은 비용이지만 장차 부채가 발생할 것이 거의 확실하기 때문에 금액을 합리적으로 추정할 수 있다면 수익·비용대응의 원칙에 의하여 이를 제품보증충당부채(건설업의 경우는 하자보수충당부채)로 인식해야 하는 것이다.

① 기말 결산 시 당기말 제품보증충당부채를 200,000원 설정한 경우

(차) 제 품 보 증 비	200,000	(대) 제품보증충당부채	200,000

② 판매한 제품에 대한 보증비용 150,000원을 현금으로 지출한 경우

(차) 제품보증충당부채	150,000	(대) 현　　　　　금	150,000

 알고 갑시다 !

1. **우발부채**(contingent liabilities)

　　우발부채는 잠재적인 부채로서 자원의 유출을 초래할 현재 의무가 있는지의 여부가 아직 확인되지 않거나 현재 의무가 존재하지만, 그 의무를 이행하는데 자원의 유출가능성이 높지 않거나 그 금액을 신뢰성 있게 추정할 수 없는 것으로 부채의 인식기준을 충족하지 못해 부채로 인식하지 아니하고 주석에 기재한다. 만약, 어떤 의무에 대하여 회사가 직접 이행하기 위하여 자원의 유출이 높으며, 금액을 신뢰성있게 추정할 수 있는 부분에 대하여는 충당부채를 인식한다.

【 충당부채, 우발부채 】

자원 유출 가능성	금액 추정 가능성	
	신뢰성 있게 추정 가능	추정 불가능
가능성이 매우 높음	충당부채로 인식	우발부채로 주석 공시
가능성이 어느 정도 있음	우발부채로 주석 공시	
가능성이 거의 없음	공시하지 않음 ※주	공시하지 않음 ※주

주) 의무를 이행하기 위한 자원의 유출 가능성이 거의 없더라도 타인에게 제공한 지급보증 또는 이와 유사한 보증, 중요한 계류 중인 소송사건은 그 내용을 주석으로 기재한다.

2. **우발자산**(contingent assets)

　　우발자산은 과거사건이나 거래의 결과로 발생할 가능성이 있으며, 기업이 전적으로 통제할 수 없는 불확실한 미래사건의 발생 여부에 의하여서만 그 존재 여부가 확인되는 잠재적자산을 말하는 것으로 미래에 확정되기까지 자산으로 인식하지 아니하고 자원의 유입 가능성이 매우 높은 경우에만 주석에 기재한다. 단, 상황변화로 인하여 자원이 유입될 것이 확정된 경우에는 그러한 상황변화가 발생한 기간에 관련 자산과 이익을 인식한다.

기업의 세무

1 세금의 종류

No.	세 금 의 내 용	계 정 과 목
①	건물, 토지 등 유형자산의 취득시 부과되는 취득세, 등록세, 인지세	취득원가에 가산
②	영업과 관련하여 부과되는 재산세, 자동차세, 사업소세, 도시계획세, 종합토지세	세 금 과 공 과
③	개인기업의 기업주에 부과되는 종합소득세(사업소득세), 소득할주민세	인 출 금
④	급여 지급 시 원천징수한 근로소득세	예수금(소득세예수금)
⑤	법인의 소득에 부과되는 법인세	법 인 세 비 용
⑥	상품의 매입과 매출에 부과되는 부가가치세	부가세대급금·부가세예수금

▶ 세금과공과에는 상공회의소회비, 적십자회비, 협회비, 조합비 등의 공과금이 포함된다.

2 법인세비용(income taxes expenses)의 회계 처리

No.	구 분	차 변	대 변
①	중간 예납 시	선 납 세 금 1,000	현 금 1,000
②	결산 시 추산액 3,000원	법 인 세 비 용 3,000	선 납 세 금 1,000 미 지 급 세 금 2,000
③	확정 신고 납부 시	미 지 급 세 금 2,000	현 금 2,000

▶ 은행예금에 대한이자 수령 시 원천징수되는 이자소득세는 '선납세금'으로 처리해 두었다가 결산 시 정리한다.

3 부가가치세(value-added tax : V.A.T)

No.	구 분	차 변	대 변
①	상품을 매입 시	상 품 5,000 부 가 세 대 급 금 500	현 금 5,500
②	상품을 매출 시	현 금 7,700	상 품 매 출 7,000 부 가 세 예 수 금 700
③	부가가치세 정리 시	부 가 세 예 수 금 700	부 가 세 대 급 금 500 미 지 급 세 금 200
④	부가가치세 납부 시	미 지 급 세 금 200	현 금 200

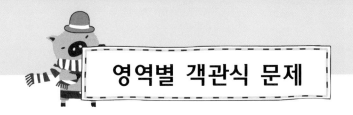

영역별 객관식 문제

01 다음 자료에 의하여 자본총계를 계산하면 얼마인가?

• 현 금 100,000원	• 단기대여금 150,000원	• 단기차입금 50,000원
• 비 품 200,000원	• 감가상각누계액 50,000원	• 보통예금 60,000원
• 미지급금 80,000원	• 미 수 금 90,000원	• 지급어음 100,000원

① 270,000원
② 300,000원
③ 320,000원
④ 370,000원

02 자본에 대한 분류 중 잘못된 것은?

① 자본금
② 자본잉여금
③ 기타자본변동
④ 자본조정

03 주식회사에서 잔여지분은 마지막으로 누구에게 귀속되는가?

① 종업원
② 채권자
③ 보통주 주주
④ 우선주 주주

04 자본의 분류와 해당 계정과목의 연결이 올바르지 않은 것은?

① 자본금 : 보통주자본금, 우선주자본금
② 자본잉여금 : 주식발행초과금, 자기주식처분이익
③ 자본조정 : 감자차익, 감자차손
④ 이익잉여금 : 이익준비금, 임의적립금

05 (주)세원은 2019년 중에 보통주 10,000주(1주당 액면금액 1,000원)를 1주당 500원에 발행하였다. 2018년 기말 재무상태표 상 자본 상황이 다음과 같을 경우, 2019년 기말 재무상태표에 표시되는 자본상황으로 올바른 것은?

• 자본금 90,000,000원	• 주식발행초과금 10,000,000원

① 자본금 95,000,000원
② 주식발행초과금 5,000,000원
③ 주식할인발행차금 5,000,000원
④ 총자본 100,000,000원

06 (주)경기는 20×1년 초 보통주 400주(주당 액면금액 5,000원, 주당 발행금액 6,000원)를 발행하였으며, 주식 발행과 관련된 직접원가 160,000원과 간접원가 20,000원이 발생하였다. (주)경기의 주식발행에 대한 설명으로 옳은 것은? 단, 기초 주식할인발행차금은 없다고 가정한다.

① 주식 발행과 관련된 직·간접원가 180,000원은 비용으로 인식한다.
② 주식발행초과금의 증가는 220,000원이다.
③ 자본잉여금의 증가는 240,000원이다.
④ 자본의 증가는 2,400,000원이다.

07 자산의 증감도 없고, 자본의 증감도 없는 경우는?

① 유상증자
② 무상증자
③ 주식의 할인발행
④ 주식의 할증발행

08 (주)풍기의 전기말 자본금은 60,000,000원(주식수 12,000주, 액면금액 5,000원)이다. 기중에 주당 4,000원에 2,000주를 유상증자 하였으며, 그 외의 자본거래는 없었다. (주)풍기의 기말 자본금은 얼마인가?

① 60,000,000원
② 70,000,000원
③ 68,000,000원
④ 48,000,000원

09 주식발행회사가 이익배당을 주식으로 하는 경우(주식배당) 배당 후 상태변화로 가장 옳지 않은 것은?

① 배당 후 이익잉여금은 증가한다.
② 배당 후 자본금은 증가한다.
③ 배당 후 총자본은 불변이다.
④ 배당 후 발행주식수는 증가한다.

10 자본의 분류에 대한 설명 중 잘못된 것은?

① 자본금은 법정자본금으로 한다.
② 주식발행초과금, 자기주식처분이익, 주식할인발행차금은 모두 자본잉여금에 해당한다.
③ 자본조정은 당해 항목의 성격으로 보아 자본거래에 해당하나 최종 납입된 자본으로 볼 수 없거나 자본의 가감 성격으로 자본금이나 자본잉여금으로 분류할 수 없는 항목이다.
④ 자본잉여금은 증자나 감자 등 주주와의 거래에서 발생하여 자본을 증가시키는 잉여금이다.

11 자본총액에 변화가 없는 거래는?

① 주식을 할인발행하다.　　　　② 이익준비금을 계상하다.
③ 당기순손실이 발생하다.　　　④ 주식을 할증발행 하다.

12 자본금이 100,000,000원인 회사가 이월결손금 18,000,000원을 보전하기 위하여 유통 중인 주식 중 1/5에 해당하는 부분을 무상 소각하였다. 이 경우 분개에서 사용하여야 할 자본항목과 금액 중 옳은 것은?

① 감자차손 2,000,000원　　　　② 주식발행초과금 2,000,000원
③ 감자차익 2,000,000원　　　　④ 염가매수차익 2,000,000원

13 자본잉여금에 해당하지 않는 것은?

① 주식발행초과금　　　　　　② 감자차익
③ 매도가능증권처분이익　　　④ 자기주식처분이익

14 자본잉여금에 해당하는 것은?

① 자기주식처분손실　　　　　② 감자차익
③ 감자차손　　　　　　　　　④ 매도가능증권평가이익

15 다음 보기 중 이익잉여금으로 분류하는 항목을 모두 고른 것은?

<보 기>

ㄱ. 이익배당액의 1/10 이상의 금액을 자본금의 2분의 1에 달할 때까지 적립해야
　하는 금액
ㄴ. 액면을 초과하여 주식을 발행한 때 그 액면을 초과하는 금액
ㄷ. 감자를 행한 후 주주에게 반환되지 않고 불입자본으로 남아있는 금액

① ㄱ　　　　　② ㄴ　　　　　③ ㄱ, ㄷ　　　　　④ ㄴ, ㄷ

16 이익잉여금 항목에 해당하지 않는 것은?

① 이익준비금 ② 임의적립금
③ 주식발행초과금 ④ 미처분이익잉여금

17 자본항목 중 그 성격이 다른 하나는?

① 자기주식 ② 주식할인발행차금
③ 자기주식처분손실 ④ 매도가능증권평가손실

18 다음 괄호 안에 들어갈 내용을 순서대로 적은 것으로 옳은 것은?

> (   )에 대한 미실현보유손익은 당기손익항목으로 처리한다. (   )에 대한
> 미실현보유손익은 기타포괄손익누계액으로 처리한다.

① 단기매매증권, 만기보유증권 ② 단기매매증권, 매도가능증권
③ 매도가능증권, 만기보유증권 ④ 매도가능증권, 지분법적용투자주식

19 사채에 대한 설명으로 틀린 것은?

① 사채발행비용은 사채의 발행가액에서 차감한다.
② 유효이자율법 적용시 사채할증발행차금 상각액은 매년 증가한다.
③ 유효이자율법 적용시 사채할인발행차금 상각액은 매년 감소한다.
④ 사채할인발행차금은 당해 사채의 액면가액에서 차감하는 형식으로 기재한다.

20 비유동부채로 분류되지 않는 것은?

① 사채 ② 장기차입금
③ 퇴직급여충당부채 ④ 유동성장기부채

5 결산과 재무제표(수익과 비용 포함)

 01 수익과 비용

1 매출액

매출액이란 기업의 주된 영업 활동에서 상품이 판매되어 구매자에게 인도되면 이에 따른 판매 대금의 수입 시기와 관계없이 상품을 판매함으로써 발생하는 수익을 '상품 매출'이라는 수익 계정 대변에 기록하는 것을 말한다.

(1) 순매출액이란 총매출액에서 매출 에누리액, 매출 환입액, 매출 할인액을 차감한 금액을 말한다.

> • 순매출액 = 총매출액 − (매출 에누리액 + 매출 환입액 + 매출 할인액)

(2) 매출 에누리액이란 매출한 상품 중 불량이나 하자가 발견되어 매출액의 일부를 깎아 주는 것을 말한다.

(3) 매출 환입액이란 매출한 상품 중 불량이나 하자가 있거나 파손 등의 이유로 반품되어 온 것을 말한다.

(4) 매출 할인액이란 상품을 외상으로 매출하고 매출 대금의 회수가 정해진 기간 이전에 빨리 회수되는 경우 회수하는 외상 대금의 일부를 할인해 주는 것을 말한다.

2 매출원가와 매출총이익

매출 원가란 상품 매출액에 대응하는 상품의 매입 원가를 말하는 것으로 기초 상품 재고액과 당기 순매입액의 합계액에서 당기에 판매되지 않은 기말 상품 재고액을 차감하여 산출한다.

> • 매출 원가 = 기초상품재고액 + 당기 순매입액 − 기말상품재고액

(1) 순매입액이란 총매입액에서 매입 에누리액, 매입 환출액, 매입 할인액을 차감한 금액을 말한다.

> • 순매입액 = 총매입액 − (매입 에누리액 + 매입 환출액 + 매입 할인액)

(2) 매입 에누리액이란 매입한 상품 중 불량이나 하자가 발견되어 매입액의 일부를 깎는 것을 말한다.

(3) 매입 환출액이란 매입한 상품 중 불량이나 하자가 있거나 파손 등의 이유로 반품시킨 것을 말한다.

(4) 매입 할인액이란 상품을 외상으로 매입하고 매입 대금의 지급을 정해진 기간 이전에 빨리 지급하는 경우 지급하는 외상 대금의 일부를 할인받는 것을 말한다.

(5) 매출 총이익이란 상품 매출액에서 매출 원가를 차감하여 산출한다.

> • 매출총이익 = 순매출액 − 매출원가

③ 수익의 뜻과 분류

(1) 수익의 뜻

수익이란 기업이 정상적 영업 활동 과정에서 일정 기간 동안 재화 또는 용역을 공급함으로써 그 대가로 얻어진 금액을 말한다. 이를 보다 명확하게 정의하면 "자산의 유입이나 증가 또는 부채의 감소에 따라 자본의 증가를 초래하는 특정 회계 기간 동안에 발생한 경제적 효익의 증가로서, 지분 참여자(소유주)에 의한 출연과 관련된 것은 제외한다."라고 할 수 있다.

(2) 수익의 분류

수익은 영업과 직접 관련이 있는 영업 수익과 영업 활동이 아닌 부수적 활동으로부터 발생하는 수익인 영업외수익으로 구분한다.

(가) 영업수익 : 영업수익이란 기업의 가장 중요한 영업 활동을 수행함으로써 재화 또는 용역을 제공함에 따라 얻어지는 수익을 말하는 것으로 백화점의 상품 매출액이나, 가구 제조업의 가구 판매액, 호텔업에서의 객실료, 병원 의료업에서의 진료비, 부동산 임대업의 임대료 등이 영업수익으로 분류된다.

(나) 영업외수익 : 영업외수익이란 기업의 주요 영업 활동과는 관련이 없으나 영업 활동의 결과 부수적으로 발생하는 수익을 말하는 것으로 단기 대여금이나 은행 예금에 대한 이자수익이나, 유형자산처분이익 등이 영업외수익으로 분류된다.

① **이자수익** : 금융 기관에 예치한 각종 은행 예금이나 단기대여금에 대한 이자를 받았을 때

② **배당금수익** : 투자 수익을 목적으로 보유하고 있는 단기매매증권이나 매도가능증권에 대하여 주주로서 배당금을 받았을 때

③ **(수입)임대료** : 토지, 건물 등을 임대하고 임대료를 받았을 때

④ **단기매매증권처분이익** : 단기매매증권을 장부금액 이상으로 처분하였을 때의 이익

⑤ **단기매매증권평가이익** : 단기매매증권을 결산 시 공정가치로 평가하였을 때의 평가이익

⑥ **유형자산처분이익** : 토지·건물 등을 장부금액 이상으로 처분하였을 때의 이익

⑦ **투자자산처분이익** : 매도가능증권 등의 투자자산을 장부금액 이상으로 처분하였을 때의 이익(매도가능증권처분이익 등)

⑧ **자산수증이익** : 제3자로부터 자산(토지 등)을 무상으로 기증받았을 때

⑨ **채무면제이익** : 채권자로부터 장기차입금과 같은 채무를 일부 면제받았을 때 (채무조정이익)

⑩ **보험금수익** : 화재 보험에 가입한 건물 등이 화재로 발생한 피해액을 보상받았을 때의 금액

⑪ **외환차익** : 외화대여금이나 외화차입금을 기간 중에 회수 또는 상환하는 경우 환율 변동으로 발생하는 상환이익을 말한다.(예를 들어 외화를 차입할 당시의 환율은 1$=1,200이었는데, 상환 시의 환율은 1$=1,000이라면 1$당 200원을 적게 상환해도 되기 때문이다.)

⑫ **외화환산이익** : 결산 시 화폐성 외화 자산(외화대여금)과 부채(외화차입금)에 대하여 원화로 환산 시 환율변동으로 발생한 환산이익을 말한다.(예를 들어 외화를 대여할 당시의 환율은 1$=1,200이었는데, 결산 시의 환율은 1$=1,300이라면 1$당 100원을 많이 회수할 수 있기 때문이다.)

 회계충전소

▶ **외화대여금(자산)과 외화차입금(부채)**

(1) **결산시 환율 변동(대여한 경우)**

No.	구 분	차 변		대 변	
①	대여한 경우	외 화 대 여 금	1,000	현 금	1,000
②	원 금 >환산액	외화환산손실	20	외 화 대 여 금	20
③	원 금 <환산액	외 화 대 여 금	30	외화환산이익	30

(2) **결산시 환율 변동(차입한 경우)**

No.	구 분	차 변		대 변	
①	차입한 경우	현 금	1,000	외 화 차 입 금	1,000
②	원 금 >환산액	외 화 차 입 금	20	외화환산이익	20
③	원 금 <환산액	외화환산손실	30	외 화 차 입 금	30

(3) **상환시 환율 변동**

No.	구 분	차 변		대 변	
①	차입한경우	현 금	1,000	외 화 차 입 금	1,000
②	차입금 <상환액	외 화 차 입 금 외 환 차 손	1,000 50	현 금	1,050
③	차입금 >상환액	외 화 차 입 금	1,000	현 금 외 환 차 익	960 40

⑬ **로얄티수익** : 등록되어 있는 상표권, 특허권, 소프트웨어, 음악 저작권, 영화 필름 등을 타인에게 라이선스(license)를 제공하고 수수료를 받거나 대여 조건으로 사용자가 올리는 매출액의 몇 퍼센트를 로열티로 받았을 때

④ 비용의 뜻

비용이란 기업이 일정 기간 동안 수익을 창출하기 위하여 소비하거나 희생시킨 경제적 자원의 금액을 말한다. 이를 보다 명확하게 정의하면 "자산의 유출이나 소멸 또는 부채의 증가에 따라 자본의 감소를 초래하는 특정 회계 기간 동안 발생한 경제적 효익의 감소로, 지분 참여자(소유주)에 대한 분배와 관련된 것은 제외한다."라고 할 수 있다.

⑤ 비용의 인식

비용의 인식이란 비용의 발생 시점에 관한 것으로 비용이 속하는 회계 기간을 결정하는 것을 말하는 것으로 비용도 수익과 마찬가지로 이를 신뢰성 있게 측정할 수 있을 때 당기의 손익계산에 포함할 수 있다. 비용은 수익이 인식된 시점에서 수익과 관련하여 비용을 인식하게 되는데 이를 수익·비용 대응의 원칙이라고 하고, 이 원칙은 비용의 인식기준이 된다. 수익에 대응하는 비용을 인식하는 방법에는 다음과 같은 두 가지 방법이 있다.

(1) 직접 대응 : 수익을 얻는 것을 수익의 획득이라고 한다. 직접 대응이란 수익 획득 시점에서 인과 관계가 성립하는 비용의 대응을 말하는 것으로 매출액에 대한 매출원가나 판매비(판매수수료, 운반비) 등이 이에 속한다.

(2) 간접 대응 : 간접 대응은 기간 대응이라고도 하며 발생한 비용이 특정 수익과 직접적인 인과 관계를 명확히 알 수는 없지만 일정 기간 동안 수익 창출 활동에 기여한 것으로 판단되는 비용의 대응을 말하는 것으로 감가상각비, 광고선전비 등과 같은 일반관리비가 이에 속한다.

⑥ 비용의 분류

(1) 매출원가 : 매출원가란 상품 매출액에 대응하는 상품의 매입원가를 말하는 것으로 기초상품재고액과 당기 순매입액의 합계액에서 당기에 판매되지 않은 기말 상품 재고액을 차감하여 산출한다.

(2) 판매비와 관리비 : 판매비와 관리비란 상품의 판매 활동과 기업의 관리 활동에서 발생하는 비용으로 매출원가에 속하지 않는 모든 영업비용을 말한다. 이를 세분하면 판매비는 판매 활동을 위해 지출한 마케팅 부서의 종업원급여, 광고선전비, 판매수수료, 운반비 등의 비용이 속하고, 관리비란 기업의 주된 영업 활동 중 관리 활동과 관련된 기획부, 경리부, 총무부, 관리부 등에서 기업의 유지, 관리를 위한 임차료, 소모품비, 복리후생비, 수도광열비, 보험료 등의 비용을 말한다. 단, 대손충당금 환입은 판매비와 관리비의 부(−)의 금액이다.

① **급여** : 판매 관리 활동 담당 종업원에 대한 급여, 임금 및 제수당을 지급한 경우

② **퇴직급여** : 판매 활동 담당 종업원의 퇴직 시 퇴직금을 지급한 경우와 결산 시 퇴직급여 부채를 설정한 경우

③ **광고선전비** : 광고선전비란 기업이 상품의 판매 촉진 또는 공급 확대를 위하여 불특정 다수인을 상대로 하여 선전 효과를 얻고자 지출하는 비용을 말하며, 기업 이미지 개선 등의 선전 효과를 위한 광고 비용을 포함한다.

④ **접대비** : 영업과 관련한 거래처의 접대, 향응 등의 접대비와 기밀비, 사례금 등(일종의 마케팅 비용이다.)

⑤ **보관료** : 상품 등의 재고 자산을 창고 회사에 보관하고 보관료를 지급한 경우

⑥ **운반비** : 상품을 매출하고 지급한 발송 비용

⑦ **판매수수료** : 판매수수료란 상품의 판매 활동과 관련하여 지급하는 수수료를 말한다. 예를 들면 자동차 세일즈맨 또는 보험 모집 대리점 등에서 판매건수에 따라 지급하는 수수료나 위탁판매 시 수탁인에게 지급하는 수수료 등이 있다.

▶ **광고선전비는 다음과 같은 것이 포함될 수 있다.**
① 신문, 잡지의 광고 게재료
② 라디오, TV의 방송 광고료
③ 간판, 지하철 등의 부착 광고 비용
④ 회사명이 기록된 달력, 수첩, 카탈로그, 회사안내 팸플릿, 광고용 사진, 홍보영화 제작비 등
⑤ 견본품, 시제품, 전시회 출품 등을 위한 비용
⑥ DM(Direct Mail), TM(Tele Marketing), 포스터 등의 비용
⑦ 주주 관련 공고(명의개서 정지공고, 결산공고) 비용
⑧ 증정용 소모품(화장지, 물티슈 등) 구입비용

⑧ **복리후생비** : 관리부 종업원의 복리·후생을 위한 의료, 경조비, 직장 체육 대회, 회식비, 휴양비, 야유회 비용 등과 회사가 부담하는 종업원의 산재보험료, 고용보험료, 건강보험료 등

⑨ **통신비** : 통신비란 전화료, 우편료, 우편 봉투나 팩시밀리 용지 구입비, 크리스마스카드나 연하장 구입·인쇄비 등을 말한다. 단, 통신장비 구입비는 비품 계정으로 처리한다.

⑩ **수도광열비** : 관리 활동에 사용된 수도, 전기, 가스요금 및 난방 비용 등

⑪ **세금과공과** : 관리 활동과 관련된 종합토지세, 재산세, 자동차세, 도시계획세, 면허세 및 상공회의소 회비, 조합회비, 협회비, 적십자 회비, 회사가 부담하는 종업원 국민연금, (주차위반) 과태료 등

⑫ **임차료** : 토지나 건물을 임차하고 지급하는 임차료 등

⑬ **보험료** : 영업용 건물, 기계장치 등의 화재 보험료를 지급한 경우

⑭ **수선비** : 영업용 건물·비품·기계장치 등의 현 상태 유지를 위한 수리비를 지급한 경우

⑮ **감가상각비** : 건물·기계장치 등의 유형자산에 대한 감가 상각액을 계상한 경우

⑯ **대손상각비** : 매출채권이 회수 불능되었을 때와 결산 시 대손충당금을 설정하는 경우

⑰ **무형자산상각비** : 기업의 특허권 등의 무형자산을 상각한 경우

⑱ **연구비** : 새로운 지식을 얻고자 하는 연구 단계에 속하는 활동에서 발생한 지출액

⑲ **소모품비** : 사무에 필요한 복사 용지, 장부 등의 문방구 용품을 사용한 경우

⑳ **경상개발비** : 경상개발비란 생산 전 또는 사용 전의 시작품과 모형을 설계, 제작 및 시험하는 개발 단계에 속하는 활동에서 발생한 지출을 말한다.

㉑ **잡비** : 그 발생 금액이 적거나 빈번하지 않은 비용(도서인쇄비로 처리 가능)

㉒ **차량유지비** : 영업용 차량에 대한 유류 비용, 엔진오일 교체비용, 하이패스 충전비용, 주차 요금, 타이어 교체비용, 세차 비용 등의 유지 비용

㉓ **여비교통비** : 종업원이 영업상의 이유로 지출한 출장 경비인 교통비와 숙박비 등

㉔ **수수료비용** : 공인회계사 등에 지급하는 외부 감사 수수료, 변호사 등에 지급하는 법률자문 수수료, 어음 추심 수수료 등과 같이 기업의 외부관계자로부터 인적 용역을 제공받고 그 용역에 대한 대가로 지급하는 금액

㉕ **도서인쇄비** : 업무에 필요한 서적 구입 비용, 신문구독료, 명함 인쇄비 등을 지출한 금액

㉖ **교육훈련비** : 종업원의 직무 능력 향상을 위해 외부 전문 교육기관에 위탁 교육을 하여 교육훈련비를 지출한 비용

(3) 영업외비용 : 영업외비용이란 기업의 주요 영업 활동과는 관련이 없으나 영업 활동의 결과 부수적으로 발생하는 비용을 말하는 것으로 단기차입금에 대한 이자비용이나, 유형자산처분손실 등이 영업외비용으로 분류된다.

① **이자비용** : 단기차입금에 대한 이자나 발행 사채에 대한 이자를 지급한 경우

② **기타의대손상각비** : 매출채권 이외의 기타 채권(단기대여금, 미수금 등)이 회수 불능 되었을 때와 결산 시 기타 채권의 대손충당금을 설정하는 경우

③ **단기매매증권처분손실** : 단기매매증권을 장부금액 이하로 처분하였을 때의 손실

④ **단기매매증권평가손실** : 단기매매증권을 결산 시 공정가치로 평가하였을 때의 평가 손실

⑤ **유형자산처분손실** : 토지, 건물 등을 장부 금액 이하로 처분하였을 때의 손실

⑥ **투자자산처분손실** : 매도가능증권 등의 투자자산을 장부금액 이하로 처분하였을 때의 손실(매도가능증권처분손실 등)

⑦ **기부금** : 국가 또는 지방 자치 단체 및 공공 단체, 학교, 종교 단체 등에 아무런 대가를 받지 않고 무상으로 지급한 재화의 가치

⑧ **재고자산감모손실** : 결산 시 상품 등의 재고 자산의 장부재고액과 실제재고액의 차이로 발생하는 수량 부족으로 인한 손실 중 원가성이 없는 것

⑨ **매출채권처분손실** : 받을어음의 어음 할인 시 할인료

⑩ **잡손실** : 현금의 도난 손실 또는 원인 불명의 현금 부족액 등

⑪ **외환차손** : 외화대여금이나 외화차입금을 기간 중에 회수 또는 상환하는 경우 환율변동으로 발생하는 상환손실을 말한다.(예를 들어, 외화를 차입할 당시의 환율은 1$=1,200이었는데, 상환 시의 환율은 1$=1,500이라면 1$당 300원을 많이 상환해야 하기 때문이다.)

⑫ **외화환산손실** : 결산 시 화폐성 외화 자산(외화대여금)과 부채(외화차입금)에 대하여 원화로 환산 시 환율변동으로 발생한 환산손실을 말한다.(예를 들어, 외화를 대여할 당시의 환율은 1$=1,200이었는데, 결산 시의 환율은 1$=1,000이라면 1$당 200원을 적게 회수해야 하기 때문이다.)

손익의 정리

1 손익의 정리

손익의 이연 ─┬─ 수익의 이연(선수수익) : 선수이자 등 ·············· 부채 계정
     └─ 비용의 이연(선급비용) : 선급보험료 등 ········· 자산 계정

손익의 예상 ─┬─ 수익의 예상(미수수익) : 미수임대료 등 ·········· 자산 계정
     └─ 비용의 예상(미지급비용) : 미지급급여 등 ········ 부채 계정

2 손익의 이연

(1) 비용의 이연

No.	구 분	차 변	대 변
①	보험료 선급액 계상	선 급 보 험 료 ×××	보 험 료 ×××
②	당기 보험료 대체	손 익 ×××	보 험 료 ×××
③	차기의 재대체 분개	보 험 료 ×××	선 급 보 험 료 ×××

(2) 수익의 이연

No.	구 분	차 변	대 변
①	임대료 선수액 계상	임 대 료 ×××	선 수 임 대 료 ×××
②	당기 임대료 대체	임 대 료 ×××	손 익 ×××
③	차기의 재대체 분개	선 수 임 대 료 ×××	임 대 료 ×××

3 손익의 예상

(1) 비용의 예상

No.	구 분	차 변	대 변
①	월세 미지급분 계상	임 차 료 ×××	미 지 급 임 차 료 ×××
②	당기 임차료 대체	손 익 ×××	임 차 료 ×××
③	차기의 재대체 분개	미 지 급 임 차 료 ×××	임 차 료 ×××

(2) 수익의 예상

No.	구 분	차 변	대 변
①	이자 미수분 계상	미 수 이 자 ×××	이 자 수 익 ×××
②	당기 이자수익 대체	이 자 수 익 ×××	손 익 ×××
③	차기의 재대체 분개	이 자 수 익 ×××	미 수 이 자 ×××

④ 소모품의 처리

(1) 비용으로 처리하는 방법

No.	구 분	차 변		대 변	
①	구입 시	소 모 품 비	×××	현 금	×××
②	결산 시 미사용액 분개	소 모 품	×××	소 모 품 비	×××
③	당기 소모품비 대체	손 익	×××	소 모 품 비	×××
④	차기에 재대체 분개	소 모 품 비	×××	소 모 품	×××

(2) 자산으로 처리하는 방법

No.	구 분	차 변		대 변	
①	구입 시	소 모 품	×××	현 금	×××
②	결산 시 사용액 분개	소 모 품 비	×××	소 모 품	×××
③	당기 소모품비 대체	손 익	×××	소 모 품 비	×××

1. 소모품의 결산정리분개 { 비용처리법 ~ 미사용액 분개
                          자산처리법 ~ 사용액 분개

2. 선급보험료 등 → 선급비용, 선수이자 등 → 선수수익
   미지급이자 등 → 미지급비용, 미수이자 등 → 미수수익으로 통합 처리한다.

 03 손익계산서

① **손익계산서**(income statement : I/S 또는 profit & loss statement : P/L)

　　손익계산서는 기업의 경영성과를 명확히 보고하기 위하여 1회계기간에 발생한 모든 수익과 비용을 대응 표시하여 당기순손익을 계산하는 보고서이다.

② **손익계산서의 작성기준**

　　(1) **구분표시** : 손익계산서는 매출총손익, 영업손익, 법인세비용차감전계속사업손익, 계속사업 손익, 당기순손익으로 구분하여 표시한다. 다만, 제조업, 판매업 및 건설업 외의 업종에 속하는 기업은 매출총손익의 구분 표시를 생략할 수 있다.

　　(2) **수익과 비용의 총액표시** : 수익과 비용은 각각 총액으로 보고하는 것을 원칙으로 한다. 다만, 동일 또는 유사한 거래나 회계 사건에서 발생한 차익, 차손 등은 총액으로 표시하지만 중요하지 않은 경우에는 관련 차익과 차손 등을 상계하여 표시할 수 있다.

● 중단사업손익이 있을 경우

손 익 계 산 서

(주)○○상사　　　20×1년 1월 1일부터 12월 31일까지　　　　단위 : 원

과　　　목	제 2 (당) 기		제 1 (전) 기
	금　　액		금　　액
매　　　출　　　액		10,000	
매　　출　　원　　가		5,500	
기 초 상 품 재 고 액	1,500		
당 기 매 입 액	(+)5,000		
기 말 상 품 재 고 액	(−)1,000		
매　출　총　이　익		4,500	（
판 매 비 와 관 리 비		(−)1,300	생
영　업　이　익		3,200	
영　업　외　수　익		(+)400	략
영　업　외　비　용		(−)600	
법인세비용차감전계속사업이익		3,000	）
계속사업손익법인세비용		(−)750	
계　속　사　업　이　익		2,250	
중　단　사　업　손　실		(−)1,000	
당　기　순　이　익		1,250	
주　　당　　이　　익		×××	

● 중단사업손익이 없을 경우

손 익 계 산 서

(주)○○상사　　　20×1년 1월 1일부터 12월 31일까지　　　　단위 : 원

과　　　목	제 2 (당) 기		제 1 (전) 기
	금　　액		금　　액
매　　　출　　　액		10,000	
매　　출　　원　　가		5,500	
기 초 상 품 재 고 액	1,500		
당 기 매 입 액	(+)5,000		
기 말 상 품 재 고 액	(−)1,000		
매　출　총　이　익		4,500	（
판 매 비 와 관 리 비		(−)1,300	생
영　업　이　익		3,200	
영　업　외　수　익		(+)400	략
영　업　외　비　용		(−)600	
법인세비용차감전순이익		3,000	）
법　인　세　비　용		(−)1,000	
당　기　순　이　익		2,000	
주　　당　　이　　익		×××	

③ **수익·비용의 분류**

(1) **판매비와관리비** : 급여, 퇴직급여, 명예퇴직금, 복리후생비, 교육훈련비, 여비교통비, 통신비, 소모품비, 수도광열비, 세금과공과, 임차료, 도서인쇄비, 감가상각비, 무형자산상각비, 광고선전비, 수선비, 차량유지비, 보험료, 접대비, 기밀비, 보관료, 견본비, 포장비, 창업비, 개업비, 경상개발비, 연구비, 운반비, 판매수수료, 대손상각비, 잡비 등 단, <u>대손충당금환입은 차감항목</u>

(2) **영업외수익** : 이자수익, 배당금수익(주식배당제외), 임대료, 수수료수익, 단기매매증권처분이익, 단기매매증권평가이익, 유형자산처분이익, 투자자산처분이익, 사채상환이익, 외환차익, 외화환산이익, 잡이익, 지분법이익, 전기오류수정이익, 자산수증이익, 채무면제이익, 보험금수익, 매도가능증권처분이익 등

(3) **영업외비용** : 이자비용, 기타의 대손상각비, 단기매매증권처분손실, 단기매매증권평가손실, 재고자산감모손실, 기부금, 매도가능증권처분손실, 유형자산처분손실, 투자자산처분손실, 사채상환손실, 외환차손, 외화환산손실, 지분법손실, 전기오류수정손실, 자산손상차손 등

▶ 종전의 특별손익 개념은 폐지되고 영업외손익으로 분류되며, 영업외손익으로 분류되던 법인세추납액과 법인세환급액은 당기의 법인세비용에 포함한다.

 재무상태표

① **재무상태표**(statement of financial position)

일정시점에 있어서 기업의 재무상태를 명확하게 나타내는 보고서이다.

② **재무상태표의 작성 기준**

(1) **재무상태표의 기본 구조(구분 표시)** : 재무상태표의 구성 요소인 자산, 부채, 자본은 각각 다음과 같이 구분한다.

① 자산은 유동자산과 비유동자산으로 구분한다. 유동자산은 당좌자산과 재고자산으로 구분하고, 비유동자산은 투자자산, 유형자산, 무형자산, 기타비유동자산으로 구분한다.
② 부채는 유동부채와 비유동부채로 구분한다.
③ 자본은 자본금, 자본잉여금, 자본조정, 기타포괄손익누계액 및 이익잉여금(또는 결손금)으로 구분한다.
④ 자산과 부채는 유동성이 큰 항목부터 배열하는 것을 원칙으로 한다.

(2) **자산과 부채의 유동성과 비유동성 구분** : 자산은 1년 또는 정상영업주기를 기준으로 유동자산과 비유동자산으로 분류하고, 부채는 1년 또는 정상영업주기를 기준으로 유동부채와 비유동부채로 분류한다.

(3) **자본의 분류** : 자본금은 법정자본금으로 하며 자본은 자본금, 자본잉여금, 자본조정, 기타포괄손익누계액, 이익잉여금(또는 결손금)으로 분류한다.

(4) **재무상태표 항목의 구분과 통합 표시** : 자산·부채·자본 중 중요한 항목은 재무상태표 본문에 별도 항목으로 구분하여 표시한다. 중요하지 않은 항목은 성격 또는 기능이 유사한 항목에 통합하여 표시할 수 있으며, 통합할 적절한 항목이 없는 경우에는 기타항목으로 통합할 수 있다. 이 경우 세부 내용은 주석으로 기재한다.

(5) **자산과 부채의 총액 표시** : 자산과 부채는 원칙적으로 상계하여 표시하지 않는다. 다만, 매출채권에 대한 대손충당금 등은 해당 자산이나 부채에서 직접 가감하여 표시할 수 있으며, 이는 상계에 해당하지 아니한다.

재 무 상 태 표

(주)○○상사 　　　　　　20×1년 12월 31일 　　　　　　　(보고식)

과　　목	제 × (당) 기 금　　액	제 × (전) 기 금　　액
자　　　　　산		
유　동　자　산	1,800	
당　좌　자　산	1,000	
재　고　자　산	800	
비　유　동　자　산	6,200	
투　자　자　산	1,000	
유　형　자　산	2,000	(전 기 분 생 략)
무　형　자　산	3,000	
기 타 비 유 동 자 산	200	
자　산　총　계	8,000	
부　　　　　채		
유　동　부　채	1,500	
비　유　동　부　채	500	
부　채　총　계	2,000	
자　　　　　본		
자　본　금	4,000	
자　본　잉　여　금	1,200	
자　본　조　정	×××	
기타포괄손익누계액	×××	
이　익　잉　여　금		
미처분이익잉여금	800	
자　본　총　계	6,000	
부 채 · 자 본 총 계	8,000	

1. 다음 연속된 거래를 분개하여 보험료 계정과 선급보험료 계정에 기입 마감하시오.

　9월　1일　건물의 화재보험료 6개월분 120,000원을 현금으로 지급하다.

12월 31일　결산 시 보험료 선급분을 계상하고, 당기분 보험료를 손익 계정에 대체하다.

　1월　1일　선급보험료를 보험료 계정에 재대체하다.

월일	차 변 과 목	금　액	대 변 과 목	금　액
9/ 1				
12/31				
1/ 1				

```
        보    험    료                       선 급 보 험 료


```

2. 다음 연속된 거래를 분개하고, 임대료 계정과 선수임대료 계정에 기입하여 마감하시오.

　3월　1일　토지에 대한 임대료 1년분 600,000원을 현금으로 받다.

12월 31일　결산 시 임대료 선수분을 계상하고, 당기분 임대료는 손익 계정에 대체하다.

　1월　1일　선수임대료를 임대료 계정에 재대체하다.

월일	차 변 과 목	금　액	대 변 과 목	금　액
3/ 1				
12/31				
1/ 1				

```
        임    대    료                       선 수 임 대 료


```

3. 다음 연속된 거래를 분개하고, 임차료 계정과 미지급임차료 계정에 전기하여 마감하시오.

  9월 1일   사무실 임차료 3개월분 360,000원을 현금으로 지급하다.

  12월 31일   임차료 미지급액을 계상하고, 당기분 임차료를 손익 계정에 대체하다.

  1월 1일   미지급임차료를 임차료 계정에 재대체하다.

월일	차 변 과 목	금 액	대 변 과 목	금 액
9/ 1				
12/31				
1/ 1				

임 차 료

미 지 급 임 차 료

4. 다음 연속된 거래를 분개하고, 미수이자 계정과 이자수익 계정에 전기하여 마감하시오.

  8월 1일   단기대여금에 대한 3개월분의 이자 90,000원을 현금으로 받다.

  12월 31일   결산 시 이자미수액을 계상하고, 당기분 이자수익을 손익 계정에 대체하다.

  1월 1일   미수이자를 이자수익 계정에 재대체하다.

월일	차 변 과 목	금 액	대 변 과 목	금 액
8/ 1				
12/31				
1/ 1				

이 자 수 익

미 수 이 자

5. 다음 저장품(소모품)에 대한 연속거래를 비용처리법과 자산처리법으로 각각 분개하고, 해당 계정에 기입하고, 마감하시오.

　9월 10일　사무용 소모품 50,000원을 구입하고, 대금은 현금으로 지급하다.

　12월 31일　결산 시 소모품미사용액 20,000원을 계상하고, 당기분 소모품비를 손익 계정에 대체하다.

　1월 　1일　소모품을 소모품비 계정에 재대체하다.

【 비용처리법 】

월일	차 변 과 목	금 액	대 변 과 목	금 액
9/10				
12/31				
1/1				

소 　 모 　 품 　 비	소 　 모 　 품

【 자산처리법 】

월일	차 변 과 목	금 액	대 변 과 목	금 액
9/10				
12/31				
1/1	분 개 없 음			

소 　 모 　 품	소 　 모 　 품 　 비

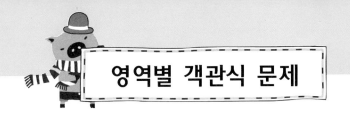

영역별 객관식 문제

01 재무제표를 통해 제공되는 정보에 관한 내용 중 올바르지 않은 것은?

① 화폐단위로 측정된 정보를 주로 제공한다.
② 특정기업실체에 관한 정보를 제공하며, 산업 또는 경제 전반에 관한 정보를 제공하지는 않는다.
③ 대부분 과거에 발생한 거래나 사건에 대한 정보를 나타낸다.
④ 추정에 의한 측정치는 포함하지 않는다.

02 각 재무제표의 명칭과 함께 기재해야 할 사항으로 틀린 것은?

① 기업명
② 보고기간종료일
③ 금액단위
④ 기능통화

03 이론상 회계순환과정의 순서가 가장 맞는 것은?

① 기말수정분개 → 수정후시산표 → 수익·비용계정 마감 → 집합손익계정 마감 → 자산·부채·자본계정 마감 → 재무제표 작성
② 기말수정분개 → 수정후시산표 → 자산·부채·자본계정 마감 → 집합손익계정 마감 → 수익·비용계정 마감 → 재무제표 작성
③ 수정후시산표 → 기말수정분개 → 수익·비용계정 마감 → 집합손익계정 마감 → 자산·부채·자본계정 마감 → 재무제표 작성
④ 수정후시산표 → 기말수정분개 → 자산·부채·자본계정 마감 → 수익·비용계정 마감 → 집합손익계정 마감 → 재무제표 작성

04 재무상태표 및 손익계산서에 대해 잘못 설명한 것은?

① 자산은 유동자산과 비유동자산으로 구분되고, 비유동자산은 투자자산, 유형자산, 무형자산 및 기타비유동자산으로 구분된다.
② 부채는 유동부채와 비유동부채로 구분되며, 사채·장기차입금·퇴직급여충당부채계정은 비유동부채에 속한다.
③ 손익계산서는 매출총손익·영업손익·경상손익·법인세비용차감전순손익 및 당기순손익으로 구분 표시하여야 한다.
④ 재무상태표는 유동성배열법에 따라 유동성이 큰 항목부터 먼저 나열한다.

05 재무상태표의 자산 및 부채 계정의 차감적인 평가항목이 아닌 것은?

① 사채할증발행차금   ② 재고자산평가충당금
③ 대손충당금   ④ 감가상각누계액

06 다음 설명의 괄호 안에 들어갈 것으로 옳은 것은?

> 이연이란 (　　　)과 같이 미래에 수익을 인식하기 위해 현재의 현금유입액을 부채로 인식하거나, (　　　)과 같이 미래에 비용을 인식하기 위해 현재의 현금 유출액을 자산으로 인식하는 회계과정을 의미한다.

① 미수수익, 선급비용   ② 선수수익, 선급비용
③ 미수수익, 미지급비용   ④ 선수수익, 미지급비용

07 다음 중 결산 시 미수이자를 계상하지 않은 경우 당기 재무제표에 미치는 영향으로 올바른 것은?

> 가. 자산의 과소계상   나. 자산의 과대계상
> 다. 수익의 과소계상   라. 수익의 과대계상

① 가, 다   ② 가, 라   ③ 나, 다   ④ 나, 라

08 결산 시 미지급 임차료에 대한 회계처리를 하지 않았을 경우, 당기 재무제표에 미치는 영향으로 틀린 것은?

① 순이익이 과소계상   ② 자본이 과대계상
③ 비용이 과소계상   ④ 부채가 과소계상

09 유동자산과 비유동자산의 분류가 올바르게 짝지어진 것은?

	유동자산	비유동자산		유동자산	비유동자산
①	건설중인자산	개발비	②	미수금	선급비용
③	선급비용	건설중인자산	④	영업권	단기투자자산

10 다음 자료를 이용하여 영업이익을 계산하면 얼마인가?

- 매 출 액 : 100,000,000원
- 매출원가 : 60,000,000원
- 본사 총무부 직원 인건비 : 4,000,000원
- 광 고 비 : 6,000,000원
- 기 부 금 : 1,000,000원
- 유형자산처분이익 : 2,000,000원

① 40,000,000원   ② 30,000,000원
③ 29,000,000원   ④ 26,000,000원

11 다음의 자료로 매출총이익, 영업이익과 당기순이익을 계산하면 얼마인가?

- 매 출 액   1,000,000원
- 급 여   100,000원
- 매출원가   600,000원
- 기 부 금   20,000원
- 이자비용   50,000원
- 접 대 비   30,000원

	매출총이익	영업이익	당기순이익
①	1,000,000원	220,000원	200,000원
②	400,000원	220,000원	200,000원
③	400,000원	270,000원	200,000원
④	1,000,000원	270,000원	220,000원

12 제조업을 운영하는 A회사가 장기대여금에 대한 대손충당금을 설정할 경우, 다음의 손익계산서 항목 중 변동되는 것은?

① 매출원가   ② 매출총이익
③ 영업이익   ④ 법인세비용차감전순손익

13 보고기간 종료일에 (주)희망의 결산 시 당기순이익이 100,000원이었다. 다음과 같은 오류가 포함되었을 경우, 수정 후 당기순이익은 얼마인가?

- 감자차익 과소 계상액 : 10,000원
- 매도가능증권평가손실 과대 계상액 : 20,000원
- 이자비용 과대 계상액 : 15,000원
- 단기투자자산처분이익 과대 계상액 : 25,000원

① 90,000원   ② 100,000원   ③ 120,000원   ④ 130,000원

14 기업회계기준서상 수익에 대한 내용으로 올바르지 않은 것은?

① 경제적효익의 유입가능성이 매우 높고, 그 효익을 신뢰성 있게 측정할 수 있을때 인식한다.
② 판매대가의 공정가치로 측정하며, 매출에누리 · 할인 · 환입은 차감한다.
③ 성격과 가치가 상이한 재화나 용역간의 교환시 교환으로 제공한 재화나 용역의 공정가치로 수익을 측정하는 것이 원칙이다.
④ 성격과 가치가 유사한 재화나 용역간의 교환시 제공한 재화나 용역의 공정가치로 수익을 측정하는 것이 원칙이다.

15 시산표에서 발견할 수 없는 오류를 나열한 것이다. 이에 해당하지 않는 것은?

① 동일한 금액을 차변과 대변에 반대로 전기한 경우
② 차변과 대변의 전기를 동시에 누락한 경우
③ 차변과 대변에 틀린 금액을 똑같이 전기한 경우
④ 차변만 이중으로 전기한 경우

16 매출원가에 영향을 미치지 않는 비용은?

① 원재료 구입에 따른 운반비
② 화재로 소실된 원재료
③ 재고자산평가손실
④ 정상적인 재고자산감모손실

17 재무상태표의 자산분류상 올바른 항목으로 짝지어진 것은?

① 유동자산 : 단기투자자산, 투자자산 : 임차보증금
② 투자자산 : 장기대여금, 유형자산 : 건설중인자산
③ 투자자산 : 투자부동산, 기타비유동자산 : 지분법적용투자주식
④ 유동자산 : 선급비용, 투자자산 : 장기미수금

18 (주)세진테크는 원재료를 매입하기로 하고 지급한 계약금을 매출원가로 회계처리하였다. 이로 인하여 재무제표에 미치는 영향은 무엇인가?

① 자본이 과대계상되고, 부채가 과소계상된다.
② 이익이 과소계상되고, 부채가 과소계상된다.
③ 수익이 과대계상되고, 자산이 과대계상된다.
④ 자산이 과소계상되고, 자본이 과소계상된다.

19 손익계산서에 대한 설명 중 잘못된 것은?

① 제품, 상품 등의 매출액에 대응되는 원가로서 판매된 제품이나 상품 등에 대한 제조원가 또는 매입원가를 매출원가라 한다.
② 판매비와관리비는 제품, 상품, 용역 등의 판매활동과 기업의 관리활동에서 발생하는 비용으로서 매출원가에 속하지 아니하는 모든 영업비용을 포함한다.
③ 판매비와관리비는 당해 비용을 표시하는 적절한 항목으로 구분하여 표시하여야 하며 일괄표시할 수 없다.
④ 기업의 주된 영업활동이 아닌 활동으로부터 발생하는 수익과 차익은 영업외수익에 해당된다.

20 다음 회계처리로 인하여 재무제표에 미치는 영향을 바르게 설명한 것은?

> 업무용 차량을 취득하기로 하고 지급한 금액 선급금 2,000,000원을 차량유지비로 회계처리 하였다.

① 수익이 2,000,000원 과대계상된다. ② 비용이 2,000,000원 과대계상된다.
③ 자본이 2,000,000원 과대계상된다. ④ 자산이 2,000,000원 과대계상된다.

21 다음 자료를 토대로 발생하는 재무정보에 대한 설명으로 옳지 않은 것은?

> 선급보험료(당초 지급 시 선급비용 처리함)의 기간 경과분을 인식하는 결산수정 분개를 누락하였다.

① 자산이 과대계상된다. ② 자본이 과대계상된다.
③ 당기순이익이 과소계상된다. ④ 기말 총부채에는 영향을 미치지 않는다.

22 다음 중 손익계산서상 영업이익에 영향을 주는 거래는 어느 것인가?

① 매출한 상품의 일부가 환입되었다. ② 단기매매증권평가손실을 인식하였다.
③ 보험차익을 계상하였다. ④ 기부금을 지출하였다.

23 유동부채의 계정과목별 설명으로 틀린 것은?

① 매입채무는 일반적 상거래에서 발생한 외상매입금과 지급어음으로 한다.
② 선수금은 수주공사 및 기타 일반적 상거래에서 발생한 선수액으로 한다.
③ 단기차입금은 금융기관으로부터의 당좌차월과 1년 이내에 상환될 차입금으로 한다.
④ 미지급금은 일반적 상거래에서 발생한 지급기일이 도래한 확정채무를 말한다.

가끔 길을 가다 보면 '원가 판매' 라는 가게의 광고 안내판을 볼 수 있다. 현금이 급하게 필요하거나 가게를 닫게 되어 원가에 물건을 싸게 판다는 것이다. 이때 이 가게 주인이 말하는 원가란 무엇일까? 원가(Cost)는 '원래의 가격' 으로 풀이 되는데, 가장 기본적으로는 가게 주인이 팔 물건(상품)을 제조업체나 도매상에서 사올 때 지불한 가격일 것이다. 이를 상품의 취득 원가라 한다. 만약, 가게 주인이 이 물건을 재료를 사다가 직접 만들었다면 원가는 이 물건(제품)을 만들 때 든 돈일 것이다. 이를 제조

- 출처 : www.naver.com -

원가라 한다. 그러면 이러한 제조 원가를 계산하는 회계를 원가 회계라고 하는 데 그 범위는 어디까지 일까?

예를 들어 여러분이 피자헛이라는 피자 가게를 운영한다고 해 보자. 피자 한 판에 재료비 등의 원가가 얼마나 되는지 궁금해 할 것이다.(원가 계산), 그리고 어느 고객이 피자 50판을 주문하면서 정상적인 가격보다 싸게 해 달라고 하면 이를 승낙하고 팔아야 하는지의 여부를 결정해야 하며(의사 결정), 장사가 잘되어 나중에 2, 3군데 피자 가게가 늘어나 운영하게 되면 각 영업점 별로 책임자를 두어 영업 실적을 평가하려고 할 것이다.(성과 평가)

이러한 원가 계산, 의사 결정, 성과 평가는 독립된 것이 아니라 서로 연결되어 있다. 즉 정확한 원가 계산이 되면 의사 결정과 성과 평가도 정확하게 되는 것이다.

Chapter

02

이론요약/원가회계편

1 원가회계의 기초 개념

 01 원가회계의 기초

1 원가회계의 목적

(1) 재무제표 작성에 필요한 원가정보의 제공
(2) 원가통제에 필요한 원가정보의 제공
(3) 경영의사 결정에 필요한 원가정보의 제공

2 상기업과 제조기업의 비교

No	상 기 업 (회 계 원 리)	제 조 기 업 (원 가 회 계)
(1)	주로 외부와의 거래를 중심으로 회계처리	제조과정에서 원가흐름 중심으로 회계처리
(2)	한 회계연도가 6개월 또는 1년	원가계산 기간을 보통 1개월로 한다.
(3)	재무상태표 계정과 손익계산서 계정만 기록	이외에도 재료비 계정, 노무비 계정, 제조경비 계정 등을 설정하므로 계정의 수가 많다.
(4)	집합 계정은 결산 때 설정되는 손익 계정 뿐이다.	제품의 원가를 집계하는 집합 계정의 수가 많고 계정간의 대체 기입이 많다.
(5)	수익을 창출하기 위하여 소비된 가치는 비용으로 처리된다.	제조과정에서 발생한 가치의 소비액은 원가로 처리된다.

3 재무회계와 관리회계의 비교

No.	구 분	재 무 회 계	관 리 회 계
(1)	목적과 이용대상	외부보고 목적(외부 정보 이용자)	내부보고 목적(내부 정보 이용자)
(2)	보고서 종류	일반재무제표(재무상태표 등)	제조원가명세서, 마케팅보고서 등
(3)	조직 관리 기반	기업 전체 조직을 관리	기업 조직 중 제조부문 등을 관리
(4)	성격 및 시간적 관념	검증 가능성을 강조하며 과거 지향적	목적적합성을 강조하며 미래 지향적
(5)	원가회계와의 관련성	원가계산을 통해 판매가격 결정 지원	원가 절감 등을 위한 계획과 통제

4 원가계산 (cost accounting)

(1) 원가계산의 뜻과 절차

제 1 단계 .... 요소별 원가계산
제 2 단계 .... 부문별 원가계산
제 3 단계 .... 제품별 원가계산

(2) 원가계산의 종류

(가) 원가회계 시점을 기준으로 분류

① 실제원가계산(사후 원가계산)

② 예정원가계산 : 추산 원가계산, 표준원가계산

(나) 기업의 생산형태에 따른 분류

① 개별원가계산 : 조선업, 건설업, 항공기제조업, 주문에 의한 가구, 기계제작업

② 종합원가계산 : 제지업, 제분업, 제당업, 자동차공업 등

(다) 고정비 집계 여부에 따른 분류

① 전부원가계산 : 변동비+고정비

② 변동원가계산 : 변동비만을 제조원가로 계산, 고정비는 비원가항목

 # 원가의 개념과 분류

1️⃣ **원가**(costs)**의 뜻** : 원가란 제조기업이 제품을 생산하는데 사용한 모든 원재료, 노동력,기계나 건물 등의 생산 설비 및 전기, 가스 등의 소비액을 말한다.

(1) 원가와 비용과의 관계

(가) 공통점 : 둘 다 기업의 경영활동을 위하여 소비되는 경제적 가치이다.

(나) 차이점 : 원가는 재화나 용역의 생산을 위하여 소비되는 경제적 가치인데 비해, 비용은 일정 기간의 수익을 얻기 위하여 소비되는 경제적 가치이다.

(2) 원가의 특성

① 경제적 가치의 소비이다.

② 제품의 생산을 위하여 소비된 것이다.

③ 정상적인 가치의 소비액이다.

2️⃣ **경제적 효익의 소멸여부에 따른 분류**

(1) **미소멸원가**(unexpired costs) : 미래에 경제적 효익을 제공할 수 있는 원가로서, 미래용역 잠재력(미래에 현금유입을 창출하는 능력)을 가지고 있으므로 재무상태표에 자산으로 표시된다. **예** 원재료의 미사용액

(2) **소멸원가**(expired costs) : 용역 잠재력이 소멸되어 더 이상의 경제적 효익을 제공할 수 없는 원가로서 수익창출에 기여했는가에 따라 비용과 손실로 나눈다. **예** 원재료의 소비액

③ 추적가능성에 따른 분류

(1) 직접비(direct costs : 직접원가) : 특정 제품의 제조를 위하여 직접 소비된 금액이므로 직접 추적하여 부과할 수 있는 원가 (자동차 제조업의 타이어 등)

(2) 간접비(indirect costs : 간접원가) : 여러 제품의 제조를 위하여 공통적으로 소비되므로 특정 제품에 발생한 금액을 추적할 수 없는 원가(전력비, 가스수도비 등)

④ 제조활동과의 관련성에 따른 분류

(1) 제조원가(manufacturing costs) : 제조원가란 제품을 생산하는 과정에서 발생하는 모든 경제적 가치의 소비액을 말한다.

　(가) **재료비** : 제품의 제조를 위한 재료의 소비액(가구제작업의 목재 등)

　(나) **노무비** : 제품의 제조를 위해 투입된 인간의 노동력에 대한 대가(임금, 급료, 상여 수당 등)

　(다) **제조경비** : 재료비와 노무비를 제외한 기타의 모든 원가요소(전력비 등)

(2) 비제조원가(nonmanufacturing costs) : 기업의 제조활동과 직접적인 관련이 없이 발생한 원가로서 제품의 판매활동과 일반관리활동에서 발생하는 원가 **예** 광고선전비 등의 판매비와 관리비

⑤ 원가행태에 따른 분류

(1) 고정비 : 조업도(생산량)의 증감에 관계없이 그 총액이 항상 일정하게 발생하는 원가(임차료, 보험료, 세금과공과(재산세), 감가상각비)

(2) 변동비 : 조업도(생산량)의 증감에 따라 총액이 비례적으로 증감하는 원가(직접재료비, 직접 노무비 등)

(3) 준변동비(semi-variable costs) : 조업도의 증감에 관계없이 발생하는 고정비 즉, 조업도가 0 일 때에도 발생하는 고정원가와 조업도의 변화에 따라 일정비율로 증가하는 변동비의 두 부분으로 구성된 원가를 말하며, 혼합원가(mixed costs)라고도 한다. **예** 전력비, 전화요금, 수선유지비 등

(4) 준고정비(semi-fixed costs) : 특정한 범위의 조업도 내에서는 일정한 금액이 발생하지만, 그 범위를 벗어나면 총액이 달라지는 원가를 말하며, 계단원가(step costs)라고도 한다. **예** 1명의 생산감독자가 10명의 근로자를 감독하는 경우 10명의 근로자가 초과할 때마다 1명의 생산감독자를 추가로 고용해야 한다. 이 때, 만약 생산감독자를 0.1명, 0.2명 등과 같이 분할고용할 수 있다면 생산감독자의 급여는 근로자의 수에 비례하는 변동비라 할 수 있지만, 이것은 불가능한 일이므로 생산감독자의 급여는 계단형으로 표시되는 준고정원가가 된다.

⑥ 통제가능성에 따른 분류

(1) 통제가능원가(controllable costs) : 특정 계층의 경영자가 일정기간에 걸쳐 원가 발생액의 크기에 관해 주된 영향을 미칠 수 있는 원가 **예** 직접재료비 등의 변동비−특정관리자의 업적 평가시 유용한 개념

(2) 통제불능원가(uncontrollable costs) : 특정 계층의 경영자가 원가발생액의 크기에 관해 주된 영향을 미칠수 없는 원가 **예** 공장 건물의 임차료, 정액법에 의한 감가상각비 등의 고정비

⑦ 발생시점에 따른 분류

(1) 제품원가(product costs) : 제품을 생산할 때 소비되는 모든 원가를 말하는 것으로 제품원가는 원가가 발생되면 먼저 재고자산으로 계상하였다가 제품의 판매시점에 비용화되어 매출원가계정으로 대체된다. 따라서 제품원가는 재고자산의 원가로서 판매시점까지 연장되기 때문에 재고가능원가라고도 한다.

(2) 기간원가(period costs) : 제품생산과 관련없이 발생하는 모든 원가로서 발생한 기간에 비용으로 인식하므로 기간원가라고 하며, 판매비와관리비가 여기에 속한다. 이와같이 기간원가는 발생한 기간의 비용으로 처리되므로 재고불능원가라고도 한다.

⑧ 의사결정과의 관련성에 따른 분류

기업의 경영자는 경영활동을 수행하는 과정에서 끊임없이 의사결정을 해야 하는데, 그 유형은 다양하므로 올바른 의사결정을 하기 위해서는 그 내용에 적합한 원가자료를 적절히 이용해야 한다.

(1) 관련원가(relevant costs)**와 비관련원가**(irrelevant costs) : 관련원가는 특정의사결정과 직접적으로 관련이 있는 원가로서 의사결정의 여러대안 간에 금액상 차이가 있는 미래원가를 말한다. 비관련원가는 특정의사결정과 관련이 없는 원가로서 이미 발생한 원가이므로 의사결정의 여러 대안간에 금액상 차이가 없는 기발생원가(역사적 원가)를 말한다. **예** 대한상사는 현재까지 일반냉장고만 판매하여 왔으나, 내년부터는 일반냉장고 대신 김치냉장고를 판매하기로 하였다. 이를 홍보하기 위하여 한달전부터 광고비 ₩10,000을 지출하였고, 일반냉장고를 판매하는 경우 단위당 변동판매비는 ₩20, 김치냉장고의 단위당 변동판매비는 ₩30이 지출되는 경우, 두 달 전부터 지출된 광고비 ₩10,000은 이미 지출된 것이고, 일반냉장고를 판매하는 대안과 김치냉장고를 판매하는 대안 중 어떤 대안을 선택하더라도 회수할 수 없으므로 비관련원가이고, 변동판매비는 두 대안간에 차이가 나는 미래원가이므로 관련원가이다.

(2) 매몰원가(sunk costs) : 기발생원가(역사적 원가)라고도 하는 것으로 과거의 의사결정의 결과로 이미 발생된 원가로서 현재 또는 미래의 의사결정에는 아무런 영향을 미치지 못하는 원가를 말한다. **예** 연구개발결과 신제품이 발명되어 판매가능성 여부에 관한 의사결정시 이미 지출된 연구개발비는 제품의 판매에 관한 의사결정과는 아무런 관련이 없는 것

(3) 기회원가(opportunity costs) : 기회비용이라고도 하며, 의사결정의 여러 대안 중 하나를 선택하면 다른 대안은 포기할 수 밖에 없는데, 이 때 포기해야 하는 대안에서 얻을 수 있는 최대의 금액(효익)을 말한다. 기회원가는 회계장부에는 기록되지 않지만, 의사결정시에는 반드시 고려되어야 한다.

예 대한공업에서 A기계로 갑제품을 생산하기로 한 경우 A기계로는 을제품도 생산할 수 있고, A기계를 매각처분할 수도 있는데, 을제품을 생산하면 제조원가 ₩30,000을 투입하여 ₩40,000에 판매할 수 있고, 그냥 A기계를 매각처분한다면 처분차익을 ₩15,000 얻을 수 있을 때 대한공업은 A기계로 갑제품을 생산하는 것 이외에 대체안으로 각각 ₩10,000과 ₩15,000의 순현금 유입액이 발생한다. 이 중 차선의 대체안은 A기계를 매각하여 ₩15,000을 얻을 수 있는 것으로 이것이 바로 A기계로 갑제품을 생산할 때의 기회원가인 것이다.

9 원가의 구성

(1) 직접원가 = 직접재료비 + 직접노무비 + 직접제조경비
(2) 제조원가 = 직접원가 + 제조간접비(간접재료비 + 간접노무비 + 간접제조경비)
(3) 판매원가 = 제조원가 + 판매비와 관리비
(4) 판매가격 = 판매원가 + 이익

2 원가의 흐름

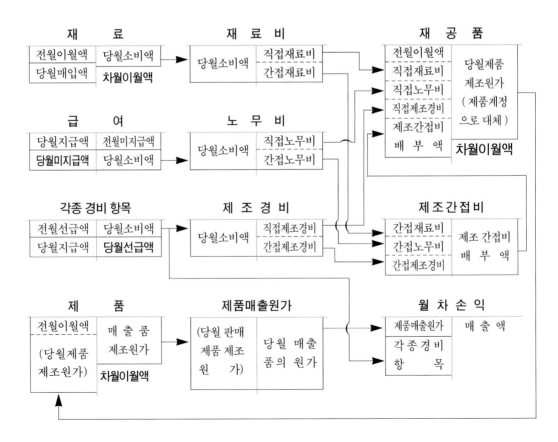

제품의 제조와 판매 및 결산 시의 분개

No	구 분	차 변	대 변
(1)	재료를 외상으로 매입	재　　　료 ×××	외 상 매 입 금 ×××
(2)	임금을 수표발행 지급	급　　　여 ×××	당 좌 예 금 ×××
(3)	각종경비항목을 현금지급	각 종 경 비 항 목 ×××	현　　　금 ×××
(4)	재료를 현장에 출고	재　료　비 ×××	재　　　료 ×××
(5)	노무비 항목의 발생액	노　무　비 ×××	급　　　여 ×××
(6)	재료비의 소비	재　공　품 ××× 제 조 간 접 비 ×××	재　료　비 ×××
(7)	노무비의 소비	재　공　품 ××× 제 조 간 접 비 ×××	노　무　비 ×××
(8)	각종경비 항목의 발생	제　조　경　비 ×××	각 종 경 비 항 목 ×××
(9)	제조경비 소비액의 대체	재　공　품 ××× 제 조 간 접 비 ×××	제　조　경　비 ×××
(10)	제조간접비를 제품에 배부	재　공　품 ×××	제 조 간 접 비 ×××
(11)	완성품 원가를 제품 계정에 대체	제　　　품 ×××	재　공　품 ×××
(12)	제품을 외상매출한 경우	외 상 매 출 금 ××× 제 품 매 출 원 가 ×××	제 품 매 출 ××× 제　　　품 ×××
(13)	월차손익 계정에 대체	제　품　매　출 ××× 월 차 손 익 ×××	월 차 손 익 ××× 제 품 매 출 원 가 ××× 각 종 경 비 항 목 ×××

▶ 노무비는 지급형태에 따라 임금, 급여, 잡급, 상여수당으로 분류된다. 이를 통괄적으로 급여 계정으로 처리하고 재무제표에 표시한다.

원가소비액 및 기타 등식

(1) 재 료 소 비 액 = 월초 재료 재고액 + 당월 재료 매입액 − 월말 재료 재고액
(2) 노 무 비 소 비 액 = 당월 지급액 + 당월 미지급액 − 전월 미지급액
(3) 제 조 경 비 소 비 액 = 당월지급액 + 전월선급액 − 당월선급액
(4) 당월제품제조원가 = 월초 재공품 재고액 + 당월 총 제조비용 − 월말 재공품 재고액
　　※당월 총 제조비용 = 직접재료비 + 직접노무비 + 직접제조경비 + 제조간접비배부액
(5) 매 출 원 가 = 월초 제품 재고액 + 당월 제품 제조원가 − 월말 제품 재고액
(6) 완 성 품 수 량 = 월초 재공품 수량 + 당월 제조착수 수량 − 월말 재공품 수량
　　　　　　　　　 = 당월 매출 제품 수량 + 월말 제품 수량 − 월초 제품 수량
(7) 제품 단위당 원가 = 제품 제조 원가 ÷ 완성품 수량

1. 다음 재료에 관한 사항을 분개하고, 아래 계정에 기입 마감하시오.

    (1) 월초재료재고액 300,000원   당월매입액(외상) 1,700,000원
         월말재료재고액 400,000원

    (2) 당월 재료의 공장출고액은 1,600,000원

    (3) 당월 재료비 소비액 : 직접재료비 1,300,000원   간접재료비 300,000원

No.	구 분	차 변 과 목	금 액	대 변 과 목	금 액
(1)	매 입 액 분 개				
(2)	출 고 액 분 개				
(3)	소 비 액 분 개				

재　　　　료　　　　　　　　　　　　　　　재　　료　　비

2. 다음 노무비에 관한 사항을 분개하고, 아래 계정에 기입 마감하시오.

    (1) 전월 임금 미지급액 100,000원   임금 당월 지급액(현금) 1,200,000원
         당월 임금 미지급액 160,000원

    (2) 당월 임금 발생액 1,260,000원

    (3) 당월 노무비 소비액 : 직접노무비 960,000원   간접노무비 300,000원

No.	구 분	차 변 과 목	금 액	대 변 과 목	금 액
(1)	지 급 액 분 개				
(2)	발 생 액 분 개				
(3)	소 비 액 분 개				

급 여	노 무 비

3. 다음 경비에 관한 사항을 분개하고, 아래 계정에 기입하시오.

(1) 보험료　　전월선급액　40,000원　　　　　당월지급액(현금)　250,000원
　　　　　　　당월선급액　30,000원

(2) 당월보험료 발생액　260,000원(이중 제조부 200,000원, 본사 영업부 60,000원)

(3) 보험료 발생액 중 제조부 소비액을 제조간접비 계정에 대체한다.

(4) 보험료 소비액 중 본사 부담액 60,000원을 월차손익 계정에 대체하다.

No.	구 분	차 변 과 목	금 액	대 변 과 목	금 액
(1)	지 급 액 분 개				
(2)	발 생 액 분 개				
(3)	제조경비소비액분개				
(4)	월차손익대체분개				

보 험 료	제 조 경 비
	제 조 간 접 비
	월 차 손 익

회계충전소

▶ 보험료 발생액 분개에서 본사 영업부 부담액 60,000원은 보험료 계정에 남겨두었다가 월말에 월차손익 계정에 대체하여야 한다.

4. 다음 경비에 관한 사항을 분개하고, 아래 계정에 기입하시오.

(1) 임 차 료 전월선급액 60,000원, 당월 지급액(현금) 300,000원
당월선급액 40,000원

(2) 당월 임차료 소비액 320,000원(이 중 제조부 280,000원, 본사영업부 40,000원)

(3) 임차료 소비액 중 본사 부담액 40,000원을 월차손익 계정에 대체한다.

No.	구 분	차 변 과 목	금 액	대 변 과 목	금 액
(1)	지 급 액 분 개				
(2)	소 비 액 분 개				
(3)	월차손익대체분개				

임 차 료

제 조 간 접 비

월 차 손 익

5. 다음 제조간접비와 재공품 계정에 관한 사항을 분개하고, 아래 계정에 기입마감하시오.

(1) 간 접 재 료 비 300,000원, 간 접 노 무 비 500,000원
간 접 제 조 경 비 400,000원,

(2) 월초재공품재고액 200,000원, 월말재공품재고액 300,000원

(3) 직 접 재 료 비 1,000,000원, 직 접 노 무 비 600,000원

제 조 간 접 비

재 공 품

No.	구 분	차 변 과 목	금 액	대 변 과 목	금 액
(1)	제조간접비배부분개				
(2)	완성품제조원가분개				

6. 다음 제품에 관한 사항을 분개하고, 아래 계정에 기입 마감하시오.

	제 품

(1) 월 초 제 품 재 고 액   400,000원

(2) 당월완성품제조원가   2,700,000원

(3) 월 말 제 품 재 고 액   600,000원

구 분	차 변 과 목	금 액	대 변 과 목	금 액
매 출 원 가 분 개				

7. 다음 월차손익에 관한 사항을 분개하고, 아래 계정에 기입 마감하시오.

(1) 당월 제품 매출액 (외상)   4,000,000원

(2) 당월 매출제품제조원가   2,500,000원

(3) 각종 경비항목중 본사 부담분   300,000원

제 품 매 출		월 차 손 익	

제 품 매 출 원 가	

No.	구 분	차 변 과 목	금 액	대 변 과 목	금 액
(1)	매 출 액 분 개				
(2)	매출원가월차손익대체				
(3)	각종경비항목월차손익대체				
(4)	매출액월차손익대체				
(5)	영업이익 연차손익대체				

회계충전소

▶ 각종경비 항목의 본사부담분 300,000원의 발생은 앞에서 설명한 내용이므로 여기서는 계정기입을 생략하였다.

8. 한국공업사의 다음 원가자료에 의하여 분개를 하고, 각 계정에 기입하여 마감하시오.

(1) 재료 2,400,000원을 매입하고, 대금은 외상으로 하다.

(2) 임금 1,600,000원을 수표를 발행하여 지급하다.

(3) 임차료 600,000원을 현금으로 지급하다.

(4) 재료 2,500,000원을 공장에 출고하다.

(5) 당월 임금 발생액 1,700,000원을 노무비 계정에 대체하다.

(6) 재료비 소비액 : 직접재료비 2,000,000원, 간접재료비 500,000원

(7) 노무비 소비액 : 직접노무비 1,400,000원, 간접노무비 300,000원

(8) 임차료 소비액 : 간접제조경비 400,000원, 잔액은 140,000원은 본사 사무실 부담액이다.

(9) 제조간접비를 전액 제품제조에 배부하다.

(10) 완성품 제조원가 4,700,000원을 제품 계정에 대체하다.

(11) 제품 5,000,000원(제조원가 4,400,000원)을 외상으로 매출하다.

(12) 매출액, 매출원가, 임차료 소비액 중 본사부담액을 월차손익 계정에 대체하다.

(13) 당월의 영업이익을 연차손익 계정에 대체하다.

No.	구 분	차 변 과 목	금 액	대 변 과 목	금 액
(1)	재 료 매 입 시				
(2)	임 금 지 급 시				
(3)	임 차 료 지 급 시				
(4)	재 료 출 고 시				
(5)	임 금 발 생 시				
(6)	재 료 의 소 비				
(7)	노 무 비 의 소 비				
(8)	임 차 료 의 소 비				
(9)	제조간접비제품에배부				
(10)	완 성 품 원 가 분 개				
(11)	제 품 외 상 매 출				
(12)	월차손익계정대체				
(13)	영업이익의 대체				

재 료	
전월이월 500,000	

재 료 비	

급 여	
	전월이월 300,000

노 무 비	

재 공 품	
전월이월 400,000	

임 차 료	
전월이월 100,000	

제 품	
전월이월 200,000	

제 조 간 접 비	

제 품 매 출 원 가	

월 차 손 익	

제 품 매 출	

3 요소별 원가계산

 재 료 비

1 재료비(material costs)의 뜻과 분류

(1) 재료비의 뜻 : 제품을 생산하는 데 사용할 목적으로 외부로부터 매입한 물품을 재료라 하고, 제품의 제조과정에서 소비된 재료의 가치를 말하는 것으로 재료비라 한다.

(2) 재료비의 분류

(가) 제조활동에 사용되는 형태에 따른 분류

① 주요재료비 : 가구제조회사의 목재, 자동차제조업의 철판, 제과회사의 밀가루 등
② 부　품　비 : 자동차제조업의 타이어 등
③ 보조재료비 : 가구제조회사의 못, 의복제조회사의 실과 단추 등
④ 소모공구기구비품비 : 제조기업에서 사용하는 망치, 드라이버 등

(나) 제품과의 관련성에 따른 분류

① 직접재료비 : 특정제품의 제조에서만 소비된 재료비(주요재료비, 부품비)
② 간접재료비 : 여러 종류의 제품을 제조하기 위하여 공통적으로 소비된 재료비 (보조재료비, 소모공구기구비품비)

2 재료의 매입(입고)과 출고

(1) 재료 매입 시 분개

No.	구　분	차　변		대　변	
(1)	재료계정만을 두는 경우	재　　료	×××	외 상 매 입 금	×××
(2)	재료의 종류별로 계정을 설정하는 경우	주 요 재 료 부　　품 보 조 재 료 소모공구기구비품	××× ××× ××× ×××	외 상 매 입 금	×××

(2) 재료의 출고 · 소비 시 분개

No.	구　분	차　변		대　변	
(1)	재 료 출 고 시	재　료　비	×××	주 요 재 료 부　　품 보 조 재 료 소모공구기구비품	××× ××× ××× ×××
(2)	재 료 소 비 시	재 공 품 제 조 간 접 비	××× ×××	재　료　비	×××

(3) 재료감모손실

No.	구　　　분		차　　변	대　　변
(1)	재료의 감모를 발견한 경우		재료감모손실　×××	재　　료　×××
(2)	재료감모손실의 원인이 판명된 경우	정상적인 원인에 의한 경우	제 조 간 접 비　×××	재료감모손실　×××
		비정상적인 원인에 의한 경우	손　　익　×××	재료감모손실　×××

③ **재료비의 계산** : 재료비는 재료의 소비량에 소비단가를 곱하여 계산한다.

$$재 \ 료 \ 비 = 재료의 \ 소비량 \times 재료의 \ 소비단가$$

(1) 재료소비량의 결정

(가) 계속기록법

> 당월 소 비 량 = 장부상 출고란에 기록된 수량의 합계
> 재료 감모수량 = 장부상의 재고수량 − 창고 속의 실제 재고수량

(나) 실제재고조사법

> 당월소비량 = (전월이월수량+당월매입수량) − 당월말 실제 재고수량

(2) 재료 소비단가의 결정 : 실제매입원가를 이용하여 재료의 소비단가를 결정하는 방법에는 개별법, 선입선출법, 후입선출법, 이동평균법, 총평균법 등이 있다.

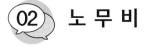

02 노 무 비

① **노무비**(labor costs)**의 뜻과 분류**

(1) **노무비의 뜻** : 노무비란 제품의 제조를 위하여 인간의 노동력을 소비함으로써 발생하는 원가요소를 말한다.

(2) **노무비의 분류**

(가) 지급형태에 따른 분류
　　① 임금　　② 급료　　③ 잡급　　④ 종업원여수당

(나) 제품과의 관련성에 따른 분류
　　① 직접노무비　　② 간접노무비

② **노무비의 계산**

> 개인별 임금 총액 = 기본 임금 + 할증급 + 각종수당

(1) 시간급제에 의한 노무비 계산

기본임금 = 작업시간 수 × 작업 1시간당 임률

$$평 균 임 률 = \frac{1개월간의 임금총액}{동 기간의 총 작업시간 수}$$

(2) 성과급제에 의한 노무비 계산

기본임금 = 생산량 × 제품 1단위당 임률

$$평 균 임 률 = \frac{1개월간의 총 임금액}{동 기간의 총 생산량}$$

【 노무비의 지급과 발생에 관한 분개 】

No.	구 분	차 변		대 변	
(1)	임금, 급료 등 지급 시	급 여	×××	현 금	×××
(2)	노무비의 발생 시	노 무 비	×××	급 여	×××
(3)	노무비의 소비 시	재 공 품 제 조 간 접 비	××× ×××	노 무 비	×××

 # 제 조 경 비

1 제조경비(manufacturing expenses)의 뜻과 분류

(1) **제조경비의 뜻** : 제품의 제조를 위하여 소비되는 원가 중에서 재료비와 노무비를 제외한 기타의 모든 원가요소를 말한다.

(2) **제조경비의 분류**

　(가) **발생형태에 따른 분류** : 전력비, 가스수도비, 감가상각비, 임차료, 보험료

　(나) **제품과의 관련성에 따른 분류**

　　① 직접제조경비 : 특허권사용료, 외주가공비, 설계비 등

　　② 간접제조경비 : 전력비, 가스수도비, 운반비 등

　(다) **제조원가에 산입하는 방법에 따른 분류** : 월할제조경비, 측정제조경비, 지급제조경비, 발생제조경비

② **제조경비의 계산**

(1) 월할제조경비 : 보험료, 임차료, 감가상각비, 세금과공과, 특허권사용료

$$당월 소비액 = 발생 금액 \div 해당 개월 수$$

(2) 측정제조경비 : 전력비, 가스수도비 등

$$당월 소비액 = 당월 사용량(검침량) \times 단위당 가격$$

(3) 지급제조경비 : 수선비, 운반비, 잡비, 외주가공비

$$당월 소비액 = 당월지급액 + (전월선급액 + 당월 미지급액)$$
$$- (당월선급액 + 전월미지급액)$$

(4) 발생제조경비 : 재료감모손실(정상 발생분), 반품차손비 등

$$재료감모손실 = 재료장부재고액 - 재료실제재고액$$

---

4 원가의 배부

01 원가배부의 기초

① **원가배부의 의의** : 원가의 배부란 제품의 생산을 위하여 소비된 공통원가를 집계하여 가장 합리적인 배부기준에 따라 제품 또는 제조부문, 보조부문 등의 원가대상에 배부하는 과정을 말한다.

② **원가배부의 목적**

(1) 경제적 의사결정을 합리적으로 수행
(2) 경영진에 대한 올바른 성과평가와 동기 부여
(3) 재무제표의 작성에 필요한 재고자산의 금액결정과 이익 측정
(4) 계약금액(판매가격) 결정

③ **원가배부의 과정**

(1) 원가를 배부할 원가배부대상을 선택한다.
(2) 원가를 집계한다.
(3) 원가배부 방법을 선택하여 집계된 원가를 각 원가배부대상에 배분한다.

④ **원가의 배부기준**

　원가배부기준이란 집계된 공통원가를 각 원가배부대상에 대응시키는 기준을 말하는 것

(1) 인과관계기준 ~ 전력비(결과)는 전력소비량(원인)을 기준으로 배부
(2) 수혜기준(수익자부담 기준) ~ 광고선전비의 효과를 광고 전, 후의 매출액의 증가분을 기준으로 배부
(3) 부담능력기준 ~ 방위성금을 각 부서 수익성(매출액)을 기준으로 배부
(4) 공정성과 공평성 기준(원칙), 증분 기준 등이 있다.

⑤ **원가 동인**(cost drivers)

　원가동인이란 원가대상의 총원가에 변화를 일으키는 모든 요소를 말하며, 원가요인 또는 원가유발요인이라고도 한다.

원가대상	원 가 동 인
제　　　품	생산량, 작업시간, 부품의 수, 작업준비 횟수 등
구 매 부 문	구매주문서의 수, 공급자의 수, 협상시간 등
여 객 수 송	운송수단, 거리, 속도, 교통량, 무게 등
제 품 설 계	부품의 수, 설계변경 요구의 수, 설계시간 등

 제조간접비의 배부

① **제조간접비**(manufacturing overhead costs)**의 뜻**

　간접재료비, 간접노무비, 간접제조경비 등과 같이 두 종류이상의 제품을 제조하기 위하여 공통적으로 발생하는 원가요소를 말한다.

② **제조간접비의 배부 방법**

(1) 실제배부법

(가) 가액법

① 직접재료비법

- 제조간접비 배부율 = $\dfrac{1개월간의\ 제조간접비\ 총액}{동\ 기간의\ 직접재료비\ 총액}$
- 제조간접비 배부액 = 특정 제품의 직접재료비 × 배부율

② 직접노무비법

- 제조간접비 배부율 = $\dfrac{1개월간의\ 제조간접비\ 총액}{동\ 기간의\ 직접노무비\ 총액}$
- 제조간접비 배부액 = 특정 제품의 직접노무비 × 배부율

③ 직접원가법 : 각 제품에 소비된 직접원가를 기준으로 배부하는 방법

- 제조간접비 배부율 = $\dfrac{1개월간의\ 제조간접비\ 총액}{동\ 기간의\ 직접원가\ 총액}$
- 제조간접비 배부액 = 특정 제품의 직접비(직접원가) × 배부율

(나) 시간법

① 직접노동시간법

- 제조간접비 배부율 = $\dfrac{1개월간의\ 제조간접비\ 총액}{동\ 기간의\ 직접노동\ 총\ 시간수}$
- 제조간접비 배부액 = 특정 제품의 직접노동시간 수 × 배부율

② 기계작업시간법

- 제조간접비 배부율 = $\dfrac{1개월간의\ 제조간접비\ 총액}{동\ 기간의\ 기계작업시간\ 총\ 시간\ 수}$
- 제조간접비 배부액 = 특정 제품의 기계작업시간 수 × 배부율

(2) 예정배부법

$$\text{제조간접비 예정배부율} = \frac{\text{제조간접비 연간 예상액}}{\text{배부기준의 연간 예상액}}$$

- 제조간접비 예정배부액
    = 제품별 배부기준의 실제발생액 × 제조간접비 예정배부율

구　　분	차　　변	대　　변
제조간접비　예정배부시	재　공　품　1,000	제조간접비　1,000
제조간접비　실제발생액	제조간접비　1,050	재　료　비　400 노　무　비　300 제조경비　350
제조간접비 실제발생액 >예정소비액(과소배부)	제조간접비배부차이　50	제조간접비　50
제조간접비 실제발생액 <예정소비액(과대배부)	제조간접비　×××	제조간접비배부차이　×××

5 부문별 원가계산

① 부문별 원가계산(departments costing)의 기초

(1) **부문별 원가계산의 뜻** : 부문별원가계산이란 제품의 원가를 산정함에 있어 제조간접비(부문비)를 각 제품에 보다 더 엄격하게 배부하기 위해 우선적으로 그 발생 장소인 부문별로 분류, 집계하는 절차를 말한다.

(2) **원가부문의 설정**
　(가) 제조부문 : 조립부문, 완성부문, 절단부문 등
　(나) 보조부문 : 동력부문, 수선부문, 재료관리부문, 사무관리부문 등

② 부문별 원가계산의 절차

① 제1단계 : 부문개별비를 각 부문에 부과
② 제2단계 : 부문공통비를 각 부문에 배부
③ 제3단계 : 보조부문비를 제조부문에 배부
④ 제4단계 : 제조부문비를 각 제품에 배부

③ **부문공통비의 배부 기준**

부 문 공 통 비	배 부 기 준
간 접 재 료 비	각 부문의 직접재료비
간 접 노 무 비	각 부문의 직접노무비, 종업원 수, 직접노동시간
감 가 상 각 비	기계 : 기계사용시간, 건물 : 면적
전 력 비	각 부문의 전력소비량 또는 마력 × 운전시간
수 선 비	각 부문의 수선 횟수 또는 시간
가 스 수 도 비	각 부문의 가스 수도 사용량
운 반 비	각 부문의 운반물품의 무게, 운반거리, 운반횟수
복 리 후 생 비	각 부문의 종업원 수
임차료, 재산세, 화재보험료	각 부문의 차지하는 면적 또는 기계의 가격
중 앙 난 방 비	각 부문의 차지하는 면적

④ **보조부문비의 배부 방법**

보조부문비를 제조부문에 배부할 때 고려할 점은 보조부문은 주로 제조부문에만 용역을 제공하지만, 때로는 다른 보조부문에도 용역을 제공하기도 한다. 즉, 보조부문 상호간에 보조용역을 주고 받는 경우가 있다.

이러한 보조부문간의 용역제공 비율을 어느 정도 고려하느냐에 따라 직접배부법, 단계배부법, 상호배부법으로 나누어지며, 어느 방법에 의하더라도 배부 전이나 배부 후의 제조간접비 총액은 변함이 없다. 단, 각 제조부문에 집계되는 제조간접비는 달라진다.

(1) **직접배부법** : 보조부문 상호간에 용역을 주고 받는 관계를 완전히 무시하고, 모든 보조부문비를 제조부문에 제공하는 용역비율에 따라 제조부문에만 직접 배부하는 방법으로 그 절차가 매우 간단하다.

(2) **단계배부법** : 보조부문들 간에 일정한 배부순서를 정한 다음 그 배부순서에 따라 보조부문비를 단계적으로 다른 보조부문과 제조부문에 배부하는 방법

(3) **상호배부법** : 보조부문 상호간의 용역수수관계를 완전하게 고려하는 방법으로서, 보조부문비를 제조부문 뿐만 아니라, 보조부문 상호간에도 배부하는 방법으로 경제적 실질에 따른 가장 정확한 배부방법이다.

1. 단일배부율법과 이중배부율법

우리가 지금까지 보조부문의 원가를 고정비와 변동비로 구분하지 않고 모든 원가를 하나의 배부기준을 사용하여 제조부문에 배부를 하였는데 이를 단일배부율법이라고 한다. 이중배부율법은 각 제조부문이나 보조부문에서 발생되는 제조간접비를 변동비와 고정비로 구분한 후 이들을 각각 별개의 배부기준을 사용하여 배부하는 것을 말한다. 이중배부율법은 보조부문원가를 제조부문에 배부할 때 고정비는 보조부문이 제공하는 용역의 최대사용가능량을 기준으로 하고 변동비는 각 부문의 실제사용량을 기준으로 배부하는 방법이다. 단일배부율법과 이중배부율법은 둘 다 직접배부법, 단계배부법, 상호배부법을 사용할 수 있다.

2.

【 보조부문비의 배부기준 】

보 조 부 문	배 부 기 준
구 매 부 문	주문 횟수, 주문비용
식 당 부 문	종업원 수
창 고 부 문	재료의 출고청구 건수, 취급품목 수
건물관리부문(청소부문)	점유 면적
수선유지부문	수선유지 횟수, 수선 작업시간
전 력 부 문	전력 소비량(KWh)
공장인사관리부문	종업원 수
자재관리부문	근무시간, 취급품목 수
품질검사부문	검사수량, 검사인원, 검사시간

6 개별원가계산

 01 개별원가계산

1 개별원가계산(job-order costing)의 뜻

성능, 규격, 품질 등이 서로 다른 여러 종류의 제품을 주로 고객의 주문에 의하여 소량씩 개별적으로 생산하는 건설업, 항공기제조업, 가구 및 기계제작업 등에서 각 개별, 작업별로 원가를 집계하여 제품별 원가계산을 하는 방법이다.

2 제조지시서와 원가계산표

(1) 제조지시서 : 제조지시서에는 특정 제조지시서와 계속제조지시서로 분류되는데, 개별 원가계산에는 특정제조지시서를 발행한다.

(2) 원가계산표(cost sheet)**와 원가원장**(cost ledger)

(가) 원가계산표 : 지시서별 원가계산표

(나) 원가원장 : 재공품계정에 대한 보조원장

③ **개별원가계산의 절차**

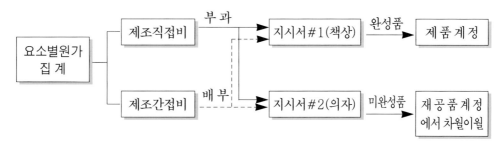

 작업폐물과 공손품

① **작업폐물**(scraps)

(1) 작업폐물의 뜻 : 작업폐물이란 제품의 제조과정에서 발생하는 원재료의 부스러기를 말한다. 예를들면 가구제조업의 나무토막이나 톱밥, 기계제작업에서의 철판조각이나 쇳가루, 의류제조업의 천조각 등이 이에 속한다.

(2) 작업폐물의 회계처리

(가) 작업폐물의 가액이 큰 경우 : 특정제품의 제조과정에서 발생하였으면 재공품계정에서 차감하고 여러제품의 제조과정에서 발생하였다면 제조간접비에서 차감하며 나중에 현금 받고 처분 시에는 처분액과 발생액의 차액은 작업폐물처분이익으로 처리한다.

(나) 작업폐물의 가액이 적은 경우 : 제조과정에서 소액으로 발생한 경우에는 회계처리를 하지 않고 현금 받고 처분 시에는 잡이익으로 처리한다.

② **공손품**(spoiled units)

(1) 공손품의 뜻 : 공손품이란 제품을 제조하는 과정에서 작업자의 부주의, 원재료의 불량, 기계설비의 결함 등으로 인하여 품질 및 규격이 표준에 미달한 불합격품을 말한다.

(2) 정상공손과 비정상공손 : 양질의 제품을 얻기 위하여 제조과정에서 불가피하게 발생하는 공손은 정상공손(normal spoilage)이라하고 그 발생원가를 재공품이나 완성품에 포함시켜야 한다. 이와 반대로 비정상공손(abnormal spoilage)은 제품이나 재공품의 원가가 아닌 기간비용(영업외비용)으로 처리한다.

(3) 공손비의 뜻 : 공손품이 발생하면 공손정도에 따라 그 정도가 적으면 추가로 가공하여 합격품으로 완성하거나 그 정도가 큰 경우에는 대체품을 제조하기도 하는데 이 때 추가로 발생하는 원가를 공손비라 한다.

7 종합원가계산

 01 종합원가계산의 기초

1 종합 원가계산(process costing)**의 뜻**

성능, 규격 등이 동일한 한 종류의 제품을 연속적으로 대량생산하는 정유업, 제지업, 제분업, 제당업, 화학공업 등

2 종합 원가계산의 절차

당월제품제조원가 = (당월 총제조비용+월초재공품원가) -월말재공품원가

$$제품의 단위당원가 = \frac{당월제품제조원가}{당월완성품수량}$$

3 개별원가계산과 종합원가계산의 비교

구 분	개별원가계산	종합원가계산
① 생산형태	개별제품의 주문생산	동종제품의 연속대량생산
② 적용대상산업	건설업, 조선업, 항공업, 기계공업, 주문인쇄업, 주문가구제작업	정유업, 제분업, 철강업, 식품가공업, 제지업, 제화업, 화학공업, 양조업
③ 생산수량	주문에 의한 소량생산	생산계획에 따른 연속대량생산
④ 제조지시서 종류	특정제조지시서	계속제조지시서
⑤ 원가의 분류	직접비와 간접비의 구분이 중요하다.	직접재료비와 가공비의 구분이 중요하다.
⑥ 기말재공품의 평가	미완성된 작업의 작업원가표에 집계된 원가로 자동계산됨.	완성품과 기말재공품에 배분하는 절차가 필요하다.
⑦ 단위당 원가계산	완성된 작업의 작업원가표에 집계된 원가를 완성수량으로 나누어 계산한다.	일정기간(보통 1개월)동안의 완성품 제조원가를 완성품수량으로 나누어 계산한다.

4 완성품 환산량(equiv alent units)

(1) 완성도 : 공정에 투입되어 현재 생산 진행 중에 있는 제품이 어느 정도 완성되었는가를 나타내는 수치로서 50% 또는 80%와 같은 형태로 표현된다.

(2) **완성품환산량** : 생산활동에 투입한 모든 노력을 제품을 완성하는 데에만 투입하였더라면 완성되었을 완성품 수량으로 환산한 것을 말한다.

> 월초재공품 완성품환산량 = 월초재공품수량 × 완성도
> 월말재공품 완성품환산량 = 월말재공품수량 × 완성도

5 재공품의 평가 방법

(1) **선입선출법**

❖ **선입선출법을 사용하여 월말재공품 원가를 구하는 등식은 다음과 같다.** ❖

월말재공품 원가 = 월말재공품 직접재료비(가) + 월말재공품 가공비(나)

$$직접재료비의\ 완성품\ 환산량\ 단위당\ 원가 = \frac{당월\ 투입\ 직접\ 재료비}{직접재료비의\ 당월\ 완성품환산량}$$

$$가공비의\ 완성품\ 환산량\ 단위당\ 원가 = \frac{당월\ 투입\ 가공비}{가공비의\ 당월\ 완성품\ 환산량}$$

(가) 월말재공품 직접재료비 = 월말재공품의 직접재료비 완성품 환산량
　　　　　　　　　　　　　 × 직접재료비의 완성품 환산량 단위당 원가

(나) 월말재공품 가공비 = 월말재공품의 가공비 완성품 환산량
　　　　　　　　　　　　 × 가공비의 완성품 환산량 단위당 원가

 회계충전소

▶ 완성품환산량 = 당월완성품수량 − 월초재공품의 완성품환산량 + 월말재공품의 완성품환산량

(2) **평 균 법**(average method)

❖ **평균법을 사용하여 월말 재공품원가를 구하는 등식은 다음과 같다.** ❖

월말 재공품 원가 = 월말재공품 직접 재료비(가) + 월말재공품 가공비(나)

- 직접 재료비의 완성품 환산량 단위당 원가

$$= \frac{월초재공품\ 직접재료비 + 당월\ 직접재료비\ 투입액}{직접재료비의\ 완성품환산량}$$

> • 가공비의 완성품 환산량 단위당 원가
>
> $$= \frac{\text{월초재공품 가공비} + \text{당월가공비 투입액}}{\text{가공비의 완성품환산량}}$$

(가) 월말재공품 직접재료비 = 월말 재공품의 직접 재료비 완성품 환산량
　　　　　　　　　　　　　　× 직접재료비의 완성품 환산량 단위당 원가

(나) 월말재공품　가　공　비 = 월말 재공품의 가공비 완성품 환산량
　　　　　　　　　　　　　　× 가공비의 완성품 환산량 단위당 원가

※ 완성품 환산량 = 당월완성품 수량 + 월말 재공품 완성품 환산량

(3) 선입선출법과 평균법의 비교

구 분	선 입 선 출 법	평 균 법
원가계산 목적상	• 월초재공품과 당월 투입량을 명확하게 구분한다.	• 월초재공품을 당월 초에 투입한 것으로 인식한다.
완성품 환산수량	• 당월 완성품수량 　－월초재공품 완성품환산량 　＋월말재공품 완성품환산량	• 당월 완성품수량 　＋ 월말재공품 완성품환산량
원가배분 대상	• 월초재공품원가는 전액 완성품원가에 포함되므로 당월 투입원가를 배분한다.	• 월초재공품과 당월 투입원가를 합한 총원가를 배분한다.
월말재공품의 구성	• 당월 투입원가로만 구성	• 당월총원가 중 일부로 구성

회계충전소

1. 선입선출법은 월초재공품원가와 당월발생원가, 월초재공품환산량과 당월착수분환산량을 따로 구분하여 계산하므로 계산과정이 평균법보다 복잡하지만, 전월의 환산량단위당원가와 당월의 환산량 단위당원가가 서로 구분되므로 전월과 당월의 성과 평가시 유용한 정보를 제공하고 실제물량흐름과도 일치한다.
2. 평균법은 월초재공품원가와 당월발생원가를 따로 구분하지 않고 합산해 버리므로 선입선출법보다 계산은 간편하나 전월과 당월의 원가와 환산량을 혼합해 버리므로 원가계산의 정확성이 떨어지고 실제 물량흐름과도 다르다.
3. 이론적으로는 선입선출법이 평균법보다 우수한 방법이라고 할 수 있다.
4. 월초재공품이 없다면 평균법과 선입선출법의 완성품환산량은 같지만, 월초재공품이 있다면 평균법에 의한 완성품환산량은 선입선출법에 의한 완성품환산량보다 월초재공품의 환산량만큼 항상 크다.

예제

▶ 다음 자료에 의하여 선입선출법 및 평균법에 의하여 월말재공품 원가를 계산하시오. 단, 재료는 제조착수시에 전부 투입되고, 가공비는 제조진행에 따라 발생한다.

(1) 월 초 재 공 품
수량 3,000개(완성도 20%)
원가 ₩242,400(직접 재료비 ₩192,000, 가공비 ₩50,400)

(2) 당월 제조비용
직접 재료비 ₩720,000, 노무비 ₩872,000, 제조경비 ₩352,000

(3) 당월 작업보고 내용
완성품 수량 10,000개, 월말 재공품 수량 2,000개(완성도 40%)

【 선입선출법 】

(1) 완성품 환산량의 계산

① 직접재료비 : 10,000 − (3,000×100%) + (2,000개×100%) = 9,000개
② 가 공 비 : 10,000 − (3,000×20%) + (2,000개×40%) = 10,200개

(2) 완성품 환산량 단위당 원가

① 직접 재료비 : $\dfrac{720,000}{9,000개}$ = ₩80,   ② 가공비 : $\dfrac{1,224,000}{10,200개}$ = ₩120

(3) 월말 재공품 원가의 계산 (160,000 + 96,000 = 256,000)

① 직접재료비 : 2,000개 × 80 = 160,000
② 가 공 비 : 800개 × 120 = 96,000

【 평 균 법 】

(1) 완성품 환산량의 계산

① 직접재료비 : 10,000개 + (2,000×100%) = 12,000개
② 가 공 비 : 10,000개 + (2,000× 40%) = 10,800개

(2) 완성품 환산량 단위당 원가

① 직접 재료비 : $\dfrac{192,000+720,000}{12,000개}$ = ₩76,   ② 가공비 : $\dfrac{50,400+1,224,000}{10,800개}$ = ₩118

(3) 월말 재공품 원가의 계산 (152,000 + 94,400 = 246,400)

① 직접재료비 : 2,000개 × 76 = 152,000
② 가 공 비 : 800개 × 118 = 94,400

 02 단일종합원가계산

1 단일종합원가계산(single process costing)의 뜻

얼음 제조업, 소금 제조업, 기와 제조업 등과 같이 단 하나의 제조공정만을 가지고 있는 기업에서 사용하는 원가계산방법이다.

2 원가계산 방법

(1) 일정 기간동안 발생한 원가 총액을 집계한다.

(2) 당월 총 제조비용에 월초재공품원가를 가산하고, 이 합계액에서 월말재공품원가를 차감하여 당월 제품제조원가를 산출한다.

(3) 당월 제품 제조원가를 당월 완성품 수량으로 나누어 제품의 단위당 원가를 계산한다.

(당월 총제조비용 + 월초재공품 원가) − 월말재공품 원가 = 당월 제품제조원가
당월 제품제조원가 ÷ 당월 완성품 수량 = 제품의 단위당 원가

 03 공정별종합원가계산

▶ 공정별 종합원가계산(sequential process costing)의 뜻

화학공업, 제지공업, 제당공업 등과 같이 여러 단계의 제조공정을 가지고 있는 기업에서 각 공정별로 종합원가계산을 하는데, 이러한 방법을 공정별 종합원가계산이라고 한다.

(1) 제1공정완성품 전부를 차공정에 대체하는 경우

No.	구 분	차 변		대 변	
①	제1공정 완성품원가	제2공정재공품	×××	제1공정재공품	×××
②	제2공정(최종공정) 완성품원가	제 품	×××	제2공정재공품	×××

(2) 반제품이 있는 경우의 기장

No.	구 분	차 변		대 변	
①	제1공정완성품을 제1공정반제품계정에 대체	제1공정반제품	×××	제1공정재공품	×××
②	제1공정반제품 중 일부를 제2공정에 대체	제2공정재공품	×××	제1공정반제품	×××
③	제2공정완성품을 제품계정에 대체	제 품	×××	제2공정재공품	×××

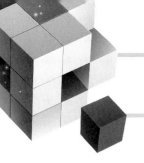

8 재무제표

1 제조원가명세서

제 조 원 가 명 세 서

과　　　　　목	금	액
재　　　료　　　비		
기 초 재 료 재 고 액	1,000	
당 기 재 료 매 입 액	5,000	
계	6,000	
기 말 재 료 재 고 액	1,500	4,500
노　　　무　　　비		
급　　　　　여	2,000	
퇴　직　급　여	1,000	3,000
경　　　　　비		
전　　력　　비	500	
가 스 수 도 비	800	
감 가 상 각 비	700	
수　　선　　비	400	
세 금 과 공 과	600	
보　　험　　료	500	3,500
당 기 총 제 조 비 용		11,000
기 초 재 공 품 원 가		1,500
합　　　계		12,500
기 말 재 공 품 원 가		2,000
당 기 제 품 제 조 원 가		10,500

2 상기업과 제조기업의 손익계산서 1구분 비교

손 익 계 산 서　(상기업)

과　　목	금	액
매　출　액		6,000
매　출　원　가		3,500
기초상품재고액	1,000	
당 기 매 입 액	4,000	
기말상품재고액	1,500	
매 출 총 이 익		2,500
판 매 비 와 관 리 비		×××
급　　　여	×××	

손 익 계 산 서　(제조기업)

과　　목	금	액
매　출　액		6,000
매　출　원　가		3,500
기초제품재고액	1,000	
당기제품제조원가	4,000	
기말제품재고액	1,500	
매 출 총 이 익		2,500
판 매 비 와 관 리 비		×××
급　　　여	×××	

1. 다음 자료에 의하여 필요한 분개를 표시하고, 아래 계정에 기입마감하시오.

   (1) 월초 재료 재고액 ₩250,000
   (2) 당월 재료 외상매입액 ₩800,000
   (3) 재료 출고액 ₩950,000 중 직접비는 ₩700,000이고, 잔액은 간접소비액이다.
   (4) 월말재료재고액 : 장부재고액 ₩100,000 실제재고액 ₩70,000
   (5) 재료감모손실 중 ₩20,000는 원가성이 있고, 나머지는 당기비용으로 처리한다.

   ① 재료 매입 시의 분개

(차)	(대)

   ② 재료 출고 시의 분개

(차)	(대)

   ③ 재료 소비 시의 분개

(차)	(대)

   ④ 재료감모손실 발생 시의 분개

(차)	(대)

   ⑤ 재료감모손실의 처리 시의 분개

(차)	(대)

재   료

재   료   비

재료감모손실

2. 다음 자료에 의하여 분개를 표시한 후, 아래 계정에 기입하시오. 단, 임금의 순지급액은 현금이며, 임률은 실제평균 임률에 의하고, 임금의 전월과 당월 미지급액은 없다.

No.	성 명	제조지시서번호 및 작업장소	작업시간수	지급임률	공 제 액		
					소 득 세	의료보험료	계
(1)	강호동	지시서 #1	350시간	@₩2,000	₩30,000	₩15,000	₩45,000
		수 선 부	200시간				
(2)	유재석	지시서 #1	300시간	@₩3,000	40,000	25,000	65,000
		동 력 부	150시간				

회계충전소

1. 평 균 임 률 : 2,450,000÷1,000시간 = 2,450
2. 직접노무비 : 650×2,450 = 1,592,500, 간접노무비 : 350×2,450 = 857,500

① 노무비 지급액

(차)		(대)	

② 노무비 발생액

(차)		(대)	

③ 노무비 소비액

(차)		(대)	

종 업 원 급 여

재 공 품

노 무 비

제 조 간 접 비

3. 다음 제조경비를 원가에 산입하는 방법에 따라 분류하시오.

(1) 차 량 유 지 비	(2) 전　력　비
(3) 특 허 권 사 용 료	(4) 복 리 후 생 비
(5) 가 스 수 도 비	(6) 수　선　비
(7) 재 료 감 모 손 실	(8) 외 주 가 공 비
(9) 보　험　료	(10) 감 가 상 각 비
(11) 세 금 과 공 과	(12) 잡　비

월 할 제 조 경 비	
측 정 제 조 경 비	
지 급 제 조 경 비	
발 생 제 조 경 비	

4. 희망공업사의 제조경비에 관한 자료는 다음과 같다. 당월의 제조경비 소비액을 계산하시오. 단, 원가계산기간은 1개월이며, 1회계기간은 6개월이다.

(1) 화 재 보 험 료 : 1년분 지급액 ₩600,000
(2) 임　차　료 : 6개월간 계약금액 ₩720,000, 당월지급액 ₩360,000
(3) 감 가 상 각 비 : 당 회계연도 계상액 ₩480,000
(4) 전　력　비 : 전월검침량 850kwh　당월검침량 1,250kwh
　　　　　　　　단 위 당 가 격 ₩300
(5) 가 스 수 도 비 : 당월지급액 240,000　당월측정액 ₩300,000
(6) 외 주 가 공 비 : 당월지급액 500,000　전월선급액 40.000
　　　　　　　　당 월 선 급 액 60,000
(7) 운　반　비 : 당월지급액 120,000　전월미지급액 15,000
　　　　　　　　당 월 선 급 액 20,000
(8) 재료감모손실 : 장부재고액 350,000　실제재고액 300,000 (정상발생분)

(1) ₩	(2) ₩	(3) ₩	(4) ₩
(5) ₩	(6) ₩	(7) ₩	(8) ₩

5. 소망공업사의 다음 자료에 의하여 A제품의 제조간접비 배부액을 직접재료비법으로 계산하시오.

---

(1) 1개월간의 제조간접비 총액 : ₩ 240,000
(2) 동 기간의 직접재료비 총액 : ₩ 800,000
(3) A 제 품 의 직 접 재 료 비 : ₩ 500,000

---

① 배부율 계산 : _____
② 배부액 계산 : _____

6. 서울공업사의 다음 자료에 의하여 A제품의 제조간접비 배부액을 직접노무비법으로 계산하시오.

---

(1) 1개월간의 제조간접비 총액 : ₩ 520,000
(2) 동 기간의 직접노무비 총액 : ₩ 400,000
(3) A 제 품 의 직 접 노 무 비 : ₩ 150,000

---

① 배부율 계산 : _____
② 배부액 계산 : _____

7. 한강공업사의 다음 자료로 직접원가법에 의하여 A제품의 제조간접비 배부액과 제조원가를 계산하시오.

---

(1) 1개월간의 제조간접비 총액 : ₩ 600,000
(2) 동 기간의 직접재료비 : ₩ 1,200,000,   직접노무비 : ₩ 800,000
(3) A 제품의 직접재료비 : ₩ 500,000,   직접노무비 : ₩ 300,000

---

① 배 부 율 계산 : _____
② 배 부 액 계산 : _____
③ 제조원가 계산 : _____

8. 설악공업사의 다음 자료에 의하여 갑제품의 제조간접비 배부액을 직접노동시간법으로 계산하시오.

> (1) 1개월간의 제조간접비 총액 : ₩ 2,000,000
> (2) 동 기간의 직접노동시간 수 : 5,000시간
> (3) 갑제품의 직접노동시간 수 : 2,000시간

① 배부율 계산 : _____

② 배부액 계산 : _____

9. 한라공업사의 다음 자료에 의하여 갑제품의 제조간접비 배부액을 기계작업시간법으로 계산하시오.

> (1) 1개월간의 제조간접비 총액 : ₩ 1,000,000
> (2) 동 기간의 기계 작업시간 수 : 4,000시간
> (3) 갑 제품의 기계 작업시간 수 : 1,200시간

① 배부율 계산 : _____

② 배부액 계산 : _____

10. 다음 거래를 분개하시오.

(1) 제조간접비 예정배부 합계액은 ₩800,000이다.

(2) 제조간접비의 실제발생액은 다음과 같다.

　　간접재료비 ₩350,000　간접노무비 ₩230,000　간접제조경비 ₩ 250,000

(3) 제조간접비배부차이를 대체하다.

No.	차 변 과 목	금 액	대 변 과 목	금 액
(1)				
(2)				
(3)				

11. 부산공업사의 10월 중 제조원가에 관한 자료에 따라 원가계산표를 완성하고, 아래 계정에 기입하시오. 단, 제조간접비의 배부는 직접재료비법에 따르고, 당월 완성제품은 #1이며, #2는 미완성이다.

(1) 재료비　전 월 이 월 액　₩　80,000　　※재료 소비액 중
　　　　　　당월외상매입액　　840,000　　⎰제조지시서 #1　₩ 400,000
　　　　　　월 말 재 고 액　　370,000　　⎱제조지시서 #2　　 100,000

(2) 노무비　전 월 미 지 급 액　₩　60,000　　※노무비 소비액 중
　　　　　　당월현금지급액　　720,000　　⎰제조지시서 #1　₩ 500,000
　　　　　　당 월 미 지 급 액　　48,000　　⎱제조지시서 #2　　 178,000

(3) 제조경비　전 월 선 급 액　₩　10,000　　※제조경비 소비액 중
　　　　　　당월현금지급액　　150,000　　⎰제조지시서 #1　₩　30,000
　　　　　　당 월 선 급 액　　60,000　　⎱나머지는 간접비임

원 가 계 산 표

비　목	제조지시서#1	제조지시서#2	합　계
직 접 재 료 비			
직 접 노 무 비			
직 접 제 조 경 비			
제 조 간 접 비			
합　　　　계			

재　　　　료	

노　무　비	

제 조 경 비	

재　공　품	

12. (주)서울공업사의 제조간접비 발생액과 보조부문의 용역제공량은 다음과 같다. 보조부문비배부표를 직접배부법에 의하여 작성하고, 필요한 분개를 표시하시오.

비 목	제 조 부 문		보 조 부 문		합 계
	절단부문	조립부문	동력부문	수선부문	
자기부문발생액	₩400,000	₩350,000	₩140,000	₩200,000	₩1,090,000
제 공 한 용 역					
동력부문(Kw/h)	5,000	3,000	–	2,000	10,000Kwh
수선부문(시간)	1,600	1,600	800	–	4,000시간

보 조 부 문 비 배 부 표

비 목	배부기준	금 액	제 조 부 문		보 조 부 문	
			절단부문	조립부문	동력부문	수선부문
자기부문발생액						
보조부문비배부						
동 력 부 문 비	Kw/h					
수 선 부 문 비	시 간					
보조부문비배부액						
제조부문비합계						

【 보조부문비 배부 분개 】

차 변 과 목	금 액	대 변 과 목	금 액

13. (문제12)의 자료에 의하여 보조부문비배부표를 단계배부법에 의하여 작성하고 필요한 분개를 하시오. 단, 동력부문비를 먼저 배부하는 것으로 한다.

보 조 부 문 비 배 부 표

비 목	배부기준	제 조 부 문		보 조 부 문	
		절단부문	조립부문	수선부문	동력부문
자기부문발생액					
보조부문비배부					
동 력 부 문 비					
수 선 부 문 비					
제조부문비합계					

【 보조부문비 배부 분개 】

차 변 과 목	금 액	대 변 과 목	금 액

14. (문제12)의 자료에 의하여 보조부문비배부표를 상호배부법에 의하여 작성하고 필요한 분개를 하시오.

보 조 부 문 비 배 부 표

비 목	제 조 부 문		보 조 부 문	
	절 단 부 문	조 립 부 문	동 력 부 문	수 선 부 문
자기부문발생액				
보조부문비배부				
동 력 부 문 비				
수 선 부 문 비				
제조부문비합계				

【 보조부문비 배부 분개 】

차 변 과 목	금 액	대 변 과 목	금 액

15. 서울공업사의 다음 자료에 의하여 물음에 답하시오. 단, 선입선출법에 의하며, 직접재료비는 제조착수 시 전부 투입되고, 가공비는 제조진행에 따라 소비된다.

(1) 월 초 재 공 품 : 직접재료비　₩ 180,000　　가 공 비 ₩68,000
　　　　　　　　　　 : 수량 600개(완성도 20%)
(2) 당월완성품수량 : 3,100개
(3) 월말재공품수량 : 500개(완성도 40%)
(4) 당 월 제 조 비 용 : 직접재료비 ₩ 1,050,000　　가 공 비 ₩1,590,000

구　　분		계 산 과 정	답　란
완성품환산량	직접재료비		개
의　계　산	가 공 비		개
완성품환산량	직접재료비		@₩
단위원가계산	가 공 비		@₩
월 말 재 공 품 원 가 의 계 산	직접재료비		₩
	가 공 비		₩
	합　　계		₩
완 　성 　품 　원 　가			₩

16. 다음 자료에 의하여 월말재공품원가를 평균법에 의하여 계산하시오. 단, 직접재료비는 제조착수 시에 전부 투입되고, 가공비는 제조진행에 따라 균등하게 소비된다.

(1) 월 초 재 공 품 : 직접재료비　₩　72,000　　가 공 비 ₩　48,000
(2) 당 월 소 비 액 : 직접재료비　　288,000　　가 공 비　　240,000
(3) 당월완성품 수량 : 3,000개
(4) 월말재공품 수량 : 1,000개(완성도 60%)

구　　분		계 산 과 정	답　란
완성품환산량	직접재료비		개
의　계　산	가 공 비		개
완성품환산량	직접재료비		@₩
단위원가계산	가 공 비		@₩
월 말 재 공 품 원 가 의 계 산	직접재료비		₩
	가 공 비		₩
	합　　계		₩
완 　성 　품 　원 　가			₩
단 　위 　당 　원 　가			@₩

17. 인천공업사의 다음 자료에 의하여 단일 종합원가계산표를 작성하고, 재공품계정을 완성하시오. 단, 재료는 제조착수 시에 전부 투입되었으며, 월말재공품의 평가는 평균법에 의한다.

【 자료 】

(1) 월초재공품 중 직접재료비 ₩ 64,000
(2) 당월 제품 작업 보고
　　① 월초재공품 수량 : 800개
　　② 당월 착수 수량 : 10,000개
　　③ 월말 재공품 수량(각자 계산, 완성도 60%)

재 공 품

전 월 이 월	91,000	제　　　품	(　　　)
재　 료　 비	800,000	차 월 이 월	(　　　)
노　 무　 비	(　　　)		
제　 조　 경　 비	250,000		
	(　　　)		(　　　)

단 일 종 합 원 가 계 산 표

적　　　요	직 접 재 료 비	가 공 비	합　　 계
월 초 재 공 품 원 가	(　　　)	(　　　)	(　　　)
당 월 제 조 비 용	(　　　)	493,000	(　　　)
합　　　　　계	(　　　)	(　　　)	(　　　)
월 말 재 공 품 원 가	(　　　)	(　　　)	(　　　)
당 월 제 품 제 조 원 가	(　　　)	(　　　)	(　　　)
당 월 완 성 품 수 량	9,800개	9,800개	9,800개
단 위 당 원 가	@₩	@₩	@₩

18. 다음 자료에 의하여 공정별 종합원가계산표를 작성하시오. 단, 재공품 평가는 평균법에 의하고, 모든 원가요소는 제조진행에 따라 소비된다.

(1) 당월의 작업 상황

적 요	제 1 공 정	제 2 공 정
직 접 재 료 비	₩ 175,000	₩ 235,000
가 공 비	90,000	115,000
완 성 품 수 량	800개	1,000개
월말재공품 수량 및 원가 완 성 도	400개 50%	75,000

(2) 월초재공품

적 요	제 1 공 정	제 2 공 정
직 접 재 료 비	₩ 30,000	₩ 25,000
가 공 비	10,000	17,500
전 공 정 비	—	20,000

(3) 제1공정 완성품은 즉시 제 2공정에 대체한다.

공 정 별 종 합 원 가 계 산 표

적 요	제 1 공 정	제 2 공 정	합 계
당 월 재 료 비			
당 월 가 공 비			
전 공 정 비			
당 월 총 제 조 비 용			
월 초 재 공 품 원 가			
합 계			
월 말 재 공 품 원 가			
당 월 제 품 제 조 원 가			
당 월 완 성 품 수 량	개	개	
단 위 당 원 가	@₩	@₩	

19. 희망공업사의 다음 자료에 의하여 제조원가명세서를 작성하시오.

【 자 료 】

(1) 재　　　료 : 기초재료재고액　₩150,000　　당기재료매입액　₩1,500,000
　　　　　　　　기말재료재고액　　200,000
(2) 노 무 비 : 임금 및 제수당　　650,000
　　　　　　　　급　　　　료　　200,000　(전액 제조부)
　　　　　　　　퇴 직 급 여　　170,000　(전액 제조부)
(3) 제조경비 : 전　력　비　　　80,000　　감 가 상 각 비　　60,000
　　　　　　　　수　선　비　　　50,000　　보　험　료　　　70,000
　　　　　　　　가 스 수 도 비　30,000　　외 주 가 공 비　130,000
(4) 재 공 품 : 기 초 재 고 액　250,000　　기 말 재 고 액　350,000

제 조 원 가 명 세 서

과　　　　　목	금	액
재　　　료　　비		
기 초 재 료 재 고 액		
당 기 재 료 매 입 액		
계		
기 말 재 료 재 고 액	(　　　)	
노　　　무　　비		
종 업 원 급 여		
퇴 직 급 여		
경　　　　　비		
[　　　　　]		
[　　　　　]		
[　　　　　]		
[　　　　　]		
[　　　　　]		
[　　　　　]		
당 기 총 제 조 비 용		
기 초 재 공 품 원 가		
合　　計		
기 말 재 공 품 원 가	(　　　)	
당 기 제 품 제 조 원 가		

20. 다음 서울공업사의 일부 계정잔액과 자료에 의하여 제조원가명세서와 (기능별)포괄손익계산서를 작성하시오.

잔 액 시 산 표

차변	금액	대변	금액
현 금	408,000	외상매입금	390,000
외상매출금	120,000	자 본 금	1,000,000
재 료	344,000	매 출	1,400,000
재 공 품	128,000	잡 이 익	100,000
제 품	150,000		
기 계 장 치	770,000		
종업원급여	460,000		
복리후생비	510,000		
	2,890,000		2,890,000

【원가자료】

(1) 기초재료재고액 : ₩ 120,000

(2) 기말재고액
  - 재 료 ₩ 150,000
  - 재 공 품 180,000
  - 제 품 160,000

(3) 기계장치 감가상각비 취득원가의 10%

(4) 비용의 기능별 분류

구 분	제조활동	판매관리활동	기 타
종 업 원 급 여	80%	20%	—
감 가 상 각 비	100%	—	—
복 리 후 생 비	20%	70%	10%

제 조 원 가 명 세 서

과 목	금 액

포 괄 손 익 계 산 서

과 목	금 액
매 출 액	
매 출 원 가	( )
기 초 제 품 재 고 액	
당 기 제 품 제 조 원 가	
기 말 제 품 재 고 액	( )
매 출 총 이 익	( )
판 매 비 와 관 리 비	( )
[ ]	
[ ]	
영 업 이 익	
기 타 수 익	
( )	
기 타 비 용	( )
[ ]	
당 기 순 이 익	

01 원가회계의 특징으로 가장 틀린 것은?

① 손익계산서의 제품매출원가를 결정하기 위하여 제품생산에 소비된 원가를 집계
② 재무상태표에 표시되는 재공품과 제품 등의 재고자산의 가액을 결정
③ 기업의 경영계획 및 통제, 의사결정에 필요한 원가자료를 제공
④ 주로 외부 이해관계자에게 의사결정에 대한 유용한 정보 제공

02 원가에 대한 설명으로 틀린 것은?

① 직접노무비는 기본원가에 포함되지만 가공비에 포함되지는 않는다.
② 직접비와 간접비는 추적가능성에 따른 분류이다.
③ 제조간접비란 간접재료비, 간접노무비 및 간접제조경비의 합이다.
④ 판매활동과 일반관리활동에서 발생하는 원가로서 제조활동과 직접적인 관련이 없는 원가를 비제조원가라 한다.

03 원가개념의 설명으로 틀린 것은?

① 직접원가란 특정제품의 제조에만 소비되어 특정제품에 직접 추적하여 부과할 수 있는 원가이다.
② 관련원가란 의사결정에 영향을 미치는 원가로서 여러 대안 사이에 차이가 나는 과거의 원가이다.
③ 원가행태란 조업도수준이 변화함에 따라 총원가발생액이 일정한 형태로 변화할 때 그 변화하는 형태를 말한다.
④ 매몰원가는 과거의 의사결정의 결과로 이미 발생된 원가로서 현재의 의사결정에는 아무런 영향을 미치지 못하는 원가이다.

04 다음에서 설명하고 있는 원가를 원가행태에 따라 분류하고자 할 때 가장 적절한 것은?

> 관련범위 내에서 조업도의 변동에 관계없이 총원가가 일정하고, 조업도가 증가함에 따라 단위당 원가는 감소한다.

① 변동원가 　　　　　　　　② 고정원가
③ 준변동원가 　　　　　　　④ 준고정원가

05 원가의 추적가능성에 따른 분류로 가장 맞는 원가개념은?

① 고정원가와 변동원가 　　　② 직접원가와 간접원가
③ 제품원가와 기간원가 　　　④ 제조원가와 비제조원가

06 원가행태를 나타낸 표로 올바른 것은?

①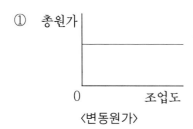
〈변동원가〉

②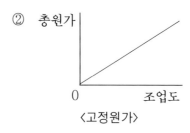
〈고정원가〉

③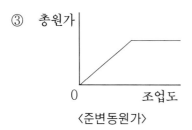
〈준변동원가〉

④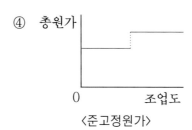
〈준고정원가〉

07 다음 그래프의 원가행태를 모두 만족하는 원가는 무엇인가?

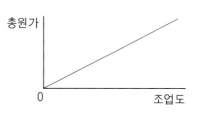

① 직접재료비
③ 계단원가

② 관련범위 내의 제조간접비
④ 공장건물 감가상각비

08 (주)서울은 기계장치 1대를 매월 100,000원에 임차하여 사용하고 있으며, 기계장치의 월 최대 생산량은 1,000단위이다. 당월 수주물량이 1,500단위여서 추가로 1대의 기계 장치를 임차하기로 하였다. 이 기계장치에 대한 임차료의 원가행태는 무엇인가?

① 고정원가
③ 변동원가

② 준고정원가
④ 준변동원가

09 다음은 (주)관우전자의 공장 전기요금 고지서의 내용이다. 원가 행태상의 분류로 옳은 것은?

- 기 본 요 금 : 1,000,000원 (사용량과 무관)
- 사 용 요 금 : 3,120,000원 (사용량 : 48,000kw, kw당 65원)
- 전기요금합계 : 4,120,000원

① 고정원가   ② 준고정원가   ③ 변동원가   ④ 준변동원가

10 다음은 원가개념에 대한 설명이다. 물리치료사 수험서 구입비 25,000원은 어떤 원가를 의미하는가?

물리치료사 자격시험을 위해 관련수험서를 25,000원에 구입하여 공부하다가 진로를 세무회계 분야로 변경하면서 전산세무회계 자격증 수험서를 새로 구입하였다.

① 대체원가   ② 매몰원가   ③ 통제불능원가   ④ 전환원가

11 다음 자료에 의하여 당기 제품매출원가를 계산하면 얼마인가?

- 기초재공품재고액   300,000원
- 기말재공품재고액   400,000원
- 기말제품재고액   300,000원
- 당 기 총 제 조 비 용   1,000,000원
- 기 초 제 품 재 고 액   200,000원
- 판 매 가 능 재 고 액   1,100,000원

① 1,000,000원   ② 900,000원   ③ 800,000원   ④ 700,000원

12 다음의 자료를 근거로 당기 총제조원가를 계산하면 얼마인가?

- 기초재공품재고액   20,000원
- 매출원가   500,000원
- 기말제품재고액   40,000원
- 기초제품재고액   50,000원
- 기말재공품재고액   35,000원

① 475,000원   ② 490,000원   ③ 505,000원   ④ 510,000원

13 당기총제조원가가 당기제품제조원가보다 더 큰 경우 다음 중 맞는 설명은?

① 당기제품제조원가가 제품매출원가보다 반드시 더 크다.
② 기초제품재고액이 기말제품재고액보다 더 작다.
③ 기초재공품액이 기말재공품액보다 더 크다.
④ 기초재공품액이 기말재공품액보다 더 작다.

14 원가의 흐름으로 올바른 것은?

① 원재료 → 제 품 → 재공품　　② 원재료 → 재공품 → 제 품
③ 재공품 → 제 품 → 원재료　　④ 제 품 → 재공품 → 원재료

15 다음 자료에서 기초원가와 가공비(가공원가) 양쪽 모두에 해당하는 금액은 얼마인가?

• 직 접 재 료 비	300,000원	• 직 접 노 무 비	400,000원
• 변동제조간접비	200,000원	• 고정제조간접비	150,000원

① 350,000원　　　　　　　　② 400,000원
③ 450,000원　　　　　　　　④ 500,000원

16 (주)세창의 당기 직접재료비는 50,000원이고, 제조간접비는 45,000원이다. (주)세창의 직접노무비는 가공비의 20%에 해당하는 경우, 당기의 직접노무비는 얼마인가?

① 9,000원　　　　　　　　　② 10,000원
③ 11,250원　　　　　　　　　④ 12,500원

17 다음 자료를 참고하여 (주)세무의 6월 중 직접노무비를 계산하면 맞는 것은?

• 6월 중 45,000원의 직접재료를 구입하였다.
• 6월 중 제조간접비는 27,000원이었다.
• 6월 중 총제조원가는 109,000원이었다.
• 직접재료의 6월초 재고가 8,000원이었고, 6월말 재고가 6,000원이다.

① 35,000원　　　　　　　　② 36,000원
③ 45,000원　　　　　　　　④ 62,000원

18 다음은 (주)대건의 20×1년 원가계산에 관한 자료이다. 기말재공품 원가는 얼마인가?

- 당기총제조원가 1,500,000원
- 기초제품재고액   300,000원
- 매 출 원 가 1,620,000원
- 기초재공품재고액   200,000원
- 기 말 제 품 재 고 액   180,000원

① 200,000원
② 250,000원
③ 300,000원
④ 350,000원

19 여범제조(주)의 기말재공품계정은 기초재공품에 비하여 400,000원 증가하였다. 또한 재공품 공정에 투입한 직접재료비와 직접노무비, 제조간접비의 비율이 1:2:3이었다. 여범제조(주)의 당기제품제조원가가 800,000원이라면, 재공품에 투입한 직접노무비는 얼마인가?

① 100,000원
② 200,000원
③ 400,000원
④ 600,000원

20 다음 자료에 의하여 당월의 노무비 지급액은?

- 당월 노무비 발생액   500,000원
- 당월말 노무비 미지급액   60,000원
- 전월말 노무비 미지급액 20,000원

① 540,000원
② 520,000원
③ 460,000원
④ 440,000원

21 제조공장에서의 수선비에 대한 자료가 다음과 같을 경우 4월에 발생한 수선비 금액은 얼마인가?

- 4월 지급액   1,300,000원
- 4월 미지급액   360,000원
- 4월 선급액   230,000원

① 710,000원
② 1,170,000원
③ 1,430,000원
④ 1,890,000원

22 원가자료가 다음과 같을 때 당기의 직접재료비를 계산하면 얼마인가?

> - 당기총제조원가는 5,204,000원이다.
> - 제조간접비는 직접노무비의 75%이다.
> - 제조간접비는 당기총제조원가의 24%이다.

① 2,009,600원 ② 2,289,760원
③ 2,825,360원 ④ 3,955,040원

23 당기 재료소비액이 일부 누락된 경우 당기에 미치는 영향으로 틀린 것은? 단, 재공품과 제품계정의 기말재고금액에는 영향을 미치지 않는다.

① 당기총제조원가 감소 ② 당기제품제조원가 감소
③ 당기순이익 감소 ④ 제품매출원가 감소

24 당기제품제조원가는 850,000원이다. 다음 주어진 자료에 의하여 기말재공품원가를 계산하면 얼마인가?

> - 직 접 재 료 비 200,000원   - 직 접 노 무 비 300,000원
> - 변동제조간접비 300,000원   - 고정제조간접비 100,000원
> - 기 초 재 공 품 250,000원   - 기 말 재 공 품   ?
> - 기 초 제 품 500,000원   - 기 말 제 품 400,000원

① 300,000원 ② 350,000원
③ 400,000원 ④ 450,000원

25 기말재공품액이 기초재공품액 보다 더 큰 경우 다음 중 맞는 설명은?

① 기초재공품액에 당기총제조원가를 더한 금액이 당기제품제조원가가 된다.
② 당기총제조원가가 당기제품제조원가보다 작다.
③ 당기제품제조원가가 제품매출원가보다 반드시 더 크다.
④ 당기제품제조원가가 당기총제조원가보다 작다.

26 다음은 제조기업의 원가계산과 관련된 산식이다. 틀린 것은?

① 당기총제조원가 = 직접재료비(+)직접노무비(−)제조간접비
② 직접재료비 = 기초원재료재고액(+)당기원재료매입액(−)기말원재료재고액
③ 당기제품제조원가 = 기초재공품재고액(+)당기총제조원가(−)기말재공품재고액
④ 매출원가 = 기초제품재고액(+)당기제품제조원가(−)기말제품재고액

27 다음 자료에 의하여 제조간접비를 계산하면 얼마인가?

- 당기총제조원가 : 600,000원   • 직접비(기본원가) : 300,000원
- 가공원가 : 500,000원

① 100,000원   ② 200,000원
③ 300,000원   ④ 400,000원

28 기말재공품은 기초재공품에 비해 500,000원 증가하였으며, 제조과정에서 직접재료비가 차지하는 비율은 60%이다. 당기제품제조원가가 1,500,000원이라면, 당기총제조원가에 투입한 가공원가는 얼마인가?

① 200,000원   ② 400,000원
③ 600,000원   ④ 800,000원

29 재공품 계정의 대변에 기입되는 사항은?

① 제조간접비 배부액   ② 직접재료비 소비액
③ 당기 제품제조원가   ④ 재공품 전기이월액

30 제조간접비에 대한 설명으로 틀린 것은?

① 배부방법에는 실제배부법과 예정배부법이 있다.
② 실제배부법은 계절별 생산량이 큰 차이가 있는 경우에 적합한 배부법이다.
③ 여러 제품에 공통으로 발생하는 원가이기에 각 제품별로 집계하기 어렵다.
④ 일반적으로 제조부문의 임차료, 보험료, 감가상각비 등이 이에 해당된다.

31 (주)거제산업은 제조간접비를 직접노동시간을 기준으로 하여 배부하고 있다. 다음 자료에 의하여 10월의 제조간접비 배부차이를 구하면?

> • 제조간접비 예산 : 6,000,000원
> • 예상 직접노동시간 : 120,000시간
> • 10월 직접노동시간 : 15,000시간
> • 10월 실제 제조간접비 발생액 : 1,000,000원

① 250,000원 과대 배부 ② 250,000원 과소 배부
③ 300,000원 과대 배부 ④ 300,000원 과소 배부

32 (주)세무의 제조간접비 예정배부율은 작업시간당 10,000원이다. 작업시간이 800시간이고, 제조간접비 배부차이가 1,000,000원 과소배부라면, 실제 제조간접비 발생액으로 맞는 것은?

① 6,000,000원 ② 7,000,000원 ③ 8,000,000원 ④ 9,000,000원

33 (주)크로바는 제조간접비를 직접노무시간을 기준으로 배부하고 있다. 당해 제조간접비 배부차이는 100,000원이 과대배부 되었다. 당기말 현재 실제제조간접비발생액은 500,000원이고, 실제직접노무시간이 20,000시간일 경우 예정배부율은 얼마인가?

① 25원/시간당 ② 30원/시간당 ③ 40원/시간당 ④ 50원/시간당

34 한국전자는 제조간접비를 직접노무시간을 기준으로 예정배부하고 있다. 당해 연도 초의 예상직접노무시간은 70,000시간이다. 당기 말 현재 실제제조간접비 발생액이 2,150,000원이고 실제 직접노무시간이 75,000시간일 때 제조간접비 배부차이가 250,000원 과대배부된 경우 당해 연도 초의 제조간접비 예상액은 얼마였는가?

① 1,900,000원 ② 2,240,000원 ③ 2,350,000원 ④ 2,400,000원

35 다음은 보조부문비의 배부기준이다. 가장 적절하지 않은 배부기준은?

① 구매부문 : 주문횟수, 주문비용
② 동력부문 : 사용전력량, 전기용량
③ 노무관리부문 : 수선횟수, 수선유지기간
④ 검사부문 : 검사수량, 검사시간

36 보조부문원가를 제조부문에 배분하는 원가방식이 아닌 것은?

① 단일배분율법   ② 직접배분법
③ 단계배분법   ④ 상호배분법

37 보조부문원가의 배부방법에 대한 설명으로 옳은 것은?

① 어느 방법으로 배부하든 배부 전·후의 제조간접비 총액은 항상 일정하다.
② 보조부문간 용역수수 관계를 전혀 고려하지 않고 제조부문에 직접 배부하는 방법은 단계배부법이다.
③ 보조부문간 배부순서를 정하고 단계적으로 다른 보조부문과 제조부문에 배부하는 방법은 상호배부법이다.
④ 보조부문간 용역수수 관계를 완전하게 고려하는 방법은 직접배부법이다.

38 보조부문의 원가를 배부하는 방법에 관한 설명 중 옳은 것은?

① 직접배부법은 보조부문의 자가용역을 고려한다.
② 단계배부법은 보조부문의 우선순위가 결정되어야 한다.
③ 보조부문비 총액 중 일부만 제조부문에 배부된다.
④ 상호배부법은 보조부문간 용역제공관계를 고려하지 않는다.

39 보조부문비의 배부방법 중 단계배부법에 대한 설명으로 틀린 것은?

① 보조부문 상호간의 용역수수를 완전히 고려하는 방법이다.
② 보조무문의 배부순서를 합리적으로 결정하는 것이 매우 중요하다.
③ 보조부문의 배부순서에 따라 배부액이 달라질 수 있다.
④ 최초 배부되는 부문의 경우 자신을 제외한 다른 모든 부문에 배부된다.

40 보조부문비의 배부방법 중 정확도가 높은 방법부터 올바르게 배열한 것은?

① 직접배부법 〉상호배부법 〉단계배부법
② 직접배부법 〉단계배부법 〉상호배부법
③ 상호배부법 〉단계배부법 〉직접배부법
④ 단계배부법 〉상호배부법 〉직접배부법

41 보조부문비와 관련된 설명이다. 가장 틀린 것은?

① 이중배분율법(dual allocation method)에 직접배분법, 단계배분법, 상호배분법을 적용할 수 없다.
② 원가행태에 의한 배분방법으로 단일배분율법과 이중배분율법이 있다.
③ 상호배분법은 보조부문비를 용역수수관계에 따라 다른 보조부문과 제조부문에 배부하는 방법이다.
④ 이중배분율법은 원가행태에 따라 배부기준을 달리 적용한다.

42 (주)세원은 A, B 제조부문과 X, Y의 보조부문이 있다. 각 부문의 용역수수관계와 제조간접비 발생원가가 다음과 같다. 직접배부법에 의해 보조부문의 제조간접비를 배부한다면 B제조부문의 총제조간접비는 얼마인가?

	보 조 부 문		제 조 부 문		합 계
	X	Y	A	B	
자기부문 발생액 [제공한 횟수]	150,000원	250,000원	300,000원	200,000원	900,000원
X		200회	300회	700회	1,200회
Y	500회	–	500회	1,500회	2,500회

① 200,000원 ② 292,500원 ③ 492,500원 ④ 600,000원

43 (주)한우물은 단계배부법을 이용하여 보조부문 제조간접비를 제조부문에 배부하고자 한다. 각 부문별 원가발생액과 보조부문의 용역공급이 다음과 같을 경우 수선부문에서 절단부문으로 배부될 제조간접비는 얼마인가?(단, 전력부문부터 배부한다고 가정함)

구 분	제 조 부 문		보 조 부 문	
	조립부문	절단부문	전력부문	수선부문
자기부문 제조간접비	200,000원	400,000원	200,000원	360,000원
전력부문 동력공급(kw)	300	100	–	100
수선부문 수선공급(시간)	10	40	50	–

① 160,000원 ② 200,000원 ③ 244,000원 ④ 320,000원

44 개별원가계산에 가장 적합한 업종이 아닌 것은?

① 화학공업   ② 항공기제작업   ③ 조선업   ④ 건설업

45 개별원가계산에 대한 내용으로 옳지 않은 것은?

① 주문생산업종에 적합하다.
② 개별원가표에 의해 제조간접비를 배부한다.
③ 제품별로 손익분석 및 계산이 어렵다.
④ 제조간접비의 배분이 가장 중요한 과제이다.

46 다음의 자료에 의하여 매출원가를 계산하면 얼마인가?

- 제조지시서 #1 : 제조원가 52,000원
- 제조지시서 #3 : 제조원가 50,000원
- 월말제품재고액 : 40,000원
- 제조지시서 #2 : 제조원가 70,000원
- 월초제품재고액 : 50,000원
- 단, 제조지시서 #3은 미완성품이다.

① 182,000원   ② 122,000원   ③ 132,000원   ④ 172,000원

47 개별원가계산을 하고 있는 세원제약의 4월의 제조지시서와 원가자료는 다음과 같다.

	제 조 지 시 서	
	#101	#102
생 산 량	1,000단위	1,000단위
직접노동시간	600시간	600시간
직접재료비	1,350,000원	1,110,000원
직접노무비	2,880,000원	2,460,000원

4월의 실제 제조간접비 총액은 4,000,000원이고, 제조간접비는 직접노동시간당 2,700원의 배부율로 예정배부되며, 제조지시서 #101은 4월중 완성되었고, #102는 미완성상태이다. 4월말 생산된 제품의 단위당 원가는 얼마인가?

① 5,900원   ② 5,850원   ③ 5,520원   ④ 5,190원

48 개별원가계산 시 실제제조간접비 배부율 및 배부액과 예정제조간접비 배부율 및 배부액을 산정하는 산식 중 올바르지 않는 것은?

① 실제제조간접비배부율 = 실제제조간접비 합계액/실제조업도(실제 배부기준)
② 예정제조간접비배부율 = 예정제조간접비 합계액/예정조업도(예정 배부기준)
③ 실제제조간접비배부액 = 개별제품등의 실제조업도(실제 배분기준)×제조간접비 실제배부율
④ 예정제조간접비배부액 = 개별제품등의 예정조업도(예정 배분기준)×제조간접비 예정배부율

49 종합원가계산방법과 개별원가계산방법에 대한 내용으로 올바르게 연결된 것은?

구 분	종합원가계산방법	개별원가계산방법
① 핵심과제	제조간접비 배분	완성품환산량 계산
② 업종	조선업	통조림제조업
③ 원가집계	공정 및 부문별 집계	개별작업별 집계
④ 장점	정확한 원가계산	경제성 및 편리함

50 다음의 괄호에 들어갈 적당한 말을 고르시오.

> (   )은 완성품환산량이라고 하는 인위적 배부기준에 따라 원가배부를 통하여 완성품원가와 기말재공품원가의 계산이 이루어진다.

① 요소별원가계산　　　　　② 부문별원가계산
③ 개별원가계산　　　　　　④ 종합원가계산

51 개별원가계산과 종합원가계산의 차이점을 설명한 것 중 틀린 것은?

① 개별원가계산은 다품종 소량주문생산, 종합원가계산은 동종의 유사제품을 대량생산하는 업종에 적합하다.
② 개별원가계산은 각 작업별로 원가를 집계하나 종합원가계산은 공정별로 원가를 집계한다.
③ 개별원가계산은 건설업, 조선업에 적합하며 종합원가계산은 정유업, 시멘트산업에 적합하다.
④ 개별원가계산은 완성품환산량을 기준으로 원가를 배분하며 종합원가계산은 작업원가표에 의하여 배분한다.

52 다음은 공손에 대한 설명이다. (　　) 안에 들어갈 말은?

> • 정상공손 : 제품을 생산하는데 불가피하게 발생한 것으로 (ㄱ)에 포함한다.
> • 비정상공손 : 비효율적 생산관리로 인하여 발생한 것으로 (ㄴ)로 처리한다.

① (ㄱ) 영업외비용　(ㄴ) 판매관리비　　　② (ㄱ) 제품제조원가　(ㄴ) 영업외비용
③ (ㄱ) 영업외비용　(ㄴ) 제품제조원가　　④ (ㄱ) 판매관리비　(ㄴ) 영업외비용

53 종합원가계산에서 재료비와 가공비의 완성도에 관계없이 완성품환산량의 완성도가 항상 가장 높은 것은 무엇인가?

① 가공비　　　　　② 직접노무원가　　　③ 전공정원가　　　④ 직접재료원가

54 한국(주)의 제2기 원가 자료가 다음과 같을 경우 가공원가는 얼마인가?

> • 직접재료원가 구입액 : 800,000원
> • 직접재료원가 사용액 : 900,000원
> • 직접노무원가 발생액 : 500,000원
> • 변동제조간접원가 발생액 : 600,000(변동제조간접원가는 총제조간접원가의 40%이다.)

① 2,000,000원　　　② 2,400,000원　　　③ 2,800,000원　　　④ 2,900,000원

55 (주)서울은 평균법에 의한 종합원가계산을 하고 있다. 재료비는 공정시작 시점에서 전량 투입되며, 가공원가는 공정 전반에 걸쳐 고르게 투입된다. 다음 자료를 통하여 완성품환산량으로 바르게 짝지어진 것은?

> • 기 초 재 공 품　　　0개　　• 착 수 수 량　　　　500개
> • 완 성 수 량　　400개　　• 기 말 재 공 품　100개(완성도 50%)

	재료비완성품환산량	가공비완성품환산량		재료비완성품환산량	가공비완성품환산량
①	400개	450개	②	450개	500개
③	500개	450개	④	400개	500개

56 종합원가계산에서 평균법을 적용하여 완성품환산량의 원가를 계산할 때 고려해야 할 원가는?

① 당기총제조비용
② 당기총제조비용과 기말재공품재고액의 합계
③ 당기총제조비용과 기말재공품재고액의 차액
④ 당기총제조비용과 기초재공품재고액의 합계

57 (주)서울은 평균법에 의하여 종합원가계산을 수행하고 있고, 물량흐름은 아래와 같다. 재료비는 공정 초기에 전량 투입되고, 가공비는 공정전반에 걸쳐 균등하게 투입된다. 재료비 및 가공비의 완성품환산량을 계산하면 얼마인가?

> • 기초재공품 수량 : 0개   • 당기완성품 수량 : 50,000개
> • 당기 착수 수량 : 60,000개   • 기말재공품 수량 : 10,000개(완성도 50%)

① 재료비 55,000개, 가공비 60,000개   ② 재료비 55,000개, 가공비 55,000개
③ 재료비 60,000개, 가공비 60,000개   ④ 재료비 60,000개, 가공비 55,000개

58 다음 자료를 활용하여 선입선출법에 의한 재료비와 가공비의 완성품환산량을 계산하면 얼마인가?

> • 당기완성품 : 20,000개   • 기말재공품 : 10,000개(완성도 40%)
> • 기초재공품 : 5,000개(완성도 20%)   • 당기착수량 : 25,000개
> • 재료는 공정초에 전량 투입되고, 가공비는 공정전반에 걸쳐 균등하게 투입된다.

① 재료비 20,000개, 가공비 23,000개   ② 재료비 22,000개, 가공비 20,000개
③ 재료비 25,000개, 가공비 23,000개   ④ 재료비 30,000개, 가공비 24,000개

59 선입선출법에 따른 종합원가계산에 관한 다음 설명 중 가장 옳지 않은 것은?

① 먼저 제조착수된 것이 먼저 완성된다고 가정한다.
② 기초재공품이 없는 경우 제조원가는 평균법과 동일하게 계산된다.
③ 완성품환산량은 당기 작업량을 의미한다.
④ 전기의 성과를 고려하지 않으므로 계획과 통제 및 성과평가 목적에는 부합하지 않는다.

60 종합원가계산하에서는 원가흐름 또는 물량흐름에 대해 어떤 가정을 하느냐에 따라 완성품환산량이 다르게 계산된다. 다음 중 평균법에 대한 설명으로 틀린 것은?

① 전기와 당기발생원가를 구분하지 않고 모두 당기발생원가로 가정하여 계산한다.
② 계산방법이 상대적으로 간편하다.
③ 원가통제 등에 보다 더 유용한 정보를 제공한다.
④ 완성품환산량 단위당 원가는 총원가를 기준으로 계산된다.

61 다음 자료를 이용하여 선입선출법과 평균법에 의한 재료비의 완성품환산량 차이는 얼마인가?

> • 기초재공품 : 200개(완성도 50%)
> • 완성품수량 : 2,600개
> • 기말재공품 : 500개(완성도 40%)
> • 원재료는 공정초에 전량 투입되고, 가공비는 공정전반에 걸쳐 균등하게 발생된다.

① 100개 　　　　② 200개 　　　　③ 300개 　　　　④ 400개

62 제조원가명세서에 대한 설명 중 틀린 것은?

① 제조원가명세서를 통해 당기원재료매입액을 파악할 수 있다.
② 제조원가명세서를 통해 당기총제조비용을 파악할 수 있다.
③ 제조원가명세서를 통해 당기매출원가를 파악할 수 있다.
④ 제조원가명세서를 통해 기말재공품원가를 파악할 수 있다.

63 제조원가명세서 작성 시 필요로 하지 않은 자료는?

① 간접재료비 소비액　　　　　② 간접노무비 소비액
③ 기초제품 재고액　　　　　　④ 제조경비

64 제조원가명세서와 관련된 설명이다 틀린 것은?

① 재료 소비액의 산출과정이 표시된다.
② 기초재공품과 기말재공품재고액이 표시된다.
③ 기초재료와 기말재료재고액이 표시된다.
④ 외부에 보고되는 보고서이다.

65 제조원가명세서에 대한 다음 설명 중 가장 옳지 않은 것은?

① 제조원가명세서만 보면 매출원가를 계산할 수 있다.
② 상품매매기업에서는 작성하지 않아도 된다.
③ 제조원가명세서에서 당기총제조비용을 알 수 있다.
④ 재공품계정의 변동사항이 나타난다.

66 제조원가명세서와 관련된 설명이다. 틀린 것은?

① 재료 소비액의 산출과정이 표시된다.
② 당기총제조원가와 당기제품제조원가 모두 표시된다.
③ 기초재료 재고액과 기말재료 재고액이 표시된다.
④ 기초재공품 재고액과 기초제품 재고액이 표시된다.

67 원가항목과 그 원가항목의 금액을 확인할 수 있는 재무제표간의 짝이 적절치 않은 것은? 단, 재무제표는 2개년 비교형식으로 제공되는 것으로 가정한다.

① 기말제품 : 재무상태표, 손익계산서　　② 기초재공품 : 재무상태표
③ 기말재공품 : 재무상태표　　　　　　④ 원재료비 : 재무상태표

68 원재료의 사용액을 과소하게 계상한 경우 제조원가와 재무제표에 미치는 영향으로 틀린 것은?(단, 기말재공품과 기말제품은 존재하지 않는다고 가정한다)

① 당기총제조원가 과소계상　　　　　　② 당기제품제조원가 과소계상
③ 제품매출원가 과소계상　　　　　　　④ 당기순이익 과소계상

69 제품의 제조와 매출에 관련된 자료가 다음과 같을 경우 (ㄱ) 매출총이익률과 (ㄴ) 영업이익률은 얼마인가?

• 매출액	500,000원	• 기초제품재고액	40,000원
• 기말제품재고액	90,000원	• 판매비와관리비	100,000원
• 당기총제조원가	320,000원	• 기초재공품	30,000원
• 기말재공품	50,000원		

① (ㄱ) 30%　　(ㄴ) 50%　　　　　② (ㄱ) 50%　　(ㄴ) 30%
③ (ㄱ) 62.5%　(ㄴ) 50%　　　　　④ (ㄱ) 66.6%　(ㄴ) 30%

Chapter
03

이론요약 / 부가가치세편

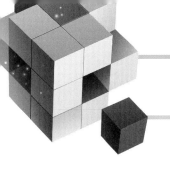

1. 부가가치세의 기본 개념

① 부가가치세(value added tax. VAT)의 개념

부가가치세는 재화 또는 용역이 생산·유통되는 모든 단계에서 기업이 창출한 가치인 부가가치(value added)에 대하여 과세하는 조세를 말한다. 과세 유형별로는 일정기간 기업의 총매출액에서 다른 기업으로부터 매입한 중간재와 자본재 매입액을 공제하여 과세하는 소비형 부가가치세 제도를 채택하고 있으며, 과세방법으로는 당해 과세기간 중의 매출액에 소정의 세율을 적용하여 계산한 세액에서 전단계매입액에 포함된 부가가치세액을 공제하는 금액을 바로 납부세액으로 하는 전단계세액공제법을 채택하고 있다.

1. 중간재와 자본재는 전 단계 사업자가 창출한 부가가치이므로 이중계산을 막기 위해서 매출액에서 공제하는 것이다.
2. 우리나라의 부가가치세 제도는 1976. 12. 22 법률 제2934호로 제정되어 1977. 7. 1부터 시행되었다. 우리나라의 부가가치세 세율은 10%의 단일세율이다. 단, 수출품에 대해서는 "0"의 세율(영세율)을 적용한다.
3. 간접세란 실지로 세금을 부담하는 사람과 국가에 납부하는 사람이 다른 세금을 말하며, 부가가치세가 대표적인 세금이다.

② 부가가치세의 특징

(1) 부가가치세는 국가가 부과하는 국세이다.

(2) 법률상 부가가치세의 납세의무를 지는 자는 재화나 용역을 제공하는 사업자이지만, 그 세액은 다음 거래 단계로 전가되어 그 세(稅)부담은 최종소비자가 지는 간접세이다.

(3) 부가가치세는 모든 재화와 용역의 소비지출에 대하여 과세하는 일반소비세이다.

(4) 부가가치세는 재화가 생산되어 최종소비자에게 도달하는 모든 거래단계에 과세하는 다단계거래세이다.

(5) 부가가치세는 납세의무자인 사업자의 부양가족수, 의료비, 교육비 등의 인적사항을 고려하지 않는 물세(物稅)이다.

(6) 우리나라는 과세유형으로 소비형 부가가치세제를 채택하고 있다.

(7) 사업자의 매출액에 세율을 곱하여 매출세액을 계산한 다음, 매입액에 세율을 곱하여 계산된 매입세액(전단계세액, 前段階稅額)을 매출세액에서 차감하는 전단계세액공제법(前段階稅額控除法 invoice method)을 채택하고 있다.

(8) 우리나라는 국경세조정제도로서 소비지국 과세원칙을 채택하고 있다.

세무충전소

1. **국경세 조정**(border tax adjustments) : 재화가 국가 간에 이동되는 경우에 재화에 부과된 간접세를 조정하는 것을 말하며 생산지국(원산지국)과세원칙과 소비지국(행선지국)과세원칙이 있다.
2. **소비지국과세원칙**(destination principle of taxation) : 수출국(생산지국)에서 외국으로 재화를 수출할 때는 부가가치세를 과세하지 않고 수입국(소비지국)에서 재화를 수입할 때는 내국산 물품과 동일하게 부가가치세를 과세하는 방법으로 『관세 및 무역에 관한 일반협정(GATT)』을 채택하고 있다.

③ 납세의무자

(1) 납세의무자의 범위

① 사업자 : 사업목적이 영리이든 비영리이든 관계없이 사업상 독립적으로 재화 또는 용역을 공급하는 자를 '사업자'라고 하고 부가가치세의 납세의무를 진다. 비영리를 목적으로 하는 경우에도 납세의무를 지므로 국가나 지방자치단체도 부가가치세 납세의무자가 될 수 있다.

② 재화를 수입하는 자 : 재화를 수입하는 자는 사업자 여부 및 수입목적에 관계없이 수입재화에 대한 부가가치세의 납세의무를 진다.

(2) 납세의무자의 요건

① **재화 또는 용역의 공급** : 부가가치세의 과세대상은 재화 또는 용역의 공급이므로 그러한 거래가 귀속된 자, 즉 재화 또는 용역을 공급하는 자가 납세의무를 진다.

② **영리목적불문** : 영리목적의 유무와는 관계가 없으므로 개인, 법인, 법인격 없는 사단·재단, 국가, 지방자치단체, 지방자치단체조합도 납세의무를 진다.

③ **독립성** : 사업상 독립적이어야 하므로, 독립성 없이 고용계약에 의해 사업자의 지시를 받는 종업원은 납세의무를 지지 않는다.

④ **사업성** : 부가가치를 창출해 낼 수 있는 정도의 사업형태를 갖추고 계속·반복적으로 과세대상의 재화와 용역을 공급하는 사업자만 부가가치세의 납세의무를 진다.

(3) 사업자의 분류

사업자는 부가가치세가 과세되는 재화 또는 용역을 공급하는 경우에는 부가가치세의 거래징수 여부에 불구하고 해당 공급분에 대하여 사업자는 기장·세금계산서 발급과 수취·신고·납부 등 부가가치세법이 정한 의무를 이행해야 하는데 사업자는 부가가치세법상 모든 의무를 이행하는 일반과세자와 사업규모가 영세하기 때문에 간편한 절차로 납세의무를 이행하는 간이과세자로 나누어진다.

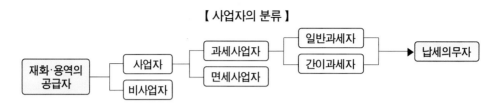

【 사업자의 분류 】

4 과세기간

과세기간이란 세법에 의하여 국세의 과세표준 계산에 기초가 되는 일정한 기간으로서 과세의 시간적 단위를 말한다.

(1) 원칙적인 과세기간

No	구 분	제 1 기	제 2 기
①	일반과세자	1월 1일 ~ 6월 30일	7월 1일 ~ 12월 31일
②	간이과세자	1월 1일 ~ 12월 31일	
③	신규사업자	사업개시일 ~ 6월 30일	사업개시일 ~ 12월 31일
④	폐 업 자	1월 1일 ~ 폐업일	7월 1일 ~ 폐업일

세무충전소

1. **과세표준** : 세법에 따라 직접적으로 세액산출의 기초가 되는 과세대상의 수량 또는 가액을 말한다.
2. **신규사업자의 사업 개시일**
   ① 제조업 – 제조장별로 재화의 제조를 개시하는 날
   ② 광업 – 사업장별로 광물의 채취, 채광을 개시하는 날
   ③ 그 밖의 사업 – 재화나 용역의 공급을 시작하는 날
   ④ 면세사업에서 과세사업으로 전환하는 경우 – 과세사업으로 전환하는 날

(2) 예외적인 과세기간

① 사업개시 전에 사업자등록을 한 사업자가 사실상 사업을 시작하지 아니하게 된 경우
 : 사업개시 전에 사업자등록을 한 사업자가 폐업(사업자등록일로부터 6개월이 되는 날까지 재화와 용역의 공급실적이 없는 경우에는 그 6개월이 되는 날을 폐업일로 본다.)한 것으로 의제 되는 경우에는 사업자등록일로부터 폐업의제일까지를 하나의 과세기간으로 본다.

▶ 5월 8일에 사업개시 전 등록을 하고 11월 8일까지 사업을 하지 않은 경우

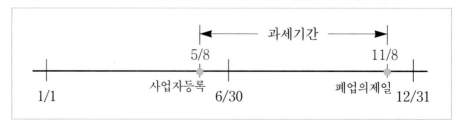

② 간이과세를 포기하여 일반과세자로 되는 경우에는 다음의 기간을 각각 1 과세기간으로 한다.

　　㉠ 그 과세기간 개시일 ~ 포기신고일이 속하는 달의 말일

　　㉡ 포기신고일이 속하는 달의 다음달 1일 ~ 그 과세기간 종료일

▶ 9월 30일에 간이과세 포기신고를 한 경우 1월 1일 ~ 9월 30일과 10월 1일 ~ 12월 31일의 기간이 각각 과세기간이 된다.

③ 일반과세자가 간이과세자로 변경되거나 간이과세자가 일반과세자로 변경되는 경우에는 그 변경되는 해에 간이과세자에 관한 규정이 적용되는 과세기간은 다음 기간으로 한다.

구　　　　분	간이과세자 적용되는 과세기간
㉠ 간이과세자가 일반과세자로 변경되는 경우	그 변경 이전 1월 1일 ~ 6월 30일
㉡ 일반과세자가 간이과세자로 변경되는 경우	그 변경 이후 7월 1일 ~ 12월 31일

㉠ 간이과세자가 일반과세자로 변경되는 경우(2018년 공급대가 6천만원으로 가정)

㉡ 일반과세자가 간이과세자로 변경되는 경우(2018년 공급대가 4천만원으로 가정)

④ 사업자는 이러한 각 과세기간의 과세표준과 납부세액을 그 과세기간이 끝난 후 25일 이내에 관할 세무서장에게 신고·납부해야 하는데, 이것을 '확정신고납부'라고 한다.

(3) 예정신고기간

부가가치세는 과세기간을 6개월로 하나, 납세의무자의 일시 납부에 따른 자금 부담을 덜어주기 위해 각 과세기간의 개시일부터 3개월의 기간을 예정신고기간으로 설정하여 그 예정신고기간에 대한 과세표준과 세액을 그 예정신고기간 종료일로부터 25일 이내에 신고 납부해야 하는데, 이것을 '예정신고납부'라고 한다.

① 법인사업자

No	구 분	예정신고기간
㉠	계속사업자의 경우	제1기 : 1월 1일 ~ 3월 31일(신고 · 납부기한 4월 25일까지) 제2기 : 7월 1일 ~ 9월 30일(신고 · 납부기한 10월 25일까지)
㉡	신규사업자의 경우	사업개시일 ~ 그 예정신고기간의 종료일 사업개시 전 등록의 경우 : 등록일 ~ 그 예정신고기간의 종료일

② 개인사업자

㉠ 예정고지납부 : 개인사업자는 사업규모가 영세하므로 3개월 단위로 부가가치세를 신고·납부하는 것이 번거롭다. 따라서 관할세무서장은 각 예정신고기간마다 직전 과세기간의 납부세액에 50%를 곱한 금액(1천 원 미만의 단수금액은 버린다.)을 결정하여 예정신고기간이 끝난 후 25일까지 징수한다. 다만, 징수하여야 할 금액이 30만 원 미만 [2018. 12. 31. 개정] 이거나 간이과세자에서 해당 과세기간 개시일 현재 일반과세자로 변경된 경우에는 징수하지 아니한다.

㉡ 예정신고납부 : 개인사업자라 하더라도 조기 환급을 받고자 하거나 휴업 또는 사업 부진 등으로 인하여 각 예정신고기간의 공급가액이 직전 과세기간의 공급가액의 3분의 1에 미달하는 자는 예정 신고 납부할 수 있다.

5 납세지

(1) 납세지의 개념 : 납세의무자가 납세의무를 이행하고, 과세관청이 부과·징수권을 행사하는 기준이 되는 장소를 '납세지'라고 한다. 부가가치세는 사업장 소재지를 납세지로 한다.

> 예 회사가 서울 중구 충무로에 있고, 대표자의 자택이 서울 마포구 공덕동에 있는 경우의 부가가치세(物稅)신고납세지는 중부세무서이고, 소득세(人稅)신고납세지는 마포세무서이다.

(2) 사업장의 개념과 판정기준

① 사업장의 개념 : 사업장이란 사업자가 사업을 하기 위하여 거래의 전부 또는 일부를 행하는 고정된 장소를 말한다.

② 사업 종류별 사업장

No	구 분	사 업 장
㉠	광업	광업사무소의 소재지
㉡	제조업	최종 제품을 완성하는 장소(따로 제품의 포장만을 하거나 용기에 충전만을 하는 장소와 개별소비세법에 따른 저유소는 제외)
㉢	건설업·운수업과 부동산매매업	법인 : 법인의 등기부상의 소재지(등기부상의 지점 소재지 포함)
		개인 : 사업에 관한 업무를 총괄하는 장소
㉣	부동산임대업	그 부동산의 등기부상의 소재지(부동산상의 권리만 대여하는 경우에는 업무를 총괄하는 장소)
㉤	무인자동판매기에 의한 사업	사업에 관한 업무를 총괄하는 장소
㉥	다단계 판매원이 재화 또는 용역을 공급하는 사업	다단계 판매원이 '방문판매 등에 관한 법률'에 따라 등록한 다단계 판매업자의 주된 사업장 소재지. 다만, 다단계 판매원이 상시 주재하여 거래의 전부 또는 일부를 하는 별도의 장소가 있는 경우에는 그 장소
㉦	비거주자 또는 외국 법인의 경우	비거주자 또는 외국법인의 국내사업장
㉧	사업장을 설치하지 아니하고 사업자등록도 하지 아니한 경우	과세표준 및 세액을 결정할 당시의 사업자의 주소 또는 거소
㉨	기타	위의 사업장 이외의 장소도 사업자의 신청에 따라 추가로 사업장으로 등록할 수 있다.(다만, ㉤의 무인자동판매기에 의한 사업은 그러하지 아니한다.)

(3) 직매장과 하치장

No	구 분	직 매 장	하 치 장
①	개념	재화를 직접 판매하기 위하여 특별히 판매시설을 갖춘 장소	재화를 보관하고 관리할 수 있는 시설만 갖춘 장소로서 판매활동을 하지 않는 곳
②	사업장 여부	사업장으로 본다.	사업장으로 보지 아니한다.
③	설치 시 의무	사업자등록	하치장 설치 신고

세무충전소

▶ **임시사업장** : 기존 사업장이 있는 사업자가 그 사업장 이외에 각종 경기대회, 박람회 등 행사가 개최되는 장소에서 임시로 사업장을 개설하는 경우에는 그 임시사업장은 기존 사업장에 포함되는 것으로 한다. 그러나 임시사업장 개설신고를 하지 아니하면 임시사업장을 독립된 사업장으로 본다. 개설신고는 해당 임시사업장의 사업개시일부터 10일 이내 관할 세무서에 하고, 다만 임시사업장의 설치기간이 10일 이내인 경우 개설신고를 하지 아니할 수 있다.

(4) 주사업장 총괄납부

① **주사업장 총괄납부제도** : 부가가치세는 사업장마다 과세를 하고 있으므로 둘 이상의 사업장을 가지고 있는 사업자의 경우에는 각 사업장 단위별로 신고·납부하는 것이 원칙이다. 예외적으로 한 사업자가 둘 이상의 사업장을 가지고 있는 경우 사업자의 신청에 의하여 각 사업장의 납부(환급)세액을 통산하여 주된 사업장에서 총괄하여 납부할 수 있는데 이를 '주사업장 총괄납부'라고 한다.

1. 총괄납부사업자라도 세금계산서 발급과 수취, 신고, 세금계산서합계표 제출, 결정과 경정은 사업장별로 한다. 또한 예정·확정신고와 조기 환급신고 등 정기신고분에 대한 납부와 환급만을 총괄하고 수정신고 또는 경정신고는 그 사유가 발생한 사업장별로 한다.
2. **주사업장총괄납부의 효과** : 총괄납부제도는 어느 사업장에는 납부할 세액이 발생하고, 다른 사업장에서는 환급세액이 발생한 경우에 사업장간 통산하여 납부·환급받는 제도로서 사업자의 납세편의를 도모하고, 세무행정상의 능률도 제고된다. 특히 납부를 먼저하고, 환급은 뒤늦게 받아야 하는 경우 발생하는 사업장의 운영자금 압박을 덜어주는 효과가 크다.

② **주사업장의 범위**

No	구 분	주 된 사 업 장
㉠	법인사업자	본점(주사무소 포함) 또는 지점(분사무소 포함) 중 선택 가능
㉡	개인사업자	주사무소만 가능

③ **신청기한**

㉠ 계속사업자 : 총괄납부하고자 하는 과세기간 개시 20일 전까지
㉡ 신규사업자 : 주사업장의 사업자등록증을 받은 날로부터 20일
㉢ 사업장이 하나이나 추가로 사업장을 개설하는 자 : 추가 사업장의 사업 개시일부터 20일(추가 사업장의 사업 개시일이 속하는 과세기간 이내로 한정)【2019. 2. 12. 개정】

(5) 사업자 단위과세 제도

▶ **제도의 취지** : 최근 전산시스템의 발달로 사업자가 각 사업장의 물류흐름 및 재고관리·원가관리와 회계관리·세무관리 등의 자원을 통합관리(전사적 기업자원 관리설비, ERP)하는 것이 가능함에도 불구하고 각 사업장별로 부가가치세를 신고·납부하는 것은 세무업무의 중복 및 비효율을 초래하였다. 이러한 점을 고려하여 사업자단위로 과세하는 사업자단위과세 제도를 도입하여 납세편의를 도모하기 위한 제도임.

(6) 사업자 단위과세 제도 적용 대상

둘 이상의 사업장이 있는 사업자는 사업자 단위과세 제도를 적용할 수 있다. 일반과세자와 간이과세자는 물론, 공동사업자도 사업자 단위과세 제도를 적용할 수 있다.

No	구 분	주사업장총괄납부제도	사업자단위과세제도
㉠	주사업장(사업자단위 과세 적용사업장)	본점(주사무소)으로 하되, 법인은 지점(분사무소)도 가능	본점(주사무소)만 가능
㉡	사업자등록과 세금계산서 발급과 수취	사업장별로 사업자등록을 하고 그 등록번호로 세금계산서 발급·수취	본점(주사무소)에서 사업자등록을 하고 그 등록번호로 세금계산서 발급·수취
㉢	신고 및 납세지	신고는 사업장별로 하되, 정기신고에 대한 납부(또는 환급)는 주사업장에서 총괄	사업자단위과세 적용 사업장에서 신고·납부
㉣	과세표준 및 세액산정	사업장 단위	사업자 단위

※ 2010. 1. 1 이후 전산시스템(ERP) 설치 여부와 관계없이 신청가능

(7) 사업자단위과세 등록

① 사업자단위 등록 : 둘 이상의 사업장이 있는 사업자는 사업자단위로 해당 사업자의 본점 또는 주사무소 관할 세무서장에게 등록할 수 있다.

② 사업자단위과세 사업자로 변경 등록 : 사업장단위로 등록한 사업자가 사업자단위과세 사업자로 변경하려면 사업자단위과세 사업자로 적용받으려는 과세기간 개시 20일 전까지 사업자의 본점 또는 주사무소 관할 세무서장에게 변경등록을 신청하여야 한다.

(8) 사업자단위과세 제도의 효과

사업자단위과세 제도를 적용받으면 본점 또는 주사무소에서 사업자단위로 부가가치세의 모든 업무를 처리한다.

① 사업자등록번호 : 사업자단위로 등록신청을 한 경우에는 사업자단위과세 적용 사업장에 한 개의 등록번호를 부여한다.

② 세금계산서 교부와 수취 : 본점 또는 주사무소의 등록번호를 기재하여 세금계산서를 발급하고 수취하며, 세금계산서 비고란에는 실제 재화와 용역을 공급하거나 공급받는 종된 사업장의 상호와 소재지를 기재해야 한다.

③ 신고와 납부 : 예정신고, 확정신고, 조기환급신고, 수정신고 및 경정청구 등 부가가치세의 모든 신고·납부 업무는 본점이나 주사무소에서 처리한다.

④ 결정 및 경정 : 본점 또는 주사무소 관할 세무서장이 결정·경정한다.

(9) 사업자단위과세의 포기

사업자단위과세 사업자가 각 사업장별로 신고·납부하거나 주사업장 총괄납부를 하려는 경우에는 그 납부하려는 과세기간 개시 20일 전에 사업자단위 과세 포기신고서를 사업자단위과세 적용 사업장 관할 세무서장에게 제출하여야 하며, 그 포기한 날이 속하는 과세기간의 다음 과세기간부터 각 사업장별로 신고·납부하거나 주사업장 총괄 납부를 하여야 한다.

⑥ 사업자등록(事業者登錄)

(1) 개념 : 사업자등록이란 사업을 새로 개시하는 사업자의 인적사항과 사업사실 등 과세자료를 파악하는 데 필요한 사항을 관할 세무서에 신고하는 절차를 말한다. 신청을 받은 관할 세무서장은 거부사유가 없는 한 사업자등록증을 발급해야 하며, 사업자는 사업자등록번호가 적힌 세금계산서를 발급·수취하여야 한다.

(2) 사업자등록의 목적 : 사업자등록은 과세관청으로 하여금 납세의무자와 그 사업내용 및 과세자료의 파악을 용이하게 하여 근거과세와 세수확보 등 과세행정의 편의를 도모하고 나아가 공평과세를 구현하려는 데에 그 목적이 있다.

(3) 사업자등록의 신청 : 사업자는 사업장마다 사업개시일부터 20일 이내에 사업자등록신청서를 작성하여 사업장 관할 세무서장에게 사업자등록을 신청하여야 한다. 다만, 신규로 사업을 시작하려는 자는 사업 개시일 이전이라도 등록을 신청할 수 있다. 사업자는 사업자등록 신청을 사업장 관할 세무서장이 아닌 다른 세무서장에게도 할 수 있다. 이 경우 사업장 관할 세무서장에게 사업자 등록을 신청한 것으로 본다.

1. 부가가치세의 과세사업과 면세사업을 겸업하는 사업자는 부가가치세법 제8조에 따른 사업자등록증을 발급받아야 한다. 이 경우 소득세법이나 법인세법에 따른 사업자등록을 별도로 하지 아니한다.
2. 면세사업자가 추가로 과세사업을 겸영하려는 경우는 사업자등록정정신고서를 제출하면 등록신청을 한 것으로 본다.
3. 면세사업자가 과세사업자로 업종변경을 할 경우에는 사업자등록 정정사유가 아니고 면세사업에 대하여는 폐업을 한 후 신규로 과세사업에 대하여 사업자등록을 하여야 한다.

(4) 사업자등록증의 발급

사업자등록 신청을 받은 사업장 관할 세무서장은 신청일부터 3일 이내(토요일·공휴일 또는 근로자의 날은 산정에서 제외한다.)에 등록번호가 부여된 사업자등록증을 신청자에게 발급하여야 한다. 다만, 사업장시설이나 현황을 확인하기 위하여 국세청장이 필요하다고 인정하는 경우에는 발급기한을 5일 이내에서 연장하고 조사한 사실에 따라 사업자등록증을 발급할 수 있다.

한편, 관할 세무서장은 등록신청의 내용을 보정(補正)할 필요가 있는 때에는 10일 이내의 기간을 정하여 보정을 요구할 수 있다. 보정기간은 등록증 발급기간에 산입하지 아니한다.

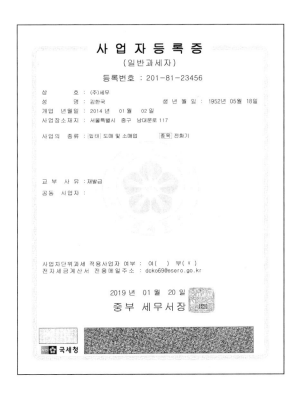

사 업 자 등 록 증

(일 반 과 세 자)

등록번호 : 201-81-23456

상 호 : (주)세무
성 명 : 김한국   생 년 월 일 : 1952년 05월 18일
개 업 년월일 : 2014 년 01 월 02 일
사업장소재지 : 서울특별시 중구 남대문로 117
사업의 종류 : 업태 도매 및 소매업   종목 전화기

교 부 사 유 : 재발급
공 동 사 업 자 :

사업자단위과세 적용사업자 여부 : 여( ) 부(V)
전자세금계산서 전용메일주소 : dcko69@esero.go.kr

2019 년 01 월 20 일
중 부 세 무 서 장 (인)

NTS 국세청

(5) 사업자등록 사항의 변경

사업자등록을 한 사업자는 다음 중 어느 하나에 해당하는 경우에는 지체없이 사업자등록 정정신고서에 사업자등록증을 첨부하여 관할 세무서장에 제출하여야 하며 정정신고를 받은 세무서장은 그 내용을 확인하고 사업자등록증을 정정하여 다음 기한 이내에 재발급하여야 한다.

No	사업자등록 정정사유	재교부기한
①	상호를 변경하는 경우	신청일 당일
②	통신판매업자가 사이버몰의 명칭 또는 인터넷주소자원에 관한 법률에 따른 인터넷 도메인 이름을 변경하는 경우	
③	「법인 또는 법인으로 보는 단체」 외의 단체의 대표자를 변경하는 경우	신청일로부터 3일 이내
④	사업의 종류에 변경이 있는 경우	
⑤	사업자단위과세 적용 사업장을 변경하는 경우	
⑥	사업자단위과세 사업자가 종된 사업장을 신설하거나 이전하는 경우와 종된 사업장의 사업을 휴업하거나 폐업하는 경우	
⑦	상속으로 사업자의 명의가 변경되는 경우	
⑧	공동사업자의 구성원 또는 출자지분이 변경되는 경우	
⑨	임대인, 임대차목적물·그 면적, 보증금, 임대료 또는 임대차 기간의 변경이 있거나 새로 상가건물을 임차한 경우	
⑩	사업장(사업자단위과세 사업자의 경우에는 사업자단위과세 적용사업장을 말한다.)을 이전하는 경우	

(6) 휴업·폐업의 신고

① **휴업** : 휴업이란 사업자가 사업을 일시적으로 중단하였으나 장래에 영업활동을 재개하려고 사업장을 유지·관리하는 것을 말한다. 사업자가 휴업한 때에는 지체없이 관할 세무서장에게 휴업신고서를 제출하여야 하며, 휴업기간 중에 자산을 처분하는 것은 재화의 공급이므로 세금계산서를 발급하여야 하고, 휴업기간에 사업장의 유지관리를 위하여 비용을 지출하고 발급받은 세금계산서의 매입세액은 매출세액에서 공제한다. 휴업기간에도 부가가치세 등 제반 세금의 신고기한이 도래하면 신고·납부를 해야 한다.

② **폐업** : 폐업이란 사업자가 사업을 그만두는 것을 말한다. 한 사업장에서 여러 종류의 사업을 영위하는 사업자가 모든 종류의 사업을 그만 두는 것은 폐업이므로 폐업신고를 해야 하나, 그 중 일부 사업을 폐지하는 것은 사업 종류의 변동이므로 사업자등록 정정 신고를 해야 한다.

③ **폐업신고** : 사업자등록을 한 사업자가 폐업하거나 폐업한 것으로 의제되는 때에는 지체없이 폐업신고서에 사업자등록증과 폐업신고확인서(법령에 따라 허가를 받거나 등록 또는 신고를 하여야 하는 사업만 해당)를 첨부하여 관할 세무서장에게 제출하여야 한다. 다만, 사업자가 부가가치세 확정신고서에 폐업연월일 및 사유를 적고 사업자등록증과 폐업신고확인서를 첨부하여 제출하는 경우에는 폐업신고서를 제출한 것으로 본다.

(7) 미등록에 대한 제재

① **미등록가산세** : 사업개시일로부터 20일 이내에 사업자등록 신청을 하지 아니한 경우에는 사업 개시일로부터 등록을 신청한 날의 직전일까지의 공급가액 합계액의 1%를 가산세로 한다. 한편 사업자가 타인의 명의로 사업자등록을 이용하여 자기 사업을 하는 것으로 확인되는 경우에는 그 타인 명의의 사업개시일부터 실제사업을 하는 것으로 확인되는 날의 직전일까지의 공급가액 합계액의 1%를 가산세로 한다.

② **등록 전 매입세액불공제** : 사업자등록을 신청하기 전의 거래에 대한 매입세액은 매출세액에서 공제하지 아니한다. 다만, 공급시기가 속하는 과세기간이 지난 후 20일 이내에 등록을 신청한 경우 등록신청일부터 공급시기가 속하는 과세기간 기산일까지 역산한 기간 이내의 매입세액은 공제한다.

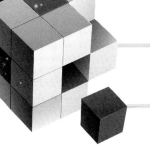

2 과세거래

부가가치세의 과세대상은 각 거래단계에서 창출한 부가가치이다. 하지만 현행 부가가치세법은 부가가치세의 과세대상은 재화 또는 용역의 공급과 재화의 수입이다. 그러나 재화 또는 용역 그 자체가 과세대상이 아니고 공급과 수입이라는 거래행위가 있어야 하는데 이들을 총칭하여 '과세거래'라고 한다.

(1) 과세대상

No.	구 분	내 용
(1)	재화의 공급	사업자가 공급하는 것에 한함
(2)	용역의 공급	사업자가 공급하는 것에 한함(유상공급에 한함)
(3)	재화의 수입	사업자 여부 및 수입 용도와 관계없이 과세

(2) 재화의 범위 : 재화란 재산 가치가 있는 물건 및 권리를 말하므로 물, 흙, 퇴비 등은 재화의 범위에 포함하며, 재산가치가 없는 것은 재화의 범위에 포함하지 아니한다.

① 물건 : 상품, 제품, 원료, 기계, 건물 등 모든 유형적 물건(유체물)과 전기, 가스, 열 등 관리할 수 있는 자연력

② 권리 : 광업권, 특허권, 저작권 등 위 ①번의 물건 외에 재산적 가치가 있는 모든 것

세무충전소

▶ 화폐·수표·어음 등 화폐대용증권 및 상품권과 주식·사채 등의 유가증권은 소비의 대상이 되지 않으므로 과세대상이 아니나, 화물상환증·선하증권·창고증권 등의 물품증권은 재화의 소유권을 나타내므로 과세대상이다. 또한 외상매출금, 대여금과 같은 금전채권을 양도한 경우에도 과세대상이 아니다.

(3) 용역의 범위 : 용역이란 재화 외에 재산 가치가 있는 모든 역무(役務, service)와 그 밖의 행위를 말하는 것으로 건설업, 숙박 및 음식점업, 운수업, 방송통신 및 정보서비스업, 금융 및 보험업, 부동산업 및 임대업과 교육서비스업, 전문, 과학 및 기술 서비스업과 사업시설 관리 및 사업지원 서비스업, 공공행정, 국방 및 사회보장행정, 보건 및 사회복지 서비스업, 예술, 스포츠 및 여가관련 서비스업, 협회 및 단체, 수리 및 기타 개인서비스업, 가구내 고용활동 및 달리 분류되지 않은 자가소비 생산활동, 국제 및 외국기관의 사업 등이 포함된다.

1 재화의 공급

재화의 공급이란 계약상 또는 법률상의 모든 원인에 따라 재화를 인도하거나 양도하는 것을 말하며, 재화의 공급은 실질공급(일반적인 공급=유상공급)과 간주공급(공급특례=무상공급)으로 구분한다.

(1) 재화의 실질적 공급

No	구 분	내 용
①	매 매 거 래	현금판매, 외상판매, 할부판매, 장기할부판매, 조건부 및 기한부 판매, 위탁판매와 그 밖의 매매계약에 따라 재화를 인도하거나 양도하는 것
②	가 공 거 래	자기가 주요자재의 전부 또는 일부를 부담하고 상대방으로부터 인도받은 재화를 가공하여 새로운 재화를 만드는 가공계약에 따라 재화를 인도하는 것 (주요자재를 전혀 부담하지 않은 경우는 용역의 공급으로 본다.)
③	교 환 거 래	재화의 인도대가로서 다른 재화를 인도 받거나 용역을 제공받는 교환계약에 따라 재화를 인도하거나 양도하는 것
④	기 타 거 래	경매(법에 따른 경매는 재화의 공급이 아님), 수용, 현물출자와 그 밖의 계약상 또는 법률상의 원인에 따라 재화를 인도하거나 양도하는 것 국내로부터 보세구역에 있는 창고에 임치된 임치물을 국내로 다시 반입하는 것

▶ 재화를 폐품처리하거나 수재·화재·도난·감모로 재화가 없어진 경우에는 재화의 공급이 아니다.

(2) 재화의 간주공급(재화 공급의 특례)

매입세액을 공제받은 재화를 보유하다가 매입세액이 불공제되는 용도(거래처 증정 등)로 전용하면 전용시 과세거래로 보는 데, 이를 간주공급(재화공급의 특례)이라고 한다.

① **자가 공급** : 자가공급이란 사업자가 자기의 과세사업과 관련하여 생산·취득한 재화를 자기의 면세 또는 다른 과세사업을 위하여 직접 사용·소비하는 것을 말한다. 이것은 어떤 거래상대방에게 재화를 인도 또는 양도하는 것이 아니므로 본래 재화의 공급에 해당하지 않지만, 다음의 3가지 경우에는 재화의 공급으로 간주(의제)한다.

No	구 분	내 용
①	면세전용	과세사업과 면세사업을 겸영하는 사업자가 자기의 과세사업과 관련하여 생산·취득한 재화(매입세액을 공제받은 재화, 수출 해당 영세율 적용 재화 : 2018.12.31 개정)를 자기의 면세사업을 위하여 직접 사용·소비하는 것(**예** 전세버스운송업과 시내버스운송업을 겸영하는 사업자가 전세버스운송업에서 사용하던 정비기계를 시내버스운송업에 사용하는 경우)
②	비영업용 소형승용 자동차와 그 유지를 위한 재화	사업자가 자기생산·취득재화를 매입세액이 불공제되는 비영업용 소형승용자동차로 사용 또는 소비하거나 그 자동차의 유지를 위하여 사용 또는 소비하는 것과 운수업, 자동차판매업, 자동차임대업, 운전학원업 그 밖에 이와 유사한 업종의 사업을 경영하는 사업자가 비영업용 소형승용자동차의 유지를 위한 재화를 해당 업종에 직접 영업으로 사용하지 아니하고 다른 용도로 사용하는 것
③	판매목적 타사업장 반출	사업장이 둘 이상인 사업자가 자기사업과 관련하여 생산 또는 취득한 재화를 판매할 목적으로 자기의 다른 사업장(직매장)에 반출하는 것

▶ **소형승용자동차의 범위**(비영업용 소형승용자동차는 개별소비세 과세대상승용차라고도 한다.)
   ① 승용자동차 : 정원 8인 이하의 자동차(배기량 1,000cc 이하 경차 제외)
   ② 이륜자동차 : 총배기량이 125cc를 초과하는 것에 한함
   ③ 캠핑용 자동차(캠핑용 트레일러 포함)   ④ 전기승용자동차

② **개인적 공급** : 사업자가 자기생산·취득재화를 사업과 직접적인 관계없이 자기의 개인적인 목적이나 그 밖의 다른 목적을 위하여 사용·소비하거나 그 사용인 또는 그 밖의 자가 사용·소비하는 것으로서 사업자가 그 대가를 받지 아니하거나 시가보다 낮은 대가를 받는 경우는 재화의 공급으로 본다. 이 경우 사업자가 실비 변상적이거나 복리후생적인 목적으로 그 사용인에게 대가를 받지 아니하거나 시가보다 낮은 대가를 받고 제공하는 것[사업을 위해 착용하는 작업복, 작업모 및 작업화로 소비하거나 직장 연예 및 직장 문화와 관련된 재화를 제공하는 경우 및 경조사(설날·추석, 창립기념일 및 생일 등을 포함)와 관련된 재화로서 사용인 1명당 연간 10만 원 이하의 재화를 제공하는 경우]은 재화의 공급으로 보지 아니한다. [2018. 12. 31. 부가세법 및 2019. 2. 12. 시행령 개정]

③ **사업상 증여** : 사업자가 자기의 사업과 관련하여 생산하거나 취득한 재화를 자기의 고객이나 불특정 다수에게 증여하는 것은 재화의 공급으로 본다. 다만, 사업자가 사업을 위하여 증여하는 것으로서 다음은 재화의 공급으로 보지 아니한다.

　㉠ 매입세액이 불공제된 재화
　㉡ 사업을 위하여 대가를 받지 아니하고 다른 사업자에게 인도하거나 양도하는 견본품
　㉢ 재난 및 안전관리기본법의 적용을 받아 특별재난지역에 공급하는 물품
　㉣ 광고선전용으로 불특정 다수인에게 무상으로 배포하는 재화
　㉤ 사업자가 고객에게 물품 구입시 증정하는 기증품과 같은 부수재화
　㉥ 자기적립마일리지 등으로만 전부를 결제받고 공급하는 재화

④ **폐업 시 잔존재화** : 사업자가 폐업(폐업의제 포함)하는 경우 사업장에 남아 있는 재화는 자기에게 공급하는 것으로 본다.

⑤ **신탁재산의 수탁자 명의로 매매** : 신탁재산을 수탁자의 명의로 매매할 때에는 위탁자가 직접 재화를 공급하는 것으로 본다. 다만, 위탁자의 채무이행을 위하여 수탁자가 신탁재산을 처분하는 경우에는 수탁자가 재화를 공급하는 것으로 본다.

(3) 재화의 공급으로 보지 아니하는 것

No	구 분	내 용
①	담보 제공	질권, 저당권 또는 양도담보의 목적으로 동산, 부동산 및 부동산상의 권리를 제공하는 것
②	사업 양도	사업장별로 그 사업에 관한 모든 권리와 의무를 포괄적으로 승계시키는 것
③	조세의 물납(物納)	상속세 및 증여세, 지방세와 종합부동산세 등을 금전 대신 유가증권이나 부동산 등으로 물납하는 것
④	신탁재산의 소유권 이전	위탁자로부터 수탁자에게 신탁재산을 이전하는 경우와 신탁의 종료로 인하여 수탁자로부터 위탁자에게 신탁재산을 이전하는 경우 및 수탁자가 변경되어 새로운 수탁자에게 신탁재산을 이전하는 경우

▶ 이외에 공매 및 강제집행에 따른 재화 공급, 수용된 재화의 대가를 받는 경우, 위탁가공을 위한 원자재의 국외 반출, 한국석유공사 비축용 석유를 외국법인에 소비대차로 공급하는 경우, 창고증권의 양도, 정비사업조합이 공급하는 토지 및 구축물은 재화의 공급으로 보지 아니한다.

② 용역의 공급

용역의 공급이란 계약상 또는 법률상의 모든 원인에 따라 역무(役務,service)를 제공하거나 시설물, 권리 등 재화를 사용하게 하는 것을 말한다.(유상공급만이 과세)

(1) 용역공급의 범위

① 건설업자가 건설자재의 전부 또는 일부를 부담하는 것
② 자기가 주요자재를 전혀 부담하지 아니하고 상대방으로부터 인도받은 재화를 단순히 가공만 해주는 것(배추를 제공받아 소금, 조미료, 고추 등을 부담하여 완성김치를 제공)
③ 산업상·상업상 또는 과학상의 지식·경험 또는 숙련에 관한 정보를 제공하는 것

(2) 용역 공급의 특례

① 사업자가 자신의 용역을 자기의 사업을 위하여 대가를 받지 아니하고 공급함으로써 다른 사업자와의 과세형평이 침해되는 경우에는 자기에게 용역을 공급하는 것으로 본다. 이 경우 그 용역의 범위는 대통령령으로 정한다.
② 사업자가 대가를 받지 아니하고 타인에게 용역을 공급하는 것은 용역의 공급으로 보지 아니한다. 단, 사업자가 특수관계인(법인세법과 소득세법의 특수관계인을 말한다.)에게 사업용 부동산 임대용역을 무상으로 공급하는 것은 용역의 공급으로 본다. 다만, 산학협력단과 대학 간 사업용부동산의 임대용역 및 공공주택특별법에 의한 부동산 투자회사(국가, 지방자치단체, 한국토지주택공사 등) 간 사업용 부동산의 임대용역은 과세거래로 보지 아니한다. 【2018. 1. 1. 시행】
③ 고용관계에 따라 근로를 제공하는 것은 용역의 공급으로 보지 아니한다.

③ 재화의 수입

재화의 수입이란 다음 어느 하나에 해당하는 물품을 국내에 반입하는 것(보세구역을 거치는 것은 보세구역에서 반입하는 것)으로 한다.

(1) 외국으로부터 국내에 도착한 물품(외국의 선박에 의하여 공해에서 채취되거나 잡힌 수산물을 포함한다.)으로서 수입신고가 수리되기 전의 것
(2) 수출신고가 수리(受理)된 것으로서 선적이 완료된 물품(선적되지 않은 물품을 보세구역으로부터 반입하는 경우는 제외)이 수출계약이 취소되어 국내로 반입되는 경우

④ 공급시기

공급시기는 재화 또는 용역의 공급이 어느 과세기간에 귀속하는지를 결정하는 시간적 기준으로서 공급시기를 잘못 판단할 경우에는 공급자 및 공급받는 자 모두에게 가산세 및 매입세액불공제 등의 불이익이 뒤따르므로 중요한 기준이다.

(1) 재화의 공급시기

(가) 일반적인 기준

No	구 분	공급시기
①	재화의 이동이 필요한 경우	재화가 인도되는 때
②	재화의 이동이 필요하지 아니한 경우	재화가 이용 가능하게 되는 때
③	위 규정을 적용할 수 없는 경우	재화의 공급이 확정되는 때

(나) 거래형태별 재화의 공급시기

No	구 분		공급시기
①	현금판매, 외상판매 및 할부판매		재화가 인도되거나 이용 가능하게 되는 때
②	상품권 등을 현금 또는 외상으로 판매하고 그 후 그 상품권 등이 현물과 교환되는 경우		재화가 실제로 인도되는 때
③	장기할부판매, 완성도기준지급, 중간지급조건부 또는 전력이나 그 밖에 공급단위를 구획할 수 없는 재화(도관에 의한 가스 공급 등)를 계속적으로 공급하는 경우		대가의 각 부분을 받기로 한 때
④	반환조건부 판매, 동의조건부 판매, 그 밖의 조건부 판매 및 기한부 판매		그 조건이 성취되거나 기한이 지나 판매가 확정되는 때
⑤	위탁판매		수탁자의 공급을 기준으로 공급시기를 판단
⑥	재화의 공급으로 보는 가공의 경우		가공된 재화를 인도하는 때
⑦	면세전용, 비영업용 소형승용자동차와 그 유지를 위한 재화, 개인적 공급		재화가 사용·소비되는 때
⑧	판매목적 타사업장 반출		재화를 반출하는 때
⑨	사업상 증여		재화를 증여하는 때
⑩	폐업시 잔존재화 또는 폐업일 이후 공급시기가 도래하는 경우		폐업일
⑪	무인판매기에 의한 재화공급		무인판매기에서 현금을 꺼내는 때
⑫	수출재화	내국물품의 외국반출 및 중계무역방식의 수출	수출재화의 선(기)적일
		원양어업 및 위탁판매수출	수출재화의 공급가액이 확정되는 때
		위탁가공무역 방식의 수출 및 외국인도수출, 국외위탁가공원료의 반출	외국에서 재화가 인도되는 때
⑬	보세구역 내에서 보세구역 밖의 국내에 재화를 공급하는 경우		수입신고 수리일
⑭	리스자산		재화를 직접 공급받거나 수입하는 때

(2) 용역의 공급시기

(가) 일반적인 기준

용역의 공급시기는 역무의 제공이 완료되거나 시설물, 권리 등 재화가 사용되는 때로 한다.

(나) 거래형태별 용역의 공급시기

No	구　분	
①	통상적인 공급	역무의 제공이 완료되는 때
②	장기할부, 완성도기준지급, 중간지급 또는 그 밖의 조건부로 용역을 공급하거나 공급단위를 구획할 수 없는 용역을 계속적으로 공급하는 경우	대가의 각 부분을 받기로 한 때
③	부동산 임대용역	임대료를 받기로 한 날
④	간주임대료(임대보증금으로 계산한 이자상당액)	예정신고기간 또는 과세기간 종료일
⑤	둘 이상의 과세기간에 걸쳐 부동산임대용역을 공급하고 그 대가를 선불 또는 후불로 받는 경우에 월수로 안분계산한 임대료	예정신고기간 또는 과세기간 종료일
⑥	스포츠센터 등에서 선불로 받은 연회비 등	예정신고기간 또는 과세기간 종료일
⑦	BOT 방식을 준용하여 설치한 시설을 둘 이상의 과세기간에 걸쳐 이용하게 한 경우	예정신고기간 또는 과세기간 종료일
⑧	폐업 전에 공급한 용역의 공급시기가 폐업일 이후에 도래하는 경우	폐업일
⑨	역무의 제공이 완료되는 때 또는 대가를 받기로 한 때를 공급시기로 볼 수 없는 경우	역무의 제공이 완료되고 그 공급가액이 확정되는 때

세무충전소

1. 부동산 임대업자가 공급시기가 도래하기 전에 선불로 받은 대가에 대하여 임차인에게 세금계산서 또는 영수증을 발급하는 때에는 그 발급한 때를 공급시기로 본다.
2. **BOT**(Build-Operate-Transfer)**방식** : 사회기반시설의 준공 후 일정기간 동안 사업시행자에게 해당 시설의 소유권이 인정되나 그 기간이 만료되면 시설의 소유권이 국가 또는 지방자치단체에 귀속되는 방식(사회기반시설에 대한 민간투자법 제4조 : 민간투자사업의 추진 방식)

3 영세율과 면세

1 영세율

(1) 개념 : 영세율이란 재화 또는 용역의 공급에 대한 매출세액을 '0(영)'으로 할 뿐만 아니라 그 거래의 전단계 매입세액을 공제하면 납부할 세액이 마이너스(-)가 되므로 결국 매입세액을 환급받게 되어 부가가치세 부담을 완전히 제거하는 완전면세제도를 말한다. 영세율은 국제거래에 대하여 적용되나, 외화획득의 장려 등 정책적 목적에서 국내거래에 적용하기도 한다.

(2) 영세율 적용 대상

No	구 분	내 용
①	수출하는 재화	직수출·중계무역방식의 수출·위탁판매수출·외국인도수출·위탁가공무역방식의 수출(유·무상 불문, 견본품은 과세), 국외위탁가공 원료의 반출
		대행위탁수출(수출대행수수료는 과세)
		내국신용장 또는 구매확인서에 의한 수출(금지금 제외)
		수탁가공무역에 사용할 재화를 공급하는 경우
		한국국제협력단·한국국제보건의료재단 또는 대한적십자사에 공급하는 재화
②	국외제공 용역	대가의 수취방법이나 거래상대방에 관계없이 용역 제공 장소가 국외인 경우(예 : 해외건설용역)
③	외국항행 용역	선박 또는 항공기에 의하여 여객이나 화물을 국내에서 국외로, 국외에서 국내로 또는 국외에서 국외로 수송하는 것
④	기타 외화획득 재화·용역	국내에서 비거주자 또는 외국법인에게 공급하는 재화 또는 용역
		수출재화 임가공용역
		외국공관, 외교관, 외항선박 등에 공급하는 재화 또는 용역
		외국인 관광객에게 공급하는 관광알선 용역과 관광기념품
		외국인 전용판매장 및 유흥음식점을 영위하는 사업자
		병원 등 보건업이 해외제약사 등에 제공하는 임상시험용역

세무충전소

1. **신용장**(Letter of Credit L/C) : 무역거래의 대금지불 및 상품 수입의 원활을 기하기 위한 것으로, 국내거래에서 신용장개설의뢰인(수업업자)의 의뢰에 의하여 수입업자의 거래은행이 수출업자가 수입업자 앞으로 발행하는 환어음의 인수·지급을 보증하는 서류이다.

2. **내국신용장**(Local L/C) : 사업자가 국내에서 수출용 원자재, 수출용 완제품 또는 수출재화 임가공 용역을 공급받으려는 경우에 해당 사업자의 신청에 따라 외국환은행의 장이 재화나 용역의 공급시기가 속하는 과세기간이 끝난 후 25일(그 날이 공휴일 또는 토요일인 경우에는 바로 다음 영업일을 말한다.) 이내에 개설하는 신용장을 말한다.

3. **구매확인서** : 외국환은행의 장이나 전자무역기반사업자가 내국신용장에 준하여 재화나 용역의 공급시기가 속하는 과세기간이 끝난 후 25일(그 날이 공휴일 또는 토요일인 경우에는 바로 다음 영업일을 말한다.) 이내에 발급하는 확인서를 말한다.

4. **금지금**(金地金) : 금괴, 골드바 등 원재료로서 순도가 99.5% 이상인 금을 말한다.

② 면세

(1) 개념 : 면세란 국민복지의 증진, 문화소비의 촉진, 조세부담의 역진성 완화, 중복과세의 방지 등의 목적으로 특정 재화 또는 용역의 공급 및 재화의 수입에 대하여 부가가치세를 면제하는 것을 말한다. 이 경우 해당 거래의 매출세액이 존재하지 않으며, 이를 생산·취득하기 위하여 부담한 전단계의 매입세액은 환급하지 아니한다. 그러므로 면세사업자는 매입세액을 부대비용으로 처리해야 한다. 이와 같은 이유로 면세제도를 부분면세제도 또는 불완전면세제도라고 한다.

▶ **역진성 완화** : 부가가치세는 모든 재화와 용역에 대해 과세하고 세율도 비례세율이므로 소득이 낮은 자가 소득이 높은 자보다 세부담이 많으므로 조세부담이 역진적이다. 따라서, 역진성을 완화하기 위하여 기초 생활 필수품 등은 부가가치세를 면제해주는 것이다.

(2) 면세 대상

No	구 분	내 용
①	기초생활 필수품·용역	㉠ 미가공 식료품(국내산, 외국산 포함, 가공된 식료품은 과세) ㉡ 국내 생산된 비식용 미가공 농·축·수·임산물(외국산 과세) ㉢ 수돗물(항구, 항만의 선박 등에 공급하는 물은 과세 또한 생수는 과세) ㉣ 연탄과 무연탄(유연탄·갈탄·착화탄·숯·톱밥·목탄 등은 과세) ㉤ 주택과 이에 부수되는 토지의 임대용역 ㉥ 여객운송용역[지하철, 시내버스, 시외일반고속버스(2020. 12.31.까지) 등] 단, 항공기, 고속버스, 전세버스, 택시, 자동차대여사업, 특수자동차, 특종선박, 고속철도, 선박에 의한 여객운송용역(차도선형여객선 제외), 삭도(케이블카), 관광유람선, 관광순환버스, 관광궤도, 관광사업을 목적으로 하는 일반철도에 의한 여객운송용역은 과세 [2019.2.12. 개정] ㉦ 여성용 생리처리 위생용품
②	국민후생용역	㉠ 의료보건용역(성형수술과 단순의약품 판매는 과세)과 혈액 ㉡ 교육용역(무도학원과 자동차운전학원은 과세) ㉢ 우표(수집용 제외)·인지·증지·복권·공중전화 ㉣ 법 소정담배(20개비당 200원 이하인 것, 일반담배는 과세) ㉤ 공동주택 어린이집의 임대 용역
③	문화관련 재화·용역	㉠ 도서(도서대여용역 포함) 신문(인터넷신문 포함)·잡지·관보·뉴스통신 및 방송(광고는 과세) ㉡ 예술창작품(미술, 음악, 사진, 연극 또는 무용에 속하는 창작품. 단, 골동품은 제외)·예술행사·문화행사·아마추어 운동경기(영리를 목적으로 하지 아니하는 것) ㉢ 도서관·과학관·박물관·미술관·동물원·식물원(해양수족관 포함)·전쟁기념관에의 입장(단, 오락유흥시설은 제외)
④	부가가치구성 요소 용역	㉠ 토지의 공급(토지의 임대는 과세) ㉡ 법 소정 인적용역(저술가·작곡가 등이 직업상 제공하는 인적용역 등) 단, 변호사·회계사·세무사 등은 과세이나 국선변호·국선대리·법률구조·후견사무용역은 면세 [2019.2.12. 개정] ㉢ 금융·보험용역(종전 면세대상이던 보호예수, 금전신탁업, 투자일임업, 투자자문업, 보험 및 연금계리용역 등은 금융업 본래의 목적이 아니므로 과세)

No	구 분	내 용
⑤	기타 재화·용역	㉠ 종교, 자선, 학술, 구호 등의 공익목적 단체가 공급하는 재화·용역(그 연구와 관련하여 실비 또는 무상공급하는 재화 또는 용역 포함) ㉡ 국가·지방자치단체·지방자치단체조합이 공급하는 재화·용역 ㉢ 국가·지방자치단체·지방자치단체조합 또는 공익단체에 무상으로 공급하는 재화·용역 ㉣ 국민주택 및 그 주택의 건설용역(리모델링 용역 포함) 단, 국민주택규모 초과 주택의 공급은 과세 ㉤ 영유아용 기저귀·분유(액상형태의 분유 포함) ㉥ 온실가스배출권과 외부사업 온실가스 감축량 및 상쇄배출권 ㉦ 개인택시 운송사업용으로 간이과세자에게 공급하는 자동차 ㉧ 농업·임업·어업에 사용하는 석유류(면세류) 및 연안여객선박(관광목적 여객선박 제외)에 사용할 목적으로 한국해운조합에 직접 공급하는 석유류(면세류)

 세무충전소

1. 면세되는 단순가공식료품은 김치, 단무지, 장아찌, 젓갈류, 게장, 두부, 메주, 간장, 된장, 고추장을 가르킨다.(단, 특수포장한 것은 과세)
2. 조미료, 향신료(고추, 후추 등)를 가미하여 가공처리한 식료품(맛김, 조미멸치 등의 어포류)에 대해서는 면세하지 않는다.
3. 미용성형수술에 대한 과세 확대 : 쌍꺼풀수술, 코성형수술, 지방흡인술, 주름살제거술, 유방확대·축소술의 5개에서 2014. 2. 1 이후 제공되는 미용목적 성형수술 및 시술을 전부 과세한다.
4. 종전에는 애완동물 진료용역도 면세였으나 인간의 질병치료에 한하여 면세하는 국제기준에 따라 2011. 7. 1부터 애완동물 진료용역을 과세로 전환하였다. 다만, 수급자가 기르는 동물의 진료용역은 종전과 같이 면세한다.
5. 과세되는 선박에 의한 여객운송용역에는 수중익선(쾌속정)·에어쿠션선·자동차운송 겸용 여객선·항해시속 20노트 이상의 여객선을 말하며 면세되는 차도선형(車渡船型)여객선이란 남해안이나 서해안 등의 주로 단거리 항로에서 도서민의 교통편의를 위해 차량을 싣고 생필품 등을 수송하는 역할을 하는 선박을 말한다.
6. 면세포기대상 : 영세율 적용대상인 재화·용역과 학술연구단체나 기술연구단체가 학술연구나 기술연구와 관련하여 공급하는 재화·용역 / 한편 면세포기신고를 한 사업자는 신고한 날로부터 3년간은 부가가치세의 면제를 받지 못하며, 3년이 지난 후 면세 재적용은 다시 신청을 해야 한다.

③ 영세율과 면세의 차이

No	구 분		영 세 율	면 세
(1)	취지(목적)		소비지국 과세원칙의 구현	부가가치세의 역진성 완화
(2)	적용 범위		수출 등 외화획득거래	주로 기초생활필수품
(3)	면세 정도		완전면세제도	부분면세제도
(4)	매출세액과 매입세액	매출세액	매출세액 없음	매출세액 없음
		매입세액	환급됨	환급되지 않음
(5)	사업자 등록 의무		부가세법에 따라 등록	소득세법·법인세법에 따라 등록
(6)	거래 증빙서류 발급		세금계산서 발급	계산서 발급
(7)	부가세 신고·납부		의무 있음	의무 없음

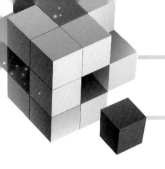

4 과세표준과 세액

1 과세표준

(1) **일반적인 기준** : 재화 또는 용역의 공급에 대한 부가가치세의 과세표준은 해당 과세기간에 공급한 재화 또는 용역의 공급가액을 합한 금액으로 한다. 공급가액이란 대금, 요금, 수수료, 그 밖에 어떤 명목이든 상관없이 재화 또는 용역을 공급받는 자로부터 받는 금전적 가치가 있는 모든 것을 포함하되, 부가가치세는 포함하지 아니한다. 공급가액에 포함되는 것을 예시하면 다음과 같다.

① 현물로 받은 경우에는 자기가 공급한 재화 또는 용역의 시가
② 할부판매 및 장기할부판매의 이자상당액
③ 대가의 일부로 받는 운송비·포장비·하역비·운송보험료·산재보험료
④ 개별소비세, 주세 및 교통·에너지·환경세가 과세되는 재화 또는 용역에 대하여는 해당 개별소비세·주세·교통·에너지·환경세 및 그에 대하여 부과되는 교육세 및 농어촌특별세 상당액

No	구 분	내 용
㉮	금전으로 대가를 받는 경우	그 대가를 공급가액으로 한다.
㉯	금전 이외의 대가를 받는 경우	자기가 공급한 재화 또는 용역의 시가

세무충전소

1. **공급가액과 과세표준의 개념이 다르다** … 종전에는 공급가액과 과세표준을 혼용하여 사용하였으나 2013. 7. 1 개정으로 이를 구별한다. 즉, 개별거래의 대가를 공급가액이라 하고, 과세기간의 공급가액을 합한 금액을 과세표준이라 한다. **㉠** 사업자가 3월 6일에 2억원, 4월 3일에 3억원의 재화를 공급한 경우 개별거래 대가인 2억원과 3억원이 공급가액이고 제1기 과세기간의 공급가액을 합한 5억원을 과세표준이라 한다.

2. **공급가액과 공급대가의 구분**

	구 분	부가가치세포함여부	과세표준
①	공급가액	포함되지 않은 금액	공급가액 그대로 과세표준 계산에 사용
②	공급대가	포함된 금액	공급대가에 100/110을 곱한 금액을 공급가액으로 함.

㉰ **부당행위계산의 부인** : 사업자가 특수관계인(법인사업자는 법인세법, 개인사업자는 소득세법상 특수관계인을 말한다.)에게 재화나 용역을 공급하고 부당하게 낮은 대가를 받거나 대가를 받지 않은 경우에는 다음과 같이 공급가액을 계산한다.

No	구 분	저가공급	무 상 공 급
㉠	재화의 공급	시 가	시 가
㉡	용역의 공급	시 가	과세하지 않음(단, 사업용 부동산의 무상임대는 시가)

(2) 공급가액에 포함되지 않는 금액(차감하는 항목)

① 부가가치세
② 매출에누리, 매출환입 및 매출할인
③ 공급받는 자에게 도달하기 전에 파손·훼손 또는 멸실된 재화의 가액
④ 국고보조금과 공공보조금
⑤ 반환 조건부 용기대금과 포장비용
⑥ 대가와 구분하여 기재한 종업원의 봉사료
⑦ 공급받는 자가 부담하는 원자재 등의 가액
⑧ 공급대가의 지급지연으로 인한 연체이자

(3) 과세표준에서 공제하지 않는 금액

① 채무자의 파산 등으로 인한 대손금
② 판매촉진을 위하여 거래수량 또는 거래금액에 따라 지급하는 장려금
③ 하자보증을 위하여 공급받는 자에게 보관시키는 하자보증금

(4) 거래형태별 공급가액

No	거 래 유 형	공 급 가 액
①	외상판매, 할부판매	공급한 재화의 총 가액
②	장기할부판매, 완성도기준지급조건부, 중간지급조건부 또는 계속적으로 재화나 용역을 공급하는 경우	계약에 따라 받기로 한 대가의 각 부분
③	기부채납과 공유수면매립용역	– 기부채납 : 기부채납된 가액 – 공유수면매립용역 : 매립공사에 소요된 총사업비
④	위탁가공무역에 의한 수출	완성된 제품의 인도가액
⑤	재화의 수입	관세의 과세가격과 관세·개별소비세·주세·교통·에너지·환경세·교육세 및 농어촌특별세의 합계액
⑥	사업자가 보세구역 내에 보관된 재화를 공급하고, 공급받은 자가 그 재화를 보세구역으로부터 반입하는 경우	해당 재화의 공급가액에서 세관장이 부가가치세를 징수하고 발급한 수입세금계산서에 적힌 공급가액을 뺀 금액(이중과세 방지)
⑦	외국통화로 대가를 받는 경우	– 공급시기가 되기 전에 원화로 환가한 경우 : 환가한 금액 – 공급시기 이후에 외국통화나 그 밖의 외국환의 상태로 보유하거나 지급받은 경우 : 공급시기의 기준환율 또는 재정환율에 따라 계산한 금액

② 부가가치세의 납부세액

　　납부세액이란 부가가치세의 공급가액의 신고와 함께 정부에 납부해야 할 세액을 말한다. 부가가치세법이 전단계세액공제 방법을 채택하고 있으므로 사업자가 납부해야 할 부가가치세액(납부세액)은 자기가 공급한 재화 또는 용역에 대한 매출세액(과세표준×세율)에서 자기의 사업을 위하여 사용되었거나 사용될 재화 또는 용역을 매입할 때 부담한 매입세액을 공제하여 계산한다.(이렇게 계산한 납부세액이 부(−)의 숫자가 되는 경우, 즉 매입세액이 매출세액을 초과하는 경우에는 그 초과하는 금액을 환급세액으로 한다.)

　　　납부세액 = 매출세액(공급가액×세율) − 매입세액(매출세액 > 매입세액)

　　이렇게 계산된 납부세액이 그대로 정부에 납부할 세액이 되는 것이 아니라 이 납부세액에서 가산세 등을 가산하고 공제할 세액 등을 차감한 금액이 실제로 정부에 납부할 세액이 되는 것으로 다음과 같은 과정으로 계산된다.

$$
\begin{array}{r}
매출세액 \\
\underline{(-)\,매입세액} \\
납부세액 \\
(+)\quad 가산세 \\
\underline{(-)\,공제세액} \\
차가감납부세액
\end{array}
$$

③ 공제하지 아니하는 매입세액(매입세액 불공제)

　　사업자가 사업을 위하여 사용되었거나 사용될 재화 또는 용역을 공급받거나 재화를 수입할 때 세금계산서를 발급받은 매입세액은 매출세액에서 공제한다. 그러나 일정한 매입세액은 실제로 거래 징수당한 경우에도 매출세액에서 공제 될 수 없는데 그 내용은 다음과 같다.

No	구　　　　분
①	사업과 직접 관련이 없는 지출에 대한 매입세액
②	사업자등록 신청 전 매입세액
③	세금계산서의 미수취·부실기재분
④	매입처별 세금계산서합계표의 미제출·부실기재분
⑤	비영업용 소형승용자동차의 구입, 임차 및 유지에 관한 매입세액
⑥	토지관련 매입세액
⑦	면세사업 관련 매입세액
⑧	접대비 및 이와 유사한 비용에 대한 매입세액

▶ 위 ②번 사업자등록을 신청하기 전의 매입세액. 다만, 공급시기가 속하는 과세기간이 끝난 후 20일 이내에 등록을 신청한 경우 등록 신청일부터 공급시기가 속하는 과세기간 기산일까지 역산한 기간 내의 것은 공제한다.【2017. 12. 19. 개정】

④ 매입자발행세금계산서에 의한 매입세액 공제

매입자발행세금계산서란 세금계산서 발급 의무가 있는 재화 또는 용역의 공급자가 세금계산서를 발급하지 아니하는 경우(사업자의 부도·폐업 등으로 사업자가 수정세금계산서 또는 수정전자세금계산서를 발급하지 아니한 경우를 포함한다.) 세금계산서 거래 질서가 문란해지고 투명성을 저해할 우려가 크므로 재화 또는 용역을 공급받는 매입자가 관할 세무서장의 확인을 받아 세금계산서를 발급하는 제도이다.

매입자발행세금계산서를 발급한 신청인은 예정신고 및 확정신고 또는 경정청구 시 매입자발행세금계산서 합계표를 제출한 경우 매입자발행세금계산에 기재된 매입세액을 재화 또는 용역의 공급시기에 해당하는 과세 기간의 매출세액 또는 납부세액에서 매입세액으로 공제받을 수 있다. 단, 발행 대상은 거래 건당 공급대가 10만 원 이상이다.

한편, 매입자의 납세편의를 제고하기 위하여 재화 또는 용역의 공급시기부터 3개월 이내이던 거래확인신청서의 발급신청기한을 재화 또는 용역의 공급시기가 속하는 과세기간의 종료일부터 6개월 이내로 연장함. 【2019. 2. 12 개정】

⑤ 면세농산물 등 의제매입세액 공제특례

사업자가 면세농산물 등을 구입하여 이를 원재료로 제조·가공하여 과세재화나 과세용역을 창출하는 경우에 면세농산물 등의 매입가액에 일정한 율을 곱한 금액을 매입세액으로 공제하는 것을 의제매입세액 공제라고 한다.

(1) 의제매입세액 공제 요건과 공제 시기

① 의제매입세액 공제는 과세사업자를 대상으로 한다. 다만, 면세를 포기하고 영세율을 적용받는 경우는 의제매입세액 공제를 적용하지 아니한다.

② 과세재화 또는 과세용역의 원재료인 면세농산물·축산물·수산물·임산물과 소금을 공급받거나 수입한 경우이어야 한다.

③ 의제매입세액의 공제시기는 매입세액의 공제시기와 같으므로 공급받거나 수입한 날이 속하는 예정신고기간이나 과세기간에 공제한다.

(2) 의제매입세액 공제율

구 분			공 제 율
음식점업	과세 유흥장소의 경영자		4/104
	과세유흥장소 이외의 음식점업을 경영하는 자	법인사업자	6/106
		개인사업자	8/108 (과세표준 2억 원 이하 영세업 2019. 12. 31. 까지 9/109)
위 외의 업종	제조업	과자점업, 도정업, 제분업, 떡방앗간을 운영하는 개인	6/106 【2018. 12. 31. 개정】
		위 외의 개인, 중소기업	4/104
	위 외의 경우		2/102

(3) 의제매입세액 공제한도

의제매입세액을 과도하게 공제받는 것을 예방하기 위해 공제한도 규정을 제정하였다. 공제한도는 예정신고나 조기환급 시에는 적용하지 않고, 확정신고 시에 과세기간 전체의 한도액을 계산하여 예정신고나 조기환급 시의 의제매입세액 공제를 차감하여 계산한다.

한도액 = 해당 과세기간의 농산물 등 관련 과세표준 × 한도율 × 의제매입세액 공제율

【의제매입세액 공제한도】 … 2019. 12. 31. 까지 한시적으로 연장 적용한다. 【2018. 9. 28. 개정】

구 분	과세표준	2019년 12월 31일까지		2020년부터
		음식점업	그 외의 업종	
개인사업자	1억 원 이하	65%	55%	50%
	2억 원 이하	60%		
	2억 원 초과	50%	45%	40%
법인사업자(모든 업종)		40%		30%

⑥ 신용카드 등 사용에 따른 세액 공제

(1) 공제대상자와 세액공제금액

일반과세자 중 주로 소비자를 대상으로 하는 소매업, 음식점업, 숙박 및 미용, 욕탕 및 유사서비스업, 여객운송업 등의 사업자(직전 연도 공급가액 10억 원 초과자 제외)가 부가가치세가 과세되는 재화 또는 용역을 공급하고 세금계산서의 발급시기에 신용카드매출전표(또는 직불카드와 체크카드 영수증)를 발급하거나 전자적 결제수단에 의하여 대금을 결제받는 경우에는 발행금액 또는 결제금액의 1.3%(2021. 12. 31. 까지)에 상당하는 금액(연간 500만 원을 한도로 한다. 단, 2021. 12. 31. 까지는 연간 1천만 원을 한도로 한다.)을 납부세액에서 공제한다. 다만, 법인사업자는 제외하며, 음식점업 또는 숙박업을 하는 간이과세자의 경우는 2021. 12. 31. 까지 결제금액의 2.6%로 한다. 【2018. 12. 31. 개정】

(2) 매입세액공제

신용카드매출전표 및 현금영수증 등은 세금계산서가 아니고 영수증으로 보고 있으므로 이를 발급받아도 매입세액으로 공제되지 않는 것이 원칙이지만 사업자가 일반과세자(다만, 목욕, 이발, 미용업, 여객운송업, 무도학원, 자동차운전학원, 과세되는 성형의료나 동물의 진료용역은 제외한다.)로부터 재화 또는 용역을 공급받고 부가가치세액이 별도로 구분 가능한 신용카드매출전표 및 현금영수증 등을 발급받은 경우에 그 부가가치세액은 공제할 수 있는 매입세액으로 본다.

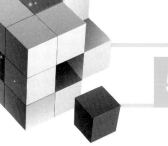

5 거래징수와 세금계산서

① 거래징수의 개념

사업자가 재화 또는 용역을 공급하는 때에 공급가액에 부가가치세율(10%)을 곱하여 계산한 부가가치세를 공급받는 자로부터 징수하는 것을 거래징수라고 한다. 이 경우 사업자는 부가가치세 과세사업자만을 말하므로 면세사업자는 거래징수 의무가 없다.

② 세금계산서(稅金計算書, tax invoice)

(1) 개 념

세금계산서란 거래징수 의무자인 사업자가 부가가치세가 과세되는 재화 또는 용역을 공급하고 거래시기에 공급가액에 부가가치세율을 곱하여 계산한 부가가치세를 징수하고 이를 증명하기 위하여 공급받는 자에게 발급하는 서류이다.

(2) 세금계산서의 기능

① 공급자는 재화 또는 용역을 공급하는 때에 공급받는 자에게 세금계산서를 발급하고, 부가가치세를 거래징수하므로 이는 세금계산서에 의하여 공급자에게 부과되는 부가가치세를 거래상대방에게 전가시키는 것이다.
② 일반적 거래의 경우 송장(送狀)의 역할을 하거나, 외상거래인 경우에는 청구서의 역할, 현금거래인 경우는 영수증의 역할도 수행한다.
③ 납세의무자 측의 매입세액 공제자료로서의 의미가 있다.
④ 과세관청에게는 사업자나 거래상대방 사이의 과세거래의 포착 및 과세표준 파악을 위한 자료로서의 의미가 있다.
⑤ 장부기장에 있어서 기초적인 증빙자료가 됨은 물론이고, 간이과세자가 발급받았거나 발급한 세금계산서 또는 영수증을 보관한 경우에는 부가가치세법에 따른 기장 의무를 이행한 것으로 본다.

(3) 세금계산서의 종류

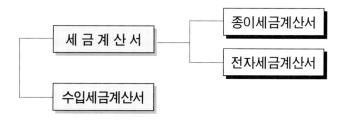

(4) 세금계산서 발급 대상

구 분			발 급 의 무
사 업 자	과세사업자	일반과세자	세금계산서
		간이과세자	영수증
	면세사업자		계산서
세관장(수입재화에 대하여 발급)			과세재화 : 수입세금계산서, 면세재화 : 수입계산서

1. 수입되는 재화에 대하여 부가가치세의 납부가 유예되는 때에는 수입세금계산서에 납부유예 표시를 하여 발급한다. 【2016. 2. 17. 신설】
2. 발급의 의미 : 일반적으로 세금계산서의 발급과 발행을 동일하게 사용하고 있으나, 세법상 발행일자와 발급일자는 구분하고 있다. '발급'의 사전적 의미는 '내어줌'이다. 즉, 세금계산서의 발급이란 세금계산서를 발행하여 거래상대방에게 넘겨주는 것을 말한다. 따라서 공급자가 세금계산서를 발행하여 공급받는 자에게 주지 않는다면 발급하였다고 보지 않는다. 그러므로 공급자가 일방적으로 세금계산서를 발행하여 거래상대방에게 주지 아니하고 자기만 세금계산서를 세무서에 제출하였다면 정당한 세금계산서로 인정받지 못한다.

(5) 세금계산서 양식

과세사업자는 재화 또는 용역을 공급할 때 세금계산서는 공급자 보관용(매출세금계산서)과 공급받는자 보관용(매입세금계산서)으로 각 2매를 작성하여 1매를 공급받는자에게 발급하고 1매는 보관한다. 사업자가 세금계산서 또는 수입세금계산서를 발급하거나 발급받은 경우 예정신고나 확정신고 시 공급자는 그 세금계산서에 대한 합계표를 제출하여야 한다.

① 종이세금계산서 : 우편으로 또는 직접 거래 상대방에게 전달

세 금 계 산 서 (공급받는자 보관용)				책번호		권		호	
				일련번호	1 5 - 2		0 8 0		

공급자	등록번호	1 1 7 - 1 2 - 2 5 8 6 4	공급받는자	등록번호	1 0 4 - 8 1 - 0 9 2 5 8
	상호(법인명)	우리상사 / 성명(대표자) 정태수 ㊞		상호(법인명)	(주)초석상사 / 성명(대표자) 정두령 ㊞
	사업장주소	수원시 팔달구 대교동 105-5번지		사업장주소	서울시 중구 남대문 200
	업태	제조 / 종목 전자부품		업태	제조, 도매 / 종목 전자기기

작 성			공 급 가 액	세 액	비 고
년	월	일	공란수 백십억천백십만천백십일	십억천백십만천백십일	
19	11	09	3 · 2 0 0 0 0 0 0 0	2 0 0 0 0 0 0	

월	일	품 목	규 격	수 량	단 가	공 급 가 액	세 액	비 고
11	09	갑 제 품	5G	1,000	20,000	20,000,000	2,000,000	

합 계 금 액	현 금	수 표	어 음	외상미수금	이 금액을 영수/청구 함
22,000,000		22,000,000			

② 전자세금계산서 : E-mail로 거래 상대방에게 전달

전자세금계산서 (공급자보관용)						승인번호	19191919-41000000-95842153		
						관리번호			
공급자	등록번호	605-83-32159	종사업장번호		공급받는자	등록번호	215-81-74516	종사업장번호	
	상호(법인명)	(주)부산무역	성명(대표자)	이정재(인)		상호(법인명)	(주)반석상사	성명(대표자)	한반석(인)
	사업장주소	부산시 영도구 영선동 206번지				사업장주소	서울시 송파구 거여동 100-4		
	업태	제조	종목	의류		업태	제조	종목	의류
	E-mail	kiyoul0909@hanmail.net				E-mail	kildong@hanmail.net		

작성			공 급 가 액										세 액									수정사유
년	월	일	천	백	십	억	천	백	십	만	천	백	십	일	십	억	천	백	십	만	천 백 십 일	
2019	10	14				1	5	0	0	0	0	0	0				1	5	0	0	0 0 0	

비고	

월	일	품 목	규 격	수 량	단 가	공 급 가 액	세 액	비 고
10	14	원재료		15,000	1,000	15,000,000	1,500,000	

합계금액	현 금	수 표	어 음	외 상 미 수 금	이 금액을 (영수 / 청구) 함
16,500,000				16,500,000	

(가) 세금계산서의 필요적 기재사항

필요적 기재사항의 전부 또는 일부가 기재되지 않거나 사실과 다른 경우 공급자에게는 가산세(1%)가 부과되고, 공급받는 자에게는 매입세액을 공제하지 아니한다. 단, 고의가 아닌 일부 착오인 경우로 확인되는 경우에는 사실과 다른 것으로 보지 아니한다.

① 공급하는 자의 사업자등록번호와 성명 또는 명칭
② 공급받는 자의 사업자등록번호
③ 작성연월일
④ 공급가액과 부가가치세액

(나) 세금계산서의 임의적 기재사항

① 공급하는 자의 주소   ② 공급받는 자의 상호 및 성명과 주소
③ 공급품목   ④ 단가와 수량
⑤ 공급연월일(공급시기)   ⑥ 업태와 종목

(6) 세금계산서의 발급시기

사업자는 원칙적으로 대가수령에 관계없이 재화 또는 용역의 공급시기에 세금계산서를 발급하여야 한다.

(가) 세금계산서 발급 특례

다음 중 어느 하나에 해당하는 경우에는 공급일이 속하는 다음 달의 10일(그 날이 공휴일 또는 토요일인 경우에는 바로 그 다음 영업일)까지 세금계산서를 발급할 수 있다.

No	구 분	내 용
①		관계증명서류 등에 따라 실제거래사실이 확인되는 경우로서 해당 거래일을 작성연월일로 하여 세금계산서를 발급하는 경우
②	합계액에 의해 세금계산서를 교부하는 경우	거래처별로 1역월의 공급가액을 합하여 해당 달의 말일을 작성연월일로 하여 세금계산서를 발급하는 경우
		거래처별로 1역월 이내에서 사업자가 임의로 정한 기간의 공급가액을 합하여 그 기간의 종료일을 작성연월일로 하여 세금계산서를 발급하는 경우

▶ **1역월이란?** 달력에 따른 1개월을 말하는 것으로 10월 1일부터 10월 31일까지처럼 그 해당월의 1일부터 말일까지를 1역월이라 하고, 10월 13일부터 11월12일까지는 30일은 맞지만 1역월이 아니다.

(나) 공급시기 전에 세금계산서를 발급하는 경우

재화나 용역의 공급시기 전에 미리 발급된 세금계산서는 사실과 다른 세금계산서로 보므로 공급자에게는 가산세를 부과하고 공급받는 자에게는 매입세액을 공제하지 아니한다. 다만, 다음의 경우에는 공급시기 전에 발급한 세금계산서를 적법한 것으로 보며, 세금계산서를 발급하는 때를 그 재화 또는 용역의 공급시기로 한다.

① 대가를 받고 발급하는 경우
② 세금계산서를 발급하고 그 세금계산서 발급일부터 7일 이내에 대가를 받은 경우
③ 거래당사자 간에 계약서·약정서 등에 대금청구시기와 지급시기를 따로 적고 대금청구시기와 지급시기 사이의 기간이 30일 이내인 경우
④ 장기할부판매로 재화를 공급하거나 장기할부조건부로 용역을 공급하는 경우
⑤ 전력이나 통신 등 그 밖에 공급단위를 구획할 수 없는 재화 또는 용역을 계속적으로 공급하는 경우

(다) 세금계산서 미발급(미수취) 등에 대한 제재

구 분	지연발급(지연수취)	부실기재	미발급(미수취)
공급자	가산세 1%	가산세 1%	가산세 2%
공급받는자	가산세 1% (매입세액 공제)	가산세 없음 (매입세액 불공제)	가산세 없음 (매입세액 불공제)

▶ 가산세는 공급가액에 곱한다.

(7) 수정 세금계산서의 발급 사유 및 절차

사업자가 부가가치세가 과세되는 재화나 용역을 공급하고 발급한 후 다음의 각 항목의 사유가 발생한 경우에는 수정 세금계산서를 처음에 발급한 세금계산서의 내용대로 붉은색 글씨로 쓰거나 '－'음(陰)의 표시를 하여 검은색 글씨로 작성하여 발급하여야 한다.

① 처음 공급한 재화가 환입(還入)된 경우

② 계약의 해제로 재화 또는 용역이 공급되지 아니한 경우

③ 계약의 해지 등에 따라 공급가액에 추가되거나 차감되는 금액이 발생한 경우

④ 재화 또는 용역을 공급한 후 공급시기가 속하는 과세기간 종료 후 25일(과세기간 종료 후 25일이 되는 날이 공휴일 또는 토요일인 경우에는 바로 다음 영업일을 말한다) 이내에 내국신용장이 개설되었거나 구매확인서가 발급된 경우

⑤ 필요적 기재사항 등이 착오로 잘못 적힌 경우(다만, 과세표준 또는 세액을 경정할 것을 미리 알고 있는 경우는 제외)

⑥ 필요적 기재사항 등이 착오 외의 사유로 잘못 적힌 경우(과세표준 또는 세액을 경정할 것을 미리 알고 있는 경우는 제외)

⑦ 착오로 전자세금계산서를 이중으로 발급한 경우

⑧ 면세 등 발급대상이 아닌 거래 등에 대하여 발급한 경우

⑨ 세율을 잘못 적용하여 발급한 경우(과세표준 또는 세액을 경정할 것을 미리 알고 있는 경우는 제외)

⑩ 일반과세자에서 간이과세자로 과세유형이 전환된 후 과세유형 전환 전에 공급한 재화 또는 용역에 위의 ①번 ~ ⑨번 사유가 발생한 경우

세무충전소

▶ 대손세액공제

(1) 대손세액공제의 개념

사업자는 부가가치세가 과세되는 재화 또는 용역을 공급하고 외상매출금이나 그 밖의 매출채권(부가가치세를 포함한 것을 말한다)의 전부 또는 일부가 공급을 받은 자의 파산·강제집행 등의 사유로 대손되어 회수할 수 없는 경우에는 다음의 계산식에 따라 계산한 금액(이하 "대손세액"이라 한다)을 그 대손이 확정된 날이 속하는 과세기간의 매출세액에서 뺄 수 있다. 다만, 그 사업자가 대손금액의 전부 또는 일부를 회수한 경우에는 회수한 대손금액에 관련된 대손세액을 회수한 날이 속하는 과세기간의 매출세액에 더한다.

$$\text{대손세액} = \text{대손금액(부가가치세 포함)} \times 10/110$$

(2) 대손이 확정된 채권의 범위

대손세액공제 대상 채권은 사업자가 부가가치세가 과세되는 재화 또는 용역을 공급한 후 그 공급일로부터 5년이 지난 날이 속하는 과세기간에 대한 확정신고 기한까지 확정되는 대손세액(결정 또는 경정으로 증가된 과세표준에 대하여 부가가치세액을 납부한 경우 해당 대손세액 포함)으로 한다.

(8) 전자세금계산서

종이세금계산서는 그 발급과 수령, 신고에 많은 비용이 들고 보관에 어려움이 있으며, 사실과 다른 허위 세금계산서를 색출하기 위해 정부는 막대한 행정력을 투입해야 하는 문제점이 있었다. 따라서 정부는 거래의 투명성 제고 및 납세 행정 비용 절감을 위해 전자세금계산서 제도를 도입한 것이다.

(가) 전자세금계산서 의무발급사업자

법인은 전자세금계산서 의무 발급대상이다. 그러나 개인사업자는 직전 연도의 사업장별 공급가액의 합계액이 3억 원【2017. 1. 1 부터 전전 과세기간의 (면세)총수입금액이 10억 원 이상의 개인사업자 포함】이상인 경우 당해 연도 제2기부터 그 다음해 제1기까지 전자세금계산서 의무발급 대상이다. 전자세금계산서 의무발급 대상이 아닌 개인사업자는 종이세금계산서와 전자세금계산서 중 본인이 선택하여 세금계산서를 발급할 수 있다.

(나) 전자세금계산서의 발급명세 전송

전자세금계산서를 발급하였을 때에는 전자세금계산서 발급일의 다음 날(공휴일, 토요일 또는 근로자의 날의 다음 날)까지 전자세금계산서 발급명세를 국세청장에게 전송하여야 한다.

① 전자세금계산서 지연전송 가산세

전자세금계산서 전송일(발급일 다음 날을 말한다.)이 지난 후 그 과세기간에 대한 확정신고 기한까지 발급명세를 전송한 경우 그 공급가액에 대하여 0.3%를 곱한 금액을 납부세액에 더하거나 환급세액에서 뺀다. 【2018. 12. 31. 개정】

② 전자세금계산서 미전송 가산세

전자세금계산서 전송일(발급일 다음 날을 말한다.)이 지난 후 그 과세기간에 대한 확정신고 기한까지 발급명세를 전송하지 아니한 경우 그 공급가액에 대하여 0.5%를 곱한 금액을 납부세액에 더하거나 환급세액에서 뺀다. 【2018. 12. 31. 개정】

▶ 전자세금계산서를 발급하거나 발급받고 전자세금계산서 발급명세를 지연 전송기간까지 전송한 경우에는 해당 예정신고 또는 확정신고(개인사업자에게 예정고지한 경우에는 해당 과세기간의 확정신고)시 매출·매입처별 세금계산서합계표를 제출하지 아니할 수 있다.

▶ 전자세금계산서 발급 관련 가산세

구 분	내 용	공급자	공급받는자
전자세금계산서 미발급	전자세금계산서를 발급하지 않은 경우	가산세 2%	매입세액 불공제
종이세금계산서 발급	전자세금계산서 의무발급 대상자가 종이세금계산서를 발급한 경우	가산세 1%	매입세액 공제
전자세금계산서 지연발급	공급시기가 속하는 달의 다음 달 10일이 지난 후 해당 과세기간 내(발급특례 포함)에 발급한 경우	가산세 1%	매입세액 공제 가산세 1%

(다) 전자 신고 세액 공제

납세자가 직접 전자신고방법으로 부가가치세 확정신고를 하는 경우에는 해당 납부세액에서 1만 원을 공제하거나 환급세액에 가산한다. 단, 전자세금계산서 발급·전송세액공제(발급 건당 200원, 연간 100만 원 한도)는 2015. 12. 31. 자로 일몰 종료되었다.

▶ 전자신고세액공제 1만 원을 받은 기업은 잡이익으로 회계처리한다.

(9) 세금계산서 발급의무 면제

No	구 분	내 용
①	최종소비자 대상업종	– 택시운송·노점·행상·무인판매기를 이용하여 재화를 공급하는 자 – 소매업 또는 목욕·이발·미용업 및 유사 서비스업을 영위하는 자가 공급하는 재화 또는 용역(단, 소매업은 공급받는 자가 세금계산서의 발급을 요구하지 않는 경우에 한함) – 전력이나 도시가스를 실제 소비하는 자(사업자가 아닌 자)를 위하여 전기사업자 또는 도시가스사업자로 부터 전력이나 도시가스를 공급받는 명의자 – 도로 및 관련시설 운영용역을 공급하는 자. 다만, 공급받는 자로부터 세금계산서 발급을 요구받은 경우는 제외 – 전자서명법에 따른 공인인증기관이 공인인증서를 발급하는 용역. 다만, 공급받는 자가 사업자로서 세금계산서 발급을 요구하는 경우는 제외 – 간편 사업자등록을 한 사업자가 국내에 공급하는 전자적용역
②	간주공급	– 자가 공급·개인적 공급·사업상 증여·폐업시 잔존재화. 다만, 판매목적사업장 반출(직매장 공급)은 세금계산서 발급대상
③	간주임대료	– 부동산 임대 용역 중 간주임대료에 대해서는 임대인·임차인 중 어느 편이 세부담을 했는가를 불구하고 세금계산서 발급 금지. ※간주임대료에 대한 부가가치세는 부담한 자의 손금(필요경비)으로 인정
④	영세율대상	– 수출하는 재화 　　　– 국외 제공 용역 – 외국항행 용역 　　　– 기타 외화획득 거래(수출재화 임가공 용역 제외)
⑤	이중공제방지	– 사업자가 신용카드매출전표·직불카드영수증·기명식선불카드영수증·현금영수증을 발급한 경우에는 세금계산서를 발급할 수 없음

③ 부가가치세의 환급

(1) 환급의 개념

환급이란 납세의무자가 납부한 조세 중 납부하여야 할 금액을 초과하여 납부한 금액을 돌려주는 것을 말하는 것으로 부가가치세 신고 시 납부세액이 음수인 경우이다. 환급 방법에는 일반환급, 조기환급 및 경정 시 환급으로 나누어진다.

(2) 환급의 종류

(가) 일반 환급 : 일반 환급은 각 과세 기간에 대한 환급 세액을 그 확정 신고 기한이 경과 후 30일 이내에 환급한다. 과세기간 단위로 환급하므로 예정신고기간의 환급 세액은 환급하지 아니하고 확정 신고 시 납부 세액에서 차감하며 잔액이 있을 경우 환급한다.

(나) 조기 환급 : 환급 세액은 각 과세 기간별로 환급하는 것이 원칙이지만 예외적으로 수출과 투자에 관련된 매입 세액이 매출 세액을 초과하여 환급 세액이 발생하는 경우에는 이를 신속하게 환급해 주어 사업자의 자금 부담을 덜어주기 위한 것이 조기 환급의 목적이다. 조기 환급은 각 과세 기간별, 예정 신고 기간별 또는 조기 환급 기간별로 환급 세액을 그 해당 신고 기한 경과 후 15일 이내로 환급하는 것을 말한다.

구 분	내 용
조기환급 대상	① 사업자가 영의 세율을 적용받는 경우 ② 사업자가 사업설비(감가상각자산)를 신설, 취득, 확장, 증축하는 경우 ③ 법원의 인가 결정을 받은 회생계획 또는 기업개선계획의 이행을 위한 약정 등을 이행 중인 사업자 【2017. 2. 7. 신설】
환급세액 계산	조기환급세액은 영세율 적용, 시설 투자, 국내 공급분에 대한 매입세액을 구분하지 아니하고 사업장별로 매출세액에서 매입세액을 공제하여 계산한다.
조기환급 기간	예정신고기간 중 또는 과세기간 최종 3개월 중 매월 또는 매 2월을 영세율 등 조기환급기간으로 할 수 있다.
조기환급 신고기한	조기환급기간의 종료일로부터 25일 이내 과세표준과 환급세액 신고

(다) 경정에 의한 환급

관할 세무서장은 결정·경정에 의하여 추가로 발생한 환급 세액이 있는 경우에는 지체없이 사업자에게 환급하여야 한다.

세무충전소

구 분	환급 기한	환급 단위
일반환급	30일 이내 환급	확정 신고
조기환급	15일 이내 환급	확정 신고, 예정 신고, 조기 환급 신고
결정·경정시 환급	지체없이 환급	－

④ 영 수 증

(1) 영수증의 개념

영수증이란 세금계산서의 필요적 기재사항 중 공급받는 자와 부가가치세액을 따로 기재하지 않는 약식 세금계산서를 말하며, 금전등록기계산서, 열차승차권, 항공권 등이 있다. 영수증에는 공급가액과 세액 등이 기재되지 아니하므로 영수증을 발급받은 사업자는 자기의 매출세액에서 매입세액으로 공제받지 못한다.

(2) 영수증 발급대상자

모든 간이과세자와 다음의 사업을 하는 일반과세자는 영수증을 발급하여야 한다.

① 소매업, 음식점업(다과점업 포함), 숙박업
② 간이과세가 배제되는 전문직사업자와 행정사업(사업자에게 공급하는 경우 제외)
③ 우정사업조직이 소포우편물을 방문접수하여 배달하는 용역
④ 공인인증기관이 공인인증서를 발급하는 용역(공급받는 자가 사업자로서 세금계산서의 발급을 요구하는 경우는 제외)
⑤ 미용, 욕탕 및 유사서비스업
⑥ 여객운송업
⑦ 입장권을 발행하여 영위하는 사업
⑧ 과세되는 미용성형 등의 의료용역
⑨ 과세되는 수의사의 동물진료용역
⑩ 무도학원과 자동차운전학원의 용역
⑪ 주로 사업자가 아닌 소비자에게 재화 또는 용역을 공급하는 법 소정 사업(도정업, 떡방앗간, 양복점업, 양장점업 및 양화점업, 주거용 건물공급업, 운수업과 주차장 운영업, 부동산 중개업, 사회서비스업과 개인서비스업, 가사서비스업, 도로 및 관련시설운영업, 자동차 제조업 및 자동차 판매업, 주거용 건물의 수리·보수 및 개량업 등)
⑫ 간편 사업자등록을 한 사업자가 국내에 전자적용역을 공급하는 사업

(3) 상대방 요구시 세금계산서 발급 : 영수증 발급 배제

영수증을 발급하는 위의 사업자로부터 공급받는 사업자가 사업자등록증을 제시하고 세금계산서의 발급을 요구하는 때에는 영수증발급대상 규정을 적용하지 아니하므로 세금계산서를 발급하여야 한다.

알고 갑시다-1 ➡ 간이과세

(1) 개 념

일반적으로 부가가치세법상 사업자는 매 거래시마다 부가가치세를 징수하여 세금계산서를 교부하고 납부세액에 대한 사항을 기장하여야 한다. 그러나 사업규모가 일정규모 이하인 영세사업자는 세법에 대한 지식이나 기장능력이 없기 때문에 부가가치세법상의 의무사항을 이행하는데 있어 번거로움이 있다. 그러한 어려움을 덜어주고 영세사업자가 간편한 방법으로 납세의무를 이행할 수 있도록 도입한 제도가 간이과세제도이다.

(2) 간이과세의 적용 대상자

간이과세자는 직전 연도의 공급대가(공급가액+부가가치세액)가 4,800만 원에 미달하는 개인사업자를 말한다.

(3) 간이과세 배제 대상

① 광업
② 제조업(과자점업·도정업·제분업·양복점업·양장점업·양화점업 제외)
③ 도매업(재생용 재료 수집 및 판매업 제외)
④ 부동산매매업
⑤ 부동산임대업으로서 기획재정부령이 정하는 것
⑥ 일정한 기준에 해당하는 과세유흥장소 영위사업
⑦ 전문직사업자(변호사업·공인회계사업·세무사업·의사업·약사업 등)
⑧ 간이과세가 적용되지 아니하는 다른 사업장을 보유하고 있는 사업자(단, 개인택시운송업, 이용업, 미용업은 간이과세 적용)
⑨ 일반과세자로부터 양수한 사업
⑩ 소득세법상 복식부기의무자(전전년도 기준 복식부기 의무자)가 경영하는 사업
⑪ 둘 이상의 사업장이 있는 사업자가 경영하는 사업으로서 그 둘 이상의 사업장의 공급대가의 합계액이 4,800만 원 이상인 경우
⑫ 사업장의 소재 지역과 사업의 종류·규모 등을 고려하여 국세청장이 정하는 기준에 해당하는 것

(4) 납부세액

$$\boxed{\text{납부세액} = \text{과세표준} \times \text{부가가치율} \times 10\%}$$

간이과세자는 부가가치세를 포함한 공급대가를 과세표준으로 하고, 부가가치율이란 직전 3년간 신고된 업종별 평균 부가가치율을 감안하여 시행령에 정한 부가가치율(5%~30%)을 말한다. 단, 해당 과세기간의 공급대가의 합계액이 3천만 원 미만이면 납부의무를 면제하며, 직전 과세기간에 대한 납부세액의 50%를 예정부과기간(1/1~6/30)까지의 납부세액으로 결정하여 예정부과기간이 끝난 후 25일 이내까지 징수한다. 다만 징수할 금액이 30만 원 미만인 경우 이를 징수하지 아니한다. 【2018. 12. 31. 개정】

알고 갑시다-2 ◉ 부가가치세 신고 시 제출 서류

No.	사업자 구분	제출 대상 서류
1	일반과세자	1. 일반과세자 부가가치세 확정신고서 2. 매출처·매입처별 세금계산서합계표 **[아래 항목은 해당하는 경우에만 제출]** 3. 영세율매출명세서 및 첨부서류(영세율 해당자) 4. 대손세액공제신고서 5. 공제받지 못할 매입세액 명세서 및 계산근거 6. 매출처·매입처별 계산서합계표 7. 신용카드 매출전표 등 수령명세서 8. 전자화폐결제명세서 9. 부동산임대공급가액명세서 10. 건물관리명세서(부동산 관리업) 11. 사업장현황명세서(음식, 숙박업자 및 그 밖의 서비스업) 12. 현금매출명세서(전문직, 예식장, 부동산중개업, 보건업 등) 13. 동물진료용역 매출명세서 14. 사업양도신고서(사업양도 시) 15. 주사업장 총괄납부를 하는 경우 사업장별 부가가치세 과세표준 및 납부세액(환급세액)신고명세서 16. 사업자단위과세를 적용받는 사업자의 경우에는 사업자단위과세의 사업장별 부가가치세 과세표준 및 납부세액(환급세액)신고명세서 17. 건물 등 감가상각자산 취득명세서 18. 의제매입세액공제신고서 19. 재활용폐자원 및 중고자동차 매입세액 공제신고서
2	간이과세자	1. 간이과세자 부가가치세 신고서 2. 매입처별세금계산서합계표 **[아래 항목은 해당하는 경우에만 제출]** 3. 매입자발행세금계산서합계표 4. 영세율 첨부서류(영세율 해당자) 5. 부동산임대공급가액명세서 6. 사업장현황명세서(음식, 숙박업자 및 그 밖의 서비스업) 7. 의제매입세액공제신고서

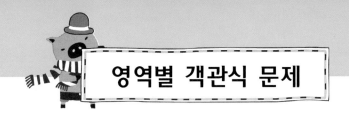

01 현행 부가가치세법에 대한 설명으로 가장 거리가 먼 것은?

① 부가가치세 부담은 전적으로 최종소비자가 하는 것이 원칙이다.
② 영리목적의 유무에 불구하고 사업상 독립적으로 재화를 공급하는 자는 납세의무가 있다.
③ 해당 과세기간 중 이익이 발생하지 않았을 경우에는 납부하지 않아도 된다.
④ 일반과세자의 내수용 과세거래에 대해서는 원칙적으로 10%의 단일세율을 적용한다.

02 부가가치세의 특징에 대한 설명으로 옳지 않은 것은?

① 일반소비세로서 간접세에 해당　　　② 생산지국 과세원칙
③ 전단계세액공제법　　　　　　　　　④ 영세율과 면세제도

03 다음 (　　)안에 들어갈 용어로 올바른 것은?

> 부가가치세법 15조에 따르면 사업자가 재화 또는 용역을 공급하고 부가가치세법에 따른 과세표준에 세율을 적용하여 계산한 부가가치세를 그 공급받는 자로부터 징수하는 것을 (　　　　　)라 한다.

① 원천징수　　　② 거래징수　　　③ 납세징수　　　④ 통합징수

04 부가가치세에 대한 설명으로 틀린 것은?

① 부가가치세의 납세의무자는 영리사업자에 한정한다.
② 부가가치세는 원칙적으로 사업장마다 신고 및 납부하여야 한다.
③ 상품의 단순한 보관·관리만을 위한 장소로 설치신고를 한 장소나 하치장은 사업장이 아니다.
④ 주사업장 총괄납부제도는 사업장별과세원칙의 예외에 해당된다.

05 부가가치세법상 과세기간에 대한 설명으로 옳지 않은 것은?

① 일반과세자의 경우 2기분 과세기간은 7월 1일부터 12월 31일까지이다.
② 신규사업자의 최초 과세기간은 사업 개시일부터 그 날이 속하는 과세기간종료일까지이다.
③ 폐업자의 최종과세기간은 과세기간 개시일부터 폐업일이 속하는 달의 말일까지이다.
④ 간이과세자의 과세기간은 1월 1일부터 12월 31일까지이다.

06 다음 중 부가가치세 과세거래에 해당되는 것을 모두 고르면?

> 가. 재화의 수입　　　　　　　나. 용역의 수입
> 다. 용역의 무상공급　　　　　라. 고용관계에 의한 근로의 제공

① 가　　　　　　　　　　　　② 가, 나
③ 가, 나, 다　　　　　　　　④ 가, 나, 다, 라

07 부가가치세법상 예정 신고 납부에 대한 설명이다. 가장 옳지 않은 것은? [2018.12.31. 개정]

① 법인사업자는 예정신고기간 종료 후 25일 이내에 부가가치세를 신고납부하여야
한다.
② 개인사업자는 예정신고기간 종료 후 25일 이내에 예정고지된 금액을 납부하여야
한다.
③ 개인사업자에게 징수하여야 할 예정 고지 금액이 50만원 미만인 경우 징수하지 아
니한다.
④ 개인사업자는 사업실적이 악화된 경우 등 사유가 있는 경우에는 예정신고 납부를
할 수 있다.

08 부가가치세법상 사업자등록에 대한 설명으로 틀린 것은?

① 사업자는 사업개시일부터 20일 이내에 사업장 관할 세무서장에게 사업자등록을
신청하여야 한다.
② 사업자등록의 신청은 사업장 관할 세무서장이 아닌 다른 관할 세무서장에게도
신청할 수 있다.
③ 신규로 사업을 시작하려는 자는 사업 개시일 이후에만 사업자등록을 신청해야
한다.
④ 사업자는 휴업 또는 폐업을 하거나 등록사항이 변경되면 지체없이 사업장 관할
세무서장에게 신고하여야 한다.

09 부가가치세법상 사업자등록의 정정사유가 아닌 것은?

① 사업의 종류를 변경 또는 추가하는 때
② 사업장을 이전하는 때
③ 법인의 대표자를 변경하는 때
④ 개인이 대표자를 변경하는 때

10 부가가치세법상 영세율의 특징이 아닌 것은?

① 수출업자의 자금부담을 줄여서 수출을 촉진한다.
② 사업자의 부가가치세 부담을 완전히 면제해 준다.
③ 국가간 이중과세를 방치한다.
④ 저소득층의 세부담 역진성을 완화한다.

11 다음 중 면세대상에 해당하는 것은 모두 몇 개인가?

ⓐ 수돗물	ⓑ 도서, 신문
ⓒ 가공식료품	ⓓ 시내버스 운송용역
ⓔ 토지의 공급	ⓕ 교육용역(허가·인가받은 경우에 한함)

① 3개　　　　　② 4개　　　　　③ 5개　　　　　④ 6개

12 부가가치세의 면세대상이 아닌 것은?

① 수돗물　　　　② 신문　　　　③ 밀가루　　　　④ 초코우유

13 부가가치세법상 부가가치세가 면제되는 재화 또는 용역이 아닌 것은?

① 나대지의 임대　　　　　　　② 국민주택의 공급
③ 미가공식료품　　　　　　　④ 약사가 제공하는 의약품의 조제용역

14 다음 중 부가가치세법상 공급시기는?

㉠ 3월 1일 : A제품 판매주문을 받았음
㉡ 3월 31일 : A제품 판매대가 1,000,000원을 전액 수령하고, 세금계산서를 발급함
㉢ 4월 3일 : A제품을 인도함
㉣ 4월 15일 : 거래처로부터 A제품 수령증을 수취함

① 3월 1일　　　② 3월 31일　　　③ 4월 3일　　　④ 4월 15일

15 부가가치세법상 재화의 공급시기가 '대가의 각 부분을 받기로 한 때'가 적용될 수 없는 것은?

① 기한부판매　　　　　　　② 장기할부판매
③ 완성도기준지급　　　　　④ 중간지급조건부

16 부가가치세법상 부동산임대용역을 공급하는 경우에 전세금 또는 임대보증금에 대한 간주 임대료의 공급시기는?

① 그 대가의 각 부분을 받기로 한 때   ② 용역의 공급이 완료된 때
③ 그 대가를 받은 때   ④ 예정신고기간 또는 과세기간 종료일

17 부가가치세법상 공급시기가 잘못된 것은?

① 외상판매의 경우 : 재화가 인도되거나 이용가능하게 되는 때
② 장기할부판매의 경우 : 대가의 각 부분을 받기로 한 때
③ 무인판매기로 재화를 공급하는 경우 : 무인판매기에서 현금을 인취하는 때
④ 폐업시 잔존재화의 경우 : 재화가 사용 또는 소비되는 때

18 부가가치세법상 재화의 원칙적인 공급시기에 대한 설명으로 틀린 것은?

① 장기할부판매 : 인도기준
② 국내물품을 외국으로 반출 : 수출재화의 선적일 또는 기적일
③ 폐업시 잔존재화 : 폐업일
④ 조건부판매 및 기한부판매 : 그 조건이 성취되거나 기한이 지나 판매가 확정되는 때

19 부가가치세법상 간주공급에 관한 설명이다. 가장 틀린 것은?

① 간주공급은 자가공급, 개인적공급, 사업상증여, 폐업시 잔존재화, 신탁재산의 수탁자 명의 매매로 분류한다.
② 간주공급은 실지공급과 같이 세금계산서를 교부하여야 한다.
③ 자가공급은 면세전용, 비영업용소형승용차의 구입과 유지를 위한 재화, 판매목적 타사업장 반출로 분류한다.
④ 자가공급, 개인적공급, 사업상증여의 공급시기는 재화가 사용되거나 소비되는 때이다.

20 다음 중 부가가치세법상 재화의 공급으로 보지 않는 거래는?

① 사업용 자산으로 국세를 물납하는 것
② 현물출자를 위해 재화를 인도하는 것
③ 장기할부판매로 재화를 공급하는 것
④ 매매계약에 따라 재화를 공급하는 것

21 다음 (　)에 알맞은 금액은? 【2018. 12. 31. 개정】

> 직전 수입금액이 10억 원 이하인 음식점업을 영위하는 간이과세자가 아닌 개인 사업자가 음식물을 판매하고 신용카드 등 매출전표를 발행하는 경우, 부가가치세법상 신용카드 등 발행금액의 (　　　)%에 상당하는 금액을 연간 500만 원(단, 2021. 12. 31. 까지는 연간 1천만 원)을 한도로 납부세액에서 공제한다.

① 1　　　　　　② 1.3　　　　　　③ 1.6　　　　　　④ 2.6

22 다음 중 부가가치세법상 매입세액공제가 가능한 금액은?

> • 접대비 지출에 대한 매입세액　　　100,000원
> • 면세사업과 관련된 매입세액　　　　100,000원
> • 토지관련 매입세액　　　　　　　　100,000원

① 0원　　　　② 100,000원　　　　③ 200,000원　　　　④ 300,000원

23 서울종합상사는 20×1년 4월 15일에 사업을 개시하고, 4월 30일에 사업자등록신청을 하여, 5월 2일에 사업자등록증을 교부받았다. 다음 중 서울종합상사의 제1기 부가가치세 확정신고 시 공제가능매입세액은 얼마인가?(단, 모두 세금계산서를 받은 것으로 가정한다)

> • 3월 15일 : 상품구입액 300,000원(매입세액 30,000원) – 대표자 주민번호 기재분
> • 4월 15일 : 비품구입액 500,000원(매입세액 50,000원) – 대표자 주민번호 기재분
> • 5월 10일 : 접대비사용액 200,000원(매입세액 20,000원)
> • 6월　4일 : 상품구입액 1,000,000원(매입세액 100,000원)

① 100,000원　　　　② 120,000원　　　　③ 150,000원　　　　④ 170,000원

24 부가가치세 신고·납세지에 대한 설명으로 가장 적절하지 않은 것은?

① 부가가치세는 원칙적으로 사업장마다 신고 납부하여야 한다.
② 재화 또는 용역의 공급이 이루어지는 장소, 즉 사업장을 기준으로 납세지를 정하고 있다.
③ 2이상의 사업장이 있는 경우 신청없이 주된 사업장에서 총괄하여 납부할 수 있다.
④ 사업자단위과세사업자는 사업자등록도 본점 등의 등록번호로 단일화하고, 세금계산서도 하나의 사업자등록번호로 발급한다.

25 부가가치세 매입세액으로 공제되는 것은?

① 기계부품 제조업자가 원재료를 매입하고 신용카드매출전표를 수취한 경우
② 농산물(배추) 도매업자가 운송용 트럭을 매입하는 경우
③ 거래처에 접대하기 위하여 선물을 매입하는 경우
④ 비사업자로부터 원재료를 매입하면서 세금계산서 등을 수취하지 않은 경우

26 납세의무자가 납부해야 할 세액산출의 기초가 되는 과세대상의 수량 또는 가액을 무엇이라 하는가?

① 과세표준
② 매입액
③ 납부세액
④ 환급

27 부가가치세의 과세표준 중 공급가액에 포함되는 항목은 어느 것인가?

① 재화 또는 용역을 공급하고 외상매출금이나 그 밖의 매출채권의 일부 또는 전부를 회수할 수 없는 경우의 대손금액
② 재화 또는 용역의 공급과 직접 관련되지 아니하는 국고보조금과 공공보조금
③ 환입된 재화의 가액
④ 공급에 대한 대가의 지급이 지체되었음을 이유로 받는 연체이자

28 과세표준 중 공급가액에 포함하지 않는 금액으로 틀린 것은?

① 부가가치세
② 매출에누리, 매출환입 및 매출할인
③ 공급자가 부담하는 원자재 등의 가액
④ 공급받는 자에게 도달하기 전에 파손·훼손 또는 멸실된 재화의 가액

29 부가가치세의 과세표준에서 공제하지 않는 것은 어느 것인가?

① 대손금과 장려금
② 환입된 재화의 가액
③ 매출할인
④ 에누리액

30 부가가치세법상 '과세표준에서 공제하지 않는 것'에 해당하지 않는 것은?

① 대손금   ② 판매장려금

③ 하자보증금   ④ 매출에누리

31 다음 자료에 의한 부가가치세법상 일반과세자의 부가가치세 과세표준은 얼마인가?

총 매 출 액 10,000,000원	매출에누리액 2,000,000원	총 매 입 액 5,000,000원
신용카드발행공제 400,000원	대 손 금 1,000,000원	

① 2,600,000원   ② 3,000,000원

③ 7,000,000원   ④ 8,000,000원

32 부가가치세법상 과세표준의 산정방법이 옳지 않은 것은?

① 재화의 공급에 대하여 부당하게 낮은 대가를 받는 경우 : 자기가 공급한 재화의 시가

② 재화의 공급에 대하여 대가를 받지 아니하는 경우 : 자기가 공급한 재화의 시가

③ 특수관계인에게 용역을 공급하고 부당하게 낮은 대가를 받는 경우 : 자기가 공급한 용역의 시가

④ 특수관계 없는 타인에게 용역을 공급하고 대가를 받지 아니하는 경우 : 자기가 공급한 용역의 시가

33 다음 자료에 의하여 부가가치세 과세표준을 계산하면 얼마인가?

- 발급한 세금계산서 중 영세율세금계산서의 공급가액은 1,500,000원이고, 그 외의 매출, 매입과 관련된 영세율 거래는 없다.
- 세금계산서를 받고 매입한 물품의 공급가액은 6,200,000원이고, 이 중 사업과 관련이 없는 물품의 공급가액 400,000원이 포함되어 있다.
- 납부세액은 270,000원이다.

① 7,000,000원   ② 8,500,000원

③ 10,000,000원   ④ 11,500,000원

34 부가가치세 과세사업을 영위하던 김관우씨는 2019. 2. 10 사업을 폐업하였다. 폐업할 당시에 잔존하는 재화가 다음과 같다면 그 부가가치세 과세표준은 얼마인가?(당초에 매입할 당시 매입세액공제를 받았음)

상 품 (2018. 12. 1. 취득)	·취득가액 : 15,000,000원	·시가 : 10,000,000원
토 지 (2015. 11. 1. 취득)	·취득가액 : 5,000,000원	·시가 : 15,000,000원

① 10,000,000원 ② 15,000,000원
③ 20,000,000원 ④ 25,000,000원

35 다음 자료에 의하여 일반과세자 김세무의 부가가치세 매출세액을 계산하면 얼마인가?

- 납부세액은 100,000원이다.
- 세금계산서를 받고 매입한 물품의 공급가액은 3,000,000원이고 이 중 사업과 관련이 없는 물품의 공급가액 200,000원이 포함되어 있다.
- 매입에 대한 영세율세금계산서는 없다.

① 360,000원 ② 380,000원
③ 400,000원 ④ 420,000원

36 다음은 부가가치세 신고서의 일부자료이다. 납부세액을 계산하면 얼마인가? ('세금계산서 수취분'에는 영세율세금계산서는 없음)

	구 분		금 액(원)	세율	세 액(원)
과세표준및매출세액	과세	세금계산서 발급분 (1)	38,000,000	10 / 100	?
		매입자발행 세금계산서 (2)	-	10 / 100	
		신용카드·현금영수증 발행분 (3)	-	10 / 100	
		기타(정규영수증 외 매출분) (4)	-		
	합 계 (5)			㉮	
매입세액	세금계산서 수 취 분 (6)		23,000,000		?
	예 정 신 고 누 락 분 (7)		-		
	매입자발행 세금계산서 (8)		-		
	그 밖의 공제매입세액 (9)		-		
	합 계 (10)=(11)+(12)+(13)+(14) (10)				
	공제받지 못할 매입세액 (11)				
	차 감 계 (12)			㉯	
납 부 (환 급) 세 액 (매출세액 ㉮ -매입세액 ㉯)				㉰	(?)

❶ 신 고 내 용

① 1,250,000원 ② 1,500,000원
③ 1,750,000원 ④ 2,000,000원

37 다음 자료에 의하여 부가가치세신고서상 일반과세사업자가 납부해야 할 부가가치세 금액은?

> • 전자세금계산서 교부에 의한 제품매출액 : 28,050,000원(공급대가)
> • 지출증빙용 현금영수증에 의한 원재료 매입액 : 3,000,000원(부가가치세 별도)
> • 신용카드에 의한 제품운반용 소형화물차 구입 : 15,000,000원(부가가치세 별도)
> • 신용카드에 의한 매출거래처 선물구입 : 500,000원(부가가치세 별도)

① 700,000원   ② 750,000원
③ 955,000원   ④ 1,050,000원

38 부가가치세법상 세금계산서 제도와 관련한 설명 중 틀린 것은?

① 공급시기가 도래하기 전에 세금계산서를 교부하고 교부일로부터 7일 이내에 대가를 지급받는 경우에는 적법한 세금계산서를 교부한 것으로 본다.
② 매입자도 법정 요건을 갖춘 경우 세금계산서를 발행할 수 있다.
③ 영수증 교부대상 사업자가 신용카드매출전표를 교부한 경우에는 세금계산서를 교부할 수 없다.
④ 모든 영세율 거래에 대하여 세금계산서 교부의무가 없다.

39 세금계산서의 원칙적인 발급 시기로서 옳은 것은?

① 재화 또는 용역의 공급시기
② 재화 또는 용역의 공급시기가 속하는 달의 말일까지
③ 재화 또는 용역의 공급시기가 속하는 달의 다음달 10일까지
④ 재화 또는 용역의 공급시기가 속하는 달의 다음달 15일까지

40 다음 자료에서 세금계산서의 필수적 기재사항을 모두 모은 것은?

> ㉮ 공급하는 사업자의 등록번호와 성명 또는 명칭
> ㉯ 공급받는자의 등록번호   ㉰ 공급가액과 부가가치세액
> ㉱ 공급연월일   ㉲ 작성연월일

① ㉮-㉯-㉰   ② ㉮-㉯-㉰-㉱
③ ㉮-㉯-㉰-㉲   ④ ㉮-㉯-㉰-㉱-㉲

41 다음은 사업자 간의 거래내용이다. (주)용감이 전자세금계산서를 발행하고자 할 때, 다음 내용에 추가적으로 반드시 있어야 하는 필요적 기재사항은 무엇인가?

> (주)용감(사업자 등록번호 : 129-86-49875, 대표자 : 신보라)은 (주)강남스타일(사업자 등록번호:124-82-44582, 대표자 : 박재상)에게 소프트웨어 프로그램 2개를 10,000,000원(부가가치세 별도)에 공급하였다.

① 공급받는자의 사업장 주소   ② 작성연월일
③ 업태 및 종목   ④ 품목 및 수량

42 세금계산서를 발행하고자 한다. 추가적으로 반드시 있어야 하는 정보는 무엇인가?

> (주)대흥실업(130-16-65566)은 레오(주)(106-86-40380)에 cd를 5개, 개당 100,000(부가세별도)원에 공급하였다.

① 공급가액   ② 부가가치세
③ 작성연월일   ④ 레오(주)대표자 성명

43 부가가치세법상 사업자별 발급가능한 증명서류로서 잘못 짝지은 것은?

① 간이과세자 : 세금계산서, 계산서, 신용카드매출전표, 현금영수증
② 일반과세자 중 면세물품공급자 : 계산서, 신용카드매출전표, 현금영수증
③ 일반과세자 중 과세물품공급자 : 세금계산서, 신용카드매출전표, 현금영수증
④ 면세사업자 : 계산서, 신용카드매출전표, 현금영수증

44 다음은 세금계산서의 일부이다. 부가가치세법상 필요적 기재사항이 아닌 것은?

전자세금계산서				승인번호		
공급자 사업자등록번호		종사업장 번호		**공급받는자** 사업자등록번호	④	종사업장 번호
상호(법인명)		성명(대표자)	①	상호(법인명)		성명(대표자)
사업장주소		②		사업장 주소		
업 태		종목		업 태		종 목
이메일				이메일		
작성일자	공급가액		세액	수정사유		
③						

45 전자세금계산서를 의무적으로 발급해야 하는 사업자로 가장 적절한 것은?

① 휴대폰을 판매하는 법인사업자
② 음식점을 운영하는 간이사업자
③ 배추를 재배해서 판매하는 영농조합법인
④ 입시학원을 운영하는 개인사업자

46 부가가치세법상 법인사업자와 전자세금계산서 발급 의무자인 개인사업자가 전자세금계산서를 발급하는 경우에, 전자세금계산서 발급명세서를 언제까지 국세청장에게 전송하여야 하는가?

① 전자세금계산서 발급일이 속하는 달의 다음 달 10일 이내
② 전자세금계산서 발급일의 2일 이내
③ 전자세금계산서 발급일의 일주일 이내
④ 전자세금계산서 발급일의 다음 날까지

47 다음 중 세금계산서 발급의무의 면제에 해당하지 않는 것은?(단, 과세사업자를 전제한다.)

① 미용, 욕탕 및 유사 서비스업을 경영하는 자가 공급하는 재화 또는 용역
② 부동산임대에 따른 간주임대료
③ 도매업을 영위하는 자가 공급하는 재화·용역
④ 무인판매기를 이용하여 재화와 용역을 공급하는 자

48 다음 (   )안에 들어갈 말은 무엇인가?

> 부가가치세법상 사업자가 재화 또는 용역을 공급하고 세금계산서를 교부하지 아니한 경우 당해 재화 또는 용역을 공급받은 자는 관할세무서무장의 확인을 받아 (   )발행 세금계산서를 발행할 수 있다.

① 사업자　　　　② 매입자　　　　③ 중개인　　　　④ 매출자

49 부가가치세법상 '조기환급'과 관련된 내용으로 틀린 것은?

① 조기환급 : 조기환급신고 기한 경과 후 25일 이내 환급
② 조기환급기간 : 예정신고기간 또는 과세기간 최종 3월 중 매월 또는 매 2월
③ 조기환급신고 : 조기환급기간 종료일부터 25일 이내에 조기환급기간에 대한 과세표준과 환급세액 신고
④ 조기환급대상 : 영세율적용이나 사업 설비를 신설, 취득, 확장 또는 증축하는 경우

1장 · 회계의 기본 원리

기본개념다지기

01 회계의 기본 개념

1. (1) × (2) ○ (3) ○ (4) × (5) ○

2. (1) 영 (2) 영 (3) 비 (4) 영 (5) 비 (6) 비 (7) 영
(8) 비 (9) 영

3. (1) f (2) c (3) b (4) a (5) g (6)d (7)e

02 기업의 재무상태와 손익계산

1. (1) 자산, 부채 (2) 재무상태표
(3) 자산 – 부채 = 자본 (4) 자산 = 부채 + 자본
(5) ① 기말자본 – 기초자본 ② 기초자본 – 기말자본
(6) 수익, 비용 (7) 손익계산서
(8) 총비용+(당기순이익)=(총수익), 총비용=(총수익+당기순손실)

2. (1) A (2) L (3) A (4) A (5) L (6) A
(7) C (8) A (9) A (10) A (11) L (12) L
(13) A (14) A (15) L (16) A (17) L (18) L
(19) A (20) A (21) A

3. (1) R (2) E (3) R (4) E (5) R (6) E
(7) E (8) R (9) E (10) R (11) E (12) E

4.

재 무 상 태 표 (기초)

한국상사	2019년 1월 1일		단위:원
자 산	금 액	부채 · 자본	금 액
현금및현금성자산	200,000	단 기 차 입 금	150,000
단 기 투 자 자 산	400,000	매 입 채 무	250,000
매 출 채 권	150,000	자 본 금	1,000,000
상 품	450,000		
토 지	200,000		
	1,400,000		1,400,000

재 무 상 태 표 (기말)

한국상사	2019년 12월 31일		단위:원
자 산	금 액	부채 · 자본	금 액
현금및현금성자산	280,000	단 기 차 입 금	100,000
단 기 투 자 자 산	100,000	매 입 채 무	200,000
매 출 채 권	320,000	자 본 금	1,000,000
상 품	300,000	당 기 순 이 익	200,000
토 지	200,000		
	1,500,000		1,500,000

손 익 계 산 서

한국상사	2019년 1월 1일부터 12월 31일까지		단위:원
비 용	금 액	수 익	금 액
급 여	120,000	상품매출이익	420,000
보 험 료	30,000	이 자 수 익	80,000
광 고 선 전 비	15,000		
통 신 비	40,000		
임 차 료	75,000		
이 자 비 용	20,000		
당 기 순 이 익	200,000		
	500,000		500,000

【물음】 (1) 1,000,000원 (2) 1,500,000원 (3) 1,200,000원
(4) 300,000원 (5) 200,000원

03 거래와 회계순환과정

1. (1) ○ (2) × (3) ○ (4) ○ (5) ○
(6) × (7) ○ (8) ○ (9) ○ (10) ○

2. ㉠ 상품을 매입하고, 대금은 현금으로 지급하다.
㉡ 상품을 매입하고, 대금은 외상으로 하다.
㉢ 현금을 출자하여 영업을 개시하다.
㉣ 이자를 현금으로 받다.
㉤ 외상매입금을 현금으로 지급하다.
㉥ 채무를 면제받다.
㉦ 기업주가 개인적으로 현금을 가져가다.
㉧ 월세를 현금으로 지급하다.

3.

No.	차 변 요 소	대 변 요 소	거 래 의 종 류
(1)	자 산 의 증 가	부 채 의 증 가	교 환 거 래
(2)	자 산 의 증 가	자 본 의 증 가	교 환 거 래
(3)	자 산 의 증 가	자 산 의 감 소	교 환 거 래
(4)	자 산 의 증 가	부 채 의 증 가	교 환 거 래
(5)	자 산 의 증 가	자 산 의 감 소	교 환 거 래
(6)	자 산 의 증 가	자 산 의 감 소 부 채 의 증 가	교 환 거 래
(7)	부 채 의 감 소	자 산 의 감 소	교 환 거 래
(8)	거 래 아 님		
(9)	자 산 의 증 가	자 산 의 감 소	교 환 거 래
(10)	자 산 의 증 가	부 채 의 증 가	교 환 거 래
(11)	자 산 의 증 가	자 본 의 증 가	교 환 거 래
(12)	자 산 의 증 가	자 산 의 감 소	교 환 거 래
(13)	부 채 의 감 소	자 산 의 감 소	교 환 거 래
(14)	자 본 의 감 소	자 산 의 감 소	교 환 거 래
(15)	자 산 의 증 가	자 산 의 감 소	교 환 거 래

4.

No.	차변요소	대변요소	거래의 종류
(1)	자산의 증가	수익의 발생	손익거래
(2)	비용의 발생	자산의 감소	손익거래
(3)	자산의 증가	수익의 발생	손익거래
(4)	비용의 발생	자산의 감소	손익거래
(5)	비용의 발생	자산의 감소	손익거래
(6)	자산의 증가	수익의 발생	손익거래
(7)	비용의 발생	자산의 감소	손익거래
(8)	자산의 증가	자산의 감소 수익의 발생	혼합거래
(9)	자산의 증가	자산의 감소 수익의 발생	혼합거래
(10)	자산의 증가	자산의 감소 수익의 발생	혼합거래
(11)	부채의 감소 비용의 발생	자산의 감소	혼합거래
(12)	자산의 증가 비용의 발생	자산의 감소	혼합거래
(13)	비용의 발생	자산의 감소	손익거래

04 계정·분개·전기

1. (1) 차 　(2) 차 　(3) 대 　(4) 차 　(5) 대 　(6) 대 　(7) 대
(8) 차 　(9) 차 　(10) 차 　(11) 차 　(12) 대 　(13) 차 　(14) 대
(15) 차 　(16) 차 　(17) 차 　(18) 대 　(19) 대 　(20) 차 　(21) 차

2.

No.	차변과목	금액	대변과목	금액
(1)	현　　금	1,000,000	자　본　금	1,000,000
(2)	현　　금	500,000	단 기 차 입 금	500,000
(3)	현　　금	300,000	상　　품	300,000
(4)	현　　금	60,000	수 수 료 수 익	60,000
(5)	현　　금	150,000	외 상 매 출 금	150,000
(6)	현　　금	500,000	상　　품 상품매출이익	470,000 30,000
(7)	현　　금	206,000	단 기 대 여 금 이 자 수 익	200,000 6,000
(8)	현　　금	8,000	이 자 수 익	8,000

3.

No.	차변과목	금액	대변과목	금액
(1)	상　　품	500,000	현　　금	500,000
(2)	비　　품	1,000,000	현　　금	1,000,000
(3)	임　차　료	300,000	현　　금	300,000
(4)	외 상 매 입 금	120,000	현　　금	120,000
(5)	단 기 차 입 금 이 자 비 용	500,000 20,000	현　　금	520,000
(6)	이 자 비 용	6,000	현　　금	6,000
(7)	당 좌 예 금	450,000	현　　금	450,000

4.

No.	차변과목	금액	대변과목	금액
(1)	상　　품	200,000	현　　금 외 상 매 입 금	150,000 50,000
(2)	상　　품	350,000	당 좌 예 금	350,000
(3)	상　　품	500,000	지 급 어 음	500,000
(4)	비　　품	800,000	현　　금 미 지 급 금	500,000 300,000
(5)	현　　금 외 상 매 출 금	150,000 100,000	상 품 매 출	250,000
(6)	당 좌 예 금	300,000	상 품 매 출	300,000
(7)	현　　금 외 상 매 출 금	250,000 250,000	상 품 매 출	500,000

5.

No.	차변과목	금액	대변과목	금액
4/1	현　　금	2,000,000	자　본　금	2,000,000
3	비　　품	300,000	현　　금	300,000
6	상　　품	450,000	현　　금 외 상 매 입 금	250,000 200,000
10	현　　금	800,000	단 기 차 입 금	800,000
12	외 상 매 입 금	100,000	현　　금	100,000
15	외 상 매 출 금	380,000	상　　품 상품매출이익	300,000 80,000
23	현　　금	200,000	외 상 매 출 금	200,000
25	급　　여	350,000	현　　금	350,000

현　　금

4/ 1	자 본 금	2,000,000	4/ 3	비　　품	300,000
10	단기차입금	800,000	6	상　　품	250,000
23	외상매출금	200,000	12	외상매입금	100,000
			25	급　　여	350,000

외 상 매 출 금

4/15	제　　좌	380,000	4/23	현　　금	200,000

상　　품

4/ 6	제　　좌	450,000	4/15	외상매입금	300,000

비　　품

4/'3	현　　금	300,000

외 상 매 입 금

4/12	현　　금	100,000	4/ 6	상　　품	200,000

단 기 차 입 금

4/10	현　　금	800,000

자　본　금

4/ 1	현　　금	2,000,000

상 품 매 출 이 익

4/15	외상매출금	80,000

급　　여

4/25	현　　금	350,000

6.

No.	차변과목	금 액	대변과목	금 액
(1)	현 금	800,000	자 본 금	2,300,000
	상 품	500,000		
	건 물	1,000,000		
(2)	비 품	80,000	현 금	80,000
(3)	상 품	300,000	현 금	150,000
			외 상 매 입 금	150,000
(4)	차 량 유 지 비	4,500	현 금	4,500
(5)	광 고 선 전 비	80,000	현 금	80,000
(6)	현 금	1,000,000	단 기 차 입 금	1,000,000
(7)	분 개 없 음			
(8)	복 리 후 생 비	165,000	현 금	165,000
(9)	통 신 비	50,000	현 금	50,000
(10)	정 기 예 금	3,000,000	현 금	3,000,000
(11)	보 관 료	80,000	현 금	80,000
(12)	접 대 비	8,580	현 금	8,580
(13)	잡 손 실	580,000	현 금	580,000
(14)	기 부 금	400,000	현 금	400,000

▶ (10)번은 단기금융상품으로 처리할 수도 있다.

05 결 산

1.

합 계 시 산 표

차 변	원면	계 정 과 목	대 변
160,000	1	현 금	40,000
100,000	2	상 품	40,000
20,000	3	단 기 차 입 금	50,000
	4	자 본 금	140,000
	5	상 품 매 출 이 익	30,000
20,000	6	급 여	
300,000			300,000

잔 액 시 산 표

차 변	원면	계 정 과 목	대 변
120,000	1	현 금	
60,000	2	상 품	
	3	단 기 차 입 금	30,000
	4	자 본 금	140,000
	5	상 품 매 출 이 익	30,000
20,000	6	급 여	
200,000			200,000

합 계 잔 액 시 산 표

차 변		원면	계 정 과 목	대 변	
잔 액	합 계			대 변	대 변
120,000	160,000	1	현 금		40,000
60,000	100,000	2	상 품		40,000
	20,000	3	단 기 차 입 금	50,000	30,000
		4	자 본 금	140,000	140,000
		5	상 품 매 출 이 익	30,000	30,000
20,000	20,000	6	급 여		
200,000	300,000			300,000	200,000

2.

잔 액 시 산 표

차 변	원면	계 정 과 목	대 변
150,000	1	현 금 및 현 금 성 자 산	
80,000	2	단 기 금 융 상 품	
170,000	3	외 상 매 출 금	
200,000	4	상 품	
100,000	5	비 품	
	6	외 상 매 입 금	130,000
	7	단 기 차 입 금	50,000
	8	자 본 금	500,000
	9	상 품 매 출 이 익	80,000
	10	이 자 수 익	20,000
68,000	11	급 여	
12,000	12	보 험 료	
780,000			780,000

3.

정 산 표

계정과목	잔 액 시 산 표		손 익 계 산 서		재 무 상 태 표	
	차 변	대 변	차 변	대 변	차 변	대 변
현 금	250,000				(250,000)	
단 기 매 매 증 권	150,000				(150,000)	
외 상 매 출 금	200,000				(200,000)	
단 기 대 여 금	100,000				(100,000)	
상 품	400,000				(400,000)	
비 품	50,000				(`50,000)	
외 상 매 입 금		250,000				(250,000)
단 기 차 입 금		400,000				(400,000)
자 본 금		450,000				(450,000)
상 품 매 출 이 익		75,000		(75,000)		
급 여	20,000		(20,000)			
이 자 비 용	5,000		(5,000)			
당기순이익			(`50,000)			(50,000)
	1,175,000	1,175,000	(75,000)	(75,000)	(1,150,000)	(1,150,000)

4.

총 계 정 원 장

현　　　금　(1)

290,000	210,000
	차기이월 80,000
290,000	290,000
전기이월 80,000	

당 좌 예 금　(2)

140,000	100,000
	차기이월 40,000
140,000	140,000
전기이월 40,000	

외 상 매 출 금　(3)

240,000	130,000
	차기이월 110,000
240,000	240,000
전기이월 110,000	

단 기 대 여 금　(4)

50,000	차기이월 50,000
전기이월 50,000	

상　　　품　(5)

225,000	165,000
	차기이월 60,000
225,000	225,000
60,000	

비　　　품　(6)

40,000	차기이월 40,000
전기이월 40,000	

외 상 매 입 금　(7)

125,000	175,000
차기이월 50,000	
175,000	175,000
	전기이월 50,000

지 급 어 음　(8)

35,000	50,000
차기이월 15,000	
50,000	50,000
	전기이월 15,000

자 본 금　(9)

차기이월 315,000	300,000
	손　익 15,000
315,000	315,000
	전기이월 315,000

상 품 매 출 이 익　(10)

손　익 35,000	35,000

수 수 료 수 익　(11)

손　익 1,000	1,000

급　　　여　(12)

10,000	손　익 10,000

이 자 수 익　(13)

손　익 4,000	4,000

임 차 료　(14)

4,000	손　익 4,000

보 험 료　(15)

5,000	손　익 5,000

광 고 선 전 비　(16)

2,000	손　익 2,000

세 금 과 공 과　(17)

4,000	손　익 4,000

손　　　익　(18)

급　　여	10,000	상품매출이익 35,000
임　차　료	4,000	수 수 료 수 익 1,000
보　험　료	5,000	이 자 수 익 4,000
광 고 선 전 비	2,000	
세 금 과 공 과	4,000	
자　본　금	15,000	
	40,000	40,000

이 월 시 산 표
2019년 12월 31일

차　변	원면	계 정 과 목	대　변
80,000	1	현　　　금	
40,000	2	당 좌 예 금	
110,000	3	외 상 매 출 금	
50,000	4	단 기 대 여 금	
60,000	5	상　　　품	
40,000	6	비　　　품	
	7	외 상 매 입 금	50,000
	8	지 급 어 음	15,000
	9	자 본 금	315,000
380,000			380,000

구　분	차변과목	금 액	대변과목	금 액
수익계정 대체분개	상품매출이익	35,000	손　익	40,000
	수수료수익	1,000		
	이 자 수 익	4,000		
비용계정 대체분개	손　익	25,000	급　여	10,000
			임 차 료	4,000
			보 험 료	5,000
			광고선전비	2,000
			세금과공과	4,000
당기순손익 대체분개	손　익	15,000	자 본 금	15,000

재 무 상 태 표

한국상사　　　2019년 12월 31일　　　단위:원

자　산	차　변	부채·자본	대　변
현금및현금등가물	120,000	매 입 채 무	65,000
매 출 채 권	110,000	자 본 금	300,000
단 기 대 여 금	50,000	당 기 순 이 익	15,000
상　　　품	60,000		
비　　　품	40,000		
	380,000		380,000

손 익 계 산 서

한국상사　　　2019년 1월 1일부터 12월 31일까지　　　단위:원

비　용	차　변	수　익	대　변
급　　　여	10,000	상 품 매 출 이 익	35,000
임　차　료	4,000	수 수 료 수 익	1,000
보　험　료	5,000	이 자 수 익	4,000
광 고 선 전 비	2,000		
세 금 과 공 과	4,000		
당 기 순 이 익	**15,000**		
	40,000		40,000

단원 대표 문제

 1장 **회계의 기본 원리**

 2장 **재무회계의 개념 체계**

1. ②	2. ②	3. ③	4. ④	5. ①
6. ①	7. ③	8. ②	9. ④	10. ④
11. ①	12. ②	13. ①	14. ④	15. ④
16. ①	17. ②	18. ②	19. ④	

< 해설 >

01 회계기간의 시작 시점을 기초라 한다. 장소적 범위는 회계단위이다. 대차평균의 원리는 거래를 기록하는 방법이 아니라 회계상의 모든 거래는 거래의 이중성에 의하여 차변합계와 대변합계금액이 반드시 일치한다는 원리이다.

02 보기2번은 손익계산서에 대한 설명이다.

03 경영자의 장기적 의사결정의 결과는 상당한 기간이 경과한 후에 그 효과가 나타날 수 있으므로 과거의 성과와 현재의 성과를 명확하게 구분하기 어렵다. 또한 환경적 정보는 재무제표에 나타나지 않는다.

04 적시성은 목적적합성의 주요 질적 특성의 요소이다.

05 회계정보가 갖추어야 할 가장 중요한 질적특성은 목적적합성(또는 관련성)과 신뢰성이다.

06 목적적합성은 예측가치, 피드백가치, 적시성으로 구성된다.

07 신뢰성을 위한 질적특성에는 표현의 충실성, 중립성, 검증가능성이 있다. 적시성은 목적적합성을 위한 질적특성이다.

08 완성기준을 적용하면 신뢰성은 향상되나, 목적적합성은 저하될 수 있음.

10 보기 1, 2번은 신뢰성의 하부 개념인 검증가능성에 대한 설명이고, 3번은 표현의 충실성이고, 4번은 목적적합성의 하부개념인 예측가치이다.

11 • 재무제표는 발생기준에 따라 작성된다. 발생주의 회계의 기본적인 논리는 발생기준에 따라 수익과 비용을 인식하는 것이다. 발생주의 회계는 발생과 이연의 개념을 포함한다.
　• 선급금은 상품매입을 위한 계약금을 지급한 경우이고, 선수금은 상품 매출주문을 받고 계약금을 받은 경우이며, 가지급금은 출장여비를 어림잡아 지급한 경우이다.

12 역사적원가주의는 일반적으로 신뢰성은 제고되나 목적적합성은 저하될 수 있다.

13 수익금액을 신뢰성 있게 측정할 수 있다. 재화의 판매로 인한 수익은 다음 조건이 모두 충족될 때 인식한다.
　① 재화의 소유에 따른 유의적인 위험과 보상이 구매자에게 이전된다.
　② 판매자는 판매한 재화에 대하여 소유권이 있을 때 통상적으로 행사하는 정도의 관리나 효과적인 통제를 할 수 없다.
　③ 수익금액을 신뢰성 있게 측정할 수 있다.
　④ 경제적 효익의 유입 가능성이 매우 높다.
　⑤ 거래와 관련하여 발생했거나 발생할 원가를 신뢰성 있게 측정할 수 있다.

14 금액이 작고 중요하지 않은 내용은 재무제표에 자산으로 표시하지 않고 비용으로 처리하더라도 정보이용자의 판단이나 의사결정에 영향을 미치지 않는다.(중요성)

15 기본가정은 계속기업의 가정, 기업실체의 가정, 기간별 보고의 가정이 있다.

16 계속기업의 가정이란 기업실체는 그 목적과 의무를 이행하기에 충분할 정도로 장기간 존속한다고 가정하는 것을 말한다.

17 역사적원가주의(취득원가)의 근간이 되는 것은 계속기업의 가정이다.

18 기간별보고의 가정은 계속기업의 가정에서 2차적으로 파생된 것으로 회계기간 말에 손익의 발생과 이연에 관한 결산수정분개를 하는 개념이 도출되는 전제가 되는 것이다.

19 질적특성인 비교가능성은 정보이용자가 항목 간의 유사점과 차이점을 식별하고 이해할 수 있게 하는 질적특성으로 재고자산 평가방법을 정당한 사유없이 변경하면 비교가능성을 저해시킨다.

3장 자산에 관한 회계 처리

1. ③	2. ④	3. ③	4. ③	5. ③
6. ①,②	7. ②	8. ③	9. ②	10. ④
11. ③	12. ③	13. ③	14. ③	15. ②
16. ④	17. ②	18. ③	19. ③	20. ①
21. ②	22. ④	23. ④	24. ④	25. ③
26. ①	27. ③	28. ④	29. ②	30. ④
31. ②	32. ④	33. ④	34. ①	35. ①
36. ③	37. ③	38. ②	39. ④	40. ②
41. ④	42. ①	43. ②	44. ④	45. ④
46. ③	47. ④	48. ①	49. ③	50. ④
51. ④	52. ②	53. ③	54. ③	55. ①
56. ②	57. ③	58. ④	59. ③	60. ②
61. ①	62. ②	63. ②	64. ②	

< 해설 >

01 당좌거래개설보증금은 사용이 제한된 예금으로 사용제한 기간에 따라 단기금융상품 또는 장기금융상품으로 분류한다.

02 보기4번은 현금및현금성자산이다.

03 보기1, 2, 4번은 투자자산, 3번은 유동자산이다.

05 지분증권과 및 만기보유증권으로 분류되지 아니하는 채무증권은 단기매매증권과 매도가능증권 중의 하나로 분류한다.

06 유가증권은 취득시 보유목적에 따라 만기보유증권, 단기매매증권, 매도가능증권으로 분류하며, 유가증권의 보유의도와 보유능력에 변화가 있어 재분류가 필요한 경우에는 다음과 같이 처리한다.
　(1) 단기매매증권은 다른 범주로 재분류할 수 없으며, 다른 범주의 유가증권의 경우에도 단기매매증권으로 재분류할 수 없다. 다만, (일반적이지 않고 단기간 내에 재발할 가능성이 매우 낮은 단일한 사건에서 발생하는) 드문 상황에서 더 이상 단기간 내의 매매차익을 목적으로 보유하지 않는 단기매매증권은 매도가능증권이나 만기보유증권으로 분류할 수 있으며, 단기매매증권이 시장성을 상실한 경우에는 매도가능증권으로 분류하여야 한다.
　(2) 매도가능증권은 만기보유증권으로 재분류할 수 있으며, 만기보유증권은 매도가능증권으로 재분류할 수 있다.
　(3) 유가증권과목의 분류를 변경할 때에는 재분류일 현재의 공정가치로 평가한 후 변경한다.

07 유가증권은 취득한 후에 만기보유증권, 단기매매증권 그리고 매도가능증권 중의 하나로 분류한다. 단기매매증권과 매도가능증권은 공정가치로 평가하지만, 만기보유증권은 상각후원가로 평가한다. 매도가능증권은 단기매매증권이나 만기보유증권으로 분류되지 아니하는 유가증권으로 주로 장기적 투자목적으로 보유하는 것을 말한다. 유가증권의 재분류유형 중 단기매매증권이 시장성을 상실한 경우에는 매도가능증권으로 분류한다.

08 ①, ②, ④번은 손익계산서의 영업외비용계정과목이지만, ③번은 재무상태의 기타포괄손익누계액(자본계정) 계정과목이다.

09 단기매매증권, 매도가능증권은 원칙적으로 공정가치로 평가하고, 만기보유증권은 상각후원가로 평가하여 재무상태표에 표시한다.

10 단기매매증권으로 분류하는 경우 직접거래원가는 당기비용으로 한다.

11 • 2.5 : (차) 단기매매증권 10,000,000   (대) 현   금 10,500,000
　　　　수수료비용   500,000
　　• 2.6 : (차) 현   금 6,600,000   (대) 단기매매증권 6,000,000
　　　　　　　　　　　　　　　단기매매증권처분이익 600,000
　　∴ 당기순이익 : 600,000원-500,000원=100,000원 증가한다.

12 (차) 현   금 1,500,000원   (대) 단기매매증권 1,250,000원
　　　　　　　　　　　　　　단기매매증권처분이익 250,000원

13 • 1월 16일 : (차) 매도가능증권 1,020,000원   (대) 현   금 1,020,000원
　　• 1월 17일 : (차) 현   금 450,000원   (대) 매도가능증권 510,000원
　　　　　　매도가능증권처분손실 60,000원

14 단기매매증권과 매도가능증권은 공정가치로 평가한다.
　　- 단기매매증권 : 1,200,000-1,000,000=200,000(평가이익)
　　- 매도가능증권 : 9,000,000-8,500,000=500,000(평가손실)

15 보기2번 : 매각거래에 해당하면 처분손익을 인식하여야 한다.

16 매출채권의 대손 설정시는 (차) 대손상각비로 처리하고, 기타채권의 대손 설정시는 (차) 기타의 대손상각비로 처리한다.

17 대손이 발생하면 대손충당금에서 우선 상계한 후 대손충당금이 부족하면 대손상각비 비용으로 인식한다.

18 유형자산 처분에 따른 미수금은 기타의 대손상각비로 처리하고, 대손충당금 설정액은 (45,000,000원×2%)-80,000원 = 820,000원

19 • 기중 전기 대손발생액 회수시 :
　　　(차) 현금 200,000원 (대) 대손충당금 200,000원
　　• 결산 전 대손충당금 잔액 :
　　　300,000원 + 200,000원 = 500,000원
　　• 기말대손설정액 : 28,000,000원 × 0.01 = 280,000원
　　• 대손충당금 추가설정(환입)액 :
　　　280,000원 - 500,000원 = 220,000원 환입
　　• 기말회계처리 : (차) 대손충당금 220,000 (대) 대손충당금환입 220,000

20 • 기말 매출채권 잔액(350,000원)
　　　= 50,000원+500,000원-200,000원
　　• 기말 대손충당금 잔액(3,500원) = 350,000원×1%
　　• 기말 매출채권의 순장부금액(346,500원)
　　　= 350,000원-3,500원
　　• 기말 대손 추가 설정액은 3,500-(10,000-8,000)=1,500원 이지만, 본 문제에서는 찾는 정답이 아니다.

21 일반적인 상품의 매출수익은 상품을 인도(매출, 발송)한 날에 인식한다.

22 재고자산의 시가가 장부금액 이하로 하락하여 발생한 평가손실은 재고자산의 차감계정으로 표시하고 매출원가에 가산한다.

23 재고자산의 순실현가능가치가 장부금액 이하로 하락하여 발생한 평가손실은, 재고자산의 차감계정으로 표시하고 매출원가에 가산한다. 시가(순실현가능가치)는 매 회계기간말에 추정한다. 저가법의 적용에 따른 평가손실을 초래했던 상황이 해소되어 새로운 시가가 장부금액보다 상승한 경우에는, 최초의 장부금액을 초과하지 않는 범위 내에서 평가손실을 환입한다. 재고자산평가손실의 환입은 매출원가에서 차감한다.

24 선수금(부채)의 과소계상 및 매출수익 과대계상

25 • 재고자산의 매입원가는 매입금액에 매입운임, 하역료 및 보험료 등 취득과정에서 정상적으로 발생한 부대원가를 가산한 금액이다. 매입과 관련된 할인, 에누리 및 기타 유사한 항목은 매입원가에서 차감한다.
　• 재고자산 원가에 포함할 수 없으며 발생기간의 비용으로 인식하여야 하는 원가의 예는 다음과 같다.
　　① 재료원가, 노무원가 및 기타의 제조원가 중 비정상적으로 낭비된 부분
　　② 추가 생산단계에 투입하기 전에 보관이 필요한 경우 외의 보관비용
　　③ 재고자산을 현재의 장소에 현재의 상태로 이르게 하는 데 기여하지 않은 관리간접원가
　　④ 판매원가

26 계속기록법이나 실지재고조사법은 평가방법(단위원가결정방법)이 아니라 재고자산 수량결정방법이다.

27 개별법은 재고자산의 단가결정방법이다.

28 미착품의 도착지인도조건인 경우 도착시점에서 매입자의 재고자산에 포함한다.

29 재고자산을 고객에게 인도하고 대금의 회수는 미래에 분할하여 회수하기로 한 경우, 대금이 모두 회수되지 않았다고 하더라도 상품의 판매시점에서 판매자의 재고자산에서 제외한다.

30 부동산매매업 운영 회사가 판매를 목적으로 보유한 건물, 토지 등은 재고자산에 해당된다.
　보기1번 : 유형자산, 보기2번 : 당좌자산, 보기3번 : 유형자산

31 시용판매는 구매자가 매입의사를 표시한 시점, 위탁판매는 수탁자가 실제로 판매한 날, 장기할부판매는 인도기준, 목적지 인도조건의 경우에는 목적지에 도착한 시점을 매출로 인식한다. 따라서 100,000+10,000+20,000 = 130,000원이다.

32 • 5,200,000÷(1+0.3) = 4,000,000(매출원가)
　• 기초상품재고액을 임의의 금액 1,000,000원이라고 가정하면 1,000,000+당기순이익(4,500,000)-1,500,000= 4,000,000

33 기말재고자산을 실제보다 높게 계상한 경우에는 매출원가는 실제보다 감소하고, 그 결과 매출총이익과 당기순이익이 증가진다. 당기순이익이 증가하면, 자본총계도 증가한다.

34 • 매출액 = 25개×140원 = 3,500원
　• 매출원가 = 10개×100원+15×110원 = 2,650원
　• 매출총이익 = 매출액-매출원가=3,500원-2,650원= 850원

35 • (100×1,000+200×1,300)/300 = 1,200
　• (300×1,200+300×1,100)/600 = 1,150

36 물가 상승 시
　(1) 매출 원가 : 선입선출법 <이동평균법 <총평균법 <후입선출법
　(2) 당기순이익 : 선입선출법 >이동평균법 >총평균법 >후입선출법
　(3) 법인세비용 : 선입선출법 > 이동평균법 > 총평균법 > 후입선출법

37 • 순매출액 = 매출액-매출할인-매출에누리 = 2,000,000원-200,000원-300,000원 = 1,500,000원
 • 매출총이익 = 순매출액-매출원가 = 1,500,000원-1,130,000원 = 370,000원
 • 매출원가 = 기초재고액+매입액-매입환출-매입할인-타계정으로 대체-기말재고액
 = 30,000원+1,500,000원-100,000원-50,000원-200,000원-(기말재고액 50,000원) = 1,130,000원

38 무상으로 증여받은 유형자산은 공정가치로 취득원가를 계상한다.

39 보기4번은 재고자산이다.

40 유형자산의 원가가 아닌 예는 다음과 같다.
 ① 새로운 시설을 개설하는데 소요되는 원가
 ② 새로운 상품과 서비스를 소개하는데 소요되는 원가(예 : 광고 및 판촉활동과 관련된 원가)
 ③ 새로운 지역에서 또는 새로운 고객층을 대상으로 영업을 하는데 소요되는 원가(예 : 직원 교육훈련비)
 ④ 관리 및 기타 일반간접원가

41 자산을 취득 완료한 후 발생한 이자비용은 기간비용으로 처리한다.

42 보기1번은 수익적지출이고 나머지는 자본적지출에 해당한다.

43 당기순이익이 감소한다. 자기자본이 감소한다. 이익잉여금이 감소한다. 이 모두 동일한 표현이다.

44 당기순이익과 자본 및 이익잉여금이 증가하고 자산이 과대계상된다. 반면 비용은 과소계상된다.

45 보기4번은 정액법에 대한 설명이다.

46 제조공정에서 사용된 유형자산의 감가상각액은 재고자산의 원가를 구성한다.

47 감가상각은 자산의 취득원가를 체계적인 방법으로 기간배분하기 위해서 하는 것이다.

48 교환으로 제공한 자산의 장부금액으로 한다.

49 • 1차 연도 감가상각비 : 10,000,000원×0.45 = 4,500,000원
 • 2차 연도 감가상각비 :
 (10,000,000원-4,500,000원)×0.45 = 2,475,000원

50 1차년도에 정액법과 비교하여 정률법으로 감가상각할 경우 감가상각비(비용)가 과대계상 되므로 당기순이익은 과소계상되고, 또한 감가상각누계액이 과대계상 되므로 유형자산은 과소계상된다.

51 • 정액법
 - 1차년도말 감가상각비 : 360,000원 = (2,000,000원 - 200,000원) × 1/5
 - 2차년도말 감가상각비 : 360,000원 = (2,000,000원 - 200,000원) × 1/5
 ∴ 2차년도말 감가상각누계액 : 360,000원 + 360,000원 = 720,000원
 • 정률법
 - 1차년도말 감가상각비 : 800,000원 = 2,000,000원 × 0.4
 - 2차년도말 감가상각비 : 480,000원 = (2,000,000원 - 800,000원) × 0.4
 ∴ 2차년도말 감가상각누계액 : 800,000원 + 480,000원 = 1,280,000원
 • 연수합계법
 - 1차년도말 감가상각비 : 600,000원 = (2,000,000원 - 200,000원) × 5/15

 - 2차년도말 감가상각비 : 480,000원 = (2,000,000원 - 200,000원) × 4/15
 ∴ 2차년도말 감가상각누계액 : 600,000원 + 480,000원 = 1,080,000원

52 40,000,000원= 처분가액 37,000,000원-처분이익 5,000,000원+감가상각누계액 8,000,000원

53 연구개발비는 판매비와 관리비로 분류된다.

54 상표권, 컴퓨터소프트웨어, 임차권리금이 무형자산에 해당된다. 내부적으로 창출된 영업권은 인정되지 아니하며, 경상개발비는 당기비용으로 처리한다.

55 무형자산을 창출하기 위한 내부 프로젝트를 연구단계와 개발단계로 구분할 수 없는 경우에는 그 프로젝트에서 발생한 지출은 모두 연구단계에서 발생한 것으로 보아 당기 비용으로 인식한다.

56 내부창출한 상표는 신뢰성 있는 측정이 아니므로 무형자산이 아니다.

57 임차보증금은 기타비유동자산에 속한다.

58 외상매입금 50,000원 + 유동성장기부채 200,000원 + 단기차입금 200,000원 + 미지급비용 70,000원 + 선수금 90,000원 = 610,000원

59 • 매출원가 : 1,500,000×(1-0.30) = 1,050,000
 • 상품 : 기초재고 500,000+기중외상매입(1,150,000)
 = 매출원가 1,050,000+기말재고 600,000
 • 외상매입금 : 기초 400,000+기중외상매입 1,150,000
 = 기중외상지급 1,200,000+기말외상매입금 잔액(350,000)

60 퇴직급여충당부채는 부채성 항목에 해당한다.

61 정률법의 경우 매년 미상각잔액에 대하여 정해진 상각율을 적용하므로 상각액은 매년 감소한다.

62 연구단계에서 발생한 지출은 무형자산으로 인식할 수 없고 발생한 기간의 판매비와관리비에 속하는 연구비 계정으로 회계처리한다. 개발단계는 연구단계보다 훨씬 진전되어 있는 상태이므로 미래경제적효익이 있고 그 취득원가를 신뢰성있게 측정할 수 있으면 개발비 계정으로 무형자산으로 인식하고, 그 외의 경우는 경상개발비 계정(판매비와관리비)으로 처리한다.

63 퇴직급여충당부채는 비유동부채에 해당된다.

64 연구활동으로 인한 창업비, 개업비 등의 기타지출은 항상 당기비용으로 인식한다.(일반기업회계기준 실11.17)

4장 부채와 자본에 관한 회계 처리

1. ③	2. ③	3. ③	4. ③	5. ②
6. ③	7. ③	8. ②	9. ①	10. ②
11. ②	12. ③	13. ③	14. ②	15. ①
16. ③	17. ④	18. ②	19. ③	20. ④

<해설>

01 100,000+150,000-50,000+200,000-50,000+60,000-80,000+90,000-100,000 = 320,000원

02 기타자본변동은 자본에 대한 분류(자본금, 자본잉여금, 자본조정, 이익잉여금, 기타포괄손익누계액)에 해당되지 아니함.

04 감자차익은 자본잉여금에 해당함.

05 신주발행 시 주식할인발행차금 500만원을 주식발행초과금과 상계한다.
(차) 보통예금 5,000,000원 (대) 자본금 10,000,000원
주식발행초과금 5,000,000원
따라서, 20×1년 기말 재무상태표상 자본금 100,000,000원, 주식발행초과금 5,000,000원, 총자본은 105,000,000원으로 표시된다.

06 • 보기1번 : 주식 발행과 관련된 직접원가는 발행금액에서 차감하고, 간접원가는 당기 비용으로 인식한다.
• 2번과 3번 : 주식발행초과금(자본잉여금)은 400주×(6,000−5,000)−160,000=240,000이다. 4번 : 자본의 증가는 (400주×6,000)−160,000−20,000=2,220,000원이다.
• 간접원가를 비용처리하게 되면 자본의 감소원인이다.

07 무상증자는 동일한 금액의 자본 감소와 자본 증가를 가져오므로, 자산의 증감도 없고, 자본의 증감도 없다.
(예) (차) 이익준비금 100,000원 (대) 자본금 100,000원

08 기말자본금 : (12,000주+2,000주)×5,000원 = 70,000,000원

09 이익잉여금을 자본전입하므로 주식배당으로 자본금은 증가하고 이익잉여금은 감소한다.

10 주식할인발행차금은 자본조정에 속한다.

11 이익준비금의 계상은 자본총액에 변화가 없다.

12 ∴ 자본금 감소액 = 100,000,000× 5/5 − 100,000,000 × 4/5 = 20,000,000원
차) 자본금 20,000,000 대) 미처리결손금 18,000,000
감자차익 2,000,000

13 매도가능증권처분이익은 영업외수익으로 분류된다. 자본잉여금은 증자나 감자 등 주주와의 거래에서 발생하여 자본을 증가시키는 잉여금이다. 예를 들면, 주식발행초과금, 자기주식처분이익, 감자차익 등이 포함된다.

14 보기 1번과 3번은 자본조정항목이고, 4번은 기타포괄손익누계액이다.

15 보기 (ㄴ)은 주식발행초과금, (ㄷ)은 감자차익으로 자본잉여금이다.

16 보기3번은 자본잉여금이다.

17 ④는 자본의 분류 중 기타포괄손익누계액에 해당하며, 나머지는 자본조정항목에 해당한다.

18 단기매매증권에 대한 미실현보유손익(평가이익)은 당기손익항목으로 처리한다. 매도가능증권에 대한 미실현보유손익(평가이익)은 기타포괄손익누계액으로 처리하고, 당해 유가증권에 대한 기타포괄손익누계액은 그 유가증권을 처분하거나 손상차손을 인식하는 시점에 일괄하여 당기손익에 반영한다.

19 유효이자율법 적용 시 사채할증발행차금 상각액과 사채할인발행차금 상각액 모두 매년 증가한다.

20 비유동부채 중 보고기간종료일로부터 1년 이내에 자원의 유출이 예상되는 부분(유동성장기부채)은 유동부채로 분류한다.

 5장 결산과 재무제표(수익과 비용 포함)

 기본개념다지기

1.

월일	차 변 과 목	금 액	대 변 과 목	금 액
9/ 1	보 험 료	120,000	현 금	120,000
12/31	선급보험료	40,000	보 험 료	40,000
	손 익	80,000	보 험 료	80,000
1/ 1	보 험 료	40,000	선급보험료	40,000

보 험 료

9/ 1 현 금	120,000	12/31 선급보험료	40,000
		〃 손 익	80,000
	120,000		120,000
1/ 1 선급보험료	40,000		

선 급 보 험 료

12/31 보 험 료	40,000	**12/31 차 기 이 월**	**40,000**
1/ 1 전 기 이 월	40,000	1/ 1 보 험 료	40,000

< 해설 > : 120,000 ÷ 6 = 20,000 ×2 = 40,000(선급분)

2.

월일	차 변 과 목	금 액	대 변 과 목	금 액
3/ 1	현 금	600,000	임 대 료	600,000
12/31	임 대 료	100,000	선수임대료	100,000
	임 대 료	500,000	손 익	500,000
1/ 1	선수임대료	100,000	임 대 료	100,000

임 대 료

12/31 선수임대료	100,000	3/ 1 현 금	600,000
〃 손 익	500,000		
	600,000		600,000
		1/ 1 선수임대료	100,000

선 수 임 대 료

12/31 차 기 이 월	**100,000**	12/31 임 대 료	100,000
1/ 1 임 대 료	100,000	1/ 1 전 기 이 월	100,000

< 해설 > : 600,000÷12개월=50,000×2=100,000(선수분)

3.

월일	차 변 과 목	금 액	대 변 과 목	금 액
8/ 1	임 차 료	360,000	현 금	360,000
12/31	임 차 료	120,000	미지급임차료	120,000
	손 익	480,000	임 차 료	480,000
1/ 1	미지급임차료	120,000	임 차 료	120,000

임 차 료

8/1	현 금	360,000	12/31	손 익	480,000
12/31	미지급임차료	120,000			
		480,000			480,000
			1/1	미지급임차료	120,000

미 지 급 임 차 료

12/31	차 기 이 월	120,000	12/31	임 차 료	120,000
1/1	임 차 료	120,000	1/1	전 기 이 월	120,000

소 모 품

9/10	현 금	50,000	12/31	소 모 품 비	30,000
			"	차 기 이 월	20,000
		50,000			50,000
1/1	전 기 이 월	20,000			

소 모 품 비

12/31	소 모 품	30,000	12/31	손 익	30,000

4.

월일	차변과목	금 액	대변과목	금 액
7/1	현 금	90,000	이 자 수 익	90,000
12/31	미 수 이 자	60,000	이 자 수 익	60,000
	이 자 수 익	150,000	손 익	150,000
1/1	이 자 수 익	60,000	미 수 이 자	60,000

이 자 수 익

12/31	손 익	150,000	7/1	현 금	90,000
			12/31	미 수 이 자	60,000
		150,000			150,000
			1/1	미 수 이 자	60,000

미 수 이 자

12/31	이 자 수 익	60,000	12/31	차 기 이 월	60,000
1/1	전 기 이 월	60,000	1/1	이 자 수 익	60,000

5.

【 비용 처리법 】

월일	차변과목	금 액	대변과목	금 액
9/10	소 모 품 비	50,000	현 금	50,000
12/31	소 모 품	20,000	소 모 품 비	20,000
	손 익	30,000	소 모 품 비	30,000
1/`1	소 모 품 비	20,000	소 모 품	20,000

소 모 품 비

9/10	현 금	50,000	12/31	소 모 품	20,000
			"	손 익	30,000
		50,000			50,000
1/1	소 모 품	20,000			

소 모 품

12/31	소 모 품 비	20,000	12/31	차 기 이 월	20,000
1/1	전 기 이 월	20,000	1/1	소 모 품 비	20,000

【 자산처리법 】

월일	차변과목	금 액	대변과목	금 액
9/10	소 모 품	50,000	현 금	50,000
12/31	소 모 품 비	30,000	소 모 품	30,000
	손 익	30,000	소 모 품 비	30,000
1/`1	분 개 없 음			

단원 대표 문제

1. ④	**2.** ④	**3.** ①	**4.** ③	**5.** ①
6. ②	**7.** ①	**8.** ④	**9.** ③	**10.** ②
11. ③	**12.** ④	**13.** ①	**14.** ④	**15.** ④
16. ②	**17.** ②	**18.** ④	**19.** ①	**20.** ②
21. ③	**22.** ①	**23.** ④		

< 해 설 >

01 재무제표를 통해 제공되는 정보는 다음의 예와 같은 특성과 한계를 갖고 있다.
(가) 재무제표는 화폐단위로 측정된 정보를 주로 제공한다.
(나) 재무제표는 대부분 과거에 발생한 거래나 사건에 대한 정보를 나타낸다.
(다) 재무제표는 추정에 의한 측정치를 포함하고 있다.
(라) 재무제표는 특정기업실체에 관한 정보를 제공하며, 산업 또는 경제 전반에 관한 정보를 제공하지는 않는다.

02 재무제표는 재무상태표, 손익계산서, 현금흐름표, 자본변동표 및 주석으로 구분하여 작성하며, 다음의 사항을 각 재무제표의 명칭과 함께 기재한다. (1) 기업명 (2) 보고기간종료일 또는 회계기간 (3) 보고통화 및 금액단위

03 거래식별→분개→전기→수정전시산표 작성→기말수정분개→수정후시산표→수익·비용계정 마감→집합손익계정의 마감→자산·부채·자본계정 마감→재무제표 작성

04 손익계산서는 매출총손익·영업손익·법인세비용차감전순손익 및 당기순손익으로 구분 표시된다.

05 ①은 사채 계정의 부가적인(+) 평가 계정이다. ②는 재고자산의 차감인 평가 계정이고, ③은 자산의 채권관련 계정의 차감적인 평가 계정이고, ④는 유형자산의 차감적인 평가 계정이다.

06 • 손익의 이연 : 선수수익, 선급비용
• 손익의 예상 : 미수수익, 미지급비용

07 누락된 분개 (차) 미수수익(자산) ××× (대)이자수익(수익) ××× : 자산이 과소, 수익이 과소, 당기순이익 과소, 자본이 과소계상 된다.

08 • 미지급임차료 회계처리 : (차) 임차료(비용) ××× (대) 미지급비용(부채) ×××
• 회계처리되지 않았을 경우 : 비용 과소계상, 순이익 과대계상, 부채 과소계상, 자본 과대계상

09 선급비용, 단기투자자산, 미수금은 유동자산이며, 건설중인자산, 개발비, 영업권은 비유동자산이다.

10 매출액 100,000,000−매출원가 60,000,000−인건비 4,000,000 − 광고비 6,000,000 = 30,000,000원

11 • 매출총이익 = 매출액−매출원가, 400,000원 = 1,000,000원−600,000원
   • 영업이익 = 매출총이익−판매비와관리비, 270,000원 = 400,000원−(급여 100,000원+접대비 30,000원)
   • 당기순이익 = 영업이익+영업외수익−영업외비용, 200,000원 = 270,000원+0원−(이자비용 50,000원+기부금 20,000원)

12 장기대여금과 같은 기타채권에 대하여 대손충당금을 설정할 경우, 차변에 기타의 대손상각비(영업외비용)로 처리되므로, 영업이익에서 차감되어 법인세비용차감전순손익의 금액이 감소된다.

13 • 90,000원 = 100,000+15,000−25,000
   • 감자차익은 자본잉여금에 속하고, 매도가능증권평가손실은 기타포괄손익누계액에 속하여 당기순이익에 영향을 미치지 않는다.

14 성격과 가치가 유사한 재화나 용역간의 교환은 수익을 발생시키는 거래로 보지 않는다.

15 차변만 이중으로 전기한 경우, 차변 합계금액이 대변 합계금액보다 커지므로 오류를 발견할 수 있다.

16 • 매출원가는 제품, 상품 등의 매출액에 대응되는 원가로서 판매된 제품이나 상품 등에 대한 제조원가 또는 매입원가이다.
   • 재고자산 매입에 따른 매입운임은 매입원가에 포함된다.
   • 재고자산의 시가가 장부금액 이하로 하락하여 발생한 손실은 재고자산의 차감 계정으로 표시하고 매출원가에 가산한다. 재고자산의 장부상 수량과 실제 수량과의 차이에서 발생하는 감모손실의 경우 정상적으로 발생한 감모손실은 매출원가에 가산하고 비정상적으로 발생한 감모손실은 영업외비용으로 분류한다.
   • 재료원가 중 비정상적으로 낭비된 부분은 재고자산 원가에 포함하지 않고, 발생한 기간의 비용으로 인식한다.

17 단기투자자산, 선급비용은 유동자산이며, 장기대여금, 투자부동산, 지분법적용투자주식은 투자자산이고, 건설중인자산은 유형자산이며, 임차보증금, 장기미수금은 기타비유동자산이다.

18 차변의 계정과목을 선급금(자산)이 아닌 매출원가(비용)로 회계처리하여, 비용이 과대(자본이 과소), 자산이 과소계상된다.

19 보기3번 : 일괄표시할 수 있다. 일괄표시하는 경우에는 적절한 항목으로 구분하여 주석으로 기재한다.

20 차변의 계정과목을 선급금(자산)이 아닌 차량유지비(비용)로 회계처리하여, 비용이 2,000,000원 과대계상된다.

21 보험료 지급 시 자산처리법 (차) 선급보험료 (대) 현금으로 한 경우 기간 경과분 보험료의 계상을 누락하면 당기에 속하는 보험료를 과소계상하므로 비용의 과소계상되고 당기순이익 및 자본이 과대계상되며, 선급비용을 소멸시키지 않아 자산이 과대계상된다.

22 손익계산서에서 영업이익이 산출되는 과정 중에 발생되는 거래로 매출환입에 해당한다.

23 미지급금은 일반적 상거래 이외에서 발생한 지급기일이 도래한 확정채무를 말한다.

 기본개념다지기-1

 원가의 흐름

1.

No.	구 분	차변과목	금 액	대변과목	금 액
(1)	매입액분개	재 료	1,700,000	외상매입금	1,700,000
(2)	출고액분개	재 료 비	1,600,000	재 료	1,600,000
(3)	소비액분개	재 공 품 제조간접비	1,300,000 300,000	재 료 비	1,600,000

재 료			
전월이월	300,000	재료비	1,600,000
외상매입금	1,700,000	차월이월	400,000
	2,000,000		2,000,000

재 료 비			
재 료	1,600,000	제 좌	1,600,000

2.

No.	구 분	차변과목	금 액	대변과목	금 액
(1)	지급액분개	급 여	1,200,000	현 금	1,200,000
(2)	발생액분개	노 무 비	1,260,000	급 여	1,260,000
(3)	소비액분개	재 공 품 제조간접비	960,000 300,000	노 무 비	1,260,000

급 여			
현 금	1,200,000	전월이월	100,000
차월이월	160,000	노무비	1,260,000
	1,360,000		1,360,000

노 무 비			
급 여	1,260,000	제 좌	1,260,000

3.

No.	구 분	차변과목	금 액	대변과목	금 액
(1)	지급액분개	보 험 료	250,000	현 금	250,000
(2)	발생액분개	제 조 경 비	200,000	보 험 료	200,000
(3)	소비액분개	제조간접비	200,000	제 조 경 비	200,000
(4)	월차손익대체분개	월 차 손 익	60,000	보 험 료	60,000

보 험 료			
전월이월	40,000	제조경비	200,000
현 금	250,000	월차손익	60,000
		차월이월	30,000
	290,000		290,000

제 조 경 비			
보험료	200,000	제조간접비	200,000

제 조 간 접 비	
제조경비	200,000

월 차 손 익	
보험료	60,000

4.

No.	구 분	차변과목	금 액	대변과목	금 액
(1)	지급액분개	임 차 료	300,000	현　　금	300,000
(2)	소비액분개	제조간접비	280,000	임 차 료	280,000
(3)	월차손익분개	월 차 손 익	40,000	임 차 료	40,000

임 차 료

전월이월 60,000	제조간접 280,000
현　금 300,000	월차손익 40,000
	차월이월 40,000
360,000	360,000

제 조 간 접 비

임차료 280,000	

월 차 손 익

임차료 40,000	

5.

제 조 간 접 비

재료비 300,000	재공품 1,200,000
노무비 500,000	
제조경비 400,000	
1,200,000	1,200,000

재 공 품

전월이월 200,000	제 품 2,700,000
재료비 1,000,000	차월이월 300,000
노무비 600,000	
제조간접비 1,200,000	
3,000,000	3,000,000

No.	구 분	차변과목	금 액	대변과목	금 액
(1)	제조간접비배부분개	재 공 품	1,200,000	제조간접비	1,200,000
(2)	완성품제조원가분개	제　　품	2,700,000	재공품	2,700,000

6.

제 품

전월이월 400,000	제품매출원가 2,500,000
재 공 품 2,700,000	차 월 이 월 600,000
3,100,000	3,100,000

No.	구 분	차변과목	금 액	대변과목	금 액
(1)	매출원가분개	제품매출원가	2,500,000	제　　품	2,500,000

7.

제 품 매 출

월차손익 4,000,000	외상매출금 4,000,000

월 차 손 익

제품매출원가 2,500,000	제품매출 4,000,000
각종경비항목 300,000	
연차손익 1,200,000	
4,000,000	4,000,000

제 품 매 출 원 가

제 품 2,500,000	월차손익 2,500,000

No	구 분	차변과목	금 액	대변과목	금 액
(1)	매출액분개	외상매출금	4,000,000	제품매출	4,000,000
(2)	매출원가월차손익	월차손익	2,500,000	제품매출원가	2,500,000
(3)	각종경비항목월차손익대체	월차손익	300,000	각종경비항목	300,000
(4)	매출액월차손익대체	제품매출	4,000,000	월차손익	4,000,000
(5)	영업이익연차손익대체	월차손익	1,200,000	연차손익	1,200,000

8.

No.	차 변 과 목	금 액	대 변 과 목	금 액
(1)	재　　료	2,400,000	외 상 매 입 금	2,400,000
(2)	급　　여	1,600,000	당 좌 예 금	1,600,000
(3)	임 차 료	600,000	현　　금	600,000
(4)	재 료 비	2,500,000	재　　료	2,500,000
(5)	노 무 비	1,700,000	급　　여	1,700,000
(6)	재 공 품 2,000,000 제조간접비 500,000		재 료 비	2,500,000
(7)	재 공 품 1,400,000 제조간접비 300,000		노 무 비	1,700,000
(8)	제 조 간 접 비	400,000	임 차 료	400,000
(9)	재 공 품	1,200,000	제조간접비	1,200,000
(10)	제　　품	4,700,000	재 공 품	4,700,000
(11)	외 상 매 출 금 5,000,000 제품매출원가 4,400,000		제 품 매 출 5,000,000 제　　품 4,400,000	
(12)	제 품 매 출 5,000,000 월 차 손 익 4,540,000		월 차 손 익 5,000,000 제품매출원가 4,400,000 임 차 료 140,000	
(13)	월 차 손 익	460,000	연차손익	460,000

재 료

전월이월 500,000	재료비 2,500,000
외상매입금 2,400,000	차월이월 400,000
2,900,000	2,900,000

제 조 간 접 비

재료비 500,000	재공품 1,200,000
노무비 300,000	
임차료 400,000	
1,200,000	1,200,000

재 료 비

재 료 2,500,000	제 좌 2,500,000

급 여

당좌예금 1,600,000	전월이월 300,000
차월이월 400,000	노무비 1,700,000
2,000,000	2,000,000

노 무 비

급 여 1,700,000	제 좌 1,700,000

재 공 품

전월이월 400,000	제 품 4,700,000
재 료 비 2,000,000	차월이월 300,000
노 무 비 1,400,000	
제조간접비 1,200,000	
5,000,000	5,000,000

제 품

전월이월 200,000	제품매출원가 4,400,000
재 공 품 4,700,000	차월이월 500,000
4,900,000	4,900,000

임 차 료

전월이월 100,000	제조간접비 400,000
현　금 600,000	월차손익 140,000
	차월이월 160,000
700,000	700,000

제 품 매 출 원 가

제 품 4,400,000	월차손익 4,400,000

제 품 매 출

월차손익 5,000,000	외상매출금 5,000,000

월 차 손 익

제품매출원가 4,400,000	제품매출 5,000,000
임 차 료 140,000	
연차손익 460,000	
5,000,000	5,000,000

03 요소별 원가계산

1.

No.	구 분	차변과목	금 액	대변과목	금 액
재료 매입 시	재 료	800,000	외상매입금	800,000	
재료 출고 시	재 료 비	950,000	재 료	950,000	
재료 소비 시	재 공 품	700,000	재 료 비	950,000	
	제조간접비	250,000			
재료감모손실발생	재료감모손실	30,000	재 료	30,000	
재료감모손실처리	제조간접비	20,000	재료감모손실	30,000	
	손 익	10,000			

```
          재         료                    재   료   비
전월이월 250,000  재료비  950,000     재 료 950,000  제 좌 950,000
외상매입금 800,000  재료감모손실 30,000
                  차월이월 70,000              재료감모손실
        1,050,000        1,050,000     재 료 30,000  제 좌 30,000
```

2.

No.	구 분	차변과목	금 액	대변과목	금 액
(1)	임금지급시분개	급 여	2,450,000	소득세예수금	70,000
				의료보험료예수금	40,000
				현 금	2,340,000
(2)	임금발생액분개	노 무 비	2,450,000	급 여	2,450,000
(3)	노무비소비시분개	재 공 품	1,592,500	노 무 비	2,450,000
		제조간접비	857,500		

```
          급        여                    지 급 어 음
제 좌 2,450,000  노무비 2,450,000    급 여 2,450,000  제 좌 2,450,000

          재        공   품                제 조 간 접 비
노무비 1,592,500                      노무비 857,500
```

3.

월할제조경비	측정제조경비	지급제조경비	발생제조경비
(3) (9) (10) (11)	(2) (5)	(1) (4) (6) (8) (12)	(7)

4.

(1)	₩50,000	(2)	₩120,000	(3)	₩80,000	(4)	120,000
(5)	₩300,000	(6)	₩480,000	(7)	₩85,000	(8)	₩50,000

【 해설 】
(1) 600,000÷12 = 50,000   (2) 720,000÷6 = 120,000
(3) 480,000÷6 = 80,000   (4) (1,250−850)×300=120,000
(5) 당월 측정액 = 소비액
(6) 500,000 + 40,000 − 60,000 = 480,000
(7) 120,000 − 15,000 − 20,000 = 85,000
(8) 350,000 − 300,000 = 50,000

04 원가의 배부

5. ① 240,000÷800,000=0.3   ② 500,000×0.3=150,000

6. ① 520,000÷400,000=1.3   ② 150,000×1.3=195,000

7. ① 600,000÷2,000,000=0.3
   ② 800,000×0.3=240,000
   ③ 500,000+300,000+240,000=1,040,000

8. ① 2,000,000÷5,000=400   ② 2,000×400=800,000

9. ① 1,000,000÷4,000=250   ② 1,200×250=300,000

10.

No.	차변과목	금 액	대변과목	금 액
(1)	재 공 품	800,000	제 조 간 접 비	800,000
(2)	제 조 간 접 비	830,000	재 료 비	350,000
			노 무 비	230,000
			제 조 경 비	250,000
(3)	제조간접비배부차이	30,000	제 조 간 접 비	30,000

05 개별원가계산

11. 원 가 계 산 표

비목	지시서#1	지시서#2	합 계
직 접 재 료 비	400,000	100,000	500,000
직 접 노 무 비	500,000	178,000	678,000
직 접 경 비	30,000	–	30,000
제 조 간 접 비	120,000	30,000	150,000
합 계	1,050,000	308,000	1,358,000

```
          재          료                      노  무  비
전월이월 80,000  재료비 550,000      현 금 720,000  전월이월 60,000
외상매입금 840,000  차월이월 370,000     차월이월 48,000  제 좌 708,000
        920,000        920,000        768,000        768,000

          제  조  경  비                      재  공  품
전월이월 10,000  제 좌 100,000      재료비 500,000  제 품 1,050,000
현 금 150,000  차월이월 60,000      노무비 678,000  차월이월 308,000
        160,000        160,000      제조경비 30,000
                                    제조간접 150,000
                                          1,358,000        1,358,000
```

【 해설 】
▶ 제조간접비의 계산은? 각 원가요소 계정 대변의 소비액에서 직접 소비액인 지시서 #1, #2의 소비액을 차감한 나머지를 간접비로 계산한다.

1. 간접재료비 : 550,000 − (400,000+100,000) = 50,000
2. 간접노무비 : 708,000 − (500,000+178,000) = 30,000
3. 간 접 경 비 : 100,000 − 30,000 = 70,000

06 부문별원가계산

12.

보 조 부 문 비 배 부 표

비 목	배부기준	금 액	제 조 부 문		보 조 부 문	
			절단부문	조립부문	동력부문	수선부문
자기부문발생액		1,090,000	400,000	350,000	140,000	200,000
보조부문비배부						
동력부문비	Kw/h	140,000	87,500	52,500		
수선부문비	수선횟수	200,000	100,000	100,000		
보조부문비배부액		340,000	187,500	152,500		
제조부문비합계		1,090,000	587,500	502,500		

차 변 과 목	금 액	대 변 과 목	금 액
절 단 부 문 비	187,500	동 력 부 문 비	140,000
조 립 부 문 비	152,500	수 선 부 문 비	200,000

13.

보 조 부 문 비 배 부 표

비 목	배부기준	제 조 부 문		보 조 부 문	
		절단부문	조립부문	수선부문	동력부문
자기부문발생액		400,000	350,000	200,000	140,000
보조부문비배부					
동력부문비	Kw/h	70,000	42,000	28,000	
수선부문비	수선횟수	114,000	114,000	228,000	
제조부문비합계		584,000	506,000		

차 변 과 목	금 액	대 변 과 목	금 액
절 단 부 문 비	184,000	수 선 부 문 비	200,000
조 립 부 문 비	156,000	동 력 부 문 비	140,000

14.

보 조 부 문 비 배 부 표

비 목	제 조 부 문		보 조 부 문	
	절단부문	조립부문	동력부문	수선부문
자기부문발생액	400,000	350,000	140,000	200,000
보조부문비배부				
동력부문비	93,750	56,250	(187,500)	37,500
수선부문비	95,000	95,000	47,500	237,500
제조부문비합계	588,750	501,250	0	0

차 변 과 목	금 액	대 변 과 목	금 액
절 단 부 문 비	188,750	동 력 부 문 비	140,000
조 립 부 문 비	151,250	수 선 부 문 비	200,000

[해설]

1. 동력부문은 수선부문이 생산한 용역의 800/4,000(20%)를 제공받고, 수선부문 역시 동력부문이 생산한 용역의 2,000/10,000(20%)를 제공받았다.

2. 보조부문의 총원가식
   (동력부문의 총원가 : X,　수선부문의 총원가 : Y)
   $\left.\begin{array}{l} X = 140,000 + 0.2Y \\ Y = 200,000 + 0.2X \end{array}\right\}$ 연립방정식을 세워야 한다.

3. $X = 140,000 + 0.2(200,000 + 0.2X)$

07 종합원가계산

15.

구 　 분		계 산 과 정	답
완성품환산량의	직접재료비	3,100－(600×100%)＋(500×100%)	3,000개
계 　 산	가 공 비	3,100－(600×20%)＋(500×40%)	3,180개
완성품환산량	직접재료비	1,050,000÷3,000개	@₩350
단 위 원 가	가 공 비	1,590,000÷3,180개	@₩500
월말재공품	직접재료비	500×350	₩175,000
원가의계산	가 공 비	200×500	₩100,000
	합 　 계	175,000＋100,000	₩275,000
완 성 품 원 가		248,000＋2,640,000－275,000	₩2,613,000

16.

구 　 분		계 산 과 정	답
완성품환산량의	직접재료비	3,000＋(1,000×100%)	4,000개
계 　 산	가 공 비	3,000＋(1,000×60%)	3,600개
완성품환산량	직접재료비	(72,000＋288,000)÷4,000개	@₩90
단 위 원 가	가 공 비	(48,000＋240,000)÷3,600개	@₩80
월말재공품	직접재료비	1,000×90	₩90,000
원가의계산	가 공 비	600×80	₩48,000
	합 　 계	90,000＋48,000	₩138,000
완 성 품 원 가		120,000＋528,000－138,000	₩510,000
단 위 당 원 가		510,000÷3,000개	@₩170

17.

단일종합원가계산표

적 　 요	직접재료비	가공비	합 계
월 초 재 공 품 원 가	(64,000)	(27,000)	(91,000)
당 월 총 제 조 원 가	(800,000)	493,000	(1,293,000)
합 　 계	(864,000)	(520,000)	(1,384,000)
월 말 재 공 품 원 가	(80,000)	(30,000)	(110,000)
당 월 제 품 재 조 원 가	(784,000)	(490,000)	(1,274,000)
당 월 완 성 품 수 량	9,800개	9,800개	9,800개
단 위 당 원 가	@₩80	@₩50	@₩130

재　공　품

전 월 이 월	91,000	제　　품	(1,274,000)
재 료 비	800,000	차 월 이 월	(110,000)
노 무 비	(243,000)		
제 조 간 접 비	250,000		
	(1,384,000)		(1,384,000)

[해설]

① 월말재공품수량은 월초재공품수량 + 당월착수수량 = 당월완성품수량 + 월말재공품수량의 공식을 이용한다. 따라서, 800개 + 10,000개 － 9,800개 = 1,000개

② 월말재공품 직접재료비 : (64,000＋800,000)×1,000/9,800 ＋1,000 = 80,000

③ 월말재공품 가공비 : (27,000＋493,000)×600개/9,800 + 600 = 30,000

18.

공정별종합원가계산표

적 요	제1공정	제2공정	합 계
재 료 비	175,000	235,000	410,000
당 월 가 공 비	90,000	115,000	205,000
전 공 정 비	–	244,000	–
당 월 총 제 조 비 용	265,000	594,000	615,000
월 초 재 공 품 원 가	40,000	62,500	102,500
합 계	305,000	656,500	717,500
월 말 재 공 품 원 가	61,000	75,000	136,000
당 월 제 품 제 조 원 가	244,000	581,500	581,500
당 월 완 성 품 수 량	800개	1,000개	
단 위 당 원 가	@₩305	@₩581.50	

▶305,000×200/1,000=61,000(월말재공품)

 08 재무제표

19.

제 조 원 가 명 세 서

과 목	금	액
재 료 비		
기 초 재 료 재 고 액	150,000	
당 기 재 료 매 입 액	1,500,000	
계	1,650,000	
기 말 재 료 재 고 액	(200,000)	1,450,000
노 무 비		
급 여	850,000	
퇴 직 급 여	170,000	1,020,000
경 비		
전 력 비	80,000	
감 가 상 각 비	60,000	
수 선 비	50,000	
보 험 료	70,000	
가 스 수 도 비	30,000	
외 주 가 공 비	130,000	420,000
당 기 총 제 조 비 용		2,890,000
기 초 재 공 품 재 고 액		250,000
합 계		3,140,000
기 말 재 공 품 재 고 액		(350,000)
당 기 제 품 제 조 원 가		2,790,000

20.

제 조 원 가 명 세 서

과 목	금	액
재 료 비		
기 초 재 료 재 고 액	120,000	
당 기 재 료 매 입 액	224,000	
계	344,000	
기 말 재 료 재 고 액	(150,000)	194,000
노 무 비		
급 여	368,000	368,000
경 비		
감 가 상 각 비	77,000	
복 리 후 생 비	102,000	179,000
당 기 총 제 조 비 용		741,000
기 초 재 공 품 재 고 액		128,000
합 계		869,000
기 말 재 공 품 재 고 액		(180,000)
당 기 제 품 제 조 원 가		689,000

포괄손익계산서(기능별)

과 목	금	액
매 출 액		1,400,000
매 출 원 가		(679,000)
기 초 제 품 재 고 액	150,000	
당 기 제 품 제 조 원 가	689,000	
기 말 제 품 재 고 액	(160,000)	
매 출 총 이 익		721,000
판 매 비 와 관 리 비		(449,000)
[급 여]	92,000	
[복 리 후 생 비]	357,000	
영 업 이 익		272,000
기 타 (영 업 외) 수 익		100,000
[잡 이 익]	100,000	
기 타 (영 업 외) 비 용		(51,000)
[복 리 후 생 비]	51,000	
당 기 순 이 익		321,000

단원대표문제 / 원가회계편

1. ④	2. ①	3. ②	4. ②	5. ②
6. ④	7. ①	8. ②	9. ④	10. ②
11. ③	12. ①	13. ④	14. ②	15. ③
16. ③	17. ①	18. ①	19. ③	20. ①
21. ③	22. ②	23. ③	24. ②	25. ④
26. ①	27. ③	28. ④	29. ③	30. ②
31. ②	32. ③	33. ②	34. ②	35. ②
36. ①	37. ③	38. ②	39. ①	40. ④
41. ①	42. ④	43. ④	44. ①	45. ③
46. ③	47. ②	48. ④	49. ③	50. ④
51. ④	52. ②	53. ②	54. ①	55. ③
56. ①	57. ②	58. ③	59. ④	60. ②
61. ②	62. ③	63. ①	64. ④	65. ①
66. ④	67. ④	68. ④	69. ②	

< 해설 >

01 원가회계는 일반적 기업의 내부적 의사결정목적으로 작성된다.

02 직접노무비는 가공비에도 포함된다.

03 관련원가란 의사결정에 영향을 미치는 원가로서 여러 대안 사이에 차이가 나는 미래원가이다.

04 박스는 고정원가(고정비)에 대한 설명이다.

05 직접원가와 간접원가

06 • 변동원가는 조업도에 따라 총원가가 비례적으로 증가하며, 고정원가는 조업도와 무관하게 총원가는 일정하다.
• 준변동원가는 조업도에 따라 총원가가 비례적으로 증가하다가 일정조업도 이후에는 단위당 변동비가 달라지므로 비율을 달리하여 총원가가 비례적으로 증가한다.
• 준고정원가는 조업도와 무관하게 총원가가 일정하게 유지되다가 일정조업도 이후 총원가가 증가한 후에 다시 일정하게 유지된다.

07 변동비에 대한 그래프로서 직접재료비와 직접노무비 등이 있다.

08 준고정원가란 특정범위의 조업도구간(관련범위)에서는 원가발생이 변동없이 일정한 금액으로 고정되어 있으나, 조업도 수준이 그 관련범위를 벗어나면 일정액만큼 증가 또는 감소하는 원가로서 투입요소의 불가분성 때문에 계단형의 원가행태를 지니므로 계단원가라고도 한다. 생산량에 따른 설비자산의 구입가격 또는 임차료, 생산감독자의 급여 등이 이에 해당한다.

09 고정원가와 변동원가가 혼합된 것으로 사용량과 무관하게 발생하는 기본요금과 사용량에 따라 비례적으로 발생하는 추가요금이 혼합된 준변동원가에 해당한다.

10 과거의 의사결정에 의해 이미 발생된 원가로서 현재 이후 어떤 의사결정을 하더라도 회수할 수 없는 원가를 매몰원가라 한다.

11 • 당기제품제조원가 = 기초재공품재고액 + 당기총제조비용 − 기말재공품재고액
= 300,000원 + 1,000,000원 − 400,000원 = 900,000원
• 당기제품매출원가 = 기초제품재고액 + 당기제품제조원가 − 기말제품재고액
= 200,000원 + 900,000원 − 300,000원 = 800,000원
• 판매가능재고액 = 기초제품재고액 + 당기제품제조원가
= 200,000원 + 900,000원 = 1,100,000원

12 매출원가 = 기초제품+당기제품제조원가−기말제품
즉, 당기제품제조원가 = 매출원가−기초제품+기말제품 = 490,000원
당기제품제조원가 = 기초재공품+당기총제조원가−기말재공품
즉, 당기총제조원가 = 당기제품제조원가−기초재공품+기말재공품 = 505,000원

13 • 당기총제조원가는 직접재료비+직접노무비+제조간접비 합계액이다. 기초재공품과 당기총제조원가, 기말재공품에 임의의 금액을 재공품 계정에 대입해 보면,

재 공 품			
기 초 재 공 품	100	당기제품제조원가	(480)
당 기 총 제 조 원 가	500	기 말 재 공 품	120

• 당기총제조원가 500원 >당기제품제조원가 480원이 되는데 이 경우는 기초재공품액이 기말재공품액보다 더 작은 경우이다.

14 원가의 흐름 순서는 원재료 → 재공품 → 제품이다.

15 직접노무비는 기초원가와 가공비(가공원가) 양쪽 모두에 해당된다.

16 • 가공비 = 직접노무비 + 제조간접비
• 직접노무비 = (직접노무비 + 제조간접비) × 0.2
• 직접노무비 = (직접노무비 + 45,000원) × 0.2
위 식을 직접노무비에 대하여 풀면, 직접노무비 = 11,250원

17 • 직접재료비 소비액
= 8,000원 + 45,000원 − 6,000원 = 47,000원
• 직접노무비 = 총제조원가−직접재료비 소비액−제조간접비
= 109,000원−47,000원−27,000원 = 35,000원

18 기말재공품재고액
= 200,000(기초재공품재고액) + 1,500,000(당기총제조원가) − 당기제품제조원가(1,620,000−300,000+180,000)=200,000

19 800,000 + 400,000 = 1,200,000
(당기총제조원가) 1,200,000 × 2/6 = 400,000

20 500,000+20,000−60,000=460,000원

21 1,300,000원 − 230,000원 + 360,000원 = 1,430,000원

22 • 제조간접비 = 5,204,000원 × 24% = 1,248,960원
• 직접노무비 = 1,248,960원 ÷ 75% = 1,665,280원
• 직접재료비 = 5,204,000원 − 1,248,960원 − 1,665,280원 = 2,289,760원

23 재료 계정을 연상하면서, 재료소비액 일부누락은 → 재료의 기말재고금액 과다 → 재공품계정 : 당기총제조원가 감소 → 제품계정 : 당기제품제조원가 감소 → 제품 매출원가 감소 → 당기순이익 증가

24 • 당기제품제조원가(850,000원) = 직접재료비+직접노무비+변동제조간접비+고정제조간접비+기초재공품－기말재공품
= 200,000원＋300,000원＋300,000원＋100,000원＋250,000－기말재공품(？)
• 따라서 기말재공품원가는 300,000원이 된다.

25 • 기말재공품액－기초재공품액 = 당기총제조원가－당기제품제조원가
• 따라서, 기말재공품액 ＞ 기초재공품액 = 당기총제조원가 ＞ 당기제품제조원가

26 당기총제조원가 = 직접재료비+직접노무비+제조간접비

27 • 당기총제조원가 = 직접재료비 + 직접노무비 + 제조간접비 = 600,000원
• 직접비(기본원가) = 직접재료비+직접노무비 = 300,000원
• 따라서 제조간접비는 300,000원이 된다.

28

재 공 품			
기 초 재 공 품	0	제 조 원 가	1,500,000
당기총제조원가	(2,000,000)	기 말 재 공 품	500,000

30 실제배부법은 계절별 생산량이 큰 차이가 있는 경우에 제품의 단위당 원가가 계절별로 다르게 되는 문제점이 있다.

31 • 직접노동시간당 제조간접비예정배부율 6,000,000원÷120,000시간 = 50원/시간
• 10월 제조간접비예정배부=15,000시간×50원= 750,000원
• 배부차이 : 750,000원(예정배부액) ＜ 1,000,000원(실제배부액)=250,000원 과소배부

32 10,000원× 800시간 + 1,000,000원 = 9,000,000원

33 • 예정배부액－실제발생액(500,000) = 100,000원 (과대배부)
• 예정배부액 = 600,000원
• 예정배부액 600,000원 = 실제직접노무시간(20,000시간) × 예정배부율
• 예정배부율 = 30원/시간당

34 • 제조간접비 과대배부 : 실제발생액 ＜예정배액
• 실제발생액(2,150,000) + 과대배부액(250,000) = 제조간접비배부액(2,400,000)
• 제조간접비 예정배부율 = 2,400,000 ÷ 75,000 = 32
• 제조간접비 예상액 = 70,000 × 32 = 2,240,000

35 노무관리부문은 종업원수로 배부하는 것이 합리적이다.

36 단일배분율법은 보조부문원가의 행태별 배분 방식이다.

37 • 보조부문간 용역수수 관계를 전혀 고려하지 않고 제조부문에 직접 배부하는 방법은 직접배부법이다.
• 보조부문간 배부순서를 정하고 단계적으로 다른 보조부문과 제조부문에 배부하는 방법은 단계배부법이다.
• 보조부문간 용역수수 관계를 완전하게 고려하는 방법은 상호배부법이다.

38 • 직접배부법은 보조부문의 자가용역을 고려하지 않는다.
• 보조부문비 총액 중 일부만 제조부문에 배부되는 것이 아니라 전체가 배부되어야만 한다.
• 상호배부법은 보조부문간 용역제공 관계를 고려하여야 한다.

39 보조부문 상호간의 용역수수를 완전히 고려하는 방법은 상호배부법이다.

40 • 직접배부법 : 보조부문상호간 용역수수 완전무시 → 간단, 정확성·신뢰도 가장 낮음
• 단계배부법 : 직접배부법과 상호배부법의 절충
• 상호배부법 : 보조부문상호간 용역수수 완전인식 → 복잡, 정확도·신뢰도 가장 높음

41 이중배분율법도 단일배분율법과 같이 직접배분법, 단계배분법, 상호배분법을 적용할 수 있다.

42 • X부문 배액(105,000원)=150,000원×(700회/1,000회)
• Y부문 배액(187,500원)=250,000원×(1,500회/2,000회)
• B부문 총제조간접비(492,500원)=200,000원+105,000원+187,500원

43 전력부문(제조간접비 200,000원)－제조부문 및 수선부문에 1차 배분하므로 수선부문은 200,000×100kw/(300+100+100)kw = 40,000원을 합산한 400,000원(360,000+40,000)을 조립부문 및 절단부문에 수선시간을 기준으로 배부한다.
∴ 절단부문의 제조간접비배부액 = 400,000원×40시간/(10+40)시간 = 320,000원

44 화학공업은 제품을 연속적으로 대량생산하므로 종합원가계산방법이 적합하다.

45 개별원가계산은 각 개별작업별로 원가를 집계하여 제품별 원가계산을 하는 방법이기 때문에 제품별로 손익분석 및 계산이 용이하다.

46 • 월초제품 + 지시서 #1, #2 - 월말제품 = 매출원가
• 50,000원 + (52,000원 + 70,000원) - 40,000 = 132,000

47 • #101 제조간접비 배부(1,620,000) = 600시간× 2,700원
• 제품 단위당 원가(5,850) = (1,620,000 + 1,350,000 + 2,880,000) / 1,000단위

48 예정제조간접비배부액 = 개별제품등의 실제조업도(실제 배분 기준) × 제조간접비 예정배부율

49

구 분	종합원가계산	개별원가계산
핵심과제	완성품환산량 계산	제조간접비 배분
업 종	통조림제조업	조선업
원가집계	공정 및 부문별 집계	개별작업별 집계
장 점	경제성 및 편리함	정확한 원가계산

50 종합원가계산에서는 완성품환산량을 계산한 후 완성품원가와 기말재공품원가를 구한다.

51 개별원가계산은 작업원가표에 의하여 원가를 배분하며, 종합원가계산은 완성품환산량을 기준으로 원가를 배분한다.

52 정상공손은 제품제조원가로 산입하고, 비정상공손은 영업외비용으로 처리한다.

53 전공정원가는 전공정에서 원가가 모두 발생하였기 때문에 100%로 계산된다. 따라서 완성도에 관계없이 항상 완성품환산량의 완성도가 항상 가장 높은 것은 전공정원가이다.

54 500,000(직접노무비) + 600,000/0.4(제조간접원가) = 2,000,000원

55 재료비 : 착수한 수량 500개이며, 가공비 : (완성수량400개 + 기말재공품×50%) = 450개

57 재료비 60,000개, 가공비 55,000개{50,000+(10,000×50%)}

58 재료비 완성품환산량 : 20,000−5,000+10,000 = 25,000개
가공비 완성품환산량 : 20,000−5,000×0.2+10,000×0.4
= 23,000개

59 선입선출법은 당기작업량과 당기투입원가에 중점을 맞추고 있으므로 계획과 통제 및 제조부문의 성과평가에도 유용한 정보를 제공할 수 있다.

60 전기와 당기발생원가를 각각 구분하여 완성품환산량을 계산하기 때문에 보다 정확한 원가계산이 가능하고 원가통제 등에 더 유용한 정보를 제공하는 물량흐름의 가정은 선입선출법이다.

61 • 선입선출법에 의한 재료비 완성품환산량 : 2,600개−200개 + 500개 = 2,900개
• 평균법에 의한 재료비 완성품환산량 : 2,600개+500개 = 3,100개
• 선입선출법과 평균법에 의한 재료비의 완성품환산량 차이 : 3,100개−2,900개 = 200개

62 당기매출원가는 손익계산서에서 파악할 수 있음.

63 보기3은 손익계산서에 표시된다.

64 제조원가명세서는 내부 보고용으로 원가계산준칙을 준용한다.

65 제조원가명세서에 매출원가는 포함되지 않는다.

66 기초재공품 재고액은 표시되나, 기초제품 재고액은 손익계산서에 표시된다.

67 원재료비는 재무제표인 재무상태표를 통해 확인할 수 없고, 원가명세서를 통해 확인할 수 있다.

68 원재료의 사용액을 과소하게 계상하여 장부상 재고로 남겨놓았기 때문에 자산이 과대계상되었고, 판매분에 대한 제품매출원가가 과소계상되었으므로 당기순이익이 과대계상되었다.

69 • 제품매출원가 = 40,000원+(320,000원+30,000원−50,000원)−90,000원 = 250,000원
• 매출총이익률 = 매출총이익/매출액 = (500,000원−250,000원)/500,000원 = 50%
• 영업이익률 = 영업이익/매출액 = (250,000원−100,000원)/500,000원=30%

단원대표문제 / 부가가치세편

1. ③	2. ②	3. ②	4. ①	5. ③
6. ①	7. ③	8. ③	9. ④	10. ④
11. ③	12. ①	13. ①	14. ②	15. ①
16. ④	17. ④	18. ①	19. ②	20. ①
21. ②	22. ①	23. ①	24. ③	25. ①
26. ①	27. ①	28. ③	29. ①	30. ④
31. ①	32. ④	33. ③	34. ①	35. ②
36. ②	37. ②	38. ④	39. ①	40. ③
41. ②	42. ③	43. ①	44. ②	45. ①
46. ④	47. ③	48. ②	49. ①	

< 해설 >

01 부가가치세는 이익발생과 관계없이 납부세액이 발생하면 납부해야 한다.

02 현행 부가가치세는 소비지국 과세원칙을 채택하고 있다.

03 거래징수(부가가치세법 제15조)

04 부가가치세의 납세의무자는 영리 사업자여부를 불문한다.

05 폐업자의 최종 과세기간은 과세기간 개시일부터 폐업일까지이다.

06 용역의 수입은 저장이 불가능하고 형체가 없으므로 과세대상에서 제외

07 징수하여야 할 금액이 30만 원 미만이거나 간이과세자에서 해당 과세기간 개시일 현재 일반과세자로 변경된 경우에는 징수하지 아니한다. [2018. 12. 31. 개정]

08 사업자는 사업장마다 대통령령으로 정하는 바에 따라 사업 개시일부터 20일 이내에 사업장 관할 세무서장에게 사업자등록을 신청하여야 한다. 다만, 신규로 사업을 시작하려는 자는 사업 개시일 이전이라도 사업자등록을 신청할 수 있다. (부가가치세법 제8조)

09 ④는 폐업사유에 해당함

10 보기4번은 면세에 대한 특징으로 면세는 기초생활필수품에 부가세를 면제함으로써 저소득층에 대한 세부담의 역진성을 완화해준다.

11 ⓒ 가공식료품은 과세에 해당한다.

12 초코우유는 가공유이므로 과세대상이다.

13 나대지의 임대는 부가가치세 과세대상이다.

14 재화 또는 용역의 공급시기가 되기 전에 재화 또는 용역에 대한 대가의 전부 또는 일부를 받고, 이와 동시에 그 받은 대가에 대하여 세금계산서를 발급하면, 그 세금계산서 등을 발급하는 때를 각각 그 재화 또는 용역의 공급시기로 본다.(부가가치세법 제17조)

15 기한부 판매의 공급시기는 그 조건이 성취되거나 기한이 지나 판매가 확정되는 때이다.

17 폐업시 잔존재화는 의제공급에 해당하는 것으로 공급시기는 폐업하는 때로 한다.

18 장기할부판매의 경우는 대가의 각 부분을 받기로 한 때를 재화의 공급시기로 본다.

19 간주공급은 세금계산서를 교부하지 않는다.(자가공급 중 판매목적 타사업장 반출 제외)

20 물납은 재화의 공급으로 보지 않는다.

21 신용카드 공제는 발행금액 또는 결제금액의 1.3%에 상당하는 금액(연간 500만 원 한도, 단, 2021. 12. 31. 까지는 연간 1천만 원 한도)을 납부세액에서 공제한다. [2018. 12. 31. 개정]

22 박스 안의 내용은 전부 매입세액 불공제 대상이다.

23 • 사업자등록을 하기 전의 매입세액은 매출세액에서 공제하지 아니한다. 다만, 공급시기가 속하는 과세기간이 끝난 후 20일 이내에 등록을 신청한 경우 등록 신청일부터(개업일이 아님) 공급시기가 속하는 과세기간 기산일까지 역산한 기간 이내의 매입세액은 공제 가능
• 5월 10일 : 접대비사용액 200,000원(매입세액 20,000원) 매입세액 공제 불가능

24 2이상의 사업장이 있는 경우 주사업장총괄납부 신청을 하여 주된 사업장에서 총괄하여 납부할 수 있다.

25 면세사업(농산물 도매업)에 관련된 매입세액, 접대비관련 매입세액 및 세금계산서 등을 수취하지 않은 경우 매입세액이 불공제된다.

26 세액을 계산하는데 있어 그 기초가 되는 과세대상의 수량 또는 가액을 과세표준이라 한다.

27 다음 각 호의 금액은 공급가액에 포함하지 아니한다.(부가가치세법 제29조 5항)
① 재화나 용역을 공급할 때 그 품질이나 수량, 인도조건 또는 공급대가의 결제방법이나 그 밖의 공급조건에 따라 통상의 대가에서 일정액을 직접 깎아 주는 금액
② 환입된 재화의 가액
③ 공급받는 자에게 도달하기 전에 파손되거나 훼손되거나 멸실한 재화의 가액
④ 재화 또는 용역의 공급과 직접 관련되지 아니하는 국고보조금과 공공보조금
⑤ 공급에 대한 대가의 지급이 지체되었음을 이유로 받는 연체이자
⑥ 공급에 대한 대가를 약정기일 전에 받았다는 이유로 사업자가 당초의 공급가액에서 할인해 준 금액

28 공급받는자가 부담하는 원자재 등의 가액은 공급가액에 포함한다.

29 대손금, 장려금 하자보증금은 과세표준에 공제하지 않는다.

30 매출에누리는 '과세표준에 포함되지 않는 항목'이다.

31 • 매출에누리는 과세표준에서 차감항목이고, 대손금, 신용카드 발행공제액은 과세표준에서 공제하지 않는 금액이다.
• 과세표준=10,000,000원−2,000,000원= 8,000,000원이다.

32 대가를 받지 아니하고 타인에게 용역을 공급하는 경우 용역의 공급으로 보지 아니한다.

33 • 납부세액 = 매출세액−매입세액+매입세액불공제
∴ 즉 매출세액은 납부세액+매입세액−매입세액불공제
850,000원 = 270,000원+620,000원−40,000원
• 과세 공급가액 = 매출세액/10%
• 과세표준 = 과세 공급가액+영세율 공급가액
10,000,000원 = (850,000원/10%)+1,500,000원

34 과세표준은 상품(시가) 10,000,000원이 해당되고 토지의 공급은 면세대상이다.

35 납부세액 = 매출세액−매입세액+매입세액불공제
즉, 매출세액 = 납부세액+매입세액−매입세액불공제
380,000원 = 100,000원+300,000원−20,000원

36 • 매출세액 : 38,000,000×10% = 3,800,000원
• 매입세액 : 23,000,000×10% = 2,300,000원
• 따라서 3,800,000−2,300,000 = 1,500,000원(납부세액)

37 • 납부세액 = 매출세액−매입세액
• 매출세액(2,550,000원) = 28,050,000원 × 10/110
• 매입세액(1,800,000원) = 300,000원+1,500,000원 [거래처 선물구입비는 불공제]
• 납부세액(750,000원) = 매출세액(2,550,000원)−매입세액(1,800,000원)

38 원칙적으로 국내에서 발생한 영세율 거래는 세금계산서 교부의 무가 있다.

39 원칙적으로 세금계산서 발급시기는 재화 또는 용역의 공급하는 시기이다.

40 공급연월일은 임의적 기재사항이다.

41 세금계산서의 필요적 기재사항
− 공급자의 사업자등록번호와 상호 및 성명
− 공급받는자의 사업자등록번호
− 공급가액과 부가가치세액
− 작성연월일

42 세금계산서 필요적 기재사항 중 없는 자료는 작성연월일이다.

43 간이과세자는 세금계산서, 계산서를 발급할 수 없다.

44 공급하는 자의 주소는 임의적 기재사항이다.

45 법인사업자는 전자세금계산서 의무발급 대상이다. 그러나 개인은 직전 연도의 사업장별 공급가액의 합계액이 3억 원(2012년의 공급가액은 10억 원) 이상인 경우 그 다음 해 제2기부터 그 다음 해 제1기까지 전자세금계산서 의무발급 대상이다.

46 전자세금계산서 발급일의 다음 날까지 전송해야 한다.

47 소매업을 경영하는 자가 공급하는 재화 또는 용역(공급받는 자가 세금계산서 발급을 요구하지 아니하는 경우로 한정)

48 부가가치세법 제16조 매입자발행 세금계산서에 기재된 부가가치세액은 공제받을 수 있다.

49 조기환급 : 조기환급신고 기한 경과 후 15일 이내이다.

실무시험 대비

제2부

1993년 3월에 IBM의 회장으로 취임하고 2002년 12월에 퇴임한 루이스 거스너 회장이 쓴 "코끼리를 춤추게 하라"라는 책을 보면, 거스너 회장은 회계 정보의 중요성을 알고 이를 활용한 사실이 많다. 그가 발견한 것은 IBM의 내부 예산과 재정 운용 체계가 허점 투성이라는 사실이었다. IBM 조직체의 모든 사업 단위들이 저마다 독자 예산을 고집하였기 때문에 통합된 단일 예산이 없었고 이에 따라 예산 배정에 대한 논의와 변경이 끊이지 않았고 회계 방식 또한 까다로웠다. 예를 들어 IBM 내에는 266가지의 서로 다른 회계 시스템이 있어서 재정 문제에 대해 공동으로 상의할 수 있는 통로조차 없을 지경이었다.

- 출처 : 매일경제신문 DB -

거스너 회장은 IBM의 회계 시스템을 하나의 공통적인 표준 시스템으로 바꾸어서 회사 전체의 입장에서 무엇이 유익한지를 검토할 수 있도록 하였다. 또한 부임 첫해에 수익성이 없는 자산을 매각하여 현금을 확보함으로써 재정의 안정을 도모함과 동시에 집중적으로 투자해야 할 분야에 자금이 흐르도록 하였다. 자산 매각과 함께 많은 경영 혁신을 이루어 막대한 비용을 절감함으로써 기울어져가던 IBM을 회생시키는 발판을 삼은 것도 회계 정보를 적극적으로 활용한 덕분이라고 할 수 있다.

- 출처 : 〈회계와 사회〉 송인만 외 7명 저 (신영사) -

Chapter

01

시험안내 및 프로그램의 설치

- 전산세무회계 자격시험 안내
- 질문과 답변
- KcLep 프로그램의 설치(교육용)

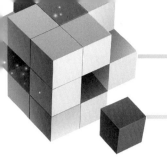

1 전산세무회계 자격시험 안내

1. 목 적 ▶▶

전산세무 및 전산회계 등의 실무처리능력을 보유한 전문인력을 양성할 수 있도록 조세의 최고 전문가인 10,000여명의 세무사로 구성된 한국세무사회가 엄격하고 공정하게 자격 시험을 실시하여 그 능력을 등급으로 부여함으로써

– 학교의 세무회계 교육방향을 제시하여 인재를 양성시키도록 하고
– 기업체에는 실무능력을 갖춘 인재를 공급하여 취업의 기회를 부여하며
– 평생교육을 통한 우수한 전문인력의 양성으로 국가발전에 기여하고자 함.

2. 자격 구분 ▶▶

종목	등급	시 험 구 성	비고
전산세무	1급	이론시험 30%(4지선다형)와 실무시험 70%(컴퓨터 프로그램 이용)	국가공인자격
	2급	이론시험 30%(4지선다형)와 실무시험 70%(컴퓨터 프로그램 이용)	
전산회계	1급	이론시험 30%(4지선다형)와 실무시험 70%(컴퓨터 프로그램 이용)	
	2급	이론시험 30%(4지선다형)와 실무시험 70%(컴퓨터 프로그램 이용)	

3. 2019년 시험 일정 ▶▶

회차	종목 및 등급	원서 접수	시험 일자	합격자 발표
제 82 회		01.10 ~ 01.15	02. 16(토)	03. 06(수)
제 83 회		03.07 ~ 03.12	04. 06(토)	04. 25(목)
제 84 회	전산세무1, 2급	05.02 ~ 05.08	06. 01(토)	06. 20(목)
제 85 회	전산회계1, 2급	07.04 ~ 07.09	08. 03(토)	08. 22(목)
제 86 회		08.29 ~ 09.03	10. 05(토)	10. 24(목)
제 87 회		10.31 ~ 11.05	11. 30(토)	12. 19(목)

4. 검정 요강

(1) 검정기준

종목 및 등급	검 정 기 준
전산세무 1급	대학 졸업수준의 재무회계와 원가관리회계, 세무회계(법인세, 소득세, 부가가치세)에 관한 지식을 갖추고 기업체의 세무회계 관리자로서 전산세무회계프로그램을 활용한 세무회계 전 분야의 실무업무를 완벽히 수행할 수 있는지에 대한 능력을 평가함.
전산세무 2급	전문대학 졸업수준의 재무회계와 원가회계, 세무회계(소득세, 부가가치세)에 관한 지식을 갖추고 기업체의 세무회계 책임자로서 전산세무회계프로그램을 활용한 세무회계 전반의 실무처리 업무를 수행할 수 있는지에 대한 능력을 평가함.
전산회계 1급	전문대학 중급수준의 회계원리와 원가회계, 세무회계(부가가치세 중 매입매출전표와 관련된 부분)에 관한 기본적 지식을 갖추고 기업체의 회계실무자로서 전산세무회계프로그램을 활용한 세무회계 기본업무를 처리할 수 있는지에 대한 능력을 평가함.
전산회계 2급	대학 초급 또는 고등학교 상급수준의 재무회계(회계원리)에 관한 기본지식을 갖추고 기업체의 세무회계 업무보조자로서 전산회계프로그램을 이용한 회계업무 처리능력을 평가함.

(2) 검정방법 – 전산회계 1급

구 분		평 가 범 위	세 부 내 용
이 론	회계원리 (15%)	1. 회계의 기본원리	회계의 기본 개념, 회계의 순환 과정, 결산 및 결산 절차
		2. 당좌자산	현금및현금성자산, 단기예금(단기금융상품), 매출채권, 기타의 채권
		3. 재고자산	재고자산의 개요, 상품계정의 회계처리, 재고자산의 평가
		4. 유형자산	유형자산의 개요, 취득시의 원가결정, 보유기간 중의 회계처리, 유형자산의 처분, 감가상각
		5. 무형자산	무형자산의 개요, 무형자산의 상각
		6. 유가증권	유가증권의 개요, 유가증권의 매입과 처분
		7. 부채	부채의 개요, 매입채무와 기타의 채무
		8. 자본	자본금, 자본잉여금과 이익잉여금, 이익잉여금처분계산서
		9. 수익과비용	수익과 비용의 인식, 수익과 비용의 분류

구 분		평 가 범 위	세 부 내 용
이론	원가회계(10%)	1. 원가의 개념	원가의 개념과 종류
		2. 요소별원가계산	재료비, 노무비, 제조경비, 제조간접비의 배부
		3. 부문별원가계산	부문별 원가계산의 기초
		4. 개별원가계산	개별원가계산의 기초
		5. 종합원가계산	종합원가계산의 절차, 종합원가계산의 종류(단일종합원가계산, 공정별종합원가계산)
	세무회계(5%)	1. 부가가치세법	과세표준과 세액(세율, 거래징수, 세금계산서, 납부세액)
실무	기초정보의 등록, 수정(15%)	1. 거래처등록	거래자료 입력시 거래처 추가등록
		2. 계정과목의 운용	계정과목, 적요의 추가설정 및 수정, 변경, 경비구분별 계정과목 운용(제조경비, 판매관리비), 계정과목의 통합
		3. 초기이월	전기분 거래처별 채권, 채무의 잔액 등록
	거래자료의 입력 (30%)	1. 일반전표의 입력	거래내용의 지문 또는 증빙에 의해 일반전표의 입력
		2. 입력자료의 수정, 삭제 등	입력된 자료를 검토하여 거래처, 계정과목, 적요, 금액 등의 수정 및 삭제, 대차차액의 발생원인을 검토하여 정정
		3. 결산정리사항 입력	결산자료의 입력(제조업 포함)
		4. 감가상각비 계산	유, 무형자산의 감가상각비 계산
	부가가치세 (15%)	1. 매입, 매출전표의 입력	부가가치세가 포함된 유형별(과세, 영세, 불공제 등) 거래자료의 입력
		2. 부가가치세 신고서의 조회	과세표준, 매출세액, 매입세액, 납부세액 등의 조회
		3. 매입, 매출처별세금계산서 합계표의 조회	특정 매입, 매출의 거래 건수, 금액 등의 조회
	입력자료 및 제장부 조회(10%)	1. 입력자료의 조회	입력 자료의 검색, 대차차액의 원인 검토, 수정
		2. 장부의 조회	계정과목이나 기간별 거래처의 잔액 조회, 건수, 월계, 누계 등의 조회
		3. 재무제표에 대한 이해도	계정별원장과 거래처원장의 잔액 불일치 검토, 수정, 재무제표의 표시방법

– 각 구분별 ±10% 이내에서 범위를 조정할 수 있으며, 전산회계1급은 전산회계2급의 내용을 포함한다.

(3) 시험 일자 및 장소

① 시험일자 : 연 4회이상 실시되며, 시험일정에 관한 자료는 한국세무사회 자격시험 홈페이지(http://license.kacpta.or.kr)를 참고할 것.

② 시험장소 : 응시원서 접수결과에 따라 시험 시행일 7일 전부터 한국세무사회 자격시험 홈페이지에 공고한다.(응시인원이 일정인원에 미달할 때는 인근지역을 통합하여 실시함)

(4) 합격자 결정 기준

▶100점 만점에 70점 이상 합격

(5) 응시 자격 기준

▶응시자격 제한은 없다. 다만, 부정행위자는 해당 시험을 중지 또는 무효로 하며, 이후 2년간 시험에 응시할 수 없다.

(6) 원서 접수

① 접수 기간 : 각 회별 원서접수기간 내 접수

② 접수 방법 : 한국세무사회 자격시험 홈페이지(http://license.kacpta.or.kr)로 접속하여 단체 및 개인별 접수(회원 가입 및 사진 등록)

③ 응시료 납부 방법 : 원서 접수시 공지되는 입금기간 내에 금융기관을 통한 계좌이체 또는 무통장 입금

(7) 합격자 발표

▶각 회차별 합격자 발표일에 한국세무사회 자격시험 홈페이지에 공고하며, 자동응답전화(ARS : 060-700-1921)를 통해 확인할 수 있음.

▶합격자에게는 자격증을 발급하며, 취업희망자는 한국세무사회의 인력뱅크를 이용하시기 바람.

(8) 기타 사항

▶기타 자세한 사항은 한국세무사회 자격시험 홈페이지(http://license.kacpta.or.kr)를 참고하거나 전화로 문의바람. – 문의 : TEL. (02)521-8398~9 FAX. (02)521-8396

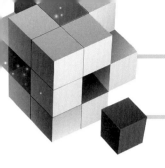

2 질문과 답변

1. [시험관련] 국제회계기준(K-IFRS)이 출제되나요?

– 2011년부터 상장회사에 한국채택국제회계기준(K-IFRS)을 전면적으로 적용하고 있고, 비상장회사는 일반기업회계기준을 채택하고 있습니다. 따라서 현재 우리나라에는 일반기업회계기준과 한국채택국제회계기준(K-IFRS)이 함께 적용되고 있습니다. 국가공인 [전산세무회계자격시험]은 현행세법과 일반기업회계기준을 중심으로 출제됩니다.

2. [공인관련] 학점인정이 되나요?

– [국가평생교육진흥원 고시 제2013-21호]
– 학점인정 등에 관한 법률 제7조 제2항 제4호 및 동법시행령 제9조 제2항, 제11조의 별표에 의하여 「제17차 자격 학점인정 기준」을 다음과 같이 수정고시
★ 학점은행제 : 전산세무1급(16학점), 전산세무2급(10학점) 전산회계1급(4학점)

3. [공인관련] 전산세무회계 자격증은 실기교사 자격증으로 인정이 되나요?

– 실기교사 자격증은 실기교사 자격기준을 규정하고 있는 "초중등교육법"에 의거, 전문대학에서 관련 교과를 이수한 후 해당 자격증을 취득한 학생에게 학장이 교육부장관을 대신하여 부여하는 제도입니다. 교육부의 공식적인 입장은 해당학과에서 관련교과를 이수한 학생이 "국가기술자격"을 취득하였을 때 실기교사 자격을 부여한다는 것으로, 현 제도상에서 국가공인자격시험인 한국세무사회의 "전산세무회계자격시험" 합격자에게는 실기교사자격을 부여하지 않고 있습니다. <한국세무사회>

4. [공인관련] 국가(기술)자격과 국가공인자격의 차이점은?

– 현재 우리나라에서 실시하고 있는 자격제도는 크게 국가(기술)자격과 민간자격이 있습니다. 국가(기술)자격은 국가가 신설하여 관리, 운영하는 자격으로서, 특정기관에 위임하여 시행할 수 있으며, 민간자격은 국가외의 법인, 단체 또는 개인이 신설하여 관리, 운영하는 자격입니다. <한국세무사회>

5. [원서접수] 응시자격에 제한이 있나요?

– 한국세무사회에서 실시하는 전산세무, 전산회계, 세무회계, 기업회계 자격시험은 제한 없이 누구나 응시 가능합니다. <한국세무사회>

6. [원서접수] 중복접수가 가능한가요?

– 시험시간이 중복되지 않는다면 중복접수가 가능합니다.

종 목	전 산 세 무 회 계				세무회계, 기업회계		
등 급	전산세무 1급	전산세무 2급	전산회계 1급	전산회계 2급	1급	2급	3급
시험시간	15:00~ 16:30 90분	12:30~ 14:00 90분	15:00~ 16:00 60분	12:30~ 13:30 60분	09:30~ 11:10 100분	09:30~ 10:50 80분	09:30~ 10:30 60분

7. 부분점수 및 채점기준은 어떻게 되나요?

– 전산세무회계 실무처리능력을 검증하는 자격시험의 특성상 부분점수는 원칙적으로 없습니다. 매회 [채점기준]은 시험후 공개발표한 [확정답안]이 곧 채점기준입니다. 참고로 시험의 공정성과 정확성을 확보하기 위하여 시험직후 가답안 발표에 따른 [답안이의 신청제도]와 합격자발표후 이에 따른 [합격이의신청제도]를 각각 개설하여 운영하고 있습니다.

8. 구분 점수에 대해 알고 싶어요

– 각 문제상에 점수의 표시가 제시 되어 있습니다. 그대로 개별 점수의 합이 70점 이상이면 합격입니다.

9. 답안 작성방법에 대하여 정확히 알고 싶어요

– 검정기출문제를 시작하기전 상세하게 그림파일과 함께 답안 작성방법(본서 p.580~581)이 제시되어 있으니 참고하시면 됩니다. 검정시험시는 감독관이 답안 저장 방법을 알려주고 있습니다.

10. 입금전표(출금전표)로 입력을 하여야 하는 데 대체전표로 입력을 하였을 때 오답으로 처리 하나요?

– 입금전표(출금전표)를 대체전표로 잘못 입력하여도 답안은 같게 나오기 때문에 점수와는 상관이 없습니다.

11. 전력비, 가스수도비, 수도광열비계정 사용방법을 정확히 알고 싶습니다.

– 판매업은 전기요금, 가스요금, 수도요금, 연료비를 합산하여 "**(815) 수도광열비**"로 일괄처리하고, 제조업은 전기요금은 "**(516) 전력비**"로, 가스수도연료비는 "**(515) 가스수도료**"로 구분 처리한다.

12. [데이터 관리]-[데이타체크]에 대하여 알고 싶습니다.

– 전표입력을 끝낸 후 입력된 내용이 정확하게 입력되었는가를 입력된 데이터를 체크해 보는 곳이다.

– [데이터관리]-[데이터체크]실행한 다음 상단 툴바의 [검사시작]을 클릭하여 실행시킨다.

  * 에러가 없으면 : 에러가 없습니다. 라는 메시지 창이 뜬다.

  * 에러가 있으면 : 오른 쪽 에러 내용을 검색하여 알려주는 데 이를 수정하기 위해서 사용한다.

– 초보자일수록 전표입력이 서툴기 때문에 전표입력이 끝나고 항상 데이터를 체크하여 보고 오류가 없으면 다음 작업을 할 수 있도록 한다.

13. 수동결산과 자동결산에 대하여 정확히 알고 싶습니다.

– 기말재고자산, 감가상각비의 계상, 대손충당금의 설정 등과 관련된 자료는 반드시 [결산자료입력]란에서 자동결산을 하여 상단 툴바의 [전표추가] 단추를 이용하여 일반전표에 결산정리분개를 자동 생성시켜야 하지만, 그 외의 것은 수동결산으로 일반전표에 입력해야 한다. 관련 내용은 다음과 같다.(p.363에 있는 자동결산 부분 참고)

1. 수동 결산 〈일반전표에 입력〉
   – 선급비용, 선수수익, 미수수익, 미지급비용, 가지급금, 가수금, 단기매매증권평가손익, 현금과부족, 대손충당금환입 등

2. 자동 결산
   ㉠ 기말재고자산 : 도·소매업 : 상품
   　　　　　　　　　제조 기업 : 원재료, 재공품, 제품
   ㉡ 퇴직급여
   ㉢ 유형자산의 감가상각과 무형자산의 상각
   ㉣ 대손충당금 설정(단, 대손충당금환입은 수동으로 입력한다.)
   ㉤ 법인세 추산액 등

14. [기출문제] 문제와 답안파일이 열리지 않는 경우는?

- 내려받은 회차별 기출문제 파일은 압축되어 있으니 알집이나 밤톨이 등 압축프로그램을 이용하여 압축해제 한 후 사용해야 합니다.
- 한글파일은 한글2007 이상의 버전이 설치되어 있어야 볼 수 있습니다.(홈페이지 [자료실]−[학습지원프로그램]에서 한글읽기전용 프로그램을 다운받아 설치하면 됨.)
- 문제설치파일(Tax.exe) 또한 [수험용회계프로그램]이 사용자pc에 설치되어 있어야만 이용이 가능합니다.
- 문제설치시 "이름없는 파일~~~", "메뉴가 열리지 않는다" 등 오류 메시지는 사용자 PC에 수험용회계프로그램이 먼저 설치되어 있지 않거나 기출문제와 동일한 해당 년도용 수험용회계프로그램 아닐 경우임을 주의하시기 바랍니다.

 15. 단답형 조회에 관련하여 알고 싶습니다.

- 일계표 : 일일 집계표로서 ×월 ×일 ~ ×일까지의 정보를 파악할 수가 있다.
- 월계표 : 월별 집계표로서 ×월 ~ ×월까지의 정보를 파악할 수가 있다.
- 합계잔액시산표 : 현재 월까지의 총집계표로서 ×월 현재까지의 정보를 파악할 수가 있다.
- 계정별원장 : 각 각의 계정별 정보를 파악할 수가 있다.
- 총계정원장 : 1년 전체의 월별 상황에 관련 정보를 파악할 수가 있다.
- 거래처별원장 : 각 각거래처별 정보를 파악할 수가 있다.(잔액란을 조회)
- 현금출납장 : 현금의 수입과 지출에 관련 정보를 파악할 수가 있다.
- 매입매출장 : 부가가치세와 관련된 모든 과세유형별로 정보를 파악 할 수가 있다.

3 KcLep 프로그램의 설치

1. 한국세무사회자격시험 홈페이지(http://license.kacpta.or.kr) 우측 상단의 KcLep(케이렙) 수험용 프로그램을 클릭하여 바탕화면에 다운로드를 받아 실행파일 아이콘[KcLepSetup] 을 더블클릭하여 설치를 진행한다.

2. [설치준비마법사]창이 나타나면 잠시 기다린 후에 사용 중인 컴퓨터에 구 버전이 설치되어 있는 경우 아래와 같은 [설치옵션]창이 나타난다. [재설치]를 선택하고 [다음(N)]단추를 클릭하면 된다. 단, 프로그램을 처음 설치할 때는 아래의 [설치옵션]창이 나타나지 않는다.

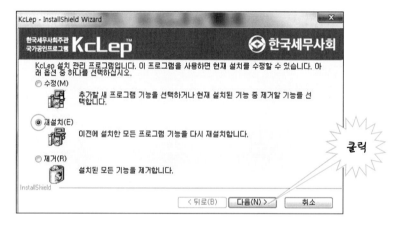

3. [사용권 계약의 조항에 동의합니다.(A)]에 체크를 하고 [다음(N)] 단추를 클릭하면 프로그램 설치 대상 위치 화면이 나타난다.

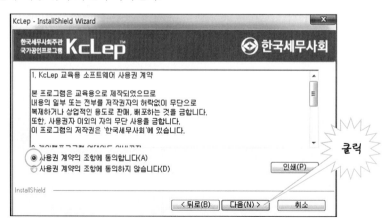

4. 프로그램의 설치 대상 위치는 <C:W>가 자동으로 선택되어지므로 [다음(N)] 단추를 클릭하면 설치가 진행된다.

< 설치 진행 화면 >

5. 설치완료 화면에서 [완료]단추를 클릭하면 바탕화면에 <KcLep교육용> 프로그램 바로가기 아이콘이 생성된다.

< 설치 완료 화면 >

쉬어 가는 페이지

당신이 낸 커피값은 원두의 향을 즐긴 대가인가?
아니면 과도한 커피점 임차료에 대한 대가인가?

◆◆◆◆◆

언젠가 여름방학 중에 동료 교수들끼리 교외로 점심을 먹으러 간 적이 있다. 제법 맛있는 곰탕을 먹고 학교로 돌아오는 길에 이왕이면 해운대의 한 호텔에서 커피 한 잔 하고 들어가자고 했다. 모두 호텔 커피숍으로 들어가 전망이 꽤나 좋은 자리를 잡았다. 거기까지는 좋았다. 커피를 주문하려고 메뉴를 본 순간 우린 모두 놀랐다. 커피 한 잔이(10년도 넘은 그 당시에 가격으로) 5,000원이 넘으니까 커피값만 5, 6만원이 나올 지경이고, 이건 점심값보다 더 많은 금액이라 배보다 배꼽이 더 큰 꼴이 되는 것이다. 이심전심으로 모두 자리에서 일어나 멋쩍게 나왔던 적이 있었다. 10년도 넘은 에피소드다.

커피 한 잔의 가격은 특급호텔 커피숍에서 한 잔당 1만원이 넘는 수준에서 자동판매기의 300원 커피까지 다양하다. 도대체 왜 그럴까? 같은 커피를 마시면서 엄청나게 다른 값을 치러야 하니 어처구니 없는 것처럼 생각할 수 있다.

생각해 보자. 같은 커피 한 잔이지만, 자판기의 커피는 끓이거나 배달하는 노동력이나 테이블과 의자의 공간이 필요 없으므로 원가라고는 커피 재료값과 자판기의 관리비 정도일 것이다. 그러니까 그렇게 싼 값으로 커피를 판매하더라도 괜찮을 것이다.

그러면 호텔 커피숍의 커피값은 왜 그렇게 차이가 날까? 재료원가와 노무원가는 별로 차이가 없을 것인데(현실적으로 다소의 차이는 있겠지만), 어디에서 그렇게 많은 차이가 나는 것일까? 그 차이의 주범은 바로 제조간접원가에 있다. 2006년에 조사된 한 자료에 의하면 한 잔에 3,800원하는 커피전문점의 커피 한 잔의 원가 중 재료값은 200원~400원 수준이고 나머지는 모두 임차료와 인테리어비라고 하고 있다. 그러니 엄청난 돈을 들여 근사하게 꾸며진 호텔공간으로 인한 제조간접원가 부담액은 커피값을 올리지 않을 수 없는 것이다.

제품의 가격에서 원가를 보상받아야 한다는 지극히 당연한 관점에서 본다면, 호텔 커피숍의 비싼 커피값은 당연한 것이 아닐까? 커피를 마시거나 저녁식사를 하더라도 근사한 분위기를 즐기려고 하는 사람은 당연히 그 근사한 분위기를 연출하는 엄청난 제조간접원가를 각오하여야 할 것이다.

엔젠가 TV뉴스에서 서울 강남의 으리으리하게 꾸며진 갈비집들을 보여주면서 터무니없이 높은 음식값으로 "바가지" 요금을 매긴다고 보도한 적이 있었다. 필자는 그 뉴스를 보면서 그 보도기자의 원가에 대한 무식함(?)을 생각하지 않을 수 없었다.

– 정명환 저 '성공하는 사람들의 원가마인드' 中 에서 –

Chapter

02

KcLep 프로그램의 기능정리

- KcLep 프로그램의 시작
- 초기 메인화면의 구성
- 데이터 저장 및 데이터 복구

1 KcLep 프로그램의 시작

▶ 프로그램의 메인 화면을 실행하는 절차는 아래와 같은 순서로 진행한다.

1 실행 절차

(1) KcLep 교육용프로그램의 바로가기아이콘(📟)을 더블클릭하여 실무교육용 프로그램을 실행시킨다.

번호	구 분	내 용
①	종목선택	작업하고자 하는 급수(예 전산회계1급)를 선택하는 곳이다.
②	드라이브	기본 드라이브 : C:\KcLepDB가 지정되어 나타난다.
③	회사코드	• 기존 DB를 불러오지 않고 최초 실행 시에는 하단의 [회사등록] 단추를 눌러 작업할 회사를 먼저 등록해야 프로그램이 시작된다. • 기존 DB가 있는 경우는 [검색]단추(💬)를 눌러 [회사코드도움] 창에서 작업할 회사를 선택하고 [확인] 단추를 누르면 된다.
④	검색(💬)	기존 DB가 있는 경우 [회사 코드도움] 창에서 작업할 회사를 선택할 수 있다.
⑤	회사명	[회사코드]를 선택하면 자동으로 회사 이름이 입력된다.
⑥	로그인	작업할 회사가 선택된 후 [로그인]을 누르면 메인화면이 나타난다.
⑦	회사등록	회사를 최초로 등록하는 경우 [회사등록]을 클릭한다.

(2) KcLep 실무교육용 프로그램을 설치한 후 DB를 불러오지 않고 처음으로 로그인 하는 경우에는 초기화면의 (회사등록)단추를 클릭하여 [회사등록] 화면을 실행시킨다.

(3) 회사등록 화면에서 화면 왼쪽 상단의 [코드]란에 '0101~9999'까지의 회사코드를 임의로 선택하여 작업하고자 하는 회사의 사업자등록증을 참고하여 기본사항을 입력한다.

(4) 회사등록을 완료한 후 [Esc]Key 또는 화면 우측 상단의 오른쪽 창닫기()단추를 눌러 [회사등록] 창을 종료시키면 다음과 같이 사용자설정화면이 나타난다.(단, 회사등록이 이미 등록된 코드가 있는 경우에는 이 작업을 생략하고 사용자설정화면의 회사코드 입력에서 [F2]도움 키 또는 옆에 있는 [검색(💬)]단추를 이용하여 로그인을 하면 된다.)

(5) [검색(💬)]단추를 눌러 등록한 회사를 선택하고 확인[Enter]Key를 치면 KcLep 실무교육용 프로그램의 [회계관리] 메뉴들이 모듈별로 나타난다.

2 초기 메인화면의 구성

① 회계 모듈

번호	구 분	내 용
①	전표입력	일반전표 입력 : 부가가치세와 관련이 없는 회계상 거래를 입력하는 곳이다. 매입매출전표 입력 : 부가가치세와 관련이 있는 회계상 거래를 입력하는 곳이다.
②	기초정보관리	프로그램 사용에 필요한 기초정보, 즉 회사등록, 거래처등록, 계정과목 및 적요등록, 환경등록을 하는 곳이다.
③	장부관리	거래처원장, 계정별원장, 현금출납장, 일계표(월계표), 분개장, 총계정원장, 매입매출장, 세금계산서(계산서)현황, 전표출력 등을 조회할 수 있는 곳이다.
④	결산/재무제표	결산자료 입력, 합계잔액시산표, 재무상태표, 손익계산서, 제조원가명세서, 이익잉여금처분계산서를 조회할 수 있는 곳이다.
⑤	전기분재무제표	전기분재무상태표, 전기분손익계산서, 전기분원가명세서, 전기분잉여금처분계산서, 거래처별초기이월, 마감후이월로 구성되어 있다.
⑥	고정자산 및 감가상각	고정자산을 등록하여 관리하고, 미상각분감가상각비, 양도자산감가상각비를 계산하고, 고정자산관리대장을 출력할 수 있다.
⑦	데이터관리	입력된 회계 관련 자료를 별도의 장소에 저장하기 위한 '데이터백업'과 복구, 회사코드변환, 회사기수변환, 기타코드변환, 데이터체크, 데이터저장 및 압축을 할 수 있는 곳이다.

3 데이터 저장 및 데이터 복구

데이터관리
데이터백업
회사코드변환
회사기수변환
기타코드변환
데이터체크
데이터저장및압축

[데이터저장 및 압축]이란 KcLep 실무교육용 프로그램에서 입력된 자료의 데이터를 별도의 저장장소에 저장하는 작업을 말하는 것이고, [데이터복구]란 저장해 둔 데이터의 연속적인 작업을 위하여 저장파일을 복원하는 것을 말한다. 즉, 교육현장에서 원활하고 연속적인 수업이나 수행평가 등을 위하여 매 수업시간마다 저장하고, 다시 복원하는 작업이다.

① 데이터 저장

① [데이터관리]→[데이터저장 및 압축]을 실행하여 저장할 파일명(학생이름, 예 홍길동)을 입력한다.

② [저장]을 누르면 저장하고자 하는 파일명으로 [C:₩KcLepDB]와 [이동식디스크(USB)]에 동시에 저장이 되고, [폴더열기]를 누르면, [C:₩KcLepDB]에 저장된 [zip파일(홍길동)]이 보인다. 단, 이동식디스크(USB)가 꽂혀 있지 않으면 [C:₩KcLepDB]에만 저장된다.

[C:₩KcLepDB]   [이동식디스크(USB)]

② 데이터 복구

① [zip파일: 홍길동]을 압축해제 한다.(**예** 압축된 파일은 2019 : (주)초석상사로 가정한다.)

② 압축 해제한 폴더 안에 있는 [회사코드(**예** 2019)]을 [C:₩KcLepDB→KcLep]폴더 안에 붙여넣기를 한다.

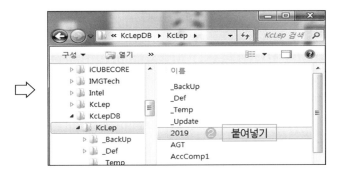

③ KcLep프로그램을 실행한 다음 [종목선택 : 3.전산회계1급]을 선택한 후 [회사등록] 단추를 누르면 나타나는 [회사등록]화면 상단 툴바의 [(F4) 회사코드 재생성]을 누르면, 회사코드재생성이 진행된다.

㉠ 회사 코드를 재생성 하시겠습니까? → 예(y)

㉡ 회사코드 재생성 작업이 완료되었습니다. → [확인]

㉢ [회사코드 (**예**) 2019 (주)초석상사]가 재생성된 것을 알 수가 있다.

④ [회사코드재생성] 된 화면에서 [ESC]key 또는 화면 오른쪽 [닫기(　)] 단추를 클릭하면[사용자설정화면]이 다시 나타난다.

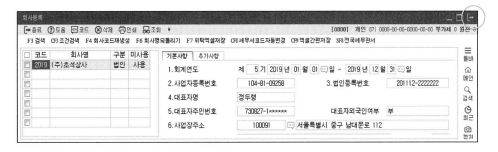

⑤ [회사코드]에서 [F2] 또는 [회사도움(　)] 단추를 클릭하여 나타나는 [회사도움검색창]에서 원하는 회사 [**예**) (주)초석상사]를 선택하고 [확인(Enter)]를 치면 [회계관리화면]이 나타난다.

⑥ 모든 작업은 [회계관리화면]에서 선택작업을 하며, 오른 쪽 [회사변경()]단추를 이용하여 언제든지 [회사변경]을 할 수 있다.

 -1 【 교육현장에서 실제 데이터 저장 및 복구 】

① 회사코드는 네 자리 수로 되어 있으며, 언제든지 원하는 코드번호로 변경하여 사용이 가능하다.

② KcLep프로그램은 회사명은 같아도 코드번호가 다르면 다른 회사로 인식한다. 이를 다음과 같이 이용할 수가 있다.

다수의 학생이 동일한 문제로 작업한 자료를 e-mail이나, 이동식디스크(USB)로 받아서 채점 또는 하나의 파일로 저장해 둘 필요가 있을 경우 다음과 같은 방법으로 작업을 하면 된다.

① 학생들에게 파일명을 아래와 같이 지정한다.
- 2학년 1반 1번 학생 : 2101
- 3학년 1반 1번 학생 : 3101
- 2학년 1반 2번 학생 : 2102
- 3학년 1반 2번 학생 : 3102
- 2학년 1반 3번 학생 : 2103
- 3학년 1반 3번 학생 : 3103

② 지정해 준 파일명으로 압축하여 [e-mail이나, 이동식디스크(USB)]로 받는다.

③ 압축파일을 해제한 다음, 압축 해제한 [노란색 폴더] 내에 있는 [회사코드 네자리]를 [C:\KcLepDB→KcLep]에 붙여넣기 하고, 회사등록 화면에서 상단 툴바 [F4 회사코드재생성]을 누르면, 회사명은 같아도 각각의 학생들에게 부여해 준 코드번호로 나타나므로 작업한 결과에 대하여 확인(채점)할 수 있다.

 -2 【데이터 백업 및 복구 방법 】

① [회계관리] 화면 [데이터관리]에서 "데이타백업"을 사용하지 않고 다음과 같은 방법을 이용하면 편리하다.

② 내컴퓨터 → "C:₩KcLepDB₩KcLep" 안에 있는 "회사코드번호" 중 백업하고자 하는 회사 코드번호를 선택하고, 백업 받고자 하는 폴더(또는 USB)에 복사하여 두었다가 작업 시 다시 "C:₩KcLepDB₩KcLep" 붙여넣기를 하고, "회사등록 화면" 상단에 있는 "회사코드 재생성"을 이용하여 선택 작업을 할 수가 있다.

③ 회사코드번호는 원하는 번호(4자리수)로 언제든지 변경 사용이 가능하다.

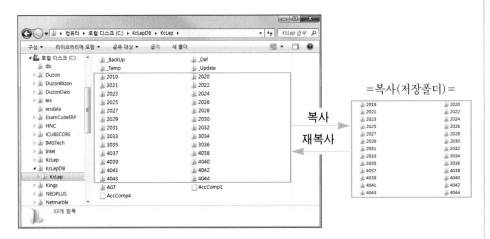

< 회사코드 재생성 화면 >

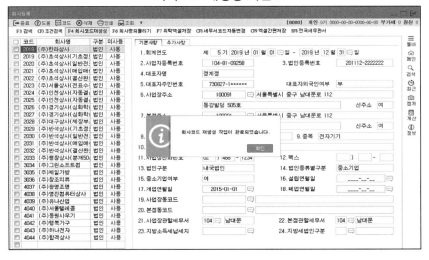

Chapter
03

기초정보관리

- 회사 등록
- 거래처 등록
- 계정과목 및 적요 등록
- 전기분 재무상태표
- 전기분 손익계산서
- 전기분 원가명세서
- 전기분 잉여금처분계산서
- 거래처별 초기이월

1 회사 등록

기초정보관리
회사등록
거래처등록
계정과목및적요등록
환경등록

[회사등록]은 작업하고자 하는 회사의 사업자등록증 및 회사관련 기본 자료를 입력하는 메뉴로 세금계산서 발행 및 부가가치세 신고 등 각종 신고 시 이용되므로 정확히 입력해야 한다. 메인화면의 [회계모듈] 세부메뉴에서 [기초정보관리]－[회사등록]을 선택하여 실행한다.

▶ 회사 등록 방법

항 목	입 력 내 용
회사코드	사용할 회사코드를 0101 ~ 9999 번호 중 4자리 코드를 등록한다.
회사명	사용할 회사명을 입력한다.
구분	법인사업자는 '1' 선택하고, 개인사업자는 '2'를 선택한다.
미사용	'사용'을 선택해야만 로그인 시 조회가 가능하다.
회계연도	기수와 회계연도를 입력한다.(사업자등록증상의 개업연월일을 기준으로 한다.)
사업자등록번호와 법인등록번호	사업자등록증과 법인등기부등본에 기재되어 있는 번호를 정확히 입력한다. 잘못 입력 시 붉은색으로 표시되지만 계속 진행할 수 있다.
대표자명	사업자등록증상의 대표자 이름을 입력한다.
사업장 주소	[F2] 도움 자판이나 검색단추(🔲)를 눌러 도로명 주소나 지번주소로 검색하여 검색된 주소를 선택하고 나머지 상세주소를 입력한다. 시험 시는 우편번호를 생략하고 주소를 직접 입력하여도 된다.
본점주소	본점 주소를 입력한다.
업태/업종	사업자등록증상의 업태와 업종을 입력한다.
사업장 전화번호	사업장전화번호를 입력한다.
개업년월일	사업자등록증상의 개업연월일 등을 참고하여 입력한다.
사업장관할세무서	[F2] 도움 자판이나 검색단추(🔲)를 눌러 사업자등록증상의 관할세무서를 입력한다.

 회사등록 따라하기

◉ **법인사업자인 (주)초석상사의 회사정보를 입력하시오.**

① 회사코드 : 2019　　　　　　　　　② 회사명 : (주)초석상사
③ 회계연도 : 제5기 2019년 1월 1일 ~ 2019년 12월 31일
④ 사업자등록번호 : 104-81-09258　　⑤ 대표자명 : 정두령
⑥ 사업장주소 : 서울특별시 중구 남대문로 112 동강빌딩 505호
⑦ 본점주소 : 인천광역시 연수구 인천신항대로 1100(송도동)
⑧ 업태 : 제조　　　　　　　　　　　⑨ 종목 : 전자기기
⑩ 사업장전화번호 : 02)488-1234　　⑪ 개업연월일 : 2015년 1월 1일
⑫ 사업장관할세무서 : 105 남대문

코드	회사명	구분	미사용
2019	(주)초석상사	법인	사용

기본사항	추가사항
1. 회계연도	제 5 기 2019 년 01 월 01 일 ~ 2019 년 12 월 31 일
2. 사업자등록번호	104-81-09258　　3. 법인등록번호 201112-2222222
4. 대표자명	정두령
5. 대표자주민번호	730827-1****** 　대표자외국인여부 부
6. 사업장주소	100091 서울특별시 중구 남대문로 112
	동강빌딩 505호　　신주소 여
7. 본점주소	21993 인천광역시 연수구 인천신항대로 1100
	(송도동)　　신주소 여
8. 업태	제조　　9. 종목 전자기기
10. 주업종코드	
11. 사업장전화번호	02) 488 - 1234　　12. 팩스) -
13. 법인구분	내국법인　　14. 법인종류별구분 중소기업
15. 중소기업여부	여　　16. 설립연월일
17. 개업연월일	2015-01-01　　18. 폐업연월일
19. 사업장동코드	
20. 본점동코드	
21. 사업장관할세무서	104 남대문　　22. 본점관할세무서 104 남대문
23. 지방소득세납세지	24. 지방세법인구분

 회계충전소

1. 등록한 회사를 삭제하고자 할 때는 [회사등록]화면에서 삭제할 회사를 선택하고 [F5]key를 누른 다음 [Enter]key를 치면 삭제가 된다. 그러나 [C:\KcLepDB\KcLep]에는 자료가 남아 있기 때문에 [회사등록] 화면 상단 [F4]회사코드재생성을 하면, 삭제된 회사가 되살아난다. 완전 삭제를 위해서는 [C:\KcLepDB\KcLep]에서 삭제하고자 하는 회사의 코드 '네자리 숫자'를 삭제하면 완전히 삭제가 되어 재생이 불가능하다. (예) 2019) 폴더를 삭제하면 된다. 단, 로그인하여 현재 실행 중인 회사는 삭제되지 않는다.

2. 전자세금계산서를 발행하는 경우에는 [회사등록] 입력 시 [추가사항]에 신고담당자의 E-mail 주소를 반드시 입력해야 전자세금계산서 전송이 가능하다.(전자세금계산서 전송 시 직접 입력할 수도 있다.

2 거래처 등록

기초정보관리
회사등록
거래처등록
계정과목및적요등록
환경등록

　　[거래처등록]은 거래처별로 발행 또는 수취하는 각종 증빙서류(세금계산서, 신용카드매출전표, 현금영수증 등)의 관리 및 거래처별 채권·채무 관리, 통장잔액 관리를 위해 등록하는 메뉴이며, 기본적으로 일반거래처(매입처와 매출처), 금융거래처, 카드거래처를 등록하여 관리하는 곳이다. 메인화면의 [회계모듈]을 선택한 후 세부메뉴에서 [기초정보관리]-[거래처 등록]을 선택하여 실행한다.

▶ 거래처 등록 방법

구 분	항 목	입 력 내 용
일반	거 래 처 코 드	'00101 ~ 97999' 중 입력하고자 하는 거래처코드와 거래처명을 입력한다.
	유　　형	거래처를 세부적으로 관리하고자 할 경우 1:매출, 2:매입, 3:동시 중 선택한다.
	사업자등록번호, 법인등록번호	오른쪽 1.사업자등록증상의 사업자등록번호를 입력하면 왼쪽 등록번호란은 자동으로 반영된다.
	대 표 자 명	사업자등록증상의 대표자 이름을 입력한다.
	업 태 / 업 종	사업자등록증상의 업태와 종목을 입력한다.
금융	거 래 처 코 드	98000~99599 중 입력하고자 하는 거래처코드와 거래처명을 입력한다.
	유　　형	1:보통예금, 2:당좌예금, 3:정기적금, 4:정기예금, 5:기타, 6:외화 중 선택한다.
	계 좌 번 호	은행계좌번호를 입력한다.
카드	거 래 처 코 드	'99600 ~ 99999' 중 입력하고자 하는 거래처코드와 거래처명을 입력한다.
	유　　형	1:매출, 2:매입 카드 중 선택한다.
툴바	거래처명변경	일반거래처, 금융기관거래처, 신용카드거래처 이름을 변경할 경우 [거래처명]란에서 이름을 변경하고, 상단의 F11전표변경 단추를 눌러 주어야 이전에 등록된 모든 거래처명이 변경된다. 그렇지 않으면 변경 전 입력된 거래처명은 변경되지 않고 변경 전 이름으로 나타난다.

문제1 다음 신규 거래처를 등록하시오.

① **일반거래처 등록** : 00101~97999까지 입력한다.

검정시험 시는 매입·매출처 구분이 없이 구분은 "3.동시"를 선택하도록 주어진다.

[1] 매입처

코드	거래처명	대표자	사업자등록번호	업태	종목
101	(주)서초상사	마동탁	119-81-07607	도매	전자기기
102	(주)대전기업	박찬호	137-81-25151	도매	전자기기
103	(주)부산상사	이승엽	107-81-98032	도매	전자기기

[2] 매출처

코드	거래처명	대표자	사업자등록번호	업태	종목
201	구로상사	김재동	101-52-04875	소매	전자기기
202	용산상사	강호동	201-56-25668	소매	전자기기
203	유성상사	유재석	105-52-01147	소매	전자기기

【 일반거래처 입력 화면 】

회계충전소

▶ 개인에게 세금계산서 발행 시 주민등록번호 기재 분으로 선택해야만 세금계산서합계 표상 주민 기재분으로 표시된다.

② **금융기관 등록** : 98000~99599까지 입력한다.
　　　　　　　　보통예금, 당좌예금, 정기예금, 정기적금 유형으로 입력한다.

코드	거래처명	계좌번호	유형
98000	국민은행	357702-04-084678	보통예금
98001	신한은행	415-04-270146	보통예금
98002	외환은행	123-05-325890	보통예금

【 금융거래처 입력 화면 】

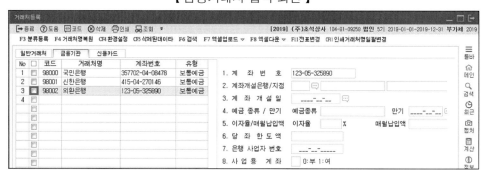

▶ 은행등록은 받을어음 관리, 금융기관 및 정기예적금을 분류별로 관리하기 위해 등록한다.

③ **신용카드 가맹점 등록**

1. 99600~99999까지 입력한다.
2. 매출은 가맹점번호, 매입은 카드번호를 입력한다.
3. 같은 카드사에서 매출과 매입이 동시에 발생하면 매출카드사와 매입카드사를 따로 입력한다.

(1) 매입카드

코드	거래처명	가맹점(카드)번호	유형	결제일	결제계좌
99600	BC카드	1234-5678-9876-4436	매입	5	국민은행
99601	국민카드	3412-2612-4312-8216	매입	10	국민은행
99602	삼성카드	3103-3206-3309-3412	매입	15	신한은행
99603	외환비자카드	4104-4208-4312-4416	매입	25	외환은행

【 매입카드 입력 화면 】

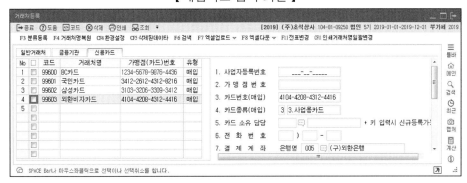

(2) 매출카드

코드	거래처명	가맹점(카드)번호	유형	결제계좌
99604	국민카드	1234567890	매출	국민은행
99605	신한카드	0987654321	매출	신한은행

【 매출카드 입력 화면 】

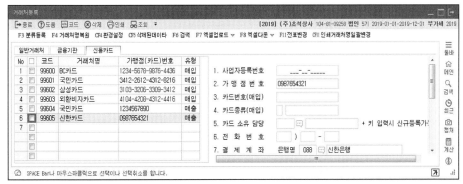

▶ 매출카드사는 부가가치세 부속서류 중 신용카드매출전표 발행집계표와 연관이 있으며, 매입카드사는 신용카드매출전표 등 수령금액합계표와 연관이 있다.

3 계정과목 및 적요 등록

기초정보관리
- 회사등록
- 거래처등록
- **계정과목및적요등록**
- 환경등록

[계정과목및적요등록]은 유동성배열법에 의하여 코드번호를 체계화하여 기본적으로 설정되어 있으나 사용자가 계정과목을 수정하거나 추가 등록하고자 할 때 실행하며, 적색으로 표시되어 있는 계정과목은 임의로 변경하면 안된다. 메인화면의 [회계모듈]을 선택한 후 세부메뉴에서 [기초정보관리] - [계정과목및적요등록]을 선택하여 실행한다.

번호	수 정	내 용
1	계 정 체 계	- 유동성배열법으로 코드번호를 부여하여 체계화되어 있다. - 계정과목 등록 시 반드시 코드체계에 맞게 선택하여 등록해야 한다.(예 소모품비는 '판매관리비'에 속하므로 코드체계 '0801-0900' 사이에 등록하여야 한다.)
2	사용자설정계정과목	신규로 계정과목을 등록할 경우에 코드체계에 맞게 선택하는 곳이다.
3	계 정 코 드 (명)	코드체계에 맞게 선택하였을 경우 사용자가 직접 계정과목명을 입력하는 곳이다.
4	성 격	성격은 1.인건비(근로), 2.인건비(퇴직), 3.경비, 4.기타, 5.차감 등을 선택한다.
5	현 금 적 요	현금거래의 적요를 등록하는 곳이다.
6	대 체 적 요	현금을 수반하지 않은 대체거래 적요를 등록하는 곳이다.
7	검정색계정과목	수정하고자 하는 계정과목에 바로 덧 씌어 수정한다.
8	적색계정과목	[Ctrl]+[F2] 기능 key를 이용하여 수정한다.

▶ [회계관리] 화면에서 [환경등록]을 클릭하여 다음과 같이 수정 및 입력한다.
  – 아래 사항 외는 자동으로 반영된다.

① ② 분개유형 설정 : 제조기업일 경우 다음과 같이 수정한다.
  –. 0401 상품매출 → 0404 제품매출
  –. 0146 상품 → 0153 원재료
  –. 신용카드 매출채권 : 0120 미수금 → 0108 외상매출금

② ③ 추가계정 설정 : 필요할 때만 입력한다.
  –. 매출 : 매출 → 0401 상품매출, 매출채권 → 0108 외상매출금
  –. 매입 : 매입 → 0146 상품, 매입채무 → 0251 외상매입금

③ 부가세 포함여부 : –. 카과 현과의 공급가액에 부가세 포함 : 1.포함
  –. 건별 공급가액에 부가세 포함 : 1.포함
  –. 과세 공급가액에 부가세 포함 : 0.미포함

④ ⑯ 면세류 입력 설정 : 필요한 때만 입력한다.(전산세무 2급이상)
  –. 의제류 자동 설정 : 0.없음을 선택한다.

회계	원천	법인			
1 부가세 소수점 관리			**4** 부가세 포함 여부		
	자 리 수 끝전처리		카과, 현과의 공급가액에 부가세 포함		1.전체포함
수 량	0		건별 공급가액에 부가세 포함		1.포함
단 가	0	1.절사	과세 공급가액에 부가세 포함		0.전체미포함
금 액		2.올림	**5** 봉사료 사용 여부		0.사용안함
2 분개유형 설정			**6** 유형:불공(54)의 불공제 사유		2
매 출	0404	제품매출	유형:영세율매출(12.16) 구분		
매 출 채 권	0108	외상매출금	**7** 단가 표시		1.사용
매 입	0153	원재료	**8** 성실신고사업자		0.부
매 입 채 무	0251	외상매입금	**9** 표준(법인세)용 재무제표		1.일반법인
신용카드매출채권	0108	외상매출금	**10** 건물외 유형고정자산 상각방법		1.정률법
신용카드매입채무	0253	미지급금	**11** 고정자산 간편자동등록 사용		0.사용안함
3 추가계정 설정			**12** 현장코드 엔터키 자동복사		0.사용안함
구 분 유 형 계 정 과 목 추 가			**13** 부서사원코드 엔터키 자동복사		0.사용안함
매 출 매 출			프로젝트코드 엔터키 자동복사		0.사용안함
매출채권			**15** 세금계산서 인쇄시 복수거래 정렬 방법		1.입력순
매 입 매 입			**16** 의제류 자동 설정		0.없음
매입채무			의제매입공제율	6	/ 106
			재활용매입공제율	6	/ 106
			구리 스크랩등	5	/ 105
			17 신용카드매입 입력창 사용여부(일반전표)		1.사용

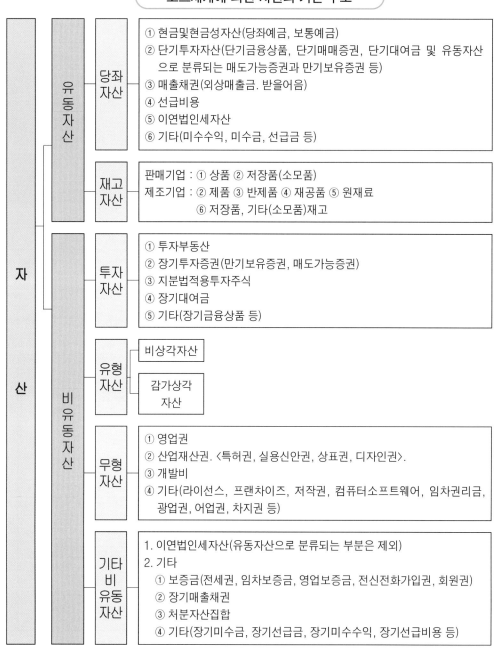

코드체계에 의한 자산의 기본 구조

자산 — 유동자산 — 당좌자산
① 현금및현금성자산(당좌예금, 보통예금)
② 단기투자자산(단기금융상품, 단기매매증권, 단기대여금 및 유동자산으로 분류되는 매도가능증권과 만기보유증권 등)
③ 매출채권(외상매출금. 받을어음)
④ 선급비용
⑤ 이연법인세자산
⑥ 기타(미수수익, 미수금, 선급금 등)

재고자산
판매기업 : ① 상품 ② 저장품(소모품)
제조기업 : ② 제품 ③ 반제품 ④ 재공품 ⑤ 원재료
⑥ 저장품, 기타(소모품)재고

비유동자산 — 투자자산
① 투자부동산
② 장기투자증권(만기보유증권, 매도가능증권)
③ 지분법적용투자주식
④ 장기대여금
⑤ 기타(장기금융상품 등)

유형자산
비상각자산
감가상각자산

무형자산
① 영업권
② 산업재산권. 〈특허권, 실용신안권, 상표권, 디자인권〉.
③ 개발비
④ 기타(라이선스, 프랜차이즈, 저작권, 컴퓨터소프트웨어, 임차권리금, 광업권, 어업권, 차지권 등)

기타비유동자산
1. 이연법인세자산(유동자산으로 분류되는 부분은 제외)
2. 기타
① 보증금(전세권, 임차보증금, 영업보증금, 전신전화가입권, 회원권)
② 장기매출채권
③ 처분자산집합
④ 기타(장기미수금, 장기선급금, 장기미수수익, 장기선급비용 등)

부채의 구성

부채
유동부채 : 단기차입금, 외상매입금, 지급어음, 미지급금, 선수금, 유동성장기부채 등
비유동부채 : 사채, 퇴직급여충당부채, 장기차입금, 장기성지급어음 등

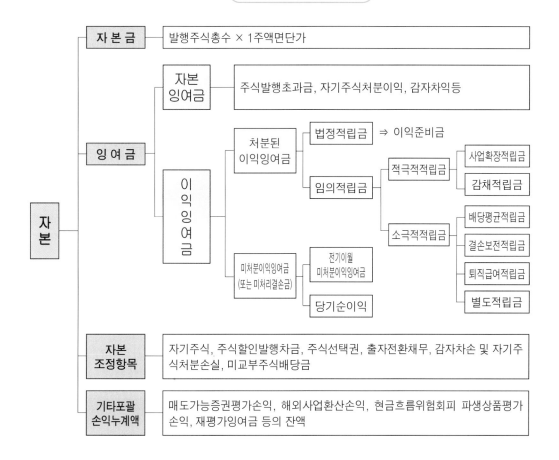

1 계정과목 적요등록

　사용하고자 하는 계정과목이 없을 때 회사가 신규로 등록하는 경우와 현재 사용하고 있는 계정과목을 수정하고자 할 때 실행하며, 적색으로 표시되어 있는 계정과목은 회사가 임의로 변경하면 안 된다.

2 계정과목 적요등록 수정

(1) 검정색 계정과목 : 바로 덧씌워 수정한다.
(2) 적색계정과목 : [Ctrl] + [F2]를 이용하여 수정한다.

 예제 ○ 검정색 계정과목 수정 및 신규등록

▶ (주)초석상사(회사코드 : 2019)는 전자부품을 제조하여 판매하는 중소기업이며, 당기
(제5기) 회계기간은 2019. 1. 1 ~ 2019. 12. 31 이다. 전산세무회계 수험용 프로그램
을 이용하여 다음 물음에 답하시오.

1. 계정과목의 코드번호가 주어지지 않은 경우의 입력 방법

예제1 '단기투자자산평가이익'을 '단기매매증권평가이익'으로, '단기투자자산처분이익'을
'단기매매증권처분이익'으로 수정하시오. 단, 처음 [회사등록]을 한 상태에서 작업할 것.

 입력방법

① [회계관리] – [기초정보관리] – [계정과목 및 적요등록]을 선택하여 실행한다.

② 화면 왼쪽 '계정체계'의 영업외수익 [0901-0950]을 클릭한 후 '코드/계정
과목'의 0905 단기투자자산평가이익을 클릭한다.

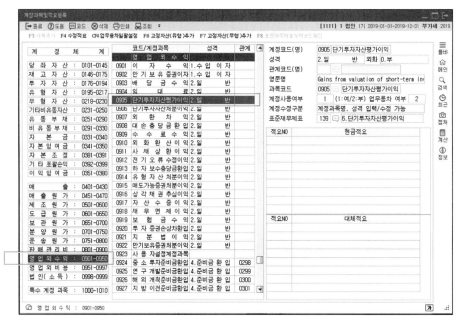

③ 화면 오른쪽 [계정코드(명)]에서 단기투자자산평가이익을 단기매매증권평가이익
으로 덧씌워 입력하고 **Enter↵** 하면 수정이 완료된다. 단, [성격]란의 2.일반은 그
대로 두면 된다.

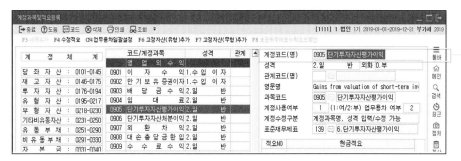

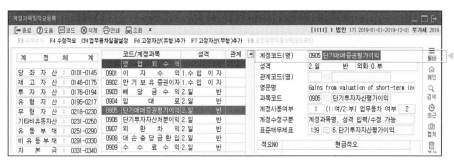

④ 수정 후 [ESC]자판을 눌러 빠져나왔다가 다시 실행하면 [과목코드]란에도 자동
으로 변경되어 있음을 알 수 가 있다.

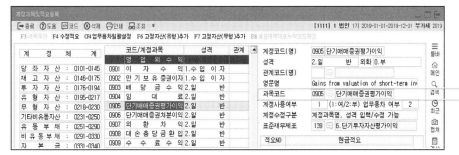

▶ 단기투자자산처분이익을 단기매매증권처분이익으로 수정하는 것도 위와 같은 절차로 실행하면 된다.

2. 계정과목의 코드번호가 주어진 경우의 입력 방법

예제2 판매비와관리비 계정인 '차량리스료 계정과목'을 신규 등록하여 사용하고자 한다.
'0829 사용자설정계정과목'에 등록하시오.

① [회계관리] – [기초정보관리] – [계정과목 및 적요등록]을 선택하여 실행한다.

② "코드번호란"에 커서를 두고 숫자 "0829"를 치면 "0829 사용자설정계정과목"
으로 이동한다.

③ 우측 계정코드(명) "0829 사용자설정계정과목"에 "차량리스료"라 덧씌워 입
력하고, 성격은 "3.경비"를 선택한 후 **Enter↵** 하면 등록이 완료된다.

④ 과목코드란은 자동으로 생성되도록 되어 있다.

3. 적색계정과목 수정 ⇒ [Ctrl+F2] 키를 이용하여 수정한다.

예제3 0138 전도금 계정을 '소액현금 계정'으로 수정하여 사용하고자 한다. 적절하게 수정 등록을 하시오.

 입력방법

① [회계관리] – [기초정보관리] – [계정과목 및 적요등록]을 선택하여 실행한다.

② 커서를 "코드번호란"에 두고 숫자 "0138"를 치면 "0138 전도금계정"으로 이동 한다.

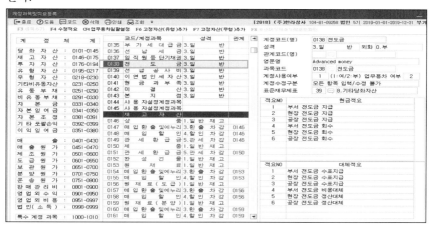

② "0138 전도금계정"에 마우스포인터를 두고 [Ctrl+F2]를 누르고 우측 계정코 드(명)란에 "0138 전도금"에 바로 덧씌워 "소액현금"이라 입력하고 **Enter↵** 하면 등록이 완료된다.(성격은 3.일반으로 선택되어 있다.)

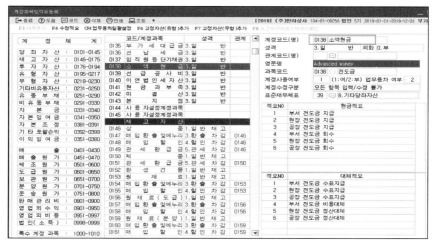

4. 통합계정 신규 등록

 건물, 구축물, 기계장치계정을 통합계정인 "설비자산"으로 개정기업회계기준서 21호에 맞추어 신규등록하시오.

입력방법

① [합계잔액시산표] – [재무상태표] – [손익계산서] 상단 툴바에 있는 [(F4)통합 계정] 단추를 클릭하여 실행시키면 [제출용 계정 등록] 화면이 나타난다.

② [제출용 계정 등록]에서 제출명칭 11번에 통합계정과목명 "설비자산"을 입력하고, Enter↵ 를 친 후 사용은 [3번 유형자산]을 선택한 다음 사용여부에서 [1번 사용]을 선택하면 커서는 오른쪽 코드란으로 이동한다. [(F2)검색] 단추를 눌러 건물, 구축물, 기계장치를 선택하여 입력하고 Enter↵ 를 치면 등록이 완료된다.

<제출용계정 등록>

	제출용 명칭	구분	사용		코드	계정과목
1	현금및현금성자산	1.당좌자산	1.사용	1	0101	현금
2	단기투자자산	1.당좌자산	1.사용	2	0102	당좌예금
3	매출채권	1.당좌자산	1.사용	3	0103	보통예금
4	장기투자증권	2.투자자산	1.사용	4	0104	제예금
5	장기매출채권	5.기타비유동자산	1.사용	5		
6	산업재산권	4.무형자산	1.사용			
7	개발비	4.무형자산	1.사용			
8	매입채무	6.유동부채	1.사용			
9	장기매입채무	7.비유동부채	1.사용			
10	퇴직급여충당부채	7.비유동부채	1.사용			
11						

※ 퇴직연금충당부채(코드329)는 퇴직급여충당부채(제출용명칭)에 자동합산되므로 코드를 입력하지 않습니다.

기본데이타   삭제(F5)   종료(ESC)

<등록이 완료된 화면>

	제출용 명칭	구분	사용		코드	계정과목
1	현금및현금성자산	1.당좌자산	1.사용	1	0202	건물
2	단기투자자산	1.당좌자산	1.사용	2	0204	구축물
3	매출채권	1.당좌자산	1.사용	3	0206	기계장치
4	장기투자증권	2.투자자산	1.사용	4		
5	장기매출채권	5.기타비유동자산	1.사용			
6	산업재산권	4.무형자산	1.사용			
7	개발비	4.무형자산	1.사용			
8	매입채무	6.유동부채	1.사용			
9	장기매입채무	7.비유동부채	1.사용			
10	퇴직급여충당부채	7.비유동부채	1.사용			
11	설비자산	3.유형자산	1.사용			

※ 퇴직연금충당부채(코드329)는 퇴직급여충당부채(제출용명칭)에 자동합산되므로 코드를 입력하지 않습니다.

기본데이타   삭제(F5)   종료(ESC)

③ 등록 완료 후 합계잔액시산표 또는 재무상태표[제출용]을 클릭하여 실행하면 [건물, 구축물, 기계장치 계정]이 [설비자산]으로 통합하여 나타남을 확인할 수가 있다. 단, [건물, 구축물, 기계장치 계정]이 어느 하나라도 입력되어 있어야 통합 계정인 [설비자산]이 나타난다.

<아래 화면은 제시된 기초데이터 중 '2018 (주)한라상사 12월 31일 현재 합계잔액시산표[제출용]'을 출력한 화면이다>

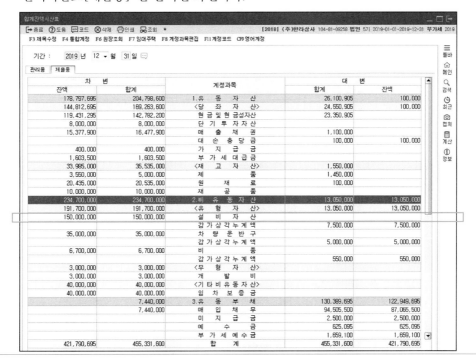

5. 적요등록 신규 등록

예제5 퇴직금 중간정산을 신청하는 직원들에게 퇴직금을 지급하기로 하였다. 판매비와관리비의 0806. 퇴직급여 계정에 다음 내용의 적요를 등록하시오.

현금적요 1. 직원 중간 정산 시 퇴직금 지급

① [회계관리] – [기초정보관리] – [계정과목 및 적요등록]을 선택하여 실행시킨다.

② 코드란에 커서를 두고 "숫자 0806"을 치면 [0806. 퇴직급여계정]으로 이동한다.

③ 현금적요 No란에 숫자 "1"을 입력하고 적요내용 [직원중간정산시 퇴직금지급]을 입력한 후 Enter↵ 하면 등록이 완료된다.

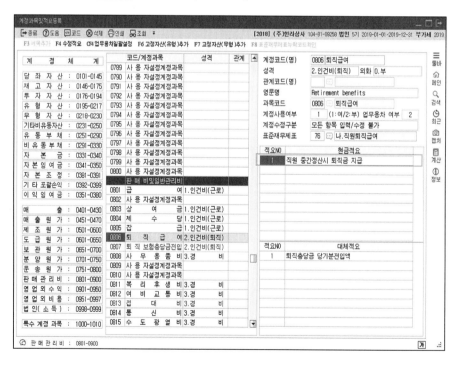

4 전기분 재무상태표

전기분재무제표
전기분재무상태표
전기분손익계산서
전기분원가명세서
전기분잉여금처분계산서
거래처별초기이월
마감후이월

실무상 계속사업자는 '마감후이월 메뉴"를 통하여 자동이월 되기 때문에 초기이월 작업을 할 필요가 없지만, 자격시험을 대비 하여 회계프로그램을 처음 시작할 경우 전기자료가 없으므로, 전기분에 대한 필요한 자료를 직접 입력하여 이월을 받아야 한다. 메인화면의 [회계모듈]을 선택한 후 세부메뉴에서 [전기분재무제표]−[전기분재무상태표]를 선택하여 실행한다.

▶ 단, 실제시험의 경우 모든 data가 입력된 자료로 제시하여, "추가입력 및 수정"에 관련된 문제가 출제된다.

예 제 다음 (주)초석상사의 전기분 재무상태표를 입력하시오.

재 무 상 태 표

(주)초석상사   제4기 2018년 12월 31일   단위 : 원

과 목	금	액	과 목	금	액
현 금		50,200,000	단 기 차 입 금		20,000,000
당 좌 예 금		66,500,000	외 상 매 입 금		80,800,000
보 통 예 금		5,000,000	지 급 어 음		6,000,000
외 상 매 출 금	10,000,000		미 지 급 금		2,500,000
대 손 충 당 금	100,000	9,900,000	예 수 금		550,000
단 기 매 매 증 권		8,000,000	미 지 급 비 용		1,000,000
제 품		5,000,000	자 본 금		117,000,000
원 재 료		4,500,000	미처분이익잉여금		9,700,000
재 공 품		10,000,000			
임 차 보 증 금		40,000,000			
개 발 비		3,000,000			
차 량 운 반 구	35,000,000				
감 가 상 각 누 계 액	5,000,000	30,000,000			
비 품	6,000,000				
감 가 상 각 누 계 액	550,000	5,450,000			
자 산 총 계		237,550,000	부채와 자본총계		237,550,000

회계충전소

▶ 전기분재무상태표의 (377) 미처분이익잉여금 9,700,000을 (375)이월이익잉여금 9,700,000으로 입력한다.

 입력방법

▶ [회계관리] − [전기분재무제표] − [전기분재무상태표]를 선택하여 실행한 후 직접 입력한다.

① 계정과목 등록 시 계정과목코드 번호를 모르면 커서를 코드란에 두고 [F2]도움 자판을 이용 검색하여 등록을 하거나, 계정과목 앞자리 두 글자를 입력하고 [Enter]키를 치고 나타나는 보조화면에서 원하는 계정과목을 선택하여 입력하여도 된다.

② 외상매출금의 코드번호는 '0108'이며, 외상매출금에 대한 대손충당금은 '0109' 대손충당금을 선택하여 등록하면 된다.

③ 건물의 코드번호는 '0202'이며, 건물에 대한 감가상각누계액은 '0203' 감가상각누계액을 선택하여 등록하면 된다.

④ 제품 5,000,000원은 전기분손익계산서의 기말제품재고액에 자동으로 반영된다.

⑤ 원재료 4,500,000원은 전기분제조원가명세서의 기말원재료재고액에 자동으로 반영된다.

⑥ 재공품 10,000,000원은 전기분원가명세서의 기말재공품재고액에 자동으로 반영된다.

⑦ 거래처별 초기이월작업을 할 때 상단툴바의 [(F4)불러오기] 단추를 클릭하면 재무상태표에 입력된 내용이 자동 반영된다.

【 전기분 재무상태표 입력 화면 】

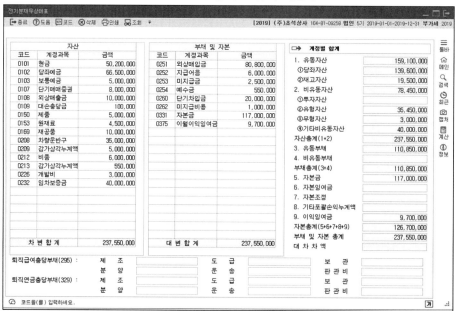

5 전기분 손익계산서

[전기분손익계산서]는 당기분과 전기분의 손익계산서를 비교식으로 작성한다. 메인화면의 [회계모듈]을 선택한 후 세부메뉴에서 [전기분재무제표] – [전기분손익계산서]를 선택하여 실행한다.

▶ 단, 실제시험의 경우 모든 data가 입력된 자료로 제시하여, "추가입력 및 수정"에 관련된 문제가 출제된다.

예 제   다음 (주)초석상사의 전기분 손익계산서를 입력하시오.

손 익 계 산 서

(주)초석상사　　　　제4기 2018. 1. 1 ~ 2018. 12. 31　　　　단위 : 원

과　　　목	금　　　액	과　　　목	금　　　액
매　　출　　액	100,000,000	**영　업　이　익**	18,350,000
제 품 매 출	100,000,000	**영　업　외　수　익**	300,000
매　출　원　가	50,000,000	단기매매증권평가이익	300,000
제 품 매 출 원 가	50,000,000	**영　업　외　비　용**	3,600,000
기 초 제 품 재 고 액	0	이　자　비　용	3,000,000
당 기 제 품 제 조 원 가	55,000,000	기　　부　　금	500,000
기 말 제 품 재 고 액	5,000,000	유 형 자 산 처 분 손 실	100,000
매　출　총　이　익	50,000,000	**법인세비용차감전순이익**	15,050,000
판 매 비 와 관 리 비	31,650,000	**법　인　세　비　용**	4,138,750
급　　　　　여	20,000,000	**당　기　순　이　익**	10,911,250
복 리 후 생 비	3,500,000		
여 비 교 통 비	800,000		
접　　대　　비	2,000,000		
통　　신　　비	1,500,000		
수 도 광 열 비	600,000		
임　　차　　료	2,500,000		
운　　반　　비	100,000		
소 모 품 비	350,000		
대 손 상 각 비	300,000		

▶ [회계관리]-[전기분재무제표]-[전기분손익계산서]를 선택하여 실행한 후 직접 입력한다.

제품 매출원가 입력 방법

제조업체일 경우 **< 455 제품매출원가 >** 를 선택

① 기초제품재고액 : 0원은 입력하지 않는다.

② 당기제품제조원가 : 55,000,000원을 55++로 직접 입력하고 반드시 [Enter↵]로 저장을 완료한다.

③ 기말제품재고액 : 전기분재무상태표에 입력된 5,000,000원이 자동 반영된다.

④ 모든 비용은 "800번대"를 입력한다.

⑤ 당기순손익은 입력하지 않는다.

【 제품 매출원가 입력 화면 】

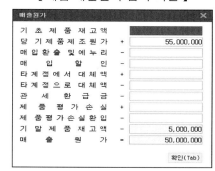

【 전기분 손익계산서 입력 화면 】

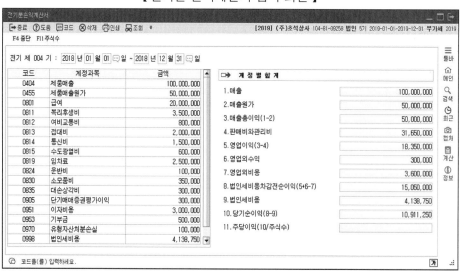

6 전기분 원가명세서

[전기분원가명세서]는 당기분과 전기분의 제조원가명세서를 비교식으로 작성하기 위함이며, (11번) 당기제품제조원가는 손익계산서상 제품매출 원가계산을 위한 박스 안 당기제품제조원가의 금액과 일치하여야한다. 메인화면의 [회계모듈]을 선택한 후 세부메뉴에서 [전기분재무제표]-[전기분 원가명세서]를 선택하여 실행한다.

▶ 단, 실제시험의 경우 모든 data가 입력된 자료로 제시하여, "추가입력 및 수정"에 관련된 문제가 출제된다.

예제 다음 (주)초석상사의 전기분 제조원가명세서를 입력하시오.

제 조 원 가 명 세 서

(주)초석상사 　　　　2018. 1. 1 ~ 2018. 12. 31 　　　　단위 : 원

과　　　목	제 4 (전) 기	
	금　　　액	
원　재　료　비		21,000,000
기 초 원 재 료 재 고 액	5,500,000	
당 기 원 재 료 매 입 액	20,000,000	
기 말 원 재 료 재 고 액	4,500,000	
노　　무　　비		18,000,000
임　　　　　금	18,000,000	
제　조　경　비		21,000,000
복 리 후 생 비	6,000,000	
통 　 신 　 비	2,000,000	
가 스 수 도 료	5,000,000	
전 　 력 　 비	3,000,000	
소 모 품 비	5,000,000	
당 기 총 제 조 비 용		60,000,000
기 초 재 공 품 재 고 액		(+) 5,000,000
합　　　　　계		65,000,000
기 말 재 공 품 재 고 액		(−) 10,000,000
당 기 제 품 제 조 원 가		55,000,000

※ 제조업 : (516)전력비, (515)가스수도료
※ 도·소매업 : (815)수도광열비

◉ 전기분원가명세서를 처음 입력을 할 때는 다음과 같은 순서에 의하여 작업을 한다.

입력방법

① [회계관리]-[전기분재무제표]-[전기분원가명세서]를 선택하여 실행하면
[매출원가 및 경비선택] 화면이 실행된다.

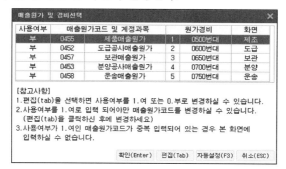

② [매출원가 및 경비선택] 화면 하단 [편집(Tab)]을 클릭하여 [사용여부]를 '1.
여'로 변경한 후 하단에 있는 [선택(Tab)]단추를 누른다.

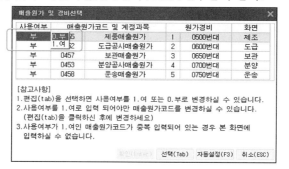

③ [매출원가 및 경비선택] 화면 하단 [확인(Enter)]하면 전기분원가명세서 입력
화면이 실행된다.

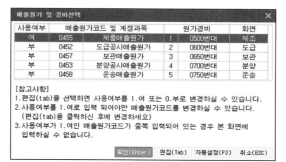

④ 원재료비를 입력한다.

⊙ 코드란에 501 원재료비를 입력하면 우측에 원재료비 입력 화면이 실행된다.

ⓒ 기초원재료재고액 5,500,000원 당기원재료매입액 20,000,000원을 입력하고 [Enter]로 빠져나오면 501.원재료비가 21,000,000원이 된다.

ⓒ 504 임금 및 500번대 제조경비를 입력한다.

ⓒ 기초재공품 재고액 5,000,000원은 마우스를 이용하여 직접 입력한다.

ⓜ 기말원재료재고액 4,500,000원과 기말재공품재고액 10,000,000원은 전기분재무상태표에서 입력된 금액이 자동으로 반영이 된다.

ⓑ 반드시 Enter⏎ 로서 저장을 완료하고 빠져나온다.

【 원재료비 입력 화면 】

【 전기분 원가명세서 입력완료 화면 】

기초재공품재고액은 마우스 또는 [TAB]키를 이용 직접 입력하고, 기말재공품재고액은 전기분재무상태표에서 자동 반영된다.

7 전기분 잉여금처분계산서

전기분재무제표
전기분재무상태표
전기분손익계산서
전기분원가명세서
전기분잉여금처분계산서
거래처별초기이월
마감후이월

[전기분잉여금처분계산서]는 당기분과 전기분의 이익잉여금처분계산서 또는 결손금처리계산서를 비교식으로 작성하기 위함이며, 당기순이익은 상단 툴바의 [(F6)불러오기]를 클릭하여 손익계산서상 당기순이익 금액을 자동으로 반영되도록 한다. 당기순손실일 경우에는 당기순이익명이 당기순손실로 바뀌어 나타난다. 메인화면의 [회계모듈]을 선택한 후 세부메뉴에서 [전기분재무제표] – [전기분잉여금처분계산서]를 선택하여 실행한다.

예 제 다음 (주)초석상사의 전기분 잉여금처분계산서를 입력하시오.

이 익 잉 여 금 처 분 계 산 서

(주)초석상사　　제4기 2018년 1월 1일부터 2018년 12월 31일까지　　　　단위 : 원

계 정 과 목	금	액
미 처 분 이 익 잉 여 금		9,700,000
전기이월미처분이익잉여금	−1,211,250	
당 기 순 이 익	10,911,250	
임 의 적 립 금 이 입 액		
배 당 평 균 적 립 금		
별 도 적 립 금		
합 　　　　계		9,700,000
이 익 잉 여 금 처 분 액		
이 익 준 비 금		
차기이월미처분이익잉여금		9,700,000

1 이익잉여금처분계산서

(1) 미처분이익잉여금 9,700,000원이 전기분재무상태표의 이월이익잉여금과 일치
화면상 −1,211,250원은 이월결손금을 말한다.

(2) 당기순이익 10,911,250원은 상단 툴바의 [F6]불러오기를 클릭하면 전기분손익계산서의 당기순이익이 자동반영된다.

(3) 전기분과 당기분을 비교식으로 작성하기 위해서이다.

 ▶ 전기이월미처분이익잉여금 −1,211,250을 입력하면 전기이월미처리결손금 1,211,250
으로 입력되어 나타난다.

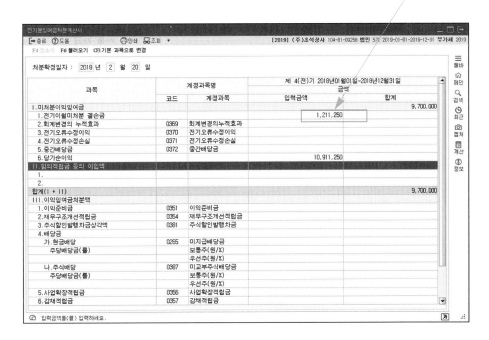

8 거래처별 초기이월

[거래처별초기이월]은 거래처 별로 채권·채무관계를 관리하기 위하여 입력하는 곳이다. 전기분재무상태표를 입력한 다음 왼쪽상단 툴바의 F4 불러오기 를 클릭하여 불러온 다음 입력할 계정과목을 선택하고, [Tab] key 또는 마우스로 오른쪽 코드란에 커서를 두고 [F2]도움 자판을 누르면 나타나는 보조화면에서 선택하여 입력한다. [회계모듈]을 선택한 후 세부메뉴에서 [전기분재무제표]-[거래처별초기이월]를 선택하여 실행한다.

예 제 ▶ 다음 (주)초석상사의 거래처별 자료를 입력하시오.

[1] 매입처

코드	거래처명	대표자	사업자등록번호	외상매입금	지급어음
101	(주)서초상사	마동탁	119-81-07607	30,000,000원	2,000,000원
102	(주)대전기업	박찬호	137-81-25151	20,000,000원	1,500,000원
103	(주)부산상사	이승엽	107-81-98032	30,800,000원	2,500,000원

[2] 매출처

코드	거래처명	대표자	사업자등록번호	외상매출금	받을어음
201	구로상사	김재동	101-52-04875	3,000,000원	0
202	용산상사	강호동	201-56-25668	3,000,000원	0
203	유성상사	유재석	105-52-01147	4,000,000원	0

 입력방법

① [회계관리]-[전기분재무제표]-[거래처별 초기이월]을 선택하여 실행한다.

② 거래처별로 채권·채무 등을 관리하기 위함이며, 거래처등록란에 등록이 되어 있어야 한다.

③ 상단의 [불러오기]를 클릭하면 전기분재무상태표의 자료가 불러와진다.

④ [TAB]키를 이용 거래처별 입력화면이 나타나도록 한다.

【 거래처별 초기이월 화면 】

⑤ 입력하고자 하는 계정과목에 커서를 두고 [Tab]key를 누르거나, 마우스로 우측화면 코드란에 커서를 두고, [F2]도움 자판을 누르면 [거래처도움] 팝업창이 나타난다. 여기서 원하는 거래처를 선택하고 금액을 입력한 다음 반드시 Enter↵ key를 쳐서 등록을 완료한다.

【 외상매입금 거래처별 초기이월 입력 화면 】

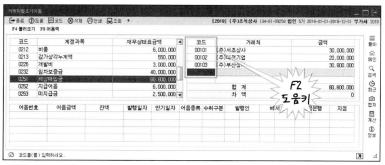

【 지급어음 거래처별 초기이월 입력 화면 】

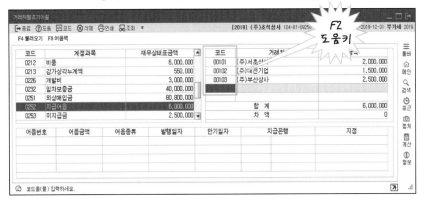

▶ 반드시 금액을 입력한 후 화면 하단에 차액 란을 확인한다.
  - 채권 잔액과 거래처별 채권 잔액의 합이 일치할 경우는 차액은 '0'으로 표시된다.
  - 채권 잔액과 거래처별 채권 잔액의 합이 일치하지 않으면, 그 차액이 적색으로 나타난다.

【 외상매출금 거래처별 초기이월 입력 화면 】

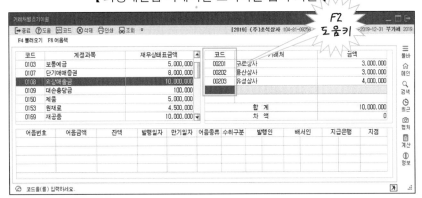

Chapter
04

전표 입력

- 일반전표 입력
- 매입매출전표 입력
- 전표의 수정과 삭제

1 일반전표 입력

　　[일반전표입력]은 기업에서 발생하는 거래 중 상품 매입/매출 거래를 제외한 부가가치세 신고와 관련이 없는 모든 거래를 입력하는 메뉴로 각종 장부 및 재무제표에 반영된다. 메인화면의 [회계모듈]을 선택한 후 세부메뉴에서 [전표입력]-[일반전표입력]을 선택하여 실행한다.

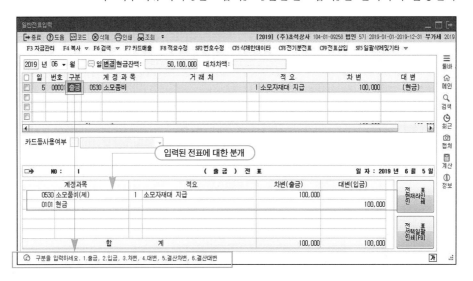

▶ 전표 입력 방법

번호	항목	내　　　　용
(1)	월 일	① 해당 월만 입력 후 하단 일에 거래 일자를 입력한다. ② 해당 일자를 입력 후 일일 거래를 바로 입력한다.
(2)	구 분	전표의 유형을 선택한다. ① 현금전표 : 출금전표 : 1번, 입금전표 : 2번 ② 대체전표 : 차변 : 3번, 대변 : 4번 ③ 결산전표 : 결산차변 : 5번, 결산대변 : 6번(결산전표는 결산 수정 및 대체분개를 하는 경우만 사용한다.)
(3)	코드/계정과목	계정코드를 입력하면 계정과목명이 자동 입력된다. ① 계정코드를 모르는 경우 　㉠ 코드에서 [F2]도움 자판을 눌러 원하는 계정을 검색한 후 [Enter]로 입력한다. 　㉡ 코드에서 계정과목명 두 글자를 입력하고 원하는 계정을 선택한 후 [Enter]로 입력한다. ② 계정코드를 아는 경우에는 해당 코드를 직접 입력하면 계정과목명이 자동 입력된다.

번호	항목	내　용
(4)	코드/거래처명	거래처코드를 입력하면 거래처명이 자동 입력된다. ① 거래처 코드를 모르는 경우 　㉠ 코드란에 커서를 이동하여 [F2]도움 자판을 눌러 조회하고자 하는 거래처를 검색하여 [Enter]로 입력한다. 　㉡ 코드란에 커서를 이동하여 '+'key를 누른 후 입력하고자 하는 거래처명을 입력 후 [Enter]로 입력한다. 　㉢ 코드란에 거래처명 두 글자를 입력하고 [Enter]로 입력한다. ② 거래처코드를 아는 경우 해당 코드를 입력하면 거래처명이 자동 입력된다. ③ 신규 거래처의 등록 　㉠ 코드란에서 '+'key를 누른 후 거래처명을 입력한 다음 [Enter]를 치면 [거래처등록] 팝업창이 나타난다. 　㉡ 등록하고자 하는 거래처 코드번호를 입력한 다음 [수정] Tab을 누른 후 아래 거래처등록란에 기본사항을 입력한 후 [Enter]하면 거래처가 등록된다.
(5)	적 요	거래 내용에 대한 적요는 화면 아래의 표준 적요를 선택하거나 [F2]도움 자판을 눌러 [적요코드도움] 창에서 선택하여 입력한다. 실제 자격시험에서는 적요를 입력하지 않아도 불이익은 없지만 실무에서는 적요등록이 중요하기 때문에 거래 내용을 육하원칙에 입각해서 요약 입력하는 연습을 하도록 한다.
(6)	금 액	금액 입력 시 오른쪽 작은 키보드의 '+'key를 누르면 금액란에 '000' 세자리 수가 바로 입력됨을 알 수가 있다. 즉, 1,000,000원을 입력 시 1++ Enter↵ 를 치면 빠르게 입력할 수가 있다.

 ● 일반전표 입력 따라하기

▶ (주)초석상사의 영업거래 내역을 일반전표에 입력하시오.(부가가치세는 생략한다.) < 적요 등록도 할 것 >

① 출금 거래

> **(1) 6월 5일** 공장소모자재 100,000원을 구입하고, 대금은 현금으로 지급하다.

분개 : (차변) 530 소모품비(제) 100,000　　(대변) 101 현　금　100,000

① 하단 "일"란에 5를 입력한다.

② 커서가 **"구분"**란에 왔을 때 **"1:출금"**을 선택한다.

③ 계정과목 코드란에 앞자리 두글자 **"소모"**를 입력하고 Enter↵ key를 치면 나타나는 [계정코드도움] 팝업창에서 [0530 : 소모품비]를 선택하여 입력한다.

❖ 판매경비와 제조경비
　① 판매업 즉 일반경비는 "800"번대로 입력 ⇒ 손익계산서에 반영된다.
　② 제조기업 즉 제품제조와 관련 있는 제조경비는 "500"번대로 입력 ⇒ 제조원가명세서에 반영된다.

④ 거래처 등록 : 채권·채무와 관련된 거래가 아니기 때문에 거래처 코드번호 및 거래처명은 입력하지 않아도 된다.

⑤ 적요 등록 : 적요 코드란에 '1'을 입력하면 하단의 **"01 소모자재대 지급"**이 입력된다. 금액 100,000원은 100+로 입력한 후 Enter↵ key를 쳐서 입력을 완료한다.

【 입력 완료 화면 】

② 입금 거래

> **(2) 6월 6일** 매출처 구로상사의 외상대금 중 일부 1,000,000원을 현금으로 회수하다.

① 하단 "일"란에 6을 입력한다.

② 커서가 **"구분"란**에 오면 **"2:입금"**을 선택한다.

③ 계정과목 코드란에 앞자리 두글자 **"외상"**을 입력하고 Enter↵ key를 치면 나타나는 [계정코드도움] 팝업창에서 [108 : 외상매출금]을 선택하여 입력한다.

④ 거래처명 등록 : 코드란에 커서를 두고 거래처명 앞자리 두글자 **"구로"**를 입력한 후 Enter↵ key를 치고 나타나는 [거래처도움] 팝업창에서 "구로상사"를 선택하여 입력한다.

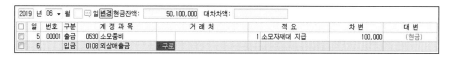

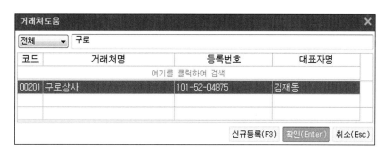

⑤ 적요 등록 : 적요 코드란에 '1'을 입력하면 하단의 "01 **외상매출대금 현금회수**"가 입력된다. 금액 1,000,000원은 1++로 입력한 후 Enter↵ key를 쳐서 입력을 완료한다.

분개 : (차변) 101 현 금 1,000,000 　 (대변) 108 외상매출금 1,000,000
[구로상사]

【 입력 완료 화면 】

	일	번호	구분	계 정 과 목	거 래 처	적 요	차 변	대 변
☐	5	00001	출금	0530 소모품비		1 소모자재대 지급	100,000	(현금)
■	6	00001	입금	0108 외상매출금	00201 구로상사	1 외상매출대금 현금회수	(현금)	1,000,000
			합 계				1,100,000	1,100,000

카드등사용여부

NO : 1		(입 금) 전 표		일 자 : 2019 년 6 월 6 일
계정과목	적요	차변(출금)	대변(입금)	
0108 외상매출금	1 외상매출대금 현금회수		1,000,000	
0101 현금		1,000,000		
합 계		1,000,000	1,000,000	

③ **대체 거래**

> **(3) 6월 8일** 거래처 (주)서초상사의 외상대금 5,700,000원을 당사 국민은행 보통예금에서 계좌이체하여 지급하다. <거래처 은행 등록도 할 것>

① 하단 "일"란에 8을 입력한다.

② 커서가 "**구분**"란에 오면 "**3:차변**"을 선택하고, **0251 외상매입금**을 입력한다. 계정과목 코드번호를 모르면 계정과목의 앞자리 두글자 "**외상**"을 입력하고 Enter↵ key를 치면 나타나는 [계정코드도움] 팝업창에서 [0252 : 외상매입금]을 선택하여 입력한다.

③ 거래처명 등록 : 코드란에 커서를 두고 거래처명 앞자리 두글자 "**서초**"를 입력한 후 Enter↵ key를 치고 나타나는 [거래처도움] 팝업창에서 "(주)서초상사"를 선택하여 입력한다.

④ 적요 등록 : 적요의 입력은 하단에 알맞은 적요가 없기 때문에 임의로 <외상매입금 보통예금 반제>를 입력하고 금액 5,700,000원을 **5700+**로 입력한 후 다음 입력단계(대변) "구분"란에 커서가 올 때까지 계속하여 Enter↵key를 친다.

⑤ "구분"란에 **"4:대변"**을 선택하고 103 보통예금을 입력한다. 커서가 거래처명등록란에 오면 거래처 앞자리 두글자 **"국민"**을 입력한 후 Enter↵key를 치면 나타나는 [거래처코드도움] 팝업창에서 "98000 국민은행"을 선택하여 입력한다. 금액란에 5,700,000원은 자동으로 계산되어 나타나며, 커서는 다음 입력단계로 이동한다. 이 때 적요등록은 앞서 입력한 [외상매입금 보통예금 반제] 내용이 자동으로 입력되어 나타난다.

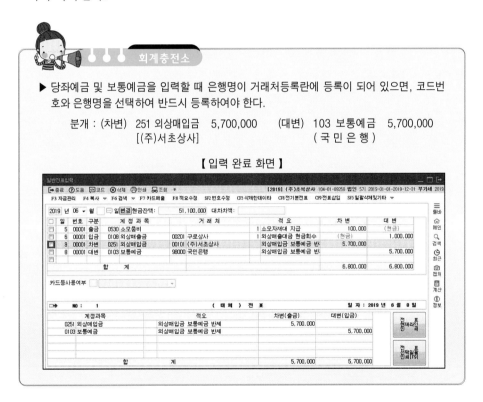

▶ 당좌예금 및 보통예금을 입력할 때 은행명이 거래처등록란에 등록이 되어 있으면, 코드번호와 은행명을 선택하여 반드시 등록하여야 한다.

분개 : (차변) 251 외상매입금   5,700,000   (대변) 103 보통예금   5,700,000
　　　　　　　[(주)서초상사]　　　　　　　　　　　　　　(국 민 은 행)

(4) 6월 15일 국일은행에서 사업자금 10,000,000원을 대출하고, 선이자 50,000원을 차감한 잔액은 보통예금하다.(상환기간 : 2020년 6월 14일)

　　　　　① 계좌번호 : 605-9593770
　　　　　② 대표자 : 이국일
　　　　　③ 코드번호 "98003"으로 신규 등록하여 사용할 것.

① 하단 "일"란에 15를 입력한다.

② 커서가 **"구분"란**에 오면 **"4:대변"**을 선택하고, **"0260 단기차입금"**을 입력한다. 계정과목 코드번호를 모르면 계정과목의 앞자리 두글자 **"단기"**를 입력하고 Enter↵하면, 보조화면이 보여진다. 원하는 계정과목 **<단기차입금>**을 선택하여 Enter↵ key를 치면 나타나는 [계정코드도움] 팝업창에서 [0260 : 단기차입금]을 선택하여 입력한다. 거래처 국일은행을 신규 등록한다.

③ 적요등록 : 적요의 입력은 하단 **"04 차입금 발생시 보통예금"**을 선택하여 입력한다.

④ 금액 10,000,000원을 **10++**로 입력하고 커서가 다음 입력단계 "구분"란에 올 때가지 Enter↵를 친다.

⑤ **"구분 3차변"**을 선택하고 **"0103 보통예금"**을 입력한다. 거래처 등록은 신규 등록한 **"98003 국일은행"**을 입력하고, 금액 9,950,000원을 **9950+**로 입력하고 커서가 다음 입력단계 계정과목 코드란에 올 때까지 계속 Enter↵를 친다.

⑥ **"0951 이자비용"**을 입력한다. 거래처 등록은 생략하여도 되며, 금액 50,000원은 자동으로 계산되어 입력되기 때문에 Enter↵하면 등록이 완료된다.

⑦ 적요등록 : 적요의 입력은 하단에 알맞은 적요가 없기 때문에 임으로 "차입 시 선이자 지급"을 직접 입력한다.

 신규거래처 입력방법

① 화면**1**에서 거래처 코드란에 "00000"을 거래처란에 "국일은행"을 입력하고 Enter↵를 치면 화면**2**가 나타난다.

화면 **1**

□	일	번호	구분	계 정 과 목	거 래 처	적 요	차 변	대 변
□	5	00001	출금	0530 소모품비		1 소모자재대 지급	100,000	(현금)
□	6	00001	입금	0108 외상매출금	00201 구로상사	1 외상매출대금 현금회수	(현금)	1,000,000
□	8	00001	차변	0251 외상매입금	00101 (주)서초상사	외상매입금 보통예금 반:	5,700,000	
□	8	00001	대변	0103 보통예금	98000 국민은행	외상매입금 보통예금 반:		5,700,000
□	15		대변	0260 단기차입금	00000 국일은행			

상단: 2019 년 06 ▼ 월 □ 일 변경 현금잔액: 51,100,000 대차차액:

② 화면**2**에서 거래처코드 **"98003"**을 입력하면 화면**3**이 된다.

화면 **2**

화면 ③

③ 화면 ③에서 화면 ④와 같이 커서를 거래처 코드란에 두고, 화면 하단에 화면 ⑤와 같이 주어진 거래처 정보를 입력하면 된다.

화면 ④

화면 ⑤

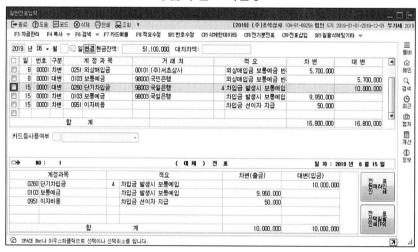

분개 : (차변) 103 보통예금   9,950,000   (대변) 260 단기차입금 10,000,000
　　　　　　[거래처:국일은행]　　　　　　　　　　[거래처:국일은행]
　　　　　이 자 비 용　　　50,000

【 입력 완료 화면 】

④ 타계정으로 대체액 손익계산서 반영분

> **(5) 6월 17일** 판매용 제품 10개 시가 @25,000원(원가 @20,000원)을 영업용
> 으로 전용하다. 〈비품으로 처리할 것〉

① 하단 "일"란에 17을 입력한다.

② 커서가 **"구분"**란에 오면 **"3:차변"**을 선택하고, **212 비품**을 입력한다. 커서가 적요등록란에 오면 아래 적당한 적요가 없으므로 "판매용 제품 영업용 전용"을 직접 입력한 다음 차변금액 200,000원을 200+로 입력하고(나타나는 고정자산 간편등록의 [취소(ESC)]를 클릭함) 커서가 다음 **"구분"**란에 올 때까지 계속 [Enter↵]를 친다.

③ 커서가 **"구분"**란에 오면 **"4:대변"**을 선택하고, **(150) 제품 200,000원**을 200+로 입력한다. 계정과목코드번호를 모르면 계정과목의 앞자리 두글자 **"제품"**을 입력하고 [Enter↵]key를 치면 등록이 되면서 커서는 현재적요 등록란으로 이동한다.

④ 적요등록은 하단 "(8번)타계정으로 대체 손익계산서 반영분"을 선택한다.

⑤ 금액 200,000원은 자동으로 반영되며, [Enter↵]key를 쳐서 입력을 완료한다.

분개 : (차변) 212 비 품   200,000   (대변) 150 제 품   200,000

적요등록 8번 : 타계정으로 대체액 손익계산서 반영분 선택

【 입력 완료 화면 】

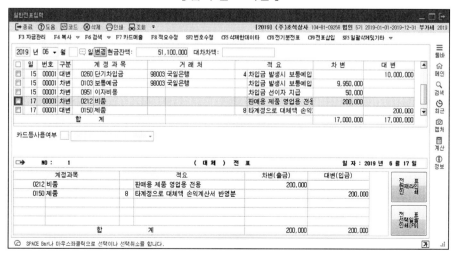

※ (6) ~ (8)번 : (5)번과 같은 방법으로 전표입력을 하면 된다.

(6) 6월 20일 판매용 제품 시가 350,000원(원가 200,000원)을 영업직 사원들에게 나누어 주다.

분개 : (차변) 811 복리후생비   200,000 (대변) 150 제 품   200,000
　　　　　　　 적요등록 8번 : 타계정으로 대체액 손익계산서 반영분 선택

【 입력 완료 화면 】

```
일반전표입력                                                                    _ □ ×
[➡종료 ⑦도움 ⑳코드 ⊗삭제 🖨인쇄 🔍조회 ▾          [2019] (주)초석상사 104-81-09258 법인 5기 2019-01-01~2019-12-31 부가세 2019
F3 자금관리  F4 복사 ▾  F6 검색 ▾  F7 카드매출  F8 적요수정  SF2 번호수정  CF5 삭제한데이타  CF8 전기분전표  CF9 전표삽입  SF5 일괄삭제및기타 ▾
2019 년 06 ▾ 월 20일 변경 현금잔액:      51,100,000  대차차액:
☐ 일 번호 구분       계 정 과 목         거 래 처              적 요          차 변        대 변
☐ 15 00001 차변  0951 이자비용                        차입금 선이자 지급      50,000
☐ 17 00001 차변  0212 비품                           판매용 제품 영업용 전용   200,000
☐ 17 00001 대변  0150 제품                          8 타계정으로 대체액 손익계                   200,000
☐ 20 00001 차변  0811 복리후생비                      판매용 제품 영업직 사원    200,000
☐ 20 00001 대변  0150 제품                          8 타계정으로 대체액 손익계                   200,000
        합     계                                                     17,200,000   17,200,000

카드등사용여부 ☐                         ▾

➡   NO :  1                    ( 대 체 ) 전 표                    일 자 : 2019 년 6 월 20 일
        계정과목                  적요              차변(출금)      대변(입금)
     0811 복리후생비(판)     판매용 제품 영업직 사원           200,000                    전  표
     0150 제품            8  타계정으로 대체액 손익계산서 반영분            200,000        현재라인
                                                                                인 쇄
                                                                             전  표
                                                                            선택일괄
              합         계                      200,000      200,000        인쇄[F9]
ⓒ SPACE Bar나 마우스좌클릭으로 선택이나 선택취소를 합니다.                                    개
```

(7) 6월 25일 판매용 제품 200,000원(원가 150,000원)을 불우이웃돕기 독거노인에게 기부하다.

분개 : (차변) 953 기부금   150,000 (대변) 150 제 품   150,000
　　　　　　　　 적요등록 8번 : 타계정으로 대체액 손익계산서 반영분 선택

【 입력 완료 화면 】

	일	번호	구분	계 정 과 목	거 래 처	적 요	차 변	대 변
☐	20	00001	차변	0811 복리후생비		판매용 제품 영업직 사원	200,000	
☐	20	00001	대변	0150 제품		8 타계정으로 대체액 손익계		200,000
☐	25	00001	차변	0953 기부금		판매용 제품 불우이웃 돕기	150,000	
☐	25	00001	대변	0150 제품		8 타계정으로 대체액 손익계		150,000
				합 계			17,350,000	17,350,000

카드등사용여부

NO : 1 (대 체) 전 표 일 자 : 2019 년 6 월 25 일

계정과목	적요	차변(출금)	대변(입금)
0953 기부금	판매용 제품 불우이웃 돕기	150,000	
0150 제품	8 타계정으로 대체액 손익계산서 반영분		150,000
합 계		150,000	150,000

SPACE Bar나 마우스좌클릭으로 선택이나 선택취소를 합니다.

---

(8) **6월 30일** 판매용 제품 5개 시가 @30,000원(원가 @20,000원)을 대표이사 개인적 용도로 사용하다.

분개 : (차변) 134 가지급금 100,000 (대변) 150 제 품 100,000

적요등록 8번 : 타계정으로 대체액 손익계산서 반영분 선택

【 입력 완료 화면 】

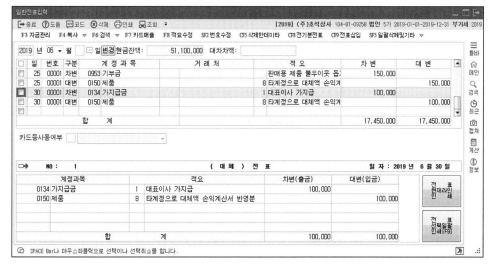

	일	번호	구분	계 정 과 목	거 래 처	적 요	차 변	대 변
☐	25	00001	차변	0953 기부금		판매용 제품 불우이웃 돕기	150,000	
☐	25	00001	대변	0150 제품		8 타계정으로 대체액 손익계		150,000
☐	30	00001	차변	0134 가지급금		1 대표이사 가지급	100,000	
☐	30	00001	대변	0150 제품		8 타계정으로 대체액 손익계		100,000
				합 계			17,450,000	17,450,000

카드등사용여부

NO : 1 (대 체) 전 표 일 자 : 2019 년 6 월 30 일

계정과목	적요	차변(출금)	대변(입금)
0134 가지급금	1 대표이사 가지급	100,000	
0150 제품	8 타계정으로 대체액 손익계산서 반영분		100,000
합 계		100,000	100,000

SPACE Bar나 마우스좌클릭으로 선택이나 선택취소를 합니다.

일반전표 입력 숙달 과정

▶ 다음 (주)초석상사의 7월분 거래내역을 일반전표에 추가 입력하시오.

(1) **7월 6일** 경인주유소에서 영업용 차량에 경유를 주유하고 주유대금 40,000원을 현금으로 지급하다.(일반경비)

(2) **7월 12일** 7월분 영업부 업무용 승용차의 자동차세 35,000원을 현금으로 납부하다.(일반경비)

(3) **7월 15일** 총무과 직원 급여 5,000,000원을 지급함에 있어 근로소득세등 22,000원과 건강보험료 26,235원을 차감한 잔액은 보통예금(국일은행)에서 계좌이체하여 지급하다.

(4) **7월 17일** 영업부에 사용할 난방용 등유 50,000원을 현금으로 구입하다.

(5) **7월 21일** 생산직 사원 식대 및 물품, 회식대 등 294,000원을 현금으로 지급하다.(제조경비)

(6) **7월 24일** 건강보험료 회사부담분(공장 6,000원, 사무실 18,000원) 24,000원을 현금으로 납부하다. (제조경비, 일반경비)

(7) **7월 25일** 대림석유에 공장연료비 200,000원을 현금으로 지급하다.(제조경비)

(8) **7월 25일** 생산직 사원 급여 2,000,000원에서 근로소득세 18,970원, 지방소득세 1,890원, 건강보험료 6,000원을 원천징수하고, 차감한 잔액은 현금으로 지급하다.(제조경비)

(9) **7월 27일** 판매용 제품(원가 500,000원, 판매가 700,000원)을 영업용으로 전용하다.(비품으로 처리할 것)

(10) **7월 30일** 판매용 제품(원가 300,000원, 판매가 450,000원)을 대표이사가 개인적 용도로 사용하다.

(11) **7월 30일** 7월분 전기요금 50,000원을 현금으로 지급하다.(관리부 : 15,000원/생산부 35,000원)

7월 6일 ~ 7월 31일까지 일반전표에 입력한 결과의 분개장 내역

분 개 장

회사명 : (주)초석상사 　　2019년 7월 1일 ~ 2019년 7월 31일까지 　　　　단위 : 원

구분		차	변	대	변
월	일	계 정 과 목	금 액	계 정 과 목	금 액
7	6	차 량 유 지 비 (판)	40,000	현　　　　　금	40,000
	12	세 금 과 공 과 (판)	35,000	현　　　　　금	35,000
	15	급　　　여 (판)	5,000,000	예　　수　　금	48,235
				보　통　예　금	4,951,765
	17	수 도 광 열 비 (판)	50,000	현　　　　　금	50,000
	21	복 리 후 생 비 (제)	294,000	현　　　　　금	294,000
	24	복 리 후 생 비 (제)	6,000	현　　　　　금	24,000
		복 리 후 생 비 (판)	18,000		
	25	가 스 수 도 료 (제)	200,000	현　　　　　금	200,000
	25	임　　　금 (제)	2,000,000	예　　수　　금	26,860
				현　　　　　금	1,973,140
	27	비　　　　품	500,000	제　　　　　품	500,000
				* 적요등록 : 8번 타계정으로 대체액 손익계산서 반영분	
	30	가 지 급 금	300,000	제　　　　　품	300,000
				* 적요등록 : 8번 타계정으로 대체액 손익계산서 반영분	
	30	수 도 광 열 비 (판)	15,000	현　　　　　금	50,000
		전 력 비 (제)	35,000		
		합　　　계	8,493,000	합　　　계	8,493,000

　회계충전소

　1. 도·소매업 : 전기요금, 수도요금, 가스요금 ⇒ (815) 수도광열비

　2. 제조업 : 전기요금 ⇒ (516) 전력비

　　　　　　수도요금, 가스요금 ⇒ (515) 가스수도료

◑ 7월 31일 현재까지 입력된 (주)초석상사의 합계잔액시산표 ◑

합 계 잔 액 시 산 표

2019년 7월 31일 현재

회사명 : (주)초석상사 　　　　　　　　　　　　　　　　　　　　　　　단위 : 원

합계잔액시산표 　　　　　　　　　　　　　　　　　　　　　　　　　　　　　　　　　　 _ □ X

| ├►종료 ⑦도움 🔁코드 ⊗삭제 🖶인쇄 🔁조회 ₮ | | [2019] (주)초석상사 104-81-09258 법인 5기 2019-01-01-2019-12-31 부가세 2019 |

F3 제목수정　F4 통합계정　F6 원장조회　F7 임대주택　F8 계정과목편집　F11계정코드　CF9영어계정

기간 : 2019 년 07 ▼ 월 31 일 💬

관리용　제출용

차　　　변		계정과목	대　　　변	
잔액	합계		합계	잔액
154,682,095	170,550,000	1.유　동　자　산	15,967,905	100,000
136,632,095	151,050,000	〈당　좌　자　산〉	14,517,905	100,000
50,407,000	51,200,000	현　　　　　　금	793,000	
66,500,000	66,500,000	당　좌　예　금		
2,325,095	14,950,000	보　통　예　금	12,624,905	
8,000,000	8,000,000	단 기 매 매 증 권		
9,000,000	10,000,000	외　상　매　출　금	1,000,000	
		대　손　충　당　금	100,000	100,000
400,000	400,000	가　지　급　금		
18,050,000	19,500,000	〈재　고　자　산〉	1,450,000	
3,550,000	5,000,000	제　　　　　　품	1,450,000	
4,500,000	4,500,000	원　　재　　료		
10,000,000	10,000,000	재　　공　　품		
84,700,000	84,700,000	2.비　유　동　자산	5,550,000	5,550,000
41,700,000	41,700,000	〈유　형　자　산〉	5,550,000	5,550,000
35,000,000	35,000,000	차　량　운　반　구		
		감 가 상 각 누 계 액	5,000,000	5,000,000
6,700,000	6,700,000	비　　　　　　품		
		감 가 상 각 누 계 액	550,000	550,000
3,000,000	3,000,000	〈무　형　자　산〉		
3,000,000	3,000,000	개　　발　　비		
40,000,000	40,000,000	〈기 타 비 유 동 자 산〉		
40,000,000	40,000,000	임　차　보　증　금		
	5,700,000	3.유　동　부　채	120,925,095	115,225,095
	5,700,000	외　상　매　입　금	80,800,000	75,100,000
		지　급　어　음	6,000,000	6,000,000
		미　지　급　금	2,500,000	2,500,000
		예　　수　　금	625,095	625,095
		단　기　차　입　금	30,000,000	30,000,000
		미　지　급　비　용	1,000,000	1,000,000
		4.자　　본　　금	117,000,000	117,000,000
		자　　본　　금	117,000,000	117,000,000
		5.이　익　잉　여　금	9,700,000	9,700,000
		이　월　이　익　잉여금	9,700,000	9,700,000
2,635,000	2,635,000	6.제　조　원　가		
2,000,000	2,000,000	〈노　　무　　비〉		
2,000,000	2,000,000	임　　　　　　금		
635,000	635,000	〈제　조　경　비〉		
300,000	300,000	복　리　후　생　비		
200,000	200,000	가　스　수　도　료		
35,000	35,000	전　　력　　비		
100,000	100,000	소　모　품　비		
5,358,000	5,358,000	7.판 매 비및일반관리비		
5,000,000	5,000,000	급　　　　　　여		
218,000	218,000	복　리　후　생　비		
65,000	65,000	수　도　광　열　비		
35,000	35,000	세　금　과　공　과		
40,000	40,000	차　량　유　지　비		
200,000	200,000	8.영　업　외　비용		
50,000	50,000	이　　자　　비　용		
150,000	150,000	기　　부　　금		
247,575,095	269,143,000	합　　　　　　계	269,143,000	247,575,095

툴바
메인
검색
최근
캡처
계산
정보

[회계관리] ➡ [전표입력] ➡ [매입매출전표 입력]

【 매입매출전표 입력 창 】

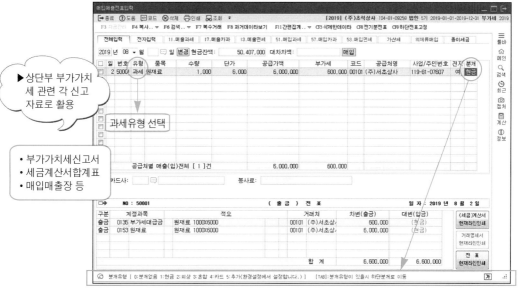

▶상단부 부가가치세 관련 각 신고 자료로 활용

과세유형 선택

• 부가가치세신고서
• 세금계산서합계표
• 매입매출장 등

▶하단부 분개는 재무회계자료에 반영된다. – 계정별원장, 재무제표 등

▶ 하단부 분개 유형의 종류

0번 – 분개없음 <건별>

1번 – 현금입금 및 현금출금 거래일 때

2번 – 외상매출금 거래일 때, 외상매입금 거래일 때

3번 – 보통예금·당좌예금·받을어음·지급어음·미수금·미지급금 등 현금 거래 및 외상거래 이외의 거래, 즉 혼합거래일 때 선택한다.

4번 – 매출, 매입시 카드결제인 경우 선택한다.

각 유형별 특성은 다음과 같다

< 매 출 >

코드	유형	입 력 내 용	반영되는서식
11	과세	일반 매출세금계산서 입력시 선택 신용카드에 의한 과세매출시 매출세금계산서를 함께 교부하였을 경우 선택한다.	매출처별 세금계산서합계표, 매입매출장, 부가가치세신고서, 매출세액부분, 과세표준명세서
12	영세	매출세금계산서로 영세율 분 <LOCAL : 간접수출> 특히 직접 수출되어 영세율세금계산서가 발행되지 아니하는 경우 [16수출]로 등록	매출처별 세금계산서합계표, 매입매출장, 부가가치세신고서, 매출세액부분, 과세표준명세서
13	면세	부가가치세 면세사업자가 발행하는 계산서	매출처별 세금계산서합계표, 매입매출장, 부가가치세신고서 과세표준명세서란
14	건별	간주공급(세금계산서가 발행되지 않는 과세매출분)	부가가치세 신고서 4번 과세 기타란에 반영
16	수출	외국에 직접 수출하는 경우로 외국환증명서 수출면장 등의 자료	매입매출장, 부가가치세 신고서의 영세 매출 기타란
17	카과	신용카드에 의한 과세매출 입력시 선택한다.	매입매출장, 신용카드매출전표 발행집계표 부가가치세신고서의 과세매출의 신용카드 현금영수증란
18	카면	신용카드에 의한 면세매출 입력시 선택한다.	매입매출장, 부가가치세신고서 과세표준명세 면세수입금액란
19	카영	영세율 적용 매출시 신용카드로 결제받은 경우 선택	매입매출장, 부가가치세신고서 영세율 기타란
20	면건	면세 매출시 계산서가 발급되지 않은 경우 선택	매입매출장, 부가가치세신고서 과세표준명세 면세수입금액란
21	전자	전자적 결제수단으로 매출한 경우 선택(전자세금계산서가 아님을 주의)	매입매출장, 신용카드매출전표등 발행집계표, 부가가치세신고서의 과세매출의 신용카드, 현금영수증란
22	현과	과세 매출시 현금영수증을 발급하였을 때 선택	매입매출장, 신용카드매출전표등 발행집계표, 부가가치세신고서의 과세매출의 신용카드, 현금영수증란
23	현면	면세 매출시 현금영수증을 발급하였을 때 선택	매입매출장, 부가가치세신고서 과세표준명세 면세수입금액란
24	현영	영세율 매출시 현금영수증을 발급하였을 때 선택	매입매출장, 부가가치세신고서 영세율 기타란

< 매 입 >

코드	유형	입 력 내 용	반영되는서식
51	과세	교부받은 매입세금계산서의 입력시 선택 신용카드에 의한 과세매입시 매입세금계산서를 함께 교부 받았을 경우 선택한다.	매입매출장, 부가가치세신고서 일반매입란 (고정자산 매입 분개시 – 신고서고정자산 매입란) 매입처별세금계산서합계표
52	영세	교부받은 영세율의 매입계산서 입력시 선택	매입매출장, 부가가치세신고서 일반매입란 매입처별세금계산서합계표
53	면세	부가가치세 면세사업자가 발행하는 계산서	매입매출장, 매입처별계산서합계표
54	불공	매입세액 불공제분 세금계산서	매입매출장, 매입처별세금계산서합계표, 부가가치세신고서, 매입세액 불공제란, 부속서류 – 매입세액불공제 계산근거
55	수입	재화의 수입시 세관장이 발행한 수입세금계산서 입력시 선택 – 세금계산서상의 공급가액은 단순히 세관장이 부가가치세를 징수하기 위한 부가가치세 과세표준일 뿐이므로 회계처리대상이 아님. 따라서 본 프로그램에서 수입세금계산서의 경우 하단부 분개 시에는 부가가치세만 표시되도록 되어 있음	매입매출장
57	카과	신용카드에 의한 과세매입 입력시 선택한다.	매입매출장, 부가가치세신고서의 기타공제 매입세액 명세의 신용카드매출전표 수취명세서 제출분
58	카면	면세 매입시 신용카드결제시 선택	매입매출장
59	카영	영세율 적용 매입시 신용카드 결제시 선택	매입매출장, 부가가치세 신고서의 기타공제 매입세액란
60	면건	면세 매입시 계산서가 발급되지 않았을 시 선택	매입매출장
61	현과	현금영수증에 의한 매입시 선택	매입매출장, 부가가치세 신고서의 기타공제 매입세액란
62	현면	현금영수증에 의한 면세매입시 선택	매입매출장

▶ 유의사항 : 매입매출 관련 자료를 일반전표에 입력한 경우는 부가가치세 신고 자료에 전혀 반영되지 않는다.

1 51번 매입 과세

(1) 8월 2일 (주)서초상사에서 원재료 1,000개(@6,000원)를 6,000,000원에 매입하고, 대금은 자기앞수표로 지급하고 전자세금계산서를 교부받다.(부가가치세 별도)

① 하단 "일"란에 2를 입력한다.

② 과세유형 **"51번" 매입**을 선택한다.

③ 품명(원재료)은 요약하여 적절히 입력한다.

④ 수량 : 1,000 단가 : 6,000을 입력하고 Enter↵ key를 치면 공급가액 6,000,000과 부가세 600,000은 자동으로 계산되어 나타나며 커서는 코드란으로 이동한다.

⑤ 공급처명 : 코드란에 커서가 위치하면 공급처명의 앞자리 두글자 **"서초"**를 입력한 후 Enter↵ key를 치고 나타나는 [거래처코드도움] 팝업창에서 "(주)서초상사" 를 선택하고 Enter↵ key를 치면 등록이 되면서 커서는 전자세금계산서 선택란 으로 이동한다.(사업자/주민번호는 자동반영된다.)

⑥ 전자 **"1.여"**를 선택하고, 분개선택은 **분개 1번 현금**을 선택하면 분개는 자동으 로 하단에 입력되어 나타난다.

⑦ Enter↵ key를 치면 분개내용이 자동저장되면서 다음 입력단계로 커서가 이동 한다.

(차변) 원 재 료 6,000,000   (대변) 현   금 6,600,000
부가세대급금 600,000

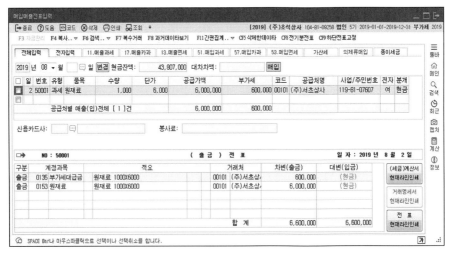

▶ 반드시 대차가 일치 해야만 분개가 완료되어 커서가 다음 입력 단계로 이동하며, 8월 2일 거래는 현금입금 거래로서 "분개1번"을 선택하면 자동으로 분개가 이루어 진다. Enter↵ 로 등록하고 다 음 단계의 분개를 같은 방법으로 입력하면 된다.

(2) 8월 3일 (주)대전기업에서 원재료 500개(@6,000원)를 3,000,000원에 매입하고, 대금은 당좌수표를 발행하여 지급하고 전자세금계산서를 교부받다. (부가가치세 별도)

 입력방법

① 하단 "일"란에 3을 입력한다.

② 과세유형 **"51번" 매입**을 선택한다.

③ 품명(원재료)은 요약하여 적절히 입력한다.

④ 수량 : 500 단가 : 6,000을 입력하고 Enter↵ key를 치면 공급가액 3,000,000과 부가세 300,000은 자동으로 계산되어 나타나며 커서는 코드란으로 이동한다.

⑤ 공급처명 : 코드란에 커서가 위치하면 공급처명의 앞자리 두글자 **"대전"**을 입력한 후 Enter↵ key를 치고 나타나는 [거래처코드도움] 팝업창에서 "(주)대전기업"을 선택한 다음 Enter↵ key를 치면 등록이 되면서 커서는 전자세금계산서 선택란으로 이동한다.(사업자, 주민번호는 자동반영된다.)

⑥ 전자 **"1.여"**를 선택하고, 분개선택은 **분개 3번 혼합**을 선택한다.

(차변) 135 부가세대급금 300,000

(차변) 153 원재료 3,000,000 기본계정이 자동으로 나타난다.

(대변) 102 당좌예금 입력을 하고 Enter↵ key를 치면 분개 내용이 자동저장되면서 다음 입력단계로 커서가 이동한다. 금액 3,300,000은 자동으로 계산되어 입력되며, Enter↵ key를 쳐서 입력을 완료한다.

(차변) 원 재 료 3,000,000 (대변) 당 좌 예 금 3,300,000
　　　 부가세대급금　 300,000

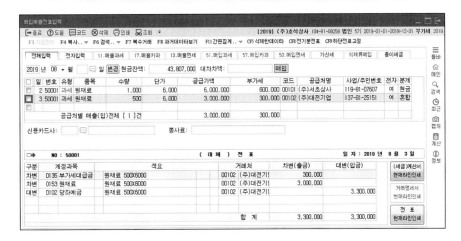

(3) 8월 8일 (주)부산상사에서 원재료 100개 (@5,000원) 500,000원을 외상으로 매입하고, 전자세금계산서를 교부 받았다.(부가가치세 별도)

 입력방법

① 하단 "일"란에 8을 입력한다.

② 과세유형 **"51번" 매입**을 선택한다.

③ 품명 (원재료)은 요약하여 적절히 입력한다.

④ 수량 : 100 단가 : 5,000을 입력하고 Enter↵ key를 치면 공급가액 500,000과 부가세 50,000은 자동으로 계산되어 나타나며 커서는 코드란으로 이동한다.

⑤ 공급처명 : 코드란에 커서가 위치하면 공급처명의 앞자리 두글자 **"부산"**을 입력한 후 Enter↵ key를 치고 나타나는 [거래처코드도움] 팝업창에서 "(주)부산상사"를 선택하고 Enter↵ key를 치면 등록이 되면서 커서는 전자세금계산서 선택란으로 이동한다.(사업자, 주민번호는 자동반영된다.)

⑥ 전자 **"1.여"**를 선택하고, 분개선택은 **분개 2번 외상**을 선택하면 자동으로 분개가 되어 나타난다.

⑦ Enter↵ key를 치면 분개내용이 자동저장되면서 다음 입력단계로 커서가 이동한다.

(차변) 원 재 료 500,000 　　(대변) 외상매입금 550,000
　　　　부가세대급금 50,000

(4) 8월 15일 (주)부산상사에서 매입한 원재료 10개(@5,000원)가 불량품이 있어 이를 반품하고, 외상매입금과 상계하였으며, 수정전자세금계산서를 발부받다. 〈부가가치세 별도〉

 입력방법

① 하단 "일"란에 15를 입력한다.

② 과세유형 **"51번" 매입**을 선택한다.

③ 품명은 요약하여 적절히 입력한다.

④ 수량 앞에 −10으로 입력하면 나머지는 자동으로 "−" 분개가 된다.

　〈수량·단가가 주어지지 않으면 공급가액란에 −50,000을 입력하면 된다.

⑤ 공급처명 : 코드란에 커서가 위치하면 거래처명의 앞자리 두 글자 **"부산"**을 입력한 후 Enter↵ key를 치고 나타나는 [거래처코드도움] 팝업창에서 "(주)부산상사"를 선택한 다음 Enter↵ key를 치면 등록이 되면서 커서는 전자세금계산서 선택란으로 이동한다.(사업자, 주민번호는 자동반영된다.)

⑥ 전자 **"1.여"**를 선택하고, 분개선택은 **분개 2번 외상**을 선택하면 자동으로 분개가 되어 나타난다.

⑦ Enter↵ key를 치면 분개내용이 자동저장되면서 다음 입력단계로 커서가 이동한다.

　　수기 : (차변) 외상매입금　55,000　　(대변) 원　재　료　50,000
　　　　　　　　　　　　　　　　　　　　　　　　부가세대급금　　5,000

　　프로그램 : (차변) 원　재　료　−50,000　　(대변) 외상매입금　−55,000
　　　　　　　　　　부가세대급금　−5,000

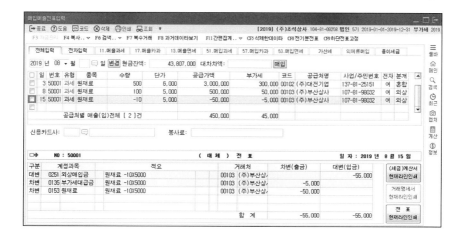

(5) 9월 7일   갑제품 1,000개(@7,500원) 7,500,000원을 구로상사에 매출하고,
전자세금계산서를 발행하여 주고 대금은 현금으로 받다.(부가가치
세 별도)

 입력방법

① 하단 "일"란에 7을 입력한다.

② 과세유형 **11번 매출**을 선택한다.

③ 품명(갑제품)은 요약하여 적절히 입력한다.

④ 수량 : 1,000, 단가 : 7500을 입력하고 Enter↲ key를 치면 공급가액
7,500,000과 부가세 750,000이 자동으로 계산되어 나타나면서 커서는 거
래처 등록란으로 이동한다.

⑤ 공급처명 : 코드란에 커서가 위치하면 공급처명의 앞자리 두글자 **"구로"**를
입력한 후 Enter↲ key를 치고 나타나는 [거래처코드도움] 팝업창에서 "구
로상사"를 선택한 다음 Enter↲ key를 치면 등록이 되면서 커서는 전자세금
계산서 선택란으로 이동한다.(사업자/주민번호는 자동 반영된다.)

⑥ 전자 **"1.여"**를 선택하고, 분개선택은 **분개 1번 현금**을 선택하면 자동으로 분
개가 되어 나타난다.

⑦ Enter↲ key를 치면 분개내용이 자동저장되면서 다음 입력단계로 커서가 이
동한다.

(차변) 현   금 8,250,000   (대변) 제 품 매 출 7,500,000
                                       부가세예수금   750,000

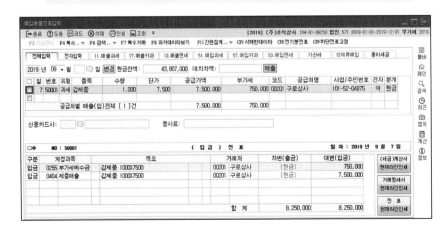

> **(6) 9월 11일** 용산상사에 병제품 1,540,000원(부가가치세 포함)을 매출하고,
> 대금은 외상으로 하고 전자세금계산서를 발행하여 주다.

▶ 공급가액 계산 : 1,540,000 × (100/110) = 1,400,000

입력방법

① 하단 "일"란에 11을 입력한다.

② 과세유형 **11번 매출**을 선택한다.

③ 품명(병제품)은 요약하여 적절히 입력한다.

④ 수량, 단가가 주어지지 않으면 공급가액란에 1,400,000을 입력하고 [Enter↵] key를 치면 부가세 140,000이 자동으로 계산되어 나타나면서 커서는 코드란으로 이동한다.

⑤ 공급처명 : 코드란에 커서가 위치하면 공급처명의 앞자리 두글자 **"용산"**을 입력한 후 [Enter↵] key를 치고 나타나는 [거래처코드도움] 팝업창에서 "용산상사"를 선택하고 [Enter↵] key를 치면 등록이 되면서 커서는 전자세금계산서 선택란으로 이동한다.(사업자/주민번호는 자동반영된다.)

⑥ 전자 **"1.여"**를 선택하고, 분개선택은 **분개 2번 외상**을 선택하면 자동으로 분개가 되어 나타난다.

⑦ [Enter↵] key를 치면 분개내용이 자동저장되면서 다음 입력단계로 커서가 이동한다.

    (차변) 외상매출금 1,540,000   (대변) 제 품 매 출 1,400,000
                                            부가세예수금   140,000

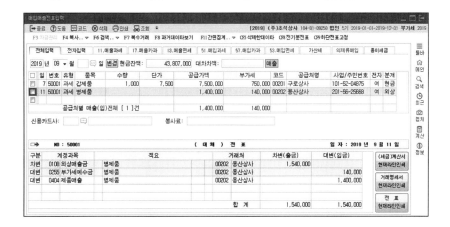

(7) 9월 15일   유성상사에 정제품 5,500,000원(부가가치세 포함)을 매출하고, 전
자세금계산서를 발행하여 주고 대금 중 500,000원은 현금으로 받
고, 잔액은 약속어음으로 받다.

 입력방법

① 하단 "일"란에 15를 입력한다.

② 과세유형 **11번 매출**을 선택한다.

③ 품명(정제품)은 요약하여 적절히 입력한다.

④ 수량, 단가가 주어지지 않았음으로 공급가액란에 5,000,000을 입력하고
[Enter↵] key를 치면 부가세 500,000이 자동으로 계산되어 나타나면서 커서는
거래처 등록란으로 이동한다.

⑤ 공급처명 : 코드란에 커서가 위치하면 공급처명의 앞자리 두글자 **"유성"**을 입력
한 후 [Enter↵] key를 치고 나타나는 [거래처코드도움] 팝업창에서 "유성상사"
를 선택한 다음 [Enter↵] key를 치면 등록이 되면서 커서는 전자세금계산서 선
택란으로 이동한다.(사업자/주민번호 는 자동반영된다.)

⑥ 전자 **"1.여"**를 선택하고, 분개선택은 **3번 혼합**을 선택한다.
  (대변) 255 부가세예수금 500,000
  (대변) 404 제품매출 5,000,000이 자동으로 나타난다.
  (차변)현금 500,000과 받을어음을 입력하면 금액 5,000,000원은 자동으로 계
      산되어 입력된다.

⑦ [Enter↵] key를 치면 분개내용이 자동저장되면서 다음 입력단계로 커서가 이동
한다.

        (차변) 현   금   500,000   (대변) 제 품 매 출 5,000,000
               받 을 어 음 5,000,000   부가세예수금   500,000

(8) **9월 16일** 앞서 용산상사에 매출하였던 병제품 50개(@7,500원)이 주문품과 달라 이를 반품 받고 외상대금과 상계하고, 수정전자세금계산서를 발행하여 교부하여 주다.

 입력방법

① 하단 "일"란에 16을 입력한다.

② 과세유형 **11번 매출**을 선택한다.

③ 품명은 요약하여 적절히 입력한다.

④ 수량 입력 시 −50을 입력 단가는 7500을 입력하고 [Enter↵]key를 치면 모든 금액에 "−" 부호가 붙여지면서 등록이 된다.(수량을 주어지지 않으면 금액란에 "−"를 붙이면 된다.)

⑤ 공급처명 : 코드란에 커서가 위치하면 공급처명의 앞자리 두 글자 **"용산"**을 입력한 후 [Enter↵]key를 치고 나타나는 [거래처코드도움] 팝업창에서 "용산상사"를 선택한 다음 [Enter↵]key를 치면 등록이 되면서 커서는 전자세금계산서 선택란으로 이동한다.(사업자/주민번호는 자동 반영된다.)

⑥ 전자 **"1.여"**를 선택하고, 분개선택은 **2번 외상**을 선택하면, 자동으로 "−" 분개가 된다.

⑦ [Enter↵]key를 치면 분개내용이 자동저장되면서 다음 입력단계로 커서가 이동한다.

수기 : (차변) 제 품 매 출 375,000   (대변) 외상매출금 412,500
　　　　　　　 부가세예수금   37,500

프로그램 : (차변) 외상매출금 −412,500   (대변) 제 품 매 출 −375,000
　　　　　　　　　　　　　　　　　　　 부가세예수금 −37,500

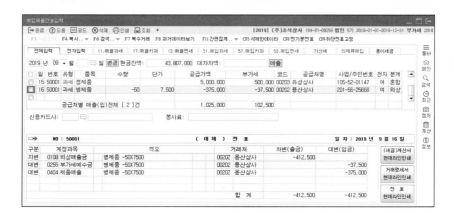

⑧ 입력 후 16일자 앞에 ☑를 하고 상단툴바의 [간편집계 및 기타 (▼)] [수정세금계산서]에 클릭하면 [수정세금계산서 수정사유] 입력화면이 나타난다.

"수정세금계산서 사유 : 3.환입"을 선택하고, "당초세금계산서작성일 : 2018년 9월 7일" 입력, [적용(Tab)]을 클릭하면 입력이 완료된다. 당초분 승인번호는 주어지지 않으면 생략한다. <매출환입에 대해서 공급자가 수정세금계산서를 발행한다.>

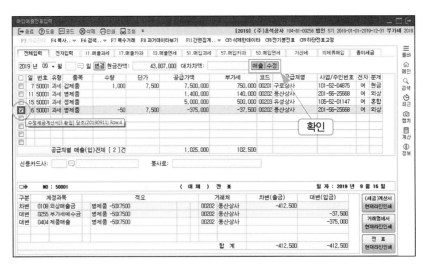

(9) 9월 26일 강북상사에서 전자세금계산서에 의하여 갑제품 2,400개(@1,000원)를 매출하고, 대금 중 1,000,000원은 현금으로 받고, 잔액은 당점발행 약속어음으로 받다. 거래등록 00601번으로 신규등록하여 입력하시오. (부가가치세 별도)

회　사　명 : 강북상사	대　표　자 : 이강북
사업등록번호 : 125-06-71261	
업　　　태 : 소매	종　　　목 : 전자기기

 입력방법

① 하단 "일"란에 26을 입력한다.

② 과세유형 **11번 매출**을 선택한다.

③ 품명(갑제품)은 요약하여 적절히 입력한다.

④ 수량 : 2400 단가 : 1000을 입력하고 Enter↵ key를 치면 공급가액 2,400,000과 부가세 240,000이 자동으로 나타나면서 커서는 코드란으로 이동한다.

⑤ 신규 거래처 등록을 한다. (거래처 등록란에서 먼저 등록을 하고 전표입력을 하는 방법도 있다.)

⑥ 분개 선택 : **분개 3번 혼합**을 선택한다.

　(대변) 255 부가세예수금 240,000

　(대변) 404 제품매출 2,400,000이 자동으로 분개되어 나타난다.

　(차변) 101 현금 1,000,000 252 지급어음 1,640,000만 입력한다.

⑦ Enter↵ key를 치면 분개내용이 자동저장되면서 다음 입력단계로 커서가 이동한다.

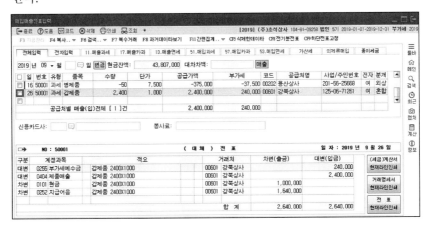

매입매출전표 입력 시 신규거래처 등록

① 거래처 코드란에 커서가 위치하면 화면 ①과 같이 거래처코드란에 "00000"을 거래처명란에 "강북상사"를 입력하고 [Enter↵]룰 치면 화면②가 나타난다.

화면①

	일	번호	유형	품목	수량	단가	공급가액	부가세	코드	공급처명	사업/주민번호	전자	분개
	7	50001	과세	갑제품	1,000	7,500	7,500,000	750,000	00201	구로상사	101-52-04875	여	현금
	11	50001	과세	병제품			1,400,000	140,000	00202	용산상사	201-56-25668	여	외상
	15	50001	과세	정제품			5,000,000	500,000	00203	유성상사	105-52-01147	여	혼합
	16	50001	과세	병제품	-50	7,500	-375,000	-37,500	00202	용산상사	201-56-25668	여	외상
	26	50001	과세	갑제품	2,400	1,000	2,400,000	240,000	00000	강북상사			

화면②

공급처등록

공급처코드: 00104 [⋯] 코드조회[F2]
공급처 명: 강북상사

등록(Enter) 수정(Tab) 취소(Esc)

② 화면②에서 화면 ③과 같이 공급처코드 "00601"을 입력하고 [수정(Tab)] 키를 클릭하여 하단에 나타나는 공급처등록정보 화면에서 "커서를 거래처 코드란"에 두고 주어진 내용을 화면④와 같이 입력하고, 계속 [Enter↵]를 치면 커서는 다음 입력단계로 이동한다.

화면③

공급처등록

공급처코드: 00601 [⋯] 코드조회[F2]
공급처 명: 강북상사

등록(Enter) 수정(Tab) 취소(Esc)

화면 ④

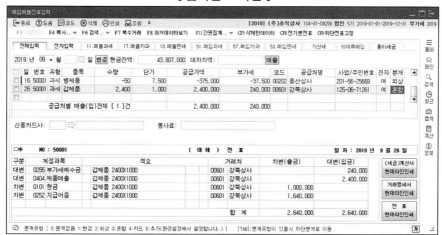

분개 : (차변) 현   금 1,000,000   (대변) 제 품 매 출 2,400,000
        지 급 어 음 1,640,000   부가세예수금   240,000

【 입력완료 화면 】

회계충전소

• 동(타)점 발행 약속어음 → 받을어음   • 당점(자회사)발행 약속어음 → 지급어음

(10) **9월 28일** (주)동해상사에서 전자기기의 부품 등을 매입하고, 다음과 같은 전
자세금계산서를 교부받았다. 〈거래처등록: 777로 신규등록 할 것〉
= 신규거래처등록은 문제9번을 참조 =

전자세금계산서						승인번호		××××××××	
공급자	사업자등록번호	121-81-45846	종사업장 번호		공급받는자	사업자등록번호	104-81-09258	종사업장 번호	
	상호(법인명)	(주)동해상사	성명	임동석		상호(법인명)	(주)초석상사	성 명	정두령
	사업장주소	경기도 평택시 가재길100(가재동)				사업장 주소	서울시 중구 남대문로 112(남대문로1가)		
	업 태	도매	종목	문구		업 태	제조, 도매	종 목	전자기기
	이메일					이메일			
작성일자		공급가액		세액		수정사유			
2019. 09. 28.		6,400,000		640,000					
비고									

월	일	품 목	규 격	수 량	단 가	공 급 가 액	세 액	비 고
09	28	문구				6,400,000	640,000	

합계금액	현 금	수 표	어 음	외상미수금	이 금액을 영수 청구 함
7,040,000			2,000,000	5,040,000	

분개 : (차변) 원 재 료 6,400,000   (대변) 지 급 어 음 2,000,000
　　　　　 부가세대급금 　 640,000 　　　　　　 외상매입금 5,040,000

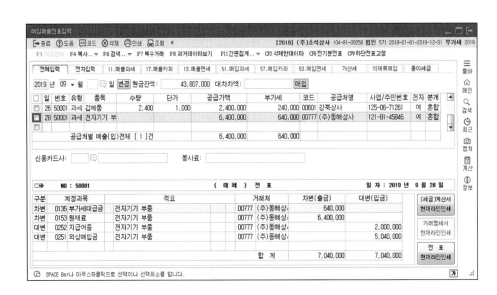

등록되어 있는 거래처의 내용수정 방법

▶ **9월 28일** (주)동해상사에서 전자기기의 부품 등을 매입하고, 교부받은 전자세
금계산서가 오류가 있어 수정전자세금계산서를 교부받았다. 적절한
처리를 하시오.

전자세금계산서				승인번호		xxxxxxxx	
사업자등록번호	121-81-45846	**종사업장 번호**		**사업자등록번호**	104-81-09258	**종사업장 번호**	
상호(법인명)	(주)동해상사	**성명**	임동석	**상호(법인명)**	(주)초석상사	**성 명**	정두령
사업장주소	경기도 평택시 가재길100(가재동)			**사업장 주소**	서울시 중구 남대문로 112(남대문로1가)		
업 태	제조	**종목**	전자기기	**업 태**	제조, 도매	**종 목**	전자기기
이메일				**이메일**			

공급자 / 공급받는자

작성일자	공급가액	세액	수정사유			
2019. 09. 28.	6,400,000	640,000				
비고						

월	일	품 목	규 격	수 량	단 가	공 급 가 액	세 액	비 고
09	28	전자기기 부품				6,400,000	640,000	

합계금액	현 금	수 표	어 음	외 상 미 수 금	이 금액을 (영수/청구) 함
7,040,000			2,000,000	5,040,000	

 입력방법

① 매입매출전표 9월 28일자 매입매출전표 입력화면에서, **거래처 코드란**에
커서를 두고, 화면 하단 "공급처등록정보"란에 수정 입력하면 된다.

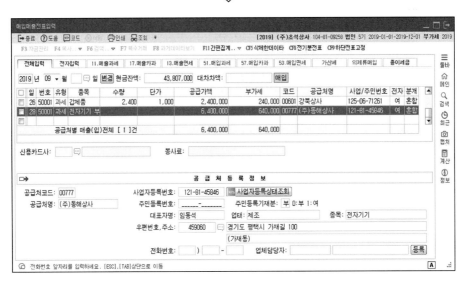

매입매출전표 입력 숙달 과정

▶ 다음 (주)초석상사의 10월분 거래내역을 매입매출전표에 추가 입력하시오.

(1) **10월 2일** (주)서초상사에서 재료 1,500개(@50원)를 75,000원에 외상으로 매입하고, 전자세금계산서를 교부받았다. (부가가치세 별도)

매입 (51.과세)

품명	수량	단가	공급가액	부가세	코드	거래처명	사업자,주민번호	전자	분개
원재료	1,500	50	75,000	7,500	00101	(주)서초상사	119-81-07607	여	2(외상)

구분	코드	계정과목	적요	코드	거래처명	차변(출금)	대변(입금)
대변	251	외상매입금	원재료 1,500×50	00101	(주)서초상사		82,500
차변	135	부가세대급금	원재료 1,500×50	00101	(주)서초상사	7,500	
차변	153	원 재 료	원재료 1,500×50	00101	(주)서초상사	75,000	

(2) **10월 3일** (주)대전기업에서 재료 1,000개(@50원)를 50,000원에 매입하고 전자세금계산서를 교부받고 대금은 약속어음을 발행하여 지급하다. (부가가치세 별도)

매입 (51.과세)

품명	수량	단가	공급가액	부가세	코드	거래처명	사업자,주민번호	전자	분개
원재료	1,000	50	50,000	5,000	00102	(주)대전기업	137-81-25151	여	3(혼합)

구분	코드	계정과목	적요	코드	거래처명	차변(출금)	대변(입금)
차변	135	부가세대급금	원재료 1,000×50	00102	(주)대전기업	5,000	
차변	153	원 재 료	원재료 1,000×50	00102	(주)대전기업	50,000	
대변	252	지 급 어 음	원재료 1,000×50	00102	(주)대전기업		55,000

(3) **10월 6일** (주)부산상사에서 재료 600개(@100원)를 60,000원에 매입하고 전자세금계산서를 교부받고 대금 중 반액은 현금으로 지급하고, 잔액은 외상으로 하다. (부가가치세 별도)

매입 (51.과세)

품명	수량	단가	공급가액	부가세	코드	거래처명	사업자,주민번호	전자	분개
원재료	600	100	60,000	6,000	00103	(주)부산상사	107-81-98032	여	3(혼합)

구분	코드	계정과목	적요	코드	거래처명	차변(출금)	대변(입금)
차변	135	부가세대급금	원재료 600×100	00103	(주)부산상사	6,000	
차변	153	원 재 료	원재료 600×100	00103	(주)부산상사	60,000	
대변	101	현 금	원재료 600×100	00103	(주)부산상사		33,000
대변	251	외상매입금	원재료 600×100	00103	(주)부산상사		33,000

(4) **10월 7일** 구로상사에 제품 1,400개(@180원)를 252,000원에 현금으로 매출하고 전자세금계산서를 교부하다. (부가가치세 별도)

매출(11.과세)

품명	수량	단가	공급가액	부가세	코드	거래처명	사업자,주민번호	전자	분개
제품	1,400	180	252,000	25,200	00201	구로상사	101-52-04875	여	1(현금)

구분	코드	계정과목	적요	코드	거래처명	차변(출금)	대변(입금)
입금	255	부가세예수금	제품 1,400×180	00201	구로상사		25,200
입금	404	제 품 매 출	제품 1,400×180	00201	구로상사		252,000

(5) **10월 15일** 용산상사에 제품 1,100개(@180원)를 198,000원에 매출하고 전자세금계산서를 교부하고, 대금 중 50,000원은 현금으로 받고, 잔액은 약속어음으로 받다. (부가가치세 별도)

매출(11.과세)

품명	수량	단가	공급가액	부가세	코드	거래처명	사업자,주민번호	전자	분개
제품	1,100	180	198,000	19,800	00202	용산상사	201-56-25668	여	3(혼합)

구분	코드	계정과목	적요	코드	거래처명	차변(출금)	대변(입금)
대변	255	부가세예수금	제품 1,100×180	00202	용산상사		19,800
대변	404	제 품 매 출	제품 1,100×180	00202	용산상사		198,000
차변	101	현 금	제품 1,100×180	00202	용산상사	50,000	
차변	110	받 을 어 음	제품 1,100×180	00202	용산상사	167,800	

(6) **10월 23일** 유성상사에 제품 1,200개(@180원)를 216,000원에 매출하고 전자세금계산서를 교부하고, 대금 중 55,000원은 현금으로 받고, 잔액은 외상으로 하다. (부가가치세 별도)

매출(11.과세)

품명	수량	단가	공급가액	부가세	코드	거래처명	사업자,주민번호	전자	분개
제품	1,200	180	216,000	21,600	00203	유성상사	105-52-01147	여	3(혼합)

구분	코드	계정과목	적요	코드	거래처명	차변(출금)	대변(입금)
대변	255	부가세예수금	제품 1,200×180	00203	유성상사		21,600
대변	404	제 품 매 출	제품 1,200×180	00203	유성상사		216,000
차변	101	현 금	제품 1,200×180	00203	유성상사	55,000	
차변	108	외상매출금	제품 1,200×180	00203	유성상사	182,600	

합 계 잔 액 시 산 표

2019년 10월 31일 현재

회사명 : (주)초석상사 단위 : 원

차 변 (잔액)	차 변 (합계)	계정과목	대 변 (합계)	대 변 (잔액)
178,997,695	204,798,600	1.유 동 자 산	25,900,905	100,000
144,912,695	169,263,600	<당 좌 자 산>	24,450,905	100,000
53,906,200	61,332,200	현　　　　　금	7,426,000	
63,200,000	66,500,000	당 좌 예 금	3,300,000	
2,325,095	14,950,000	보 통 예 금	12,624,905	
8,000,000	8,000,000	단 기 매 매 증 권		
10,310,100	11,310,100	외 상 매 출 금	1,000,000	
		대 손 충 당 금	100,000	100,000
5,167,800	5,167,800	받 을 어 음		
400,000	400,000	가 지 급 금		
1,603,500	1,603,500	부 가 세 대 급 금		
34,085,000	35,535,000	<재 고 자 산>	1,450,000	
3,550,000	5,000,000	제　　　　　품	1,450,000	
20,535,000	20,535,000	원 　 재 　 료		
10,000,000	10,000,000	재 　 공 　 품		
84,700,000	84,700,000	2.비 유 동 자 산	5,550,000	5,550,000
41,700,000	41,700,000	<유 형 자 산>	5,550,000	5,550,000
35,000,000	35,000,000	차 량 운 반 구		
		감 가 상 각 누 계 액	5,000,000	5,000,000
6,700,000	6,700,000	비　　　　　품		
		감 가 상 각 누 계 액	550,000	550,000
3,000,000	3,000,000	<무 형 자 산>		
3,000,000	3,000,000	개 　 발 　 비		
40,000,000	40,000,000	<기 타 비 유 동 자 산>		
40,000,000	40,000,000	임 차 보 증 금		
	7,340,000	3.유 동 부 채	130,289,695	122,949,695
	5,700,000	외 상 매 입 금	86,450,500	80,750,500
	1,640,000	지 급 어 음	8,055,000	6,415,000
		미 지 급 금	2,500,000	2,500,000
		예 　 수 　 금	625,095	625,095
		부 가 세 예 수 금	1,659,100	1,659,100
		단 기 차 입 금	30,000,000	30,000,000
		미 지 급 비 용	1,000,000	1,000,000
		4.자 　 본 　 금	117,000,000	117,000,000
		자 　 본 　 금	117,000,000	117,000,000
		5.이 익 잉 여 금	9,700,000	9,700,000
		이 월 이 익 잉 여 금	9,700,000	9,700,000
		6.매 　　　　 출	16,591,000	16,591,000
		제 품 매 출	16,591,000	16,591,000
2,635,000	2,635,000	7.제 조 원 가		
2,000,000	2,000,000	<노 　 무 　 비>		
2,000,000	2,000,000	임 　　　 금		
635,000	635,000	<제 조 경 비>		
300,000	300,000	복 리 후 생 비		
200,000	200,000	가 스 수 도 료		
35,000	35,000	전 　 력 　 비		
100,000	100,000	소 모 품 비		
5,358,000	5,358,000	8.판 매 비및일반관리비		
5,000,000	5,000,000	급 　　　 여		
218,000	218,000	복 리 후 생 비		
65,000	65,000	수 도 광 열 비		
35,000	35,000	세 금 과 공 과		
40,000	40,000	차 량 유 지 비		
200,000	200,000	9.영 업 외 비 용		
50,000	50,000	이 　 자 　 비 용		
150,000	150,000	기 　 부 　 금		
271,890,695	305,031,600	합 　 계	305,031,600	271,890,695

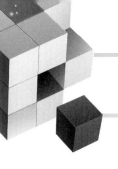

3 전표의 수정과 삭제

번호	툴바의 기능키	내 용
(1)	전표 번호 수정	전표입력 후 전표번호가 맞지 않아 에러 메시지(적색)가 나타나는 경우
(2)	전표 이동	전표입력 시 해당 '[월일]'을 잘못 선택하여 입력 한 경우 전표이동을 통하여 이동할 수 있다.
(3)	전표 입력 시 삭제 및 복구	① 자판의 기능키 [F5] 또는 상단 툴바의 단추를 이용 삭제한다. ② 상단 툴바 이용 : 삭제한데이타, 데이터복구, 휴지통비우기, 전표번호재생성을 할 수가 있다.
(4)	거래처 삭제 및 복구	등록된 거래처를 삭제 한 경우, 자료는 휴지통에 남아 있어 동일한 거래처코드번호를 이용할 수 없게 된다. 상단 툴바를 이용하여 삭제된 [데이터를 복구] 또는 [휴지통비우기]를 할 수가 있다.
(5)	거래처명 변경	[거래처등록]에서 [거래처명]을 변경한 다음 반드시 [F11]전표변경 단추를 눌러 주어야 앞서 내장된 모든 자료의 거래처명이 동시에 변경된다.
(6)	거래처 코드 변환	시작화면의 데이터관리의 기타코드변환을 이용하여 변환한다. 거래처명을 변환할 때도 기타코드변환을 이용하여 변환할 수 있다.

☐ 전표번호 수정

전표번호는 예를 들어 1월 5일자로 3건의 거래가 있었다면, 전표발행 수는 3매, 전표번호는 1번에서 3번까지 부여되며, 다시 1월 6일자에 10건의 거래가 발생되었다면 전표발행 수는 10매가 되며, 전표번호는 다시 1번에서 10번까지 부여된다.

KcLep 교육용프로그램에서는 자동으로 전표번호가 생성되긴 하지만 전표번호가 일치하지 않는 경우도 발생하기 때문에 이 경우 [전표번호수정(번호수정)]키를 이용하여 수정을 한다. 그 방법은 다음과 같다.

▶ (주)서울상사(코드번호 : 2023)는 사무용품을 판매하는 법인기업이다. 당기(제2기) 회계 기간은 2019. 1. 1. ~ 2019. 12. 31.이다. 전산세무회계 수험용 프로그램을 이용하여 다음 물음에 답하시오.

　　1월 5일 남대문상사에 상품 1,000,000원을 매출하고 대금은 외상으로 한 거래입력자료를 조회하여 전표번호를 적절히 수정하시오.

① 커서를 [일 또는 구분]란에 두고, 반드시 상단 툴바의 ([F3] 번호수정) 단추를 한 번 누르면 커서는 [번호]란으로 자동 이동한다.

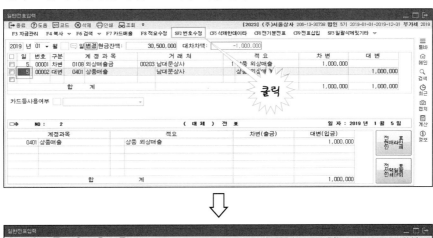

② 바로 위 전표번호와 동일한 전표번호를 입력하고 Enter↵를 친다. 본 문제에서는 '1 또는 00001'을 입력하고 Enter↵를 친다.

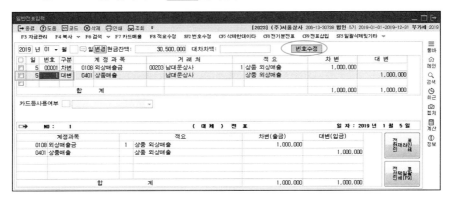

③ 수정이 끝나면 다시 한번 [번호수정] 단추를 클릭하면 된다.

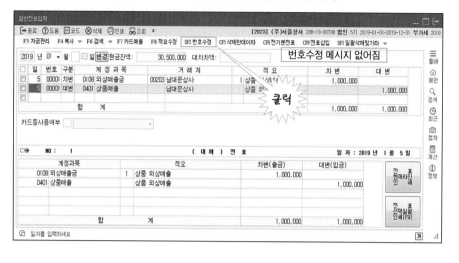

② 전표 이동

예제1 NH농협카드로 결제한 문화접대비의 9월 5일 거래를 7월 5일자로 잘못 입력하였다. 9월 5일자로 수정 입력하시오.

전표 이동 방법

① 일반전표 2019년 07월 05일을 조회한다. 이동이 필요한 부분을 체크(∨)한다.

② 상단 툴바의 복사 옆 '[역삼각형(▽)]'을 눌러서 '[이동]'을 클릭한다.

③ 나타나는 '[이동 입력메뉴]'에서 [이동일자 : 9월 5일] [일괄적요: 2.변경하지 않음]을 입력한 다음 [확인(Tab)] 단추를 누르면, 7월 5일자는 삭제가 되고, 9월 5일자로 전표입력 내용은 이동한다.

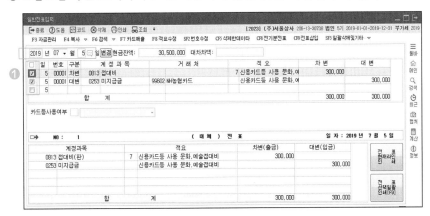

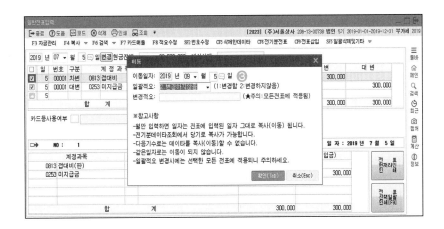

④ 9월 5일 자를 조회하여 보면 이동되어 있는 것을 확인할 수가 있다.

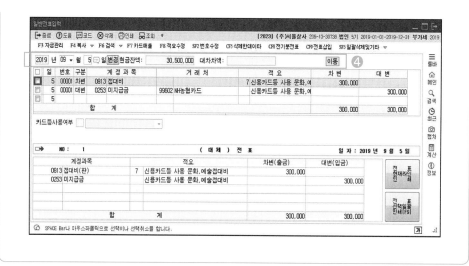

③ 전표 입력 시 삭제 및 복구

예제2 일반전표에 입력한 12월 15일자 거래는 잘못 입력한 것이다. 이를 삭제하시오.

① 삭제하고자 하는 일자에(예 12월 15일)자에 체크(∨)한다.

② 기능 key [F5] 또는 상단 툴바의 ⊗삭제 누르고, 나타나는 삭제메시지 창에서 [예(y)]를 클릭하면 삭제된다.

③ 상단 툴바의 [삭제한데이타] 단추를 눌러, [삭제데이타 조회기간 입력]란에서 [조회일자]를 입력한 다음 [확인(Tab)] 단추를 누르면 삭제된 데이터가 다시 나타난다.

④ 필요한 부분을 선택하여 [데이터복구] 및 [휴지통비우기]를 할 수가 있다.

⑤ 삭제를 하고 [휴지통비우기]를 한 다음에는 전표번호를 일률적으로 부여하기 위해 [오른쪽 마우스]를 눌러 나타나는 보조 메뉴 창에서[전표번호재생성]을 눌러 전표번호가 항상 일률적으로 부여되도록 한다. <점수와는 상관이 없다>

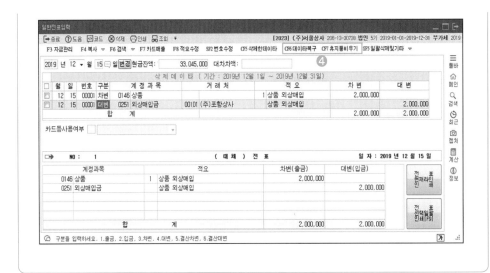

④ 거래처코드 및 거래처명 삭제와 변경

예제3 다음 입력된 거래처 중 [거래처코드 8000 : 팔도상사]를 삭제하시오.

 등록된 거래처 삭제 방법

① 삭제하고자 하는 거래처에 체크(∨)한다.

② 기능key [F5] 또는 상단 툴바의 ⊗삭제 단추를 이용하여 삭제한다.(삭제한 데이터는 완전히 삭제되지 않고 [휴지통]에 보관된다.)

③ 상단 툴바의 [삭제한데이타] 단추를 누르고, 나타나는 [삭제된 거래처 관리] 란 보조 창에서 거래처를 체크(∨)한 다음, [데이터복구]-[휴지통비우기] 를 선택 작업을 하면 된다. [확인(Tab)] 단추를 누르면 바로 삭제가 된다.

④ [삭제된 거래처 관리]란에서 삭제하지 않으면, 동일한 코드번호로는 거래 처가 등록되지 않는다.

⑤ 전표입력 시 등록되어 있는 거래처는 삭제할 수 없다.

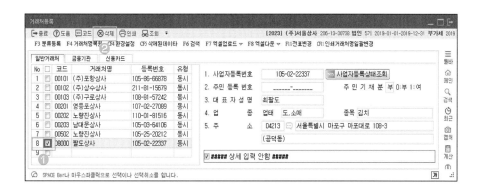

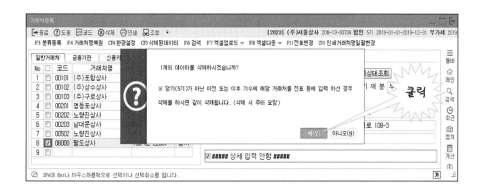

예제4 거래처 [00502 : 노량진상사]가 [평창상사]로 상호가 변경되었다는 연락이 왔다. 거래처코드는 변경이 없다. 상호를 변경하시오.

거래처명 변경 방법

① 변경하고자 하는 거래처에 체크(V) 한 다음, 거래처명에서 거래처 명을 수정 입력한다.

② 상단툴바의 [F11]전표변경 단추를 누르고 나타나는 보조 창에서 [예(y)]를 클릭하면, 이전 입력된 모든 거래처가 변경된다. [F11][전표변경] 단추를 누르지 않으면 변경이전 거래처는 변경되지 않고 변경 전 거래처명으로 나타난다.

③ '전표 전송 완료!!' 메시지가 나타나면 거래처명 변경이 완료된다.

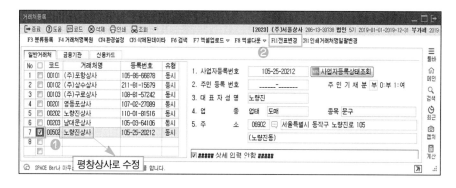

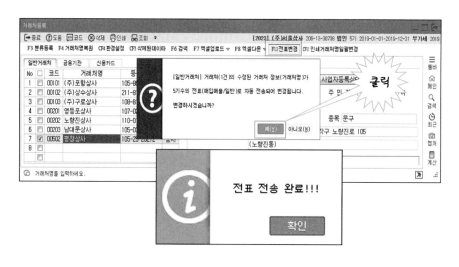

5 거래처코드 변환

데이터관리
데이터백업
회사코드변환
회사기수변환
기타코드변환
데이터체크
데이터저장및압축

　　[거래처코드변환] : 이미 등록된 거래처 코드는 바로 수정되지 않기 때문에 [데이터관리] – [기타코드변환] 단추를 누르고 나타나는 [기타코드 변환창]의 [거래처코드변환]을 통하여 거래처코드를 변환한다.

예제5　거래처 [00502 : 평창상사]의 거래처 코드를 [00204 : 평창상사]로 거래처 코드를 변환하시오.

거래처코드 변환 방법

① [회계모듈]에서 [데이터관리] – [기타코드변환]을 선택하여 실행하고, 나타나는 [기타코드변환] 창에서 상단 툴바의 [거래처코드변환] 단추를 누른다.

② 기존거래처코드 : 기능key [F2] 또는 검색 단추 [⋯] 를 누르고 나타나는 보조창에서 기존거래처를 등록한다.

③ 치환거래처코드 : 변경하고자 하는 거래처코드 번호를 입력하면 거래처명은 자동 등록된다.

④ 상단 [F6]변환실행을 클릭하면 원하는 거래처코드 번호로 변환된다.

⑤ 치환거래처 명을 입력하면, 여기서 거래처 명을 변환할 수도 있다.

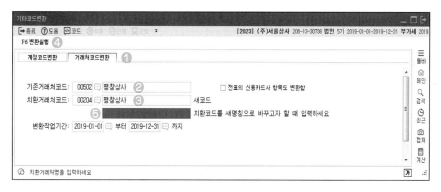

- 출처 : www.naver.com -

　일본 프로 야구 라쿠텐의 노무라 가스야 명예 감독은 우승팀의 10대 조건을 꼽으면서 '절대적인 마무리 투수의 존재'를 가장 처음으로 거론했다. 한국의 이광환 감독도 LG트윈스 시절 우승팀의 5가지 조건 가운데 하나로 '뛰어난 마무리'를 언급한 바 있다. 현대 야구에서는 그 만큼 마무리 역량이 팀 성적에 큰 영향을 끼친다는 얘기다.

　실제로 1990년대 이후 국내 프로 야구를 살펴보면 우승팀에는 늘 리그 최정상급의 마무리 투수가 버티고 있었다. 2012년 한국시리즈 우승에 이어 2013년에도 정규리그 우승을 거머쥔 삼성 라이온즈에도 역시 '특급 마무리' 혹은 '끝판 왕'이라 불리는 오승환 선수가 있었다.

　야구에서 경기를 끝내는 마무리 투수를 영어로는 클로저(Closer)라고 부른다. 재무회계에서도 마무리 투수 역할과 같은 절차가 있는데, 이것을 결산(決算, Closing)이라고 부른다. 한자(漢字)로는 말 그대로 '셈을 마무리한다.'라는 의미이다.

출처 : 〈지금 당장 회계 공부 시작하라〉 - 강대준, 신홍철 저 (한빛비즈) -

Chapter

05

결 산

- 결산 및 재무제표
- 고정자산/감가상각
- 실무시험(자동결산)

1 결산 및 재무제표

▶ (주)초석상사(회사코드 : 2019)로 재로그인 한 다음 결산정리사항을 해당메뉴에 입력하여 결산을 완료하시오.

【 결산 작업 순서 】

결산전합계잔액시산표 ➡ 수동 및 자동결산 ➡ 결산후합계잔액시산표

제조원가명세서 ➡ 손익계산서 ➡ 이익잉여금처분계산서 ➡ 재무상태표

단, 프로그램상에서는 위의 순서로 진행되지만 이론시험에서는 기준서 제6호에 의하여 손익계산서-재무상태표-이익잉여금처분계산서의 순서이다.

① 결산전 합계잔액시산표

모든 전표입력이 끝나면 입력한 내용을 집계하여 그 내용의 오류를 검증하기 위한 계정집계표로서 이상이 없으면 잔액란의 금액을 기준으로 기말정리사항을 분개하여 추가입력하며, 수동결산과 자동결산으로 나누어 입력한다.

② 수동결산 (일반전표에 직접 입력)

선급비용, 선수수익, 미수수익, 미지급비용, 가지급금, 가수금, 단기매매증권평가 손익, 현금과부족, 대손충당금환입 등

③ 자동결산 (결산자료 입력란에 입력)

㉠ 기말재고자산 ⎰ 도, 소매업 : 상품
⎱ 제조기업 : 원재료, 재공품, 제품
㉡ 퇴직급여   ㉢ 유형자산의 감가상각과 무형자산의 상각
㉣ 대손충당금 설정(단, 대손충당금환입은 수동으로 입력한다.)
㉤ 법인세 추산액 등

결산 / 재무제표 ➡ 결산자료입력 ➡ [F3]전표추가

▶ [회계관리]-[결산/재무제표]-[결산자료입력]을 클릭하고, 기간(예 1월~12월) 을 입력하면 다음과 같은 메시지 창이 나타난다.

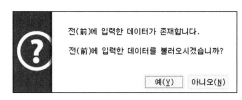

전(前)에 입력한 데이터가 존재합니다.

전(前)에 입력한 데이터를 불러오시겠습니까?

예(Y)   아니오(N)

▶ 이미 입력된 데이터를 불러오는 경우에는 [예(y)], 처음 입력하는 경우에는 [아니오(N)]를 클릭하여 실행한 후 주어진 자료를 해당란에 입력한다.

【 결산자료 입력 화면 】

기 간 2019 년 01 ▼ 월 ~ 2019 년 12 ▼ 월

±	코드	과 목	결산분개금액	결산전금액	결산반영금액	결산후금액
		1. 매출액		16,591,000		16,591,000
	0404	제품매출		16,591,000		16,591,000
		2. 매출원가		36,720,000		36,720,000
	0455	제품매출원가				36,720,000
		1)원재료비		20,535,000		20,535,000
	0501	원재료비		20,535,000		20,535,000
	0153	① 기초 원재료 재고액		4,500,000		4,500,000
	0153	② 당기 원재료 매입액		16,035,000		16,035,000
	0153	⑩ 기말 원재료 재고액				
		3)노 무 비		2,000,000		2,000,000
		1). 임금 외		2,000,000		2,000,000
	0504	임금		2,000,000		2,000,000
	0508	2). 퇴직급여(전입액)				
	0550	3). 퇴직연금충당금전입액				
		7)경 비		635,000		635,000
		1). 복리후생비 외		635,000		635,000
	0511	복리후생비		300,000		300,000
	0515	가스수도료		200,000		200,000
	0516	전력비		35,000		35,000
	0530	소모품비		100,000		100,000
	0518	2). 일반감가상각비				
	0208	차량운반구				
	0212	비품				
	0455	8)당기 총제조비용		23,170,000		23,170,000
	0169	① 기초 재공품 재고액		10,000,000		10,000,000
	0169	⑩ 기말 재공품 재고액				
	0150	9)당기완성품제조원가		33,170,000		33,170,000
	0150	① 기초 제품 재고액		5,000,000		5,000,000
	0150	⑤ 타계정으로 대체액		1,450,000		1,450,000
	0150	⑩ 기말 제품 재고액				
		3. 매출총이익		-20,129,000		-20,129,000
		4. 판매비와 일반관리비		5,358,000		5,358,000
		1). 급여 외		5,000,000		5,000,000
	0801	급여		5,000,000		5,000,000
	0806	2). 퇴직급여(전입액)				
	0850	3). 퇴직연금충당금전입액				
	0818	4). 감가상각비				
	0208	차량운반구				
	0212	비품				
	0835	5). 대손상각				
	0108	외상매출금				
	0110	받을어음				
	0840	6). 무형자산상각비				
	0226	개발비				
		7). 기타비용		358,000		358,000
	0811	복리후생비		218,000		218,000
	0815	수도광열비		65,000		65,000
	0817	세금과공과		35,000		35,000
	0822	차량유지비		40,000		40,000
		5. 영업이익		-25,487,000		-25,487,000
		6. 영업외 수익				
+	0924	2). 준비금 환입				
		7. 영업외 비용		200,000		200,000
		1). 이자비용		50,000		50,000
	0951	이자비용		50,000		50,000
+	0972	3). 준비금 전입				
+	0977	4). 조특법상 특별상각				
		5). 기타영업외비용		150,000		150,000
	0953	기부금		150,000		150,000
		8. 법인세차감전이익		-25,687,000		-25,687,000
	0998	9. 법인세등				
	0998	2). 추가계상액				
		10. 당기순이익		-25,687,000		-25,687,000
		11. 주당이익				
		주식수				

매출액:[16,591,000] 당기순이익:[-25,687,000] 소득평율:-154.82%

상
단

하
단

▶비용계정은 ① 상단 : 제조경비<500번대> ⇒ 제조원가명세서에 반영된다.

② 하단 : 판매비와관리비<800번대> ⇒ 손익계산서에 반영된다.

④ 기말정리사항의 입력

① • 기말 원재료 재고액 : 17,000,000원   • 기말 재공품 재고액 : 10,150,000원
   • 기말 제품 재고액 : 10,000,000원

② 매출채권(외상매출금, 받을어음)에 대하여 각각 1%의 대손을 예상한다.

③ 유형자산에 대한 감가상각액은 다음과 같다.

차 량 운 반 구	2,400,000원	제조 60%, 판매 40%
비 품	1,000,000원	제조 30%, 판매 70%

④ 국일은행에 대한 단기차입금 이자 미지급분 100,000원을 계상하다.

⑤ 당기말 법인세 등은 4,640,000원이다. 법인세 중간예납세액은 없는 것으로 한다.

> 2019년(당기) 처분예정일 : 2020. 02. 20
> 2018년(전기) 처분확정일 : 2019. 02. 20

 입력방법

① [결산/재무제표-결산자료입력] 실행

　0153 ⑩ 기말 원재료 재고액 란에 17,000,000원을 입력
　0169 ⑩ 기말 재공품 재고액 란에 10,150,000원을 입력
　0150 ⑩ 기말 제품 재고액 란에 10,000,000원을 입력

② [결산/재무제표-결산자료 입력] 실행

　0108 외상매출금 란에 3,101원 입력
　0110 받 을 어 음 란에 51,678원 입력

　– 외상 매출금 : 10,310,100×1%-100,000 = 3,101
　– 받 을 어 음 : 5,167,800×1%-0 = 51,678

③ [결산/재무제표-결산자료입력] 실행

　0208 차량운반구 란에 1,440,000원 입력 (결산자료 입력란 상단) : 제조
　0208 차량운반구 란에   960,000원 입력 (결산자료 입력란 하단) : 판매
　0212 비품란에 300,000원 입력 (결산자료 입력란 상단) : 제조
　0212 비품란에 700,000원 입력 (결산자료 입력란 하단) : 판매

④ 12월 31일 : 일반전표에 직접입력

　　(차변) 이자비용   100,000   (대변) 미지급비용(국일은행) 100,000

⑤ [결산/재무제표-결산자료입력] 실행

　0998 9.법인세등 2). 추가계상액란에 4,640,000원 입력(결산자료 입력란 아래쪽)

【 마무리 】 대손충당금설정과 감가상각비계상 및 기말상품재고액, 기말원재료재고액, 기말재공품재고액, 기말제품재고액, 퇴직급여충당부채계상, 법인세 추산액을 입력하여 자동결산을 하는 경우에 는 반드시 결산자료입력 화면 상단의 [(F3)전표추가] 단추를 클릭하여 결산전표를 자동생성시킨 후 [일반전표 입력]란에서 12월 31일자의 결산자동 분개를 확인한다.

⑥ 상단 툴바의 [(F3)전표추가] 단추를 누른 후 "결산분개를 일반전표에 추가
하시겠습니까"라는 메시지 창에서 [예(y)]를 클릭하면 일반전표에 결산정
리분개가 자동으로 생성된다.

※ [(F3)전표추가] 후 결산정리사항을 수행하는 과정에서 잘못이 있어 수정작업을 해
야 할 경우에는 결산자료입력란 상단 툴바의 [(CF5)결산분개삭제] 단추를 누르면
일반전표 에 생성된 결산정리분개가 모두 삭제가 된다. 오류부분을 수정 후 다시
[(F3)전표추가] 단추를 누르면 수정된 결산정리분개가 일반전표에 다시 생성된다.

【 자동결산자료가 입력된 화면 】

기 간 2019 년 01 월 ~ 2019 년 12 월

±	코드	과 목	결산분개금액	결산전금액	결산반영금액	결산후금액
		1. 매출액		16,591,000		16,591,000
	0404	제품매출		16,591,000		16,591,000
		2. 매출원가		36,720,000		1,310,000
	0455	제품매출원가				1,310,000
		1)원재료비		20,535,000		3,535,000
	0501	원재료비		20,535,000		3,535,000
	0153	① 기초 원재료 재고액		4,500,000		4,500,000
	0153	② 당기 원재료 매입액		16,035,000		16,035,000
①	0153	⑩ 기말 원재료 재고액			17,000,000	17,000,000
		3)노 무 비		2,000,000		2,000,000
		1). 임금 외		2,000,000		2,000,000
	0504	임금		2,000,000		2,000,000
	0508	2). 퇴직급여(전입액)				
	0550	3). 퇴직연금충당금전입액				
		7)경 비		635,000	1,740,000	2,375,000
		1). 복리후생비 외		635,000		635,000
	0511	복리후생비		300,000		300,000
	0515	가스수도료		200,000		200,000
	0516	전력비		35,000		35,000
	0530	소모품비		100,000		100,000
	0518	2). 일반감가상각비			1,740,000	1,740,000
③	0208	차량운반구			1,440,000	1,440,000
	0212	비품			300,000	300,000
	0455	8)당기 총제조비용		23,170,000		7,910,000
	0169	① 기초 재공품 재고액		10,000,000		10,000,000
①	0169	⑩ 기말 재공품 재고액			10,150,000	10,150,000
	0150	9)당기완성품제조원가		33,170,000		7,760,000
	0150	① 기초 제품 재고액		5,000,000		5,000,000
	0150	타계정으로 대체액		1,450,000		1,450,000
①	0150	⑩ 기말 제품 재고액			10,000,000	10,000,000
		3. 매출총이익		-20,129,000	35,410,000	15,281,000
		4. 판매비와 일반관리비		5,358,000	1,714,779	7,072,779
		1). 급여 외		5,000,000		5,000,000
	0801	급여		5,000,000		5,000,000
	0806	2). 퇴직급여(전입액)				
	0850	3). 퇴직연금충당금전입액				
	0818	4). 감가상각비			1,660,000	1,660,000
③	0208	차량운반구			960,000	960,000
	0212	비품			700,000	700,000
	0835	5). 대손상각			54,779	54,779
②	0108	외상매출금			3,101	3,101
	0110	받을어음			51,678	51,678
	0840	6). 무형자산상각비				
	0226	개발비				
		7). 기타비용		358,000		358,000
	0811	복리후생비		218,000		218,000
	0815	수도광열비		65,000		65,000
	0817	세금과공과		35,000		35,000
	0822	차량유지비		40,000		40,000
		5. 영업이익		-25,487,000	33,695,221	8,208,221
		6. 영업외 수익				
+	0924	2). 준비금 환입				
		7. 영업외 비용		300,000		300,000
		1). 이자비용		150,000		150,000
	0951	이자비용		150,000		150,000
+	0972	3). 준비금 전입				
+	0977	4). 조특법상 특별상각				
		5). 기타영업외비용		150,000		150,000
	0953	기부금		150,000		150,000
		8. 법인세차감전이익		-25,787,000	33,695,221	7,908,221
	0998	9. 법인세등			4,640,000	4,640,000
⑤	0998	2). 추가계상액			4,640,000	4,640,000
		10. 당기순이익		-25,787,000	29,055,221	3,268,221
		11. 주당이익				
		주식수				

매출액:[16,591,000] 당기순이익:[3,268,221] 소득평률:19.70%

【 자동 결산 정리 분개 】

	일	번호	구분	계정과목	거래처	적요	차변	대변
☐	31	00001	차변	0951 이자비용			100,000	
☐	31	00001	대변	0262 미지급비용	98003 국일은행			100,000
☐	31	00002	결차	0501 원재료비		1 원재료사용분 재료비대체	3,535,000	
☐	31	00002	결대	0153 원재료		5 원재료비 대체		3,535,000
☐	31	00003	결차	0169 재공품			3,535,000	
☐	31	00003	결대	0501 원재료비		2 재료비 제조원가로 대체		3,535,000
☐	31	00004	결차	0169 재공품			2,000,000	
☐	31	00004	결대	0504 임금		8 제조원가로 대체		2,000,000
☐	31	00005	결차	0518 감가상각비		1 당기말 감가상각비 계상	1,440,000	
☐	31	00005	결대	0209 감가상각누계액		4 당기 감가상각누계액 설		1,440,000
☐	31	00006	결차	0518 감가상각비		1 당기말 감가상각비 계상	300,000	
☐	31	00006	결대	0213 감가상각누계액		4 당기감가상각누계액 설정		300,000
☐	31	00007	결차	0169 재공품			2,375,000	
☐	31	00007	결대	0511 복리후생비		8 제조원가로 대체		300,000
☐	31	00007	결대	0515 가스수도료		8 제조원가로 대체		200,000
☐	31	00007	결대	0516 전력비		8 제조원가로 대체		35,000
☐	31	00007	결대	0530 소모품비		8 제조원가로 대체		100,000
☐	31	00007	결대	0518 감가상각비		8 제조원가로 대체		1,740,000
☐	31	00008	결차	0150 제품		1 제조원가 제품대체	7,760,000	
☐	31	00008	결대	0169 재공품				7,760,000
☐	31	00009	결차	0455 제품매출원가		1 제품매출원가 대체	1,310,000	
☐	31	00009	결대	0150 제품				1,310,000
☐	31	00010	결차	0818 감가상각비			1,660,000	
☐	31	00010	결대	0209 감가상각누계액				960,000
☐	31	00010	결대	0213 감가상각누계액				700,000
☐	31	00011	결차	0835 대손상각비			54,779	
☐	31	00011	결대	0109 대손충당금				3,101
☐	31	00011	결대	0111 대손충당금				51,678
☐	31	00012	결차	0998 법인세비용			4,640,000	
☐	31	00012	결대	0261 미지급세금				4,640,000
			합 계				28,709,779	28,709,779

2019 년 12 ▼ 월 31 일 변경 현금잔액: 53,906,200 대차차액:

⑤ **결산/재무제표 출력 순서**

결산자료입력([F3]전표추가) ➡ ① 제조원가명세서 ➡ ② 손익계산서

➡ ③ 이익잉여금처분계산서([F6]전표추가) ➡ ④ 재무상태표

(1) 제조원가명세서

① [회계관리] - [결산/재무제표] - [제조원가명세서]를 선택하여 실행한다.
② 기간 월 란에 숫자 "12"를 입력하고 Enter↵를 치면 제조원가명세서가 출력된다.

【 제조원가명세서 출력 화면 】

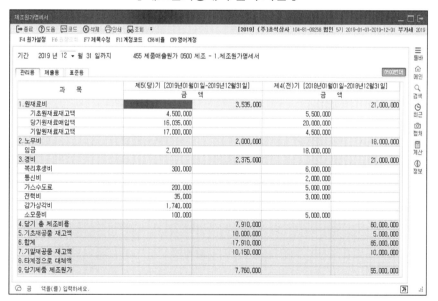

(2) 손익계산서

① [회계관리] - [결산/재무제표] - [손익계산서]를 선택하여 실행한다.
② 기간 월란에 숫자 "12"를 입력하고 Enter↵를 치면 손익계산서가 출력된다.
③ 당기제품제조원가 7,760,000원이 정확하게 반영되었는가를 확인한다.

【 손익계산서 출력 화면 】

제5기 2019년 1월 1일부터 2019년 12월 31일까지
제4기 2018년 1월 1일부터 2018년 12월 31일까지

회사명:(주)초석상사   (단위:원)

과 목	제 5(당)기 2019년1월1일 ~ 2019년12월31일 금액		제 4(전)기 2018년1월1일 ~ 2018년12월31일 금액	
I.매출액		16,591,000		100,000,000
제품매출	16,591,000		100,000,000	
II.매출원가		1,310,000		50,000,000
제품매출원가		1,310,000		50,000,000
기초제품재고액	5,000,000			
당기제품제조원가	7,760,000		55,000,000	
타계정으로 대체액	1,450,000			
기말제품재고액	10,000,000		5,000,000	
III.매출총이익		15,281,000		50,000,000
IV.판매비와관리비		7,072,779		31,650,000
급여	5,000,000		20,000,000	
복리후생비	218,000		3,500,000	
여비교통비			800,000	
접대비			2,000,000	
통신비			1,500,000	
수도광열비	65,000		600,000	
세금과공과	35,000			
감가상각비	1,660,000			
임차료			2,500,000	
차량유지비	40,000			
운반비			100,000	
소모품비			350,000	
대손상각비	54,779		300,000	
V.영업이익		8,208,221		18,350,000
VI.영업외수익				300,000
단기매매증권평가이익			300,000	
VII.영업외비용		300,000		3,600,000
이자비용	150,000		3,000,000	
기부금	150,000		500,000	
유형자산처분손실			100,000	
VIII.법인세차감전이익		7,908,221		15,050,000
IX.법인세등		4,640,000		4,138,750
법인세비용	4,640,000		4,138,750	
X.당기순이익		3,268,221		10,911,250

(3) 이익잉여금처분계산서

▶ [회계관리] - [결산/재무제표] - [이익잉여금처분계산서]를 선택하여 실행한다.

ⓐ 처분예정일(확정일)은 문제상에서 주어지지 않으면 입력하지 않는다.
  - 처분예정일 " 20200220, 처분확정일 : 20190220을 입력한다.

ⓑ 손익계산서상 당기순이익 3,268,221원이 자동으로 반영된다.

ⓒ 상단 툴바에 있는 [(F6)전표추가] 단추를 클릭하면 "일반전표에 20건 추가되었습니다"라는 메시지 창에서 [확인]단추를 누른다.

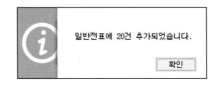

일반전표에 20건 추가되었습니다.

[확인]

㉣ 재무상태표상에 미처분이익잉여금 12,968,221원이 자동으로 반영된다.

【 이익잉여금처분계산서 출력 화면 】

과목	계정과목명	제 5(당)기 2019년01월01일~2019년12월31일 제 5기(당기) 금액	제 4(전)기 2018년01월01일~2018년12월31일 제 4기(전기) 금액
I.미처분이익잉여금		12,968,221	9,700,000
1.전기이월미처분이익잉여금		9,700,000	-1,211,250
2.회계변경의 누적효과	0369 회계변경의누적효과		
3.전기오류수정이익	0370 전기오류수정이익		
4.전기오류수정손실	0371 전기오류수정손실		
5.중간배당금	0372 중간배당금		
6.당기순이익		3,268,221	10,911,250
II.임의적립금 등의 이입액			
1.			
2.			
합계		12,968,221	9,700,000
III.이익잉여금처분액			
1.이익준비금	0351 이익준비금		
2.재무구조개선적립금	0354 재무구조개선적립금		
3.주식할인발행차금상각액	0381 주식할인발행차금		
4.배당금			
가.현금배당	0265 미지급배당금		
주당배당금(률)	보통주		
	우선주		
나.주식배당	0387 미교부주식배당금		
주당배당금(률)	보통주		
	우선주		
5.사업확장적립금	0356 사업확장적립금		
6.감채적립금	0357 감채적립금		

(4) 재무상태표

① [회계관리] – [결산/재무제표] – [재무상태표]를 선택하여 실행한다.

② 기간 월 란에 숫자 "12"를 입력하고 Enter↵ 를 치거나 마우스로 12월을 선택하면 재무상태표가 출력된다.

③ 이익잉여금처분계산서의 미처분이익잉여금 12,968,221원이 재무상태표에 반영된다.

회계충전소

▶ 이때 "에러"가 발생하면 일반전표 12월 31일자에서 [SHIFT] [F5]를 이용하여 자동결산 부분을 모두 삭제한 후에 틀린 부분을 수정하고 다시 결산자료입력 화면에서 전표추가를 한 다음 순서대로 반복 작업을 하여야 한다.

【 재무상태표 출력 화면 】

제5기 2019년 12월 31일 현재
제4기 2018년 12월 31일 현재

회사명 : (주)초석상사 　　　　　　　　　　　　　　　　　　(단위:원)

기간 : 2019 년 12 ▼ 월

관리용　제출용　표준용

과 목	제 5(당)기 2019년1월1일 ~ 2019년12월31일		제 4(전)기 2018년1월1일 ~ 2018년12월31일	
	금액		금액	
자산				
Ⅰ.유동자산		181,907,916		159,100,000
① 당좌자산		144,757,916		139,600,000
현금		53,906,200		50,200,000
당좌예금		63,200,000		66,500,000
보통예금		2,325,095		5,000,000
단기매매증권		8,000,000		8,000,000
외상매출금	10,310,100		10,000,000	
대손충당금	103,101	10,206,999	100,000	9,900,000
받을어음	5,167,800			
대손충당금	51,678	5,116,122		
가지급금		400,000		
부가세대급금		1,603,500		
② 재고자산		37,150,000		19,500,000
제품		10,000,000		5,000,000
원재료		17,000,000		4,500,000
재공품		10,150,000		10,000,000
Ⅱ.비유동자산		75,750,000		78,450,000
① 투자자산				
② 유형자산		32,750,000		35,450,000
차량운반구	35,000,000		35,000,000	
감가상각누계액	7,400,000	27,600,000	5,000,000	30,000,000
비품	6,700,000		6,000,000	
감가상각누계액	1,550,000	5,150,000	550,000	5,450,000
③ 무형자산		3,000,000		3,000,000
개발비		3,000,000		3,000,000
④ 기타비유동자산		40,000,000		40,000,000
임차보증금		40,000,000		40,000,000
자산총계		257,657,916		237,550,000
부채				
Ⅰ.유동부채		127,689,695		110,850,000
외상매입금		80,750,500		80,800,000
지급어음		6,415,000		6,000,000
미지급금		2,500,000		2,500,000
예수금		625,095		550,000
부가세예수금		1,659,100		
단기차입금		30,000,000		20,000,000
미지급세금		4,640,000		
미지급비용		1,100,000		1,000,000
Ⅱ.비유동부채				
부채총계		127,689,695		110,850,000
자본				
Ⅰ.자본금		117,000,000		117,000,000
자본금		117,000,000		117,000,000
Ⅱ.자본잉여금				
Ⅲ.자본조정				
Ⅳ.기타포괄손익누계액				
Ⅴ.이익잉여금		12,968,221		9,700,000
미처분이익잉여금		12,968,221		9,700,000
(당기순이익)				
당기: 3,268,221				
전기: 10,911,250				
자본총계		129,968,221		126,700,000
부채와자본총계		257,657,916		237,550,000

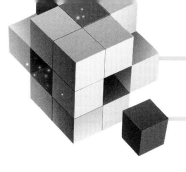

2 고정자산 / 감가상각

회계관리-재무회계 ➡ 고정자산 및 감가상각 ➡ 고정자산 등록

1 감가상각자산의 관리

유형자산 및 무형자산에 대한 감가상각비를 계산하기 위한 곳으로 고정자산의 입력만으로 감가상각비의 계산이 자동으로 이루어진다.

※ 감가상각은 상각자산의 종류별로 개별상각하기 때문에 프로그램에 입력을 할 때 자산의 종류별로 입력하여야 한다. **예** 건물을 본사 건물 / 공장 건물 등으로 구분하여 입력한다.

2 고정자산 등록

[회계관리-재무회계]-[고정자산및감가상각]-[고정자산등록]을 실행하면 고정자산등록 화면이 나타난다.

입력방법-1

① 자산계정과목 : [(F2)도움]자판 또는 검색(□□) 단추를 눌러 [계정코드도움] 창에서 검색하여 입력하면 하단 [자산코드/명]입력화면이 활성화된다.

② 자산코드/명 : 감가상각은 개별상각하기 때문에 종류별로 코드번호를 순차적으로 부여하여 입력하면 된다.

③ 취득년월일 : 실제 취득 년 월 일을 입력한다.

④ 상각방법 : [회계관리]-[기초정보관리]-[환경등록]을 실행하면 ⑩건물외 유형자산 상각방법 [1.정률법]으로 되어 있어 건물을 등록하면 정액법으로 그 외의 자산은 정률법으로 자동선택 되어진다. 상각방법의 변경이 필요하면 정률법 인경우에는 숫자 '1'을 정액법인 경우에는 숫자 '2'를 입력하면 된다.

입력방법-2 (기본등록사항)

[1번란] • 기초가액 : 유형자산 → 취득한 원가를 입력한다.
　　　　　　　　　　　무형자산 → KcLep프로그램은 미상각잔액(상각후잔액)을 입력하도록 되어 있다.

[2번란] 전기말상각누계액 → 전기까지 감가상각한 누계액을 입력한다. 전기말장부가액은 자동계산 되어 반영된다.

[11번란] 해당 자산의 감가상각 내용연수를 입력한다. [(F2)도움]자판 또는 검색 (🔲)단추를 누르면 내용연수별 상각률을 확인할 수가 있다.

[14번란] 경비구분 → 제품제조와 관련이 있으면 1번[500번대/제조], 판매와 관련이 있으면 6번[800번대/판관비]를 선택한다.

[20번란] 업종코드→[(F2)도움]자판 또는 검색(🔲)단추를 눌러 [업종코드도움] 창에서 선택하여 입력한다.

 예제문제 ◎

▶ 다음은 (주)초석상사(회사코드 : 2019)의 고정자산명세서이다. 고정자산등록란에 등록하여 당기 감가상각비를 계산하시오.

계정과목	코드	자산명	취득가액	전기말감가상각누계액	내용연수	업종코드	취득년월일	상각방법
건 물	11	본 사	30,000,000	3,000,000	50	13	2014. 1. 1	정액법
	12	공 장	20,000,000	3,400,000	30	13	2014. 1. 1	정액법
차량운반구	21	화물차(공장)	12,000,000	2,072,000	10	01	2018. 5. 1	정률법
	22	승용차	30,000,000	3,885,000	10	01	2018. 7. 1	정률법
특허권	33	특허권	50,000,000	5,000,000	10	63	2018. 1. 1	정액법

【 건물(본사) 입력화면 】 ▶ 당기감가상각비 : 600,000원

【 건물(공장) 입력화면 】 ▶ 당기감가상각비 : 680,000원

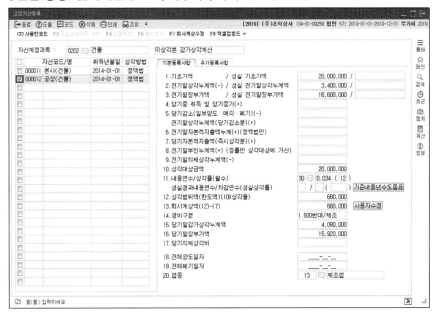

【 차량운반구(화물차) 입력화면 】 ▶ 당기감가상각비 : 2,571,352원

【 차량운반구(승용차) 입력화면 】 ▶ 당기감가상각비 : 6,763,785원

【 산업재산권(특허권) 입력화면 】 ▶ 당기감가상각비 : 5,000,000원

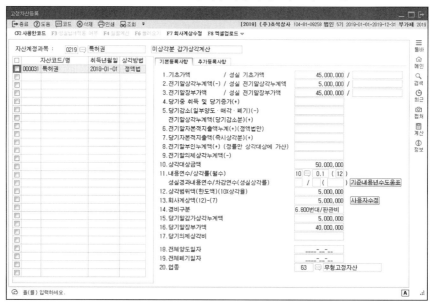

【 주의 】 2018년 1월 1일 취득하였기 때문에 남은 내용연수는 9년이 되며, 기초가액 입력 시 미상각
잔액 45,000,000원을 입력한다.

○ (주)인천상사(회사코드 : 2024)는 자동차부품을 제조하여 판매하는 중소기업이며, 당기(제4기) 회계기간은 2019. 1. 1 ~ 2019. 12. 31이다. 전산세무회계 수험용 프로그램을 이용하여 다음 물음에 답하시오

문제 결산정리사항은 다음과 같다. 해당 메뉴에 입력하시오.

[1] 다음 고정자산을 등록하여 결산에 반영하시오.

계정과목	코드	자산명	취득가액	전기말 상각누계액	내용 연수	업종 코드	취득 년월일	상각 방법
건 물	11	본사건물	200,000,000	40,000,000	50	13	2009. 01. 01	정액법
	12	공장건물	400,000,000	80,000,000	50	13	2009. 01. 01	정액법
차량운반구	21	화물차(공장)	20,000,000		10	01	2019. 01. 01	정률법
	22	승용차	15,000,000		10	01	2019. 01. 01	정률법
기 계 장 치	33	절삭기	77,450,000	18,708,000	10	13	2014. 07. 01	정률법
개 발 비	43	개발비	50,000,000	5,000,000	5	63	2018. 01. 01	정액법

※ 무형자산 입력 시 취득가액은 미상각잔액인 45,000,000을 입력한다.

입력방법

(1) [결산/재무제표-결산자료입력] 실행

① [회계관리] – [결산/재무제표] – [결산자료입력]을 실행하여 기간(1월~12월)을 입력하면 [결산자료 입력] 화면이 활성화된다.

② 결산자료입력화면 상단 툴바의 [(F7)감가상각] 단추를 누르면 고정자산등록에서 등록한 자료가 반영된 창이 나타난다.

– 새로불러오기 : 결산반영금액이 잘못 계산되어 나타난 경우 [취소(Esc)] 단추를 눌러 취소한 다음 [고정자산등록] 란에서 수정한 후 [새로불러오기] 단추를 누르면 수정된 자료가 반영된다.

② 결산반영 버튼을 누르면 [결산반영금액(당기감가상각비)]이 해당란에 자동 반영된다.

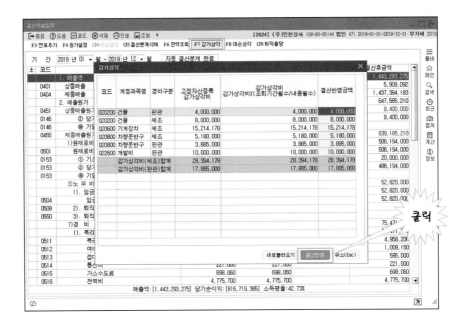

(2) 결산자료입력란에 실제로 반영되는 금액

① 상단(제조) : 0518 2). 일반감가상각비란에 합계액 28,394,178원이 자동 반영된다.

   ㉠ 0202 건물란에 8,000,000원이 자동 반영된다.

   ㉡ 0206 기계장치란에 15,214,178원이 자동 반영된다.

   ㉢ 0208 차량운반구란에 5,180,000원이 자동 반영된다.

② 하단(판매) : 0818 4). 감가상각비란에 합계액 7,885,000원이 자동 반영된다.

   ㉠ 0202 건물란에 4,000,000원이 자동 반영된다.

   ㉡ 0208 차량운반구란에 3,885,000원이 자동 반영된다.

③ 하단(판매) : 0840 6). 무형자산상각비란에 합계액 10,000,000원이 자동 반영된다.

   - 0226 개발비란에 10,000,000원이 자동 반영된다.

[2] 매출채권(외상매출금과 받을어음)에 대한 2%의 대손충당금을 설정하다.

 입력방법

(1) [결산/재무제표-결산자료입력] 실행

① 결산자료입력화면 상단 [(F8)대손상각] 단추를 누르면 [대손상각 : 대
손율(%)]입력 창이 나타난다.

– 새로불러오기 : 결산반영금액 [매출채권 : 외상매출금, 받을어음]이
잘못 계산되어 나타난 경우 [취소(Esc)] 단추를 눌러 취소한 다음, 재
수정한 후 [새로불러오기] 단추를 누르면 수정된 자료가 반영된다.

② 대손상각[대손율(%)] : '2'를 입력한 다음 매출채권에 대해서만 대손
충당금을 설정함으로 [선급금]금액 113,000원은 삭제한다.

③ [결산반영] 단추를 눌러 실행하면 [추가설정액(결산반영)] 금액이 해
당란에 자동 반영된다.

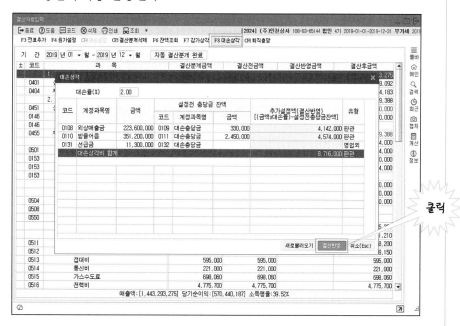

(2) 결산자료입력란에 실제로 반영되는 금액

① 0108 외상매출금란에 4,142,000원이 자동 반영된다.

② 0110 받을어음란에 4,574,000원이 자동 반영된다.

[3] 퇴직급여 추계액은 다음과 같다. 결산에 반영하시오.

코드	계정과목명	퇴직급여추계액	기초금액	추가설정액(결산반영)	유형
0508	퇴직급여	50,000,000	30,000,000	20,000,000	제조
0806	퇴직급여	45,000,000	34,000,000	11,000,000	판관

 입력방법

(1) [결산/재무제표-결산자료입력] 실행

① 결산자료입력화면 상단 [(CF8)퇴직충당]단추를 누르면 고정자산등록에서 등록한 자료가 반영된 창이 나타난다.
  - 새로불러오기 : 결산반영금액이 잘못 계산되어 나타난 경우 [취소(Esc)] 단추를 눌러 취소한 다음 [고정자산등록]란에서 수정한 후 [새로불러오기] 단추를 누르면 수정된 자료가 반영된다.

② 퇴직급여추계액 : 0508 퇴직급여 50,000,000원을 입력한다.
  퇴직급여추계액 : 0806 퇴직급여 45,000,000원을 입력한다.

③ [결산반영] 단추를 눌러 실행하면 [추가설정액(결산반영)]금액이 해당란에 자동 반영된다.

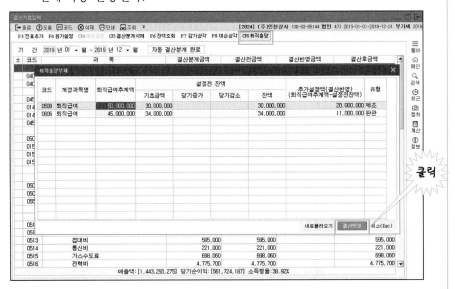

(2) 결산자료입력란에 실지로 반영되는 금액

① 0508 2). 퇴직급여(전입액)란에 20,000,000원이 자동 반영된다.
② 0806 2). 퇴직급여(전입액)란에 11,000,000원이 자동 반영된다.

[4] 기말상품재고액　　5,000,000원　　기말원재료재고액　45,000,000원

　　　기말재공품재고액　5,000,000원　　기말제품재고액　　80,000,000원

입력방법

▶ [결산/재무제표-결산자료입력] 실행

① 0146 ⑩ 기말상품 재고액란에 5,000,000원을 입력

② 0153 ⑩ 기말원재료 재고액란에 45,000,000원을 입력

③ 0169 ⑩ 기말재공품 재고액란에 5,000,000원을 입력

④ 0150 ⑩ 기말제품 재고액란에 80,000,000원을 입력

[5] 당기분 법인세등 5,600,000원을 계상하다.(단, 법인세 중간예납세액은 (8월 31일) 조회하여 입력할 것)

입력방법

① 법인세 중간예납액

　ㄱ 일반전표 8월 31일 조회 : 3,154,000원

　ㄴ 결산자료 입력란 맨 하단에 **0136** 1). 선납세금 (결산전금액) 3,154,000원

② 0136 1). 선납세금 결산반영금액란에 3,154,000원 직접 입력

　0998 2). 추가계상액 결산반영금액란에 2,446,000원 직접 입력

[마무리]

　　대손충당금설정과 감가상각비계상 및 기말상품재고액, 기말원재료재고액, 기말재공품재고액, 기말제품재고액, 퇴직급여충당부채계상, 법인세 추산액을 입력하여 자동결산을 하는 경우에 는 반드시 결산자료입력 화면 상단의 [(F3)전표추가] 단추를 클릭하여 결산전표를 자동생성시킨 후 [일반전표 입력]란에서 12월 31일자의 결산자동 분개를 확인한다.

【 자동결산자료가 입력된 화면 】

| 기 간 | 2019 년 01 ▼ 월 ~ 2019 년 12 ▼ 월 |

±	코드	과 목	결산분개금액	결산전금액	결산반영금액	결산후금액
		1. 매출액		1,443,293,275		1,443,293,275
	0401	상품매출		5,909,092		5,909,092
	0404	제품매출		1,437,384,183		1,437,384,183
		2. 매출원가		647,585,210		560,979,388
	0451	상품매출원가				3,400,000
	0146	② 당기 상품 매입액		8,400,000		8,400,000
	0146	⑩ 기말 상품 재고액			5,000,000	5,000,000
	0455	제품매출원가				557,579,388
		1)원재료비		506,194,000		461,194,000
	0501	원재료비		506,194,000		461,194,000
	0153	① 기초 원재료 재고액		20,000,000		20,000,000
	0153	② 당기 원재료 매입액		486,194,000		486,194,000
	0153	⑩ 기말 원재료 재고액			45,000,000	45,000,000
		3)노 무 비		52,820,000	20,000,000	72,820,000
		1). 임금 외		52,820,000		52,820,000
	0504	임금		52,820,000		52,820,000
	0508	2). 퇴직급여(전입액)			20,000,000	20,000,000
	0550	3). 퇴직연금충당금전입액				
		7)경 비		75,471,210	28,394,178	103,865,388
		1). 복리후생비 외		75,471,210		75,471,210
	0511	복리후생비		4,958,200		4,958,200
	0512	여비교통비		1,008,150		1,008,150
	0513	접대비		595,000		595,000
	0514	통신비		221,000		221,000
	0515	가스수도료		698,060		698,060
	0516	전력비		4,775,700		4,775,700
	0517	세금과공과		206,000		206,000
	0520	수선비		4,600,000		4,600,000
	0521	보험료		2,560,000		2,560,000
	0522	차량유지비		4,254,000		4,254,000
	0526	도서인쇄비		180,000		180,000
	0530	소모품비		1,129,100		1,129,100
	0533	외주가공비		50,000,000		50,000,000
	0536	잡비		286,000		286,000
	0518	2). 일반감가상각비			28,394,178	28,394,178
	0202	건물			8,000,000	8,000,000
	0206	기계장치			15,214,178	15,214,178
	0208	차량운반구			5,180,000	5,180,000
	0212	비품				
	0455	8)당기 총제조비용		634,485,210		637,879,388
	0169	① 기초 재공품 재고액		2,700,000		2,700,000
	0169	⑩ 기말 재공품 재고액			5,000,000	5,000,000
	0150	9)당기완성품제조원가		637,185,210		635,579,388
	0150	① 기초 제품 재고액		12,000,000		12,000,000
	0150	⑧ 타계정으로 대체액		10,000,000		10,000,000
	0150	⑩ 기말 제품 재고액			80,000,000	80,000,000
		3. 매출총이익		795,708,065	86,605,822	882,313,887
		4. 판매비와 일반관리비		179,696,700	37,601,000	217,297,700
		1). 급여 외		61,137,000		61,137,000
	0801	급여		61,137,000		61,137,000
	0806	2). 퇴직급여(전입액)			11,000,000	11,000,000
	0850	3). 퇴직연금충당금전입액				
	0818	4). 감가상각비		2,500,000	7,885,000	10,385,000
	0202	건물			4,000,000	4,000,000
	0206	기계장치				
	0208	차량운반구			3,885,000	3,885,000
	0212	비품				
	0835	5). 대손상각			8,716,000	8,716,000
	0108	외상매출금			4,142,000	4,142,000
	0110	받을어음			4,574,000	4,574,000
	0840	6). 무형자산상각비			10,000,000	10,000,000
	0219	특허권				
	0226	개발비			10,000,000	10,000,000
		7). 기타비용		116,059,700		116,059,700
	0811	복리후생비		7,663,000		7,663,000
	0812	여비교통비		409,800		409,800

0813	접대비		6,099,500		6,099,500
0814	통신비		1,354,010		1,354,010
0815	수도광열비		10,825,060		10,825,060
0817	세금과공과		2,883,000		2,883,000
0819	임차료		8,750,000		8,750,000
0820	수선비		57,486,000		57,486,000
0821	보험료		7,320,000		7,320,000
0822	차량유지비		2,951,910		2,951,910
0824	운반비		845,000		845,000
0826	도서인쇄비		190,000		190,000
0830	소모품비		1,882,420		1,882,420
0831	수수료비용		2,400,000		2,400,000
0833	광고선전비		5,000,000		5,000,000
	5. 영업이익		616,011,365	49,004,822	665,016,187
	6. 영업외 수익		14,000,000		14,000,000
	1). 이자수익		2,000,000		2,000,000
0901	이자수익		2,000,000		2,000,000
0924	2). 준비금 환입				
	3). 기타영업외수익		12,000,000		12,000,000
0904	임대료		12,000,000		12,000,000
	7. 영업외 비용		13,292,000		13,292,000
	1). 이자비용		1,292,000		1,292,000
0951	이자비용		1,292,000		1,292,000
0954	2). 기타의대손상각				
0131	선급금				
0972	3). 준비금 전입				
0977	4). 조특법상 특별상각				
	5). 기타영업외비용		12,000,000		12,000,000
0961	재해손실		10,000,000		10,000,000
0970	유형자산처분손실		2,000,000		2,000,000
	8. 법인세차감전이익		616,719,365	49,004,822	665,724,187
0998	9. 법인세등			5,600,000	5,600,000
0136	1). 선납세금		3,154,000	3,154,000	3,154,000
0998	2). 추가계상액			2,446,000	2,446,000
	10. 당기순이익		616,719,365	43,404,822	660,124,187

매출액:[1,443,293,275] 당기순이익:[660,124,187] 소득평율:45.74%

【 자동 결산정리분개 】

2019 년 12 ▼ 월 31 일 변경 현금잔액: 109,900,460 대차차액:

	일	번호	구분	계 정 과 목	거 래 처	적 요	차 변	대 변
☐	31	00033	결차	0806 퇴직급여		1 퇴직충당금 당기분전입익	11,000,000	
☐	31	00033	결대	0295 퇴직급여충당부채		7 퇴직급여충당부채당기설:		11,000,000
☐	31	00034	결차	0818 감가상각비			7,885,000	
☐	31	00034	결대	0203 감가상각누계액				4,000,000
☐	31	00034	결대	0209 감가상각누계액				3,885,000
☐	31	00035	결차	0835 대손상각비			8,716,000	
☐	31	00035	결대	0109 대손충당금				4,142,000
☐	31	00035	결대	0111 대손충당금				4,574,000
☐	31	00036	결차	0840 무형자산상각비			10,000,000	
☐	31	00036	결대	0226 개발비				10,000,000
☐	31	00037	결차	0998 법인세등			3,154,000	
☐	31	00037	결대	0136 선납세금				3,154,000
☐	31	00038	결차	0998 법인세등			2,446,000	
☐	31	00038	결대	0261 미지급세금				2,446,000
			합 계				2,387,227,342	2,387,227,342

▶ 전표추가 후 오류 수정이 필요 시

결산자료입력화면 상단 [(Ctrl+F5)결산분개삭제] 단추를 클릭하면, 일반전표 12월 31일자로 생성된 결산정리분개가 자동으로 삭제된다. 오류 부분을 수정한 다음 [결산자료입력]화면의 상단 툴바의 [(F3)전표추가]를 눌러 재실행시키면 된다.

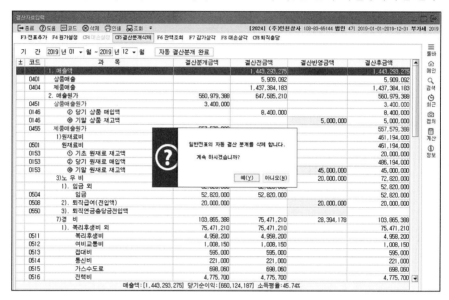

[6] 결산 후 절차

① **제조원가명세서** : 당기제품제조원가(635,579,388원)가 손익계산서에 자동 반영된다.

② **손익계산서** : 당기순이익(660,124,187원)이 이익잉여금처분계산서에 자동 반영된다.

③ **이익잉여금처분계산서**

ⓐ 다시 [(F6)전표추가] 단추를 눌러 결산대체분개를 생성시킨다.

ⓑ 나타나는 메시지에서는 항상 "아니오(N)"를 선택한다.

ⓒ 미처분이익잉여금(812,347,187원)이 재무상태표에 자동으로 반영된다.

④ **재무상태표** : 미처분이익잉여금(812,347,187원)이 자동으로 반영된다.

Chapter
06

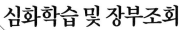
심화학습 및 장부조회

- 심화학습코너
  (부가가치세관련 특수거래)
- 제장부 조회

심화학습코너  ❖ 부가가치세관련 특수거래

※ 영세매출/영세매입/수출매출/면세/불공/복수거래/신용카드거래/기타

❖ (주)경기상사(회사코드 : 2026)는 전자제품을 제조하여 판매하는 중소기업이며, 당기(제5기) 회계기간은 2019. 1. 1 ~ 2019. 12. 31 이다. 전산세무회계 수험용 프로그램을 이용하여 다음 물음에 답하시오.

1️⃣ **12번 영세매출**

> **(1) 11월 1일**   제품 2개(@ 5,500,000원)를 수출업체인 파주상사에 Local L/C에 의하여 현금으로 매출하고 영세율전자세금계산서를 발행하였다.

입력방법

① 하단 "일"란에 1을 입력한다.

② 과세유형 **12번 영세**를 선택한다.

③ 품목은 요약하여 적절히 입력한다.

④ 수량 2, 단가 5,500,000을 입력하고 [Enter↵] key를 치면 공급가액은 11,000,000 원 부가가치세는 나타나지 않고 커서는 코드란으로 이동한다.

⑤ 공급처명 : 코드란에 커서를 두고 공급처명의 앞자리 두글자 **"파주"**를 입력한 후 [Enter↵] key를 치고 나타나는 [거래처코드도움] 팝업창에서 "파주상사"를 선택한 다음 [Enter↵] key를 치면 등록이 되면서 커서는 전자세금계산서 선택란으로 이동한다.(사업자, 주민번호는 자동반영된다.)

⑥ 전자 "1.여"를 선택하면 커서는 **"영세율구분"**란으로 이동한다. [F2]도움 자판을 누르고 나타나는 팝업창 [출력형태]에서 "3.내국신용장.구매확인서에 의하여 공급하는 재화"를 선택하고, [확인(Enter)] 단추를 누르면 커서는 분개란으로 이동한다.

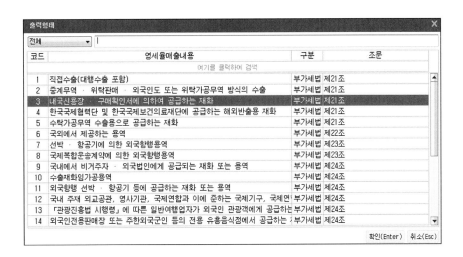

⑦ 분개선택은 "1번 현금"을 선택하고, Enter↵ key를 치면 분개내용이 자동저장 되면서 다음 입력단계로 커서가 이동한다.

분개 : (차변) 현   금 11,000,000   (대변) 제품매출 11,000,000

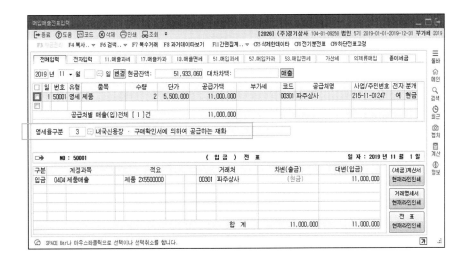

② 52번 영세매입

> **(2) 11월 9일**　우리상사에서 수출용 원재료를 내국신용장에 의해 구입하고 해당 영
> 세율전자세금계산서를 교부 받았다. 원재료 구입 대금 20,000,000원
> 은 전액 당좌수표를 발행하여 지급하였다.
>
> ※ '공급처명'에 커서를 두고 우리상사의 정보를 수정 또는 추가 입력할 것

전자세금계산서					승인번호		xxxxxxxx		
공급자	사업자등록번호	104-81-16860	종사업장 번호		공급받는자	사업자등록번호	104-81-09258	종사업장 번호	
	상호(법인명)	우리상사	성명	정태수		상호(법인명)	(주)경기상사	성 명	정두령
	사업장주소	경기도 수원시 팔달구 매산로 104번길 37(매교동)				사업장 주소	서울시 중구 남대문로 112(남대문로1가)		
	업 태	제조	종목	전자부품		업 태	제조, 도매	종 목	전자기기
	이메일					이메일			

작성일자	공급가액	세액	수정사유		
2019. 11. 09.	20,000,000	영세율			
비고					

월	일	품 목	규 격	수 량	단 가	공 급 가 액	세 액	비 고
11	09	원재료				20,000,000	0	

합계금액	현 금	수 표	어 음	외 상 미 수 금	이 금액을 영수/청구 함
20,000,000		20,000,000			

 입력방법

① 하단 "일"란에 9를 입력한다.

② 과세유형 **52번 영세**를 선택한다.

③ 품목(수출용 원재료 또는 내국신용장)은 요약하여 적절히 입력한다.

④ 수량, 단가가 주어지지 않으면 공급가액란에 20,000,000을 입력하고 Enter↵
　key를 치면 부가가치세는 나타나지 않고 커서는 코드란으로 이동한다.

⑤ 공급처명 : 코드란에 커서를 두고 공급처명의 앞자리 두글자 **"우리"**를 입력한
　후 Enter↵key를 치고 나타나는 [거래처코드도움] 팝업창에서 "우리상사"
　를 선택한 다음 Enter↵key를 치면 등록이 되면서 커서는 전자세금계산서
　선택란으로 이동한다.(사업자, 주민번호는 자동반영됨)

⑥ 전자 "1.여"를 선택하고 분개선택은 **분개 3번 혼합**을 선택한다.

(차변) 153 원재료 20,000,000 **<회사등록시 입력 된 기본계정>**이 자동으로 나타난다. (대변) 102 당좌예금 20,000,000만 입력하고 [Enter↵]key를 치면 분개내용이 자동저장되면서 커서는 다음 입력단계로 이동한다.

⑦ 공급처등록란의 코드란에 커서를 두고 하단 공급처등록정보에 우리상사의 상세정보를 입력한다.

(차변) 원 재 료 20,000,000 (대변) 당 좌 예 금 20,000,000

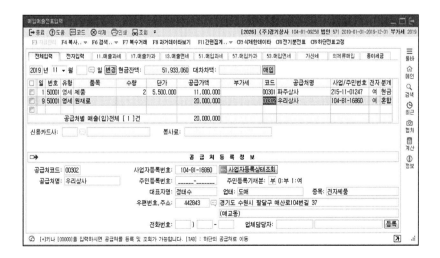

③ 16번 수출매출

> **(3) 11월 22일** 해외기업인 (주)소피아에 US $10,000의 수출제품을 선적하고 대금은 추후에 받기로 하였다. 선적일의 기준환율은 1,200원/ $ 1 이다.

 입력방법

① 하단 "일"란에 22를 입력한다.

② 과세유형 **16번 수출**을 선택한다.

③ 품목(제품 또는 제품수출)은 요약하여 적절히 입력한다.

④ 공급가액란에 12,000,000원을 입력하고 **Enter↵** key를 치면 부가가치세는 나타나지 않고 커서는 공급처명등록란으로 이동한다.

⑤ 공급처명 : 코드란에 커서가 위치하면 공급처명의 앞자리 두글자 **"소피"**를 입력한 후 **Enter↵** key를 치고 나타나는 [거래처코드도움] 팝업창에서 "(주)소피아"를 선택한 다음 **Enter↵** key를 치면 등록이 되면서 커서는 "영세율구분"란으로 이동한다. [F2]도움 자판을 누르고 나타나는 팝업창[출력형태]에서 "1.직접수출(대행수출 포함)"을 선택하고 **Enter↵** key를 치면 커서는 분개란으로 이동한다.(사업자, 주민번호는 자동반영된다.)

⑥ 분개선택 : **분개 2번 외상**을 선택하면
  (차변) 108 외상매출금 12,000,000과
  (대변) 404 제품매출 12,000,000이 자동 반영되어 나타난다. **Enter↵** 하면 분개 내용이 자동저장되면서 다음 입력 단계로 커서가 이동한다.

> (차변) 외상매출금 12,000,000   (대변) 제 품 매 출 12,000,000

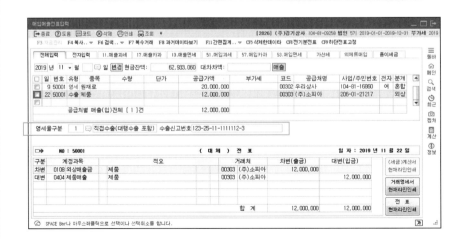

(4) 11월 23일 미국 KTX사에 US $20,000 상당의 제품을 직수출하고, 대금은 외상으로 하다. 선적일 11월 23일 선적일의 기준환율은 1,150/$1 이다. <제품매출은 420 "수출매출", 매출채권은 127 "외화외상매출금" 등록하여 사용하시오>

 입력방법

① 계정과목 적요 등록란에서 420 수출매출, 127 외화외상매출금계정을 등록한다.

② 성격 : 수출매출 → 1.매출, 외화외상매출 → 3.일반을 선택한다.

③ 과목코드란은 자동으로 생성되도록 되어 있다.

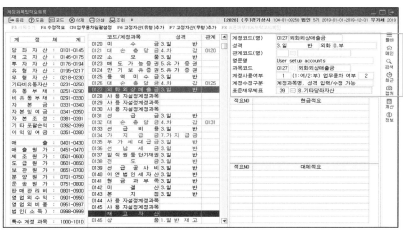

② 하단 "일"란에 23을 입력한다.

③ 과세유형 **16번 수출**을 선택한다.

④ 품목(또는 제품수출)은 요약하여 적절히 입력한다.

⑤ 공급가액란에 (20,000$ × 1,150 = 23,000,000)을 입력하고 Enter↵ key를 치면 부가가치세는 나타나지 않고 커서는 공급처명 등록란으로 이동한다.

⑥ 공급처명 : 코드란에 커서를 두고 공급처명 앞자리 두자 **"미국"**을 입력한 후 Enter↵ key를 치고 나타나는 [거래처코드도움] 팝업창에서 "미국 KTX사"를 선택한 다음 Enter↵ key를 치면 등록이 되면서 커서는 "영세율구분"란으로 이동한다. [F2]도움 자판을 누르고 나타나는 팝업창 [출력형태]에서 "1.직접수출(대행수출 포함)"을 선택하고 Enter↵ key를 치면 커서는 분개란으로 이동한다. (사업자, 주민번호는 자동반영된다.)

⑦ 분개선택 : **분개 3번 혼합 또는 2번 외상**을 선택하면
(대변) 404 제품매출 23,000,000이 자동 반영되어 나타난다.

⑧ (대변) 404 제품매출을 420 수출매출로 수정하고,
(차변) 127 외화외상매출금을 입력하고, Enter↵ 하면 분개 내용이 자동저장되면서 다음 입력 단계로 커서가 이동한다.

(차변) 외화외상매출금 23,000,000   (대변) 수 출 매 출 23,000,000

[4] **53번 면세매입**

> **(5) 11월 24일** 강릉수협으로부터 원재료(면세) 20,400,000원을 매입하고 대금은
> 월말에 지급하기로 하고 전자계산서를 교부받았다.

 입력방법

① 하단 "일"란에 24를 입력한다.

② 과세유형 **53 면세**를 선택한다.

③ 품목(원재료)은 요약하여 적절히 입력한다.

④ 수량, 단가가 주어지지 않으면 공급가액란에 20,400,000을 입력하고,
Enter↵ key를 치면 부가가치세는 나타나지 않고 커서는 공급처명 등록란으
로 이동한다.

⑤ 공급처명 : 코드란에 커서가 위치하면 공급처명 앞자리 두자 **"강릉"**을 입력한
후 Enter↵ key를 치고 나타나는 [거래처코드도움] 팝업창에서 "강릉수협"
을 선택한 다음 Enter↵ key를 치면 등록이 되면서 커서는 전자세금계산서
선택란으로 이동한다.(사업자, 주민번호는 자동반영된다.)

⑥ 전자 "1.여"를 선택한 다음 분개는 2번 외상을 선택하면 자동으로 분개되
어 나타난다.

⑦ 적요 등록 : 커서를 원재료 적요란에 두고 [(F2)도움]자판을 누르고 나타나
는 [팝업창(출력형태)]에서 "6번 의제매입세액 공제신고서 자동반영분"을
선택한 후 [확인(Enter)]키를 누르면 입력이 완료된다.

※ 상단 툴바의 [의제류매입]을 클릭하여 입력할 수도 있다.<전산세무2급 이상>

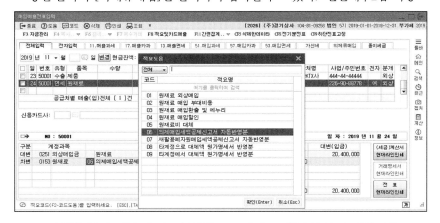

　　(차변) 원　재　료 20,400,000　　(대변) 외상매입금 20,400,000

　　• 적요등록 6번 의제매입세액 공제신고서 자동반영분

⑤ **54번 불공매입** : 8인승 이하 1,000cc초과 승용차

(6) **12월 1일** 취득가액 9,000,000원(부가가치세 별도)인 비영업용 소형승용차를 한라자동차에서 6개월 할부로 구입하고 전자세금계산서를 교부받다. 최초 불입금 1,650,000원을 당좌수표로 발행하여 지급하다.

 입력방법

① 하단 "일"란에 1을 입력한다. ② 과세유형 **54 불공**을 선택한다.

③ 품목(소형승용차)은 요약하여 적절히 입력한다.

④ 수량, 단가가 주어지지 않으면 공급가액란에 9,000,000을 입력하고, [Enter↵]key 를 치면 부가가치세 900,000원이 자동으로 반영되면서 커서는 공급처명 등 록란으로 이동한다.

⑤ 공급처명 : 코드란에 커서가 위치하면 공급처명 앞자리 두자 **"한라"**를 입력한 후 [Enter↵]key를 치고 나타나는 [거래처코드도움] 팝업창에서 "한라자동차"를 선택한 다음 [Enter↵]key를 치면 등록이 되면서 커서는 전자세금계산서 선택란 으로 이동한다.(사업자, 주민번호는 자동반영된다.)

⑥ 전자 "1.여"를 선택한다.

⑦ "불공제사유" [F2번]도움코드를 이용하여 나타나는 메시지화면에서 불공제사 유를 선택한다.(**예** : 3 비영업용 소형자동차 구입·유지 및 임차)

⑧ 분개유형은 **3번 혼합**을 선택하면 원재료 9,900,000은 자동 반영되어 나타난다. (차변) 153 원재료 9,900,000을 208 차량운반구 9,900,000으로 수정한다. (대변) 102 당좌예금 1,650,000 (대변) 253 미지급금을 입력하면 금액 8,250,000은 자동으로 계산되어 저장되며, [Enter↵]하면, 분개내용이 자동저장이 되면서 다음 입력단계로 커서가 이동한다.

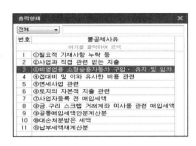

(차변) 차량운반구   9,900,000   (대변) 당 좌 예 금 1,650,000
                                    미지급금(한라자동차) 8,250,000

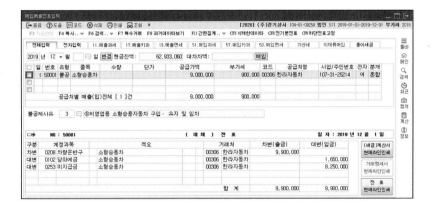

6 복수거래 : 51번 매입과세

(7) 12월 5일 제일모직에서 작업복을 다음과 같이 구입하여 생산직 사원에게 지급하였다. 동 거래에 대하여 전자세금계산서를 교부 받았으며, 대금은 전액 현금으로 지급하였다. 〈복수거래로 입력할 것〉

품 명	수량	단가	공급가액	부가가치세
작업복 상의	40	50,000	2,000,000	200,000
작업복 하의	80	40,000	3,200,000	320,000

 입력방법

① 하단 "일"란에 5를 입력한다.

② 과세유형 **51 매입과세**를 선택한다.

③ 과세유형 선택 후 커서가 품목란에 위치하면 상단 툴바의 **복수거래에 클릭**하고 화면하단에 주어진 내용을 입력하면 품목란 작업복상의 외 공급가액 5,200,000과 부가세 520,000이 자동으로 반영된다.

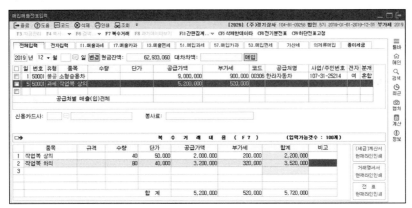

④ 공급처명 : 코드란에 커서를 두고, 공급처명 앞자리 두자 **"제일"**을 입력한 후 **Enter↵** key를 치고 나타나는 [거래처코드도움] 팝업창에서 "제일모직"을 선택한 다음 **Enter↵** key를 치면 등록이 되면서 커서는 전자세금계산서 선택란으로 이동한다.(사업자, 주민번호는 자동 반영된다.)

⑤ 전자 1.여를 선택하고, 분개선택은 분개1번 현금을 선택한다.

⑥ 153 원재료를 **"제조경비 511 복리후생비"**로 수정한 후 **Enter↵** 하면 분개내용이 자동저장되면서 다음 입력단계로 커서가 이동한다.

  (차변) 복리후생비 5,200,000 (대변) 현   금 5,720,000
      부가세대급금   520,000

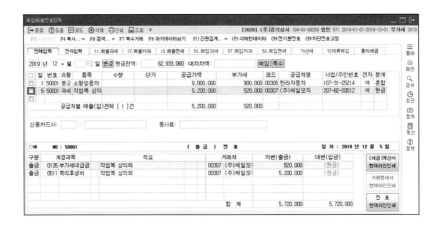

⑦ 신용카드 거래

[1] 신용카드에 의한 매입 : 매입카드를 선택한다.

- 신용카드로 결제하고 세금계산서를 받지 않았을 때 ⇒ **57번 카과 <선택>**
- 신용카드로 결제하고 세금계산서를 교부 받았을 때 ⇒ **51번 과세매입 <선택>**

 알고 갑시다 !

1. 신용카드 관련 거래

① 반드시 거래처등록란에 신용카드가맹점 등록이 되어 있어야 한다.

② 카드결제와 동시에 세금계산서가 발부 되었는가와 발부되지 않았는가에 따라 입력 방법이 달라짐에 주의하여야 한다.

③ (2009년 개정) 신용카드매출전표 등에 의한 매입세액공제요건 개선
2008년까지는 일반과세자가 공급받는 자와 부가세액을 별도로 기재하고 이면에 확인을 받아야 매입세액을 공제 받을 수가 있었으나, 2009년 1월 1일부터는 이면확인 제도를 폐지하고, 사업자가 일반과세자로부터 부가가치세액이 기재된 신용카드매출전표 등을 교부받아 보관하고, 수취명세서를 제출하면 매입세액을 공제 받을 수 있도록 허용하였다.

2. 신용카드매출전표 등을 교부한 경우 세금계산서의 발행 금지(부령 57조 ②)

신용카드매출전표 등을 교부하고 다시 세금계산서를 교부하는 경우 공급받는 자가 매입세액을 이중 공제받을 가능성이 있어 이를 원칙적으로 금지한다. 만약 문제 상에 신용카드와 세금계산서 동시 발행거래가 주어진다면 일반적인 매입매출거래로 인식하고, 매입시는 51번 매입과세를, 매출시는 11번 과세매출로 입력하고, 공급처명에 카드거래처를 등록한다.

3. 신용카드거래 입력에 대하여

상품매매 등과 같은 일반적 상거래에서 발생한 카드채권, 채무는 실질우선의 원칙에 의하여 판매자는 매출채권(외상매출금)으로 처리하고, 구매자는 매입채무(외상매입금)으로 처리한다. 단, 상품이외의 비품 등의 구입과 처분시의 카드거래는 미수금과 미지급금으로 처리한다.(2008, 기업회계기준 질의, 회신)

⑧ **57번 카과**

(8) **12월 14일** (주)대전기업으로부터 원재료 6,050,000원(부가가치세 포함)을 매입하고, 대금은 국민카드로 결제하여 주다. (부가가치세법 매입세액 공제 요건 충족) ※〈공급대가 = 공급가액 + 부가가치세〉

 입력방법

① 하단 "일"란에 14를 입력한다.

② 과세유형 **"57 카과"**를 선택한다.

③ 품목(원재료)란은 적절히 입력한다.

④ 공급가액란에 공급대가 6,050,000원을 입력하고, Enter↵ key를 치면 공급가액 5,500,000원과 부가가치세 550,000원이 자동으로 분류되어 나타난다.

⑤ 공급처명 : 코드란에 커서를 두고 공급처명의 앞자리 두글자 **"대전"**을 입력한 후 Enter↵ key를 치고 나타나는 [거래처코드도움] 팝업창에서 "대전기업"을 선택한 다음 Enter↵ key를 치면 등록이 되면서, 커서는 "신용카드사 선택란"으로 이동한다.(사업자, 주민번호는 자동반영된다.)

⑥ [F2]도움자판을 눌러 "국민카드"를 선택한다.

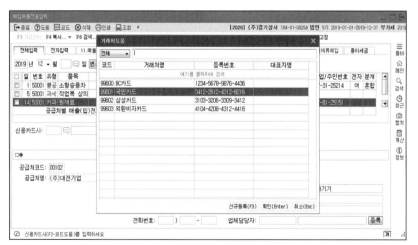

⑦ 분개는 **4번 카드**를 선택한다.

　　(대변) 253 미지급금　6,050,000(국민카드 : 자동 나타남)

　　(차변) 135 부가세대급금　550,000

　　　　　153 원재료　5,500,000이 자동으로 반영된다.

⑧ 253. 미지급금을 251. 외상매입금으로 수정하면 입력이 완료된다.

(차변) 원 재 료	5,500,000	(대변) 외상매입금	6,050,000
부가세대급금	550,000	(거래처등록)	(국민카드)

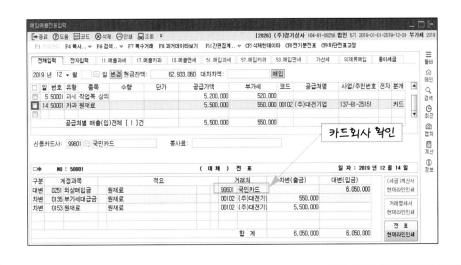

⑨ 57번 카과

(9) 12월 18일 김씨가구에서 업무용 비품 165,000원을 매입하고, 대금은 BC카드로 결제하였다. (부가가치세 포함, 카드매입에 대한 부가가치세 매입세액 공제요건을 충족 함)

입력방법

① 하단 "일"란에 18을 입력한다.
② 과세유형 **"57 카과"**를 선택한다.
③ 품목란은 적절히 입력한다.

④ 공급가액란에 공급대가 165,000원을 입력하고 [Enter↵]key를 치면, 공급가액 150,000원과 부가가치세 15,000원이 자동으로 분류되어 나타난다.

⑤ 공급처명 : 코드란에 커서를 두고 공급처명 앞자리 두자 "**김씨**"를 입력한 후 [Enter↵]key를 치고 나타나는 [거래처코드도움] 팝업창에서 "김씨가구점"을 선택한 다음 [Enter↵]key를 치면 등록이 되면서 커서는 "신용카드사 선택란"으로 이동한다.(사업자, 주민번호는 자동반영된다.)

⑥ 커서를 '거래처코드' 란에 두고 [F2]도움 자판을 누르면 나타나는 [거래처코드도움] 팝업창에서 "BC카드"를 선택한 다음 [Enter↵]key를 처서 등록을 완료한다.

⑦ 분개는 "**4번 카드**"를 선택한다.
   (대변) 미지급금 165,000(BC카드 : 자동 나타남)
   (차변) 135 부가세대급금 15,000
         153 원재료 150,000이 자동반영 되어 나타난다. 153 원재료를 212 비품으로 수정한다.

⑧ 고정자산 간편등록 메시지는 [취소(ESC)]를 클릭한다.

(차변) 비 품	150,000	(대변) 미 지 급 금	165,000
부가세대급금	15,000	(BC카드)	

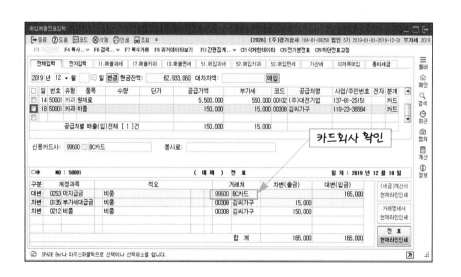

⑩ **51번 매입과세**

(10) **12월 20일** (주)서초상사로부터 원재료 5,000,000원(부가가치세 별도)을 매입하고, 대금은 삼성카드로 결제하여 주고, 전자세금계산서를 교부받았다. ※ 주의 : 카드로만 결제→ 57번 카과

입력방법

① 하단 "일"란에 20을 입력한다.

② 과세유형 **"51 매입과세"**를 선택하고, 품목란은 적절히 입력한다.

③ 공급가액란에 5,000,000원을 입력하고 Enter↵ key를 치면, 부가가치세 500,000원이 자동으로 반영되어 나타난다.

④ 공급처명 : 코드란에 커서가 위치하면 공급처명 앞자리 두자 **"서초"**를 입력한 후 Enter↵ key를 치고 나타나는 [거래처코드도움] 팝업창에서 "(주)서초상사"를 선택한 다음 Enter↵ key를 치면 등록이 되면서 커서는 전자세금계산서 선택란으로 이동한다.(사업자, 주민번호는 자동반영된다.)

⑤ 전자 1.여를 선택하고, 분개는 **"3번 혼합"** 또는 **"2번 외상"**을 선택한다.
   (차변) 135 부가세대급금 500,000 153 원재료 5,000,000이 자동 반영되어 나타난다.
   (대변) 251 외상매입금 5,500,000을 입력한다.

⑥ 커서를 '거래처코드'란에 두고 [F2]도움 자판을 누르면 나타나는 [거래처코드도움] 팝업창에서 삼성카드를 선택한 다음 Enter↵ key를 쳐서 등록을 완료한다.

(차변) 원 재 료	5,000,000	(대변) 외상매입금	5,500,000
부가세대급금	500,000	(거래처등록)	(삼성카드)

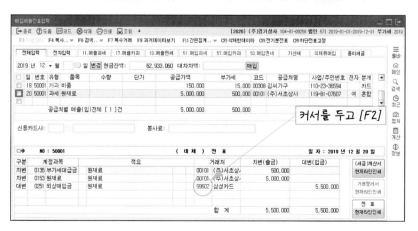

[2] **신용카드에 의한 매출** : 매출카드사를 선택한다.

- 신용카드로 결제받고 세금계산서를 발부하지 않았을 때 ⇒ **17번 카과 <선택>**
- 신용카드로 결제받고 세금계산서를 발행하였을 때 ⇒ **11번 과세매출 <선택>**

⑪ 17번 카과

> **(11) 12월 23일** 구로상사에 제품 2,200,000원<부가가치세 포함>을 매출하고, 신용카드(국민카드) 매출전표로 결제받다.

입력방법

① 하단 "일"란에 23을 입력한 후 **17번 카드과세**를 선택하고 품목란은 적절히 입력한다.

② 공급가액란에 2,200,000원을 입력하고 [Enter↵]key를 치면 공급가액 2,000,000원과 부가가치세 200,000원이 자동으로 분류되어 나타나며, 커서는 공급처명란으로 이동한다.

③ 공급처명 : 코드란에 커서를 두고 공급처명의 앞자리 두글자 **"구로"**를 입력한 후 [Enter↵]key를 치고 나타나는 [거래처코드도움] 팝업창에서 "구로상사"를 선택한 다음 [Enter↵]key를 치면 등록이 되면서 커서는 "신용카드 선택란"으로 이동한다.(사업자, 주민번호는 자동반영된다.)

④ 커서를 '거래처코드'란에 두고 [F2]도움 자판을 누르면 나타나는 [거래처코드도움] 팝업창에서 "국민카드"를 선택한다.

⑤ 분개는 **4번 카드**를 선택한다.
   (대변) 255 부가세예수금 200,000
           404 제품매출 2,000,000
   (차변) 108 외상매출금 2,200,000(국민카드 : 자동나타남)

> 【 주의 】 환경등록설정(회계)에서 ②신용카드 기본계정설정(분개유형4번) 내용 중 카드채권 : 120.미수금을 108.외상매출금으로 수정한 후 입력한다.

(차변) 외상매출금 2,200,000	(대변) 제 품 매 출	2,000,000
(거래처등록) (국민카드)	부가세예수금	200,000

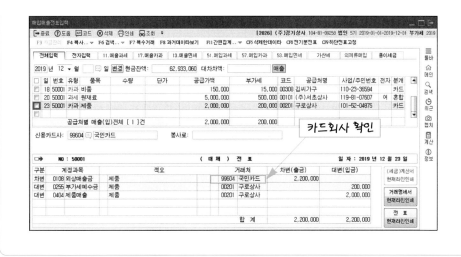

⑫ 11번 매출과세

> **(12) 12월 30일** 유성상사에 아래와 같이 제품을 매출하고, 신용카드매출전표(BC 카드)로 결제받고, 전자세금계산서를 발행하여 주다.
>
> | 품 목 | 수량 | 단가 | 공급가액 | 부가가치세 |
> |---|---|---|---|---|
> | 전자기기 | 40 | 500,000원 | 20,000,000원 | 2,000,000원 |

 입력방법

① 하단 "일"란에 30을 입력한다.

② 과세유형 **"11번 매출"**을 선택한다.

③ 품목(제품 전자기기)은 요약하여 적절히 입력한다.

④ 수량 40 단가 500,000을 입력하고 [Enter↵]key를 치면 공급가액란에 20,000,000, 부가세란에 2,000,000이 자동 반영되면서 커서는 공급처명란으로 이동한다.

⑤ 공급처명 : 코드란에 커서를 두고 공급명의 앞자리 두글자 **"유성"**을 입력한 후 [Enter↵]key를 치고 나타나는 [거래처코드도움] 팝업창에서 "유성상사"를 선택한 다음 [Enter↵]key를 치면 등록이 되면서 커서는 전자세금계산서 선택란으로 이동한다. (사업자, 주민번호는 자동 반영된다.)

⑥ 전자 1. 여를 선택하고, 분개 선택은 **"4.카드"**를 선택하면 [신용카드사 및 봉
사료 입력] 화면이 나타난다. [F2]도움 자판을 누르고 나타나는 [거래처도움]
팝업창에서 매출카드사 'BC카드'를 선택한 다음 [확인(Enter)] 단추를 누르
면 [신용카드사 및 봉사료 입력] 화면이 다시 나타난다. [확인(Tab)]단추를
누르면 등록이 되면서 분개는 자동으로 나타난다.

(차변) 108 외상매출금 22,000,000(BC카드 : 자동 나타남)
(대변) 255 부가세예수금 2,000,000
       404 제품매출 20,000,000

【 주의 】 환경등록설정(회계)에서 ②신용카드 기본계정설정(분개유형4번) 내용 중
           카드채권 : 120.미수금을 108.외상매출금으로 수정한 후 입력한다.

화면①

신용카드사 및 봉사료 입력		✕
신용카드사:	⬛ ⋯	
봉 사 료 :		
	확인(Tab, Esc)	

화면②

거래처도움			✕
전체 ▼			
코드	거래처명	등록번호	대표자명
	여기를 클릭하여 검색		
99604	국민카드	1234567890	
99605	신한카드	0987654321	
99606	BC카드	0124578	

신규등록(F3) 확인(Enter) 취소(Esc)

신용카드사 및 봉사료 입력		✕
신용카드사:	99606 ⋯ BC카드	
봉 사 료 :		
	확인(Tab, Esc)	

【 12월 30일 입력완료화면 】

⑬ **매입 61번 현금과세**

> **(13) 12월 30일** 본사 사무실에 사용할 응접셋트를 김씨가구에서 구입하고, 대금
> 1,100,000원(부가가치세 포함)은 현금으로 지급하고, 현금영수
> 증(지출증빙용)을 수취하였다.

입력방법

① 하단 "일"란에 30을 입력한다.

② 과세유형 **"매입 61 현금과세"**를 선택한다.

③ 품목(제품)은 요약하여 적절히 입력한다.

④ 공급가액란에 공급대가 1,100,000원을 입력하고 Enter⏎ key를 치면 공급가
액란에 1,000,000 부가세란에 100,000이 자동으로 분류되어 나타난다.

⑤ 공급처명 : 코드란에 커서를 두고 공급처명의 앞자리 두글자 **"김씨"**를 입력한
후 Enter⏎ key를 치고 나타나는 [거래처코드도움] 팝업창에서 "김씨가구"
를 선택한 다음 Enter⏎ key를 치면 등록이 되면서 커서는 분개란으로 이동
한다.(사업자, 주민번호는 자동반영된다.)

⑥ 분개 선택 : **분개 1번 현금**을 선택하면
(출금) 135 부가세대급금 100,000
(출금) 153 원재료 1,000,000이 자동으로 나타난다. 원재료를 212 비품으
로 수정하고 Enter⏎ key를 치면, 커서는 다음 입력단계로 이동한다.

⑦ "고정자산 간편등록" 메시지는 [취소(ESC)]를 클릭한다.

(차변) 비　　품	1,000,000	(대변) 현　　　금	1,100,000
부가세대급금	100,000		

매입매출전표입력

[2026] (주)경기상사 104-81-09258 법인 5기 2019-01-01~2019-12-31 부가세 2019

F3 자금관리 F4 복사.. ▽ F6 검색.. ▽ F7 복수거래 F8 과거데이타보기 F11간편집계.. ▽ CF5 삭제한데이타 CF8전기분전표 CF9하단전표고정

전체입력 | 전자입력 | 11.매출과세 | 17.매출카과 | 13.매출면세 | 51.매입과세 | 57.매입카과 | 53.매입면세 | 가산세 | 의제류매입 | 종이세금

2019 년 12 ▽ 월 □ 일 변경 현금잔액: 62,933,060 대차차액: 　　　매입

	일	번호	유형	품목	수량	단가	공급가액	부가세	코드	공급처명	사업/주민번호	전자	분개
	30	50001	과세	전자기기	40	500,000	20,000,000	2,000,000	00203	유성상사	105-52-01147	여	카드
	30	50002	현과	응접셋트			1,000,000	100,000	00308	김씨가구	110-23-36594		현금

공급처별 매출(입)전체 [2]건　　1,150,000　　115,000

신용카드사: 　　　　　　봉사료:

NO : 50002　　　　　　(출 금) 전 표　　　　일 자 : 2019 년 12 월 30 일

구분	계정과목	적요	거래처	차변(출금)	대변(입금)
출금	0135 부가세대급금	응접셋트	00308 김씨가구	100,000	(현금)
출금	0212 비품	응접셋트	00308 김씨가구	1,000,000	(현금)
			합　계	1,100,000	1,100,000

⑭ 매입 58번 카면

(14) 12월 30일　사내 식당에서 사용할 쌀과 부식류를 우성식품에서 구입하고, 대금은 BC카드로 결재하였다. 사내 식당은 야근하는 생산직 직원을 대상으로 무료로 운영되고 있다.

신용카드매출전표 (공급받는 자 보관용)		
카드종류	**거래일시(Date Time)**	
법인/BC카드	2019/12/30	
회원번호<CARD NO>	9409-****-****-*349	
승인번호	74738001	
결제방법	일 시 불	
거래유형	신용승인	공급가액　250,000원
		부가세액　　　　0원
		합　계　250,000원
가맹점명	우성식품	
대 표 자 명	**사업자번호**	
최우성	105-52-25789	
전 화 번 호	**가맹점번호**	
02-1588-1001	9213015118	
주소 : 서울시 중구 남대문로 112		
상기 거래내역을 확인합니다.		
서명 : (주)경기상사		

 입력방법

① 하단 "일"란에 30을 입력한다.

② 과세유형 **"매입 58 카면"**을 선택한다.

③ 품목(쌀 부식류)은 요약하여 적절히 입력한다.

④ 공급가액란에 250,000원을 입력하고 Enter↵ key를 치면 공급가액란에 250,000, 부가세란에 0으로 자동 반영되면서 커서는 공급처명란으로 이동한다.

⑤ 공급처명 : 코드란에 커서를 두고 공급처명의 앞자리 두글자 **"우성"**을 입력한 후 Enter↵ key를 치고 나타나는 [거래처코드도움] 팝업창에서 "우성식품"을 선택한 다음 Enter↵ key를 치면 등록이 되면서 커서는 신용카드 선택란으로 이동한다.(사업자, 주민번호는 자동반영된다.)

⑥ 커서를 '거래처코드' 란에 두고 [F2]도움 자판을 누르면 나타나는 [거래처코드도움] 팝업창에서 "BC카드"를 선택한다.

⑦ 분개 선택 : **"4번 카드"**를 선택하면 (대변) 미지급금 250,000 (차변) 원재료 250,000이 자동으로 나타난다. 원재료를 511 복리후생비로 수정하고, Enter↵ 하면 등록이 완료된다.

※ 분개유형을 혼합으로 선택하여도 된다.

(차변) 복 리 후 생 비　　250,000　　(대변) 미 지 급 금　　250,000
　　　　　　　　　　　　　　　　　　　　(ＢＣ카드)

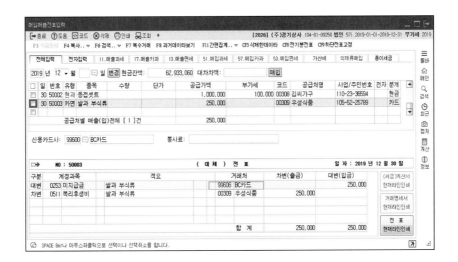

합 계 잔 액 시 산 표

2019년 12월 현재

회사명 : (주)경기상사　　　　　　　　　　　　　　　　　　　　　　단위 : 원

관리용　제출용

차 변 잔액	차 변 합계	계정과목	대 변 합계	대 변 잔액
273,212,695	327,583,600	1.유 동 자 산	54,570,905	200,000
188,227,695	241,148,600	〈당 좌 자 산〉	53,020,905	100,000
56,113,060	72,332,200	현　　　　　금	16,219,140	
41,550,000	66,500,000	당 좌 예 금	24,950,000	
4,298,235	14,950,000	보 통 예 금	10,651,765	
8,000,000	8,000,000	단 기 매 매 증 권		
69,410,100	70,510,100	외 상 매 출 금	1,100,000	
		대 손 충 당 금	100,000	100,000
5,167,800	5,167,800	받 을 어 음		
400,000	400,000	가 지 급 금		
3,288,500	3,288,500	부 가 세 대 급 금		
84,985,000	86,435,000	〈재 고 자 산〉	1,550,000	100,000
3,550,000	5,000,000	제　　　　　품	1,450,000	
71,435,000	71,435,000	원 재 료		
		매 입 환 출 및 에 누 리	100,000	100,000
10,000,000	10,000,000	재 공 품		
95,750,000	95,750,000	2.비 유 동 자 산	5,550,000	5,550,000
52,750,000	52,750,000	〈유 형 자 산〉	5,550,000	5,550,000
44,900,000	44,900,000	차 량 운 반 구		
		감 가 상 각 누 계 액	5,000,000	5,000,000
7,850,000	7,850,000	비　　　　　품		
		감 가 상 각 누 계 액	550,000	550,000
3,000,000	3,000,000	〈무 형 자 산〉		
3,000,000	3,000,000	개 발 비		
40,000,000	40,000,000	〈기 타 비 유 동 자 산〉		
40,000,000	40,000,000	임 차 보 증 금		
	7,440,000	3.유 동 부 채	173,204,695	165,764,695
	5,800,000	외 상 매 입 금	118,400,500	112,600,500
	1,640,000	지 급 어 음	8,055,000	6,415,000
		미 지 급 금	11,165,000	11,165,000
		예 수 금	625,095	625,095
		부 가 세 예 수 금	3,859,100	3,859,100
		단 기 차 입 금	30,000,000	30,000,000
		미 지 급 비 용	1,100,000	1,100,000
		4.자 본 금	117,000,000	117,000,000
		자 본 금	117,000,000	117,000,000
		5.이 익 잉 여 금	9,700,000	9,700,000
		이 월 이 익 잉 여 금	9,700,000	9,700,000
100,000	100,000	6.매　　　　　출	84,591,000	84,591,000
		제 품 매 출	84,591,000	84,591,000
100,000	100,000	매 출 환 입 및 에 누 리		
8,085,000	8,085,000	7.제 조 원 가		
2,000,000	2,000,000	〈노 무 비〉		
2,000,000	2,000,000	임　　　　　금		
6,085,000	6,085,000	〈제 조 경 비〉		
5,750,000	5,750,000	복 리 후 생 비		
200,000	200,000	가 스 수 도 료		
35,000	35,000	전 력 비		
100,000	100,000	소 모 품 비		
5,358,000	5,358,000	8.판 매 비 및 일 반 관 리 비		
5,000,000	5,000,000	급　　　　　여		
218,000	218,000	복 리 후 생 비		
65,000	65,000	수 도 광 열 비		
35,000	35,000	세 금 과 공 과		
40,000	40,000	차 량 유 지 비		
300,000	300,000	9.영 업 외 비 용		
150,000	150,000	이 자 비 용		
150,000	150,000	기 부 금		
382,805,695	444,616,600	합　　　계	444,616,600	382,805,695

1 제장부 조회

➲ (주)대구상사(회사코드 : 2028)는 전자제품을 제조하여 판매하는 중소기업이며, 당기(제5기) 회계기간은 2019. 1. 1 ~ 2019. 12. 31 이다. 전산세무회계 수험용 프로그램을 이용하여 다음 물음에 답하시오.

1 전표 출력

(1) 일반전표, 매입매출전표에서 입력된 전표를 조회 출력을 할 수가 있다.

(2) 기간 : 조회하고자 하는 해당 월 일을 입력한다.

(3) 구분 : 조회하고자하는 전표유형을 선택하는 곳

(4) 전표번호 : 특정한 전표를 조회하고자 할 때 선택한다.
00000~99999번까지 부여되고 있다.

입력방법

① [회계관리] – [장부관리] – [전표출력]을 클릭하면 전표출력 화면이 나타난다.

② 조회하고자 하는 유형을 선택한다.

【 전표조회 화면 】

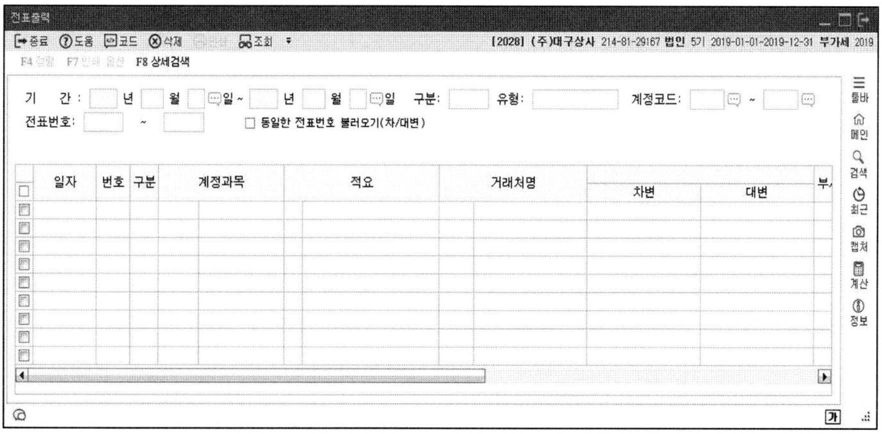

전표출력
종료 도움 코드 삭제 조회
[2028] (주)대구상사 214-81-29167 법인 5기 2019-01-01-2019-12-31 부가세 2019
F8 상세검색
기 간 : 년 월 일 ~ 년 월 일 구분: 유형: 계정코드: ~
전표번호: ~
동일한 전표번호 불러오기(차/대변)
일자 번호 구분 계정과목 적요 거래처명 차변 대변
툴바
메인
검색
최근
캡처
계산
정보

③ 구분 : 1.전체, 유형 : 2.일반전표를 선택한다.

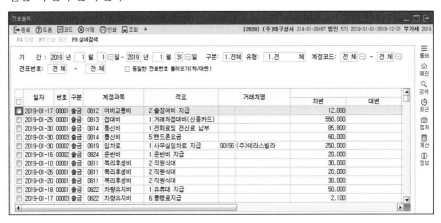

④ 전표번호를 모르기 때문에 조회할 기간을 입력하고 Enter↵ key를 치면 아래와
같은 화면이 출력된다.

일자	번호	구분	계정과목	적요	거래처명	차변	대변
2019-01-17	00001	출금	0812 여비교통비	2 출장여비 지급		12,000	
2019-01-25	00001	출금	0813 접대비	1 거래처접대비(신용카드)		550,000	
2019-01-30	00001	출금	0814 통신비	1 전화료및 전신료 납부		85,800	
2019-01-30	00003	출금	0814 통신비	5 핸드폰요금		60,000	
2019-01-30	00002	출금	0819 임차료	1 사무실임차료 지급	00156 (주)테라스빌라	250,000	
2019-01-16	00001	출금	0824 운반비	1 운반비 지급		20,000	
2019-01-10	00001	출금	0811 복리후생비	2 직원식대		30,000	
2019-01-26	00001	출금	0811 복리후생비	2 직원식대		20,000	
2019-01-20	00001	출금	0811 복리후생비	2 직원식대		30,000	
2019-01-18	00001	출금	0822 차량유지비	1 유류대 지급		50,000	
2019-01-17	00003	출금	0822 차량유지비	6 통행료지급		2,100	

⑤ 인쇄하고자 하는 전표에 체크(∨)를 한 다음 상단 툴바의 [인쇄]아이콘을 클릭
하여 전표를 인쇄할 수 있다.

② 분개장

【 조회 】

(1) 메인화면 [장부관리]의 [분개장]을 클릭하여 조회하고자 하는 기간을 입력한다.

(2) 기업의 모든 정보를 파악 할 수 있는 장부로서, 주요부에 속한다.

【 입력된 분개 화면 】

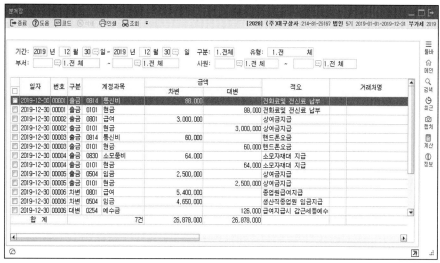

③ 계정별원장

(1) 메인화면 [장부관리]의 [계정별원장]을 클릭, 조회하고자 하는 기간을 입력한다.

(2) 각 계정별로 정보를 알 수가 있는 장부이며, 주요부에 속한다.

(3) 현금 계정의 정보는 여기에서는 파악 할 수가 없다.

(4) 오류가 있으면 해당 일자에 커서를 두고 더블클릭하면 화면 하단에 분개내역이
나타나며 수정도 가능하다.

　　예) 3월 1일 ~ 3월 31일까지 외상매출금 회수액은 얼마인가?

　　【 답 : 대변 월계액 6,160,000원 】

【 계정별원장 외상매출금 조회 화면 】

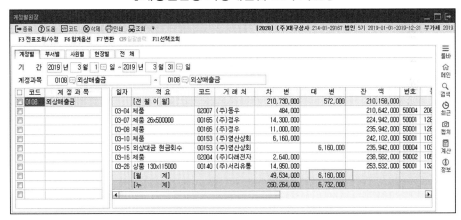

④ 총계정원장

(1) 메인화면 [장부관리]의 [총계정원장]을 클릭, 조회하고자 하는 기간을 입력한다.

(2) 1년 전체의 정보를 월별로 집계된 현황을 파악 할 수가 있으며, 주요부에 속한다.

(3) 오류가 있으면 해당 일자에 커서를 두고 더블클릭하면 화면하단에 분개내역이 나타나며 수정도 가능하다.

　예 2019년 제품매출 거래가 가장 많이 일어난 달은 몇 월이며, 그 금액은 얼마인가?
　【 답 : 1월, 212,387,273원 】

【 총계정원장 제품매출 "월별" 조회 화면 】

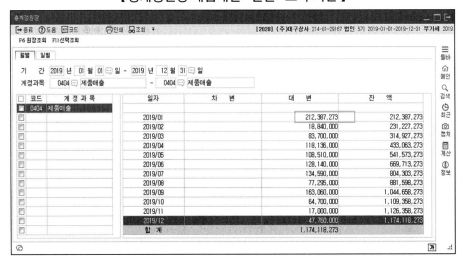

⑤ 일계표

(1) 메인화면 [장부관리]의 [일/월계표]를 클릭, 조회하고자 하는 기간을 입력한다.

(2) 일일집계표로서 언제부터 언제까지의 현금입금 거래, 현금출금거래 및 대체거래에 대한 정보를 파악 할 수가 있다.

　　예 7월 10일에서 7월 20일까지 현금으로 지출한 판매비와관리비는 얼마인가?
　　【 답 : 546,000원 】

【 일계표 "일별" 조회 화면 】

차 변			계정과목	대 변		
계	대체	현금		현금	대체	계
			3. 매　　　출		8,240,000	8,240,000
			제 품 매 출		8,240,000	8,240,000
117,000		117,000	4. 제 조 원 가			
117,000		117,000	<제 조 경 비>			
60,000		60,000	복 리 후 생 비			
8,000		8,000	여 비 교 통 비			
16,000		16,000	수 선 비			
33,000		33,000	소 모 품 비			
546,000		546,000	5. 판 매 비및일반관리비			
100,000		100,000	복 리 후 생 비			
400,000		400,000	세 금 과 공 과			
46,000		46,000	운 반 비			
57,507,000	53,109,000	4,398,000	금일소계	270,000	53,109,000	53,379,000
99,525,850		99,525,850	금일잔고/전일잔고	103,653,850		103,653,850
157,032,850	53,109,000	103,923,850	합계	103,923,850	53,109,000	157,032,850

⑥ 월계표

▶ 월별로 집계현황을 파악 할 수가 있다.

　　예 9월 한달 동안 원재료 총매입액은 얼마인가? 【 답 : 173,684,000원 】

【 월계표 "월별" 조회 화면 】

차 변			계정과목	대 변		
계	대체	현금		현금	대체	계
376,856,400	337,944,000	38,912,400	1. 유 동 자 산	51,800,000	40,388,400	92,188,400
203,172,400	172,344,000	30,828,400	<당 좌 자 산>	51,800,000	40,388,400	92,188,400
82,180,000	52,180,000	30,000,000	보 통 예 금	15,000,000	110,000	15,110,000
98,604,000	98,604,000		외 상 매 출 금	36,800,000	20,000,000	56,800,000
5,000,000	5,000,000		받 을 어 음			
17,388,400	16,560,000	828,400	부 가 세 대 급 금		20,278,400	20,278,400
173,684,000	165,600,000	8,084,000	<재 고 자 산>			
173,684,000	165,600,000	8,084,000	원 재 료			
			2. 비 유 동 자 산	4,000,000	3,000,000	7,000,000
			<유 형 자 산>	4,000,000	3,000,000	7,000,000
			비 품	4,000,000	3,000,000	7,000,000
42,894,500	37,894,500	5,000,000	3. 유 동 부 채	1,362,000	232,120,100	233,482,100
428,576,720	378,948,500	49,628,220	금월소계	116,782,000	378,948,500	495,730,500
163,682,950		163,682,950	금월잔고/전월잔고	96,529,170		96,529,170
592,259,670	378,948,500	213,311,170	합계	213,311,170	378,948,500	592,259,670

7 합계잔액시산표

▶ 월별, 분기별, 반기별 또는 1년의 총 집계를 파악 할 수가 있다.

예 6월 말 현재 (주)대구상사의 합계잔액시산표상 차변잔액은 얼마인가?

【 답 : 2,264,934,787원 】

【 6월 말 현재 합계잔액시산표 】

8 부가가치세 신고서

예 다음 부가가치세신고서를 참고로 제2기 확정신고기간(10월 1일 ~ 12월 31일)에 대한 부가가치세 신고 납부 또는 환급세액은 얼마인가?

매출세액 :	10,706,000원
(−) 매입세액 :	10,816,000원
환급받을 세액 :	**110,000원**

회계관리 ➡ 부가가치 ➡ 부가가치세신고서

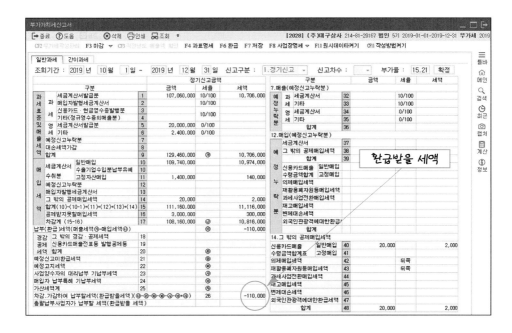

⑨ 매입처별 세금계산서 합계표

예 제2기 확정(10월 1일 ~ 12월 31까지) (주)대구상사의 매입처별전자세금계산서 합계표상 '과세기간 종료일 다음날 11일까지' 전송된 전자세금계산서 발급 받은 분의총 매수와 공급가액은 얼마인가? 【 답 : 21매 110,140,000원 】

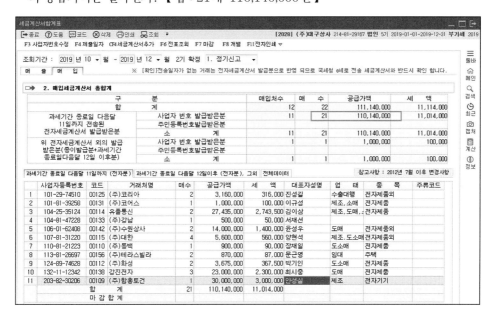

⑩ 매출처별 세금계산서 합계표

예 제2기(10월 1일 ~ 12월 31일까지) (주)대구상사의 매출처별전자세금계산서 합계표상 '과세기간 종료일 다음날 11일까지' 전송된 전자세금계산서 발급분의 총 매수와 공급가액은 얼마인가? 【답 : 22매, 127,060,000원】

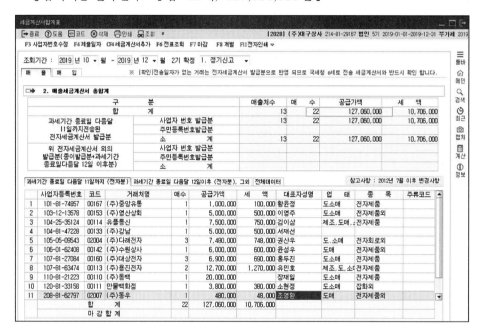

⑪ 현금출납장

현금의 거래를 보다 구체적으로 기장 하기 위해 작성하는 보조기입장이다.

예 7월 한달 동안 현금의 총지출액은 얼마인가? 【답 : 76,241,700원】

⑫ 매입장/매출장

(1) 메인화면 [장부관리]의 [매입매출장]을 클릭한다.

(2) 1.전체 / 2.매출 / 3.매입을 선택한다.

(3) 과세유형별로 정보를 파악할 수가 있다.

【 매입/매출 전체조회 화면 】

구분 : 1. 전체 조회

▶ 매입매출전표입력에 의해 자동으로 작성되며 한 화면에서 매입장과 매출장을 조회할 수가 있다.

【 매입/매출 전체조회 화면 】

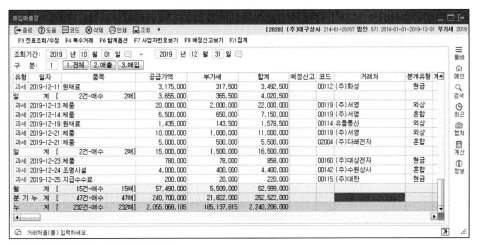

구분 : 2. 매출 조회

(1) 과세유형 → 00. 전체 조회

예 (주)대구상사의 10월 ~ 12월까지의 총매출 분기누계액은 얼마인가?

【 답 : 매출 분기누계 공급가액 129,460,000원 】

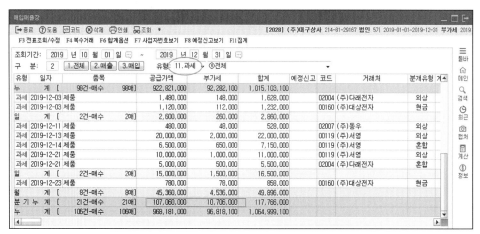

(2) 과세유형 → 11. 과세

예 (주)대구상사의 10월 ~ 12월까지의 분기누계 총공급가액과 총매출세액은 얼마인가?

【 답 : 공급가액 107,060,000원, 매출세액 : 10,706,000원 】

(3) 과세유형 → 12. 영세

예 (주)대구상사의 10월 ~ 12월까지의 분기누계 총공급가액은 얼마인가?

【 답 : 20,000,000원 】

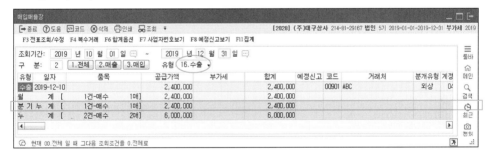

(4) 과세유형 → 16. 수출

예 (주)대구상사의 10월 ~ 12월까지의 분기누계 총공급가액은 얼마인가?

【 답 : 2,400,000원 】

(5) 과세유형 → 17. 카과

예 (주)대구상사의 1월 ~ 3월까지의 분기누계 총공급가액은 얼마인가?

【 답 : 21,358,185원 】

(1) 과세유형 → 51. 과세

예 (주)대구상사의 10월 ~ 12월까지의 분기누계 총공급가액은 얼마인가?
【 답 : 108,140,000원 】

(2) 과세유형 → 52. 영세

예 (주)대구상사의 1월 ~ 3월까지의 분기누계 총공급가액은 얼마인가?
【 답 : 24,100,000원 】

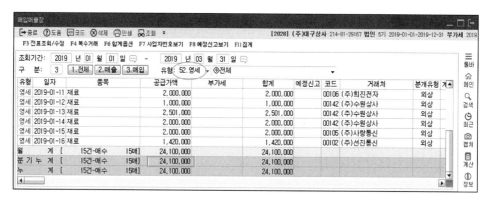

(3) 과세유형 → 53. 면세

예 (주)대구상사의 10월 ~ 12월까지의 분기누계 총공급가액은 얼마인가?
【 답 : 80,000원 】

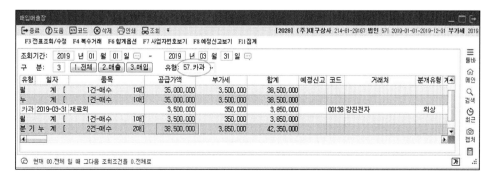

(4) 과세유형 → 54. 불공

예 (주)대구상사의 10월 ~ 12월까지의 분기누계 총공급가액은 얼마인가?

【 답 : 3,000,000원 】

(5) 과세유형 → 57. 카과

예 (주)대구상사의 1월 ~ 3월까지의 분기누계 총공급가액은 얼마인가?

【 답 : 38,500,000원 】

⑬ 거래처원장

각 거래처별로 외상거래를 파악하기 위한 장부로서 매입처원장과 매출처원장이
있다.

> 시작화면 [장부관리] – [거래처원장의 잔액란]을 클릭하여 조회한다.

예 (주)대구상사의 12월 말 현재 외상매입금의 잔액이 가장 많은 거래처와 금액
은?(카드회사 제외) 【답 : (주)길주마트, 176,000,000원 】

【 외상매입금의 거래처별 잔액 화면 】

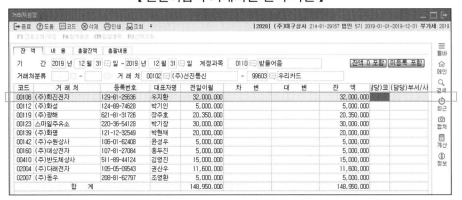

예 (주)대구상사의 12월 말 현재 받을어음의 잔액이 가장 많은 거래처와 금액은?
【답 : (주)희진전자, 32,000,000원 】

【 받을어음의 거래처별 잔액 화면 】

Chapter
07

종합실습 및 분개실습문제

- 초기작업 시 유의사항
- 종합실습문제(반석상사)
- 분개실습문제(일반전표입력 분개60선,
　매입매출전표입력 분개50선)

1 초기작업 시 유의사항

판매=법인

재 무 상 태 표

제8기 2018년 12월 31일 현재

회사명 : (주)○○상사   (단위: 원)

과 목	금 액	과 목	금 액
상 품	10,000		
		이월이익잉여금	50,000

손 익 계 산 서

제8기 2018. 1. 1 ~ 2018. 12. 31

회사명 : (주)○○상사   (단위: 원)

과 목	금	액
매 출 액		128,000
매 출 원 가		70,000
기초상품재고액	10,000	
당기상품매입액	70,000	
기말상품재고액	10,000	
매 출 총 이 익		58,000
판 매 비 와 관 리 비		9,000
영 업 이 익		49,000
영 업 외 수 익		6,000
영 업 외 비 용		5,000
법인세비용차감전순이익		50,000
법 인 세 비 용		5,000
당 기 순 이 익		45,000
주 당 손 익		0

이익잉여금처분계산서

제8기 2018. 1. 1 ~ 2018. 12. 31

(주)○○상사   (단위: 원)

계 정 과 목	금	액
미처분이익잉여금		50,000
전기이월미처분이익잉여금	5,000	
당 기 순 이 익	45,000	
임의적립금이입액		
배당평균적립금		
별 도 적 립 금		
합 계		50,000
이익잉여금처분액		0
이 익 준 비 금		
기업합리화적립금		
배 당 금		
현 금 배 당		
주 식 배 당		
차기이월미처분이익잉여금		50,000

지동 반영

【 반드시 숙지하여야 할 각 결산 재무제표 간의 관련사항 】

1. 판매

① 재무상태표의 상품과 손익계산서의 기말상품재고액과 일치

② 재무상태표의 미처분이익잉여금<이월이익잉여금>과 이익잉여금처분계산서의 미처분이익잉여금과 일치

③ 손익계산서의 당기순이익과 이익잉여금처분계산서의 당기순이익과 일치

2. 제조

① 재무상태표의 미처분이익잉여금〈이월이익잉여금〉과 이익잉여금처분계산서의 미처분이익잉여금과 일치
② 재무상태표의 원재료와 제조원가명세서의 기말원재료재고액과 일치
③ 재무상태표의 재공품과 제조원가명세서의 기말재공품재고액과 일치
④ 재무상태표의 제품과 손익계산서의 기말제품재고액과 일치
⑤ 제조원가명세서의 당기제품제조원가와 손익계산서의 당기제품제조원가와 일치
⑥ 손익계산서의 당기순이익과 이익잉여금처분계산서의 당기순이익과 일치

제조＝법인

재 무 상 태 표

제8기 2018년 12월 31일 현재

회사명 : (주)○○상사 (단위: 원)

과 목	금 액	과 목	금 액
원 재 료	20,000		
재 공 품	30,000		
제 품	40,000	이월이익잉여금	50,000

이익잉여금처분계산서

제8기 2018. 1. 1 ~ 2018. 12. 31

(주)○○상사 (단위: 원)

계 정 과 목	금 액
미처분이익잉여금	**50,000**
전기이월미처분이익잉여금	5,000
당 기 순 이 익	45,000
임의적립금이입액	
배당평균적립금	
별 도 적 립 금	
합 계	**50,000**
이익잉여금처분액	**0**
이 익 준 비 금	
기업합리화적립금	
배 당 금	
현 금 배 당	
주 식 배 당	
차기이월미처분이익잉여금	**50,000**

자동 반영

손 익 계 산 서

제8기 2018. 1. 1 ~ 2018. 12. 31

회사명 : (주)○○상사 (단위: 원)

과 목	금 액	과 목	금 액
제 품 매 출	110,000	법인세비용차감전순이익	50,000
제품매출원가	60,000	법 인 세 비 용	5,000
기초제품재고액	40,000	당 기 순 이 익	45,000
당기제품제조원가	60,000	주 당 손 익	0
기말제품재고액	40,000		
매 출 총 이 익	50,000		
판매비와관리비	5,000		
영 업 이 익	45,000		
영 업 외 수 익	15,000		
영 업 외 비 용	10,000		

제 조 원 가 명 세 서

제8기 2018. 1. 1 ~ 2018. 12. 31

(주)○○상사 (단위: 원)

과 목	제3(전)기	
	금	액
원 재 료 비		20,000
기초원재료재고액	5,000	
당기원재료매입액	35,000	
기말원재료재고액	20,000	
노 무 비		15,000
경 비		35,000
당 기 총 제 조 비 용		70,000
기초재공품재고액		20,000
합 계		90,000
기말재공품재고액		30,000
당 기 제 품 제 조 원 가		60,000

2 종합실습문제(반석상사)

◎ (주)반석상사(회사코드 : 2029)는 의류를 제조, 판매하는 중소기업(법인)이며, (제3기) 회계기간은 2019. 1. 1 ~ 2019. 12. 31 이다. 전산세무회계 수험용프로그램을 이용하여 입력하고 다음 물음에 답하시오.

1️⃣ **회사 등록**

사 업 자 등 록 증
(법인사업자용)

등록번호 : 215-81-74516

상 호 명 : (주)반석상사
대 표 자 명 : 한반석
개 업 연 월 일 : 2017년 2월 24일
법 인 등 록 번 호 : 111111-1111112
사업장소재지 : 서울특별시 송파구 거마로 16 (거여동)
사업자의 종류 : 업태 제조,도매   종목 의류
교 부 사 유 : 신규

사업자 단위 과세 적용사업자 여부 : 여( ) 부(√)
전자세금계산서 전용 전자우편 주소 :

2017년 3월 1일

송파세무서장

2️⃣ **거래처 등록** : 실제 시험 시는 "3.동시"를 선택하면 된다.

1. 다음 (주)반석상사의 매입·매출처 거래의 정보등록을 하시오.

    (1) 매 입 처

코드	상 호	대표자	사업자등록번호	업태	종목	매입채무	
						외상매입금	지급어음
0501	(주)수원상사	이상도	136-81-18337	도매	의류	8,540,000	32,000,000
0502	(주)고양상사	김일광	128-87-66091	도매	의류	18,000,000	18,500,000
0503	(주)동문상사	고대성	203-81-39215	도매	의류	12,000,000	20,500,000

(2) 매 출 처

코드	상 호	대표자	사업자등록번호	업태	종목	매출채권	
						외상매출금	받을어음
0601	강남상사	김남일	211-10-28631	소매	의류	25,000,000	10,000,000
0602	인천상사	서상도	131-52-41959	소매	의류	30,000,000	23,000,000
0603	양천상사	현정화	116-36-03693	소매	의류	5,000,000	17,000,000

(3) 추가 거래처 등록 : 주어진 정보만 등록하는 것으로 한다.

코드	상 호	대표자	사업자등록번호	구분	코드	상 호	대표자	사업자등록번호	구분
0701	삼일전자	유삼일	113-52-12344	매입	0708	쌍용자동차	유민수	107-52-63474	매입
0702	부전문구점	우지수	129-52-25636	매입	0709	영일도서	김병일	104-25-35124	매입
0703	대신상사	박수영	120-52-34671	매출	0710	삼진수산	양현덕	107-52-31220	매입
0704	국도무역	이형수	110-52-21223	매출	0711	형제쌀상회	서민생	118-52-22153	매입
0705	부산무역	장재수	605-52-54182	매입	0712	중앙기료상사	유중기	118-17-61077	매입
0706	홍콩KTTF사	소현주	120-52-33158	매출	0713	우정컴퓨터	김재수	125-52-12255	매입
0707	삼일아트	박기만	124-50-74628	매입	0714	(주)가나유통	김보민	114-81-12541	매입

2. 다음 (주)반석상사의 거래처은행을 금융기관 등록란에 등록을 하시오.

코드	은행명	계좌번호	유형
98001	하나은행	123-02-123456-7	보통예금
98002	국민은행	357702-04-084678	보통예금
98003	외환은행	302-0284-4147-11	당좌예금

3. 다음 (주)반석상사의 신용카드 가맹점의 정보등록을 하시오.

(1) 매입카드

코드번호	거래처명	유형	카드(가맹점)번호	결제계좌은행	카드종류
99600	삼성카드	매입카드	2234-3325-4421-0432	하나은행	1.일반카드
99601	국민카드	매입카드	1334-4325-2374-2014	국민은행	3.사업용카드
99602	외환비자카드	매입카드	0745-7021-0132-2744	외환은행	3.사업용카드

(2) 매출카드

코드번호	카드(사)명	구분	카드(가맹점)번호	결제계좌은행
99603	국민카드	매출카드	3457492	국민은행
99604	삼성카드	매출카드	3455500	하나은행

③ 전기분 재무상태표

▶ 다음 (주)반석상사의 전기분 재무상태표를 입력하시오.

재 무 상 태 표

회사명 : (주)반석상사   제2기 2018년 12월 31일 현재   (단위 : 원)

과 목	금	액	과 목	금	액
현 금		50,540,000	외 상 매 입 금		38,540,000
당 좌 예 금		60,000,000	지 급 어 음		71,000,000
보 통 예 금		21,500,000	미 지 급 금		36,000,000
단 기 매 매 증 권		2,300,000	부 가 세 예 수 금		1,190,000
외 상 매 출 금	60,000,000		외화장기차입금		10,800,000
대 손 충 당 금	600,000	59,400,000	자 본 금		165,960,000
받 을 어 음	50,000,000		이 익 준 비 금		16,150,000
대 손 충 당 금	500,000	49,500,000	배당평균적립금		40,000,000
제 품		56,319,520	감 채 적 립 금		27,000,000
원 재 료		5,000,000	미처분이익잉여금		60,069,520
재 공 품		12,000,000			
토 지		81,650,000			
건 물	60,300,000				
감 가 상 각 누 계 액	20,300,000	40,000,000			
차 량 운 반 구	33,000,000				
감 가 상 각 누 계 액	15,000,000	18,000,000			
비 품	13,500,000				
감 가 상 각 누 계 액	3,000,000	10,500,000			
자 산 총 계		466,709,520	부채와 자본총계		466,709,520

▶ 전기분재무상태표의 (377)미처분이익잉여금 60,069,520을 (375)이월이익잉여금 60,069,520으로 입력한다.

4 **전기분 원가명세서**

▶ 다음 (주)반석상사의 전기분 원가명세서를 입력하시오.

제 조 원 가 명 세 서

회사명 : (주)반석상사　　제2기 2018. 1. 1 ~ 2018. 12. 31　　　　(단위 : 원)

계 정 과 목	제2(전)기	
	금　액	
원　재　료　비		72,868,000
기 초 원 재 료 재 고 액	2,000,000	
당 기 원 재 료 매 입 액	75,868,000	
기 말 원 재 료 재 고 액	5,000,000	
노　　무　　비		10,000,000
임　　　　금	10,000,000	
경　　　비		10,132,000
복 리 후 생 비	2,230,000	
가 스 수 도 료	2,000,000	
전　력　비	2,402,000	
소 모 품 비	2,500,000	
외 주 가 공 비	1,000,000	
당 기 총 제 조 비 용		93,000,000
기 초 재 공 품 재 고 액		2,000,000
합　계		95,000,000
기 말 재 공 품 재 고 액		12,000,000
타 계 정 으 로 대 체 액		0
당 기 제 품 제 조 원 가		83,000,000

5 전기분 손익계산서

▶ 다음 (주)반석상사의 전기분 손익계산서를 입력하시오.

손 익 계 산 서

회사명 : (주)반석상사   제2기 2018. 1. 1 ~ 2018. 12. 31   (단위 : 원)

과 목	금 액	과 목	금 액
매 출 액	169,000,000	영 업 이 익	74,531,520
제 품 매 출	169,000,000	영 업 외 수 익	6,000,000
매 출 원 가	41,680,480	이 자 수 익	5,000,000
제 품 매 출 원 가	41,680,480	수 수 료 수 익	1,000,000
기 초 제 품 재 고 액	15,000,000	영 업 외 비 용	4,850,000
당기제품제조원가	83,000,000	이 자 비 용	1,850,000
기 말 제 품 재 고 액	56,319,520	기 부 금	1,000,000
매 출 총 이 익	127,319,520	재 해 손 실	2,000,000
판 매 비 와 관 리 비	52,788,000	법인세비용차감전이익	75,681,520
급 여	40,000,000	법 인 세 비 용	10,822,457
복 리 후 생 비	1,855,000	당 기 순 이 익	64,859,063
여 비 교 통 비	563,000		
접 대 비	655,000		
통 신 비	1,412,000		
수 도 광 열 비	633,000		
임 차 료	2,400,000		
운 반 비	1,200,000		
소 모 품 비	3,850,000		
대 손 상 각 비	220,000		

6 전기분 잉여금처분계산서

▶ 다음 (주)반석상사의 전기분 잉여금처분계산서를 입력하시오.

이익잉여금처분계산서

회사명 : (주)반석상사 　　제2기 2018. 1. 1 ~ 2018. 12. 31 　　　　(단위 : 원)

계 정 과 목	금	액
미 처 분 이 익 잉 여 금		60,069,520
전 기 이 월 미 처 분 이 익 잉 여 금	−4,789,543	
당 　 기 　 순 　 이 　 익	64,859,063	
임 의 적 립 금 이 입 액		
배 당 평 균 적 립 금		
임 　 의 　 적 　 립 　 금		
합 　　　　　　　　 계		
이 익 잉 여 금 처 분 액		
이 　 익 　 준 　 비 　 금		
감 　 채 　 적 　 립 　 금		
배 　　　　 당 　　　　 금		
현 　 금 　 배 　 당		
주 　 식 　 배 　 당		
차 기 이 월 미 처 분 이 익 잉 여 금		60,069,520

7 일반전표 유의사항

▶ [계정과목및 적요등록] 실행하여 수정

　– 0905 단기투자자산평가이익 → 0905 단기매매증권평가이익
　– 0906 단기투자자산처분이익 → 0906 단기매매증권처분이익
　– 0957 단기투자자산평가손실 → 0957 단기매매증권평가손실
　– 0958 단기투자자산처분손실 → 0958 단기매매증권처분손실 로 수정 후 실습하도록 한다.

예제1　다음 거래 자료를 일반전표 입력메뉴에 추가 입력하시오. (단, 부가가치세는 고려하지 않는다.)

────────── < 입력시 유의사항 > ──────────

• 일반적인 적요의 입력은 생략하지만, 타계정 대체거래는 적요번호를 선택하여 입력한다.
• 채권·채무와 관련된 거래는 별도의 요구가 없는 한 반드시 기 등록되어 있는 거래처코드를 선택하는 방법으로 거래처명을 입력한다.
• 제조경비는 500번대 계정코드를, 판매비와 관리비는 800번대 계정코드를 사용한다.
• 회계처리시 계정과목은 별도제시가 없는 한 등록되어 있는 계정과목 중 가장 적절한 과목으로 한다.

[1] 1월 5일 제품 수송용 (공장)차량에 대한 종합보험료 1,500,000원을 하나은행 발행 자기앞수표 1,000,000원권 1매와 국민은행 발행 자기앞수표 500,000권 1매를 배서하여 지급하였다.

[2] 1월 25일 직전 연도 제2기 부가가치세 확정 신고를 하고, 매출세액과 매입세액의 차액 1,190,000원을 현금으로 납부하다.

[3] 1월 25일 금월분 종업원 급여를 다음 지급명세에 의하여 현금으로 지급하다.

성명	급여	수당	지급액	소득세	건강보험료	공제계	차인지급액
				지방소득세	국민연금		
이소라 (영업부)	2,000,000	200,000	2,200,000	7,500	8,500	36,750	2,163,250
				750	20,000		
한두리 (생산부)	1,700,000	200,000	1,900,000	10,000	9,800	41,800	1,858,200
				1,000	21,000		
계	3,700,000	400,000	4,100,000	17,500	18,300	78,550	4,021,450
				1,750	41,000		

[4] 2월 10일 1월분 급여 지급 시 원천징수 해 둔 근로소득세 및 지방소득세 19,250원을 관할 세무서와 관할 구청에 현금으로 납부하다.

[5] 2월 10일 단기적 자금운용을 위해 시장성이 있는 상장법인 (주)국일투자 발행 주식10,000주(액면 @100원)을 1주당 90원에 매입하고, 대금은 매입수수료 10,000원과 함께 수표를 발행하여 지급하다.

[6] 2월 20일 소유하고 있던 (주)국일투자 발행주식 중 5,000주를 1주당 95원에 처분하고, 처분수수료 5,000원을 차감한 잔액은 수표로 받아 즉시 당좌예금하다.

⑧ 매입 매출전표 입력 사항

▶ 제조업일 경우에는 [환경등록]-[회계]② 분개유형 설정에서

– 매출 : 0401 상품매출 → 0404 제품매출
– 매입 : 0146 상품 → 0153 원재료 등의 수정을 앞 281쪽을 참고

< 입력시 유의사항 >

- 일반적인 적요의 입력은 생략하지만, 타계정 대체거래는 적요번호를 선택하여 입력한다.
- 별도의 요구가 없는 한 반드시 기 등록되어 있는 거래처코드를 선택하는 방법으로 거래처명을 입력한다.
- 제조경비는 500번대 계정코드를, 판매비와 관리비는 800번대 계정코드를 사용한다.
- 회계처리시 계정과목은 별도제시가 없는 한 등록되어 있는 계정과목 중 가장 적절한 과목으로 한다.
- 입력화면 하단의 분개까지 처리하고, 전자세금계산서는 전자입력으로 반영한다.

일반적인 51번 매입과세 거래

[1] 7월 2일 (주)수원상사에서 의류원단을 매입하고, 전자세금계산서를 교부받았으며, 대금은 현금으로 지급하다.

전자세금계산서			(공급받는자보관용)			승인번호		xxxxxxxx	
공급자	사업자등록번호	136-81-18337	종사업장 번호		공급받는자	사업자등록번호	215-81-74516	종사업장 번호	
	상호(법인명)	(주)수원상사	성 명	이상도		상호(법인명)	(주)반석상사	성 명	한 반석
	사업장 주소	인천광역시 중구 대무의로 26-1				사업장주소	서울시 송파구 거마로 16(거여동)		
	업 태	도매	종 목	의류		업 태	제조, 도매	종 목	의류
	이메일	rnjsrlduf@naver.com				이메일	qhdtn09@hanmail.net		
작성일자	공급가액		세 액		수정사유				
2019. 7. 2.	10,000,000		1,000,000						
비고									

월	일	품 목	규 격	수 량	단 가	공 급 가 액	세액	비 고
7	2	의류원단		2,000	5,000	10,000,000	1,000,000	

합계금액	현 금	수 표	어 음	외 상 미 수 금	이 금액을 (영수) 함 청구
11,000,000	1,000,000				

[2] 7월 3일 (주)고양상사에서 의류원단 7,000,000원(부가가치세 별도)을 매입하고, 전자세금계산서를 교부 받았으며, 대금은 전액 월말에 결제하기로 하다.

[3] 7월 10일 (주)동문상사에서 의류원단 1,000필(@5,000원) 5,000,000원(부가가치세 별도)을 매입하고, 전자세금계산서를 교부 받았으며, 대금 중 반액은 현금으로 잔액은 외상으로 하다.

일반적인 11번 매출과세 거래

[4] 8월 5일 강남상사에 제품의류 5,000점(@6,000원)을 30,000,000원(부가가치세별도)에 매출하고 대금은 현금으로 받고 전자세금계산서를 교부하여 주다.

[5] 8월 10일 인천상사에 제품의류 24,000,000원(부가가치세 별도)에 매출하고, 대금은 월말에 결제받기로 하고, 전자세금계산서를 교부하여 주다.

[6] 8월 12일 양천상사에 제품의류 19,800,000원(부가가치세 포함)에 매출하고, 대금은 양천상사 발행 수표로 받고 전자세금계산서를 교부하여 주다. 동 수표는 즉시 당점 당좌예금계좌에 입금하였다.

[7] **8월 27일** 거래처 강남상사에 제품의류 3,500점(@6,000원)을 21,000,000(부가
가치세 별도)원에 매출하고, 전자세금계산서를 발행하여 주다. 대금 중
3,100,000원은 현금으로 받고, 잔액은 (주)아신상사 발행 약속어음을
배서양수하여 받다.

사업자등록번호	105-82-79512	거래처등록	6001	유형	동시
사 업 장 주 소	서울특별시 용산구 한강대로 269-1(갈월동)				
대 표 자	안 자 현				
업 태	도 매	종 목		의 류	
발 행 인	(주)아신상사	배 서 인	강 남 상 사	수 취 인	(주)반석상사

고정(유형)자산등 51번 매입과세 거래

[8] **9월 2일** 삼일전자에서 관리부에 에어컨 1대 1,200,000원(부가가치세 별도)을
설치하고, 설치비 200,000원(부가가치세 무시)과 함께 수표를 발행하여
지급하고, 전자세금계산서를 교부 받다.

[9] **9월 13일** 부전문구점에서 관리부에 사용할 사무용품 및 각종 소모품을 구입하고,
전자세금계산서를 교부 받았으며, 대금은 소지하고 있던 외환은행 발행
자기앞수표 550,000원권(부가가치세 포함)을 지급하다. <비용으로 처
리할 것>

[10] **9월 20일** 본사 영업부에서 영업용으로 사용할 소형승용차(배기량 : 999cc) 1대를
쌍용자동차에서 6개월 할부로 구입하고, 전자세금계산서를 교부 받다.

전자세금계산서			(공급받는자보관용)		승인번호		xxxxxxxx	
사업자등록번호	107-52-63474	**종사업장 번호**		**사업자등록번호**	215-81-74516	**종사업장 번호**		
상호(법인명)	쌍용자동차	**성 명**	권철민	**상호(법인명)**	(주)반석상사	**성 명**	한반석	
사업장 주소	경기도 평택시 동삭로 455-12			**사업장주소**	서울시 송파구 거마로 16(거여동)			
업 태	제조	**종 목**	자동차	**업 태**	제조, 도매	**종목**	의류	
이메일	rladhrfid@naver.com			**이메일**	qhdtn09@hanmail.net			
작성일자	**공급가액**		**세 액**	**수정사유**				
2019. 9. 20.	5,000,000		500,000					
비고								
월	**일**	**품 목**	**규격**	**수 량**	**단 가**	**공 급 가 액**	**세액**	**비 고**
9	20	승용차	999cc	1		5,000,000	500,000	
합계금액		**현 금**		**수 표**		**어 음**	**외 상 미 수 금**	이 금액을 영수 함 (청구)
5,500,000							5,500,000	

고정(유형)자산의 처분<11번 매출과세>에 관련 거래

[11] **9월 25일** 대신상사에 사용하여 오던 제품 수송용 트럭을 3,000,000원(부가가치세 별도)에 처분하고 전자세금계산서를 발행하여 주고, 대금은 수표로 받아 즉시 당좌예입하다. 차량의 취득원가 20,000,000원(감가상각누계액 15,000,000원)이다.

12번 영세율 / 52번 영세매입 /16번 직수출에 관련 거래

[12] **10월 8일** 수출대행업체인 국도무역에 Local L/C에 의하여 제품(200개, @50,000원)을 납품하고 영세율전자세금계산서를 발행하였으며, 대금은 전액 현금으로 받았다.

[13] **10월 14일** 부산무역에서 수출용 원재료를 내국신용장에 의해 매입하고 영세율전자세금계산서를 교부받았다. 원재료 구입 대금은 전액 당좌수표를 발행하여 지급하였다.

전자세금계산서				승인번호		xxxxxxxx	
사업자등록번호	605-52-54182	**종사업장 번호**		**사업자등록번호**	215-81-74516	**종사업장 번호**	
상호(법인명)	부산무역	**성명**	이정재	**상호(법인명)**	(주)반석상사	**성 명**	한반석
사업장주소	부산광역시 영도구 꿈나무길 105(영선동1가)			**사업장 주소**	서울특별시 송파구 거마로16 100-4		
업 태	무역	**종목**	수출	**업 태**	도매	**종 목**	의류
이메일				**이메일**			

작성일자	공급가액	세액	수정사유			
2019. 10. 14.	15,000,000	영세율				
비고						

월	일	품 목	규 격	수 량	단 가	공 급 가 액	세 액	비 고
10	14	원재료				15,000,000	0	

합계금액	현 금	수 표	어 음	외 상 미 수 금	이 금액을 (영수) 함 청구
15,000,000		15,000,000			

[14] **10월 24일** 홍콩 KTTF사에 제품의류 20,000점 (@7,000)을 직수출 하고, 대금은 외환은행 당점 보통예금계좌에 입금 되었다는 통지를 외환은행으로부터 받다.

[15] **11월 9일** 삼일아트에서 매출처에 선물할 선물용품을 다음과 같이 구입하고 전자세금계산서를 교부받았다.(전액 비용으로 회계처리 할 것)

품목	수량	단가	공급가액	부가가치세	거래처	결제
잡화	50개	100,000	5,000,000	500,000	삼일아트	전액 현금

[16] **11월 18일** 본사 영업부에서 영업용으로 사용할 중형승용차를 쌍용자동차에서 10개월 할부로 구입하고, 전자세금계산서를 교부 받다.

전자세금계산서		(공급받는자보관용)			승인번호		xxxxxxxxx	
공급자	사업자등록번호	107-52-63474	종사업장 번호		공급받는자	사업자등록번호	215-81-74516	종사업장 번호	
	상호(법인명)	쌍용자동차	성 명	권철민		상호(법인명)	㈜반석상사	성명	한반석
	사업장주소	경기도 평택시 동삭로 455-12				사업장주소	서울시 송파구 거마로 16(거여동)		
	업 태	제조	종 목	자동차		업 태	제조, 도매	종목	의류
	이메일	rladhrfid@naver.com				이메일	qhdtn09@hanmail.net		

작성일자	공급가액	세 액	수정사유			
2019. 11. 18.	8,000,000	800,000				
비고						

월	일	품 목	규 격	수 량	단 가	공 급 가 액	세액	비 고
11	18	승용차	2,500cc	1		8,000,000	800,000	

합계금액	현 금	수 표	어 음	외상미수금	이 금액을 영수 함 (청구)
8,800,000				8,800,000	

[17] **12월 22일** 본사 도서관에 비치할 도서 100권을 600,000원에 영일도서에서 현금으로 구매하고, 전자계산서를 교부받다.

[18] **12월 24일** 연말을 맞이하여 생산부 종업원들의 사기를 돋기 위하여 삼진수산에서 냉동 오징어 20상자 (@50,000원)를 구입하여 종업원에게 나누어 주고, 계산서를 교부받고, 대금은 외상으로 하다.

[19] **12월 27일** 형제쌀상회에서 연말을 맞이하여 불우 이웃돕기를 위해 쌀 50포대 (20Kg)를 현금으로 구매하여, 사랑마을과 독거노인들에게 나누어 주고, 전자계산서를 교부받다.

전 자 계 산 서			(공급받는 자 보관용)		승인번호		XXXXXXXXXX	

전 자 계 산 서 　(공급받는 자 보관용)　승인번호　XXXXXXXXXX

공급자	사업자등록번호	118-52-22153	종사업장 번호		공급받는자	사업자등록번호	215-81-74516	종사업장 번호	
	상호(법인명)	형제쌀상회	성명	서민생		상호(법인명)	㈜반석상사	성명	한반석
	사업장주소	서울시 노원구 상계로 100				사업장주소	서울시 송파구 거마로 16(거여동)		
	업 태	도, 소매	종목	쌀		업 태	제조, 도매	종목	의류
	이메일	생략				이메일	qhdtn09@hanmail.net		

작성일자	공급가액	수정사유
2019. 12. 27.	2,400,000	
비고		

월	일	품 목	규 격	수 량	단 가	공 급 가 액	비 고
12	27	쌀	20Kg	50	48,000	2,400,000	

합계금액	현 금	수 표	어 음	외 상 미 수 금	이 금액을 (영수) 함 청구
2,400,000	2,400,000				

신용카드 관련 거래

1. 원재료(상품) 매입 거래

[1] **1월 20일** (주)수원상사에서 원재료를 구입하고 해당 전자세금계산서를 교부 받았다. 원재료 구입 대금 20,000,000원(부가가치세 별도)은 삼성카드로 결재하다.

[2] **1월 22일** (주)고양상사에서 원재료 5,500,000원(부가가치세 포함)을 매입하고, 대금은 국민카드로 결제하여 주다.(카드매입에 대한 부가가치세 매입세액 공제요건을 충족함)

2. 원재료(상품) 이외의 거래

[3] **2월 10일** 중앙기료상사에서 공장용 소모자재 440,000원(부가가치세 포함)을 구입하고, 대금은 외환비자카드로 결제하고 전자세금계산서를 교부 받다.

[4] **2월 15일** 우정컴퓨터에서 영업부 사무실에 컴퓨터 1대 1,650,000원(부가가치세 포함)을 구입 설치하고 삼성카드로 결제하여 주다.(카드매입에 대한 부가가치세 매입세액 공제요건을 충족함)

3. 제품(상품) 매출 거래

[5] **3월 5일** 거래처 강남상사에 제품 30,000,000원(부가가치세 별도)을 매출하고 삼성카드로 결제하여 받고, 전자세금계산서를 교부하여 주다.

[6] 3월 15일 매출처 인천상사에 제품을 매출하고, 국민카드로 결제하고, 신용카드 매출전표를 발행하여 주다.

신용카드매출전표 (공급자보관용)	
카드종류	거래일시(Date Time)
국민카드	2019/03/15
회원번호<CARD NO>	4444-****-****-*777
승인번호	54738001
결제방법	일 시 불

거래유형	신용 승인	공급가액	7,000,000원
		부가세액	700,000원
		합 계	7,700,000원

가맹점명	반석상사	
대 표 자 명	사업자번호	
한반석	215-81-74516	
전 화 번 호	가맹점번호	
02-1588-1577	9213015118	
주소 : 서울시 송파구 거마로 16		
상기 거래내역을 확인합니다.		
	서명 : (주)인천상사	

54번 불공 카드

[7] 4월 15일 매출처에 선물할 선물용품을 다음과 같이 구입하고 전자세금계산서를 교부받았으며, 대금은 외환비자카드로 결제하다.(전액 비용으로 회계처리 할 것)

품목	수량	단가	공급가액	부가가치세	거래처	결제
선물용품	20개	100,000원	2,000,000원	200,000원	(주)가나유통	외환비자카드

환율 조정(일반전표에 입력한다.)

[8] 12월 31일 외화장기차입금 중에는 외화차입금 10,800,000원(미화 $9,000)이 포함되어 있다. (재무상태표일 현재 적용환율 : 미화 1$당 1,250원)

9 **다음 기말에 정리사항을 참고로 결산을 완료하고, 수정 후 합계잔액시산표를 작성하시오.**

[1] (주)반석상사의 재고자산은 다음과 같다.

원 재 료	5,000,000원
재 공 품	12,000,000원
제 품	40,000,000원

[2] 매출채권 잔액의 1%를 각각 대손을 예상하다.

[3] 퇴직급여충당부채 500,000원을 설정하다.(공장 : 80%, 관리부 : 20%)

[4] 유형자산의 감가상각 내역 (공장 : 60%, 관리부 : 40%)
   • 건물 2,000,000원   • 차량운반구 1,500,000원   • 비품 550,000원

[5] 결산에 있어 소모품 미사용액 150,000원을 계상하다.(전액 관리부)

[6] 당기 말 현재 법인세 추가계상액은 19,334,000원이다.

10 **다음 물음에 답하시오.**

[1] 당기순이익은 얼마인가?

[2] 당기 말 미처분이익잉여금은 얼마인가?

[3] 당기 말 현재 (주)반석상사의 자산총계는 얼마인가?

[4] 당기 말 현재 부채와 자본총계는 얼마인가?

[5] 제2기 과세기간(7/1~12/31)의 매출세액과 매입세액은 각각 얼마인가?

[6] 제2기 확정 과세기간(10/1~12/31)의 매출처별세금계산서 합계표상 총 매수와 과세표준은 얼마인가?

[7] 제2기 확정 과세기간(10/1~12/31)의 매입처별세금계산서 합계표상 총 매수와 공급가액은 얼마인가?

◉ 답안 및 해설 (주)반석상사 [회사코드 : 2029]

1 회사 등록

2 거래처 등록

3 금융거래처(은행) 등록

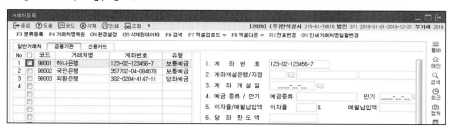

④ **신용카드 가맹점 등록**

(1) 매입카드

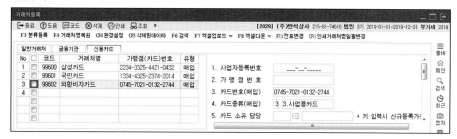

(2) 매출카드

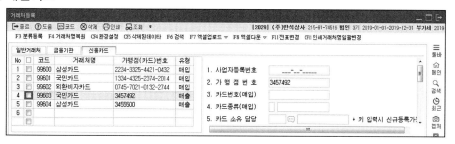

⑤ **전기분 재무상태표**

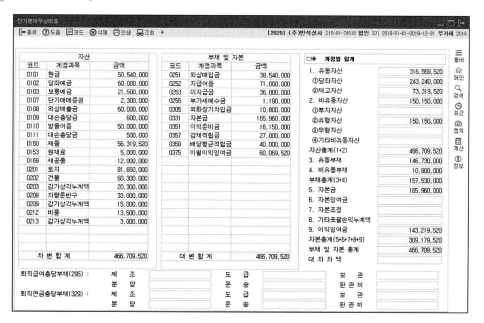

⑥ 전기분 손익계산서

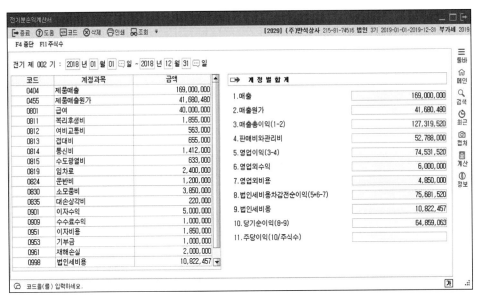

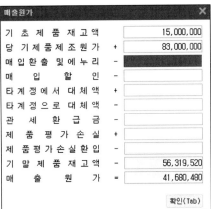

【참고사항】 판매업 <도,소매>일 때는 다음과 같이 입력한다.

1. 상품매출원가 입력 방법

① 코드란에서 451.상품매출원가를 입력하면 입력 할 박스가 나타난다.
② 기말상품재고액은 재무상태표에 입력된 상품금액이 자동으로 반영되어 있다.
③ 기초상품재고액을 입력한다.
④ 당기상품매입액을 입력한 다음 반드시 [Enter↵]를 쳐서 저장을 완료하면, 커서는 다음 입력 단계로 이동한다. <ESC로 빠져나오면 입력된 내용이 정확하게 저장이 되지 않는다.>

7 전기분 원가명세서

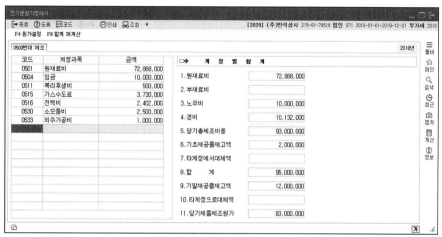

▶ 기초재공품은 마우스를 이용 직접 입력한다.

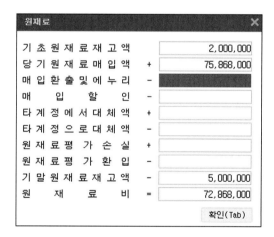

⑧ 전기분 잉여금처분계산서

▶ −4,789,543을 입력하면 1.전기이월미처리결손금으로 바뀌어 나타난다.

▶ 당기순이익 64,859,063은 전기분손익계산서에서 자동반영된다.
  − 자동반영이 되지 않으면 상단 툴바의 [(F6)불러오기]를 하면 자동반영된다.

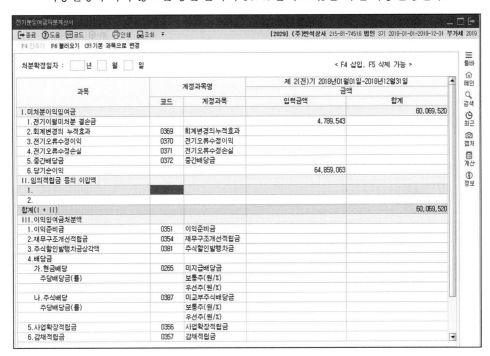

⑨ 일반전표 입력 사항

[1] 1월 5일 : (차변) 보 험 료 1,500,000   (대변) 현   금 1,500,000

계 정 과 목		적요	차변(출금)	대변(입금)
0521	보험료(제)		1,500,000	
0101	현금			1,500,000

[2] 1월 25일 : (차변) 부가세예수금 1,190,000   (대변) 현   금 1,190,000

계 정 과 목		적요	차변(출금)	대변(입금)
0255	부가세예수금		1,190,000	
0101	현금			1,190,000

 회계충전소

▶ 문제상에 부가세예수금 금액이 주어지지 않는 경우가 있는데 이런 경우에는 직전 연도 〈2018년〉 제2기 확정 부가가치세 신고, 납부는 "2019년 1월 25일까지 납부하여야 하므로, 전기분 재무상태표를 조회하여 부가세예수금(미지급세금) 1,190,000원으로 회계처리하면 된다.

[3] 1월 25일 : (차변) 급   여 2,200,000   (대변) 예 수 금   78,550
　　　　　　　　　　임   금 1,900,000   　　　현   금 4,021,450

계 정 과 목		적요	차변(출금)	대변(입금)
0801	급 여(판)		2,200,000	
0504	임 금(제)		1,900,000	
0254	예 수 금			78,550
0101	현 금			4,021,450

[4] 2월 10일 : (차변) 예 수 금   19,250   (대변) 현   금   19,250

계 정 과 목		적요	차변(출금)	대변(입금)
0254	예 수 금		19,250	
0101	현 금			19,250

[5] 2월 10일 : (차변) 단기매매증권 900,000   (대변) 당 좌 예 금 910,000
　　　　　　　　　　수 수 료 비 용   10,000

※ 주식 매입 시 매입수수료는 당기비용(영업외비용)으로 처리한다.

계 정 과 목		적요	차변(출금)	대변(입금)
0107	단기매매증권		900,000	
0984	수수료비용		10,000	
0102	당좌예금			910,000

[6] 3월 10일 : (차변) 당 좌 예 금 470,000   (대변) 단기매매증권 450,000
　　　　　　　　　　　　　　　　　　　　　　단기매매증권처분이익   20,000

계 정 과 목		적요	차변(출금)	대변(입금)
0102	당좌예금		470,000	
0107	단기매매증권			450,000
0906	단기매매증권처분이익			20,000

※ 처분가격 : 5,000×95 = 475,000-5,000 = 470,000원

※ 장부가격 : 900,000×5,000주/10,000주 = 450,000원

※ 매각처분 시 수수료는 일반적 상거래에서 발생한 것이 아니기 때문에 처분이익에서 차감한다.

⑩ **매입 매출전표 입력 사항**

> **일반적인 51번 과세매입 거래**

[1] 7월 2일 : 매입(51.과세)

품목	수량	단가	공급가액	부가세	코드	공급처명	사업자,주민번호	전자	분개
원재료	2,000	5,000	10,000,000	1,000,000	00501	(주)수원상사	136-81-18337	여	1(현금)

구분	코드	계정과목	적요	코드	거래처	차변(출금)	대변(입금)
출금	135	부가세대급금	원재료 2,000×5,000	00501	(주)수원상사	1,000,000	
출금	153	원 재 료	원재료 2,000×5,000	00501	(주)수원상사	10,000,000	

[2] 7월 3일 : 매입(51.과세)

품목	수량	단가	공급가액	부가세	코드	공급처명	사업자,주민번호	전자	분개
원재료			7,000,000	700,000	00502	(주)고양상사	128-87-66091	여	2(외상)

구분	코드	계정과목	적요	코드	거래처	차변(출금)	대변(입금)
대변	251	외상매입금	원재료	00502	(주)고양상사		7,700,000
차변	135	부가세대급금	원재료	00502	(주)고양상사	700,000	
차변	153	원 재 료	원재료	00502	(주)고양상사	7,000,000	

[3] 7월 10일 : 매입(51.과세)

품목	수량	단가	공급가액	부가세	코드	공급처명	사업자,주민번호	전자	분개
원재료	1,000	5,000	5,000,000	500,000	00503	(주)동문상사	203-81-39215	여	3(혼합)

구분	코드	계정과목	적요	코드	거래처	차변(출금)	대변(입금)
차변	135	부가세대급금	원재료 1,000×5,000	00503	(주)동문상사	500,000	
차변	153	원 재 료	원재료 1,000×5,000	00503	(주)동문상사	5,000,000	
대변	101	현 금	원재료 1,000×5,000	00503	(주)동문상사		2,750,000
대변	251	외상매입금	원재료 1,000×5,000	00503	(주)동문상사		2,750,000

일반적인 11번 과세매출 거래

[4] 8월 5일 : 매출(11.과세)

품목	수량	단가	공급가액	부가세	코드	공급처명	사업자,주민번호	전자	분개
제품	5,000	6,000	30,000,000	3,000,000	00601	강남상사	211-10-28631	여	1(현금)

구분	코드	계정과목	적요	코드	거래처	차변(출금)	대변(입금)
입금	255	부가세예수금	제품 5,000×6,000	00601	강남상사		3,000,000
입금	404	제 품 매 출	제품 5,000×6,000	00601	강남상사		30,000,000

[5] 8월 10일 : 매출(11.과세)

품목	수량	단가	공급가액	부가세	코드	공급처명	사업자,주민번호	전자	분개
제품			24,000,000	2,400,000	00602	인천상사	131-52-41959	여	2(외상)

구분	코드	계정과목	적요	코드	거래처	차변(출금)	대변(입금)
차변	108	외상매출금	제품	00602	인천상사	26,400,000	
대변	255	부가세예수금	제품	00602	인천상사		2,400,000
대변	404	제 품 매 출	제품	00602	인천상사		24,000,000

[6] 8월 12일 : 매출(11.과세)

품목	수량	단가	공급가액	부가세	코드	공급처명	사업자,주민번호	전자	분개
제품			18,000,000	1,800,000	00603	양천상사	116-36-03693	여	3(혼합)

구분	코드	계정과목	적요	코드	거래처	차변(출금)	대변(입금)
대변	255	부가세예수금	제품	00603	양천상사		1,800,000
대변	404	제 품 매 출	제품	00603	양천상사		18,000,000
차변	102	당 좌 예 금	제품	00603	양천상사	19,800,000	

[7] 8월 27일 : 매출(11.과세)

품목	수량	단가	공급가액	부가세	코드	공급처명	사업자,주민번호	전자	분개
제품	3,500	6,000	21,000,000	2,100,000	00601	강남상사	211-10-28631	여	3(혼합)

구분	코드	계정과목	적요	코드	거래처	차변(출금)	대변(입금)
대변	255	부가세예수금	제품 3,500×6,000	00601	강남상사		2,100,000
대변	404	제 품 매 출	제품 3,500×6,000	00601	강남상사		21,000,000
차변	101	현 금	제품 3,500×6,000	00601	강남상사	3,100,000	
차변	110	받 을 어 음	제품 3,500×6,000	6001	(주)아신상사	20,000,000	

▶ 매입매출전표 입력화면의 상단은 원재료(상품) 매입 시 입력방법과 동일하며, 특별한 경우에만 입력방법을 제시하도록 한다.

[8] 9월 2일 : 매입(51.과세)

품목	수량	단가	공급가액	부가세	코드	공급처명	사업자.주민번호	전자	분개
에어콘	1	1,200,000	1,200,000	120,000	00701	삼일전자	113-52-12344	여	3(혼합)

구분	코드	계정과목	적요	코드	거래처	차변(출금)	대변(입금)
차변	135	부가세대급금	에어콘1×1,200,000	00701	삼일전자	120,000	
차변	212	비　품	에어콘1×1,200,000	00701	삼일전자	1,400,000	
대변	102	당좌예금	에어콘1×1,200,000	00701	삼일전자		1,520,000

▶ 153 원재료 1,200,000원을 212 비품 1,400,000원으로 수정한다.

[9] 9월 13일 : 매입(51.과세)

품목	수량	단가	공급가액	부가세	코드	공급처명	사업자.주민번호	전자	분개
사무용품및소모품			500,000	50,000	00702	부전문구점	129-52-25636	여	1(현금)

구분	코드	계정과목	적요	코드	거래처	차변(출금)	대변(입금)
출금	135	부가세대급금	사무용품 및 소모품	00702	부전문구점	50,000	
출금	830	소모품비	사무용품 및 소모품	00702	부전문구점	500,000	

▶ 자동으로 나타나는 153 원재료를 830 소모품비로 수정한다.

[10] 9월 20일 : 매입(51.과세)

품목	수량	단가	공급가액	부가세	코드	공급처명	사업자.주민번호	전자	분개
소형승용차	1	5,000,000	5,000,000	500,000	00708	쌍용자동차	107-52-63474	여	3(혼합)

구분	코드	계정과목	적요	코드	거래처	차변(출금)	대변(입금)
차변	135	부가세대급금	소형승용차1×5,000,000	00708	쌍용자동차	500,000	
차변	208	차량운반구	소형승용차1×5,000,000	00708	쌍용자동차	5,000,000	
대변	253	미지급금	소형승용차1×5,000,000	00708	쌍용자동차		5,500,000

▶ 자동으로 나타나는 153 원재료를 208 차량운반구로 수정하며, 고정자산간편등록은 무시하고, 취소 (ESC)로 빠져 나온다.

고정(유형)자산의 처분 <11번 과세매출>에 관련 거래

[11] 9월 25일 : 매출(11.과세)

① 하단 "일"란에 25를 입력한다.

② 과세유형은 11번 매출을 선택한다.

③ 품목란은(제품수송용트럭) 요약하여 적절히 입력한다.

④ 공급가액란에 공급가액 3,000,000을 치면 부가가치세 300,000으로 나누어 자동 반영된다.

⑤ 공급처명 : 코드란에 커서를 두고 공급처명 앞자리 두글자 **"대신"**을 치고 Enter↵ key를 치고 나타나는 [거래처코드도움] 팝업창에서 대신상사를 선택한 다음 Enter↵ key를 치면 등록이 되면서 커서는 전자세금계산서 선택란으로 이동한다.(사업자, 주민번호는 자동반영된다.)

⑥ 전자 1.여를 선택하고, 분개는 3.혼합을 선택하면 화면하단에
   (대변) 255 부가세예수금 300,000
   (대변) 404 제품매출 3,000,000이 자동으로 분개되어 나타난다.

★★★

⑦ 404 제품매출 3,000,000을 208 차량운반구 20,000,000으로 수정하고, Enter↵ 를 친 후에 아래 답안과 같이 순차적으로 입력하면 된다.

품목	수량	단가	공급가액	부가세	코드	공급처명	사업자,주민번호	전자	분개
제품수송용트럭			3,000,000	300,000	00703	대신상사	120-52-34671	여	3(혼합)

구분	코드	계정과목	적요	코드	거래처	차변(출금)	대변(입금)
대변	255	부가세예수금	제품수송용트럭	00703	대신상사		300,000
대변	208	차량운반구	제품수송용트럭	00703	대신상사		20,000,000
차변	209	감가상각누계액	제품수송용트럭	00703	대신상사	15,000,000	
차변	102	당좌예금	제품수송용트럭	00703	대신상사	3,300,000	
차변	970	유형자산처분손실	제품수송용트럭	00703	대신상사	2,000,000	

12번 영세매출 / 52번 영세매입 / 16번 수출에 관련 거래

[11] 10월 8일 : 매출(12.영세) 영세율구분 : 2. "3.내국신용장.구매확인서에 의하여 공급하는 재화"를 선택

품목	수량	단가	공급가액	부가세	코드	공급처명	사업자,주민번호	전자	분개
제품	200	50,000	10,000,000		00704	국도무역	110-52-21223	여	1(현금)

구분	코드	계정과목	적요	코드	거래처	차변(출금)	대변(입금)
입금	404	제품매출	제품 200×50,000	00704	국도무역		10,000,000

[12] 10월 14일 : 매입(52.영세)

품목	수량	단가	공급가액	부가세	코드	공급처명	사업자,주민번호	전자	분개
원재료			15,000,000		00705	부산무역	605-52-54182	여	3(혼합)

구분	코드	계정과목	적요	코드	거래처	차변(출금)	대변(입금)
차변	153	원 재 료	원재료	00705	부산무역	15,000,000	
대변	102	당좌예금	원재료	00705	부산무역		15,000,000

[13] 10월 24일 : 매출(16.수출) 영세율구분 : "1.직접수출(대행수출 포함)"을 선택

품목	수량	단가	공급가액	부가세	코드	공급처명	사업자,주민번호	전자	분개
제품	20,000	7,000	140,000,000		00706	홍콩KTTF사	120-52-33158		3(혼합)

구분	코드	계정과목	적요	코드	거래처	차변(출금)	대변(입금)
대변	404	제품매출	제품 20,000×7,000	00706	홍콩KTTF사		140,000,000
차변	103	보통예금	제품 20,000×7,000	98003	외환은행	140,000,000	

54번 불공 관련 거래 <공제받지 못할 매입세액>

[14] 11월 9일 : 매입(54. 불공) (불공제사유 : ④ 접대비 및 이와 유사한 비용관련)

품목	수량	단가	공급가액	부가세	코드	공급처명	사업자,주민번호	전자	분개
잡화	50	100,000	5,000,000	500,000	00707	삼일아트	124-50-74628	여	1(현금)

구분	코드	계정과목	적요	코드	거래처	차변(출금)	대변(입금)
출금	813	접대비	잡화 50×100,000	00707	삼일아트	5,500,000	

[15] 11월 18일 : 매입(54.불공) (불공제사유 : ③ 비영업용 소형승용자동차 구입, 유지 및 임차)

품목	수량	단가	공급가액	부가세	코드	공급처명	사업자,주민번호	전자	분개
중형승용차			8,000,000	800,000	00708	쌍용자동차	107-52-63474	여	3(혼합)

구분	코드	계정과목	적요	코드	거래처	차변(출금)	대변(입금)
차변	208	차량운반구	중형승용차	00708	쌍용자동차	8,800,000	
대변	253	미 지 급 금	중형승용차	00708	쌍용자동차		8,800,000

53번 면세매입 관련 거래 <부가가치세가 면제되는 품목>

[16] 12월 22일 : 매입(53.면세)

품목	수량	단가	공급가액	부가세	코드	공급처명	사업자,주민번호	전자	분개
도서(본사)	100		600,000		00709	영일도서	104-25-35124		1(현금)

구분	코드	계정과목	적요	코드	거래처	차변(출금)	대변(입금)
출금	826	도서인쇄비	도서(본사) 100	00709	영일도서	600,000	

[17] 12월 24일 : 매입(53.면세)

품목	수량	단가	공급가액	부가세	코드	공급처명	사업자,주민번호	전자	분개
오징어	20	50,000	1,000,000		00710	삼진수산	107-52-31220		3(혼합)

구분	코드	계정과목	적요	코드	거래처	차변(출금)	대변(입금)
차변	511	복리후생비	오징어 20×50,000	00710	삼진수산	1,000,000	
대변	253	미지급금	오징어 20×50,000	00710	삼진수산		1,000,000

[18] 12월 27일 : 매입(53.면세)

품목	수량	단가	공급가액	부가세	코드	공급처명	사업자,주민번호	전자	분개
쌀	50	48,000	2,400,000		00711	형제쌀상회	118-52-22153	여	1(현금)

구분	코드	계정과목	적요	코드	거래처	차변(출금)	대변(입금)
출금	953	기부금	쌀 50×48,000	00711	형제쌀상회	2,400,000	

신용카드 관련 거래

★★ 반드시 거래처 등록란에 신용카드가맹점 등록이 되어 있어야 한다.

★★ 카드결재와 동시에 세금계산서가 교부되었는가와 교부되지 않았는가에 따라 입력 방법이 달라짐에 주의하여야 한다.

회계충전소

⚫ 신용카드거래 입력에 대하여

　상품매매 등과 같은 일반적 상거래에서 발생한 카드채권, 채무는 실질우선의 원칙에 의하여 판매자는 매출채권(외상매출금)으로 처리하고, 구매자는 매입채무(외상매입금)으로 처리한다. 단, 상품 이외의 비품 등의 구입과 처분 시의 카드거래는 미수금과 미지급금으로 처리한다.(2007, 기업회계기준질의, 회신)

1. 원재료(상품) 매입 거래

[1] 1월 20일 < 전자세금계산서와 신용카드를 동시에 교부 받음 >

① 유형 : **51 매입과세** 품목 : 원재료 수량, 단가는 생략한다.

② 공급가액란에 공급가액 : 20,000,000을 치면 부가가치세 : 2,000,000은 자동 반영된다.

③ 공급처명 : 코드란에 커서를 두고 입력하고자 하는 공급처명 앞자리 두글자 **"수원"**을 입력한 후 [Enter↵]key를 치고 나타나는 [거래처코드도움] 팝업창에서 '(주)수원상사'를 선택한 다음 [Enter↵]key를 치면 등록이 되면서 커서는 전자세금계산서 선택란으로 이동한다.(사업자, 주민번호는 자동반영된다.)

④ 전자 : 1. 여를 선택하고, 분개 : 3번 혼합을 선택하면 화면 하단에
   (차변) 135 부가세대급금 2,000,000
   (차변) 153 원재료 20,000,000이 자동으로 분개 되어 나타난다.
   (대변) 외상매입금 22,000,000을 입력하고 커서를 거래처코드란에 두고

⑤ 앞자리 두글자 "삼성"을 입력한 다음 [Enter↵]를 치고 나타나는[거래처도움] 창에서 '삼성카드'를 선택하여 등록한다.

【 입력 완료 화면 】

[2] 1월 22일 < 전자세금계산서 교부받지 않음 >

① 유형 : **57번 카과**를 입력한다.

② 품목 : 원재료 수량, 단가는 생략한다.

③ 공급가액란에 공급대가(부가가치세포함) : 5,500,000을 입력한다.

    ★★ 공급가액 5,000,000과 부가가치세 500,000이 자동으로 나누어 반영된다.

④ 공급처명 : 코드란에 커서를 두고 입력하고자 하는 공급처명 앞자리 두글자 **"고양"**
을 입력한 후 [Enter↵]key를 치고 나타나는 [거래처코드도움] 팝업창에서 '(주)
고양상사'를 선택한 다음 [Enter↵]key를 치면 등록이 되면서 커서는 분개란으로
이동한다.(사업자, 주민번호는 자동 반영된다.)

⑤ 분개 : **3번 혼합**을 선택하면, 화면 하단에
    (차변) 135 부가세대급금 500,000
    (차변) 153 원재료 5,000,000이 자동으로 분개되어 나타난다.
    (대변) 251 외상매입금 5,500,000을 입력하고, 커서를 거래처코드란에 두고
        [(F2)도움코드] 또는 앞자리 두글자(국민)를 입력한 다음 [Enter↵], [거래
        처도움] 창에서 '국민카드'를 선택하여 등록한다.

< 신용카드 가맹점 등록란에 국민카드가 등록되어 있어야 한다. >

품명	수량	단가	공급가액	부가세	코드	공급처명	사업자,주민번호	전자	분개
원재료			5,000,000	500,00	00502	(주)고양상사	128-87-66091		3(혼합)

구분	코드	계정과목	적요	코드	거래처	차변(출금)	대변(입금)
차변	135	부가세대급금	원재료	00502	(주)고양상사	500,000	
차변	153	원 재 료	원재료	00502	(주)고양상사	5,000,000	
대변	251	외상매입금	원재료	99601	국민카드		5,500,000

커서를 두고 [F2]

2. 원재료(상품) 이외의 거래

[3] 2월 10일 < 전자세금계산서 교부 받음 >

① 유형 : **"51 매입"** 품목 : 공장용소모자재 수량, 단가는 생략한다.

② 공급가액란에 공급가액 400,000을 입력하면 부가가치세 40,000은 자동 반영된다.

③ 공급처명 : 코드란에 커서를 두고 입력하고자 하는 공급처명 앞자리 두글자 **"중앙"**
을 입력한 후 ⌜Enter↵⌟ key를 치고 나타나는 [거래처코드도움] 팝업창에서 '중앙기
료상사'를 선택한 다음 ⌜Enter↵⌟ key를 치면 등록이 되면서 커서는 분개란으로 이
동한다.(사업자, 주민번호는 자동 반영된다.)

④ 분개 : 전자(1.여)를 선택하고 **"3번 혼합"**을 선택하면 화면 하단에
  (차변) 135 부가세대급금 40,000
  (차변) 153 원재료 400,000이 자동으로 분개 되어 나타난다.
    153 원재료를 530 소모품비로 수정한다.

⑤ (대변) 253 미지급금을 입력한다.

⑥ 커서를 미지급금 거래처코드란에 두고 [(F2)도움코드] 또는 앞자리 두글자(외
환)를 입력한 후 ⌜Enter↵⌟를 친 다음 나타나는 [거래처도움] 창에서 '외환비자카
드'를 선택하고 ⌜Enter↵⌟를 치면 등록이 완료된다.

< 신용카드 가맹점 등록란에 외환비자카드가 등록되어 있어야 한다. >

품명	수량	단가	공급가액	부가세	코드	공급처명	사업자,주민번호	전자	분개
공장용소모자재			400,000	40,000	00712	중앙기료상사	118-17-61017	여	3(혼합)

구분	코드	계정과목	적요	코드	거래처	차변(출금)	대변(입금)
차변	135	부가세대급금	공장용소모자재	00712	중앙기료상사	40,000	
차변	530	소 모 품 비	공장용소모자재	00712	중앙기료상사	400,000	
대변	253	미 지 급 금	공장용소모자재	99602	외환비자카드		440,000

[4] 2월 15일 < 전자세금계산서 교부받지 않음 >

① 유형 : **"57번 카과"**를 입력한다.

② 품목 : 사무실 컴퓨터

③ 공급가액란에 공급대가란에 1,650,000을 입력하고 ⌜Enter↵⌟를 치면 공급가액란
에 1,500,000, 부가세란에 150,000으로 분리되어 자동 반영된다.

④ 공급처명 : 코드란에 커서를 두고 입력하고자 하는 공급처명 앞자리 두글자 **"우
정"**을 입력한 후 ⌜Enter↵⌟ key를 치고 나타나는 [거래처코드도움] 팝업창에서
'우정컴퓨터상사'를 선택한 다음 ⌜Enter↵⌟ key를 치면 등록이 되면서 커서는 "신
용카드사" 등록란으로 이동한다.(사업자, 주민번호는 거래처등록에서 등록된
번호가 자동 반영된다.)

⑤ 신용카드사 등록란에서 [(F2)도움코드] 단추를 누르고 나타나는 [거래처도움] 창에서 "삼성카드"를 선택하고, Enter↵ 를 치면 커서는 분개란으로 이동한다.

⑥ 분개 : **"4번 카드"**를 선택하면, 화면 하단에 다음과 같이 분개가 자동으로 생성된다.

　(차변) 153 원재료 1,500,000, 135 부가세대급금 150,000

　(대변) 253 미지급금 1,650,000(삼성카드 : 자동반영)이 자동으로 분개되어 나타난다.

⑦ **"153 원재료"**를 **"212 비품"**으로 수정하면 등록이 완료된다.

<신용카드 가맹점 등록란에 삼성카드가 등록되어 있어야 한다.>

품명	수량	단가	공급가액	부가세	코드	공급처명	사업자.주민번호	전자	분개
컴퓨터			1,500,000	150,000	00713	우정컴퓨터	123-52-12255		4(카드)

구분	코드	계정과목	적요	코드	거래처	차변(출금)	대변(입금)
대변	253	미 지 급 금	컴퓨터	99600	삼성카드		1,650,000
차변	135	부가세대급금	컴퓨터	00713	우정컴퓨터	150,000	
차변	212	비　　품	컴퓨터	00713	우정컴퓨터	1,500,000	

3. 제품(상품) 매출

[5] 3월 5일 : 신용카드와 세금계산서를 동시에 받았을 때

① 유형 : **"11 매출"**　품목 : 제품 수량, 단가는 생략한다.

② 공급가액란에 공급가액 30,000,000을 치면 부가가치세 3,000,000은 자동으로 반영이 된다.

③ 공급처명 : 코드란에 커서를 두고 입력하고자 하는 공급처명 앞자리 두글자 **강남**을 입력한 후 Enter↵ 를 친 다음 나타나는 [거래처도움] 창에서 '강남상사'를 선택한 다음 Enter↵ 를 치면 등록이 되면서 커서는 분개란으로 이동한다.(사업자, 주민번호는 자동 반영된다.)

④ 전자 1. 여를 선택한다.

－ 분개 유형은 "4.카드"를 선택하면 신용카드사 등록화면이 나타난다. [(F2)도움코드]키를 누르고 [거래처도움] 창에서 매출카드사 '삼성카드'를 선택한 다음 [확인(Enter)]하면 신용카드사 및 봉사료 입력란이 나타난다. [확인(Tab)] 단추를 누르면 등록이 완료된다.

　(차변) 108 외상매출금 33,000,000(삼성카드사 : 자동 나타남)

　(대변) 404 제품매출 30,000,000, 255 부가세예수금 3,000,000

화면 ①

신용카드사 및 봉사료 입력

신용카드사: [   ] [⋯] [   ]

봉 사 료: [   ]

확인(Tab, Esc)

화면 ②

거래처도움

전체 ▼

코드	거래처명	등록번호	대표자명
	여기를 클릭하여 검색		
99603	국민카드	3457492	
99604	삼성카드	3455500	

신규등록(F3) 확인(Enter) 취소(Esc)

화면 ③

신용카드사 및 봉사료 입력

신용카드사: [99604] [⋯] 삼성카드

봉 사 료: [   ]

확인(Tab, Esc)

【 3월 5일 입력완료 화면 】

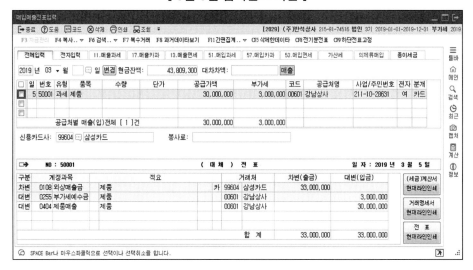

[6] 3월 15일

① 유형 : **"17 카과"**를 입력

② 품목 : 제품 수량, 단가는 생략한다.

③ 공급가액란에 공급대가 7,700,000(부가가치세 포함)을 치면 공급가액 7,000,000 과 부가가치세 700,000이 나누어져 자동으로 반영된다.

④ 공급처명 : 코드란에 커서를 두고 입력하고자 하는 공급처명 앞자리 두글자 **"인 천'**을 입력한 후 [Enter↵]key를 치고 나타나는 [거래처코드도움] 팝업창에서 '인 천상사'를 선택한 다음 [Enter↵]key를 치면 등록이 되면서 커서는 신용카드사 선 택란으로 이동한다.(사업자, 주민번호는 자동반영된다.)

⑤ **"F2"** 도움코드를 이용하여 나타나는 화면에서 **"국민카드"**를 선택하고 [Enter↵]를 치면 등록이 되면서 커서는 **분개란**으로 이동한다.

⑥ 분개 : **"4번 카드"**를 선택하면, 화면 하단에
(차변) 108 외상매출금 7,700,000(국민카드 : 자동 반영됨)
(대변) 255 부가세예수금 700,000
(대변) 404 제품매출 7,000,000이 자동으로 분개되어 나타난다.

<거래처 등록란에 매출카드사 국민카드가 등록되어 있어야 한다.>

품명	수량	단가	공급가액	부가세	코드	공급처명	사업자,주민번호	전자	분개
제품			7,000,000	700,000	00602	인천상사	131-52-41959		4(카드)

구분	코드	계정과목	적요	코드	거래처	차변(출금)	대변(입금)
차변	108	외상매출금	제품	99603	국민카드	7,700,000	
대변	255	부가세예수금	제품	00602	인천상사		70,000
대변	404	제품매출	제품	00602	인천상사		7,000,000

4. 불공 카드

[7] 4월 15일

① 유형 : **54번 불공**을 선택한다.

② 품목 : 선물용품 수량 : 20 단가 : 100,000을 입력하고 [Enter↵]하면 공급가액란에 2,000,000과 부가가치세 200,000이 자동으로 반영된다.

③ 공급처명 : 코드란에 커서를 두고 입력하고자 하는 공급처명 앞자리 두글자 **"가 나"**를 입력한 후 [Enter↵]key를 치고 나타나는 [거래처코드도움] 팝업창에서 '(주)가나유통(전자1.여)'을 선택한 다음 [Enter↵]key를 치면 등록이 되면서 커서 는 불공제 사유란으로 이동한다.(사업자, 주민번호는 자동반영된다.)

④ 불공제 사유 : ④ 접대비 이와 유사한 비용관련을 선택한다.

⑤ 분개 : **"3번 혼합"**을 선택하면 화면 하단에
　(차변) 153 원재료 2,200,000이 자동으로 분개되어 나타난다.
　(차변) 153 원재료를 813 접대비로 수정한다.
　(대변) 253 미지급금을 입력하고 `Enter↵`를 치면 금액은 자동계산되어 입력된다.

⑥ 커서를 미지급금 거래처코드란에 두고 [(F2)도움코드]를 눌러 [거래처도움] 창에서
　카드거래처 '외환비자카드'를 선택하여 등록한다.

<신용카드 가맹점 등록란에 외환비자카드가 등록되어 있어야 한다.>

품명	수량	단가	공급가액	부가세	코드	공급처명	사업자,주민번호	전자	분개
선물용품	20	100,000	2,000,000	200,000	714	(주)가나유통	114-81-12541	여	4(카드)

구분	코드	계정과목	적요	코드	거래처	차변(출금)	대변(입금)
차변	813	접 대 비	선물용품 20×100,000	714	(주)가나유통	2,200,000	
대변	253	미 지 급 금	선물용품 20×100,000	99602	외환비자카드		2,200,000

(환율 조정)

[8] 12월 31일

　　(차변) 외 화 환 산 손 실　　450,000　　(대변) 외화장기차입금　　450,000

계 정 과 목		적요	차변(출금)	대변(입금)
0955	외화환산손실		450,000	
0305	외화장기차입금			450,000

※ 10,800,000 ÷ $9,000 = 1$ 1,200　　• 1,200 −1,250 = −50
※ −50 × $9,000 = −450,000원(부채는 환율이 올라가면 손실이 된다.)

⑪ 결산 수정전 합계잔액시산표

합 계 잔 액 시 산 표

(주)반석상사   2019년 12월 현재   단위 : 원

관리용	제출용			
차 변		**계정과목**	**대 변**	
잔액	합계		합계	잔액
635,478,820	682,889,520	1.유 동 자 산	48,510,700	1,100,000
500,159,300	547,570,000	〈당 좌 자 산〉	48,510,700	1,100,000
67,109,300	96,640,000	현 금	29,530,700	
66,140,000	83,570,000	당 좌 예 금	17,430,000	
161,500,000	161,500,000	보 통 예 금		
2,750,000	3,200,000	단 기 매 매 증 권	450,000	
127,100,000	127,100,000	외 상 매 출 금		
		대 손 충 당 금	600,000	600,000
70,000,000	70,000,000	받 을 어 음		
		대 손 충 당 금	500,000	500,000
5,560,000	5,560,000	부 가 세 대 급 금		
135,319,520	135,319,520	〈재 고 자 산〉		
56,319,520	56,319,520	제 품		
67,000,000	67,000,000	원 재 료		
12,000,000	12,000,000	재 공 품		
185,150,000	220,150,000	2.비 유 동 자 산	58,300,000	23,300,000
185,150,000	220,150,000	〈유 형 자 산〉	58,300,000	23,300,000
81,650,000	81,650,000	토 지		
60,300,000	60,300,000	건 물		
		감 가 상 각 누 계 액	20,300,000	20,300,000
26,800,000	46,800,000	차 량 운 반 구	20,000,000	
	15,000,000	감 가 상 각 누 계 액	15,000,000	
16,400,000	16,400,000	비 품		
		감 가 상 각 누 계 액	3,000,000	3,000,000
	1,209,250	3.유 동 부 채	217,648,550	216,439,300
		외 상 매 입 금	76,490,000	76,490,000
		지 급 어 음	71,000,000	71,000,000
		미 지 급 금	55,590,000	55,590,000
	19,250	예 수 금	78,550	59,300
	1,190,000	부 가 세 예 수 금	14,490,000	13,300,000
		4.비 유 동 부 채	11,250,000	11,250,000
		외 화 장 기 차 입 금	11,250,000	11,250,000
		5.자 본 금	165,960,000	165,960,000
		자 본 금	165,960,000	165,960,000
		6.이 익 잉 여 금	143,219,520	143,219,520
		이 익 준 비 금	16,150,000	16,150,000
		감 채 적 립 금	27,000,000	27,000,000
		배 당 평 균 적 립 금	40,000,000	40,000,000
		이 월 이 익 잉 여 금	60,069,520	60,069,520
		7.매 출	280,000,000	280,000,000
		제 품 매 출	280,000,000	280,000,000
4,800,000	4,800,000	8.제 조 원 가		
1,900,000	1,900,000	〈노 무 비〉		
1,900,000	1,900,000	임 금		
2,900,000	2,900,000	〈제 조 경 비〉		
1,000,000	1,000,000	복 리 후 생 비		
1,500,000	1,500,000	보 험 료		
400,000	400,000	소 모 품 비		
11,000,000	11,000,000	9.판 매 비및일반관리비		
2,200,000	2,200,000	급 여		
7,700,000	7,700,000	접 대 비		
600,000	600,000	도 서 인 쇄 비		
500,000	500,000	소 모 품 비		
		10.영 업 외 수 익	20,000	20,000
		단기매매증권처분이익	20,000	20,000
4,860,000	4,860,000	11.영 업 외 비 용		
2,400,000	2,400,000	기 부 금		
450,000	450,000	외 화 환 산 손 실		
2,000,000	2,000,000	유 형 자 산 처 분 손 실		
10,000	10,000	수 수 료 비 용		
841,288,820	924,908,770	합 계	924,908,770	841,288,820

⑫ 기말정리사항

(1) [결산/재무제표] – [결산자료입력] – [결산반영금액란 입력] 실행

　　0153 ⑩ 기말 원재료 재고액 : 5,000,000원을 입력

　　0169 ⑩ 기말 재공품 재고액 : 12,000,000원을 입력

　　0150 ⑩ 기말 제품 재고액 : 40,000,000원을 입력

(2) [결산/재무제표] – [결산자료입력] – [결산반영금액란 입력] 실행

　　0108 외상매출금 : 671,000원 입력

　　0110 받을어음 : 200,000원 입력

　　　　※ 외상 매출금 : 127,100,000×1% = 1,271,000-600,000 = 671,000

　　　　※ 받을어음 : 70,000,000×1% = 700,000-500,000 = 200,000

(3) [결산/재무제표] – [결산자료입력] – [결산반영금액란 입력] 실행

　　0506 2). 퇴직급여(전입액) : 400,000원(제조) – 상단

　　0806 2). 퇴직급여(전입액) : 100,000원(판매) – 하단

(4) [결산/재무제표] – [결산자료입력] – [결산반영금액란 입력] 실행

　　0202 건물 1,200,000원 입력 : 제조

　　0202 건물 800,000원 입력 : 판매

　　0212 비품 330,000원 입력 : 제조

　　0212 비품 220,000원 입력 : 판매

　　0208 차량운반구 900,000원 입력 : 제조

　　0208 차량운반구 600,000원 입력 : 판매

(5) 12월 31일 : 일반전표에 입력

　　(차변) 소　모　품　150,000　　　(대변) 소 모 품 비　150,000

(6) [결산/재무제표] – [결산자료입력] – [결산반영금액란 입력] 실행

　　0998 법인세 2). 추가계상액 19,334,000원을 입력

【 마무리 】

　　대손충당금설정과 감가상각비계상 및 기말상품재고액, 기말원재료재고액, 기말재공품재고액, 기말제품재고액, 퇴직급여충당금설정액, 법인세 추산액을 결산반영금액란에 입력한 다음 반드시 결산자료입력 화면 상단의 [(F3)전표추가] 단추를 클릭하여 결산전표를 자동생성시킨 후 [일반전표입력] 란에서 12월 31일자의 결산자동 분개를 확인한다.

【 결산자료 입력 전 화면 】

기 간 2019 년 01 ▼ 월 ~ 2019 년 12 ▼ 월

±	코드	과 목	결산분개금액	결산전금액	결산반영금액	결산후금액
		1. 매출액		280,000,000		280,000,000
	0404	제품매출		280,000,000		280,000,000
		2. 매출원가		140,119,520		140,119,520
	0455	제품매출원가		140,119,520		140,119,520
		1)원재료비		67,000,000		67,000,000
	0501	원재료비		67,000,000		67,000,000
	0153	① 기초 원재료 재고액		5,000,000		5,000,000
	0153	② 당기 원재료 매입액		62,000,000		62,000,000
	0153	⑩ 기말 원재료 재고액				
		3)노 무 비		1,900,000		1,900,000
		1). 임금 외		1,900,000		1,900,000
	0504	임금		1,900,000		1,900,000
	0508	2). 퇴직급여(전입액)				
	0550	3). 퇴직연금충당금전입액				
		7)경 비		2,900,000		2,900,000
		1). 복리후생비 외		2,900,000		2,900,000
	0511	복리후생비		1,000,000		1,000,000
	0521	보험료		1,500,000		1,500,000
	0530	소모품비		400,000		400,000
	0518	2). 일반감가상각비				
	0202	건물				
	0208	차량운반구				
	0212	비품				
	0455	8)당기 총제조비용		71,800,000		71,800,000
	0169	① 기초 재공품 재고액		12,000,000		12,000,000
	0169	⑩ 기말 재공품 재고액				
	0150	9)당기완성품제조원가		83,800,000		83,800,000
	0150	① 기초 제품 재고액		56,319,520		56,319,520
	0150	⑩ 기말 제품 재고액				
		3. 매출총이익		139,880,480		139,880,480
		4. 판매비와 일반관리비		10,850,000		10,850,000
		1). 급여 외		2,200,000		2,200,000
	0801	급여		2,200,000		2,200,000
	0806	2). 퇴직급여(전입액)				
	0850	3). 퇴직연금충당금전입액				
	0818	4). 감가상각비				
	0202	건물				
	0208	차량운반구				
	0212	비품				
	0835	5). 대손상각				
	0108	외상매출금				
	0110	받을어음				
		7). 기타비용		8,650,000		8,650,000
	0813	접대비		7,700,000		7,700,000
	0826	도서인쇄비		600,000		600,000
	0830	소모품비		350,000		350,000
		5. 영업이익		129,030,480		129,030,480
		6. 영업외 수익		20,000		20,000
+	0924	2). 준비금 환입				
		3). 기타영업외수익		20,000		20,000
	0906	단기매매증권처분이익		20,000		20,000
		7. 영업외 비용		4,860,000		4,860,000
+	0972	3). 준비금 전입				
+	0977	4). 조특법상 특별상각				
		5). 기타영업외비용		4,860,000		4,860,000
	0953	기부금		2,400,000		2,400,000
	0955	외화환산손실		450,000		450,000
	0970	유형자산처분손실		2,000,000		2,000,000
	0984	수수료비용		10,000		10,000
		8. 법인세차감전이익		124,190,480		124,190,480
	0998	9. 법인세등				
	0998	2). 추가계상액				
		10. 당기순이익		124,190,480		124,190,480
		11. 주당이익				
		매출액:[280,000,000] 당기순이익:[124,190,480] 소득평율:44.35%				

상 단

하 단

▶상기 화면은 소모품에 대한 결산정리사항을 입력한 것임

【 결산자료 입력 후 화면 】

▶ 결산자료입력 화면 상단 툴바의 [(F3)전표추가] 단추를 눌러 결산전표를 자동생성 시킨 후 [일반전표입력] 란에서 12월 31일자의 결산자동 분개를 확인한다.

기 간 2019 년 01 ▼ 월 ~ 2019 년 12 ▼ 월

±	코드	과 목	결산분개금액	결산전금액	결산반영금액	결산후금액
		1. 매출액		280,000,000		280,000,000
	0404	제품매출		280,000,000		280,000,000
		2. 매출원가		140,119,520		85,949,520
	0455	제품매출원가				85,949,520
		1)원재료비		67,000,000		62,000,000
	0501	원재료비		67,000,000		62,000,000
	0153	① 기초 원재료 재고액		5,000,000		5,000,000
	0153	② 당기 원재료 매입액		62,000,000		62,000,000
	0153	⑩ 기말 원재료 재고액			5,000,000	5,000,000
		3)노 무 비		1,900,000	400,000	2,300,000
		1). 임금 외		1,900,000		1,900,000
	0504	임금		1,900,000		1,900,000
	0508	2). 퇴직급여(전입액)			400,000	400,000
	0550	3). 퇴직연금충당금전입액				
		7)경 비		2,900,000	2,430,000	5,330,000
		1). 복리후생비 외		2,900,000		2,900,000
	0511	복리후생비		1,000,000		1,000,000
	0521	보험료		1,500,000		1,500,000
	0530	소모품비		400,000		400,000
	0518	2). 일반감가상각비			2,430,000	2,430,000
	0202	건물			1,200,000	1,200,000
	0208	차량운반구			900,000	900,000
	0212	비품			330,000	330,000
	0455	8)당기 총제조비용		71,800,000		69,630,000
	0169	① 기초 재공품 재고액		12,000,000		12,000,000
	0169	⑩ 기말 재공품 재고액			12,000,000	12,000,000
	0150	9)당기완성품제조원가		83,800,000		69,630,000
	0150	① 기초 제품 재고액		56,319,520		56,319,520
	0150	⑩ 기말 제품 재고액			40,000,000	40,000,000
		3. 매출총이익		139,880,480	54,170,000	194,050,480
		4. 판매비와 일반관리비		10,850,000	2,591,000	13,441,000
		1). 급여 외		2,200,000		2,200,000
	0801	급여		2,200,000		2,200,000
	0806	2). 퇴직급여(전입액)			100,000	100,000
	0850	3). 퇴직연금충당금전입액				
	0818	4). 감가상각비			1,620,000	1,620,000
	0202	건물			800,000	800,000
	0208	차량운반구			600,000	600,000
	0212	비품			220,000	220,000
	0835	5). 대손상각			871,000	871,000
	0108	외상매출금			671,000	671,000
	0110	받을어음			200,000	200,000
		7). 기타비용		8,650,000		8,650,000
	0813	접대비		7,700,000		7,700,000
	0826	도서인쇄비		600,000		600,000
	0830	소모품비		350,000		350,000
		5. 영업이익		129,030,480	51,579,000	180,609,480
		6. 영업외 수익		20,000		20,000
	0924	2). 준비금 환입				
		3). 기타영업외수익		20,000		20,000
	0906	단기매매증권처분이익		20,000		20,000
		7. 영업외 비용		4,860,000		4,860,000
	0972	3). 준비금 전입				
	0977	4). 조특법상 특별상각				
		5). 기타영업외비용		4,860,000		4,860,000
	0953	기부금		2,400,000		2,400,000
	0955	외화환산손실		450,000		450,000
	0970	유형자산처분손실		2,000,000		2,000,000
	0984	수수료비용		10,000		10,000
		8. 법인세차감전이익		124,190,480	51,579,000	175,769,480
	0998	9. 법인세등			19,334,000	19,334,000
	0998	2). 추가계상액			19,334,000	19,334,000
		10. 당기순이익		124,190,480	32,245,000	156,435,480
		11. 주당이익				

매출액:[280,000,000] 당기순이익:[156,435,480] 소득평율:55.87%

3. 결산 수정 후 합계잔액시산표

차 변		과 목	대 변	
잔 액	합 계		합 계	잔 액
866,043,820	1,237,023,290		1,237,023,290	866,043,820

4. 제조원가명세서

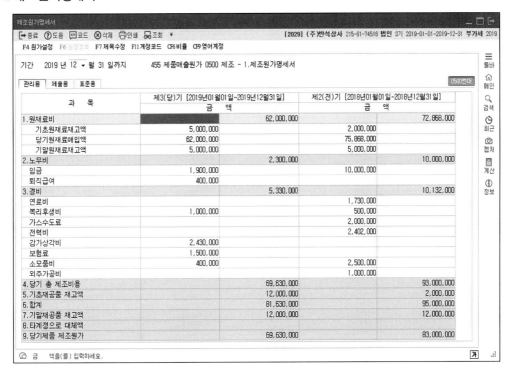

5. 손익계산서

- 제조원가명세서의 당기제품제조원가가 정확하게 반영이 되었는가를 확인한다.
- 당기순이익이 이익잉여금처분계산서에 정확하게 반영이 되었는가를 확인한다.

6. 이익잉여금처분계산서

- 손익계산서의 당기순이익이 정확하게 반영이 되었는가를 확인한다.
- 미처분이익잉여금이 재무상태표의 이월이익잉여금에 정확하게 반영이 되었는가를 확인한다.
- 처분예정일 또는 처분확정일은 문제상에서 주어지면 입력하고, 그렇지 않으면 생략한다.

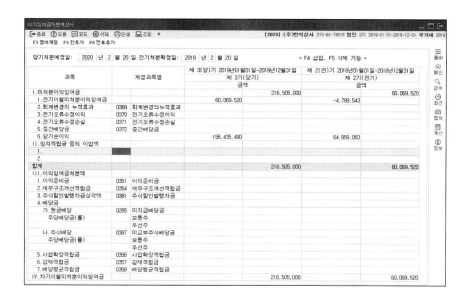

- 상단 툴바의 [(F6)전표추가]를 클릭하여 실행시킨다.

- [일반전표에 23건 추가되었습니다.]의 메시지 창은 일반전표에 결산대체분개가 생성
되었다는 알림 표시이다.

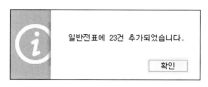

결산 대체 분개 생성 화면

□	일	번호	구분	계 정 과 목	거 래 처	적 요	차 변	대 변
□	31	00017	차변	0404 제품매출		손익계정에 대체	280,000,000	
□	31	00017	차변	0906 단기매매증권처분이익		손익계정에 대체	20,000	
□	31	00017	대변	0400 손익		수익에서 대체		280,020,000
□	31	00018	대변	0455 제품매출원가		손익계정에 대체		85,949,520
□	31	00018	대변	0801 급여		손익계정에 대체		2,200,000
□	31	00018	대변	0806 퇴직급여		손익계정에 대체		100,000
□	31	00018	대변	0813 접대비		손익계정에 대체		7,700,000
□	31	00018	대변	0818 감가상각비		손익계정에 대체		1,620,000
□	31	00018	대변	0826 도서인쇄비		손익계정에 대체		600,000
□	31	00018	대변	0830 소모품비		손익계정에 대체		350,000
□	31	00018	대변	0835 대손상각비		손익계정에 대체		871,000
□	31	00018	대변	0953 기부금		손익계정에 대체		2,400,000
□	31	00018	대변	0955 외화환산손실		손익계정에 대체		450,000
□	31	00018	대변	0970 유형자산처분손실		손익계정에 대체		2,000,000
□	31	00018	대변	0984 수수료비용		손익계정에 대체		10,000
□	31	00018	대변	0998 법인세비용		손익계정에 대체		19,334,000
□	31	00018	차변	0400 손익		비용에서 대체	123,584,520	
□	31	00019	차변	0400 손익		당기순이익 잉여금에 대체	156,435,480	
□	31	00019	대변	0377 미처분이익잉여금		당기순이익 잉여금에 대체		156,435,480
□	31	00019	차변	0375 이월이익잉여금		처분전 이익잉여금에 대체	60,069,520	
□	31	00019	대변	0377 미처분이익잉여금		이월이익잉여금에서 대체		60,069,520
□	31	00020	대변	0375 이월이익잉여금		처분전 이익잉여금에 대체		216,505,000
□	31	00020	차변	0377 미처분이익잉여금		이월이익잉여금에서 대체	216,505,000	

7. 재무상태표

- 이익잉여금의 미처분이익잉여금이 재무상태표상 미처분이익잉여금과 일치하는가를 확인한다.

재무상태표

[2029] (주)반석상사 215-81-74516 법인 3기 2019-01-01~2019-12-31 부가세 2019

F3 유형 F4 통합계정 F6 원장조회 F7 임대주택 F11계정코드 CF7제목수정 ▽ CF9퇴직부채 합산여부 CF8타이틀 변경

기간 : 2019 년 12 월

관리용 제출용 표준용

과 목	제 3(당)기 2019년1월1일 ~ 2019년12월31일		제 2(전)기 2018년1월1일 ~ 2018년12월31일	
	금액		금액	
자산				
Ⅰ.유동자산		555,338,300		316,559,520
① 당좌자산		498,338,300		243,240,000
현금		67,109,300		50,540,000
당좌예금		66,140,000		60,000,000
보통예금		161,500,000		21,500,000
단기매매증권		2,750,000		2,300,000
외상매출금	127,100,000		60,000,000	
대손충당금	1,271,000	125,829,000	600,000	59,400,000
받을어음	70,000,000		50,000,000	
대손충당금	700,000	69,300,000	500,000	49,500,000
소모품		150,000		
부가세대급금		5,560,000		
② 재고자산		57,000,000		73,319,520
제품		40,000,000		56,319,520
원재료		5,000,000		5,000,000
재공품		12,000,000		12,000,000
Ⅱ.비유동자산		157,800,000		150,150,000
① 투자자산				
② 유형자산		157,800,000		150,150,000
토지		81,650,000		81,650,000
건물	60,300,000		60,300,000	
감가상각누계액	22,300,000	38,000,000	20,300,000	40,000,000
차량운반구	26,800,000		33,000,000	
감가상각누계액	1,500,000	25,300,000	15,000,000	18,000,000
비품	16,400,000		13,500,000	
감가상각누계액	3,550,000	12,850,000	3,000,000	10,500,000
③ 무형자산				
④ 기타비유동자산				
자산총계		713,138,300		466,709,520
부채				
Ⅰ.유동부채		235,773,300		146,730,000
외상매입금		76,490,000		38,540,000
지급어음		71,000,000		71,000,000
미지급금		55,590,000		36,000,000
예수금		59,300		
부가세예수금		13,300,000		1,190,000
미지급세금		19,334,000		
Ⅱ.비유동부채		11,750,000		10,800,000
퇴직급여충당부채		500,000		
외화장기차입금		11,250,000		10,800,000
부채총계		247,523,300		157,530,000
자본				
Ⅰ.자본금		165,960,000		165,960,000
자본금		165,960,000		165,960,000
Ⅱ.자본잉여금				
Ⅲ.자본조정				
Ⅳ.기타포괄손익누계액				
Ⅴ.이익잉여금		299,655,000		143,219,520
이익준비금		16,150,000		16,150,000
감채적립금		27,000,000		27,000,000
배당평균적립금		40,000,000		40,000,000
미처분이익잉여금		216,505,000		60,069,520
(당기순이익)				
당기: 156,435,480				
전기: 64,859,063				
자본총계		465,615,000		309,179,520
부채와자본총계		713,138,300		466,709,520

▶ **결산자료입력 후 전표추가를 한 다음 ⇒ (1)(2)(3)(4)의 순서로 작업을 한다.**

(1) 제조원가명세서 : 당기제품제조원가 (2)에 자동 반영
(2) 손익계산서 : 당기순손익을 산출 (3)에 자동 반영
(3) 이익잉여금처분계산서 및 결손금처리계산서에서 "전표추가"를 하면 자동으로 모든 장부가 마감 처리되면서 "이월이익잉여금〈이월결손금〉"이 (4)에 자동으로 반영된다.
(4) 재무상태표

★★★
– 이때 "에러"가 생기면 일반전표에서 [SHIFT+F5]을 이용 자동결산 부분을 모두 삭제를 한 후에 틀린 부분을 수정하고 다시 결산자료입력 화면에서 반드시 전표추가를 한 다음 (1)에서 부터 순서대로 다시 반복 작업을 하여야 한다.

8. 다음 물음에 답하시오.

[1] 당기순이익은 얼마인가?〈손익계산서 조회〉 ····························· 156,435,480원

[2] 당기 말 미처분이익잉여금은 얼마인가?〈이익잉여금처분계산서 조회〉
··· 216,505,000원

[3] 당기 말 현재 (주)반석상사의 자산총계는 얼마인가?〈재무상태표 조회〉
··· 713,138,300원

[4] 당기 말 현재 기말부채와 자본총계는 얼마인가?〈재무상태표 조회〉
··· 713,138,300원

[5] 7월 1일 ~ 12월 31일까지의 총 매출세액과 공제받을 매입세액은 얼마인가?
   : 매출세액 : 9,600,000원, 매입세액 : 2,870,000원

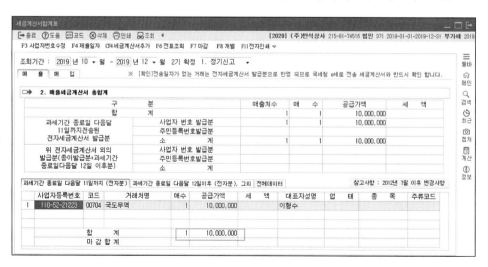

[6] 제2기 확정(10/1~12/31) 매출처별 전자세금계산서 합계표상 총 매수와 과세표준은
   얼마인가? ·· 매수 1매, 과세표준 10,000,000원

[7] 제2기 확정(10/1~12/31) 매입처별 전자세금계산서 합계표상 총 매수와 공급가액은 얼마인가? ··· 매수 3매, 공급가액 28,000,000원

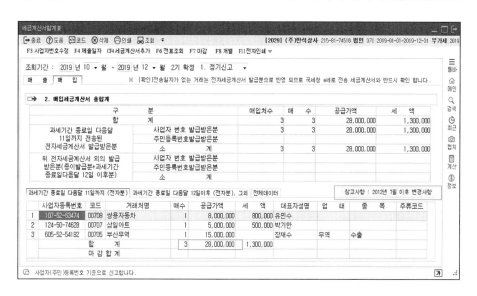

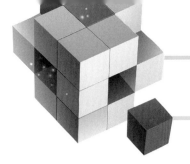

3 분개 실습 문제

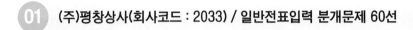

01 (주)평창상사(회사코드 : 2033) / 일반전표입력 분개문제 60선

❍ 다음 (주)평창상사의 거래 자료를 일반전표 입력메뉴에 입력하시오. (모든 거래는 부가가
치세를 고려하지 말 것)

─── < 입력 시 유의사항 > ───

- 일반적인 적요의 입력은 생략하지만, 타계정 대체거래는 적요번호를 선택하여 입력한다.
- 채권·채무와 관련된 거래는 별도의 요구가 없는 한 반드시 기 등록되어 있는 거래처코드를 선택하는
  방법으로 거래처명을 입력한다.
- 제조경비는 500번대 계정코드를, 판매비와 관리비는 800번대 계정코드를 사용한다.
- 회계처리 시 계정과목은 별도제시가 없는 한 등록되어 있는 계정과목 중 가장 적절한 과목으로 한다.

[01] 7월 1일 영업점을 이전하면서 임대인(대성빌딩)으로부터 임차보증금 중 임차료 미
              지급액 6,000,000원을 차감한 나머지 194,000,000원을 보통예금으로 반
              환받았다.(미지급비용 계정과목을 사용하시오) (3점)

[02] 7월 3일 단기간의 매매차익을 목적으로 총액 7,000,000원에 구입한 상장회사 (주)
              구노물산의 주식 200주 중 80주를 주당 40,000원에 처분하였으며 처분대
              금은 소망은행 보통예금에 입금되다.(3점)

[03] 7월 3일 충남상사로부터 전자제품 원재료를 구입하기로 하고, 계약금 1,000,000원
              을 현금으로 지급하였다.(3점)

[04] 7월 4일 생산라인 증설을 위해 지난 5월 9일 계약금 5,000,000원을 주고 (주)광속
              테크에 제작 의뢰한 기계장치가 설치완료 되어 잔금 25,000,000원 중
              22,000,000원은 소망은행 보통예금으로 지급하고 나머지는 15일 후에 지
              급하기로 하다.(단, 부가가치세는 고려하지 말것) (3점)

[05] 8월 10일 7월 17일에 발생한 화재로 인하여 소실된 제품(원가 10,000,000원)에 대
              한 보험금 7,000,000원을 보험회사로부터 보통예금계좌로 입금 받았
              다.(당사는 삼현화재에 화재보험이 가입되어 있다) (3점)

[06] 8월 31일 당해 사업연도 법인세의 중간예납세액 24,000,000원을 현금으로 납부하였다.(단, 법인세납부액은 자산 계정으로 처리할 것) (3점)

[07] 9월 1일 출장갔던 생산직사원 이익동이 복귀하여 8월 30일에 가지급금으로 처리하였던 출장비를 정산하고, 초과지출분에 대해서는 현금지급 하였다.(가지급금 계정에 거래처 입력할 것) (3점)

가 지 급 정 산 서

소 속	생산부		직위	과 장	이름	이익동
출장내역	일 시		2019년 08월 30일			
	출 장 지		부산 (주)송도전자 거래처 방문			
	출장목적		외상미수금 회수 및 신제품 홍보			
출 장 비	지 급 액	소 비 액	정산차액	비고		
	150,000원	166,000원	16,000원			
지출내역	-. KTX<왕복> : 100,000원 -. 식 대 : 20,000원 -. 시내교통비 : 16,000원 -. 거래처 접대 : 30,000원					
	2019년 09월 01일 신청인 : 이 익 동 **(인)**					

[08] 9월 3일 6월 20일 발생한 길음상사의 제품 외상매출금 7,700,000원을 회수하면서 약정기일보다 10일 빠르게 회수되어 외상매출금의 3%를 할인해 주었다. 대금은 모두 보통예금으로 입금되었다.(3점)

[09] 9월 4일 대표이사로부터 토지 300,000,000원을 무상으로 수증 받았다.(3점)

[10] 9월 5일 보통예금계좌에서 300,000원의 이자수익이 발생하였으며, 원천징수법인세를 제외한 나머지 금액이 보통예금계좌로 입금되었다.(원천징수법인세율은 14%로 가정한다) (3점)

[11] 9월 5일 액면가액이 1주당 5,000원인 보통주를 증권시장에서 주당 10,000원씩 5,000주를 현금으로 발행하였다. 주식발행에 소요된 인쇄비, 광고비, 수수료 등의 주식발행비로 5,000,000원이 현금 지출되었다.(3점)

[12] 9월 5일 당사의 신제품 개발을 위해 보통예금에서 인출된 개발비 2,000,000원에 대하여 자산 계정을 사용하여 회계 처리하시오.(3점)

[13] 9월 10일 8월 31일의 공장근로자 급여와 관련된 원천징수금액 중 국민연금(회사부담 분 포함)과 근로소득세, 지방소득세를 현금으로 납부하였다.(국민연금의 비용항목과 관련한 부분은 '세금과 공과' 로 처리할 것) (3점)

> • 국민연금 : 324,000원 납부(회사부담 분 : 162,000원, 근로자부담분 : 162,000원)
> • 근로소득세 : 200,000원 납부, 지방소득세 20,000원 납부

[14] 9월 11일 공장용 건물에 대한 재산세 2,500,000원을 현금 납부하였다.(3점)

[15] 9월 16일 파손된 본사 영업팀 건물의 유리를 서울유리에서 교체하고, 대금은 당좌수표로 발행하여 지급하고, 현금영수증을 수취하다.(수익적지출로 처리할 것) (3점)

현금(지출증빙)승인

```
TID : 10955699-0051          회원용
[지출증빙승인]               20*-**-*8132
거래일시 : 19/09/16/21:34:27
=========================================
금  액 : 1,363,136원
부가세 :   136,864원  합 계 : 1,500,000원

승인번호                     09309054(EK)
사업자번호                   732-**-00690
박**           TEL:02325****
강화유리      OO지점      서울유리
주 소 : 서울특별시 동작구 노들로2길 9-1
=========================================
알 림 : 휴대전화, 카드번호등록
        http://현금영수증.kr
        국세청문의(123-1-1)
jj3302188-0051-SU53
```

[16] 9월 17일 지난 달(8월 30일) 도시가스공사에 대한 가스수도료 54,000원(미지급비용)을 보통예금에서 이체지급 하였다.(3점)

[17] 9월 17일 2017년 7월 1일에 기계장치를 취득하였다. 기계장치 취득 후 2년이 지난 현재 주요수선 및 설비증설을 위한 자본적지출로 6,000,000원을 현금 지출하였다.(3점)

[18] 9월 18일 창고건물과 토지를 총 220,000,000원에 보통예금으로 지급하고 매입하였다. 토지의 취득가격은 200,000,000원, 창고건물의 취득가격은 20,000,000원이며, 매입에 따른 추가부대비용은 다음과 같이 모두 현금으로 지급하였다.(3점)

- 토지 중개수수료 및 등기이전비용 : 1,000,000원
- 토지 조경공사비 (영구성 있음) : 2,000,000원
- 배수로 및 하수처리장 설치 (유지보수책임은 지방자치단체에 있음) : 3,000,000원
- 대대적인 창고건물의 리모델링을 위한 지출 : 6,000,000원

[19] 9월 19일 거래처인 (주)인성상사에 1년 이내 회수할 목적으로 100,000,000원을 대여하기로 하여 80,000,000원은 보통예금에서 지급하였고, 나머지 20,000,000원은 (주)인성상사에 대한 외상매출금을 대여금으로 전환하기로 약정하였다.(3점)

[20] 9월 20일 길음상사의 파산으로 인해 외상매출금 1,000,000원이 회수불가능하게 되어 대손 처리하였다. 외상매출금에 대한 대손충당금 현재 잔액은 280,000원으로 가정하며, 대손세액공제는 고려하지 않기로 한다.(3점)

[21] 9월 21일 거래처인 (주)무상랜드의 제품매출에 대한 외상매출금 10,780,000원이 보통예금 계좌에 입금되었으며, 이는 판매당시 조기회수약정에 따라 200,000원이 할인된 금액이다.(3점)

[22] 9월 22일 단기매매차익을 목적으로 상장회사인 (주)삼한의 주식 1,000주를 주당 6,000원(액면가액 5,000원)에 구입하고 대금은 매입수수료 8,000원을 포함하여 총 6,008,000원을 보통예금 계좌에서 이체하였다.(3점)

[23] 9월 23일 공장신축을 위한 차입금의 이자비용 1,000,000원을 보통예금 계좌에서 이체하였다. 공장의 착공일은 2018년 12월 1일이며, 완공일은 2020년 10월 31일이다.(단, 차입금의 이자비용은 자본화한다)(3점)

[24] 9월 24일 업무용 승용차를 구입하면서 다음과 같은 금액을 구매대행회사에 전액 현금으로 지급하다. 회사는 차량구입 시 필수적으로 매입하는 지역개발채권을 만기까지 보유하기로 하였다.(3점)

- 차량가액 : 18,500,000원   • 취득세 및 등록세 : 500,000원
- 지역개발채권매입액 : 액면가 500,000원(공정가액 300,000, 만기 : 2021년 5월 18일)

[25] 9월 25일   영업부 건물의 임차보증금에 대한 간주임대료의 부가가치세를 건물소유주에게 보통예금 계좌에서 이체하였다. (임차계약 시 간주임대료에 대한 부가가치세를 임차인부담으로 계약을 체결하였음. 간주임대료의 부가가치세는 500,000원임) (3점)

[26] 9월 26일   거래처인 (주)청계전자의 미지급금 35,000,000원 중 32,000,000원은 보통예금 계좌에서 이체하고, 나머지 금액은 면제받았다.(3점)

[27] 9월 27일   개인 김돈아씨로부터 차입한 자금에 대한 이자비용 1,500,000원이 발생하여 원천징수세액 412,500원을 차감한 나머지 금액 1,087,500원을 자기앞수표로 지급 하였다.(3점)

[28] 9월 28일   4월 10일에 제품을 매출하고 (주)암석으로부터 수취한 어음 5,000,000원이 부도처리 되었다는 것을 국민은행으로부터 통보받았다.(2019년 9월 28일자로 회계처리 하시오.)(3점)

[29] 9월 28일   중국에서 수입한 원재료 20톤을 인천항에서 공장까지 운송하고 운송료 1,200,000원과 이체수수료 2,000원을 당사 보통예금계좌에서 지급하였다.(3점)

[30] 10월 1일   창고 임차보증금에 대한 계약금 2,000,000원을 상화빌딩에 자기앞수표로 지급하였다. 계약기간은 2019년 11월 1일 ~ 2021년 10월 31일이다.(3점)

[31] 10월 5일   다음과 같은 내용의 9월분 건강보험료를 현금으로 납부하다.(3점)

> * 회사부담분 : 280,000원(이 중 생산직 직원에 대한 건강보험료는 180,000원임)
> * 종업원부담분 : 280,000원
> * 회사는 건강보험료 회사부담분에 대하여 복리후생비로 처리하고 있다.

[32] 10월 5일   만기가 도래하여 거래은행에 추심 의뢰한 (주)송도전자의 받을어음 70,000,000원 중에서, 추심수수료 100,000원을 차감한 금액이 보통예금 계좌에 입금되었다.(3점)

[33] 10월 6일   영업부 직원에 대하여 확정기여형(DC) 퇴직연금에 가입하고 10,000,000원을 보통예금에서 지급하였다. 이 금액에는 연금운용에 대한 수수료 500,000원이 포함되어 있다.(3점)

[34] 10월 7일 미국기업인 벤카인터내셔날에 수출(선적일자 9월 5일)하였던 제품에 대한 외상매출금이 보통예금 계좌에 입금되었다.(3점)

> - 외상매출금 : 20,000달러
> - 9월 05일 환율 : 1,500원/달러
> - 9월 14일 환율 : 1,300원/달러

[35] 10월 9일 사용 중인 창고건물(취득가액 50,000,000원, 감가상각누계액 40,000,000원)을 새로 신축하기 위해 철거하였으며, 철거용역업체에 철거비용 2,000,000원을 보통예금에서 지급하였다.(3점)

[36] 10월 10일 제품을 제조하는 공장 건물에 대한 재산세 1,250,000원과 영업부 사무실에 대한 재산세 2,100,000원을 현금으로 납부하였다.(3점)

[37] 10월 11일 금년 10월 10일에 열린 주주총회에서 결의한 주식배당 20,000,000원에 대해 주식배정을 실시하였다. 단, 원천징수세액은 없는 것으로 한다.(3점)

[38] 10월 13일 6월 7일에 원재료를 매입하고 (주)희망에 대금으로 발행하여 주었던 어음이 만기가 되어서 당좌수표를 발행하여 지급하였다.(3점)

[39] 10월 15일 신입사원 채용을 위하여 생활정보지 "가로등"에 신입사원 채용광고를 게재하고 대금은 법인BC카드로 결제하였다.(3점)

신용카드매출전표

가맹점명	가로등 031-405-6418
사업자번호	130-42-35528
대표자명	이 철 민
주 소	경기 안산 고잔 815

		신용승인
거래일시	2019. 10. 15.	20:25:15
유효기간		**/**
가맹점번호		12345678
		법인BC카드(전자서명전표)
과세금액	채용광고	90,909원
부가세액		9,091원
합 계		100,000원

[40] 10월 17일 (주)덕산과 사무실 임대차계약을 맺고 임대보증금 15,000,000원 중 5,000,000원은 (주)덕산 발행 당좌수표로 받고 나머지는 월말에 지급받기로 하였다.(3점)

[41] 11월 3일 (주)두리산업의 외상매입금 20,000,000원을 결제하기 위하여 당사가 제품매출대가로 받아 보유하고 있던 (주)대진상사의 약속어음 20,000,000을 배서하여 지급하였다.(3점)

[42] 11월 5일 평화상사의 외상매출금 6,900,000원이 법인세법상 대손금처리 요건이 충족되어서 당사는 이를 대손처리 하기로 하였다. 지금까지 설정되어 있는 대손충당금을 조회하고 이에 대하여 적절한 회계처리 하시오.(단, 부가가치세는 고려하지 않는다.) (3점)

[43] 11월 6일 사용중인 기계장치(취득원가 : 30,000,000원, 감가상각누계액 : 15,000,000원)를 동일 업종인 거래처의 유사한 용도로 사용하던 기계장치(장부가액 : 18,000,000원, 공정가액 : 20,000,000원)와 교환하였다. 교환되는 기계장치 상호간의 공정가치는 동일하다.(3점)

[44] 11월 7일 8월 13일 주주총회에서 결의한 중간배당금 20,000,000원을 현금으로 지급하였다.(원천징수는 없는 것으로 가정함.) (3점)

[45] 11월 7일 홍콩지점관리를 목적으로 대표이사의 국외출장 왕복항공료 3,000,000원을 법인카드(하나카드)로 결재하였다.(3점)

[46] 11월 10일 생산된 제품(원가 300,000원, 판매시가 500,000원)을 국군 위문금품으로 전달하였다.(3점)

[47] 11월 11일 (주)부동산개발로부터 투자목적으로 토지를 300,000,000원에 구입하고, 현금으로 100,000,000원, 나머지는 약속어음을 발행하여 교부하였다. 또한 당일 취득세와 등록세 10,000,000원은 현금 납부하였다.(3점)

[48] 11월 13일 원재료 매입처인 (주)독도의 외상매입금 10,000,000원을 지급하기 위해 (주)세마에서 받아 보관 중인 약속어음 8,000,000원을 배서양도하고 나머지는 당좌수표를 발행하여 지급하였다.(3점)

[49] 11월 15일 새로 구입한 업무용 차량의 등록세 350,000원과 취득세 250,000원을 현금으로 납부하였다.(3점)

[50] 11월 17일 9월 20일 선지급(50만원)한 생산직 사원에 대한 출장비(전도금으로 회계 처리하였음)에 대하여 다음과 같이 출장비 명세서를 받았다. 초과된 출장 비는 보통예금에서 지급하였다.(전액 여비교통비로 회계처리할 것) (3점)

> • 교통비 : 160,000원 • 숙박비 : 210,000원
> • 식 대 : 120,000원 • 입장료 : 70,000원

[51] 12월 3일 생산직원 나이직씨가 개인적인 이유로 퇴직하여 다음과 같이 퇴직금을 지 급하였다. 현재 당사는 퇴직금을 지급하기 위한 퇴직급여충당부채가 충분 하다.(3점)

내 역	금액 및 비고
퇴직급여	30,000,000원
퇴직관련세금(소득세 및 주민세)	1,000,000원
차감 지급액	29,000,000원
지급 방법	당사 보통예금에서 지급

[52] 12월 5일 생산라인에 필요한 외국기술서적의 번역을 의뢰한 프리랜서에게 번역비 1,000,000원에서 원천징수세액 33,000원을 차감한 금액을 자기앞수표로 지급하였다.(수수료비용으로 회계처리할 것) (3점)

[53] 12월 6일 8월에 구입하여 보관 중인 원재료(원가 200,000원, 시가 300,000원)를 회 사 소모품으로 사용하고자 대체하였다.(소모품은 자산으로 회계처리할 것) (3점)

[54] 12월 7일 영업활동자금의 원활 한 운용을 위하여 (주)신정정밀에서 받은 받을어 음 9,000,000원을 국민은행에서 할인하고 대금은 할인료 750,000원을 제외한 전액을 당사 당좌예금으로 송금받았다.(매각거래로 회계처리할 것) (3점)

[55] 12월 9일 인천세관으로부터 수입한 원재료에 대한 통관수수료 160,000원을 현금으 로 지급 하였다.(취득원가로 회계처리 할 것) (3점)

[56] 12월 10일 전기에 대손이 확정되어 대손충당금과 상계 처리하였던 외상매출금 중 일 부인 600,000원을 회수하여 당좌예금 계좌에 입금하였다.(3점)

[57] 12월 11일 생산직원의 원가절감교육을 위해 외부강사를 초청하여 교육하고 강사료
중 원천징수세액 99,000원을 제외하고 나머지 금액 2,901,000원은 당사
보통예금계좌에서 강사의 보통예금 계좌로 송금하였다.(3점)

[58] 12월 13일 거래처인 (주)저스트원의 미지급금 70,000,000원 중 50,000,000원은 당
좌수표로 지급하고, 나머지 20,000,000원은 면제받았다.(3점)

[59] 12월 15일 당사 보통예금계좌에서 이자가 발생하여 원천징수세액 14,000원을 제외
한 나머지 금액 86,000원이 입금되었다.(3점)(자산 계정으로 처리할 것)

[60] 12월 31일 2기 확정 부가가치세 신고분에 대한 부가가치세예수금 31,000,000원과
부가가치세대급금 19,600,000원을 상계처리하고, 잔액을 2020년 1월 25
일 납부할 예정이다. 12월 31일 기준으로 적절한 회계처리를 하시오.(미지
급세금 계정을 사용할 것)(3점)

 (주)평창상사(회사코드 : 2033) / 매입매출전표입력 분개문제 50선

❍ 다음 (주)평창상사의 거래 자료를 매입매출전표 입력메뉴에 입력하시오.

─── < 입력 시 유의사항 > ───

- 일반적인 적요의 입력은 생략하지만, 타계정 대체거래는 적요번호를 선택하여 입력한다.
- 별도의 요구가 없는 한 반드시 기 등록되어 있는 거래처코드를 선택하는 방법으로 거래처명을 입력한다.
- 제조경비는 500번대 계정코드를, 판매비와 관리비는 800번대 계정코드를 사용한다.
- 회계처리시 계정과목은 별도제시가 없는 한 등록되어 있는 계정과목 중 가장 적절한 과목으로 한다.
- 입력화면 하단의 분개까지 처리하고, 전자세금계산서는 전자입력으로 반영한다.

[01] 7월 1일 (주)일진상사에 제품 300개(판매단가 @40,000원, 부가가치세 별도)를 외상으로 납품하면서 전자세금계산서를 발급하였다. 대금은 거래수량에 따라 공급가액 중 전체금액의 5%를 에누리해 주기로 하고, 나머지 판매대금은 30일 후 받기로 하였다.(3점)

[02] 7월 5일 매출거래처인 (주)일진상사에 선물로 증정하기 위해 프린터를 (주)오산에서 외상으로 구입하고 전자세금계산서를 수취하였다.(3점)

	전자세금계산서			(공급받자 보관용)		승인번호		xxxxxxxxx	
공급자	사업자등록번호	135-81-25631	종사업장 번호		공급받는자	사업자등록번호	108-83-65144	종사업장 번호	
	상호(법인명)	(주)오산	성명	임오산		상호(법인명)	㈜평창상사	성명	신창조
	사업장주소	서울특별시 동작구 노량진로 103				사업장주소	서울특별시 영등포구 양평로 171		
	업태	제조	종목	전자제품		업태	제조	종목	전자제품
	이메일	lobve@naver.com				이메일	vudckd@hanmail.net		
작성일자		공급가액		세액		수정사유			
2019. 7. 5.		2,000,000		200,000					
비고									

월	일	품목	규격	수량	단가	공급가액	세액	비고	
7	5	프린터				2,000,000	200,000		

합계금액	현금	수표	어음	외상미수금	이 금액을 영수 함 (청구)
2,200,000				2,200,000	

[03] 7월 7일 본사 신축용 토지 취득을 위한 법률자문 및 등기대행 용역을 제이컨설팅으로부터 제공받고 동 용역에 대한 수수료 2,000,000원(부가가치세 별도)을 현금 지급하였다. 이에 대한 전자세금계산서를 발급 받았다.(3점)

[04] 7월 12일 본사 영업부에서 사용하던 4인승 소형승용차(999cc)의 고장으로 (주)해피카센타에서 수리하고, 수리비 200,000원(부가가치세 별도)을 현금으로 지급하고 전자세금계산서를 발급받았다. 차량유지비 계정으로 처리할 것.(3점)

[05] 7월 17일 (주)동우전자에 제품(공급가액 20,000,000원, 부가가치세 별도)을 공급하면서 전자세금계산서를 발급하였다. 대금 중 부가가치세액은 은행권자기앞수표로 받고, 잔액은 동점발행 약속어음(어음만기 2019. 11. 11.)으로 받았다.(3점)

[06] 7월 17일 당사는 제품을 (주)미연상사에 판매하고, 전자세금계산서를 발급하였다. 판매대금은 27,500,000원(부가가치세 별도)이었으며, 부가가치세를 포함한 전액을 (주)미연상사가 발행한 약속어음(어음만기 2019. 12. 15.)으로 받았다.[(주)미연상사를 거래처 코드 2200번으로 등록하시오. 사업자등록번호 : 245-82-11479, 대표자 : 김영선, 업태 : 소매, 종목 : 가전제품](3점)

[07] 7월 18일 한마음문구에서 영업부 사무실 프린터기에 사용할 잉크를 99,000원(부가가치세 포함)에 구입하여 현금을 지급하고 현금영수증(지출증빙용)을 교부받았다. 부가가치세 공제요건은 모두 충족하였다.(사무용품비로 회계처리하고, 승인번호 입력 생략)(3점)

[08] 7월 20일 프랑스 거래처 봉쥬르에 공급가액 20,000,000원인 제품을 직수출하고 대금은 외상으로 하였다.(3점)

[09] 7월 26일 (주)까마귀로부터 원재료를 2,000,000원(부가가치세 별도) 매입하고, 대금은 어음(만기 2019. 11. 30.)을 발행하여 지급하고 전자세금계산서 교부받다. (3점)

[10] 7월 27일 생산직 사원 이택영의 결혼식에 사용할 축하화환을 100,000원에 (주)꽃나라에서 계산서를 발급받아 구입하고 대금은 보통예금에서 이체하였다.(3점)

[11] 7월 30일 강변패션(주)에 제품을 판매하고 전자세금계산서를 교부하였다. 판매대금 중 일부는 강변패션(주)가 보유하고 있던 (주)샛별의류가 발행한 약속어음(만기 2019. 8. 31.)으로 배서양도 받고, 잔액은 1개월 후에 수취하기로 하였다.(3점)

전자세금계산서 (공급자보관용)						승인번호		xxxxxxxxx	
공급자	사업자등록번호	108-83-65144	종사업장 번호		공급받는자	사업자등록번호	654-12-62344	종사업장 번호	
	상호(법인명)	㈜평창상사	성명	신창조		상호(법인명)	강변패션	성명	이강변
	사업장주소	서울특별시 영등포구 양평로 171				사업장 주소	부산광역시 부산진구 가야공원로 1		
	업태	제조	종목	전자제품		업태	도, 소매	종목	전자제품
	이메일	vudckd@hanmail.net				이메일	lob0426@naver.com		

작성일자	공급가액	세액	수정사유		
2019. 7. 30.	15,0000,000	1,500,000			
비고					

월	일	품목	규격	수량	단가	공급가액	세액	비고
7	30	전자제품		100	150,000	15,0000,000	1,500,000	

합계금액	현금	수표	어음	외상미수금	이 금액을 (영수) 함 청구
16,500,000			10,000,000	6,500,000	

[12] 8월 7일 (주)까치로부터 부재료를 5,500,000원(부가가치세 포함, 전자세금계산서 교부받음)에 매입하고, 대금의 10%는 현금으로 지급하고, 나머지는 외상으로 하였다.[(주)까치를 거래처코드 00188번으로 등록하시오. 사업자번호 : 108-81-45687, 대표자 : 김성, 업태 : 도매, 종목 : 목재] (3점)

[13] 8월 7일 (주)생산성으로부터 영업직 직원들에게 교육훈련특강을 실시하고, 특강료 3,000,000원에 대한 계산서를 교부받았다. 특강료는 선급금으로 회계처리 되어 있던 계약금 1,000,000원을 제외한 나머지 2,000,000원을 현금으로 지급하였다.(3점)

[14] 8월 9일 원재료 운송용 트럭(취득가액 35,000,000원, 전기말 감가상각누계액 16,500,000원)을 (주)대성상사에 20,000,000원(부가가치세 별도)에 처분 하면서 전자세금계산서를 발행하였다. 대금은 한 달 후에 수령하기로 하고, 처분시점에 감가상각은 하지 않기로 한다.(3점)

[15] 8월 16일 (주)삼부프라자로부터 업무용 컴퓨터 1대를 5,500,000원(부가가치세 포함)에 구입하고 법인카드인 비씨카드로 구입하였다.(신용카드 매입세액공제요건을 모두 충족함) (3점)

[16] 8월 17일 (주)상기물산에 Local L/C에 의하여 제품 8,000,000원을 납품하고 영세율 전자세금계산서를 발행하였으며, 대금 중 50%는 외상으로 하고 나머지는 어음으로 수령하였다.(3점)

전자세금계산서			(공급자보관용)			승인번호		xxxxxxxxx	

공급자	사업등록번호	108-83-65144	종사업장 번호		공급받는자	사업자등록번호	254-81-24457	종사업장 번호	
	상호(법인명)	㈜평창상사	성명	신창조		상호(법인명)	(주)상기물산	성 명	이성진
	사업장주소	서울특별시 영등포구 양평로 171				사업장 주소	경기도 평택시 평택1로 100		
	업 태	제조	종목	전자제품		업 태	도, 소매	종 목	전자제품
	이메일	vudckd@hanmail.net				이메일	lob0426@naver.com		

작성일자	공급가액	세 액	수정사유
2019. 8. 17.	8,000,000	0	영세율
비고			

월	일	품 목	규 격	수 량	단 가	공 급 가 액	세액	비 고
8	17	제품		80	100,000	8,000,000	0	

합계금액	현 금	수 표	어 음	외상미수금	이 금액을 (영수) 함 청구
8,000,000			4,000,000	4,000,000	

[17] 8월 19일 구매확인서에 의해 수출용제품에 대한 원재료(공급가액 35,800,000원)를 (주)신성정밀로부터 매입하고 영세율 전자세금계산서를 발급받았다. 매입대금 중 15,000,000원은 (주)영진전자로부터 받은 약속어음을 배서하여주고 나머지는 3개월 만기의 당사 발행 약속어음으로 주었다.(3점)

[18] 8월 20일 (주)용문에 제품 100개를 개당 200,000원(부가가치세 별도)에 판매하고 전자세금계산서를 교부하였으며, 대금 중 부가가치세는 현금으로 받고 나머지는 3개월 후에 받기로 하였다.(3점)

[19] 8월 26일 비사업자인 최준열씨에게 노트북 컴퓨터 1대를 판매하고 현금 462,000원(부가가치세 포함)을 수취하였다. 현금영수증은 발행하지 않았다.(3점)

[20] 8월 27일 하나마트에서 사무실용 찻잔 1세트를 40,000원(부가가치세 별도)에 구입하고 전자세금계산서를 교부받았으며, 대금은 현금으로 지급하였다. 찻잔은 구입시 비용으로 처리하였다.(3점)

[21] 8월 30일 대표이사(최지원)의 자택에서 사용할 목적으로 (주)호이마트에서 3D TV를 5,000,000원(부가가치세 별도)에 구입하고, 회사명의로 전자세금계산서를 수령하였다. 대금은 회사의 현금으로 결제하였으며, 대표이사의 가지급금으로 처리한다.(3점)

[22] 8월 31일 제품의 임가공 계약에 의해 의뢰하였던 컴퓨터부품을 (주)일신산업으로부터 납품받고 전자세금계산서를 수취하였다. 대금은 10,000,000원(부가가치세 별도)으로 50%는 당좌수표로 지급하고 나머지는 법인카드(신한카드)로 결제하였다. (3점)

[23] 9월 1일 (주)척척상사에 제품 30,000,000원(부가가치세 별도)을 판매하고 전자세금계산서를 교부하였다. 대금은 6개월 후에 받기로 하였다.(3점)

[24] 9월 3일 생산부서 사원들에게 선물로 지급하기 위해 이천쌀 50포대를 유일정미소로부터 구입하고 현금으로 1,200,000원을 결제하면서 현금영수증(지출증빙용)을 교부받았다.(승인번호입력은 생략한다.) (3점)

[25] 9월 5일 수출대행업체인 (주)조조물산에 Local L/C에 의하여 제품 200개를 1개당 100,000원에 납품하고 영세율전자세금계산서를 발행하였다. 대금 중 10%는 현금으로 받고 잔액은 외상으로 하였다.(3점)

[26] 9월 5일 영업부서에서 매출거래처인 (주)은진기업의 체육대회에 대한 점심식사를 지원하기 위하여, 도시락 제공업체인 (주)깔끔도시락으로부터 전자세금계산서를 교부받았다. 대금 5,000,000원(부가가치세 별도)은 자기앞수표로 지급하였다.(3점)

[27] 9월 5일 독도소프트(주)에서 ERP시스템 소프트웨어 용역을 공급받고, 전자세금계산서 22,000,000원(부가가치세 포함)를 수취하였다. 대금은 2019년 12월 10일에 지급하기로 하였다. 단, 계정과목은 무형자산 항목으로 처리하고, 당해 용역은 완료되었다.(3점)

[28] 9월 7일 해외거래처인 히라가나사로부터 수입한 원재료(¥1,000,000)와 관련하여, 인천세관으로부터 수입전자세금계산서를 교부받아 동 부가가치세액 1,000,000원을 김포세관에 현금으로 완납하였다. 단, 부가가치세와 관련된 것만을 회계처리하기로 한다.(3점)

[29] 9월 8일 원재료 납품업체인 (주)대풍으로부터 Local L/C에 의해 수출용 제품생산에 사용될 원재료(1,000개, @50,000원)을 납품받고 전자세금계산서(영세율)를 교부받았다. 그리고 대금은 전액 당점발행 약속어음으로 지급하였다.(3점)

[30] 9월 9일　개인인 김철수씨에게 제품을 3,300,000원(부가가치세 포함)에 현금으로 판매하고 현금영수증을 교부하여 주었다.(3점)

[31] 9월 10일　(주)씨엘에게 제품 10,000,000원(부가가치세 별도)을 판매하고 전자세금 계산서를 발행하였다. 판매대금 중 2,000,000원은 (주)씨엘의 선수금과 상계하고, 5,000,000원은 (주)씨엘이 발행한 어음으로, 잔액은 자기앞수표로 받았다.(3점)

[32] 9월 11일　공장의 원재료 매입처의 확장이전을 축하하기 위하여 양재화원에서 화분을 100,000원에 구입하여 전달하였다. 증빙으로 계산서를 수취하였으며, 대금은 외상으로 하였다.(3점)

[33] 9월 12일　(주)대정에 제품(100개, @100,000원, 부가가치세 별도)을 판매하고 전자 세금계산서를 발행하였다. 대금 중 부가가치세는 현금으로 받고 나머지는 동점발행 약속어음으로 받았다.(3점)

[34] 9월 12일　수출업체인 (주)세모에 Local L/C에 의해 제품(공급가액 20,000,000원)을 매출하고 영세율전자세금계산서를 발행하였다. 대금은 전액 외상으로 하였 다. (신규거래처 등록하여 입력할 것.) (3점)

신규거래처 등록	• 거 래 처 코 드 : 00503 • 사업자등록번호 : 101-81-17555

[35] 9월 13일　당사는 거래처인 (주)성심으로부터 내년 여름을 대비하여 사무실용 에어컨 (3대, 대당 2,000,000원, 부가가치세 별도)을 매입하였다. 전자세금계산서 를 교부받고 대금은 매출처인 (주)진흥으로부터 받은 약속어음으로 절반을 지급하였고, 나머지 절반은 당사가 발행한 약속어음을 지급하였다.(3점)

[36] 9월 15일　생산부서에서 클린세상에 공장청소에 따른 수수료비용 3,300,000원(부가 가치세 포함)을 당좌수표로 지급하고 지출증빙용 현금영수증을 교부받았 다.(현금영수증번호생략)(3점)

[37] 9월 16일　(주)크로바에 제품(1,000개, @2,000원, 부가가치세 별도)을 판매하고 전 자세금계산서 발행했다. 위의 금액 중 절반은 어음으로 받고 나머지 절반은 외상으로 하였다.(3점)

[38] 9월 18일 영국의 맨유상사에 제품(공급가액 40,000,000원)을 직수출하고 이미 수취한 계약금을 제외한 대금은 외상으로 하였다. 한편 당사는 6월 20일 맨유상사와 제품수출계약을 체결하면서 계약금 8,000,000원을 수취한 바 있다.(3점)

[39] 9월 25일 상록빌딩에서 당월의 본사 임차료에 대한 공급가액 500,000원(부가가치세 별도)의 전자세금계산서를 교부받고 보통예금 계좌에서 송금하였다.(3점)

[40] 9월 25일 비사업자인 개인 최명수(620217-1810133)에게 제품(1,500,000원, 부가가치세 별도)을 판매하고 자기앞수표를 받았으며, 주민등록번호로 전자세금계산서를 교부하였다.(거래처 신규등록할 것, 거래처 코드번호 : 2000)(3점)

[41] 9월 27일 회사 영업부에서 업무용으로 사용하는 법인소유의 소형승용차(1,500CC)가 고장이 발생하여 서울카센터에서 수리하고 전자세금계산서를 수취하였다. 차량수리비 220,000원(부가가치세 포함)은 전액 현금으로 지급하였다.(수익적지출로 회계처리할 것)(3점)

[42] 9월 30일 (주)북부에 제품 1,000개를 @1,000원(부가가치세 별도)에 외상판매하고, 수기세금계산서를 발행교부 하였다.(3점)

[43] 10월 4일 (주)신서울신문에 본사 사무직 신입사원 채용광고를 게재하고 광고료 500,000원(부가가치세 별도)을 현금으로 지급하고 전자세금계산서를 교부받았다.(신규거래처 등록할 것, 거래처명 (주)신서울신문, 거래처코드 1411, 사업자등록번호 123-81-66584)(3점)

[44] 10월 5일 공장의 원자재 구입부서에서 매입거래처에 선물할 냉장고 1,000,000원(부가가치세 별도)를 삼성전자로부터 구입하여 제공하고 전자세금계산서를 수취하였다. 대금은 보통예금 계좌에서 이체하였다.(3점)

[45] 10월 19일 제품운반용 트럭이 사고로 인하여 명성공업사로부터 엔진을 교체하였다. 이는 자본적지출에 해당하는 것으로 엔진교체비 5,000,000원(부가가치세 별도)을 당좌수표로 지급하고 전자세금계산서를 교부받았다.(3점)

[46] 10월 22일 공장건물을 신축할 목적으로 (주)아산으로부터 토지를 15,000,000원에 매입하고 전자계산서를 받았다. 대금 중 10,000,000원은 당사 보통예금 계좌에서 이체하여 지급하고 나머지는 3개월 후에 지급하기로 하였다.(3점)

[47] 10월 23일 생산직 종업원들의 안전을 목적으로 하나안전사에서 다음 물품들을 구입 하고 전자세금계산서를 교부받았다. 대금은 1개월 후에 지급하기로 하였다. 비용계정을 사용하여 회계처리하시오.(복수거래로 회계처리 할 것) (3점)

품목	수량	단가	공급가액	세액	결제방법
안전모	20	20,000	400,000	40,000	외상
장갑	100	1,000	100,000	10,000	

[48] 10월 25일 (주)조이넛에 제품을 5,000,000원(부가가치세 별도)에 공급하면서 전자세금계산서를 교부하고, 대금은 (주)조이넛의 외상매입금 3,350,000원을 상계처리하고, 잔액은 자기앞수표로 받았다.(3점)

[49] 10월 27일 다팔아쇼핑에서 홍삼 1세트(200,000원, 부가가치세 별도)를 현금으로 구입하고 전자세금계산서를 교부받았다. 그리고 구매한 홍삼세트는 매출거래처 (주)LT전자의 영업부 부장의 모친회갑기념으로 전달하였다.(3점)

[50] 10월 31일 제품을 개인 한동엽에게 소매로 판매하고 대금 330,000원(부가가치세 포함)을 현금으로 받았다.(3점)

Chapter
08

실기 실전유형문제

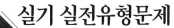

※ 기초데이터 실행 방법
- 제1회 실기 실전유형문제(이론 불포함)
- 제2회 실기 실전유형문제(이론 불포함)
- 제3회 실기 실전유형문제(이론 불포함)

 # 기초데이터 실행 방법

실기실전유형문제 및 실전모의고사의 기초데이터 실행 방법은 파스칼미디어 홈페이지(www.pascal21.co.kr)에 접속하여 [자료실] – [기초자료다운코너]의 [전산회계1급]을 선택한 후 '2019년 모의고사 기초데이터' 파일 [2019-mo1-data]를 다운로드 받아 더블클릭하면 작업하고자 하는 모든 데이터가 'C:\KcLepDB\KcLep' 방에 자동으로 설치되며, 아래 실행방법을 참조하여 작업을 하면 된다.

1. 다운된 바탕화면의 기초데이터 파일을 더블클릭한다.

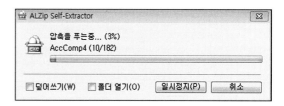

 바탕화면에 "KcLep 교육용 프로그램"을 실행하지 않은 상태에서 기초데이터를 실행하도록 한다.

2. 기초데이터 실행 시 '파일바꾸기확인' 메시지가 나타나면 아래의 '모든 파일에 적용'에 체크를 한 다음 [예(Y)]를 클릭하면 모든 데이터가 'C:\KcLepDB\KcLep' 안에 자동으로 설치가 되면서 [사용자 설정] 화면이 나타난다.

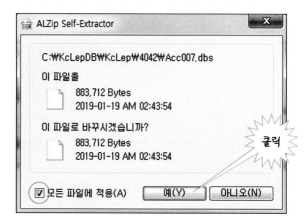

3. 사용자설정 화면에서 [종목선택]란의 "전산회계1급"을 선택한 다음 하단의 [회사등록] 단추를 누르면 [회사등록] 화면이 나타난다.

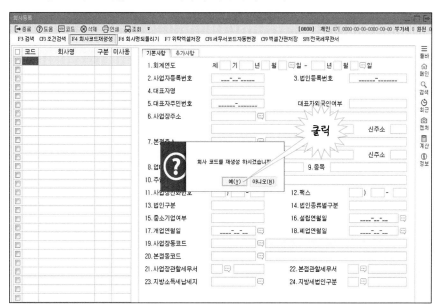

4. [회사등록] 화면 상단 툴바의 [회사코드재생성] 단추를 누르고, "회사코드를 재생성 하시겠습니까" 메시지 창에서 [예(Y)] 단추를 누르면 'C:₩KcLepDB ₩KcLep' 폴더 안에 있는 모든 회사가 재생성이 된다.

5. [회사코드 재생성 작업이 완료되었습니다.] 메시지 창에서 [확인] 단추를 누른 다음 [ESC]key 또는 오른 쪽 [닫기()] 단추를 누르면 다시 [사용자설정] 화면이 나타난다.

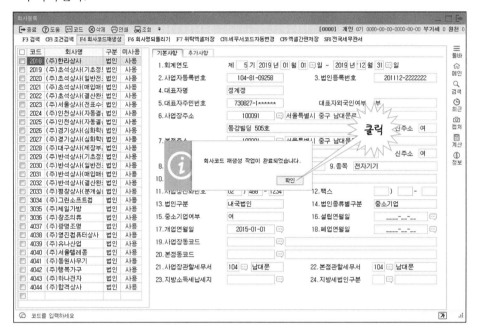

6. 사용자설정 화면의 [회사코드] 선택상자에서 [F2]도움 자판 또는 회사도움(□) 단추를 누르면 [회사코드도움] 창이 나타난다.

7. [회사코드 도움] 창에서 원하는 회사를 선택(예 3034 (주)그린소프트컴)한 다음
[확인(Enter)] 단추를 누르면 메인 화면인 [회계관리 화면]이 나타난다.

8. 메인 화면인 [회계관리 화면]에서 선택 작업을 한다.

(1) 기초데이터가 잘 불러졌는지 메인화면 우측 상단에 작업하고자 하는 회사명과 회계기간을 반드시
확인한 후 입력작업을 시작하도록 한다.

(2) KcLep 교육용프로그램을 이용하여 모의고사 문제를 설치하여 연습할 경우의 기초데이터는 "C:
₩KcLepDB₩KcLep"내에, 기출문제는 "C:₩KcLepExamDB₩KcLep"내에 설치된다.

(주)그린소프트컴(회사코드 : 3034)은 컴퓨터를 제조·판매하는 중소기업이며, 당기(4기) 회계기간은 2019. 1. 1 ~ 2019. 12. 31 이다. 전산세무회계 수험용 프로그램을 사용하여 다음 물음에 답하시오.

―――――< 기 본 전 제 >――――――

문제에서 한국채택국제회계기준을 적용하도록 하는 전제조건이 없는 경우, 일반기업회계기준을 적용한다.

문제1 다음 자료를 이용하여 전기분 오류내용과 거래처 변경사항을 수정하시오.(9점)

[1] (주)그린소프트컴의 전년도(2018년도) 당기원재료입고액은 153,700,000원이다. 관련 결산제표를 조회하여 입력이 누락되었거나 잘못 기재된 내용을 찾아 수정 또는 추가 입력하시오.(6점)

[2] 판매관리비의 임차료 계정과목의 대체적요 7번에 '임차료의 선급비용 대체'를 입력하시오.(3점)

문제2 다음 거래자료를 일반전표입력 메뉴에 추가 입력하시오.(일반전표입력의 모든 거래는 부가가치세를 고려하지 말 것)(30점)

――――――< 입력시 유의사항 >――――――

• 일반적인 적요의 입력은 생략하지만, 타계정 대체거래는 적요번호를 선택하여 입력한다.
• 채권·채무와 관련된 거래는 별도의 요구가 없는 한 반드시 기 등록되어 있는 거래처코드를 선택하는 방법으로 거래처명을 입력한다.
• 제조경비는 500번대 계정코드를, 판매비와 관리비는 800번대 계정코드를 사용한다.
• 회계처리시 계정과목은 별도제시가 없는 한 등록되어 있는 계정과목 중 가장 적절한 과목으로 한다.

[1] 10월 1일 공장용 화물차의 자동차보험을 '천안화재보험'에 들고 620,000원을 현금 지급하였다.(전액 비용으로 회계처리할 것)(3점)

[2] 10월 5일 당좌거래 개설보증금 5,000,000원을 현금으로 입금하여 제일은행 두정지점과 당좌거래를 개설하고 당좌개설수수료 2,000원을 현금으로 지급하였다.(3점)

[3] 10월 8일 9월분 카드사용액으로 청구되었던 1,500,000원(국민카드)이 한일은행 보통예금계좌에서 결제되었음을 확인하였다.(미지급금으로 처리할 것)(3점)

[4] 10월 10일 9월분 급여지급 시 원천징수한 소득세와 지방소득세 126,000원을 신라은행에 현금으로 납부하였다.(3점)

[5] 10월 27일 본사 영업부서에서 구독하는 10월분 신문구독료가 신한은행 보통예금계좌에서 자동이체 되었음을 확인하다.(3점)

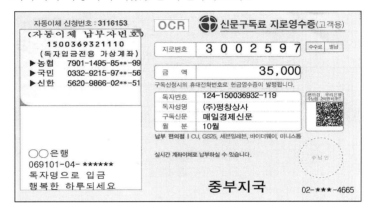

[6] 10월 28일 거래처 세흥상사(주)에서 받아 보관 중인 약속어음 2,000,000원을 신라은행에서 할인하고 할인료 35,000원을 차감한 실수금을 당사 당좌예금계좌에 입금하였다. 본 거래는 매각거래로 간주한다.(3점)

[7] 10월 30일 관리부용 승용차에 대한 자동차세 100,000원을 한일은행에 현금으로 납부하다.(3점)

[8] 10월 30일 김해남씨로부터 장기투자목적으로 토지를 취득하면서 6,000,000원은 당좌수표를 발행하여 지급하고, 나머지 1,000,000원은 30일 후에 지급하기로 하였다. 또한 이전등기 하면서 취득세 150,000원을 현금으로 지급하였다.(3점)

[9] 10월 30일 거래처인 코리아(주) 외상매입금 34,000,000원 중 30,000,000원은 당좌수표로 지급하고, 나머지 금액은 면제받았다.(3점)

[10] 10월 31일 제조부 소속 신상용 대리(6년 근속)의 퇴직으로 퇴직금 9,000,000원 중 소득세 및 지방소득세로 230,000원을 원천징수한 후 차인지급액을 전액 믿음은행 보통예금 계좌에서 이체하였다.(퇴직 직전 퇴직급여충당부채잔액은 없었다) (3점)

문제3 다음 거래 자료를 매입매출전표 메뉴에 추가로 입력하시오.(30점)

< 입력시 유의사항 >

- 일반적인 적요의 입력은 생략하지만, 타계정 대체거래는 적요번호를 선택하여 입력한다.
- 별도의 요구가 없는 한 반드시 기 등록되어 있는 거래처코드를 선택하는 방법으로 거래처명을 입력한다.
- 제조경비는 500번대 계정코드를, 판매비와 관리비는 800번대 계정코드를 사용한다.
- 회계처리시 계정과목은 별도제시가 없는 한 등록되어 있는 계정과목 중 가장 적절한 과목으로 한다.
- 입력화면 하단의 분개까지 처리하고, 전자세금계산서는 전자입력으로 반영한다.

[1] 11월 5일 거래처 (주)영일상사로부터 원재료(300개, @15,000원, 부가가치세 별도)를 매입하고 전자세금계산서를 교부받았으며, 대금 중 3,000,000원은 4월 10일 거래처 신흥전자(주)에서 수취한 어음으로 지급하고 잔액은 외상으로 하였다.(3점)

[2] 11월 11일 임원용 승용차(2,500CC)를 (주)미진자동차에서 11,000,000원(부가가치세 포함)에 12개월 할부로 구입하고 전자세금계산서를 수취하였다. 등록세와 취득세 등으로 1,100,000원을 현금으로 지급하였다.(3점)

[3] 11월 15일 거래처 강동전자(주)에 제품 매출하고 전자세금계산서를 교부하였으며, 대금은 강동전자(주)가 발행한 약속어음(만기 : 2020년 1월 5일)을 수취하였고 잔액은 외상으로 하였다.(3점)

전자세금계산서				(공급자보관용)				승인번호		xxxxxxxx	
공급자	사업자등록번호	105-86-54182	종사업장 번호			공급받는자	사업자등록번호	110-81-21223	종사업장 번호		
	상호(법인명)	㈜그린소프트컴	성명	임한양			상호(법인명)	강동전자(주)	성 명	장재일	
	사업장주소	서울특별시 서초구 강남대로 241					사업장 주소	서울특별시 강서구 가로공원로 174			
	업 태	제조	종목	카메라			업 태	제조	종 목	카메라부품 외	
	이메일	vudckd@hanmail.net					이메일	lob0426@naver.com			
작성일자		공급가액		세 액		수정사유					
2019. 11. 5.		5,000,000		500,000							
비고											
월	일	품 목	규격	수량	단가	공 급 가 액		세액		비 고	
11	5	제품		100	50,000	5,000,000		500,000			
합계금액		현 금		수 표		어 음		외상미수금		이 금액을 (영수) 함 (청구)	
5,500,000						3,000,000		2,500,000			

[4] 11월 18일 (주)national에 local L/C에 의해 제품 3,000,000원을 현금판매하고 영세율전자세금계산서를 교부하였다.(3점)

[5] 11월 23일 본사건물에 중앙집중식 냉난방설비공사를 실시하였으며, 공사대금 1억원(부가가치세 별도)을 시공회사인 (주)한양건설에 약속어음(2020년 5월 23일 만기)을 발행하여 지급하고 전자세금계산서를 수취하였다.(건물의 자본적지출로 처리할 것)(3점)

[6] 12월 3일 성진기업으로부터 내국신용장(Local L/C)에 의하여 원재료 22,000,000원을 공급받고 영세율 전자세금계산서를 발급받았으며, 대금 중 50%는 어음으로 지급하고 나머지 금액은 보통예금에서 이체지급하였다.(3점)

[7] 12월 5일 회사 영업부에서 사용하고 있는 5인승 소형승용자동차(2,000cc)에 사용할 경유를 500,000원(부가가치세 별도)에 주유하고, 세금계산서(전자세금계산서가 아님)를 동성주유소로부터 수령하였다. 부가가치세를 포함한 구입대금 전액을 보통예금에서 이체 지급하였다.(3점)

[8] 12월 9일 당사는 제품을 (주)미연상사에 판매하고, 전자세금계산서를 발급하였다. 판매대금은 27,500,000원(부가가치세 별도)이었으며, 부가가치세를 포함한 전액을 (주)미연상사가 발행한 약속어음(어음만기 2020. 03. 15)으로 받았다. [(주)미연상사를 거래처 코드 2200번으로 등록하시오. 사업자등록번호 : 245-82-11479, 대표자 : 김영선, 업태 : 소매, 종목 : 가전제품](3점)

[9] 12월 20일 신제품에 대한 거리 홍보시 증정할 목적으로 (주)보물섬에서 다음과 같이 기념품을 구매하고 전자세금계산서를 수취하였다.(전액 비용으로 처리할 것)(3점)

품 목	수량	단가	공급가액	부가가치세	결제방법
명함지갑세트	100	10,000원	1,000,000원	100,000원	현금

[10] 12월 30일 제조부문의 공장건물 임대인 (주)광원개발로부터 임차료 2,310,000원(부가가치세 포함)과 공장 전기요금 330,000원(부가가치세 포함)에 대한 전자세금계산서 1매를 교부받고 당좌수표를 발행하여 지급하였다.(임대차계약서상 임차료는 매월 30일에 지급하기로 되어 있다.)(3점)

문제4 일반전표입력 및 매입매출전표입력 메뉴에 입력된 내용 중 다음과 같은 오류가 발견되었다. 입력된 내용을 확인하여 정정하시오.(4점)

[1] 9월 8일   현금으로 납부한 전화요금 210,000원 중에는 공장 사용분 57,000원이 포함되어 있다.(2점)

[2] 9월 25일   외상구입한 원재료 20,000,000원(부가가치세 별도)은 강동전자(주)에서 구입한 것이 아니라 (주)정일전자에서 구입한 것으로 확인되었다.(2점)

문제5 결산정리사항은 다음과 같다. 해당메뉴에 입력하여 결산을 완료하시오.(12점)

[1] 매출채권(외상매출금과 받을어음)의 기말잔액에 대하여 1%의 대손충당금을 보충법으로 설정한다.(3점)

[2] 당기의 감가상각비는 다음과 같이 계상하기로 하였다.(3점)

계 정 과 목	구 분	금 액
건　　　　물	본 사 사 무 실	2,300,000원
	공　　　　장	3,500,000원
기 계 장 치	공　장　용	1,000,000원
비　　　　품	본 사 사 무 실 용	300,000원
	공　장　용	200,000원

[3] 기말 현재 영업부서에서 구입하여 비용(소모품비)처리한 소모품 중 미사용액은 500,000원이다.(3점)

[4] 기말재고자산은 다음과 같다.(3점)

재고자산명	금 액
원　재　료	20,000,000원
재　공　품	19,900,000원
제　　　품	50,000,000원

문제6 다음 사항을 조회하여 답안을 답안수록 메뉴에 입력하시오.(15점)

[1] 제1기 부가가치세 예정신고기간 동안의 매출세액은 얼마인가?(3점)

[2] 4월 중(4. 1 ~ 4. 30) 순 현금유입액(현금수취 총액 – 현금지급 총액)은 얼마인가?(3점)

[3] 6월 말 현재 받을어음의 각 거래처별 잔액은 얼마인가? 거래처코드와 금액을 입력하시오.(3점)

[4] 2019년 제1기 확정신고 시(4월 1일 ~ 6월 30일) 납부할 세액은 얼마인가?(3점)

[5] 4월부터 6월까지의 제품제조관련 노무비 발생액은 얼마인가?(3점)

2 제2회 실기실전유형문제

● (주)제일가방(회사코드 : 3035)는 가방을 제조하여 판매하는 법인기업이며, 당기(제10기) 회계기간은 2019. 1. 1 ~ 2019. 12. 31 이다. 전산세무회계 수험용 프로그램을 이용하여 다음 물음에 답하시오.

문제1 (주)제일가방의 전기(제9기)제조원가명세서는 다음과 같다. 초기이월메뉴에 입력되어 있는 전기분 재무상태표와 전기분원가명세서를 검토하여 누락사항을 추가 입력하시오. (5점)

제 조 원 가 명 세 서

(주)제일가방 2018년 1월 1일 ~ 2018년 12월 31일 단위 : 원

계 정 과 목	제 9 기 (전) 기	
	금	액
원 재 료 비		82,500,000
기 초 원 재 료 재 고 액	2,000,000	
당 기 원 재 료 매 입 액	83,000,000	
기 말 원 재 료 재 고 액	2,500,000	
노 무 비		33,000,000
임 금	33,000,000	
경 비		32,574,000
복 리 후 생 비	1,250,000	
여 비 교 통 비	152,000	
접 대 비	231,000	
가 스 수 도 료	108,000	
전 력 비	1,540,000	
세 금 과 공 과	473,000	
감 가 상 각 비	8,590,000	
수 선 비	550,000	
보 험 료	694,000	
차 량 유 지 비	936,000	
도 서 인 쇄 비	50,000	
소 모 품 비	8,230,000	
외 주 가 공 비	9,770,000	
당 기 총 제 조 비 용		148,074,000
기 초 재 공 품 재 고 액		5,000,000
합 계		153,074,000
기 말 재 공 품 재 고 액		0
타 계 정 으 로 대 체 액		0
당 기 제 품 제 조 원 가		153,074,000

 다음 거래자료를 일반전표 입력메뉴에 추가 입력하시오. (일반전표입력의 모든 거래는 부가가치세를 고려하지 말 것) (30점)

< 입력시 유의사항 >

- 일반적인 적요의 입력은 생략하지만, 타계정 대체거래는 적요번호를 선택하여 입력한다.
- 채권·채무와 관련된 거래는 별도의 요구가 없는 한 반드시 기 등록되어 있는 거래처코드를 선택하는 방법으로 거래처명을 입력한다.
- 제조경비는 500번대 계정코드를, 판매비와 관리비는 800번대 계정코드를 사용한다.
- 회계처리시 계정과목은 별도제시가 없는 한 등록되어 있는 계정과목 중 가장 적절한 과목으로 한다.

---

[1] 7월 21일 종업원의 급여를 다음과 같이 현금으로 지급하였다. (3점)

성명	급여	수당	지급액	근로소득세	건강보험	공제계	차인지급액
				지방소득세	국민연금		
여주영 (영업부)	1,250,000	100,000	1,350,000	5,000	6,500	27,000	1,323,000
				500	15,000		
박용철 (생산부)	1,300,000	100,000	1,400,000	8,000	6,800	34,600	1,365,400
				800	19,000		
계	2,550,000	200,000	2,750,000	13,000	13,300	61,600	2,688,400
				1,300	34,000		

[2] 7월 22일 공장에서 사용하는 기계장치의 수리비 450,000원을 세진기계설비에 현금으로 지급하였다. (3점) (수익적지출로 처리하며, 등록되어 있는 계정과목 중에서 가장 적절한 계정과목으로 회계처리할 것)

[3] 7월 23일 공장을 매입하기 위하여 재경건설과 계약을 하고 계약금 2,500,000원을 현금으로 지급하였다. (3점)

[4] 7월 24일 매출처 효성물산에 대한 외상매출금(제품 판매분임) 3,000,000원이 약정기일보다 30일 빠르게 회수되어 2%의 할인을 하여주고, 잔액은 현금으로 받았다. (3점)

[5] 7월 25일 매입처 (주)고산상사의 6월 30일 현재 외상매입금 잔액 전부를 약속어음(2020. 1. 10 만기)을 발행하여 지급하였다. (3점)

약 속 어 음

(주)고산상사 귀하 아자12121212

금 일천이백이십육만오천원정 12,265,000원

위의 금액을 귀하 또는 귀하의 지시인에게 이 약속어음과 상환하여 지급하겠습니다.

지급기일 : 2020년 1월 10일 발 행 일 : 2019년 7월 25일
지 급 지 : 국민은행 발 행 지
지급장소 : 서초지점 주   소 : 서울시 서초구 강남대로 241
  발 행 인 : (주)제일가방(진정한)

[6] 7월 26일 공장 종업원의 야근 시 지출한 식대 85,000원을 현금으로 지급하고, 지출결의서와 영수증을 받다.(3점)

[7] 7월 27일 영업부의 전화요금 93,500원 고지되어 당사 보통예금계좌에서 당일 출금 되었음을 확인하였다.(3점)

[8] 7월 28일 천풍전자에서 사무실용 에어콘 1대를 1,750,000원에 구입하고, 대금 중 250,000원은 현금으로 지급하고 잔액은 5개월 할부로 하였다.(3점)

[9] 7월 29일 보유중인 토지 일부를 8,000,000원(장부금액 5,000,000원)에 하림물산에 매각하고 대금 중 7,000,000원은 당사 보통예금계좌로 입금되었고, 잔액은 2020년 1월 15일에 받기로 하였다.(3점)

[10] 7월 30일 출장 중인 영업사원 허각으로부터 내용을 알 수 없는 1,500,000원이 당사 당좌예금계좌로 입금되었다.(3점)

 문제3 다음 거래자료를 매입매출전표 입력메뉴에 추가로 입력하시오.(20점)

< 입력시 유의사항 >

- 일반적인 적요의 입력은 생략하지만, 타계정 대체거래는 적요번호를 선택하여 입력한다.
- 별도의 요구가 없는 한 반드시 기 등록되어 있는 거래처코드를 선택하는 방법으로 거래처명을 입력한다.
- 제조경비는 500번대 계정코드를, 판매비와 관리비는 800번대 계정코드를 사용한다.
- 회계처리시 계정과목은 별도제시가 없는 한 등록되어 있는 계정과목 중 가장 적절한 과목으로 한다.
- 입력화면 하단의 분개까지 처리하고, 전자세금계산서는 전자입력으로 반영한다.

[1] 8월 25일 기업홍보광고를 조간신문사에 게재하고 광고비(공급가액 450,000원, 부가가치세 45,000원)에 대하여 전자세금계산서를 교부받았다. 광고대금은 다음달 광고대금과 함께 지급하기로 하였다.(4점)

[2] 8월 26일 수출대행업체인 두산상사에 Local L/C에 의하여 제품(가방 40개, @170,000원)을 납품하고 영세율전자세금계산서를 발행하였으며, 대금은 전액 현금으로 받아 당좌예입하였다.(4점)

[3] 8월 27일 정밀전자에서 업무용 복사기 1대 1,100,000원(부가가치세 별도)을 구입하고 전자세금계산서를 교부받았으며, 대금은 전액 외상으로 하였다.(4점)

[4] 8월 28일 카이로상사에 제품 1,200,000원(부가가치세 별도)을 판매하고 대금은 약속어음으로 받고(만기일 2020. 1. 15), 전자세금계산서를 발행하여 교부하다.(4점)

[5] 8월 29일 매입처 진진상사로부터 원재료를 다음과 같이 구입하고, 전자세금계산서를 교부받았으며, 대금 중 430,000원은 현금으로 지급하고 잔액은 외상으로 하다.(4점) (거래처코드 118로 신규등록을 하시오)<복수거래>

전자세금계산서			(공급받는자보관용)		승인번호		xxxxxxxxx	
공급자	사업자등록번호	138-11-71446	종사업장 번호		사업자등록번호	109-83-11113	종사업장 번호	
	상호(법인명)	진진상사	성명	이여신	상호(법인명)	(주)제일가방	성명	진정한
	사업장주소	경기도 안양시 동안구 관악대로 277			사업장주소	서울특별시 서초구 강남대로 241		
	업태	도매	종목	천연고무	업태	제조, 도·소매	종목	전자제품
	이메일	vudckd@hanmail.net			이메일	lobve@naver.com		

작성일자	공급가액	세 액	수정사유
2019. 8. 29.	1,300,000	130,000	
비고			

월	일	품 목	규 격	수 량	단 가	공 급 가 액	세액	비 고
8	29	A재료	T	10	90,000	900,000	90,000	
	29	B재료	T	10	40,000	400,000	40,000	

합계금액	현 금	수 표	어 음	외상미수금	이 금액을 영수/청구 함
1,430,000	430,000			1,000,000	

문제4 일반전표입력 메뉴에 입력된 내용 중 다음과 같이 오류가 발견되었다. 입력된 내용을 확인하여 정정하시오. (9점)

[1] 6월 5일 현금으로 납부한 전화요금 175,600원 중에는 공장사용분 62,600원이 포함되어 있다.(3점)

[2] 6월 10일 하림물산의 외상매입금을 현금으로 지급한 거래는 300,000원을 약속어음을 발행하여 지급하고 잔액만 현금으로 지급한 거래이다.(3점)

[3] 6월 15일 자동차 할부금 3회분을 현금으로 지급한 거래의 거래처는 신라자동차 (주)이다.(3점)

문제5 다음은 기말의 결산정리사항이다. 다음 사항을 일반전표입력 메뉴와 결산자료입력 메뉴에 입력하여 결산을 완료하시오. (18점)

[1] 재고자산의 기말재고액은 다음과 같다.(3점)

재고자산명	금 액
원 재 료	20,000,000원
재 공 품	19,900,000원
제 품	50,000,000원

[2] 퇴직급여충당부채를 다음과 같이 추가로 설정한다.(3점)

생산직 사원에 대한 설정액	1,000,000원
사무직 사원에 대한 설정액	2,000,000원

[3] 대손충당금은 기말 매출채권(외상매출금, 받을어음) 잔액의 3%를 설정한다.(3점) (보충법으로 처리할 것)

[4] 장기차입금 중에는 외화차입금 13,000,000원(미화 $10,000)이 있다. (재무상태표일 현재 적용환율 : 미화 1$당 1,200원) (3점)

[5] 감가상각비는 다음과 같이 계상한다. (3점)

계 정 과 목	용 도	금 액
기 계 장 치	공장용기계장치	2,000,000원
차 량 운 반 구	공 장 화 물 차	500,000원
	영 업 부 승 용 차	350,000원
비 품	본사관리부용비품	800,000원

[6] 당기분 이익잉여금 처분명세는 다음과 같다. (3점)
  ① 당기 처분예정일 : 2020. 3. 15 / 전기 처분확정일 : 2019. 3. 15
  ② 이익잉여금에 대하여 10,000,000원을 현금배당하기로 결의하였으며, 현금배당
    액의 10%에 상당하는 금액을 이익준비금으로 처분한다.

문제6 **다음 사항을 조회하여 답안을 답안수록 메뉴에 입력하시오.(18점)**

[1] 제1기 부가가치세 과세기간(1. 1 ~ 6. 30)의 공제받을 매입세액은 얼마인가?(해당 과
   세기간의 부가가치세신고서를 조회할 것) (3점)

[2] 제1기 부가가치세 과세기간(1. 1 ~ 6. 30)동안 매출세금계산서 발행 건수가 가장 많
   은 매출처의 매출공급가액 합계는 얼마인가? (3점)

[3] 1월 1일 ~ 3월 31일의 노무비합계는 얼마인가? (3점)

[4] 4월 중 현금으로 지출한 판매비와관리비의 합계금액은 얼마인가? (3점)

[5] 6월 30일 현재 외상매입금 잔액이 가장 많은 매입처는 어느 곳인가?(거래처 코드로
   입력할 것) (3점)

[6] 2월 20일에 발생한 소모품비(제조원가) 중 현금으로 지출된 금액은 얼마인가? (3점)

(주)창조의류(회사코드 : 3036)는 의류를 제조·도소매하는 기업으로서 당기 (5기)의 회계기간은 2019. 1. 1 ~ 2019. 12. 31이다. 전산세무회계 프로그램을 이용하여 다음의 물음에 답하시오.

문제1 다음의 수정사항에 대하여 입력된 자료를 정정하시오.(10점)

[1] 매출처인 (주)멋쟁이 옷가게가 상호 및 업종변경으로 다음과 같이 등록사항이 변경되었다. 입력된 자료를 수정하시오.(4점)

사 업 자 등 록 번 호	128-81-03041
상 호	(주)호진의류
사 업 장 소 재 지	서울시 강남구 남부순환로 2911(대치동)
업 태 / 종 목	제조 / 의류

[2] 4월 25일   지급된 복리후생비 25,000원은 신입영업사원의 명함인쇄비의 지급을 잘못 기장한 것이다.(3점)

[3] 5월   7일   우리상사에 제품 매출시 당사 부담의 발송운임 150,000원의 현금지급에 대한 전표입력이 누락되었다.(3점)

문제2 다음 거래자료를 일반전표 입력메뉴에 추가 입력하시오.(일반전표 입력의 모든 거래는 부가가치세를 고려하지 말 것)(30점)

─── < 입력시 유의사항 > ───

• 일반적인 적요의 입력은 생략하지만, 타계정 대체거래는 적요번호를 선택하여 입력한다.
• 채권·채무와 관련된 거래는 별도의 요구가 없는 한 반드시 기 등록되어 있는 거래처코드를 선택하는 방법으로 거래처명을 입력한다.
• 제조경비는 500번대 계정코드를, 판매비와 관리비는 800번대 계정코드를 사용한다.
• 회계처리시 계정과목은 별도제시가 없는 한 등록되어 있는 계정과목 중 가장 적절한 과목으로 한다.

[1] 6월   5일   다음의 업무용 차량에 대한 보험을 가입하고 보험료를 전액 현금으로 지급하였다.(3점) (수익적 지출로 처리할 것)

• 대표이사 승용차 : 700,000원   • 공장용 화물차 : 500,000원

[2] 6월   5일   5월분 직원의 급여를 현금으로 지급하다.(3점)

(단위:원)

성 명	소 속	급 여	소득세	지방소득세	건강보험료	공제계	차감액
이정남	본사관리팀	900,000	28,000	2,800	18,000	48,800	851,200
한재범	공장생산팀	850,000	21,000	2,100	15,000	38,100	811,900

[3] 6월   9일   5월분 건강보험료를 현금으로 납부하였다. 총 건강보험료는 66,000원이고, 이 중 1/2은 회사 부담분이고, 1/2은 종업원 부담분이다. 위의 급여자료를 참조하여 회계처리 하시오.(3점)

[4] 6월   10일   5월분 급여 지급 시 공제한 소득세, 지방소득세를 하나은행에 현금으로 납부하였다.(3점)

국 세 전 자 납 부 확 인 서

상호(성명)	(주)창조의류	사업자등록번호	106-81-54123
주 소	서울특별시 용산구 녹사평대로11가길 14		
세 목	근로소득세	세 목 코 드	201809-4-14-63494119
납 부 일 자	2019년 6월 10일	수 납 점 포	하나은행
납 부 금 액	53,900원	비 고	용산 지점

귀하의 성실한 국세납부에 감사드리며 위와 같이 납부되었음을 통보합니다.

2019년 6월 10일

용산 세무서장 [직인]

[5] 6월   15일   (주)아영의류의 외상매출금 11,000,000원을 현금으로 회수하였다.(3점)

[6] 6월   16일   (주)양평상사의 외상매출금 5,500,000원이 국민은행 보통예금계좌에 입금된 사실이 확인되었다.(3점)

[7] 6월   20일   한일섬유(주)의 외상매입금 22,000,000원을 약속어음을 발행하여 지급하였다.(3점)

[8] 6월   25일   보유 중인 유가증권 (주)엘지전자 주식 10,000주, 장부금액 20,000,000원)에 대한 현금배당금 550,000원을 현금으로 수령하였다.(3점)

[9] 6월 30일 5월 31일에 구입한 차량에 대한 취득세 250,000원을 강남구청에 현금으로 납부하였다.(3점)

[10] 7월 5일 실물상사의 제품매출에 대한 외상매출금 5,000,000원을 외상대금의 조기회수에 따른 약정에 의하여 100,000원을 할인해 주고 잔액을 현금으로 회수하였다.(3점)

문제3 다음 거래 자료를 매입매출전표 입력메뉴에 추가로 입력하시오.(30점)

─── < 입력시 유의사항 > ───

- 일반적인 적요의 입력은 생략하지만, 타계정 대체거래는 적요번호를 선택하여 입력한다.
- 별도의 요구가 없는 한 반드시 기 등록되어 있는 거래처코드를 선택하는 방법으로 거래처명을 입력한다.
- 제조경비는 500번대 계정코드를, 판매비와 관리비는 800번대 계정코드를 사용한다.
- 회계처리시 계정과목은 별도제시가 없는 한 등록되어 있는 계정과목 중 가장 적절한 과목으로 한다.
- 입력화면 하단의 분개까지 처리하고, 전자세금계산서는 전자입력으로 반영한다.

[1] 5월 1일 보성의류에 당사 원재료를 제공하고 제품의 일부를 제작의뢰 한 바, 오늘 의뢰했던 완제품을 납품 받고 다음과 같이 전자세금계산서를 교부받았다.(3점)

품명	제작비	부가가치세	결제방법
SY-24	8,000,000원	800,000원	당좌수표 발행

[2] 5월 3일 마케팅 담당사원을 채용하기 위해 지방일간지인 국제신문(신규 등록할 것. 거래처코드 : 2003, 사업자번호 : 135-81-39528)에 사원모집광고를 게재하였던 바, 오늘 광고료 2,100,000원, 부가가치세 210,000원을 외상으로 하고 전자세금계산서를 교부받았다.(3점)

[3] 5월 4일 우리상사에서 수출용 원재료를 내국신용장에 의해 구입하고 해당 영세율전자세금계산서를 교부받았다. 원재료 구입대금 20,000,000원은 전액 당좌수표를 발행하여 지급하였다.(3점)

전자세금계산서					승인번호		xxxxxxxx	

공급자	사업자등록번호	124-47-55126	종사업장 번호		공급받는자	사업자등록번호	106-81-54123	종사업장 번호	
	상호(법인명)	우리상사	성 명	한우리		상호(법인명)	(주)창조의류	성 명	김성희
	사업장주소	경기도 수원시 팔달구 매산로 104번길(매교동)				사업장 주소	서울시 용산구 녹사평대로 11가길 14(서빙고동)		
	업 태	제조	종 목	원단		업 태	제조, 도소매	종 목	의류
	이메일					이메일			

작성일자	공급가액	세액	수정사유		
2019. 05. 04.	20,000,000	영세율			

비고		

월	일	품 목	규 격	수 량	단 가	공 급 가 액	세 액	비 고
05	04	원단				20,000,000	0	

합계금액	현 금	수 표	어 음	외 상 미 수 금	이 금액을 영수 / 청구 함
20,000,000		20,000,000			

[4] 5월 6일 신용카센타로 부터 영업부 업무용으로 사용중인 소형승용차를 수리하고 전자세금계산서(공급가액 400,000원 부가가치세 40,000원)를 교부받았다. 수리비는 외상으로 하였다.(동 수리비는 수익적지출로 처리할 것) (3점)

[5] 5월 8일 명동의류에 다음과 같이 제품을 매출하고 전자세금계산서를 발행하였다. 대금은 전액 외상으로 하였다.(3점)

품명	수량	단가	공급가액	부가가치세
의 류	400	60,000원	24,000,000원	2,400,000원

[6] 5월 9일 지난달 4월 25일 명동의류에 납품한 제품 전액이 반품되어 수정전자세금계산서(공급가액 및 부가가치세는 직접 조회하여 처리)를 발행 교부하였으며, 대금은 외상매출금과 상계처리하기로 하였다.(3점)

[7] 5월 10일 수출업체인 여진상사에 Local L/C에 의하여 의류를 매출하고 다음과 같이 영세율전자세금계산서를 발행하였으며, 대금은 외상으로 하였다.(3점)

전자세금계산서						승인번호		XXXXXXXX	

공급자	사업자등록번호	106-81-54123	종사업장 번호		공급받는자	사업자등록번호	117-01-85186	종사업장 번호	
	상호(법인명)	(주)창조의류	성명	김성희		상호(법인명)	여진상사	성 명	이하늘
	사업장주소	서울시 용산구 녹사평대로 11가길 14(서빙고동)				사업장 주소	서울시 용산구 녹사평대로 11가길 11(서빙고동)		
	업 태	제조, 도소매	종목	의류		업 태	서비스 도매	종 목	의류
	이메일					이메일			

작성일자	공급가액	세액	수정사유
2019. 05. 10.	94,000,000	영세율	
비고			

월	일	품 목	규 격	수 량	단 가	공 급 가 액	세 액	비 고
05	10	B제품		400	50,000	20,000,000	0	
	10	C제품		300	60,000	18,000,000	0	
	10	D제품		800	70,000	56,000,000	0	

합계금액	현 금	수 표	어 음	외 상 미 수 금	이 금액을 (청구) 함
94,000,000				94,000,000	

[8] 5월 12일 복지상사에서 작업복을 다음과 같이 구입하여 생산직 사원에게 지급 하였다. 동 거래에 대하여 전자세금계산서를 교부 받았으며, 대금은 전액 외상으로 하였다.(전액 비용으로 회계처리할 것) (3점)

품명	수량	단가	공급가액	부가가치세
작 업 복	30	50,000원	1,500,000원	150,000원

[9] 5월 15일 새나라자동차(주)로부터 제품 운반용 트럭 1대(공급가액 20,000,000 원 부가가치세 2,000,000원)를 구입하고 전자세금계산서를 교부받았 다. 구입 대금은 전액 외상으로 하였다.(3점)

[10] 5월 20일 (주)양평상사에 제품을 매출하고 다음과 같이 전자세금계산서를 발행 하였다.(3점)

품명	거래처	공급가액	부가가치세	결제방법
의류SY-12	(주)양평상사	87,000,000원	8,700,000원	전액외상

문제4 다음은 기말의 결산정리사항이다. 다음 사항을 일반전표입력메뉴와 결산 자료입력 메 뉴에 입력하여 결산을 완료하시오.(20점)

[1] 장기차입금(우리은행) 중에는 외화차입금 $20,000(장부상 환율 미화 $1당 1,200 원)이 있다. 재무상태표일 현재의 환율은 미화 $1당 1,300원이다.(3점)

[2] 기말 영업용 소모품 미사용액 180,000원, 공장용 소모품 미사용액 150,000원을 계상하다. 단, 소모품 처리 시 비용으로 처리하였다.(3점)

[3] 대손충당금은 기말 매출채권(외상매출금, 받을어음)에 대하여 1%를 설정한다.(보충법으로 처리할 것)(3점)

[4] 비유동자산의 당기 감가상각비는 다음과 같다.(4점)

계 정 과 목	감가상각비	구 분
기 계 장 치	3,000,000원	공장 생산부
비 품	1,000,000원	공장 생산부
	2,400,000원	본사 관리부
차 량 운 반 구	700,000원	본사 영업부
	540,000원	공장 생산부

[5] 기말 퇴직급여충당부채를 다음과 같이 추가 설정한다.(4점)
• 생산직 사원에 대한 퇴직급여 설정액 18,900,000원
• 사무직 사원에 대한 퇴직급여 설정액 22,000,000원

[6] 재고자산의 기말재고액은 다음과 같다.(3점)
• 원 재 료 38,000,000원 • 재 공 품 15,000,000원
• 제   품 34,000,000원

문제5 다음 사항을 조회하여 답안을 답안수록 메뉴에 입력하시오.(10점)

[1] 6월 28일 당일 발생된 판매비와관리비 총액은 얼마인가?(2점)

[2] 1월부터 4월까지 발생된 노무비 합계액은 얼마인가?(2점)

[3] 1/4분기(1월 ~ 3월)에 교부받은 매입처별세금계산서합계표상의 공급가액과 부가가치세는 얼마인가?(2점)

[4] 3월 중에 수취한 받을 어음은 얼마인가?(2점)

[5] 8월 말 현재 명동의류에서 받은어음 중 만기가 도래하지 아니한 어음금액은 얼마인가?(2점)

　　필자가 우리나라에서 지구 반대편에 있는 볼리비아의 광산에 대한 재무 타당성 분석을 위해 출장을 갔을 때의 일이다. 직항편이 없어 비행기를 네 번이나 환승하여 겨우 도착해서 매우 피곤한 상태였다. 그런데 하필 도착한 날 볼리비아의 정국이 어수선한 상태이어서 처음 입국하는 외국인들에 대한 입국 절차가 매우 까다로웠다.

　　보안 담당 직원이 입국 목적에 대해서 이것 저것 묻기에 직업이 회계사라고 했더니, 갑자기 종이에 무엇인가를 쓰고는 답을 하면 바로 보내주겠다고 했다.

$$Asset = ? + ?$$

그가 쓴 질문은 이것이었다.

답을 'Asset(자산) = Liability(부채) + Capital(자본)' 이라고 쓰고 나니, 보안 담당 직원은 흐뭇한 미소로 출입허가 도장을 찍어 주었다. 아마도 그가 기본 회계 상식을 좀 배웠는데, 그것으로 내 직업을 검증했다는 사실을 즐거워 했던 것 같다. 이 처럼 비즈니스의 세계적 공용어인 회계는 지구 반대편 볼리비아에서도 통한다. 어쩌면 여러분도 위 질문에 답할 수 있어야 볼리비아에 출입할 수 있을지도 모를 일이다.

출처 : 〈지금 당장 회계 공부 시작하라〉 - 강대준, 신홍철 저 (한빛비즈) -

Chapter
09

실전대비 모의고사

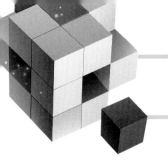

이 론 시 험

▶ 다음 문제를 보고 알맞은 것을 골라 │이론문제 답안작성│ 메뉴화면에 입력하시오.
(※ 객관식 문항당 2점)

―――――――< 기 본 전 제 >―――――――
문제에서 한국채택국제회계기준을 적용하도록 하는 전제조건이 없는 경우, 일반기업회계기준을 적용한다.

01 영업용 건물을 증축하고 대금 500,000원을 수표발행하여 지급하고 아래와 같이 틀리게
처리한 경우 나타나는 현상으로 옳은 것은?

> • (옳은 분개) : (차) 건   물 500,000   (대) 당좌예금 500,000
> • (틀린 분개) : (차) 수선비 500,000   (대) 당좌예금 500,000

① 비용의 과소계상   ② 자산의 과대계상
③ 자본의 과대계상   ④ 순이익의 과소계상

02 주당 액면금액 10,000원인 보통주 1,000주를 발행하고 현금 15,000,000원을 받았다
면 다음 중 올바른 설명은?

① 법정자본금이 15,000,000원이 증가한다.
② 자본잉여금이 15,000,000원이 증가한다.
③ 이익잉여금이 15,000,000원이 증가한다.
④ 주주지분이 15,000,000원이 증가한다.

03 다음에서 화재로 인한 손상차손과 보험금수익은 각각 얼마인가?

> 화재로 인하여 취득원가 20,000,000원(감가상각누계액 10,000,000원)인 건물
> 이 전소하였다. 본 건물에 대하여 화재보험회사로부터 7,000,000원의 보험금을
> 받아 당좌예입하였다.

	손상차손	보험금수익		손상차손	보험금수익
①	3,000,000원	7,000,000원	②	7,000,000원	7,000,000원
③	10,000,000원	7,000,000원	④	20,000,000원	10,000,000원

04 다음 중 지출된 기간의 당기비용으로 처리되어야 할 항목은?

① 영업용 건물에 대한 취득세
② 영업용 건물에 대한 화재보험료
③ 영업용 건물에 취득에 대한 중개수수료
④ 영업용 건물의 소유권 이전 등록세

05 다음 중 거래를 기록하더라도 자산·부채·자본의 총액에는 변동이 없는 것은?

① 건물을 원가로 매각
② 기업주에 의한 자본금의 납입
③ 현금 이외의 자산으로 부채를 상환
④ 약속어음 발행에 의한 건물 구입

06 다음 중 유동부채에 해당하는 금액을 모두 합하면 얼마인가?

> • 외상매입금 :　200,000원
> • 장기차입금 : 2,000,000원(유동성장기부채 300,000원 포함)
> • 단기차입금 :　300,000원　　• 미 지 급 비 용 : 100,000원
> • 선 수 금 :　280,000원　　• 퇴직급여충당부채 : 260,000원

① 820,000원　　　② 1,040,000원　　　③ 1,060,000원　　　④ 1,180,000원

07 다음 자료에 의하여 매출총이익과 당기순이익을 계산하면 얼마인가?

> • 매 출 액　750,000원　　• 매 출 원 가　480,000원
> • 급 여　70,000원　　• 이 자 수 익　25,000원
> • 광 고 선 전 비　30,000원　　• 통 신 비　15,000원

	매출총이익	당기순이익
①	200,000원	130,000원
②	200,000원	180,000원
③	270,000원	130,000원
④	270,000원	180,000원

08 다음은 재무상태표의 기본구조에 대한 설명이다. 틀린 것은?

① 유동자산은 당좌자산과 재고자산으로 구분한다.
② 비유동자산은 투자자산, 유형자산, 무형자산, 기타비유동자산으로 구분한다.
③ 중요하지 않은 항목이나 통합할 적절한 항목이 없는 경우에는 주석으로만 표시한다.
④ 자본은 자본금, 자본잉여금, 자본조정, 기타포괄손익누계액 및 이익잉여금으로 구분한다.

09 케이렙공업(주)의 기말재공품계정은 기초재공품에 비하여 300,000원 증가하였다. 또한, 재공품 공정에 투입한 직접재료비와 직접노무비, 제조간접비의 비율이 1:2:3 이었다. 케이렙공업(주)의 당기제품제조원가가 900,000원이라면, 재공품에 투입한 제조간접비는 얼마인가?

① 100,000원 　　② 200,000원 　　③ 400,000원 　　④ 600,000원

10 다음 중 개별원가계산의 특징이 아닌 것은?

① 직접비와 간접비로 분리하여 간접비를 제품별로 배부한다.
② 원가의 계산은 제조지시서가 중심이 되어 제조지시서별로 원가계산표를 작성한다.
③ 기말재공품의 평가는 평균법과 선입선출법으로 한다.
④ 주문생산형태이므로 재고누적에 대한 영향이 거의 없다

11 당기의 기초와 기말재공품원가는 동일하다. 당기에 판매가능한 제품의 원가는 105,000원이고, 기말제품원가는 기초제품원가보다 5,000원이 더 많다. 기초제품원가가 20,000원이라면, 매출원가는 얼마이겠는가?

① 105,000원 　　② 95,000원 　　③ 185,000원 　　④ 80,000원

12 일반적으로 조업도가 증가할수록 발생원가 총액이 증가하고, 조업도가 감소할수록 발생원가 총액이 감소하는 원가형태에 해당되는 것은?

① 공장 기계장치에 대한 감가상각비 　　② 공장 건물에 대한 재산세
③ 완성품 운반용 트럭에 대한 보험료 　　④ 개별 제품에 대한 직접재료비

13 (주)한국은 평균법에 의하여 종합원가계산을 수행하고 있고, 물량흐름은 아래와 같다. 재료비는 공정 초기에 전량 투입되고, 가공비는 공정전반에 걸쳐 균등하게 투입된다. 재료비 및 가공비의 완성품환산량을 계산하면 얼마인가?

> • 기초재공품 수량 : 0개　　• 당기완성품 수량 : 25,000개
> • 당기 착수 수량 : 30,000개　　• 기말재공품 수량 : 5,000개(당기 완성도 50%)

① 재료비 : 30,000개,　가공비 : 27,500개
② 재료비 : 30,000개,　가공비 : 30,000개
③ 재료비 : 27,500개,　가공비 : 30,000개
④ 재료비 : 27,500개,　가공비 : 27,500개

14 다음은 매입세액의 공제를 받을 수 없는 경우들이다. 해당되지 않는 것은?

① 사업자등록을 하기 1개월 전의 매입세액
② 비영업용 소형승용차의 구입과 유지에 관한 매입세액
③ 매입처별 세금계산서합계표를 수정신고서와 함께 제출한 경우
④ 접대비 및 이와 유사한 비용과 관련된 매입세액

15 금전 이외의 대가를 받는 경우에 부가가치세의 과세표준은?

① 자기가 공급한 재화의 원가
② 금전이외로 받은 물품의 시가
③ 자기가 공급한 재화의 시가
④ 금전이외로 받은 물품의 원가

실 무 시 험

⚙ (주)광명조명(회사코드 4037)은 조명기구를 제조·판매하는 중소기업(법인)이며,
(제6기) 회계기간은 2019. 1. 1 ~ 2019. 12. 31 이다. 전산세무회계 수험용 프로그
램을 이용하여 다음 물음에 답하시오.

< 기 본 전 제 >

문제에서 한국채택국제회계기준을 적용하도록 하는 전제조건이 없는 경우, 일반기업회계기준을 적용한다.

문제1 (주)광명조명의 전기분 이익잉여금처분계산서이다. 이를 재무상태표, 손익계산서,
원가명세서를 조회하여 오류를 수정 또는 입력하시오. (7점)

이 익 잉 여 금 처 분 계 산 서

(주)광명조명 제5기 2018년 1월 1일부터 2018년 12월 31일까지 단위 : 원

계 정 과 목	금	액
미 처 분 이 익 잉 여 금		163,324,048
전기이월미처분이익잉여금	111,869,048	
당 기 순 이 익	51,455,000	
임 의 적 립 금 이 입 액		
배 당 평 균 적 립 금		
별 도 적 립 금		
합 계		163,324,048
이 익 잉 여 금 처 분 액		
이 익 준 비 금		
재 무 구 조 개 선 적 립 금		
배 당 금		
현 금 배 당		
주 식 배 당		
차기이월미처분이익잉여금		163,324,048

문제2 다음 거래자료를 일반전표 입력메뉴에 추가 입력하시오. (일반전표입력의 모든 거래는 부가가치세를 고려하지 말 것)(21점)

<입력시 유의사항 >

• 일반적인 적요의 입력은 생략하지만, 타계정 대체거래는 적요번호를 선택하여 입력한다.
• 채권·채무와 관련된 거래는 별도의 요구가 없는 한 반드시 기 등록되어 있는 거래처코드를 선택하는 방법으로 거래처명을 입력한다.
• 제조경비는 500번대 계정코드를, 판매비와 관리비는 800번대 계정코드를 사용한다.
• 회계처리시 계정과목은 별도제시가 없는 한 등록되어 있는 계정과목 중 가장 적절한 과목으로 한다.

[1] 8월 1일   영업부 차량에 대한 종합보험 보험료를 소유하고 있던 국민은행권 자기앞수표로 지급하였다.(3점) (비용으로 처리할 것)

자기앞수표

서울 01
01234

지급지 : 서울
주식회사 국민은행 여의도영업부   가/00001001

KB ✱ﾑ **₩750,000**(금 칠십오만원정)

이 수표 금액을 소지인에게 지급하여 주십시오.
거절증서 작성을 면제함.   2019년 08월 01일

발 행 지 : 서울특별시
주 식 회 사 : 국민은행   여의도영
업부부장 **현정인(인)**

아래의 별빛 템은 전산처리 부분이오니 글씨를 쓰거나 더럽히지 마시오.
0000000000m×   06×× 4004 00 0002m× ×3 10000/00000/

---

[2] 8월 5일   (주)동작문구점에서 공장 소모자재 250,000원을 구입하고, 대금은 거래처 태양상사에서 받아 소지하고 있던 당좌수표로 지급하다. <비용으로 처리할 것>(3점)

[3] 8월 15일   이정식당에서 생산부직원의 단합을 위하여 회식을 하고, 대금 330,000원을 당좌수표를 발행하여 지급하다.(3점)

[4] 8월 17일   매출처 동북상사의 외상대금 중 3,500,000원을 대전상사 발행 당좌수표로 받고, 동상사 직원에게 식사 접대를 하고, 식대 50,000원을 현금으로 지급하였다.

[5] 8월 20일   단기적 자금운용을 위해 (주)한국투자에서 (주)국일상사 발행사채 액면 2,000,000원(액면단가 100원)을 1주당 85원에 매입하고, 대금은 당좌수표를 발행하여 지급하다.(3점)

[6] 9월 10일 소유하고 있던 (주)국일상사 발행사채 액면 1,000,000원(액면단가 100원)을 1주당 90원에 처분하고, 대금은 수표로 받아 즉시 당좌예금하다.(3점)

[7] 9월 16일 (주)천일상사의 외상매입금 26,000,000원 중 5,000,000원을 약속어음을 발행하여 지급하다.(3점)

문제3 ● 매입 매출전표 입력 사항 (15점)

< 입력시 유의사항 >

- 일반적인 적요의 입력은 생략하지만, 타계정 대체거래는 적요번호를 선택하여 입력한다.
- 별도의 요구가 없는 한 반드시 기 등록되어 있는 거래처코드를 선택하는 방법으로 거래처명을 입력한다.
- 제조경비는 500번대 계정코드를, 판매비와 관리비는 800번대 계정코드를 사용한다.
- 회계처리시 계정과목은 별도제시가 없는 한 등록되어 있는 계정과목 중 가장 적절한 과목으로 한다.
- 입력화면 하단의 분개까지 처리하고, 전자세금계산서는 전자입력으로 반영한다.

[1] 10월 2일 (주)천일상사에서 제품 제조용 원자재 1,500개(@5,000원)를 매입하고, 전자세금계산서를 교부받았다. 대금 7,500,000원(부가가치세별도)을 현금으로 지급하다.(3점)

[2] 10월 3일 은정아트방에서 관리부에서 사용할 사무용품을 매입하고, 전자세금계산서를 교부받고, 대금은 수표를 발행하여 지급하다. 비용으로 처리할 것.(3점)

전자세금계산서		(공급받는자보관용)			승인번호		xxxxxxxx	
공급자	사업자등록번호	104-36-12302	종사업장 번호	공급받는자	사업자등록번호	119-81-29163	종사업장 번호	
	상호(법인명)	은정아트방	성명	이후성	상호(법인명)	(주)광명조명	성명	박성수
	사업장주소	서울특별시 중구 남대문로 114-1			사업장주소	서울특별시 영등포구 국회대로53길 24		
	업태	제조, 도·소매	종목	가구	업태	제조, 도·소매	종목	가구
	이메일	lobve@naver.com			이메일	vudckd@hanmail.net		
작성일자		공급가액		세액		수정사유		
2019. 10. 3.		6,000,000		600,000				

월	일	품 목	규 격	수 량	단 가	공 급 가 액	세액	비 고
10	3	사무용품		1,000	6,000	6,000,000	600,000	

합계금액	현금	수표	어음	외상미수금	이 금액을 (영수) 함 청구
6,600,000		6,600,000			

[3] 10월 6일　상일가구점에서 영업용 응접세트를 300,000원(부가가치세 별도)에 구입하고, 전자세금계산서를 교부받았다. 대금 중 반액은 현금으로 잔액은 외상으로 하다.(3점)

[4] 11월 7일　남도상사에 갑제품 1,400개(@2,000원)를 2,800,000(부가가치세 별도)원에 매출하고, 전자세금계산서를 발행하여 주다. 대금은 현금으로 받다.(3점)

[5] 11월 9일　동북상사에 을제품 1,000개(@5,000원)를 5,000,000원(부가가치세 별도)에 매출하고, 전자세금계산서를 발행하여 주다. 대금은 수표로 받아 즉시 당좌예입하다.

문제4 일반전표입력 및 매입매출전표입력 메뉴에 입력된 내용 중 다음과 같은 오류가 발견되었다. 입력된 내용을 확인하여 정정하시오.(4점)

[1] 9월 8일　한국통신에 현금으로 납부한 전화요금 210,000원 중에는 공장사용분 57,000원이 포함되어 있다.(2점)

[2] 9월 25일　비품 200,000원(부가가치세 별도)은 (주)오덕에서 구입한 것이 아니라 상일가구점에서 구입한 것으로 확인되었다.(2점)

문제5 결산정리사항은 다음과 같다. 해당메뉴에 입력하여 결산을 완료하시오.(12점)

[1] 매출채권(외상매출금과 받을어음)의 기말잔액에 대하여 1%의 대손충당금을 보충법으로 설정한다.(3점)

[2] 당기의 감가상각비는 다음과 같이 계상하기로 하였다.(3점)

계정과목	구 분	금 액
건　　　물	본사사무실	2,000,000원
	공　　　장	3,000,000원
비　　　품	본사사무실	300,000원
	공 장 용	200,000원

[3] 기말 현재 영업부서에서 구입하여 비용(소모품비) 처리한 소모품 중 미사용액은 500,000원이다. (3점)

[4] 기말재고자산은 다음과 같다. (3점)

재고자산	금 액
원 재 료	20,000,000원
재 공 품	10,200,000원
제 품	60,000,000원

문제6 다음 사항을 조회하여 답안을 이론문제 답안작성 메뉴에 입력하시오. (9점)

[1] 제1기 부가가치세 확정 신고기간 동안의 매출세액은 얼마인가? (3점)

[2] 6월 말 현재 지급어음 잔액이 가장 많은 거래처와 금액은 얼마인가? (3점)

[3] 상반기 영세율전자세금계산서에 의한 공급가액은 얼마인가? (3점)

이 론 시 험

다음 문제를 보고 알맞은 것을 골라 이론문제 답안작성 메뉴화면에 입력하시오.
(※ 객관식 문항당 2점)

─< 기 본 전 제 >─
문제에서 한국채택국제회계기준을 적용하도록 하는 전제조건이 없는 경우, 일반기업회계기준을 적용한다.

01 외상매출금과 외상매입금, 당좌예금과 당좌차월은 서로 반대되는 성격을 가지고 있다. 그러나 이들 금액을 서로 상계하지 않고 그대로 표시하도록 하는 재무상태표 작성 기준은?

① 중요성   ② 총액표시의 원칙
③ 보수주의 원칙   ④ 1년기준

02 회계기간 말 재고자산금액을 실제보다 낮게 계상한 경우 재무제표에 미치는 영향으로 잘못된 것은?

① 매출원가가 실제보다 증가한다.   ② 매출총이익이 실제보다 감소한다.
③ 당기순이익이 실제보다 감소한다.   ④ 자본총계가 실제보다 증가한다.

03 다음 중 일반기업회계기준에 의할 경우 수익의 인식시점으로 옳지 않은 것은?

① 위탁판매는 수탁자가 위탁품을 판매한 날
② 단기할부판매는 상품 등을 인도한 날
③ 시용판매는 상품 등을 인도한 날
④ 용역매출은 진행기준(비상장 중소기업의 단기용역은 완성 기준)

04 다음 중 무형자산에 속하지 않는 것은?

① 산업재산권   ② 창업비
③ 광업권   ④ 개발비

05 재무상태표상 자산, 부채 계정에 대한 분류가 잘못 연결된 것은?

① 선급비용 : 당좌자산

② 유동성장기부채 : 비유동부채

③ 임차보증금 : 기타비유동자산

④ 퇴직급여충당부채 : 비유동부채

06 다음은 자본조정과 기타포괄손익누계액의 항목들이다. 이 중 당기 또는 차기에 결과적으로 당기순손익 계산에 영향을 미칠 수 있는 항목은 어느 것인가?

① 주식할인발행차금

② 자기주식처분손실

③ 매도가능증권평가손실

④ 감자차손

07 다음 자료를 연수합계법으로 감가상각할 경우 2차 회계연도에 계상될 감가상각비는?

> • 취득원가 4,900,000원   • 잔존가치 400,000원
> • 내용연수 5년

① 1,500,000원   ② 900,000원   ③ 600,000원   ④ 1,200,000원

08 종업원급여는 퇴직급여 외의 종업원급여와 퇴직급여로 구분한다. 다음 중 퇴직급여에 해당하지 않는 것은?

① 퇴직일시금   ② 퇴직연금   ③ 퇴직후 의료급여   ④ 명예퇴직금

09 다음 자료에 의하여 가공비 금액은 얼마인가?

> • 직 접 재 료 비   300,000원   • 직 접 노 무 비   200,000원
> • 변동제조간접비   400,000원   • 고정제조간접비   100,000원

① 600,000원   ② 700,000원   ③ 800,000원   ④ 1,000,000원

10 (주)세무는 기계장치 1대를 매월 300,000원에 임차하여 사용하고 있으며, 기계장치의 월 최대 생산량은 2,000단위이다. 당월 수주물량이 3,500단위여서 추가로 1대의 기계장치를 임차하기로 하였다. 이 기계장치에 대한 임차료의 원가행태는 무엇인가?

① 고정원가   ② 준고정원가   ③ 변동원가   ④ 준변동원가

11 다음 자료에 의하여 당기제품제조원가를 계산하면 얼마인가?

• 당기총제조비용　400,000원	• 기초재공품재고액　75,000원
• 기말재공품재고액　100,000원	• 기초제품재고액　150,000원
• 기말제품재고액　200,000원	

① 350,000원　　　　② 400,000원　　　　③ 275,000원　　　　④ 375,000원

12 다음 중 제조원가명세서를 작성하기 위하여 필요하지 않은 자료는?

① 당기직접재료비 사용액　　　　② 당기직접재료비 구입액
③ 당기직접노무비 소비액　　　　④ 당기기말제품 재고액

13 다음은 원가의 특성에 대한 설명이다. 잘못된 것은?

① 원가는 그 발생한 기간에 비용화한다.
② 원가는 급부창출 과정에서 발생하는 경제적 가치의 소비액이다.
③ 원가는 정상적인 경영활동을 전제로 한다.
④ 원가는 과거뿐만 아니라 미래를 대상으로 계산할 수 있다.

14 다음 중 부가가치세의 과세표준에 포함되는 것은?

① 할부판매의 이자상당액
② 에누리액
③ 계약 등에 의하여 확정된 대가의 지급지연으로 인하여 지급 받는 연체이자
④ 공급받는 자에게 도달하기 전에 파손된 재화의 가액

15 다음의 거래에 대하여는 부가가치세를 면제한다 틀린 것은?

① 의료보건용역　　　　② 허가받은 학교에서의 교육용역
③ 연탄, 무연탄, 갈탄의 공급　　　　④ 도서관에의 입장

○ (주)영진컴퓨터상사(회사코드 : 4038)는 컴퓨터를 제조, 판매하는 중소기업(법인)이며, (제3기) 회계기간은 2019. 1. 1 ~ 2019. 12. 31 이다. 전산세무회계 수험용 프로그램을 이용하여 다음 물음에 답하시오.

─────────< 기 본 전 제 >─────────

문제에서 한국채택국제회계기준을 적용하도록 하는 전제조건이 없는 경우, 일반기업회계기준을 적용한다.

문제1 (주)영진컴퓨터상사의 전기분이익잉여금처분계산서는 아래와 같다. 전기분재무상태표와 전기분손익계산서를 조회하여 입력이 누락되었거나 오류부분을 찾아 수정입력하시오. 단, 전기분원가명세서는 오류가 없음(10점)

이 익 잉 여 금 처 분 계 산 서

(주)영진컴퓨터상사   제2기 2018년 1월 1일부터 2018년 12월 31일까지   단위 : 원

계 정 과 목	금	액
미 처 분 이 익 잉 여 금		55,000,000
전기이월미처분이익잉여금	26,057,406	
당 기 순 이 익	28,942,594	
임 의 적 립 금 이 입 액		
배 당 평 균 적 립 금		
별 도 적 립 금		
합 계		55,000,000
이 익 잉 여 금 처 분 액		35,000,000
이 익 준 비 금	3,000,000	
감 채 적 립 금	2,000,000	
배 당 금	30,000,000	
현 금 배 당	30,000,000	
주 식 배 당		
차기이월미처분이익잉여금		20,000,000

문제2 다음 거래 자료를 일반전표 입력메뉴에 추가 입력하시오. (일반전표입력의 모든 거래는 부가가치세를 고려하지 말 것) (21점)

< 입력시 유의사항 >

- 일반적인 적요의 입력은 생략하지만, 타계정 대체거래는 적요번호를 선택하여 입력한다.
- 채권·채무와 관련된 거래는 별도의 요구가 없는 한 반드시 기 등록되어 있는 거래처코드를 선택하는 방법으로 거래처명을 입력한다.
- 제조경비는 500번대 계정코드를, 판매비와 관리비는 800번대 계정코드를 사용한다.
- 회계처리시 계정과목은 별도제시가 없는 한 등록되어 있는 계정과목 중 가장 적절한 과목으로 한다.

[1] 5월 3일 동인건설과 기숙사 신축계약을 체결하고, 도급대금 100,000,000원 중 3,000,000원을 약속어음을 발행하여 지급하다. (3점)

[2] 5월 5일 본사 사옥을 대폭 수선하고, 수선비 2,000,000원을 수표를 발행하여 지급하다. 이 중 30%는 자본적지출로, 70%는 수익적 지출이다. (3점)

[3] 5월 10일 4월분 급여 지급 시 원천징수 하여 둔 근로소득세 및 지방소득세 42,810원을 관할세무서에 현금으로 납부하다. (3점)

[4] 5월 20일 영업부 직원 4월분 건강보험료 90,000원과 고용보험료 30,000원을 현금으로 납부하였다. (납부액 중 회사부담 분은 50%이다.) (3점)

[5] 5월 25일 소유하고 있던 甲법인 주식회사의 주식 15,000,000원에 대한 배당금 영수증 1,500,000원과 소유 회사채에 대한 만기된 이자표 액면 1,000,000원을 받다. 적절한 회계처리를 하시오. (3점)

[6] 5월 28일 거래처 (주)조광상사로부터 사업자금을 현금으로 차입하고 약속어음 (만기 2020년 1월 10일)을 발행하여 교부하였다. (3점)

약 속 어 음

(주)조광상사 귀하   아자13001512

금 삼백만원정   <u>3,000,000원</u>

위의 금액을 귀하 또는 귀하의 지시인에게 이 약속어음과 상환하여 지급하겠습니다.

지급기일 : 2020년 1월 10일   발 행 일 : 2019년 5월 28일
지 급 지 : 신한은행   발 행 지
지급장소 : 동작지점   주   소 : 서울특별시 동작구 노들로2길 9
                             발 행 인 : (주)영진컴퓨터상사

[7] **5월 31일** 다음과 같은 조건의 사채를 발행하고 수취한 금액은 당좌예금에 입금하였다.(3점)

• 액면가액 : 50,000,000원	• 만기 : 5년
• 약정이자율 : 액면가액의 10%	• 발행가액 : 48,500,000원
• 이자지급 기준일 : 12월 31일	

문제3 매입 매출전표 입력 사항 (15점)

< 입력시 유의사항 >

• 일반적인 적요의 입력은 생략하지만, 타계정 대체거래는 적요번호를 선택하여 입력한다.
• 별도의 요구가 없는 한 반드시 기 등록되어 있는 거래처코드를 선택하는 방법으로 거래처명을 입력한다.
• 제조경비는 500번대 계정코드를, 판매비와 관리비는 800번대 계정코드를 사용한다.
• 회계처리시 계정과목은 별도제시가 없는 한 등록되어 있는 계정과목 중 가장 적절한 과목으로 한다.
• 입력화면 하단의 분개까지 처리하고, 전자세금계산서는 전자입력으로 반영한다.

[1] **7월 2일** (주)조광상사에 A재료 800개(@10,000원)를 8,000,000원(부가가치세 별도)을 대진화물을 통하여 인수하고, 전자세금계산서를 교부받았다. 대금은 즉시 당점 보통예금에서 계좌이체하여 지급하였다. 그리고 대진화물(주)에 운임 50,000원(부가가치세 별도)을 별도로 현금으로 지급하고, 전자세금계산서를 교부받았다.(3점)

[2] **7월 12일** (주)종로상사에 컴퓨터 500대를(부가가치세 별도) 매출하고, 전자세금계산서를 발행하여 주다. 대금은 외상으로 하다. (3점)

전자세금계산서 (공급자보관용)						승인번호		xxxxxxxx	
공급자	사업자등록번호	108-81-79533	종사업장 번호		공급받는자	사업자등록번호	129-81-25636	종사업장 번호	
	상호(법인명)	㈜영진컴퓨터상사	성명	윤광현		상호(법인명)	(주)종로상사	성 명	장재일
	사업장주소	서울특별시 동작구 노들로2길 9-1				사업장 주소	서울특별시 강동구 상일로 134		
	업 태	제조	종목	전자제품		업 태	도, 소매	종 목	전자제품
	이메일	ehdwkrrn@hanmail.net				이메일	rkdehdrn@naver.com		
작성일자		공급가액	세 액		수정사유				
2019. 7. 12.		10,000,000	1,000,000						
비고									

월	일	품 목	규 격	수 량	단 가	공 급 가 액	세액	비 고
7	12	컴퓨터		500	20,000	10,000,000	1,000,000	

합계금액	현 금	수 표	어 음	외상미수금	이 금액을 영수 함 (청구)
11,000,000				11,000,000	

[3] 7월 15일 본사는 강남상사에 컴퓨터 500대(@20,000원)를 10,000,000(부가가치세 별도)원에 매출하고, 전자세금계산서를 발행하여주다. 대금은 현금으로 받다.(3점)

[4] 7월 20일 공장 전력비 700,000원(부가가치세 별도)을 보통예금계좌에서 자동 이체되어 한국 전력공사에 납부하고, 전자세금계산서를 교부받았다.(3점)

[5] 7월 28일 7월 12일 (주)종로상사에 납품한 컴퓨터 중 1,500,000(부가가치세 별도)원이 반품되어 수정전자세금계산서를 발행하였으며, 대금은 외상매출금과 상계처리하기로 하였다.(3점)

문제4 **다음의 결산정리사항에 의하여 결산을 완료하시오.(12점)**

[1] 기말재고액은 다음과 같다.(3점)
- 원재료 : 15,000,000원
- 재공품 : 10,000,000원
- 제 품 : 50,000,000원

[2] 감가상각액은 다음과 같이 계상한다.(3점)

구 분	금 액	비 고
기 계 장 치	3,250,000원	전액 공장분
건 물	880,000원	공장분 40%
		사무실분 60%
차 량 운 반 구	1,230,000원	영업부 사용 차량

[3] 기말 현재 공장소모품 미사용액은 500,000원이다.(3점)

[4] 대손충당금은 기말 매출채권 잔액(외상매출금, 받을어음)의 1%를 보충법으로 설정한다.(3점)

문제5 다음 사항을 조회하여 답안을 │ 이론문제 답안작성 │ 메뉴에 입력하시오.(12점)

[1] 당기 제품 매출원가는 얼마인가?(3점)

[2] 당기 말 현재 거래처 조은상사의 외상매입금 잔액과 받을어음 잔액은 각각 얼마인가?(3점)

[3] 제1기(1/1~6/30)매출처별 전자세금계산서 합계표상의 총 매수와 총 공급가액은 각각 얼마인가?(3점)

[4] 당기 말 결산정리 후 당좌자산의 합계액은 얼마인가?(3점)

이 론 시 험

➡ 다음 문제를 보고 알맞은 것을 골라 | 이론문제 답안작성 | 메뉴화면에 입력하시오.
(※ 객관식 문항당 2점)

─── < 기 본 전 제 > ───

문제에서 한국채택국제회계기준을 적용하도록 하는 전제조건이 없는 경우, 일반기업회계기준을 적용한다.

01 다음 자료를 기초로 당기 외상매입금 상환액을 계산하시오. 단, 상품 매입은 현금 매입과 외상 매입 이외에는 없다.

기초상품재고액	4,000원	외상매입금기초잔액	`5,000원
당기현금매입액	9,000원	외상매입금기말잔액	2,000원
기말상품재고액	6,000원	당 기 매 출 원 가	28,000원

① 33,000원   ② 18,000원
③ 24,000원   ④ 22,000원

02 다음은 (주)두손개발이 단기시세차익을 목적으로 매매한 (주)현대건설 주식의 거래내역이다. 회계기간 말에 (주)현대건설의 공정가치가 주당 40,000원인 경우 손익계산서상의 단기매매증권평가손익과 단기매매증권처분손익은 각각 얼마인가? 단, 취득원가의 산정은 이동평균법을 사용한다.

거래일자	매입수량	매도(판매)수량	단위당 매입금액	단위당 매도금액
5월 1일	200주		40,000원	
6월 5일	200주		36,000원	
7월 10일		150주		44,000원
8월 20일	100주		38,000원	

① 단기매매증권평가손실 700,000원   단기매매증권처분이익 900,000원
② 단기매매증권평가이익 700,000원   단기매매증권처분이익 900,000원
③ 단기매매증권평가이익 900,000원   단기매매증권처분손실 900,000원
④ 단기매매증권평가이익 900,000원   단기매매증권처분이익 700,000원

03 다음 거래 중 매입채무계정으로 계상할 수 있는 항목은?

① 가구판매나 수리활동이 주된 영업목적인 삼익가구가 운송용 트럭을 구입하고 대금을 지급하지 못한 경우

② 자동차에 부과되던 특별소비세 인하 혜택을 받을 수 있도록 정해진 기간 내에 자동차를 출고해 주기로 약속하고 출고하기 전에 차값을 전부 받은 경우

③ 중고차 매매상이 운송용 트럭을 고객으로부터 인수하였으나 그 대가를 지급하지 못한 경우

④ 삼익가구가 구입한 중고 운송용 트럭에 대한 수선유지비를 지급하지 못한 경우

04 다음 자료를 이용하여 영업이익을 계산하면 얼마인가?

• 매출액	50,000,000원	• 보험료	3,000,000원
• 매출원가	30,000,000원	• 기부금	500,000원
• 본사 경리부 직원 인건비	2,000,000원	• 이자비용	1,000,000원

① 20,000,000원　　　② 15,000,000원　　　③ 14,500,000원　　　④ 13,000,000원

05 수익적지출을 자본적지출로 처리했을 때 나타나는 결과는?

① 부채가 과대평가된다.　　　　　② 가공의 자산이 계산된다.
③ 비밀적립금이 생긴다.　　　　　④ 감가상각비가 과소계상된다.

06 다음 중 일반기업회계기준에서 손익계산서와의 관련사항이 아닌 것은?

① 발생주의　　　　　　　　　② 수익 · 비용 대응의 원칙
③ 유동성배열법　　　　　　　④ 총액주의

07 다음 중 재무상태표가 제공할 수 있는 정보로서 가장 적합하지 않은 것은?

① 경제적 자원에 관한 정보　　　② 재무성과에 관한 정보
③ 유동성에 관한 정보　　　　　④ 지급능력에 관한 정보

08 다음 중 손익계산서상 구분표시가 다른 것은?

① 기부금   ② 투자자산처분손실
③ 손상차손   ④ 복리후생비

09 원가계산 방법에 대한 다음 설명 중 틀린 것은?

① 실제원가계산은 직접재료비, 직접노무비, 제조간접비를 실제원가로 측정하는 방법이다.
② 정상원가계산은 직접재료비는 실제원가로 측정하고, 직접노무비와 제조간접비를 합한 가공원가는 예정배부율에 의해 결정된 금액으로 측정하는 방법이다.
③ 표준원가계산은 직접재료비, 직접노무비, 제조간접비를 표준원가로 측정하는 방법이다.
④ 원가의 집계방식에 따라 제품원가를 개별 작업별로 구분하여 집계하는 개별원가계산과 제조공정별로 집계하는 종합원가계산으로 구분할 수 있다.

10 서울공업(주)의 기말재공품 계정은 기초재공품에 비하여 200,000원 증가하였다. 또한, 재공품 공정에 투입한 직접재료비와 직접노무비, 제조간접비의 비율이 1:2:3 이었다. 서울공업(주)의 당기제품제조원가가 400,000원이라면, 재공품에 투입한 직접노무비는 얼마인가?

① 50,000원   ② 100,000원
③ 200,000원   ④ 300,000원

11 개별원가계산 시 재공품 계정에서 제품 계정으로 대체되는 금액은 무엇을 나타내는 것인가?

① 당기에 시작된 모든 작업의 원가
② 당기에 처리된 모든 작업의 원가
③ 당기에 완성되어 판매된 모든 작업의 원가
④ 당기에 완성된 모든 작업의 원가

12 경기상사는 직접노무비를 기준으로 제조간접비를 배부하고 있다. 추정제조간접비총액은 255,000원이고 추정직접노무시간은 100,000시간이다. 제조간접비 실제발생액은 260,000원이고 실제직접노무시간은 105,000시간이다. 이 기간동안 제조간접비 과소(대) 배부는?

① 2,250원 과대배부   ② 2,250원 과소배부
③ 7,750원 과대배부   ④ 7,750원 과소배부

13 (주)파스칼의 생산공정의 자료는 다음과 같다. 직접재료비 단위당 원가계산에 사용될 완성품 환산수량은 얼마인가? 단, 직접재료는 제조착수 시 소비되며, 평균법에 의한다.

- 기초 재공품   6,000개(완성도 60%)
- 당기 완성량   20,000개
- 기말 재공품   4,000개(완성도 50%)

① 24,000개   ② 18,400개
③ 20,400개   ④ 22,000개

14 다음 중 부가가치세법상 간이과세자가 될 수 있는 사업자는?

① 의류를 제조하는 개인사업자
② 기계공구를 소매하는 법인사업자
③ 직전 1역년의 공급대가의 합계액이 5,000만원인 음식점을 영위하는 개인사업자
④ 양장점업을 신규로 개시하는 개인사업자로서 간이과세적용신고를 한 자

15 부가가치세법상 과세되는 재화의 공급에 해당되는 것은?

① 담보제공
② 불량품의 교환을 위해 재화를 자기의 다른 사업장으로 반출하는 것
③ 공매 또는 경매를 통하여 재화를 인도하는 것
④ 사업의 포괄적 양도

실 무 시 험

◉ (주)유나산업(회사코드 : 4039)는 컴퓨터를 제조, 판매하는 중소기업(법인)이며, (제5기) 회계기간은 2019. 1. 1 ~ 2019. 12. 31 이다. 전산세무회계 수험용 프로그램을 이용하여 다음 물음에 답하시오.

───< 기 본 전 제 >───

문제에서 한국채택국제회계기준을 적용하도록 하는 전제조건이 없는 경우, 일반기업회계기준을 적용한다.

문제1 (주)유나산업의 전기분 원가명세서이다. 이를 참고 자료로 하여 관련 결산제표를 조회하여 입력이 누락되었거나 오류 부분을 찾아 수정 입력하시오. (7점)

제 조 원 가 명 세 서

2018년 1월 1일 ~ 2018년 12월 31일

(주)유나산업   단위 : 원

계 정 과 목	제 4 기 (전) 기	
		금 액
원 재 료 비		87,150,000
기 초 원 재 료 재 고 액	2,000,000	
당 기 원 재 료 매 입 액	87,150,000	
기 말 원 재 료 재 고 액	2,000,000	
노 무 비		10,000,000
임 금	10,000,000	
경 비		11,854,000
소 모 품 비	3,500,000	
전 력 비	2,402,000	
임 차 료	2,730,000	
가 스 수 도 료	3,222,000	
당 기 총 제 조 비 용		109,004,000
기 초 재 공 품 재 고 액		2,898,000
합 계		111,902,000
기 말 재 공 품 재 고 액		12,000,000
타 계 정 으 로 대 체 액		1,000,000
당 기 제 품 제 조 원 가		98,902,000

문제2 다음 거래 자료를 일반전표 입력메뉴에 추가 입력하시오. (일반전표입력의 모든 거래는 부가가치세를 고려하지 말 것) (21점)

< 입력시 유의사항 >

- 일반적인 적요의 입력은 생략하지만, 타계정 대체거래는 적요번호를 선택하여 입력한다.
- 채권·채무와 관련된 거래는 별도의 요구가 없는 한 반드시 기 등록되어 있는 거래처코드를 선택하는 방법으로 거래처명을 입력한다.
- 제조경비는 500번대 계정코드를, 판매비와 관리비는 800번대 계정코드를 사용한다.
- 회계처리시 계정과목은 별도제시가 없는 한 등록되어 있는 계정과목 중 가장 적절한 과목으로 한다.

[1] 7월 7일 거래처인 동신상사로부터 받은 어음 중 10,000,000원을 거래은행인 한빛은행에서 할인하고 할인료 250,000원을 차감한 잔액은 당사의 보통예금계좌에 입금하였다. <매각거래로 인식한다.> (3점)

[2] 7월 15일 소유하고 있던 거래처 세진상사 발행 약속어음 10,000,000원을 한국은행에 할인 신청한 결과 할인료 23,000원과 추심료 2,000원을 차감한 잔액은 금일 당점 당좌예금계좌에 입금 되었다는 통지를 받다. (매각거래로 인식한다) (3점)

[3] 7월 20일 거래처 (주)거봉상사의 원재료에 대한 외상매입금 8,000,000원을 지급함에 있어 3%할인을 받고 잔액은 수표를 발행하여 지급하다. (3점)

[4] 7월 24일 매출처 대림상사의 제품매출에 대한 외상매출금 15,000,000원이 약정기일보다 빠르게 회수되어 2%의 할인을 해 주고 잔액은 현금으로 받았다. (3점)

[5] 7월 28일 매입처 (주)대일상사의 외상매입금 중 5,000,000원에 대하여 소지하고 있던 동신상사발행 약속어음을 배서양도하여 주다. (3점)

[6] 7월 29일 매출처 한국상사의 외상대금 3,000,000원에 대하여 (주)전라상사 발행 약속어음으로 배서양수 받다. (3점)

[7] 7월 31일 건물 대장을 발부받고, 수입인지 대금 1,500원을 현금으로 지급하다. (3점)

매입 매출전표 입력 사항 (15점)

< 입력시 유의사항 >

• 일반적인 적요의 입력은 생략하지만, 타계정 대체거래는 적요번호를 선택하여 입력한다.
• 별도의 요구가 없는 한 반드시 기 등록되어 있는 거래처코드를 선택하는 방법으로 거래처명을 입력한다.
• 제조경비는 500번대 계정코드를, 판매비와 관리비는 800번대 계정코드를 사용한다.
• 회계처리시 계정과목은 별도제시가 없는 한 등록되어 있는 계정과목 중 가장 적절한 과목으로 한다.
• 입력화면 하단의 분개까지 처리하고, 전자세금계산서는 전자입력으로 반영한다.

[1] 8월 8일 화물자동차 1대를 금일 현대자동차(주)로부터 구입하고, 전자세금계산서를 교부받았으며 대금(공급가액 15,000,000원, 부가가치세 별도)은 수표를 발행하여 지급하다.(3점)

[2] 8월 10일 (주)한국상사에 컴퓨터(공급가액 70,000,000원, 부가가치세 7,000,000원)를 판매하고 전자세금계산서를 교부하였다. 대금 중 20,000,000원은 현금으로 받고 나머지 금액은 월말에 받기로 하였다.(3점)

[3] 8월 15일 (주)두정상사에서 원재료를 매입하고 다음과 같이 전자세금계산서를 교부받았다. 적절한 회계처리를 하시오.(3점)

전자세금계산서				승인번호		xxxxxxxx	
공급자	사업자등록번호	312-81-45646	종사업장 번호		공급받는자	사업자등록번호	108-81-59726	종사업장 번호	
	상호(법인명)	(주)두정상사	성명	박현수		상호(법인명)	(주)유나산업	성 명	이광수
	사업장주소	충청남도 천안시 서북구 공단1길(두정동)				사업장 주소	서울특별시 동작구 노들로2길 9-1(노량진동)		
	업 태	제조	종목	컴퓨터주변기기		업 태	제조, 도매	종 목	컴퓨터
	이메일					이메일			

작성일자	공급가액	세액	수정사유		
2019. 08. 15.	18,000,000	1,800,000			
비고					

월	일	품 목	규 격	수 량	단 가	공 급 가 액	세 액	비 고
08	15	컴퓨터 부품		10	1,800,000	18,000,000	1,800,000	

합계금액	현 금	수 표	어 음	외상미수금	이 금액을 영수 함 청구
19,800,000			10,000,000	9,800,000	

[4] 9월 21일 사무실 임차료와 관리비를 다음과 같이 전자세금계산서를 교부받고, 현금으로 지급하였다.(3점)

품목	공급가액	부가가치세	거래처	결제방법
임 차 료	2,000,000원	200,000원	영풍빌딩	현 금
건물관리비	500,000원	50,000원	영풍빌딩	현 금

[5] 9월 24일 본사건물 중 일부가 파손되어 수리를 하고 수리비용은 약속어음(만기 : 2019년 11월 10일)을 발행하여 지급하고 전자세금계산서를 교부받았다.(3점)

품목	공급가액	부가가치세	거래처	결제방법
수 리 비	2,000,000원	200,000원	당산건설(주)	어 음

문제4 **다음의 결산정리사항에 의하여 결산을 완료하시오.(15점)**

[1] 기말재고액은 다음과 같다.(3점)
  • 원재료 : 20,000,000원
  • 재공품 : 11,000,000원
  • 제 품 : 66,000,000원

[2] 대손충당금은 기말 매출채권(외상매출금과 받을어음) 잔액의 1%를 설정한다.(보충법으로 처리할 것)(3점)

[3] (주)원주상사의 외상매입금 2,200,000원의(부가세 포함) 현금지급분이 기장누락되었음을 확인하다.(3점)

[4] 제2기 부가가치세 확정신고를 하기 위한 정리분개를 하시오. 단, 부가세예수금 42,757,508원, 부가세대급금 19,510,335원이다.(3점)

[5] 감가상각액은 다음과 같이 계상한다.(3점)

구 분	금 액
기 계 장 치(제조)	2,050,000원
승 용 차(본사)	830,000원
제품수송용화물차(제조)	1,000,000원

문제5 **다음 사항을 조회하여 답안을** 이론문제 답안작성 **메뉴에 입력하시오.(12점)**

[1] 제1기 부가가치세 확정신고기간(4. 1 ~ 6. 30) 동안 전자세금계산서합계표상 매출세액이 가장 많은 거래처의 공급가액과 부가가치세는 얼마인가?(3점)

[2] 제2기(10. 1 ~ 12. 31) 확정 부가가치세 과세표준은 얼마인가?(3점)

[3] 1월 ~ 6월(상반기) 동안 발생된 판매비와관리비 중에서 발생금액이 가장 큰 계정과목과 금액은 얼마인가?(3점)

[4] 10월 10일의 현금출납장을 조회하여 현금지출액과 금일 현금잔액(시재금액)을 각각 기재하시오.(3점)

4 제4회 실전대비 모의고사

이 론 시 험

◎ 다음 문제를 보고 알맞은 것을 골라 이론문제 답안작성 메뉴화면에 입력하시오.
(※ 객관식 문항당 2점)

─────< 기 본 전 제 >─────
문제에서 한국채택국제회계기준을 적용하도록 하는 전제조건이 없는 경우, 일반기업회계기준을 적용한다.

01 거래 형태별 수익인식 시점에 대한 설명으로 옳은 것은?

　① 이자수익은 현금을 수취하는 시점
　② 재화의 판매는 대금이 회수되는 시점
　③ 상품권을 이용한 판매의 수익은 상품권을 판매하는 시점
　④ 배당금 수익은 받을 권리가 확정되는 시점

02 다음 자료에 의하여 이익준비금으로 적립할 최소한의 금액은?

　　㉠ 자　본　금　5,000,000원(결산 연 1회)
　　㉡ 당기순이익　2,000,000원
　　㉢ 배당금 연20%(현금배당 50%, 현물배당 20%, 주식배당 30%)
　　㉣ 당기말 이전까지 이익준비금 누계액 : 800,000원

　① 100,000원　　　　　　　　　② 70,000원
　③ 50,000원　　　　　　　　　④ 200,000원

03 (주)한국산업은 신축 중인 건물이 완성되어 도급대금의 잔액을 현금으로 지급하였다. 이 거래를 분개했을 때 다음 중 (주)한국산업의 재무상태에 미치는 영향으로 옳은 것은?

　① 자산 증가　　　　　　　　　② 자산 감소
　③ 자산 불변　　　　　　　　　④ 자본 증가

04 다음은 (주)길동의 2019년 거래 중 단기매매증권과 관련된 것이다. 2019년 (주)길동의 재무제표에 표시될 단기매매증권 및 영업외수익은 각각 얼마인가?

> - 4월 7일 (주)안동상사의 보통주 100주를 6,000,000원에 취득하였다.
> - 9월 5일 (주)안동상사로부터 300,000원의 중간배당금을 수령하였다.
> - 12월 31일 (주)안동상사의 보통주 시가는 6,350,000원이다.

① 6,000,000원 300,000원   ② 6,000,000원 350,000원
③ 6,350,000원 350,000원   ④ 6,350,000원 650,000원

05 다음 자료에 의하여 자본총계를 계산하면 얼마인가?

> - 현 금 300,000원 · 외상매출금 200,000원 · 외상매입금 120,000원
> - 건 물 500,000원 · 감가상각누계액 100,000원 · 당좌예금 120,000원
> - 미지급금 140,000원 · 미 수 금 80,000원 · 지급어음 200,000원

① 540,000원   ② 600,000원   ③ 640,000원   ④ 740,000원

06 다음은 파스칼상사의 제1기(1. 1 ~ 12. 31)재고자산 내역이다. 이를 통하여 이동평균법에 의한 기말재고자산의 단가를 계산하면 얼마인가?

일 자	적 요	수 량	단 가
1월 15일	매 입	400	2,000원
3월 14일	매 출	200	2,400원
6월 12일	매 입	400	2,600원
8월 16일	매 입	600	2,200원

① 2,000원   ② 2,300원   ③ 2,400원   ④ 2,500원

07 다음 중 자본의 성격이 다른 하나는?

① 사업확장적립금   ② 감자차익
③ 자기주식처분이익   ④ 주식발행초과금

08 다음은 재고자산의 원가배분방법 중 가중평균법에 대한 설명이다. 틀린 것은?

① 이동평균법은 계속단가기록법(계속기록법)으로 평균법을 적용한 방법이다.
② 총평균법은 기말단가기록법(실지재고조사법)으로 평균법을 적용한 방법이다.
③ 상품의 매입가격이 상승하는 경우에는 이동평균법이 총평균법보다 기말재고액을 높게 평가한다.
④ 총평균법에 비해 이동평균법은 현행원가의 변동을 단가에 민감하게 반영시키지 못한다.

09 다음 자료에 의하여 영업이익을 계산하면 얼마인가?

• 제 품 매 출 액	850,000원	• 기 초 제 품	120,000원
• 기 말 제 품	100,000원	• 완 성 품 원 가	580,000원
• 판매비와관리비	80,000원		

① 250,000원
② 290,000원
③ 170,000원
④ 190,000원

10 다음 중 원가에 대한 설명으로 틀린 것은?

① 원가는 기업의 의사결정에서 중요한 위치를 차지한다.
② 원가의 관리와 통제는 기업회계기준의 준수가 요구되지 않는다.
③ 원가는 이미 투입된 것이므로 미래의 경제적 효익과 무관하다.
④ 원가란 특정 재화나 용역을 획득 또는 제조하기 위하여 소비된 경제적 희생을 말한다.

11 장난감 제조회사의 판매부에서 사용하고 있는 컴퓨터를 정액법에 의한 감가상각비로 분류할 경우 그 분류 방법으로 타당한 것은?

① 고정비이며, 제품 원가
② 고정비이며, 기간비용
③ 컴퓨터를 교환할 때를 대비하여 자금을 모아두는 자산계정
④ 컴퓨터를 교환할 때 이루어 질 자금지출에 대비하여 부채계정

12 제조원가명세서에서 당기제품 제조원가가 의미하는 것은?

① 일정한 기간 동안 재공품 계정에 투입된 금액
② 전기에 시작되었건 당기에 시작되었건 관계없이 일정한 기간동안 완성된 제품원가 금액
③ 일정한 기간 동안 완성품 계정에서 매출원가 계정으로 대체된 금액
④ 일정한 기간 동안 생산에 투입된 원가 금액

13 다음 중 변동비와 고정비에 대한 설명으로 잘못된 것은?

① 생산량이 증가함에 따라 총원가가 증가하는 원가를 변동비라고 한다.
② 생산량의 증감과는 관계없이 총원가가 일정한 원가를 고정비라고 한다.
③ 생산량의 증감과는 관계없이 제품의 단위당 변동비는 일정하다.
④ 생산량의 증감과는 관계없이 제품의 단위당 고정비는 일정하다.

14 다음 중 부가가치세의 과세표준에 포함되지 않는 것은?

① 계약에 의하여 확정된 공급대가의 지급지연으로 인하여 받은 연체이자
② 할부판매의 경우 이자상당액
③ 대가의 일부로 받는 운송비·포장비·운송보험료
④ 수입재화의 관세

15 다음은 부가가치세법상 거래형태별 재화의 공급시기를 열거한 것이다. 옳지 않은 것은?

① 외상판매의 경우 재화가 인도되거나 이용 가능하게 되는 때
② 장기할부판매의 경우 대가의 각 부분을 받기로 한 때
③ 수출재화의 경우 수출재화의 선적일
④ 개인적공급의 경우 각 과세기간 종료일 현재

실 무 시 험

⊙ (주)서울텔레콤(회사코드: 4040)은 핸드폰을 제조하여 판매하는 중소기업(법인)이며, 당기(제3기) 회계기간은 2019. 1. 1 ~ 2019. 12. 31 이다. 전산세무회계 수험용 프로그램을 이용하여 다음 물음에 답하시오.

──────────< 기 본 전 제 >──────────

문제에서 한국채택국제회계기준을 적용하도록 하는 전제조건이 없는 경우, 일반기업회계기준을 적용한다.

문제1 (주)서울텔레콤의 전기분재무상태표는 아래와 같다. 다음 중 누락되거나 잘못 입력된 부분을 찾아 정확히 수정하고, 관련 결산제표를 완성하시오.(12점)

재 무 상 태 표

회사명 : (주)서울텔레콤 　　　　2018년 12월 31일 현재 　　　　(단위 : 원)

과　목	금　액		과　목	금　액
현　　　　금		28,000,000	외 상 매 입 금	51,280,552
당 좌 예 금		47,000,000	지 급 어 음	14,880,000
보 통 예 금		28,000,000	미 지 급 금	8,400,000
외 상 매 출 금	86,000,000		가 수 금	2,599,000
대 손 충 당 금	430,000	85,570,000	단 기 차 입 금	40,000,000
받 을 어 음	52,000,000		장 기 차 입 금	47,000,000
대 손 충 당 금	260,000	51,740,000	퇴직급여충당부채	5,800,000
제　　　　품		3,950,000	자 본 금	300,000,000
원 재 료		2,200,000	이 익 준 비 금	14,000,000
건　　　　물	300,000,000		미처분이익잉여금	121,680,448
감가상각누계액	26,000,000	274,000,000		
기 계 장 치	64,300,000			
감가상각누계액	2,500,000	61,800,000		
차 량 운 반 구	15,600,000			
감가상각누계액	720,000	14,880,000		
비　　　　품	9,200,000			
감가상각누계액	700,000	8,500,000		
자 산 총 계		605,640,000	부채와 자본총계	605,640,000

문제2 다음 거래자료를 일반전표입력 메뉴에 추가 입력하시오. 일반전표입력의 모든 거래는 부가가치세를 고려하지 말 것.(15점)

< 입력시 유의사항 >

- 일반적인 적요의 입력은 생략하지만, 타계정 대체거래는 적요번호를 선택하여 입력한다.
- 채권·채무와 관련된 거래는 별도의 요구가 없는 한 반드시 기 등록되어 있는 거래처코드를 선택하는 방법으로 거래처명을 입력한다.
- 제조경비는 500번대 계정코드를, 판매비와 관리비는 800번대 계정코드를 사용한다.
- 회계처리시 계정과목은 별도제시가 없는 한 등록되어 있는 계정과목 중 가장 적절한 과목으로 한다.

---

[1] 5월 3일   개나리상사로부터 외상매출금 3,000,000원을 회수하여 당사의 보통예금계좌에 입금하였다.(3점)

[2] 5월 7일   본사 총무과에서 사용할 소모품을 은아문구에서 구입하고 대금은 현금으로 지급하였다.(비용으로 계상할 것)(3점)

영 수 증

상호 : 은아문구 (010-8282-8282)
주소 : 서울 금천구 가산로 108
사업자등록번호 : 123-45-7788

서비스 금액 : 이만팔천원정(28,000원)
          2019. 05. 07.

상기의 거래 내역을 확인 합니다.

            서명 : 박총무

[3] 5월 10일   4월 중 영업사원들에 대한 급여 지급시 원천징수한 근로소득세등 132,000원과 본인부담 국민건강보험료 35,000원 및 회사부담분 국민건강보험료 35,000원을 현금으로 납부하였다.(3점)

[4] 5월 20일   영업부사원들의 사기진작을 위하여 인근 형제식당에서 회식을 하고 식사대금 200,000원은 스마트폰으로 뱅킹하여 보통예금에서 지급하였다.(3점)

[5] 5월 23일 상일자동차공업사로부터 공장에서 사용하는 1톤 화물트럭의 엔진오일을 교환하고 대금 35,000원은 현금으로 지급한 후 영수증을 수취하였다.(3점)

문제3 다음 거래자료를 매입매출전표 메뉴에 추가로 입력하시오.(15점)

< 입력시 유의사항 >

- 일반적인 적요의 입력은 생략하지만, 타계정 대체거래는 적요번호를 선택하여 입력한다.
- 별도의 요구가 없는 한 반드시 기 등록되어 있는 거래처코드를 선택하는 방법으로 거래처명을 입력한다.
- 제조경비는 500번대 계정코드를, 판매비와 관리비는 800번대 계정코드를 사용한다.
- 회계처리시 계정과목은 별도제시가 없는 한 등록되어 있는 계정과목 중 가장 적절한 과목으로 한다.
- 입력화면 하단의 분개까지 처리하고, 전자세금계산서는 전자입력으로 반영한다.

[1] 3월 6일 개나리상사에 당사의 제품(수량 100개 @ 50,000원, 부가가치세 별도)을 외상으로 판매하고 전자세금계산서를 교부하였으며 제품운반비 70,000원은 별도로 현금 지급하였다.(3점)

[2] 3월 12일 경기상사로부터 원재료 매입하고 전자세금계산서를 수취하였으며, 대금 중 5,000,000원은 당좌수표를 발행하여 지급하고 잔액은 외상으로 하였다.(3점)

전자세금계산서		(공급받는자보관용)			승인번호		xxxxxxxx	
공급자	사업자등록번호	105-05-09543	종사업장 번호		공급받는자	사업자등록번호	120-81-60164	종사업장 번호	
	상호(법인명)	경기상사	성명	김우림		상호(법인명)	(주)서울텔레콤	성명	윤광현
	사업장주소	서울특별시 동대문구 왕산로 11				사업장주소	서울특별시 영등포구 경인로 816		
	업태	제조, 도·소매	종목	가구		업태	제조, 도·소매	종목	가구
	이메일	rudrltkd@naver.com				이메일	xpfpzha@hanmail.net		
작성일자		공급가액		세액		수정사유			
2019. 3. 12.		12,000,000		1,200,000					

월	일	품목	규격	수량	단가	공급가액	세액	비고
3	12	원재료		600	20,000	12,000,000	1,200,000	

합계금액	현금	수표	어음	외상미수금	이 금액을 (영수) 함 (청구)
13,200,000		5,000,000		8,200,000	

[3] 3월 20일　판매거래처에 접대할 목적으로 선물용품(수량 50개, @30,000원, 부가가치세 별도)을 제일모직으로부터 구입하고 전자세금계산서를 발급받고, 대금은 법인카드(BC카드)로 결제하였다.(전액 비용처리) (3점)

[4] 3월 21일　본사 경리부에서 사용할 컴퓨터(수량 2대 @1,700,000원, 부가가치세 별도)를 산도컴퓨터(거래처 등록, 코드 : 203, 사업자등록번호 : 136-81-18337)에서 구입하고 전자세금계산서를 수취하였으며 대금은 당좌수표를 발행하여 지급하였다.(3점)

[5] 3월 25일　본사건물의 업무환경 개선을 위하여 중앙집중식 냉·난방 설비공사를 실시하였으며, 공사대금 3억 원(부가가치세 별도)은 공사를 한 (주)한솔건설에 약속어음(2019년 6월 25일 만기)을 발행하여 지급하고 전자세금계산서를 수취하였다.(본사의 중앙집중식 냉·난방 공사는 자본적지출에 해당함) (3점)

문제4 일반전표입력 및 매입매출전표 메뉴에 입력된 내용 중 다음과 같이 오류가 발견되었다. 입력된 내용을 확인하여 정정하시오.(6점)

[1] 4월 1일　본사 건물에 대한 화재보험료 중 1,200,000원은 선급분이다.(자산 계정으로 처리할 것) (3점)

[2] 4월 7일　개나리상사에 대한 매출거래에서 현금으로 수취한 금액은 1,000,000원이 아니고 2,000,000원이었다. 매출액도 1,000,000원이 누락되었으므로 수정하시오.(3점)

문제5 결산정리사항은 다음과 같다. 해당메뉴에 입력하여 결산을 완료하시오.(12점)

[1] 매출채권(외상매출금과 받을어음)의 기말잔액에 대하여 1%의 대손충당금을 보충법으로 설정하였다.(3점)

[2] 기말 현재 당사가 단기매매차익을 목적으로 보유하고 있는 주식현황과 기말 현재 공정가치는 다음과 같다.(3점)

주식명	보유 주식수	주당 취득원가	기말 공정가치
(주)한성 보통주	2,000주	10,000원	주당 12,000원
(주)강화 보통주	1,500주	8,000원	주당 10,000원
(주)도전 보통주	100주	15,000원	주당 15,000원

[3] 기말 현재 영업부서에서 구입하여 비용처리한 소모품 중 미사용액은 200,000원이다.(3점)

[4] 기말재고자산은 다음과 같다.(3점)

재고자산	금　액
원　재　료	3,200,000원
재　공　품	270,000원
제　　　품	7,500,000원

문제6 다음 사항을 조회하여 답안을 │ 이론문제 답안작성 │ 메뉴에 입력하시오.(10점)

[1] 제1기 부가가치세 확정신고기간(4. 1 ~ 6. 30) 동안의 매출세액은 얼마인가?(2점)

[2] 제1기 부가가치세 확정신고기간(4. 1 ~ 6. 30) 동안 전자세금계산서를 수취한 매입건수와 공급가액은 얼마인가?(2점)

[3] 2월 말 현재 외상매출금 계정잔액은 얼마인가?(2점)

[4] 하반기(7. 1 ~ 12. 31) 제품매출이 가장 많은 달과 금액은 각각 얼마인가?(2점)

[5] 하반기(7. 1 ~ 12. 31) 원재료 매입액은 얼마인가?(2점)

이 론 시 험

⬢ 다음 문제를 보고 알맞은 것을 골라 이론문제 답안작성 메뉴화면에 입력하시오.
(※ 객관식 문항당 2점)

─< 기 본 전 제 >─

문제에서 한국채택국제회계기준을 적용하도록 하는 전제조건이 없는 경우, 일반기업회계기준을 적용한다.

01 다음 중 일반기업회계기준상의 재무제표에 해당하는 것은?

① 영업보고서   ② 이익잉여금처분계산서
③ 결손금처리계산서   ④ 주석

02 (주)세무는 2018년 7월 1일 은행으로부터 1,000,000원을 5년간 차입하였으며, 매년 6월 30일 차입금의 20%씩 상환하기로 하였다. 이 차입금의 연이자율은 6%이며, 6개월 단위로 이자를 지급하는 조건이다. 2019년 12월 31일 결산 시 은행차입금은 재무상태표상에 어떻게 표시되는가? 단, 이자비용은 모두 지급되었다.

	비유동부채	유동부채
①	400,000원	400,000원
②	600,000원	200,000원
③	800,000원	0원
④	800,000원	200,000원

03 다음 중 현금 200,000원과 약속어음 100,000원을 발행하여 지급하고, 건물을 구입한 경우의 영향으로 옳은 것은?

① 총자산과 총자본이 증가한다.
② 총자산과 총자본의 변동은 없다.
③ 총자산이 감소하고, 총부채가 증가한다.
④ 총자산과 총부채가 증가한다.

04 재고자산 평가방법 중 선입선출법에 대한 내용으로 틀린 것은?

① 상품의 실제흐름과 일치한다.
② 기말재고 상품이 과거 매입한 가격으로 표시한다.
③ 물가 상승이 계속되는 경우 매출이익이 과대표시 된다.
④ 매출원가는 최근의 시가가 아닌 과거의 매입가격으로 표시된다.

05 다음 중 자본에 대한 내용으로 옳지 않은 것은?

① 기업이 현물을 제공받고 주식을 발행한 경우에는 제공받은 현물의 공정가치를 주식의 발행금액으로 한다.
② 자본잉여금 또는 이익잉여금을 자본금에 전입하여 기존의 주주에게 무상으로 신주를 발행하는 경우에는 주식의 액면금액을 발행금액으로 한다.
③ 주식배당과 무상증자는 순자산의 증가가 발생하지 않는다.
④ 보고기간 말 재무상태표상 미처분이익잉여금은 당기 이익잉여금의 처분사항이 반영된 후의 금액이다.

06 다음 중 각각의 거래의 결과로 인하여 자본변동의 방향이 다른 하나는 어느 것인가? 단, 각 사건들은 서로 독립적이라고 가정한다.

① 액면금액이 주당 10,000원인 주식 500주를 주당 9,000원에 할인발행하다.
② 주주총회 결과 기존주주들에게 주식배당을 실시하기로 하고, 즉시 신주를 발행하여 교부하였다.
③ 수정전 시산표상 90,000원으로 기록되어 있는 매도가능금융자산의 보고기간 말 현재 공정가치는 95,000원으로 평가하다.
④ 보유하고 있던 자기주식 20주(취득원가 @3,500원)를 주당 5,000원에 처분하였다.

07 다음 중 회계상의 거래로 보지 않는 것은?

① 주식배당　　　② 잉여금의 자본전입　　　③ 주식분할　　　④ 현금배당

08 다음 고정비에 관한 설명이 옳지 않은 것은?

① 생산량이 증가하면 제품의 단위당 고정비는 점점 작아진다.
② 고정비의 비율이 큰 기업은 대량생산을 통해 많은 이익을 얻게 된다.
③ 조업도의 증감에 따라 총액이 증감하는 원가이다.
④ 공장건물의 감가상각비, 재산세, 임차료 등이 이에 속한다.

09 제조간접비 예정배부율을 산정하면서 간접노무원가를 실수로 누락시켰을 때 초래될 수 있는 결과는 다음 중 어느 것인가?

① 제조간접비가 과대 배부된다.
② 당기 제조제품원가가 과소 계상된다.
③ 제조간접비 계정의 차변 기입액이 과소 계상된다.
④ 재공품 계정의 기말 잔액이 과대 계상된다.

10 개별원가계산제도 하에서 제조간접비배부차이가 발생하는 이유에 대한 설명으로 옳지 않은 것은?

① 제조간접비 배부율 계산 시 예측치를 사용했기 때문이다.
② 특정 제조간접비 항목의 실제 발생액이 예측치와 차이가 발생하였기 때문이다.
③ 완성품 환산량 계산에 오류가 있기 때문이다.
④ 예상하지 못한 조업도 수준의 변동 때문이다.

11 (주)희망은 2개의 제조부문과 2개의 보조부문인 동력부문과 수선부문으로 구성되어 있으며, 당년도 6월 중에 각 보조부문에서 생산한 보조용역의 사용비율은 다음과 같다.

구 분	갑제조부문	을제조부문	동력부문	수선부문
동 력 부 문	20%	40%	–	40%
수 선 부 문	40%	40%	20%	–

당월에 발생한 동력부문비와 수선부문비는 각각 400,000원과 760,000원이다. (주)희망은 보조부문비의 배부에 상호배부법을 사용한다. 갑제조부문에 배부되는 총보조부문비는 얼마인가?

① 600,000원
② 1,000,000원
③ 640,000원
④ 520,000원

12 제주기업은 많은 기업들이 입주해 있는 사무실 건물을 관리하고 있다. 청소담당 직원들은 모든 입주기업들의 사무실과 복도 등 건물 전체를 청소한다. 건물 전체의 청소비를 각 기업에 배부하기 위한 기준으로 가장 적합한 것은?

① 각 입주기업의 직원수 ② 각 입주기업의 임대 면적
③ 각 입주기업의 주차 차량수 ④ 각 입주기업의 관리비 부과액

13 한국공업사의 월초와 월말의 재고자산은 다음과 같다. 당월의 매출품 제조원가는 얼마인가?

	(월 초)	(월 말)
원 재 료	10,000원	30,000원
재 공 품	20,000원	40,000원
제 품	30,000원	120,00원

당월 중에 다음과 같은 원가가 발생하였다. 원재료 매입 160,000원, 직접노무비지급액 130,000원, 제조간접비 200,000원

① 450,000원 ② 590,000원
③ 390,000원 ④ 360,000원

14 부가가치세법상 납세의무자인 사업자의 요건과 관련이 없는 것은?

① 사업성이 있어야 한다.
② 영리목적이 있어야 한다.
③ 사업상 독립성을 갖추어야 한다.
④ 과세대상인 재화나 용역을 공급하는 자 이어야 한다.

15 부가가치세법상 거래형태별 공급시기에 관한 설명 중 옳지 않은 것은?

① 할부판매의 경우 재화가 인도되거나 이용가능하게 되는 때
② 장기할부판매의 경우 대가의 각 부분을 받기로 한 때
③ 폐업 시 잔존재화의 경우 실제 사용·소비되는 때
④ 사업상 증여의 경우 재화가 사용·소비되는 때

실무시험

(주)동원사무기(회사코드 4041)는 사무기를 제조, 판매하는 중소기업(법인)이며,
(제8기) 회계기간은 2019. 1. 1 ~ 2019. 12. 31이다. 전산세무회계 수험용 프로그램
을 이용하여 다음 물음에 답하시오.

─── < 기 본 전 제 > ───
문제에서 한국채택국제회계기준을 적용하도록 하는 전제조건이 없는 경우, 일반기업회계기준을 적용한다.

문제1 (주)동원사무기의 전기분 손익계산서를 토대로 관련 결산제표를 검토하여 오류를
수정 또는 입력하시오. (4점)

손 익 계 산 서

(주)동원사무기　　　제7기 2018. 1. 1 ~ 2018. 12. 31　　　단위 : 원

과 목	금 액	과 목	금 액
매 출 액	150,000,000	**영 업 이 익**	32,479,000
제 품 매 출	150,000,000	**영 업 외 수 익**	1,388,000
매 출 원 가	99,902,000	이 자 수 익	888,000
제 품 매 출 원 가	99,902,000	채 무 면 제 이 익	500,000
기 초 제 품 재 고 액	20,000,000	**영 업 외 비 용**	600,000
당 기 제 품 제 조 원 가	99,902,000	이 자 비 용	100,000
기 말 제 품 재 고 액	20,000,000	기 부 금	500,000
매 출 총 이 익	50,098,000	**법인세비용차감전이익**	33,267,000
판 매 비 와 관 리 비	17,619,000	**법 인 세 비 용**	4,324,710
급 여	7,900,000	**당 기 순 이 익**	28,942,290
복 리 후 생 비	2,500,000	**주 당 순 이 익**	0
여 비 교 통 비	1,226,000		
접 대 비	1,000,000		
통 신 비	500,000		
수 도 광 열 비	653,000		
소 모 품 비	500,000		
운 반 비	1,700,000		
임 차 료	500,000		
대 손 상 각 비	1,140,000		

문제2 다음 거래 자료를 일반전표 입력메뉴에 추가 입력하시오. (21점)

> **< 입력시 유의사항 >**
>
> • 일반적인 적요의 입력은 생략하지만, 타계정 대체거래는 적요번호를 선택하여 입력한다.
> • 채권·채무와 관련된 거래는 별도의 요구가 없는 한 반드시 기 등록되어 있는 거래처코드를 선택하는 방법으로 거래처명을 입력한다.
> • 제조경비는 500번대 계정코드를, 판매비와 관리비는 800번대 계정코드를 사용한다.
> • 회계처리시 계정과목은 별도제시가 없는 한 등록되어 있는 계정과목 중 가장 적절한 과목으로 한다.

[1] 5월 21일 갑영업소의 화재로 건물 1동(취득원가 10,000,000원, 동 감가상각누계액 3,000,000원)과 제품 2,000,000원이 화재로 소실되어 동방화재보험사에 보험금을 청구하다. 단, 보험계약 금액은 10,000,000원이다. (3점)

[2] 5월 22일 화재로 소실된 자산에 대하여 전액 보험금을 지급하겠다는 통지가 동방화재보험사로부터 확정 통지를 받다. (3점)

[3] 5월 28일 서초상사에서 받아 보관중인 약속어음 20,000,000원(2019년 9월 28일 만기)을 대한은행에서 할인받고, 할인료 1,000,000원과 수수료 100,000원을 차감한 실 수령액을 동 은행 당좌예금계좌에 입금하였다. 매각거래로 처리할 것 (3점)

[4] 5월 31일 전기에 대손 처리한 남수상사의 외상대금 5,500,000원을 금일 현금으로 회수하다. 단, 대손처리 당시 대손충당금잔액은 2,500,000원이 있었다. (3점)

[5] 6월 5일 다음의 업무용 차량에 대한 보험을 가입하고 보험료를 전액 현금으로 지급하였다. (비용으로 처리할 것) (3점)
　　　　　 • 대표이사 승용차 : 700,000원　　• 공장용 화물차 : 500,000원

[6] 6월 16일 (주)동일사무기의 외상매출금 5,500,000원이 강북은행 보통예금 계좌에 입금된 사실이 확인되었다. (3점)

[7] 6월 25일 보유중인 유가증권에 대한 배당금 550,000원을 현금으로 수령하였다. [(주)사랑의 주식 10,000주, 장부금액 20,000,000원] (3점)

문제3 매입 매출전표 입력 사항(15점)

< 입력시 유의사항 >

- 일반적인 적요의 입력은 생략하지만, 타계정 대체거래는 적요번호를 선택하여 입력한다.
- 별도의 요구가 없는 한 반드시 기 등록되어 있는 거래처코드를 선택하는 방법으로 거래처명을 입력한다.
- 제조경비는 500번대 계정코드를, 판매비와 관리비는 800번대 계정코드를 사용한다.
- 회계처리시 계정과목은 별도제시가 없는 한 등록되어 있는 계정과목 중 가장 적절한 과목으로 한다.
- 입력화면 하단의 분개까지 처리하고, 전자세금계산서는 전자입력으로 반영한다.

[1] 6월 14일   남일사무기에 갑제품을 1,000개 @10,000원(부가가치세 별도)에 판매하고, 대금은 천수상사발행 약속어음으로 배서양수하고, 전자세금계산서를 발행하여 주다. (3점)

[2] 6월 15일   한진택배를 통하여 발송한 제품 발송비 220,000원(부가가치세 포함)을 신용카드(국민카드)로 결제하여 주고, 전자세금계산서를 교부받다.(3점)

[3] 6월 15일   다음과 같이 제품을 판매하고 전자세금계산서를 발행하였다.(3점)

품 목	수량	단 가	공급가액	부가가치세	거래처명	대금결제
제 품 A	100	50,000	5,000,000	500,000	해 수 사무기	외 상 11,594,000
제 품 B	80	69,250	5,540,000	554,000		
합 계			10,540,000	1,054,000		

[4] 6월 28일   제복상사에서 작업복을 다음과 같이 구입하여 생산직 사원에게 지급하였다. 동 거래에 대하여 전자세금계산서를 교부 받았으며, 대금은 전액 외상으로 하였다. (전액 비용으로 회계처리할 것) (3점)

품 명	수 량	단 가	공급가액	부가가치세
작 업 복	50	40,000원	2,000,000원	200,000원

[5] 6월 30일　(주)남일사무기에 제품을 매출하고 다음과 같이 전자세금계산서를 발행하였다.(3점)

전자세금계산서				승인번호		xxxxxxxxx

<table>
<tr><td rowspan="6">공급자</td><td>사업자등록번호</td><td>101-81-23455</td><td>종사업장 번호</td><td></td><td rowspan="6">공급받는자</td><td>사업자등록번호</td><td>127-81-08306</td><td>종사업장 번호</td><td></td></tr>
<tr><td>상호(법인명)</td><td>(주)동원사무기</td><td>성명</td><td>이준서</td><td>상호(법인명)</td><td>(주)남일사무기</td><td>성 명</td><td>박현우</td></tr>
<tr><td>사업장주소</td><td colspan="3">서울특별시 종로구 북천로 101(가회동)</td><td>사업장 주소</td><td colspan="3">경기도 의정부시 경의로 171(신곡동)</td></tr>
<tr><td>업 태</td><td>제조.도매</td><td>종목</td><td>사무기기</td><td>업 태</td><td>도매</td><td>종 목</td><td>원단</td></tr>
<tr><td>이메일</td><td colspan="3"></td><td>이메일</td><td colspan="3"></td></tr>
</table>

작성일자	공급가액	세액	수정사유		
2019. 06. 30.	87,000,000	8,700,000			
비고					

월	일	품 목	규 격	수 량	단 가	공 급 가 액	세 액	비 고
06	30	사무기기				87,000,000	8,700,000	

합계금액	현 금	수 표	어 음	외 상 미 수 금	이 금액을 영수 함 청구
95,700,000	8,700,000			87,000,000	

문제4　다음 수정사항에 대하여 입력된 자료를 정정하시오.(9점)

[1] 매출처인 (주)파스칼상사가 상호 및 업종변경으로 다음과 같이 등록사항이 변경되었다. 입력된 자료를 수정하시오.(3점)

사 업 자 등 록 번 호	128-81-03041			
상　　　　　　　호	(주)호방사무기			
사 업 장 소 재 지	경기도 고양시 덕양구 권율대로 907(신원동)			
업　　　　　　　태	도 매	종　　목	사 무 기	

[2] 4월 25일　지급된 복리후생비 25,000원은 신입영업사원의 명함인쇄비의 지급을 잘못 기장한 것이다.(3점)

[3] 5월　7일　우리상사에 제품 매출 시 당사 부담의 발송운임 150,000원의 현금지급에 대한 전표입력이 누락되었다.(3점)

문제5 다음의 결산정리사항에 의하여 결산을 완료하시오.(12점)

[1] 앞서 국민은행에서 장기차입한 차입금 5,000,000원이 1년 이내에 도래하므로 유동
성부채로 재분류하다.(기업회계기준에 알맞은 계정으로 등록하여 사용할 것)(3점)

[2] 결산 시 매출채권에 대하여 대손을 예상하다. 외상매출금 1%, 받을어음에 대하여
는 2%를 설정한다.(보충법으로 처리할 것)(3점)

[3] 유형고정자산의 당기 감가상각비는 다음과 같다.(3점)
  • 본사건물 : 2,600,000원   • 공장건물 : 2,000,000원
  • 본사승용차량 : 800,000원   • 화물자동차(공장) : 2,550,000원

[4] 재고자산의 기말재고액은 다음과 같다.(3점)
  • 원재료 : 12,000,000원   • 재공품 : 21,000,000원
  • 제　품 : 66,000,000원

문제6 다음 사항을 조회하여 답안을 이론문제 답안작성 메뉴에 입력하시오.(9점)

[1] 제1기 확정 과세기간에 있어 매입처별 전자세금계산서합계표상 금액이 가장 많은
거래처와 공급가액은 얼마인가?(3점)

[2] 7월 ~ 12월까지 발생한 매출처별 전자세금계산서합계표상 제품매출 건수 및 공급
가액은 얼마인가?(3점)

[3] (주)동원사무기의 전기분손익계산서상의 제품매출원가는 얼마인가?(3전)

$$\boxed{\text{이 론 시 험}}$$

⬧ 다음 문제를 보고 알맞은 것을 골라 이론문제 답안작성 메뉴화면에 입력하시오.
(※ 객관식 문항당 2점)

────────< 기 본 전 제 >────────

문제에서 한국채택국제회계기준을 적용하도록 하는 전제조건이 없는 경우, 일반기업회계기준을 적용한다.

01 다음은 무형자산과 관련된 내용이다. 가장 올바르지 못한 것은?

① 물리적 형체가 없지만 식별할 수 있다.
② 기업이 통제하고 있어야 한다.
③ 미래에 경제적 효익이 있는 비화폐성 자산이다.
④ 무형자산에는 연구개발비, 산업재산권, 광업권, 영업권 등이 있다.

02 (주)강원은 주주총회의 특별 결의를 얻어 발행 주식 중 1,000주(액면금액 1주당 5,000원)를 1주당 4,000원에 현금으로 매입소각하였다. 이러한 결과가 미치는 영향으로 올바른 것은?

① 총자산과 총부채가 증가한다.
② 총자산과 총부채가 감소한다.
③ 총자산과 총자본이 감소한다.
④ 발행 주식의 수가 증가한다.

03 다음은 재무제표의 기본가정 중 계속기업에 대한 내용이다. 잘못된 것은?

① 건물 등을 역사적원가로 기록하였다.
② 유형자산의 감가상각을 행하다.
③ 상품을 판매한 시점에서 수익을 기록하였다.
④ (주)둘리는 곧 청산할 것으로 예상하여 자산을 취득원가가 아닌 청산가치로 인식하였다.

04 한국상점의 매입과 매출자료이다. 선입선출법으로 기장할 경우 월말재고액은?

6 / 1	전월이월	100개	@200원	20,000원
10	매　입	200개	@250원	50,000원
18	매　출	200개	@200원	60,000원
25	매　입	50개	@280원	14,000원

① 34,000원　　　② 39,000원　　　③ 25,000원　　　④ 28,000원

05 일반기업회계기준상 매출원가에 대한 설명 중 틀린 것은?

① 판매업에 있어서의 매출원가는 기초상품재고액과 당기상품매입액의 합계액에서 기말상품재고액을 차감하는 형식으로 기재한다.
② 제조업에 있어서의 매출원가는 기초제품재고액과 당기제품제조원가의 합계액에서 기말 제품재고액을 차감하는 형식으로 기재한다.
③ 상품매입에 직접 소요된 상품매입액과 제비용은 구분하여 기재한다.
④ 매출액에서 매출총이익을 차감하면 매출원가가 나온다.

06 물가 상승시를 가정하는 경우, 다음 중 맞는 것은?

① 당기순이익 : 선입선출법 > 가중평균법 > 후입선출법
② 기 말 재 고 : 선입선출법 < 가중평균법 < 후입선출법
③ 매 출 원 가 : 선입선출법 > 가중평균법 > 후입선출법
④ 법인세비용 : 선입선출법 < 가중평균법 < 후입선출법

07 다음 중 재고자산 평가에 대한 설명이다. 올바른 것은?

① 재고자산의 저가평가는 재고자산의 총액기준으로 하는 것이 원칙이다.
② 재고자산의 감액을 초래했던 상황이 해소되거나 경제상황의 변동으로 순실현가능가치가 상승했다면 그 상승금액 전부를 매출원가에서 차감한다.
③ 재고자산평가손실과 감모손실은 모두 충당금을 설정하지 않고 직접 차감한다.
④ 재고자산을 저가법으로 평가하는 경우 재고자산의 시가는 순실현가능가치를 말한다. 이 경우 생산에 투입하기 위하여 보유하는 원재료의 현행 대체원가는 순실현가능가치에 대한 최선의 이용가능한 측정치가 될 수 있다.

08 다음 중 재무상태표에 관련 자산 부채에서 차감하는 형식으로 표시되는 것이 아닌 것은?

① 대손충당금   ② 사채할인발행차금
③ 감가상각누계액   ④ 퇴직급여충당부채

09 분당기업은 개별원가회계를 사용하며 기계시간에 의하여 제조간접비를 예정배부하고 있다. 작년의 제조간접비 예상액은 24,000원이었고 제조간접비 발생액은 26,400원이었다. 예상기계시간은 120시간이었는데 실제기계시간은 100시간이었다. 작년 초에 계산한 제조간접비 예정배부율은 얼마였겠는가?

① 기계시간당 200원   ② 기계시간당 220원
③ 기계시간당 240원   ④ 기계시간당 264원

10 다음 중 부문비와 관계되는 설명으로 적합하지 않은 것은?

① 부문별 원가계산은 제조간접비를 각 제품에 보다 더 정확하게 배부하기 위한 절차이다.
② 원가부문은 제조부문과 보조부문으로 나눈다.
③ 특정부문에만 개별적으로 발생하여 추적이 가능한 부문직접비는 해당부문에 배부한다.
④ 보조부문비를 같은 보조부문 상호간의 용역제공은 무시하고, 제조부문에만 배부하는 방법은 직접배부법이다.

11 다음은 (주)파스칼의 5월 중 원가자료이다. 당월 총제조비용은 얼마인가?

• 직접재료비 :	1,600,000원
• 직접노무비 :	1,500,000원
• 제조간접비 :	직접노무비의 50%
• 판매비와관리비 :	300,000원

① 3,100,000원   ② 3,850,000원
③ 4,150,000원   ④ 3,400,000원

12 변동비와 고정비에 대한 설명 중 옳은 것은?

① 변동비와 고정비는 주로 경영진의 의사결정 목적에 사용되는 원가분류이다.
② 변동비와 고정비는 제조원가명세서의 작성에는 사용되지 아니한다.
③ 조업도가 변동하는 경우 단위당 고정원가는 변함이 없다.
④ 조업도가 변동하는 경우 단위당 변동원가는 변함이 없다.

13 다음의 경비에 관한 자료에 의하여 당월의 공장경비와 본사경비를 계산하면 각각 얼마인가? 모든 경비는 공장4, 본사1의 비율로 배부한다.

㉠ 보 험 료 :	6개월분지급액	240,000원
㉡ 감가상각비 :	1년간 계상액	360,000원
㉢ 수 선 비 :	당월 지급액	100,000원
	당월 미지급액	20,000원
㉣ 전 력 비 :	당월 지급액	80,000원
	당월 측정액	100,000원

① 공장분 216,000원, 본사분 54,000원
② 공장분 232,000원, 본사분 58,000원
③ 공장분 200,000원, 본사분 40,000원
④ 공장분 224,000원, 본사분 56,000원

14 다음 중 부가가치세 과세대상이 되는 용역의 공급에 해당하는 것은?

① 상가의 임대
② 건설용역의 무상 공급
③ 고용관계에 의한 근로 제공
④ 용역의 수입

15 다음 중 부가가치세 매출세액에서 공제하는 매입세액으로 옳은 것은?

① 면세사업 관련 매입세액
② 토지조성 관련 매입세액
③ 접대비 관련 매입세액
④ 의제매입세액

실무시험

⊙ (주)행복가구(회사코드 : 4042)는 가구를 제조, 도매하는 중소기업(법인)이며, (제 4기) 회계기간은 2019. 1. 1 ~ 2019. 12. 31 이다. 전산세무회계 수험용 프로그램을 이용하여 다음 물음에 답하시오.

─< 기 본 전 제 >─
문제에서 한국채택국제회계기준을 적용하도록 하는 전제조건이 없는 경우, 일반기업회계기준을 적용한다.

문제1 (주)행복가구의 전기분 원가명세서를 토대로 관련 결산제표를 검토하여 오류를 수정 또는 입력하시오.(6점)

제 조 원 가 명 세 서
2018년 1월 1일 ~ 2018년 12월 31일

(주)행복가구   단위 : 원

계 정 과 목	제 5 기 (전) 기	
		금 액
원 재 료 비		87,150,000
기 초 원 재 료 재 고 액	5,200,000	
당 기 원 재 료 매 입 액	87,150,000	
기 말 원 재 료 재 고 액	5,200,000	
노 무 비		20,000,000
임 금	20,000,000	
경 비		11,500,000
가 스 수 도 료	3,000,000	
전 력 비	1,500,000	
보 험 료	2,000,000	
소 모 품 비	5,000,000	
당 기 총 제 조 비 용		118,650,000
기 초 재 공 품 재 고 액		500,000
합 계		119,150,000
기 말 재 공 품 재 고 액		10,150,000
타 계 정 으 로 대 체 액		0
당 기 제 품 제 조 원 가		109,000,000

문제2 다음 거래 자료를 일반전표 입력메뉴에 추가 입력하시오.(일반전표에 입력된 모든 거래는 부가가치세를 고려하지 말 것)(21점)

> **< 입력시 유의사항 >**
>
> • 일반적인 적요의 입력은 생략하지만, 타계정 대체거래는 적요번호를 선택하여 입력한다.
> • 채권·채무와 관련된 거래는 별도의 요구가 없는 한 반드시 기 등록되어 있는 거래처코드를 선택하는 방법으로 거래처명을 입력한다.
> • 제조경비는 500번대 계정코드를, 판매비와 관리비는 800번대 계정코드를 사용한다.
> • 회계처리시 계정과목은 별도제시가 없는 한 등록되어 있는 계정과목 중 가장 적절한 과목으로 한다.

[1] 7월 10일 액면총액 40,000,000원 (4,000좌, @10,000원)의 사채를 @15,000원으로 발행하고 납입금은 대한은행에 당좌예입하였다. 그리고 사채발행비 150,000원을 현금으로 지급하다.(3점)

[2] 7월 20일 당일까지 미납된 국민건강보험료 165,000원을 현금으로 납부하였다. 이 중에서 150,000원은 5월분 미납액(75,000원은 회사부담분이고 75,000원은 본인 부담분(사무직 직원)이다.)이고, 나머지 금액 15,000원은 가산금이다.(3점)

[3] 7월 22일 건설 중인 공장건물이 완공되어 총 공사대금 200,000,000원 중 앞서 지급한 중도금(1월 18일자)을 제외한 잔액은 수표를 발행하여 지급하다. 또한 동 건물을 등기하면서 등기료 및 취득세 150,000원을 현금으로 지급하다.(3점)

[4] 7월 25일 거래처인 (주)상도상사로부터 받은 받을어음 10,000,000원을 거래은행인 기업은행에서 할인하고 할인료 70,000원을 제외한 금액은 당점의 당좌예금계좌에 입금하였다. 단, 할인어음은 차입거래로 인식한다.(3점)

[5] 7월 25일 단기보유목적으로 매입하였던 상장회사 (주)삼호전기 주식 1,000주(장부가액 : 7,000,000원) 증권회사에 1주당 6,000원에 처분하고, 대금은 전액 현금으로 받고, 처분수수료 50,000원을 현금으로 지급하다. (3점)

[6] 8월 5일 대림석유에 공장연료비 200,000원을 현금으로 지급하다.(3점)

[7] 8월 20일　사회복지법인 월드비전에 장애인돕기성금을 현금으로 기탁하고 영수
증을 교부받다.(3점)

기 부 금 영 수 증

일련번호	WVK18-001233912	후원자번호	001233922	World Vision

1.기부자

성 명	(주)행복가구	사업자등록번호	107-81-49318
주 소	서울특별시 영등포구 경인로 701(문래동1가)		

2.기부금 단체

단체명	사회복지법인 월드비전	사업자등록번호	116-82-00276
주 소	서울특별시 영등포구 여의나루로 77-1		

유 형	지정기부금		유 형	법정기부금	
코 드	40		코 드	10	
연 월	적 요	금 액	연 월	적 요	금 액
2019-08	후원금	300,000원			
합 계	300,000원		합계		

「법인세법」제24조,「소득세법」제34조,「조세특례제한법」제74조,제76조 및 제88
조의4에 따른 기부금을 위와 같이 기부하였음을 증명하여 주시기 바랍니다.
2019년 8월 20일 　신청인 　(주)행복가구 홍 나 따 (서명 또는 인)

위와 같이 기부금을 기부하였음을 증명합니다.
2019년 8월 20일

기부금수령인 사회복지법인 월드비전 대표 양호승

문제3　매입 매출전표 입력 사항 (15점)

< 입력시 유의사항 >

- 일반적인 적요의 입력은 생략하지만, 타계정 대체거래는 적요번호를 선택하여 입력한다.
- 별도의 요구가 없는 한 반드시 기 등록되어 있는 거래처코드를 선택하는 방법으로 거래처명
  을 입력한다.
- 제조경비는 500번대 계정코드를, 판매비와 관리비는 800번대 계정코드를 사용한다.
- 회계처리시 계정과목은 별도제시가 없는 한 등록되어 있는 계정과목 중 가장 적절한 과목으
  로 한다.
- 입력화면 하단의 분개까지 처리하고, 전자세금계산서는 전자입력으로 반영한다.

[1] 8월 1일　(주)청도기업에 당사 원재료를 제공하고 제품의 일부를 제작의뢰 한 바
오늘 의뢰했던 완제품을 납품 받고 다음과 같이 전자세금계산서를 교부
받았다.(3점)

품 목	제 작 비	부가가치세	결제 방법
CFT-4	8,000,000원	800,000원	당좌수표 발행

[2] 8월 3일 원재료를 제공하고 임가공용역계약에 의하여 제품의 일부를 제작 의뢰했던 부품을 (주)청도기업으로부터 납품받고 다음과 같은 전자세금계산서를 교부받았다.(3점)

전자세금계산서					승인번호			xxxxxxxx	
공급자	사업자등록번호	107-81-31220	종사업장 번호		공급받는자	사업자등록번호	107-81-49318	종사업장 번호	
	상호(법인명)	(주)청도기업	성명	김도설		상호(법인명)	(주)행복가구	성 명	홍난파
	사업장주소	서울특별시 영등포구 국회대로53길 24(당산동)				사업장 주소	서울특별시 영등포구 경인로704(문래동1가)		
	업 태	제조	종목	가구		업 태	제조, 도매	종 목	가구
	이메일					이메일			
작성일자		공급가액		세액		수정사유			
2019. 08. 03.		5,000,000		500,000					
비고									

월	일	품 목	규 격	수 량	단 가	공 급 가 액	세 액	비 고
08	03	가구		5,000	1,000	5,000,000	500,000	

합계금액	현 금	수 표	어 음	외상미수금	이 금액을 (영수)(청구) 함
5,500,000				5,500,000	

[3] 8월 15일 마케팅 담당사원을 채용하기 위해 일간지인 서울신문(신규 등록할 것, 거래처 코드 2003, 사업자번호 109-85-23215)에 사원모집 광고를 게재하였던 바 오늘 광고료 2,100,000원 부가가치세 210,000원을 나중에 지급하기로 하고 전자세금계산서를 교부받았다.(3점)

[4] 8월 18일 지난 8월 15일 (주)청도기업으로 부터 납품받은 원재료 중 10개, @1,000원(부가가치세 별도)를 품질불량으로 반품하고 반품전자세금계산서를 교부받았으며, 대금은 외상매입금과 상계처리하기로 하였다.(3점)

[5] 8월 20일 공장용 2톤 화물자동차 1대(공급가액 18,000,000원, 부가가치세 1,800,000원)를 금일 현대자동차(주)로부터 인도받고, 전자세금계산서를 교부받았으며, 대금은 20개월 분할하여 지급하기로 하고, 부가가치세는 현금으로 지급하였다.(3점)

문제4 다음의 결산정리사항에 의하여 결산을 완료하시오.(15점)

[1] 재고자산의 기말재고액 (3점)
  • 원재료 5,000,000원 • 재공품 10,000,000원 • 제 품 40,000,000원

[2] 대손충당금은 기말 매출채권(외상매출금과 받을어음) 잔액의 1%를 설정한다. (보충법으로 처리할 것)(3점)

[3] 다음과 같이 감가상각을 하다.(3점)

계 정 과 목	감가상각비	구 분
건 물	500,000원	본사 건물
	800,000원	공장 건물
기 계 장 치	700,000원	공장 생산부
비 품	430,000원	공장 생산부
차 량 운 반 구	330,000원	본사 영업부
	875,000원	공장 생산부

[4] 차입금에 대한 이자 250,000원이 당기말 현재 자금사정으로 지급하지 못한 상태로 결산을 맞이했다. 적절한 회계처리를 하시오.(발생주의)

[5] 법인세 추산액은 15,000,000원이며, 중간예납세액 5,000,000원이 있다.(3점)

문제5 다음 사항을 조회하여 답안을 ⎡이론문제 답안작성⎤ 메뉴에 입력하시오.(9점)

[1] 7월 1일 ~ 12월 31일까지의 거래 중 현금으로 지급한 제조경비는 얼마인가?(3점)

[2] 제2기 부가가치세 확정 신고기간(10. 1 ~ 12. 31)동안 공제받지 못할 매입세액은 얼마인가?(3점)

[3] 6월 말 현재 현금및현금성자산의 잔액은 얼마인가?(3점)

이 론 시 험

○ 다음 문제를 보고 알맞은 것을 골라 이론문제 답안작성 메뉴화면에 입력하시오.
(※ 객관식 문항당 2점)

─────< 기 본 전 제 >─────
문제에서 한국채택국제회계기준을 적용하도록 하는 전제조건이 없는 경우, 일반기업회계기준을 적용한다.

01 다음은 재고자산의 평가에 대한 설명이다. 틀린 것은?

① 재고자산의 평가손실누계액은 재고자산의 차감계정으로 표시한다.
② 재고자산의 평가손실은 매출원가에 가산한다.
③ 재고자산의 감모손실의 경우 정상적으로 발생한 감모손실은 매출원가에 가산하고 비정상적으로 발생한 감모손실은 영업외비용으로 분류한다.
④ 저가법의 적용에 따른 평가손실을 초래했던 상황이 해소되어 새로운 시가가 장부금액보다 상승한 경우에는 최초의 장부금액을 초과하지 않는 범위 내에서 평가손실을 환입한다. 평가손실의 환입은 영업외수익으로 분류한다.

02 다음은 한국상사의 9월 중 상품관련 자료이다. 9월 중 상품 순매입량이 1,000개라면 단위당 취득원가는 얼마인가?

• 매 입 가 액	500,000원	• 매 입 운 임	20,000원
• 매 입 할 인	10,000원	• 매 출 운 임	30,000원
• 매 출 할 인	15,000원	• 매 입 에 누 리	10,000원

① 530원 ② 520원
③ 515원 ④ 500원

03 다음 중 빈칸의 내용으로 가장 적합한 것은?

> • 선급비용이 (㉠)되어 있다면 당기순이익은 과대계상된다.
> • 선수수익이 (㉡)되어 있다면 당기순이익은 과소계상된다.

	㉠	㉡
①	과대계상	과소계상
②	과소계상	과소계상
③	과소계상	과대계상
④	과대계상	과대계상

04 일반기업회계기준상 영업외손익이 아닌 것은?

① 자산수증이익　　　　　　　　② 외상매출금대손상각비
③ 채무면제이익　　　　　　　　④ 유형자산처분이익

05 일반기업회계기준상 수익에 대한 내용으로 올바르지 않은 것은?

① 경제적 효익의 유입 가능성이 매우 높고, 수익금액을 신뢰성 있게 측정할 수 있을 때 인식한다.
② 받을대가(또는 판매대가)의 공정가치로 측정하며, 매출에누리와 할인 및 환입은 수익에서 차감한다.
③ 성격과 가치가 상이한 재화나 용역간의 교환시 교환으로 취득한 재화나 용역의 공정가치로 수익을 측정하는 것이 원칙이다.
④ 성격과 가치가 유사한 재화나 용역간의 교환시 교환으로 취득한 재화나 용역의 공정가치로 수익을 측정하는 것이 원칙이다.

06 재무제표를 통해 제공되는 정보에 관한 내용 중 올바르지 않은 것은?

① 재무제표는 화폐단위로 측정된 정보를 주로 제공한다.
② 재무제표는 특정기업실체에 관한 정보를 제공하며, 산업 또는 경제 전반에 관한 정보를 제공하지는 않는다.
③ 재무제표는 대부분 과거에 발생한 거래나 사건에 대한 정보를 나타낸다.
④ 재무제표는 추정에 의한 측정치는 포함하지 않는다.

07 다음은 유형자산 취득 시 회계처리를 설명한 것이다. 옳지 않는 것은?

① 유형자산에 대한 건설자금이자는 취득원가에 포함할 수 있다.
② 무상으로 증여받은 건물은 취득원가를 계상하지 않는다.
③ 교환으로 취득한 토지의 금액은 공정가치를 취득원가로 한다.
④ 유형자산 취득 시 그 대가로 주식을 발행하는 경우 주식의 발행금액을 그 유형자산
　의 취득원가로 한다.

08 무형자산에 대한 다음 설명 중 잘못된 것은?

① 물리적인 실체가 없다.
② 법률상의 권리 또는 사실상의 가치를 나타내는 자산이다.
③ 무형자산상각비는 판매비와관리비이다.
④ 무형자산을 상각할 때는 간접법으로 상각한다.

09 다음 중 종합원가계산에 대한 설명으로서 올바른 것은?

① 제품의 종류, 규격이 다른 제품을 개별적으로 계산하는 방법
② 사전에 설정된 표준가격 및 표준사용량을 이용하여 계산하는 방법
③ 한 종류의 제품을 연속 대량생산하는 기업에서 적용하는 방법
④ 직접재료비, 직접노무비, 변동 제조간접비 등의 변동비 뿐만 아니라 고정비도 포함
　하여 계산하는 방법

10 종합원가계산하에서는 원가흐름 또는 물량흐름에 대해 어떤 가정을 하느냐에 따라 완
성품환산량이 다르게 계산된다. 다음 중 평균법에 대한 설명으로 틀린 것은?

① 전기와 당기발생원가를 구분하지 않고 모두 당기발생원가로 가정하여 계산한다.
② 계산방법이 상대적으로 간편하다.
③ 원가통제 등에 보다 더 유용한 정보를 제공한다.
④ 완성품환산량 단위당 원가는 총원가를 기준으로 계산된다.

11 다음 중 기초원가와 가공비 모두에 해당되는 것은?

① 직접재료비　　　　　　　　② 직접노무비
③ 변동제조간접비　　　　　　④ 고정제조간접비

12 다음 중 제품원가에 대한 설명으로 잘못된 것은?

① 제품이 판매될 때까지 자산으로 기재된다.
② 기말 현재 판매되지 않은 부분은 제품재고액의 원가로 전환될 원가이다.
③ 제조원가에서 전환원가(가공비)를 차감한 원가이다.
④ 판매시점에서 매출원가가 되어 수익, 비용의 대응이 이루어진다.

13 기초재공품은 40,000개(완성도 20%), 당기완성품 수량은 340,000개, 기말재공품은 20,000개(완성도 40%)이다. 평균법과 선입선출법의 가공비에 대한 완성품환산량의 차이는 얼마인가? 단, 재료는 공정초에 전량 투입되고, 가공비는 공정전반에 걸쳐 균등하게 투입된다.

① 8,000개
② 9,000개
③ 10,000개
④ 11,000개

14 다음 중 부가가치세법상 세금계산서 교부의무가 없는 경우이다. 틀린 것은?

① 면세전용으로 자가공급에 해당하는 경우
② 면세사업자가 재화를 공급하는 경우
③ 전세보증금에 대한 간주임대료를 받은 경우
④ 영세율 적용대상 재화를 공급한 모든 경우

15 다음 중 부가가치세법상 면세에 해당되지 않는 것은?

① 수의사가 제공하는 용역
② 임상병리사가 제공하는 용역
③ 조산사가 제공하는 용역
④ 약사가 소매하는 일반약품판매대금

실 무 시 험

◉ (주)하나전자 (회사코드 : 4043)는 컴퓨터를 제조·도매하는 법인기업이다. 당기 (5기) 회계기간은 2019. 1. 1 ~ 2019. 12. 31 이다. 전산세무회계 수험용 프로그램을 이용하여 다음 물음에 답하시오.

─────────────< 기 본 전 제 >─────────────

문제에서 한국채택국제회계기준을 적용하도록 하는 전제조건이 없는 경우, 일반기업회계기준을 적용한다.

문제1 다음 전기분 손익계산서를 토대로 관련 결산제표를 완성하시오. 단, 전기분원가명세서는 정확하게 입력되어 있다.(9점)

손 익 계 산 서

(주)하나전자   2018년 1월 1일 ~ 2018년 12월 31일   단위 : 원

계 정 과 목	제 4 기 (전) 기	
	금 액	
매 출 액		505,516,200
매 출 원 가		( )
기 초 제 품 재 고 액	110,246,952	
당 기 제 품 제 조 원 가	( )	
기 말 제 품 재 고 액	50,000,000	
매 출 총 이 익		( )
⋮		
당 기 순 이 익		75,950,048

문제2 다음 거래 자료를 일반전표입력메뉴에 추가 입력하시오. 일반전표입력의 모든 거래는 부가가치세를 고려하지 말 것 (19점)

─────────────< 입력시 유의사항 >─────────────

• 일반적인 적요의 입력은 생략하지만, 타계정 대체거래는 적요번호를 선택하여 입력한다.
• 채권·채무와 관련된 거래는 별도의 요구가 없는 한 반드시 기 등록되어 있는 거래처코드를 선택하는 방법으로 거래처명을 입력한다.
• 제조경비는 500번대 계정코드를, 판매비와 관리비는 800번대 계정코드를 사용한다.
• 회계처리시 계정과목은 별도제시가 없는 한 등록되어 있는 계정과목 중 가장 적절한 과목으로 한다.

[1] 8월 10일 한국은행 광명지점으로부터 50,000,000원을 차입(만기일 2020년 2월 9일)하여 보통예금에 입금하였다.(3점)

[2] 8월 14일 대전의 매출거래처를 방문하기 위해 고속도로를 이용하였으며, 고속도로 통행료 4,000원을 현금 지불하였다.(적요를 참조하여 가장 적절한 계정과목을 사용)(3점)

[3] 8월 27일 원재료 10,000,000원을 구입하는 계약을 왕과비상사와 맺고 계약금 1,000,000원은 당좌수표를 발행하여 지급하였다.(3점)

[4] 11월 12일 (주)한국상사에 대한 받을어음 12,000,000원(만기 2020년 1월 12일)을 기업은행에서 할인율 연10%로 할인받고, 그 할인받은 금액이 당좌예금으로 입금되었다.(받을어음의 만기일은 2개월 남았으며, 매각거래로 처리하고, 할인액은 월 단위로 계산한다.)(4점)

[5] 11월 13일 회사는 직원들에게 복리후생을 위해 100,000원을 현금으로 가지급하였다. 동 현금에 대해서는 차후 실제로 사용되었을 때 영수증을 첨부하여 경비처리 한다.(3점)

[6] 11월 24일 회사는 다음과 같이 증자하기로 결정하고, 신주를 발행하여 주금을 현금으로납입받았다.(3점)

• 발행할 주식의 종류와 수 :	보통주식 10,000주
• 발행할 주식의 액면가액 :	5,000원
• 주식의 발행가액 :	주당 6,000원

문제3 **다음 거래 자료를 매입매출전표메뉴에 추가로 입력하시오.(15점)**

─────── **< 입력시 유의사항 >** ───────

- 일반적인 적요의 입력은 생략하지만, 타계정 대체거래는 적요번호를 선택하여 입력한다.
- 별도의 요구가 없는 한 반드시 기 등록되어 있는 거래처코드를 선택하는 방법으로 거래처명을 입력한다.
- 제조경비는 500번대 계정코드를, 판매비와 관리비는 800번대 계정코드를 사용한다.
- 회계처리시 계정과목은 별도제시가 없는 한 등록되어 있는 계정과목 중 가장 적절한 과목으로 한다.
- 입력화면 하단의 분개까지 처리하고, 전자세금계산서는 전자입력으로 반영한다.

[1] 8월 1일 신흥전자(주)로부터 컴퓨터를 제조하기 위한 컴퓨터 부품을 다음과 같이 매입하였다. 적절한 회계처리 하시오.(3점)

전자세금계산서 (공급받는자보관용)						승인번호	20190801410001110676062		
						수정사유			

공급자	등록번호	1 1 0 - 8 1 - 2 1 2 2 3			공급받는자	등록번호	1 0 7 - 8 1 - 4 0 5 4 4	
	상호(법인명)	신흥전자(주)	성명(대표자)	장재남		상호(법인명)	(주)하나전자	성명(대표자) 박상원
	사업장주소	서울시 강서구 가로공원로 174-5(화곡동)				사업장주소	경기 안양 만안구 경수대로 1170(안양동)	
	업태	도매	종목	컴퓨터부품		업태	제조. 도매	종목 컴퓨터
	E-mail	kiyoul0909@hanmail.net				E-mail	kildong@hanmail.net	

작성			공 급 가 액			세 액		수정사유
연 월 일	공란수	백 십 억 천 백 십 만 천 백 십 일				십 억 천 백 십 만 천 백 십 일		
19 08 01	3	1 0 5 0 0 0 0 0				1 0 5 0 0 0 0		

비고

월	일	품 목	규격	수량	단 가	공 급 가 액	세 액	비 고
08	01	VGA		50	80,000	4,000,000	400,000	
		메인보드		50	130,000	6,500,000	650,000	

합 계 금 액	현 금	수 표	어 음	외상미수금	이 금액을 영수 청구 함
11,550,000				11,550,000	

[2] 8월 15일 제품(공장) 수송용 화물차의 고장으로 한국공업사에서 수리하였다. 수리비 300,000원(부가가치세 별도)은 현금 지급하고 전자세금계산서를 받았다.

[3] 11월 16일 거래처인 우리컴퓨터(주)에 제품인 컴퓨터본체 20(@600,000원) 대를 12,000,000원(부가가치세별도)에 외상매출하고 전자세금계산서를 교부하였다.(3점)

[4] 11월 17일 수출업체인 (주)대한무역에 Local L/C에 의하여 제품을 납품하고 다음과 같은 영세율전자세금계산서를 교부하였다. 대금은 전액 (주)대한무역 발행 당좌수표로 받았다.(거래처를 500번에 추가등록 하시오.)(3점)

<table>
<tr><td colspan="7" align="center">전 자 세 금 계 산 서
(공급자보관용)</td><td>승인번호</td><td colspan="2">20191117410000111067 6001</td></tr>
</table>

	전 자 세 금 계 산 서 (공급자보관용)						승인번호	20191117410000111067 6001	
							수정사유		

전 자 세 금 계 산 서 (공급자보관용)

승인번호	20191117410000111067 6001
수정사유	

공급자	등록번호	1 0 7 - 8 1 - 4 0 5 4 4	공급받는자	등록번호	3 1 2 - 8 1 - 5 4 0 4 8
	상호(법인명)	(주)하나전자	성명(대표자)	박상원		상호(법인명)	(주)대한무역	성명(대표자)	이한국
	사업장주소	경기 안양 만안구 경수대로 1170(안양동)		사업장주소	서울시 강남구 강남대로 302(역삼동)
	업태	제조. 도매	종목	컴퓨터		업태	무역	종목	컴퓨터
	E-mail	kiyoul0909@hanmail.net		E-mail	kildong@hanmail.net

작성	공 급 가 액	세 액	수정사유
연 월 일 공란수 백 십 억 천 백 십 만 천 백 십 일	십 억 천 백 십 만 천 백 십 일	
19 11 17 3 2 0 0 0 0 0 0 0	영 세 율	

비 고	

월	일	품 목	규격	수량	단 가	공 급 가 액	세 액	비 고
11	17	컴퓨터		0		20,000,000		

합 계 금 액	현 금	수 표	어 음	외상미수금	이 금액을	영수 함 청구
20,000,000		20,000,000				

[5] 11월 30일 (주)제일자동차에서 비영업용 소형승용차를 16,500,000원(부가가치세 포함)에 구입하였으며 대금은 전액현금으로 지급하고 전자세금계산서를 수취하였다.(기타 부대비용은 없는 것으로 가정한다.) (3점)

문제4 일반전표입력메뉴에 입력된 내용 중 다음과 같이 오류가 발견되었다. 입력된 내용을 확인하여 정정하시오.(6점)

[1] 7월 14일 외상매출금 회수에 대한 거래처는 (주)한마음컴퓨터이다.(3점)

[2] 10월 2일 자양건설에서 사무실건물 보수공사한 것 중 2,000,000원은 수익적지출 (건물의 일시적 수리)이고, 5,000,000원은 자본적지출(건물의 실질적인 가치증가)임이 확인되었다.(3점)

문제5 결산정리사항은 다음과 같다. 해당메뉴에 입력하여 결산을 완료하시오.(12점)

[1] 12월 31일 결산일 현재, 합계잔액시산표상의 현금잔액보다 실제 현금시재액이 104,196원 부족한 것을 발견하였으나 그 원인을 밝힐 수 없었다.(3점)

[2] 기말현재 사무실관련 보험료 기간 미경과액은 150,000원이다.(3점)

[3] 감가상각비의 계상액은 다음과 같다.(3점)

구 분	사무실분 감가상각비	공장분 감가상각비	합 계
건 물	2,000,000	1,500,000	3,500,000
차 량 운 반 구	350,000	150,000	500,000
비 품	850,000	400,000	1,250,000
기 계 장 치	–	2,000,000	2,000,000

[4] 기말재고자산가액은 다음과 같다.(3점)

재고자산명	금 액
원 재 료	20,500,000원
재 공 품	10,000,000원
제 품	24,000,000원

문제6 다음 사항을 조회하여 답안을 [이론문제 답안작성] 메뉴에 입력하시오.(9점)

[1] 3월부터 5월까지 제품제조에 투입한 제조경비가 가장 큰 월과 그 금액은 얼마인가?(3점)

[2] 제1기 예정신고기간(1월 ~ 3월)의 매입세액이 불공제되는 전자세금계산서의 공급가액은 얼마인가?(3점)

[3] 제1기 확정신고기간(4월 ~ 6월)의 부가가치세 매출세액은 얼마인가?(3점)

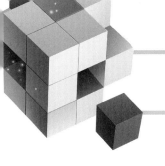

$$\boxed{\text{이 론 시 험}}$$

⬦ 다음 문제를 보고 알맞은 것을 골라 이론문제 답안작성 메뉴화면에 입력하시오.
(※ 객관식 문항당 2점)

───────< 기 본 전 제 >───────
문제에서 한국채택국제회계기준을 적용하도록 하는 전제조건이 없는 경우, 일반기업회계기준을 적용한다.

01 다음 중 유가증권에 대한 내용으로 옳지 않은 것은?

① 주로 단기간 내의 매매차익을 목적으로 취득한 유가증권으로서 매수와 매도가 적극적이고 빈번하게 이루어지는 것은 단기매매증권이다.
② 단기매매증권은 최초 측정시 제공한 대가의 공정가치로 인식하고, 취득과 관련되는 거래원가는 발생 즉시 비용으로 처리한다.
③ 만기가 확정된 채무증권으로서 상환금액이 확정되었거나 확정이 가능한 채무증권을 만기까지 보유할 적극적인 의도와 능력이 있는 경우에는 만기보유증권이다.
④ 유가증권의 분류는 취득시 결정되면 그 후에 변동되지 않는다.

02 주식회사에서 잔여지분은 마지막으로 누구에게 귀속되는가?

① 종업원   ② 채권자
③ 보통주 주주   ④ 우선주 주주

03 (주)해금강은 영업용 차량운반구 500,000원을 취득하면서 취득세 및 등록세 20,000원과 도시개발공채(액면금액 50,000원, 현재가치 46,000원)를 교부받은 경우 (주)해금강이 취득한 차량운반구의 취득원가는 얼마인가? 단, 공채는 현재가치로 매각하였다.

① 524,000원   ② 570,000원
③ 520,000원   ④ 516,000원

04 다음 중 계속기업의 전제가 유지되지 않는 경우 자산으로 계상할 수 없는 것은?

① 개발비   ② 건물
③ 선급비용   ④ 미수수익

05 갑상사의 재무활동 자료는 다음과 같다. 기말상품재고액은 얼마인가? 단, 매출총이익은 매출액의 20%이다.

• 기초상품재고액	100,000원	• 당기순매입액	240,000원
• 당기순매출액	260,000원		

① 80,000원   ② 48,000원
③ 132,000원   ④ 64,400원

06 다음 중 예수금에 대한 설명으로 옳은 것은?

① 예수금은 관련된 자산의 차감 계정으로서 재무상태표에 표시한다.
② 회사가 제3자에게 지급해야 할 금액이지만 장기적으로 회사에 다시 환급되는 성격이다.
③ 종업원의 급여에 관련된 근로소득세를 대표적인 예로 들 수 있다.
④ 구매자가 상품을 구입하겠다고 미리 돈을 주는 경우에 처리하는 계정이다.

07 회사가 주주에게 배당을 지급하기로 하였다. 동 배당에 대한 회계처리가 처음으로 발생하는 일자는 다음 중 어느 것인가?

① 배당기준일   ② 배당결의일
③ 배당지급일   ④ 사업연도종료일

08 다음 감가상각방법 중 수익비용대응의 관점에서 가장 바람직한 감가상각방법은?

① 정액법   ② 작업시간비례법
③ 연금법   ④ 정률법

09 보조부문비의 원가배부방법 중 보조부문 상호간의 용역수수가 중요하지 않는 경우에 적절한 원가배분방법은?

① 단일배부법   ② 상호배부법
③ 단계배부법   ④ 직접배부법

10 다음 자료에 의하여 당기제품제조원가를 계산하면?

구 분	기 초	기 말
원 재 료	300,000원	240,000원
재 공 품	560,000원	600,000원

- 당기원재료매입액   9,200,000원
- 당기노무비   5,600,000원
- 당기제조간접비   7,000,000원

① 21,820,000원   ② 21,880,000원
③ 21,760,000원   ④ 21,800,000원

11 (주)항우의 제2기 원가 자료가 다음과 같을 경우 가공원가는 얼마인가?

- 직접재료원가 구입액   500,000원
- 직접재료원가 사용액   450,000원
- 직접노무원가 발생액   250,000원
- 변동제조간접원가 발생액 300,000원
  (변동제조간접원가는 총제조간접원가의 40%이다.)

① 1,000,000원   ② 1,200,000원
③ 1,400,000원   ④ 1,450,000원

12 다음 중 세금계산서를 작성, 교부하여야 할 의무가 있는 것은?

① 재화의 자가공급   ② 재화의 개인적 공급
③ 폐업시 재고재화의 공급   ④ 내국 신용장에 의한 재화의 공급

13 종합원가계산에서는 일반적으로 선입선출법과 평균법을 사용하여 완성품환산량을 계산한다. 다음 중에서 선입선출법에 대한 설명이 아닌 것은?

① 당기의 활동과 전기의 활동을 구별하지 않는 방법이다.
② 각 기별 성과를 측정할 수 있는 방법이다.
③ 일반적으로 평균법에 비하여 더 비용이 많이 드는 방법이다.
④ 평균법에 비하여 완성품환산량이 같거나 더 적다.

14 부가가치세 매입세액 중 공제 가능한 것은?

① 음식업자가 면세로 구입한 농산물의 의제매입세액
② 토지의 매립공사와 관련된 매입세액
③ 비영업용 소형승용차의 구입 및 유지에 관련된 매입세액
④ 거래처에 선물하기 위한 물품의 매입세액

15 다음 중 부가가치세법상 용역의 공급에 해당되지 않는 것은?

① 음식업   ② 건설업
③ 교육서비스업   ④ 과수원임대업

○ 다음은 (주)합격상사(코드번호 : 4044)의 회계자료이다. 합격상사는 가구를 제조, 판매하는 법인기업이다. 당기 사업연도는 제3기이며, 2019년 1월 1일 ~ 2019년 12월 31일까지이다. 전산세무회계 수험용 프로그램을 이용하여 다음 물음에 답하시오.

─────< 기 본 전 제 >─────

문제에서 한국채택국제회계기준을 적용하도록 하는 전제조건이 없는 경우, 일반기업회계기준을 적용한다.

문제1 다음 제2기 (주)합격상사의 전기분제조원가명세서를 참고로 누락되거나 잘못 입력된 부분을 찾아 정확히 수정하시오. 기타의 자료는 정확히 입력한 것으로 가정한다.(4점)

제 조 원 가 명 세 서

(주)합격상사   2018년 1월 1일 ~ 2018년 12월 31일   단위 : 원

계 정 과 목	제 2 기 (전) 기	
	금 액	
원 재 료 비		105,265,000
기 초 원 재 료 재 고 액	9,580,000	
당 기 원 재 료 매 입 액	98,685,000	
기 말 원 재 료 재 고 액	3,000,000	
노 무 비		33,500,000
임 금	33,500,000	
경 비		67,261,000
복 리 후 생 비	5,655,800	
가 스 수 도 료	1,882,000	
전 력 비	18,074,000	
세 금 과 공 과	1,085,000	
감 가 상 각 비	2,660,000	
외 주 가 공 비	37,904,200	
당 기 총 제 조 비 용		206,026,000
기 초 재 공 품 재 고 액		500,000
합 계		206,526,000
기 말 재 공 품 재 고 액		20,150,000
당 기 제 품 제 조 원 가		186,376,000

 다음 거래자료를 일반전표 입력메뉴에 추가 입력하시오.(일반전표에 입력된 모든 거래는 부가가치세를 고려하지 말 것)(21점)

< 입력시 유의사항 >

- 일반적인 적요의 입력은 생략하지만, 타계정 대체거래는 적요번호를 선택하여 입력한다.
- 채권·채무와 관련된 거래는 별도의 요구가 없는 한 반드시 기 등록되어 있는 거래처코드를 선택하는 방법으로 거래처명을 입력한다.
- 제조경비는 500번대 계정코드를, 판매비와 관리비는 800번대 계정코드를 사용한다.
- 회계처리시 계정과목은 별도제시가 없는 한 등록되어 있는 계정과목 중 가장 적절한 과목으로 한다.

[1] 1월 5일　당좌거래 개설보증금 20,000,000원을 현금 입금하여 국민은행 동래지점과 당좌거래를 개설하고 당좌수표용지와 약속어음용지를 교부받았으며 용지대금 25,000원을 현금으로 지급하였다.(3점)

[2] 1월 10일　단기적 자금운용의 목적으로 사채액면 10,000,000원을 @10,000원에 대하여 @9,500원으로 매입하고, 대금은 끝수이자 50,000원과 함께 수표를 발행하여 지급하다.(3점)

[3] 1월 10일　2018년 12월 급여지급 시 원천징수하여 둔 소득세 1,190,480원을 현금으로 납부하다.(3점)

[4] 1월 20일　직전 연도 제2기 확정 부가가치세를 관할세무서에 현금으로 납부하다.(3점)

[5] 1월 28일　대전지역에 지점을 개설하기 위하여, 대성빌딩과 건물 1동을 계약을 하고, 보증금 20,000,000원을 현금으로 지급하였다.(3점)

[6] 3월 20일 일본 소니사로부터 원재료를 수입하고, 당해 원재료 수입과 관련하여 발생한 다음의 경비를 현금으로 지급하다.(3점)

품 목	금 액	비 고
관 세	500,000원	납부영수증을 교부받다.
통관수수료	48,000원	간이영수증을 교부받다.

[7] 3월 25일 주주들에게 2018년 확정 배당금 40,000,000원을 지급함에 있어 배당소득세 등 6,160,000을 원천징수하고, 잔액은 당사 보통예금계좌에서 이체하여 지급하다.(3점)

문제3 **매입 매출전표 입력 사항 (21점)**

─────── **< 입력시 유의사항 >** ───────

• 일반적인 적요의 입력은 생략하지만, 타계정 대체거래는 적요번호를 선택하여 입력한다.
• 별도의 요구가 없는 한 반드시 기 등록되어 있는 거래처코드를 선택하는 방법으로 거래처명을 입력한다.
• 제조경비는 500번대 계정코드를, 판매비와 관리비는 800번대 계정코드를 사용한다.
• 회계처리시 계정과목은 별도제시가 없는 한 등록되어 있는 계정과목 중 가장 적절한 과목으로 한다.
• 입력화면 하단의 분개까지 처리하고, 전자세금계산서는 전자입력으로 반영한다.

[1] 3월 7일 영업용 차량(취득원가 10,000,000원, 감가상각누계액 6,000,000원)을 한신자동차매매(주)에 3,500,000원(부가가치세 별도)에 매각처분하고, 전자세금계산서를 발행하여 주고 대금은 보통예금계좌로 계좌 이체하여 받다. (3점)

[2] 3월 18일 (주)코리아로 부터 원재료(공급가액 10,000,000원, 부가가치세 1,000,000원)를 구입하고 전자세금계산서를 교부받았다. 대금은 3월 13일 지급한 계약금을 차감한 후 잔액은 매출처 (주)영일상사로부터 받아 보관 중이던 약속어음을 배서양도 하였다.(3점)

[3] 3월 20일 관리부에 사용될 책자를 항도문구에서 70,000원에 현금으로 구입하고, 계산서를 교부받다.(3점) (1000번으로 신규등록 할 것)

거래처	상 호	항도문구	사업자등록번호	101-52-00258
	주 소	서울특별시 종로구 새문안로 105(세종로)		
	대표자명	이필구	전 화 번 호	02)2218-4738
	업 태	도매	종 목	도서

[4] 3월 21일 수출업자인 (주)아시아에 LOCAL L/C에 의하여 제품(공급가액 20,000,000 원)을 납품하고, 영세율전자세금계산서를 교부하였다. 대금은 전액 수표로 받았다.(3점)

[5] 3월 25일 사무실 업무용 소형승용차를 수리하고 다음과 같이 전자세금계산서를 받고 전액 현금 지급하였다.(수익적 지출로 할 것)(3점)

	전자세금계산서				승인번호			xxxxxxxx
공급자	사업자등록번호	108-81-20560	종사업장 번호		사업자등록번호	211-81-20570	종사업장 번호	
	상호(법인명)	(주)한일자동차서비스	성명	이한일	상호(법인명)	(주)합격상사	성 명	꼭합격
	사업장주소	서울특별시 동작구 노들로2길 9-1(노량진동)			사업장 주소	서울특별시 강남구 강남대로 630(신사동)		
	업 태	써비스	종목	차량정비	업 태	제조, 판매	종 목	가구
	이메일				이메일			

작성일자	공급가액	세액	수정사유
2019. 03. 25.	239,000	23,900	
비고			

월	일	품 목	규 격	수 량	단 가	공 급 가 액	세 액	비 고
03	25	자동차 정비				239,000	23,900	

합계금액	현 금	수 표	어 음	외 상 미 수 금	이 금액을 영수/청구 함
262,900	262,900				

[6] 9월 3일 판매용가구 80,000,000원(부가가치세 별도)을 (주)세일상사에 매출 하고, 전자세금계산서를 발급하여 주다. 대금은 외상으로 하고 세일상 사 부담 발송운임 150,000원(부가가치세 무시)을 현금으로 대신 지급 하였다.(3점)

[7] 9월 8일 비사업자인 권대리(610426-1721014)에게 화장대 1조 3,850,000원 (부가가치세 포함)과 장식장 1조 1,485,000원(부가가치세 포함)을 판 매하고, 대금은 카드(비씨-외환은행)로 결제받다.(3점)

문제4 결산정리사항은 다음과 같다. 해당 메뉴에 입력하여 결산을 완료하시오.(12점)

[1] 매출채권(외상매출금과 받을어음)의 기말잔액에 대하여 1%의 대손충당금을 보충법으로 설정하였다.(3점)

[2] 당기의 감가상각비는 다음과 같이 계상하였다.(3점)

계 정 과 목	구 분	구 분
건　　　　물	본사 사무실	2,020,000원
	공　　　장	7,000,000원
기 계 장 치	공　　　장	3,300,000원
비　　　　품	본사 사무실	700,000원
	공　　　장	529,000원

[3] 기말재고자산은 다음과 같다.(3점)

재고자산	구 분
원　재　료	7,200,000원
재　공　품	22,000,000원
제　　　품	66,500,000원

[4] 신라은행에 대한 장기차입금 중에서 외화차입금 50,500,000원($50,000)이 있다.
(재무상태표일 현재 적용환율 : $1당 1,300원)(3점)

문제5 다음 사항을 조회하여 답안을 [이론문제 답안작성] 메뉴에 입력하시오.(12점)

[1] 하반기(7월 ~ 12월)까지 제품제조에 투입한 총 제조경비는 얼마인가?(3점)

[2] 제2기 부가가치세 확정신고기간(10. 1 ~ 12. 31) 동안 전자세금계산서를 수취한 매입건수와 공급가액은 얼마인가?(3점)

[3] 당기에 지급한 임금은 전기에 비하여 얼마나 증감 되었는가?(3점)

[4] 당기 매출총이익의 금액은 전기에 비해 얼마나 증가 또는 감소하였는가?(3점)

Chapter
10

최근 기출문제

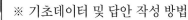

1. 기초데이터 실행 방법

1. 수험용으로 실행하기

　　2018년에 시행된 기출문제 6회(제81회~제76회)분을 실제 검정시험을 치듯이 연습할 수 있도록 별도의 파일로 구성하였다.

(1) 2018년에 시행된 기출문제 제6회(81회~76회)분을 다운받아 실행하는 방법

　① 한국세무사회 자격시험(http://license.kacpta.or.kr) 사이트에 접속하여 회원가입 후 다운

　② 파스칼미디어 홈페이지(www.pascal21.co.kr)에 접속하여 [자료실]-[기초자료다운코너]의 [전산회계1급] Tab을 선택한 후 [KcLep-회계1급 최근기출문제81회-76회]를 다운받아 압축 해제한 후 폴더를 더블클릭한다.

(2) 2018년도에 시행된 기출문제 6회분이 보여진다. [제81회 전산회계1급]폴더를 더블클릭하여 나타나는 파일 중 [수험용 Tax]를 더블클릭하면 '[제81회 전산세무회계 자격시험 기초데이터 설치]' 화면이 나타난다.

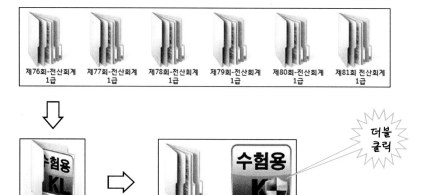

▶ 만약 바탕화면에 KcLep 전산세무회계 교육용프로그램이 실행되어 있으면 'KcLep 메인
프로그램이 실행되어 있습니다. 메인프로그램을 종료 후 다시 설치하여 주십시오.' 라는
메시지 창이 나타나면 [확인]을 클릭하면 된다.

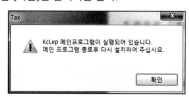

(3) [제81회 전산세무회계 자격시험 기초데이터 설치] 화면에서 수험번호[⑩ 21111111]
와 이름[⑩ 권기열]을 입력 후 [설치]단추를 클릭하면 프로그램이 자동으로 설치되며
'제81회 전산세무회계 자격시험' 메인화면인 시작화면이 나타난다.

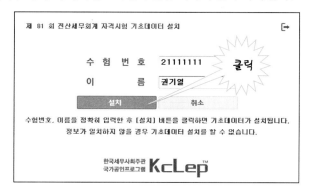

(4) 시작화면에서 다음과 같은 순서로 진행하면 된다.

① 문제유형(例 A형)을 선택한 다음 감독관이 확인번호를 불러줄 때까지 기다린다.

② 감독관이 불러준 확인번호(例 5422)를 입력하고 [로그인]을 클릭하여 검정시험을 시작하면 된다. 단, 2018년 2회(77회) 시험부터는 감독관 확인번호가 '4자리수'로 변경되었다.

(5) 본 교재는 개정 기업회계기준과 개정 세법에 의하여 모든 기출문제에 대한 기초데이터를 교육용으로 실행하기는 2019년으로 업그레이드 하였으나, 2018년에 시행된 제6회 (81회~76회)분은 [로그인] 후 회계기간은 2018년 01월 01일 ~ 2018년 12월 31일로 연습하도록 한다.

(6) 우측상단 [0813] (주)동강 법인 5기 2018-01-01~2018-12-31을 확인한다. 모든 작업은 [회계관리]의 [재무회계] 화면에서 선택작업을 한다.

기출문제 수험번호 및 감독관 확인번호

횟수 \ 구분	수험번호	감독관확인번호
제81회	21111111	[5422]
제80회	21111111	[4653]
제79회	21111111	[9846]
제78회	21111111	[7422]
제77회	21111111	[2113]
제76회	21111111	[83]

▶ 단, 77회(2018년 4월)시험부터는 감독관 확인번호가 네자리로 변경되었다.

알고 갑시다

▶ 실제 시험 당일에는 원서접수시 부여받은 본인의 수험표에 인쇄된 수험번호를 입력하여야 하며, 이를 어길 경우 채점 시 '0점' 처리된다. 이에, 위의 수험번호는 연습할 때만 사용하는 임시번호이오니 주의하여야 한다. 임시번호를 입력하면 아래와 같은 메시지가 뜬다.

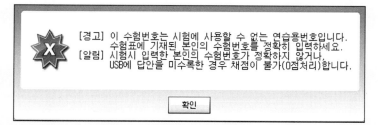

2. 교육용으로 실행하기

2018년에 시행된 기출문제 6회(제81회~제76회)분의 데이터를 한번에 설치되도록 하였으므로 본인이 작업하고자 하는 회사를 선택하여 실습할 수 있도록 구성하였다.

○ 기초데이터는 파스칼미디어 홈페이지(www.pascal21.co.kr)에 접속하여 [자료실] - [기초자료다운코너]의 [전산회계1급] Tab을 선택한 후 [KcLep-회계1급기출(81회- 76회)]를 다운받아 더블클릭하면 작업하고자 하는 모든 데이터가 'C:₩KcLepDB ₩KcLep' 방에 자동으로 설치가 되며, 아래 실행방법을 참고하여 작업을 하면 된다.

(1) 기초데이터 실행 시 '파일바꾸기확인' 메시지가 나타나면 아래의 '모든 파일에 적용' 에 체크를 한 다음 [예(Y)]를 클릭하면 모든 데이터가 'C:₩KcLepDB₩KcLep' 안에 자동으로 설치가 되면서 [사용자 설정] 화면이 나타난다.

(2) 사용자설정 화면에서 [종목선택]란의 "전산회계1급"을 선택한 다음 하단의 [회사등록] 단추를 누르면 [회사등록 화면]이 나타난다.

(3) [회사등록] 화면에서 상단 툴바의 [회사코드재생성] 단추를 누르고, " 회사코드를 재생성 하시겠습니까" 메시지 창에서 [예(Y)] 단추를 누르면 'C:₩KcLepDB₩KcLep' 폴더 안에 있는 모든 회사가 재생성이 된다.

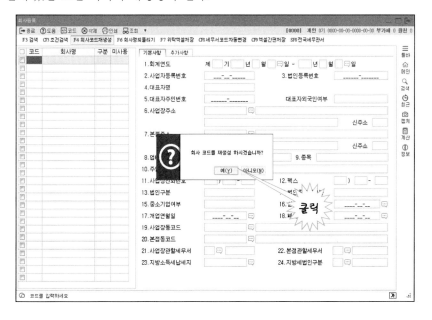

(4) [회사코드 재생성 작업이 완료되었습니다.] 메시지 창에서 [확인] 단추를 누른 다음 [ESC]key 또는 오른 쪽 [닫기()] 단추를 누르면 다시 [사용자설정] 화면이 나타난다.

(5) 사용자설정 화면의 [회사코드]에 커서를 두고 [F2]도움 키 또는 회사도움(💬) 단추를 누르면 [회사코드도움] 창이 나타난다.

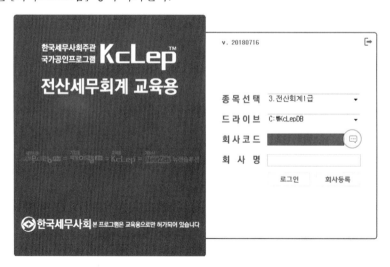

(6) [회사코드 도움창]에서 원하는 회사를 선택(예 0813 (주)동강)한 다음 [확인(Enter)]
단추를 누르면 메인화면인 [회계관리 화면]이 나타난다.

(7) 메인화면인 [회계관리 화면]에서 선택 작업을 한다.

2. 답안 작성 방법

<전산세무회계 자격시험 시작화면>

❯ 전산세무회계 자격시험은 급수에 관계없이 실기<70%>부터 이론<30%>로 출제 되기 때문에 실기
를 완전히 끝내고 나서 이론시험을 치루는 것도 하나의 요령이다.

(1) 실기시험을 끝내고 메인화면 왼쪽하단에 있는 **이론문제 답안작성** 을 클릭하여, 이론문제
답안 및 실무시험답안을 입력하고, 우측상단에 있는 [닫기]를 클릭하면 (2)의 화면이
나타난다.

(2) 이론 및 실무 답안은 작성되었으나 반드시 화면 하단우측의 노란색 답안저장 (USB로 저장) 버튼을 눌러야만 이론답안과 실무답안이 USB로 저장된다.

(3) [확인]버튼을 누르고 답안저장 (USB로 저장) 을 클릭하면 USB로 저장되는 화면이 나타나며, [현 시점까지 작성한 이론 및 실무 답안이 USB로 전송되었습니다.] 라는 메시지에서 확인을 클릭하고 USB를 감독관에게 제출하면 된다.

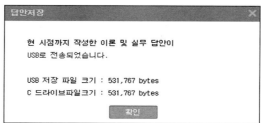

2018년 12월 01일 시행
제81회 전산세무회계자격시험

종목 및 등급 : **전산회계 1급**

- 제한시간 : 60분

▶ 시험시작 전 문제를 풀지 말 것 ◀

① USB 수령	· 감독관으로부터 시험에 필요한 응시종목별 기초백데이타 설치용 **USB**를 지급받는다. · **USB 꼬리표**가 **본인 응시종목**인지 확인하고, 뒷면에 수험정보를 정확히 기재한다.
② USB 설치	⑴ USB를 컴퓨터에 정확히 꽂은 후, 인식된 해당 **USB**드라이브로 이동한다. ⑵ USB드라이브에서 기초백데이타설치프로그램인 '**Tax.exe**' 파일을 실행시킨다. [주의] USB는 처음 설치이후, 시험 중 수험자 임의로 절대 재설치(초기화)하지 말 것.
③ 수험정보입력	· [수험번호(8자리)] -[성명]을 정확히 입력한 후 [설치]버튼을 클릭한다. ＊ 처음 입력한 수험정보는 이후 절대 수정이 불가하니 정확히 입력할 것.
④ 시험지 수령	· 시험지가 본인의 응시종목(급수)인지 여부와 문제유형(A또는B)을 확인한다. · 문제유형(A또는B)을 프로그램에 입력한다. · 시험지의 총 페이지수를 확인한다. · 급수와 페이지수를 확인하지 않은 것에 대한 책임은 수험자에게 있음.
⑤ 시험시작	· 감독관이 불러주는 '**감독관확인번호**'를 정확히 입력하고, 시험에 응시한다.
(시험을 마치면) ⑥ USB 저장	⑴ **이론문제의 답**은 메인화면에서 [이론문제 답안작성]을 클릭하여 입력한다. ⑵ **실무문제의 답**은 문항별 요구사항을 수험자가 파악하여 각 메뉴에 입력한다. ⑶ 이론과 실무문제의 **답을 모두입력한 후** [답안저장(USB로 저장)]을 클릭하여 저장한다. ⑷ **저장완료** 메시지를 확인한다.
⑦ USB제출	· 답안이 수록된 USB메모리를 빼서, <감독관>에게 제출 후 조용히 퇴실한다.

▶ 본 자격시험은 전산프로그램을 이용한 자격시험입니다. 컴퓨터의 사양에 따라 전산진행속도가 느려질 수도 있으므로 전산프로그램의 진행속도를 고려하여 입력해주시기 바랍니다.
▶ 수험번호나 성명 등을 잘못 입력했거나, 답안을 USB에 저장하지 않음으로써 발생하는 일체의 불이익과 책임은 수험자 본인에게 있습니다.
▶ 타인의 답안을 자신의 답안으로 부정 복사한 경우 해당 관련자는 모두 불합격 처리됩니다.
▶ PC, 프로그램 등 조작미숙으로 시험이 불가능하다고 판단될 경우 불합격처리 될 수 있습니다.

[이론문제 답안작성]을 한번도 클릭하지 않으면 [답안저장(USB로 저장)]을 클릭해도 답안이 저장되지 않습니다.

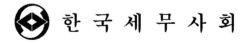

한 국 세 무 사 회

이 론 시 험

◉ 다음 문제를 보고 알맞은 것을 골라 이론문제 답안작성 메뉴화면에 입력하시오.
(※ 객관식 문항당 2점)

────< 기 본 전 제 >────
문제에서 한국채택국제회계기준을 적용하도록 하는 전제조건이 없는 경우, 일반기업회계기준을 적용한다.

01 다음 내용과 같은 기준으로 분류되는 계정과목은 무엇인가?

> 자본거래에서 발생하며, 자본금이나 자본잉여금으로 분류할 수 없는 항목으로 감자차손, 자기주식, 자기주식처분손실 등이 여기에 해당한다.

① 주식할인발행차금 ② 임의적립금
③ 주식발행초과금 ④ 이익준비금

02 (주)한세의 기말 재무상태표 일부이다. 당기 손익계산서에 기록될 대손상각비는 얼마인가?

> • 2019년 기초 대손충당금 73,000원, 기중 대손발생액 30,000원이다.
> • 2019년 기말 재무상태표 매출채권은 5,000,000원, 대손충당금은 110,000원이다.

① 30,000원   ② 43,000원   ③ 67,000원   ④ 80,000원

03 다음 중 주주총회에서 현금배당이 결의된 이후 실제 현금으로 현금배당이 지급된 시점의 거래요소 결합관계로 옳은 것은?

차 변	대 변		차 변	대 변
① 자본의 감소	자본의 증가		② 부채의 감소	자산의 감소
③ 자산의 증가	수익의 발생		④ 자본의 감소	자산의 감소

04 다음 중 일반기업회계기준에서 현금및현금성자산은 얼마인가?

• 통화대용증권	200,000원	• 우표 및 수입인지	100,000원
• 보통예금	300,000원	• 정기예금	400,000원
• 취득당시에 만기가 100일 남아있는 단기금융상품	500,000원		

① 500,000원　　　② 600,000원　　　③ 900,000원　　　④ 1,000,000원

05 다음 중 회계상 거래가 아닌 것은?

① 은행에 현금 600,000원을 예입하다.
② 자동차 종합보험료 700,000원을 현금으로 지급하다.
③ 은행에서 현금 1,000,000원을 차입하기로 결정하다.
④ 회계기말 현재 보유 중인 상장 주식의 가격이 150,000원만큼 하락하다.

06 회사의 자산과 부채가 다음과 같을 때 회사의 자본(순자산)은 얼마인가?

• 상 품	100,000원	• 대여금	40,000원	• 매입채무	70,000원
• 현 금	10,000원	• 비 품	80,000원	• 미지급금	20,000원

① 110,000원　　　② 120,000원　　　③ 130,000원　　　④ 140,000원

07 (주)파랑상사의 총평균법에 의한 기말 상품재고액은 얼마인가?

• 기초상품 : 100개 (@2,000원)	• 당기상품매입 : 900개 (@3,000원)	
• 당기상품판매 : 800개 (@4,000원)		

① 300,000원　　　② 460,000원　　　③ 580,000원　　　④ 600,000원

08 "주주나 제3자 등으로부터 현금이나 기타 재산을 무상으로 증여받을 경우 생기는 이익"이 설명하고 있는 계정과목은?

① 자산수증이익　　　② 이익잉여금　　　③ 채무면제이익　　　④ 임차보증금

09 다음 자료를 보고 노무비의 당월 발생액을 계산하면 얼마인가?

> • 노무비 전월선급액 : 100,000원 • 노무비 당월지급액(현금) : 400,000원

① 220,000원   ② 300,000원
③ 400,000원   ④ 500,000원

10 다음 중 제조원가명세서를 작성하기 위하여 필요하지 않은 것은?

① 당기 직접노무원가 발생액   ② 당기 기말제품 재고액
③ 당기 직접재료 구입액   ④ 당기 직접재료 사용액

11 다음의 자료에서 당기총제조원가를 구하시오.

> ㉠ 당기에 직접재료를 5,000,000원에 구입하였다.
> ㉡ 당기에 발생한 직접노무원가는 3,500,000원이다.
> ㉢ 제조간접원가는 2,000,000원이 발생하였다.
> ㉣ 기초원재료재고는 500,000원이고 기말원재료재고는 2,000,000원이다.

① 7,000,000원   ② 9,000,000원
③ 10,500,000원   ④ 12,000,000원

12 재료비는 공정 초기에 모두 발생되고 가공비는 공정이 진행됨에 따라 균등하게 발생할 경우, 다음 자료에 의한 재료비의 완성품 환산량은?

> • 기초 재공품 : 2,000개 (완성도 : 30%)
> • 기말 재공품 : 1,000개 (완성도 : 40%)
> • 당기 완성품 수량 : 4,000개
> • 회사는 평균법을 적용하여 기말 재공품을 평가한다.

① 3,600개   ② 4,200개
③ 5,000개   ④ 6,000개

13 다음 자료를 이용하여 부가가치세 과세표준을 계산하면 얼마인가?

| • 매출액 | 70,000,000원 | • 대손금액 | 1,100,000원 |
| • 매출에누리 | 5,000,000원 | • 매입에누리 | 5,000,000원 |

① 60,000,000원   ② 65,000,000원

③ 68,900,000원   ④ 70,000,000원

14 다음 중 부가가치세 신고 시 제출하는 서류가 아닌 것은?

① 부가가치세 신고서와 건물 등 감가상각자산취득명세서
② 매출처별 세금계산서 합계표와 매입처별 세금계산서 합계표
③ 공제받지 못할 매입세액명세서와 대손세액공제신고서
④ 총수입금액조정명세서와 조정후 총수입금액명세서

15 다음 중 현행 부가가치세법의 특징에 대한 설명으로 옳은 것은?

① 전단계거래액공제법이다.
② 비례세율로 역진성이 발생한다.
③ 개별소비세이다.
④ 지방세이다.

실 무 시 험

○ (주)동강(코드번호 : 0813)은 스포츠용품을 판매하는 법인기업이다. 당기(제5기) 회계기간은 2019. 1. 1. ~ 2019. 12. 31. 이다. 전산세무회계 수험용 프로그램을 이용하여 다음 물음에 답하시오.

───────< 기 본 전 제 >───────

문제에서 한국채택국제회계기준을 적용하도록 하는 전제조건이 없는 경우, 일반기업회계기준을 적용한다.

문제1 다음은 기초정보관리에 대한 자료이다. 각각의 요구사항에 대하여 답하시오.(10점)

[1] 소미은행은 신규 거래처이다. 거래처등록메뉴에 추가 등록하시오.(3점)

- 거래처코드 : 98004
- 거래처명 : 소미은행
- 계좌번호 : 9-71718989-52
- 유형 : 보통예금

[2] 거래처별 초기이월 채권과 채무잔액은 다음과 같다. 자료에 맞게 추가입력이나 정정 및 삭제하시오.(4점)

계정과목	거래처	잔 액	합 계
외상매출금	그림전자	7,500,000원	9,800,000원
	(주)하늘상사	2,300,000원	
선급금	연못상회	5,200,000원	5,200,000원
미지급금	누림전자	3,500,000원	5,750,000원
	(주)나눌상사	2,250,000원	

[3] 전기분 손익계산서의 복리후생비 3,000,000원은 제조공장 종업원의 회식비로 판명되었다. 전기분원가명세서 및 전기분손익계산서를 수정하시오.(3점)

문제2 다음 거래 자료를 일반전표입력 메뉴에 추가 입력하시오.(일반전표입력의 모든 거래는 부가가치세를 고려하지 말 것)(18점)

┌─────────── < 입력시 유의사항 > ───────────┐

• 일반적인 적요의 입력은 생략하지만, 타계정 대체거래는 적요번호를 선택하여 입력한다.
• 채권·채무와 관련된 거래는 별도의 요구가 없는 한 반드시 기 등록되어 있는 거래처코드를 선택하는 방법으로 거래처명을 입력한다.
• 제조경비는 500번대 계정코드를, 판매비와 관리비는 800번대 계정코드를 사용한다.
• 회계처리시 계정과목은 별도제시가 없는 한 등록되어 있는 계정과목 중 가장 적절한 과목으로 한다.

└──────────────────────────────────────┘

[1] 8월 30일 창립기념일 사내 행사로 영업부 대회의실을 청소한 빌딩청소원 김갑수에게 청소비 100,000원을 현금으로 지급하였다. 원천징수세액은 무시하며 일용직 소득자료원천징수 신고를 다음 달 9월 10일에 하기로 한다.(3점)

[2] 9월 30일 제2기 예정 부가가치세 신고를 부가세 예수금 13,450,000원, 부가세 대급금 17,640,000원 으로 확정하고 환급받을 부가가치세 4,190,000원에 대하여는 미수금계정으로 회계처리하였다.(단, 기존 입력된 자료는 무시한다.) (3점)

[3] 11월 15일 신제품을 개발하고 특허권을 취득하기 위한 수수료 2,200,000원을 보통예금으로 지급하였다.(무형자산으로 처리할 것.) (3점)

[4] 11월 24일 제품 매출처인 수미마트의 외상매출금 15,000,000원이 조기 회수되어 매출대금의 2%를 할인해 주고 나머지는 보통예금으로 송금 받았다.(3점)

[5] 12월 24일 당사는 전 임직원의 퇴직금에 대해 확정기여형(DC형) 퇴직연금에 가입하고 있으며, 10월분 퇴직연금 14,000,000원(영업부 직원 6,000,000원, 제조부 직원 8,000,000원)을 당사 보통예금에서 이체하여 납부하였다.(3점)

[6] 12월 30일 국민은행에 받을어음의 추심을 의뢰하고 수수료비용 4,500원을 현금으로 지급하다.(3점)

문제3 다음 거래 자료를 매입매출전표입력 메뉴에 입력하시오.(18점)

< 입력시 유의사항 >

- 일반적인 적요의 입력은 생략하지만, 타계정 대체거래는 적요번호를 선택하여 입력한다.
- 별도의 요구가 없는 한 반드시 기 등록되어 있는 거래처코드를 선택하는 방법으로 거래처명을 입력한다.
- 제조경비는 500번대 계정코드를, 판매비와 관리비는 800번대 계정코드를 사용한다.
- 회계처리시 계정과목은 별도제시가 없는 한 등록되어 있는 계정과목 중 가장 적절한 과목으로 한다.
- 입력화면 하단의 분개까지 처리하고, 전자세금계산서는 전자입력으로 반영한다.

[1] 7월 13일 (주)핀인터내셔널에 내국신용장(Local L/C)에 의하여 제품 13,000,000원을 납품하고 영세율 전자세금계산서를 발급하였다. 대금은 내국신용장 개설은행에 곧 청구할 예정이다.(3점)

[2] 7월 15일 알리다광고에 회사 건물에 부착할 간판제작대금 4,400,000원(부가세포함)을 당사의 약속어음을 발행하여 지급하고 전자세금계산서를 수취하였다.(자산 계정으로 회계처리함.) (3점)

[3] 10월 11일 다음 거래 내역을 보고 적절한 회계처리를 하시오.(단, 차량운반구의 취득원가 5,000,000원, 감가상각누계액 3,200,000원이며, 매각년도의 감가상각비계산은 생략한다.) (3점)

전자세금계산서(공급자 보관용)						승인번호	20191011-15454645-58844486	
공급자	사업자등록번호	315-81-04019	종사업장번호		공급받는자	사업자등록번호	137-81-30988	종사업장번호	
	상호(법인명)	(주)동강	성 명(대표자)	김국진		상호(법인명)	K오토스중고차상사	성 명(대표자)	문상사
	사업장주소	충청북도 청주시 흥덕구 덕암로 6번길 15				사업장주소	서울시 영등포구 국회대로 50길 9		
	업 태	제조, 판매	종 목	스포츠용품		업 태	도소매	종 목	차량
	이메일					이메일			
작성일자		공급가액		세액		수정사유			
2019. 10. 11		1,000,000		100,000					
비고									

월	일	품 목	규 격	수 량	단 가	공급가액	세액	비 고
10	11	차량 매각대금				1,000,000	100,000	

합 계 금 액	현 금	수 표	어 음	외상미수금	이 금액을 (청구) 함
1,100,000				1,100,000	

[4] 11월 8일 공장 신축용 토지를 취득하고 (주)부동산컨설팅에게 중개수수료 15,000,000원(부가가치세 별도)을 당사 당좌수표를 발행하여 지급하고 전자세금계산서를 발급 받았다.(3점)

[5] 11월 12일 (주)부산에 제품을 판매하고 신용카드(비씨카드)로 결제를 받았다. 매출전표는 다음과 같다.(3점)

카드종류		거래종류	결제방법
비씨카드		신용구매	일시불
회원번호(Card No)		취소시 원거래일자	
6250-0304-4156-5955			
유효기간		거래일시	품명
/		2019.11.12. 11:33	
전표제출		금 액	1,500,000
		부 가 세	150,000
전표매입사	비씨카드	봉 사 료	
		합 계	**1,650,000**
거래번호		승인번호/(Approval No.)	
		30017218	
가맹점	㈜동강		
대표자	김국진	TEL	043-276-1234
가맹점번호	123345678	사업자번호	315-81-04019
주소	충청북도 청주시 흥덕구 덕암로 6번길 15		
		서명(Signature)	
		(주)부산	

[6] 12월 5일 생산부문 공장직원들에게 사내 식당에서 제공하는 식사에 필요한 잡곡을 직접 구입하면서 전자계산서를 수취하고 대금은 다음 달에 지급하기로 하였다.(단, 비용으로 회계처리 하기로 한다.) (3점)

전자계산서(공급받는자 보관용)								승인번호	20191205-21058052-11726691	
공급자	사업자등록번호	107-81-54150		종사업장번호		공급받는자	사업자등록번호	315-81-04019	종사업장번호	
	상호(법인명)	(주)콩콩세상		성명(대표자)	김완두		상호(법인명)	(주)동강	성명(대표자)	김국진
	사업장주소	서울 서초구 동광로 144					사업장주소	충청북도 청주시 흥덕구 덕암로 6번길 15		
	업태	도소매	종목	농산물			업태		종목	
	이메일						이메일			
작성일자		공급가액					수정사유			
2019.12.05.		350,000								
비고										

월	일	품목	규격	수량	단가	공급가액	비고
12	5	쥐눈이콩				350,000	

합 계 금 액	현 금	수 표	어 음	외상미수금	이 금액을 영수/청구 함
350,000				350,000	

문제4 일반전표입력 및 매입매출전표입력 메뉴에 입력된 내용 중 다음과 같은 오류가 발견되었다. 입력된 내용을 확인하여 정정하시오.(6점)

[1] 8월 9일 (주)진주에서 보통예금계좌로 입금된 4,500,000원을 외상매출금 회수로 회계처리하였으나, 실제내용은 제품매출에 따른 계약금으로 밝혀졌다.(3점)

[2] 9월 10일 국민건강보험공단에 생산직사원에 대한 건강보험료 540,000원을 보통예금으로 이체하고 회사부담분과 종업원부담분(급여지급시 원천징수함) 전액을 복리후생비(제)로 회계처리하였는데, 회사부담분과 종업원부담분의 비율은 50:50이다.(3점)

문제5 결산정리사항은 다음과 같다. 해당메뉴에 입력하시오.(9점)

[1] 기말재고조사 결과 제품 3,000,000원이 부족하여 확인한 결과 대한적십자사에 불우이웃돕기 물품으로 기부한 것으로 확인되었다.(결산일자로 회계처리 하시오.)(3점)

[2] 외상매입금 계정에는 중국 거래처 헤이바오에 대한 외화외상매입금 2,970,000원(위안화 1CNY 165원)이 계상되어 있다.(회계기간 종료일 현재 적용환율 : 위안화 1CNY당 170원)(3점)

[3] 결산일 현재 당기에 계상 될 유형자산별 감가상각비는 다음과 같다.(3점)

> • 기계장치 : 4,500,000원 　　　 • 차량운반구(영업부) : 3,750,000원
> • 비품(영업부) : 960,000원

문제6 다음 사항을 조회하여 답안을 │이론문제 답안작성│ 메뉴에 입력하시오.(9점)

[1] 1월부터 6월까지 판매비와관리비로 지출한 소모품비는 얼마인가?(3점)

[2] 3월 말 현재 유동자산은 전기말 유동자산보다 얼마나 더 증가하였는가?(3점)

[3] 제1기 부가가치세 확정신고기간(4월~6월)의 과세표준 금액은 얼마인가?(3점)

이론과 실무문제의 답을 모두 입력한 후 「답안저장(USB로 저장)」을 클릭하여 저장하고, USB메모리를 제출하시기 바랍니다.

2 제80회 시행 기출문제

이론시험

➡ 다음 문제를 보고 알맞은 것을 골라 │이론문제 답안작성│ 메뉴화면에 입력하시오.
(※ 객관식 문항당 2점)

─────────< 기 본 전 제 >─────────
문제에서 한국채택국제회계기준을 적용하도록 하는 전제조건이 없는 경우, 일반기업회계기준을 적용한다.

01 다음 내용을 보고 결산시점 수정분개로 적절한 것은?

> • 9월 1일 본사 건물에 대한 화재보험료 1,500,000원을 보통예금계좌에서 이체하였다.
> • 경리부에서는 이를 전액 비용처리 하였다.
> • 12월 31일 결산 시점에 화재보험료 미경과분은 1,000,000원이다.

	차 변		대 변	
①	보험료	500,000원	미지급비용	500,000원
②	보험료	1,000,000원	선급비용	1,000,000원
③	미지급비용	500,000원	보험료	500,000원
④	선급비용	1,000,000원	보험료	1,000,000원

02 다음 거래를 분개할 때 거래의 8요소 중 잘못된 것은?

> (주)한세는 기계장치 17,000,000원을 (주)서울에서 구입하고, 먼저 지급하였던 계약금 1,700,000원을 차감한 나머지는 1개월 후에 지급하기로 하였다.

① 자산의 증가　　② 자산의 감소　　③ 부채의 증가　　④ 부채의 감소

03 다음은 재무회계개념체계에 대한 설명이다. 회계정보의 질적 특성인 목적적합성과 신뢰성 중 목적적합성을 갖기 위해서 필요한 요건이 아닌 것은?

① 예측가치　　② 피드백가치　　③ 적시성　　④ 중립성

04 다음 중 계정의 성격이 올바르게 설명되지 않은 것은?

계정명	분개 방식	결산시 계정잔액
① 급여 계정	증가시 차변에 기록	차변
② 소모품 계정	감소시 대변에 기록	대변
③ 매입채무 계정	증가시 대변에 기록	대변
④ 매출채권 계정	감소시 대변에 기록	차변

05 (주)미래는 8월에 영업을 개시하여 다음과 같이 거래를 하였다. 8월말 현재 회수할 수 있는 매출채권 잔액은 얼마인가?

<거래 내역>
- 8/ 2 (주)우리에게 제품 5,000,000원을 외상으로 납품하다.
- 8/ 4 납품한 제품 중 하자가 발견되어 100,000원이 반품되다.
- 8/20 (주)우리의 외상대금 중 3,000,000원을 회수 시 조기 자금 결제로 인하여 약정대로 50,000원을 할인한 후 잔액을 현금으로 받다.

① 2,000,000원   ② 1,900,000원   ③ 1,950,000원   ④ 2,050,000원

06 무형자산과 관련된 다음의 설명 중 옳지 않은 것은?

① 개발비는 개발단계에서 발생하여 미래 경제적 효익을 창출할 것이 기대되는 자산이다.
② 무형자산의 취득원가는 매입금액에 직접부대비용을 가산한다.
③ 무형자산을 직접 차감하여 상각하는 경우 무형자산상각비 계정을 사용한다.
④ 영업활동에 사용할 목적으로 보유하는 자산으로 물리적 실체가 있는 경우 무형자산으로 분류된다.

07 다음 자료를 기초로 매출총이익을 계산하면 얼마인가?

• 매출액	2,600,000원	• 당기 총 매입액	1,200,000원
• 기초상품재고액	700,000원	• 기말상품재고액	400,000원
• 상품 매입시 운반비	20,000원	• 매입환출 및 에누리	150,000원

① 1,230,000원   ② 1,370,000원   ③ 2,450,000원   ④ 2,600,000원

08 다음 중 일반기업회계기준에서 자본잉여금으로 분류되는 계정과목은?

① 자기주식   ② 감자차익
③ 단기매매증권평가이익 ④ 매도가능증권평가이익

09 다음 중 보조부문의 원가를 배부하는 방법과 관련된 내용으로 틀린 것은?

① 직접배부법은 보조부문 상호간의 용역제공관계를 무시하므로 계산이 가장 복잡한 방법이다.
② 단계배부법과 상호배부법은 보조부문 상호간의 용역제공관계를 고려한다.
③ 어떤 방법을 사용하더라도 보조부문비 총액은 모두 제조부문에 배부된다.
④ 보조부문 배부방법에 따라 제품별 이익이 달라지나, 회사 총이익은 같다.

10 다음 중 개별원가계산을 주로 사용하는 업종이 아닌 것은?

① 항공기제조업   ② 건설업
③ 화학공업   ④ 조선업

11 다음 자료를 이용하여 매출원가를 계산하면 얼마인가?

• 기초재공품재고액	450,000원	• 기말재공품재고액	600,000원
• 기초제품재고액	300,000원	• 기말제품재고액	550,000원
• 당기총제조원가	800,000원		

① 400,000원   ② 450,000원
③ 650,000원   ④ 800,000원

12 다음 원가에 관한 설명 중 틀린 것은?

① 제조원가는 직접재료원가, 직접노무원가, 제조간접원가를 말한다.
② 직접재료원가는 기초원재료재고액과 당기원재료매입액의 합계액에서 기말원재료재고액을 차감한 금액을 말한다.
③ 직접노무원가와 제조간접원가의 합계액을 기본원가라고 한다.
④ 제조활동 이외의 판매활동과 관리활동에서 발생하는 원가를 비제조원가라 한다.

13 다음 자료를 보고 2019년 제2기 부가가치세 확정신고기한으로 옳은 것은?

- 2019년 4월 25일 1기 부가가치세 예정신고 및 납부함.
- 2019년 7월 25일 1기 부가가치세 확정신고 및 납부함.
- 2019년 8월 20일 자금상황의 악화로 폐업함.

① 2019년 7월 25일 ② 2019년 8월 31일
③ 2019년 9월 25일 ④ 2020년 1월 25일

14 다음의 부가가치세 과세표준에 관한 설명 중 옳지 않은 것은?

① 일반과세자의 과세표준은 공급대가의 금액으로 한다.
② 대손금은 과세표준에 포함하였다가 대손세액으로 공제한다.
③ 매출에누리와 환입은 과세표준에 포함되지 않는다.
④ 공급받는 자에게 도달하기 전에 파손, 멸실된 재화의 가액은 과세표준에 포함되지 않는다.

15 다음 중 부가가치세법상 면세대상 거래에 해당하는 것은?

① 운전면허학원의 시내연수
② 프리미엄고속버스 운행
③ 일반의약품에 해당하는 종합비타민 판매
④ 예술 및 문화행사

실 무 시 험

➡ (주)남한강 (코드번호 : 0803)는 전자제품을 판매하는 법인기업이다. 당기(제6기) 회계기간은 2019. 1. 1. ~ 2019. 12. 31. 이다. 전산세무회계 수험용 프로그램을 이용하여 다음 물음에 답하시오.

───< 기 본 전 제 >───

문제에서 한국채택국제회계기준을 적용하도록 하는 전제조건이 없는 경우, 일반기업회계기준을 적용한다.

문제1 다음은 기초정보관리에 대한 자료이다. 각각의 요구사항에 대하여 답하시오.(10점)

[1] 전기분 손익계산서 금액을 검토한 결과 다음과 같은 오류가 발견되었다. 전기분손익계산서, 전기분이익잉여금처분계산서, 전기분재무상태표와 관련된 부분을 수정하시오.(4점)

> • 제품매출원가의 기말제품 재고액 17,000,000원이 반영되지 않았다.
> • 복리후생비 계정(판관비) 금액이 5,500,000원인데 500,000원으로 입력된 것을 확인하였다.

[2] 다음 거래처를 거래처등록 메뉴에 추가로 입력하시오.(3점)

코드	상호	사업자등록번호	유형	대표자	업태	종목	사업장소재지
4200	(주)진주전자	513-81-53773	동시	김진주	도소매	컴퓨터	경남 진주시 평거로 115번길 5(신안동)

[3] 미수금과 미지급금의 초기이월은 다음과 같다. 거래처별 초기이월 메뉴에서 수정 또는 추가 입력하시오.(3점)

계정과목	거래처	금 액(원)
미 수 금	(주)경기	1,500,000
	(주)강원	3,000,000
	(주)충청	1,200,000
미 지 급 금	(주)전라	1,600,000
	(주)제주	2,100,000
	(주)경상	1,200,000

문제2 다음 거래 자료를 일반전표입력 메뉴에 추가 입력하시오.(일반전표입력의 모든 거래
는 부가가치세를 고려하지 말 것)(18점)

< 입력시 유의사항 >

• 일반적인 적요의 입력은 생략하지만, 타계정 대체거래는 적요번호를 선택하여 입력한다.
• 채권·채무와 관련된 거래는 별도의 요구가 없는 한 반드시 기 등록되어 있는 거래처코드를 선
택하는 방법으로 거래처명을 입력한다.
• 제조경비는 500번대 계정코드를, 판매비와 관리비는 800번대 계정코드를 사용한다.
• 회계처리시 계정과목은 별도제시가 없는 한 등록되어 있는 계정과목 중 가장 적절한 과목으로
한다.

[1] **7월 18일** 기계장치를 추가 설치하기 위하여 보통주 5,000주를 주당 15,000원
(주당 액면가 10,000원)에 신주발행하여 보통예금 통장으로
75,000,000원이 입금되었음을 확인하였다.(3점)

[2] **7월 20일** 직원의 여름휴가를 위하여 상여금을 다음과 같이 지급하고, 보통예금
계좌에서 개인급여계좌로 이체하였다.(상여금 계정 사용)(3점)

2019년 7월 상여금대장

성명	부서	상여금(원)	공제액(원)			차인지급액(원)
			근로소득세	지방소득세	공제계	
이미자	생산부	1,500,000	150,000	15,000	165,000	1,335,000
박철순	영업부	3,000,000	300,000	30,000	330,000	2,670,000
계		4,500,000	450,000	45,000	495,000	4,005,000

[3] **8월 1일** (주)청주에 제품 A를 7,500,000원(10개, @750,000원)에 판매하기
로 계약하고, 판매대금 중 10%를 당좌예금계좌로 받았다.(3점)

[4] **8월 30일** 공장을 신축하기 위하여 소요될 총금액 400,000,000원 중 50,000,000
원의 지출이 발생되어 보통예금에서 이체하였다.(3점)

[5] **9월 12일** (주)국제자동차로부터 업무용 승용차를 구입하는 과정에서 관련법령
에 따라 공채(액면가 650,000원)를 650,000원에 구입하고 현금으로
지급하였다. 기업회계기준에 의해 평가한 공채의 현재가치는 550,000
원이며, 단기매매증권으로 회계처리 한다.(3점)

[6] **9월 25일** 이자수익 600,000원에 대하여 원천징수세액을 제외한 나머지 금액이
보통예금으로 입금되었으며, 원천징수세액은 자산으로 처리한다.(원
천징수세율은 15.4%로 가정)(3점)

문제3 다음 거래 자료를 매입매출전표입력 메뉴에 입력하시오.(18점)

< 입력시 유의사항 >

- 일반적인 적요의 입력은 생략하지만, 타계정 대체거래는 적요번호를 선택하여 입력한다.
- 별도의 요구가 없는 한 반드시 기 등록되어 있는 거래처코드를 선택하는 방법으로 거래처명을 입력한다.
- 제조경비는 500번대 계정코드를, 판매비와 관리비는 800번대 계정코드를 사용한다.
- 회계처리시 계정과목은 별도제시가 없는 한 등록되어 있는 계정과목 중 가장 적절한 과목으로 한다.
- 입력화면 하단의 분개까지 처리하고, 전자세금계산서는 전자입력으로 반영한다.

---

[1] 8월 20일 공장에서 운영하고 있는 직원 식당에서 사용할 쌀을 하나로마트에서 200,000원에 구입하고 전자계산서를 발급받고 현금으로 지급하였다.(3점)

[2] 9월 17일 호주에서 원재료를 공급가액 70,000,000원(부가가치세 별도)에 수입하고 수입전자세금계산서를 부산세관장으로부터 발급받았으며, 부가가치세를 보통예금계좌에서 이체 납부하였다.(부가가치세액에 대한 회계처리만 할 것)(3점)

수 입 전 자 세 금 계 산 서

	등록번호	601-83-00048	종사업장 번호		공급받는자	사업자 등록번호	214-81-29167	종사업장 번호	
세관명	세 관 명	부산세관	성 명	부산세관장		상호 (법인명)	(주)남한강	성 명	김용범
	세관주소	부산 중구 중 장대 로 20				사업장 주소	서울시 강남구 압구정로 28길 11		
	수입신고번호 또는 일괄발급기간 (총건)	1325874487				업 태	제조	종 목	전자제품

작성일자	과세표준	세액	수정사유		
2019. 9. 17	70,000,000	7,000,000	해당 없음		

월	일	품 목	규 격	수 량	단 가	과세표준	세 액	비 고
9	17	1325874487				70,000,000	7,000,000	

합 계 금 액	77,000,000원

승인번호 20190917-111254645-557786

[3] 10월 8일 (주)인별전자로부터 영업부서에서 사용할 컴퓨터를 구입하고, 대금 1,760,000원(부가가치세 포함)을 하나카드로 결제하였다.(단, 컴퓨터는 유형자산 계정으로 처리할 것.)(3점)

[4] 10월 27일 영업부에서 사용할 업무용승용차(2,000cc)를 (주)달리는자동차로부터 30,000,000원(부가가치세 별도)에 구입하고 전자세금계산서를 발급받았다. 대금 중 25,000,000원은 보통예금으로 지급하였고, 나머지는 이달 말에 지급하기로 하였다.(3점)

[5] 11월 22일 빠른유통상사에게 다음과 같은 제품을 판매하고 전자세금계산서를 발급하였다.(3점)

전자세금계산서(공급자 보관용)						승인번호		20191122-51050067-62367242		
공급자	사업자 등록번호	214-81-29167	종사업장 번호		공급받는자	사업자 등록번호	113-01-86067	종사업장 번호		
	상호 (법인명)	(주)남한강	성 명 (대표자)	김용범		상호 (법인명)	빠른유통상사	성 명		장차닉
	사업장 주소	서울시 강남구 압구정로 28길 11				사업장 주소	경기도 오산시 경기동로 8번길			
	업 태	제조, 도소매	종 목	전자제품		업 태	도매	종 목		자동차용품
	이메일					이메일				

작성일자	공급가액	세액	수정사유
2019. 11. 22.	6,800,000	680,000	

비고									

월	일	품 목	규 격	수 량	단 가	공 급 가 액	세 액	비 고
11	22	전자제품				6,800,000	680,000	

합 계 금 액	현 금	수 표	어 음	외 상 미 수 금	이 금액을 영수 함
7,480,000	7,480,000				

[6] 12월 10일 미국의 뉴욕사에 제품을 $50,000에 직수출하면서 제품의 선적은 12월 10일에 이루어 졌다. 대금은 다음과 같이 나누어 받기로 하였는데, 12월 10일 $30,000은 원화로 환전되어 당사 보통예금 계좌에 입금되었다. 기업회계 기준에 따라 12월 10일의 제품매출 인식에 대한 회계처리를 하시오.(3점)

문제4 일반전표입력 및 매입매출전표입력 메뉴에 입력된 내용 중 다음과 같은 오류가 발견되었다. 입력된 내용을 확인하여 정정하시오.(6점)

[1] 7월 25일 2019년 제1기 확정신고기간에 대한 부가가치세를 보통예금 계좌에서 이체하여 납부하였다.(6월 30일자에 부가가치세 예수금과 부가가치세 대급금을 정리하는 회계처리는 이미 이루어졌다.) (3점)

[2] 9월 20일 영업부 직원들에 대해 확정기여형 퇴직연금에 가입하고 8,000,000원을 보통예금계좌에서 이체하여 납부하였으나 확정급여형 퇴직연금으로 잘못 회계처리하였다.(3점)

문제5 결산정리사항은 다음과 같다. 해당메뉴에 입력하시오.(9점)

[1] 기말 현재 당사가 단기매매차익을 목적으로 보유하고 있는 (주)광주 주식의 취득원가, 전년도 말 및 당해연도 말 공정가액는 다음과 같다.(3점)

주식명	취득원가	2018.12.31 공정가액	2019.12.31 공정가액
(주)광주 보통주	10,000,000원	12,000,000원	11,600,000원

[2] 12월 31일 결산일 현재 재고자산의 기말재고액은 다음과 같다.(3점)

　• 원재료 : 3,500,000원　　• 재공품 : 9,000,000원　　• 제품 : 22,000,000원

[3] 매출채권(외상매출금, 받을어음) 잔액에 대하여 1%의 대손충당금을 보충법으로 설정하다.(3점)

문제6 다음 사항을 조회하여 답안을 　이론문제 답안작성　 메뉴에 입력하시오.(9점)

[1] 1기 확정 부가가치세 신고기간 중에 발행된 영세율 매출 세금계산서상 공급가액 합계액은 얼마인가?(3점)

[2] 5월 31일 현재 투자자산은 전기 말 대비 얼마가 증가되었는가?(3점)

[3] 2019년 상반기 중 세금과공과금(판)이 가장 적게 발생한 월은?(3점)

이론과 실무문제의 답을 모두 입력한 후 「답안저장(USB로 저장)」을 클릭하여 저장하고, USB메모리를 제출하시기 바랍니다.

이 론 시 험

⊙ 다음 문제를 보고 알맞은 것을 골라 │이론문제 답안작성│ 메뉴화면에 입력하시오.
(※ 객관식 문항당 2점)

───────── < 기 본 전 제 > ─────────
문제에서 한국채택국제회계기준을 적용하도록 하는 전제조건이 없는 경우, 일반기업회계기준을 적용한다.

01 다음 중 유형자산 취득 후 추가적인 지출이 발생할 경우 이를 비용화 할 수 있는 거래는?

① 상당한 원가절감 　　　　　　② 수선유지를 위한 지출
③ 생산능력의 증대 　　　　　　④ 내용연수의 연장

02 다음 중 영업주기와 관계없이 유동부채로 분류하여야 하는 계정과목이 아닌 것은?

① 퇴직급여충당부채 　　　　　　② 단기차입금
③ 유동성 장기차입금 　　　　　　④ 당좌차월

03 다음 중 회계상 거래가 아닌 것은?

① 사용하던 기계장치를 거래처에 매각처분하였다.
② 사무실 임차계약을 체결하고 임차보증금을 지급하였다.
③ 거래처에서 외상매입금을 면제해 주었다.
④ 경영진이 미래에 특정 자산을 취득하겠다는 의사결정을 하였다.

04 당사의 결산 결과 아래의 내용을 확인하였다. 다음 항목들을 수정하면 당기순이익이 얼마나 변동하는가?

• 손익계산서에 계상된 이자수익 중 28,000원은 차기의 수익이다.
• 손익계산서에 계상된 임차료 중 500,000원은 차기의 비용이다.
• 손익계산서에 계상된 보험료 중 100,000원은 차기의 비용이다.

① 572,000원 감소 　　　　　　② 428,000원 감소
③ 572,000원 증가 　　　　　　④ 428,000원 증가

05 다음 설명은 재고자산의 단가 결정방법 중 어느 것에 해당하는가?

> 이 방법은 실제물량흐름과 방향이 일치하고 기말재고액이 최근의 가격, 즉 시가인 현행원가를 나타내는 장점이 있는 반면, 현행수익과 과거원가가 대응되므로 수익비용 대응이 적절하게 이루어지지 않는 단점이 있다.

① 개별법　　　　　② 이동평균법　　　　③ 선입선출법　　　　④ 후입선출법

06 다음 중에서 「현금 및 현금성자산」에 속하지 않는 것은?

① 현금 및 지폐　　　　② 타인발행 당좌수표
③ 자기앞수표　　　　　④ 취득 당시 5개월 후 만기 도래 기업어음(CP)

07 다음 중 손익계산서상 판매비와관리비에 해당되지 않는 항목은?

① 퇴직급여　　　　　　　　　② 감가상각비
③ 기타의 대손상각비　　　　　④ 경상개발비

08 다음은 당기 중에 거래된 (주)무릉(12월 결산법인임)의 단기매매증권 내역이다. 다음 자료에 따라 당기말 재무제표에 표시될 단기매매증권 및 영업외수익은 얼마인가?

> • 5월 23일 : (주)하이테크전자의 보통주 100주를 10,000,000원에 취득하다.
> • 7월 01일 : (주)하이테크전자로부터 중간배당금 50,000원을 수령하다.
> • 12월 31일 : (주)하이테크전자의 보통주 시가는 주당 110,000원으로 평가되다.

단기매매증권　　영업외수익	단기매매증권　　영업외수익
① 11,000,000원, 1,050,000원	② 11,000,000원, 1,000,000원
③ 10,000,000원, 1,050,000원	④ 10,000,000원, 1,000,000원

09 다음 변동비와 고정비에 대한 설명 중 옳은 것은?

① 관련범위 내에서 조업도가 증가하더라도 단위당 변동비는 일정하다.
② 관련범위 내에서 조업도가 증가하더라도 단위당 고정비는 일정하다.
③ 관련범위 내에서 조업도가 증가함에 따라 총 변동비는 감소한다.
④ 관련범위 내에서 조업도가 증가함에 따라 총 고정비는 증가한다.

10 당사는 선입선출법으로 종합원가계산을 하고 있다. 다음 자료에 따라 계산하는 경우 기말재공품의 원가는 얼마인가?

> • 완성품환산량 단위당 재료비 : 350원
> • 완성품환산량 단위당 가공비 : 200원
> • 기말재공품 수량 : 300개(재료비는 공정초기에 모두 투입되고, 가공비는 80%를 투입)

① 132,000원 ② 153,000원
③ 144,000원 ④ 165,000원

11 다음 중 제조원가계산을 위한 재공품 계정에 표시될 수 없는 것은?

① 당기 총제조원가 ② 기말 제품
③ 당기 제품제조원가 ④ 기말 재공품

12 종합원가계산에 관한 다음 설명 중 가장 옳은 것은?

① 항공기 제조와 같은 주문제작 업종에 적합하다.
② 다품종 소량생산에 유용하다.
③ 제조공정별로 원가를 집계한다.
④ 작업원가표에 의해 원가를 집계한다.

13 다음 중 부가가치세법상 재화의 공급시기가 잘못 연결된 것은?

① 외국으로 직수출하는 경우 : 선적(기적)일
② 폐업시 잔존재화 : 폐업일
③ 장기할부판매 : 대가의 각 부분을 받기로 한 날
④ 무인판매기 : 동전 또는 지폐 투입일

14 다음 중 세금계산서에 대한 설명으로 가장 올바르지 않은 것은?

① 세관장은 수입자에게 세금계산서를 발급하여야 한다.
② 경우에 따라 매입자발행세금계산서 발급이 가능하다.
③ 세금계산서는 원칙적으로 재화 또는 용역의 공급시기에 발급하여야 한다.
④ 면세사업자도 재화를 공급하는 경우 세금계산서를 발급하여야 한다.

15 다음 자료를 이용하여 부가가치세의 과세표준을 계산하면 얼마인가?(단, 아래 금액에는 부가가치세가 포함되지 않았다)

- 총매출액 : 1,000,000원
- 매출할인 : 50,000원
- 공급대가의 지급지연에 따른 연체이자 : 30,000원
- 폐업 시 잔존재화의 장부가액 : 300,000원(시가 400,000원)

① 1,320,000원   ② 1,350,000원
③ 1,380,000원   ④ 1,450,000원

$$\boxed{\text{실 무 시 험}}$$

◎ (주)달래유통(회사코드 : 0793)은 전자제품을 제조하여 판매하는 중소기업이며, 당기(제7기) 회계기간은 2019. 1. 1. ~ 2019. 12. 31. 이다. 전산세무회계 수험용 프로그램을 이용하여 다음 물음에 답하시오.

─── < 기 본 전 제 > ───

문제에서 한국채택국제회계기준을 적용하도록 하는 전제조건이 없는 경우, 일반기업회계기준을 적용한다.

문제1 다음은 기초정보관리에 대한 자료이다. 각각의 요구사항에 대하여 답하시오.(10점)

[1] 다음 자료를 보고 거래처등록메뉴에서 등록하시오.(3점)

- 회사명 : 은천마루(거래처코드 : 01032)   • 대표자 : 김일권
- 유형 : 매입   • 사업자등록번호 : 609-85-18769
- 업태 : 도소매   • 종목 : 소형가전
- 사업장주소 : 서울특별시 서초구 명달로 105(서초3동)
  ※ 주소입력 시 우편번호 입력은 생략해도 무방함.

[2] 전기분 거래처원장에서 외상매출금계정의 잔액을 검토한 결과 아래와 같은 오류를 발견하였다. 거래처별초기이월메뉴에서 적절하게 수정하시오.(3점)

(주)가나상사의 잔액이 −5,300,000원이 아니라 0(영)원으로 확인되었고, 이와 관련하여 (주)갑을상사의 잔액이 0(영)원이 아니라 5,300,000원으로 확인되었다.

[3] 경상연구개발비 1,000,000원을 개발비로 잘못 입력하여 전기분 재무상태표에 오류가 발견되었다. 재무제표의 흐름에 따라 관련되는 전기분 재무제표를 모두 수정하시오.(4점)

문제2 다음 거래 자료를 일반전표입력 메뉴에 추가 입력하시오.(일반전표입력의 모든 거래는 부가가치세를 고려하지 말 것)(18점)

< 입력시 유의사항 >

- 일반적인 적요의 입력은 생략하지만, 타계정 대체거래는 적요번호를 선택하여 입력한다.
- 채권·채무와 관련된 거래는 별도의 요구가 없는 한 반드시 기 등록되어 있는 거래처코드를 선택하는 방법으로 거래처명을 입력한다.
- 제조경비는 500번대 계정코드를, 판매비와 관리비는 800번대 계정코드를 사용한다.
- 회계처리시 계정과목은 별도제시가 없는 한 등록되어 있는 계정과목 중 가장 적절한 과목으로 한다.

[1] 7월 25일 원재료 보관창고의 화재와 도난에 대비하기 위하여 화재손해보험에 가입하고 1년분 보험료 600,000원을 보통예금계좌에서 이체하였다.(단, 보험료는 전액 비용 계정으로 회계처리한다)(3점)

[2] 7월 31일 매출처 (주)대현전자의 부도로 외상매출금 잔액 1,500,000원이 회수불가능하여 대손처리하였다.(단, 대손처리하기 전 대손충당금잔액을 조회하여 회계처리 할 것)(3점)

[3] 8월 8일 영업부서 직원 이평세가 퇴직하여 퇴직금 14,500,000원에서 원천징수세액 1,350,000원을 차감한 후 보통예금계좌에서 이체하였다.(단, 퇴직연금에는 가입되어 있지 않으며, 퇴직급여충당부채 계정의 잔액을 조회한 후 입력한다)(3점)

[4] 8월 25일 당해 사업연도 법인세 중간예납세액 1,800,000원을 보통예금으로 이체납부하였다.(단, 법인세납부액은 자산 계정으로 처리할 것)(3점)

[5] 9월 26일 영업부서 직원 김민성에게 지급한 9월분 급여는 다음과 같다. 공제 후 차감지급액은 당사 보통예금 계좌에서 이체하였다.(3점)

2019년 9월 김민성 급여 내역

(단위 : 원)

이 름	김민성	지급일	9월 26일
기 본 급 여	2,000,000	소 득 세	200,000
직 책 수 당	300,000	지 방 소 득 세	20,000
상 여 금		국 민 연 금	80,000
특 별 수 당		건 강 보 험	80,000
차 량 유 지	100,000	고 용 보 험	5,000
교 육 지 원		기 타	15,000
급 여 계	2,400,000	공 제 합 계	400,000
노고에 감사드립니다.		지 급 총 액	2,000,000

[6] 12월 18일　회사가 보유중인 자기주식 모두를 15,000,000원에 처분하고 매각대금은 보통예금으로 입금 되었다. 처분시점의 장부가액은 13,250,000원, 자기주식처분손실 계정의 잔액은 1,500,000원이다.(3점)

문제3 다음 거래 자료를 매입매출전표입력 메뉴에 입력하시오.(18점)

─────── < 입력시 유의사항 > ───────

- 일반적인 적요의 입력은 생략하지만, 타계정 대체거래는 적요번호를 선택하여 입력한다.
- 별도의 요구가 없는 한 반드시 기 등록되어 있는 거래처코드를 선택하는 방법으로 거래처명을 입력한다.
- 제조경비는 500번대 계정코드를, 판매비와 관리비는 800번대 계정코드를 사용한다.
- 회계처리시 계정과목은 별도제시가 없는 한 등록되어 있는 계정과목 중 가장 적절한 과목으로 한다.
- 입력화면 하단의 분개까지 처리하고, 전자세금계산서는 전자입력으로 반영한다.

[1] 7월　17일　강남부동산으로부터 본사건물 신축용 토지를 120,000,000원에 매입하고 전자계산서를 발급받았다. 대금 중 12,000,000원은 당사 보통예금 계좌에서 이체하여 지급하고, 나머지는 5개월 후에 지급하기로 하였다.(3점)

[2] 7월　25일　대한무역에 구매확인서에 의하여 제품 1,000개를 30,000,000원에 납품하고, 영세율 전자세금계산서를 발행하였다. 대금 중 3,000,000원은 보통예금으로 계좌이체 받고, 나머지는 (주)명보가 발행한 약속어음을 배서 받았다.(3점)

[3] 8월　5일　금강상사에 제품을 판매하고 다음의 전자세금계산서를 발급하였다. 대금은 7월 5일에 수령한 계약금을 제외하고 동사가 발행한 약속어음(만기 : 2019. 12. 5)으로 받았다.(3점)

	전자세금계산서(공급자 보관용)					승인번호		20190805-21058052-11726645	
공급자	사업자등록번호	305-86-12346	종사업장번호		공급받는자	사업자등록번호	125-85-62258	종사업장번호	
	상호(법인명)	(주)달래유통	성명(대표자)	강인주		상호(법인명)	금강상사	성명(대표자)	신일진
	사업장주소	서울시 관악구 신림동 1길 14(신림동)				사업장주소	서울시 마포구 상암동 261		
	업태	제조, 도소매	종목	전자제품		업태	제조	종목	스포츠용품
	이메일					이메일			

작성일자	공급가액	세액	수정사유		
2019. 08. 05	20,000,000	2,000,000			
비고					

월	일	품　목	규격	수량	단가	공급가액	세액	비고
8	5	생활가전		200	100,000	20,000,000	2,000,000	

합계금액	현금	수표	어음	외상미수금	이 금액을 영수 함 청구
22,000,000	2,000,000		20,000,000		

[4] 9월 30일   장훈빌딩으로부터 당월의 영업부 사무실 임차료에 대한 공급가액 5,000,000원(부가가치세 별도)의 전자세금계산서를 수취하고, 대금은 다음달에 지급하기로 하였다.(3점)

[5] 11월 28일   본사 영업직원이 업무에 사용할 개별소비세 과세대상 자동차(3,000CC)를 (주)현구자동차에서 30,000,000원(부가가치세 별도)에 구입하고, 전자세금계산서를 수취하였으며 대금 결제는 다음 달에 하기로 하였다.(3점)

[6] 12월 8일   일반과세자인 스타문구에서 영업부서에 사용할 문구류를 현금으로 구입하고, 다음의 현금영수증(지출증빙)을 수령하였다.(문구류는 사무용품비로 처리한다.)(3점)

스타문구

208-81-56451   최미라

서울 송파구 문정동 99-2 TEL:3489-8076

홈페이지 http://www.kacpta.or.kr

현금(지출증빙)

구매 2019/12/08/14:06 거래번호 : 0029-0177

상품명	수량	금액
문구	10	22,000원
	과세물품가액	20,000원
	부 가 세	2,000원
합　계		22,000원
받은 금액		22,000원

문제4   일반전표입력 및 매입매출전표입력 메뉴에 입력된 내용 중 다음과 같은 오류가 발견되었다. 입력된 내용을 확인하여 정정하시오.(6점)

[1] 8월 20일   일반전표에 입력된 명선상사의 외상매출금 15,000,000원 중 10,000,000원은 동사발행 약속어음(만기 : 2019년 11월 20일)으로 받고, 잔액은 현금으로 회수된 것으로 회계처리가 되었으나, 이 어음의 발행인은 명선상사가 아니라 (주)동서유통인 것으로 밝혀졌다.(3점)

[2] 10월 10일   당사 생산부 직원의 결혼축하금 100,000원을 현금지급한 것으로 처리한 거래는 매출거래처 직원의 결혼축하금인 것으로 확인되었다.(3점)

문제5 결산정리사항은 다음과 같다. 해당메뉴에 입력하시오.(9점)

[1] 장기차입금 중에는 미국 BOA은행의 외화장기차입금 10,000,000원(미화 $10,000)이 포함되어 있으며, 결산일 현재 적용환율은 1,100원/$ 이다.(3점)

[2] 영업권은 2018년 1월 1일 20,000,000원에 취득하여 사용해 왔다. 회사는 무형자산의 내용연수를 5년으로 하고 있다.(3점)

[3] 결산일 현재 재고자산의 기말재고액은 다음과 같다.(3점)

• 상　품	500,000원	• 원 재 료	3,300,000원
• 재 공 품	2,800,000원	• 제　품	15,000,000원

문제6 다음 사항을 조회하여 답안을 │이론문제 답안작성│ 메뉴에 입력하시오.(9점)

[1] 6월 30일 현재 비유동자산과 비유동부채의 금액 차이는 얼마인가?(3점)

[2] 판매비와관리비의 5월 발생분과 6월 발생분의 차이금액은 얼마인가?(3점)

[3] 제1기 부가가치세 예정신고기간(1월~3월)의 세금계산서 수취분 중 고정자산의 매입세액은 얼마인가?(3점)

이론과 실무문제의 답을 모두 입력한 후 「답안저장(USB로 저장)」을 클릭하여 저장하고, USB메모리를 제출하시기 바랍니다.

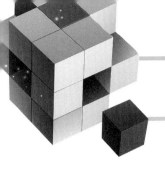

4 제78회 시행 기출문제

이 론 시 험

● 다음 문제를 보고 알맞은 것을 골라 │이론문제 답안작성│ 메뉴화면에 입력하시오.
(※ 객관식 문항당 2점)

─── < 기 본 전 제 > ───
문제에서 한국채택국제회계기준을 적용하도록 하는 전제조건이 없는 경우, 일반기업회계기준을 적용한다.

01 다음 중 비유동부채에 포함되지 않는 것은?

① 장기차입금　　　　　　　　② 퇴직급여충당부채
③ 임차보증금　　　　　　　　④ 사채

02 다음 중 재무제표의 작성책임과 공정한 표시에 관한 내용으로 틀린 것은?

① 재무제표의 작성과 표시에 대한 책임은 담당자에게 있다.
② 재무제표는 경제적 사실과 거래의 실질을 반영하여 기업의 재무상태, 경영성과, 현금흐름 및 자본변동을 공정하게 표시하여야 한다.
③ 일반기업회계기준에 따라 적정하게 작성된 재무제표는 공정하게 표시된 재무제표로 본다.
④ 재무제표가 일반기업회계기준에 따라 작성된 경우에는 그러한 사실을 주석으로 기재하여야 한다.

03 다음 중 재고자산을 기말 장부금액에 포함할 것인지의 여부를 설명한 것으로 틀린 것은?

① 미착상품 : 선적지인도조건인 경우에는 상품이 선적된 시점에 소유권이 매입자에게 이전되기 때문에 미착상품은 매입자의 재고자산에 포함한다.
② 적송품 : 수탁자가 제3자에게 판매하기 전까지는 위탁자의 재고자산에 포함한다.
③ 반품률이 높은 재고자산 : 반품률을 합리적으로 추정할 수 없을 경우에는 구매자가 상품의 인수를 수락하거나 반품기간이 종료된 시점까지는 판매자의 재고자산에 포함한다.
④ 할부판매상품 : 대금이 모두 회수되지 않은 경우 상품의 판매시점에 판매자의 재고자산에 포함한다.

04 다음 중 재무상태표의 기타포괄손익누계액(자본계정)에 해당하는 항목은?

① 단기매매증권처분이익   ② 매도가능증권평가이익
③ 단기매매증권평가이익   ④ 매도가능증권처분이익

05 다음 중 회계정보가 갖춰야 할 가장 중요한 질적 특성 요소는?

① 비교가능성과 중립성   ② 목적적합성과 신뢰성
③ 효율성과 다양성   ④ 검증가능성과 정확성

06 다음 중 취득원가에 포함되지 않는 것은?

① 수입한 기계장치의 시운전비   ② 단기투자목적의 주식매입수수료
③ 상품 구입 시 당사부담 운송보험료   ④ 건물 구입 시 부동산 중개수수료

07 다음 중 무형자산의 회계처리에 대한 설명으로 틀린 것은?

① 무형자산을 최초로 인식할 때에는 공정가치로 측정한다.
② 다른 종류의 무형자산이나 다른 자산과의 교환으로 무형자산을 취득하는 경우에는 무형자산의 원가를 교환으로 제공한 자산의 공정가치로 측정한다.
③ 무형자산을 창출하기 위한 내부 프로젝트를 연구단계와 개발단계로 구분할 수 없는 경우에는 그 프로젝트에서 발생한 지출은 모두 연구단계에서 발생한 것으로 본다.
④ 무형자산의 잔존가치는 없는 것을 원칙으로 한다.

08 다음 중 기말 결산 시 계정별 원장의 잔액을 차기에 이월하는 방법을 통하여 장부를 마감하는 계정과목은?

① 광고선전비   ② 접대비
③ 개발비   ④ 기부금

09 다음의 자료에 의하여 당기총제조원가를 구하시오.

> - 기초원재료 : 40,000원
> - 기말원재료 : 120,000원
> - 제조간접비 : 직접노무비의 30%
>
> - 당기매입원재료 : 400,000원
> - 직접노무비 : 3,000,000원

① 4,020,000원
③ 4,300,000원

② 4,220,000원
④ 4,460,000원

10 개별원가계산에 대한 다음 설명 중 가장 적합하지 않은 것은?

① 주문식 맞춤 생산방식에 적합한 원가계산 방법이다.
② 제조간접원가의 작업별, 제품별 배부계산이 중요하다.
③ 공정별로 규격화된 제품의 원가계산에 적합한 방법이다.
④ 다품종 소량생산에 적합하며 주로 건설업, 조선업 등에서 사용된다.

11 원가에 대한 다음의 설명 중 틀린 것은?

① 직접재료비, 직접노무비는 모두 직접원가에 해당한다.
② 직접비와 간접비는 추적가능성에 따른 분류이다.
③ 제품생산량이 증가함에 따라 단위당 고정비는 감소한다.
④ 매몰원가는 이미 지출된 원가로 현재의 의사결정에 반드시 고려되어야 한다.

12 다음 원가계산자료 중 당기에 소요된 제조간접비 금액은 얼마인가?

> - 직접재료비 : 3,000,000원
> - 기초재공품 : 2,000,000원
> - 당기제품제조원가 : 10,000,000원
>
> - 직접노무비 : 2,000,000원
> - 기말재공품 : 2,000,000원

① 5,000,000원
③ 15,000,000원

② 10,000,000원
④ 20,000,000원

13 부가가치세법상 납세의무에 관한 설명으로 옳지 않은 것은?

① 영리목적의 유무에 불구하고 사업상 독립적으로 과세대상 재화를 공급하는 자는 납세의무가 있다.

② 과세의 대상이 되는 행위 또는 거래의 귀속이 명의일 뿐이고 사실상 귀속되는 자가 따로 있는 경우라 하더라도 명의자에 대하여 부가가치세법을 적용한다.

③ 영세율적용대상 거래만 있는 사업자도 부가가치세법상 신고의무가 있다.

④ 재화를 수입하는 자는 수입재화에 대한 부가가치세 납세의무가 있다.

14 다음 자료에 의하여 부가가치세법상 제조업을 영위하는 일반과세사업자가 납부해야 할 부가가치세액은?

- 전자세금계산서 교부에 의한 제품매출액 : 48,400,000원(공급대가)
- 지출증빙용 현금영수증에 의한 원재료 매입액 : 30,800,000원(부가세 별도)
- 신용카드에 의한 업무용 승용차(1,200CC) 구입 : 13,000,000원(부가세 별도)

① 1,320,000원 ② 1,160,000원
③ 720,000원 ④ 20,000원

15 다음 중 부가가치세법상 면세대상 거래에 해당되지 않는 것은?

① 보험상품 판매 ② 마을버스 운행
③ 일반의약품 판매 ④ 인터넷신문 발행

실무시험

○ (주)해준산업(회사코드 : 0783)은 스포츠용품을 제조하여 판매하는 중소기업이며, 당기(제11기) 회계기간은 2019. 1. 1. ~ 2019. 12. 31. 이다. 전산세무회계 수험용 프로그램을 이용하여 다음 물음에 답하시오.

─────< 기 본 전 제 >─────
문제에서 한국채택국제회계기준을 적용하도록 하는 전제조건이 없는 경우, 일반기업회계기준을 적용한다.

문제1 다음은 기초정보관리에 대한 자료이다. 각각의 요구사항에 대하여 답하시오.(10점)

[1] 다음의 사항을 거래처등록메뉴에 입력하시오.(3점)

- 코드번호 : 204
- 상호 : (주)양촌통상
- 대 표 자 : 김찬수
- 사업자등록번호 : 133-81-26371
- 거래유형 : 동시
- 업태 : 도매
- 종목 : 스포츠용품

[2] 당사는 에어컨을 구입하고 이를 유형자산으로 등록하고자 한다. 다음과 같이 계정 과목 및 적요등록을 하시오.(3점)

- 코드 : 217
- 계정과목 : 냉난방설비
- 성격 : 1.상각
- 현금적요 : 1. 냉난방설비 구입대금 현금지급

[3] 전기분 운반비(판) 계정과목의 계정별원장과 증명서류를 일자별로 검토한 결과 다음과 같은 입력오류가 발견되었다. 전기분손익계산서, 전기분잉여금처분계산서, 전기분재무상태표 중 관련된 부분을 수정하시오.(4점)

계정과목	틀린 금액	올바른 금액	내 용
운반비(판)	3,200,000원	2,300,000원	입력 오류

문제2 다음 거래 자료를 일반전표입력 메뉴에 추가 입력하시오.(일반전표입력의 모든 거래는 부가가치세를 고려하지 말 것)(18점)

< 입력시 유의사항 >

- 일반적인 적요의 입력은 생략하지만, 타계정 대체거래는 적요번호를 선택하여 입력한다.
- 채권·채무와 관련된 거래는 별도의 요구가 없는 한 반드시 기 등록되어 있는 거래처코드를 선택하는 방법으로 거래처명을 입력한다.
- 제조경비는 500번대 계정코드를, 판매비와 관리비는 800번대 계정코드를 사용한다.
- 회계처리시 계정과목은 별도제시가 없는 한 등록되어 있는 계정과목 중 가장 적절한 과목으로 한다.

---

[1] **8월 20일** 제품 5개(단위당 원가 : 100,000원)를 사회복지재단에 무상으로 제공하였다.(3점)

[2] **9월 5일** (주)인성의 임대료를 받지 못해 미수금계정으로 처리한 금액 4,950,000원을 임대보증금과 상계처리하였다.(단, (주)인성의 임대보증금 계정 잔액은 20,000,000원이다) (3점)

[3] **9월 10일** 당사의 최대주주인 김지운씨로부터 본사를 신축할 토지를 기증받았다. 토지에 대한 소유권 이전비용 2,000,000원은 자기앞수표로 지급하였다. 토지의 공정가액은 40,000,000원이다.(하나의 전표로 입력할 것) (3점)

[4] **9월 24일** (주)소망자동차에서 구입한 제품운반용 승합차의 할부 미지급금(할부에 따른 이자를 별도 지급하기로 계약함) 1회분 총액을 대출상환스케줄에 따라 당사 보통예금 계좌에서 이체하여 지급하다.(3점)

대출상환스케줄

회차	결제일	원금	이자	취급수수료	결제금액
1회	2019.09.24	1,500,000원	3,720원	–	1,503,750원
2회	2019.10.24	1,500,000원	3,500원	–	1,503,500원
⋮	⋮	⋮	⋮	⋮	⋮

[5] **9월 28일** 주주총회에서 결의된 바에 따라 유상증자를 실시하여 신주 100,000주(액면가액 주당 5,000원)를 주당 5,500원에 발행하고, 증자와 관련하여 신문공고비용, 주권인쇄비용, 등기비용 등 수수료 15,000,000원을 제외한 나머지 증자대금이 보통예금계좌에 입금되다.(단, 주식할인발행차금계정의 잔액은 없다.) (3점)

[6] **12월 1일** 전기에 대손이 확정되어 대손충당금과 상계처리 하였던 (주)대운전자의 외상매출금 중 일부인 1,000,000원을 현금으로 회수하였다.(3점)

문제3 다음 거래 자료를 매입매출전표입력 메뉴에 입력하시오.(18점)

┌─────────────── < 입력시 유의사항 > ───────────────┐
- 일반적인 적요의 입력은 생략하지만, 타계정 대체거래는 적요번호를 선택하여 입력한다.
- 별도의 요구가 없는 한 반드시 기 등록되어 있는 거래처코드를 선택하는 방법으로 거래처명을 입력한다.
- 제조경비는 500번대 계정코드를, 판매비와 관리비는 800번대 계정코드를 사용한다.
- 회계처리시 계정과목은 별도제시가 없는 한 등록되어 있는 계정과목 중 가장 적절한 과목으로 한다.
- 입력화면 하단의 분개까지 처리하고, 전자세금계산서는 전자입력으로 반영한다.
└──┘

[1] 7월 1일 구매확인서에 의해 수출용 제품에 대한 원재료(공급가액 30,000,000원)를 (주)동해로부터 매입하고 영세율전자세금계산서를 발급받았다. 매입대금 중 13,000,000원은 (주)운천으로부터 받아 보관 중인 약속어음을 배서양도하고, 나머지 금액은 6개월 만기의 당사 발행 약속어음으로 지급하였다.(3점)

[2] 8월 25일 필테크로부터 원재료를 2,000,000원(부가가치세 별도)에 현금으로 매입하고, 종이세금계산서를 수취하였다.(3점)

세 금 계 산 서				책 번 호		권		호	
				일 련 번 호					

공급자	등록번호	111-11-11119			공급받는자	등록번호	305-81-65101		
	상 호 (법인명)	필테크	성명	최수영		상 호 (법인명)	(주)해준산업	성명	최수지
	사 업 장 주 소	대전광역시 중구 선화로 70번길				사 업 장 주 소	대전광역시 중구 선화로 81번길 85		
	업 태	제조	종목	스포츠용품		업 태	제조업	종목	스포츠용품

작성일자			공 급 가 액				세 액			수정사유
년	월	일	공란수 백 십 억 천 백 십 만 천 백 십 일				백 십 억 천 백 십 만 천 백 십 일			
2019	08	25	2 0 0 0 0 0 0				2 0 0 0 0 0			
비고										

월	일	품 목	규격	수량	단가	공 급 가 액	세 액	비고
8	25	원재료				2,000,000	200,000	

합계금액	현금	수표	어음	외상미수금	이 금액을 영수(청구) 함
2,000,000	2,000,000				

[3] 10월 12일 비사업자인 최하나에게 제품을 4,400,000원(부가가치세 포함)에 판매하였다. 대금은 현금으로 받고 현금영수증을 발행하였다.(3점)

[4] 10월 14일 영업부서의 매출거래처에 접대하기 위하여 (주)삼마트로부터 치약·샴푸세트를 530,000원(부가가치세 별도)에 구입하고 전자세금계산서를 수취하였다. 대금은 보통예금으로 지급하였다.(3점)

[5] 10월 28일 본사 영업부에서 비품인 업무용 노트북 5대를 (주)명선테크로부터 5,500,000원(부가가치세 포함)에 구입하고 법인카드인 조은카드로 결제하였다.(신용카드 매입세액 공제 요건을 모두 충족함) (3점)

[6] 12월 13일 미국회사인 리얼테크에게 $50,000의 제품을 직수출하기로 하고 선적하였다. 대금은 외상으로 하였다. 선적일 기준환율은 1$당 1,200원이다.(3점)

문제4 일반전표입력 및 매입매출전표입력 메뉴에 입력된 내용 중 다음과 같은 오류가 발견되었다. 입력된 내용을 확인하여 정정하시오.(6점)

[1] 7월 11일 제조 공장건물 내 냉난방시설을 수리(수익적 지출)하고 대한설비에 법인 현대카드로 결제하고 일반전표에 입력하였다. 이 거래는 매입세액 공제요건을 갖추었다.(3점)

[2] 8월 10일 세금과공과로 처리한 금액은 임직원들에게 7월 25일에 급여를 지급하면서 원천징수한 소득세를 납부한 것으로 확인되었다.(3점)

문제5 결산정리사항은 다음과 같다. 해당메뉴에 입력하시오.(9점)

[1] 외상매출금계정에는 거래처 Angel에 대한 외화금액 10,000,000원(미화 $10,000)이 계상되어 있다. (회계기간 종료일 현재 적용환율 : 미화 $1당 1,080원)(3점)

[2] 당사는 일반기업회계기준에 의하여 퇴직급여충당부채를 설정하고 있으며, 관련자료는 다음과 같다.(3점)

구분	기초금액	기중 감소(사용)금액	기말금액(퇴직금 추계액)
생산부	25,000,000원	5,000,000원	28,000,000원
영업부	14,000,000원	4,000,000원	17,000,000원

[3] 결산일 현재 당기의 감가상각비를 다음과 같이 계상하기로 하였다.(3점)

• 영업부서 차량운반구 : 3,000,000원	• 제조부서 차량운반구 : 11,000,000원

문제6 다음 사항을 조회하여 답안을 [이론문제 답안작성] 메뉴에 입력하시오.(9점)

[1] 6월 중 현금으로 지급한 판매비 및 관리비로 분류되는 여비교통비의 금액은 얼마인가?(3점)

[2] 2019년 6월 30일 현재 유동부채의 잔액은 얼마인가?(3점)

[3] 부가가치세 제1기 확정신고기간 중 공제받지 못할 매입세액은 얼마인가?(3점)

이론과 실무문제의 답을 모두 입력한 후 「답안저장(USB로 저장)」을 클릭하여 저장하고, USB메모리를 제출하시기 바랍니다.

이 론 시 험

◉ 다음 문제를 보고 알맞은 것을 골라 이론문제 답안작성 메뉴화면에 입력하시오. (※ 객관식 문항당 2점)

─── < 기 본 전 제 > ───

문제에서 한국채택국제회계기준을 적용하도록 하는 전제조건이 없는 경우, 일반기업회계기준을 적용한다.

01 다음 중 발생주의에 따라 작성되지 않는 재무제표는?

① 재무상태표   ② 현금흐름표   ③ 자본변동표   ④ 손익계산서

02 1기 회계연도(1월 1일 ~ 12월 31일) 1월 1일에 내용연수 5년, 잔존가치 0(영)원인 기계를 8,500,000원에 매입하였으며, 설치장소를 준비하는데 500,000원을 지출하였다. 동 기계는 원가모형을 적용하고, 정률법으로 감가상각한다. 2기 회계연도에 계상될 감가상각비로 맞는 것은?(정률법 상각률 : 0.45)

① 3,825,000원   ② 2,103,750원   ③ 4,050,000원   ④ 2,227,500원

03 다음은 회계거래의 결합관계를 표시한 것이다. 옳지 않은 것은?

	거 래	거래의 결합관계
①	커피머신을 50,000원에 현금 구입하였다.	자산의 증가 – 자산의 감소
②	주식발행으로 1억원을 현금 조달하였다.	자산의 증가 – 자본의 증가
③	공장청소비 10만원을 현금 지급하였다.	비용의 발생 – 자산의 감소
④	상품을 20만원에 현금으로 매출하였다.	자산의 증가 – 비용의 감소

04 (주)무릉은 공장신축을 위해 다음과 같이 토지를 구입하였다. 토지계정에 기록되어야 할 취득원가는 얼마인가?

• 구입가액	50,000,000원	• 구입관련 법률자문비용	3,000,000원
• 토지위 구건물 철거비용	1,500,000원	• 구건물 철거후 잡수익	500,000원

① 50,000,000원   ② 54,000,000원   ③ 54,500,000원   ④ 55,000,000원

05 다음 중 결산 평가 시 시장가격을 이용하지 않는 것은?

① 단기매매증권　　　② 상품　　　　　③ 제품　　　　　④ 만기보유증권

06 다음 자료를 이용하여 법인세비용차감전순이익을 계산하면 얼마인가?

• 매출액	300,000,000원	• 매출원가	210,000,000원
• 접대비	25,000,000원	• 광고비	15,000,000원
• 기부금	10,000,000원	• 법인세비용	3,000,000원
• 지급수수료(매도가능증권 구입 시 지출) : 1,200,000원			
• 단기매매증권처분이익 : 2,430,000원			

① 38,230,000원　　② 41,230,000원　　③ 42,430,000원　　④ 43,630,000원

07 회계순환과정의 결산 절차에 대한 설명 중 잘못된 것은?

① 결산 절차를 통해 마감된 장부를 기초로 재무제표가 작성된다.
② 일반적으로 결산 절차는 예비 절차와 본 절차로 구분할 수 있다.
③ 수익 · 비용에 해당되는 계정의 기말 잔액은 다음 회계연도로 이월되지 않는다.
④ 자산 · 부채 · 자본에 해당되는 계정과목을 마감하기 위해서 임시적으로 집합손익 계정을 사용한다.

08 다음 중 일반 기업회계기준에서 자본조정으로 분류되는 계정과목은?

① 자기주식처분이익　　　　　　② 자기주식
③ 주식발행초과금　　　　　　　④ 감자차익

09 (주)한세는 제품 A의 공손품 10개를 보유하고 있다. 이 공손품의 생산에는 단위당 직접 재료비 1,000원, 단위당 변동가공원가 1,200원, 단위당 고정원가 800원이 투입되었다. 정상적인 제품 A의 판매가격은 5,000원이다. 공손품을 외부에 단위당 3,500원에 판매 한다면 단위당 운반비 300원이 발생한다고 한다. 다음 중 매몰원가가 아닌 것은?

① 단위당 직접재료비 1,000원　　　② 단위당 변동가공원가 1,200원
③ 단위당 고정원가 800원　　　　　④ 단위당 운반비 300원

10 재료비는 공정 초기에 모두 발생되고 가공비는 공정이 진행됨에 따라 균등하게 발생할 경우, 다음 자료에 의하여 재료비의 완성품 환산량을 구하면 얼마인가?

> (1) 기초 재공품 1,000개 (완성도 40%)
> (2) 기말 재공품 1,200개 (완성도 50%)
> (3) 당기 완성품 수량 3,000개
> (4) 회사는 평균법을 적용하여 기말 재공품을 평가한다.

① 3,000개   ② 3,200개
③ 4,000개   ④ 4,200개

11 다음 중 제조원가명세서에 포함되지 않는 것은?

① 직접재료비, 직접노무비, 제조간접비   ② 당기총제조원가
③ 제품매출원가   ④ 당기제품제조원가

12 다음 중 개별원가계산과 종합원가계산에 대한 설명으로 틀린 것은?

① 개별원가계산은 제품원가를 개별작업별로 구분하여 집계한 다음, 이를 그 작업의 생산량으로 나누어서 제품 단위당 원가를 계산한다.
② 종합원가계산은 원가계산이 간편하고 경제적이며, 개별원가계산에 비해 정확한 원가계산이 가능하다.
③ 종합원가계산의 핵심과제는 완성품환산량을 계산하는 것이다.
④ 개별원가계산은 다품종 소량주문생산하는 업종에 적합하다.

13 다음 중 부가가치세법상 세금계산서 발급의무가 면제되지 않는 것은?

① 미용, 욕탕업을 영위하는 자가 제공하는 용역
② 공급받는 자에게 신용카드매출전표 등을 발급한 경우 해당 재화 또는 용역
③ 부동산임대용역 중 간주임대료
④ 내국신용장·구매확인서에 의하여 공급하는 재화

14 다음 중 부가가치세법상 거래내역과 과세유형이 잘못 연결된 것은?

① 일반과세자가 제품을 납품하고 전자세금계산서를 발행하다. ⇒ 과세
② 부가가치세 과세사업에 사용하기 위해 프린터를 구입하고 전자세금계산서를 수취하다. ⇒ 매입세액공제
③ 영업부에서 사용하는 4인승 승용차(999cc) 수리비를 지급하고 전자세금계산서를 수취하다. ⇒ 매입세액불공제
④ 공장건물 신축용 토지를 구입하고 전자계산서를 발급받았다. ⇒ 면세

15 다음 중 부가가치세법상 일반과세사업자의 부가가치세 과세표준 금액은 얼마인가?(모든 금액은 부가가치세 제외 금액임)

> • 총매출액 : 120,000,000원(영세율 매출액 30,000,000원 포함)
> • 매출할인및에누리액 : 5,000,000원   • 매출환입액 : 7,000,000원
> • 대손금 : 3,000,000원   • 총매입액 : 48,000,000원

① 108,000,000원
③ 60,000,000원
② 70,000,000원
④ 57,000,000원

실무시험

⊙ (주)세진전자(회사코드 : 0773)는 전자부품을 제조하여 판매하는 중소기업이며,
당기(제4기) 회계기간은 2019. 1. 1 ~ 2019. 12. 31 이다. 전산세무회계 수험용 프
로그램을 이용하여 다음 물음에 답하시오.

─────< 기 본 전 제 >─────

문제에서 한국채택국제회계기준을 적용하도록 하는 전제조건이 없는 경우, 일반기업회계기준을 적용한다.

문제1 다음은 기초정보관리에 대한 자료이다. 각각의 요구사항에 대하여 답하시오.(10점)

[1] 거래처별 초기이월 채권과 채무잔액은 다음과 같다. 자료에 맞게 추가입력이나 정
정 및 삭제하시오. (3점)

계정과목	거래처	금 액	비 고
외상매출금	일 야 상 점	27,500,000원	72,000,000원
	(주)한국상사	13,200,000원	
	기 린 상 사	31,300,000원	
미 지 급 금	코끼리상사	15,500,000원	22,000,000원
	행 복 상 사	6,500,000원	

[2] 다음의 무형자산 계정을 추가로 등록하시오.(3점)

• 코드 : 230	• 계정이름 : 임차권리금	• 성격 : 일반

[3] 전기분 손익계산서를 검토한 결과 다음과 같은 오류가 발견되었다. 전기분손익계
산서, 전기분잉여금처분계산서, 전기분재무상태표 중 관련된 부분을 수정하시
오.(4점)

계정과목	틀린 금액	올바른 금액	내 용
이자수익	5,000,000원	500,000원	입력 오류

문제2 다음 거래 자료를 일반전표입력 메뉴에 추가 입력하시오.(일반전표입력의 모든 거래
는 부가가치세를 고려하지 말 것)(18점)

[1] 7월 5일 제품 포장용 기계(취득가액 30,000,000원, 감가상각누계액 27,000,000원)가 노후화 되어 폐기하면서, 처분관련 부대비용 250,000원은 현금으로 지급하였다.(당기의 감가상각비는 고려하지 말 것) (3점)

[2] 8월 11일 공장신축을 위해 지난 3년간 소요된 금액은 300,000,000원으로 모두 자산으로 처리(차입금의 이자비용 등도 자본화)해 왔으며, 금일 완공 되었다.(3점)

[3] 8월 29일 학교법인 살림학원에 1,000,000원을 현금으로 기부하다.(3점)

[4] 9월 10일 나라은행으로부터 3년 후 상환조건으로 200,000,000원을 차입하고, 보통예금 계좌로 입금 받다.(3점)

[5] 11월 10일 지난 달 급여지급시 원천징수했던 소득세 83,870원을 현금으로 납부하였다.(3점)

[6] 12월 10일 9월 4일에 열린 주주총회에서 결의했던 중간배당금 15,000,000원을 보통예금으로 지급하였다.(단, 원천징수는 없는 것으로 가정한다)(3점)

문제3 다음 거래 자료를 매입매출전표입력 메뉴에 입력하시오.(18점)

[1] 8월 20일   (주)도원테크로부터 원재료(@3,000원, 2,000개, 부가가치세 별도)를 구입하고 전자세금계산서를 발급받았다. 대금 중 3,400,000원은 약속 어음을 발행(만기 : 2018. 12. 31.)했으며, 나머지는 자기앞수표로 지급 하였다.(3점)

[2] 8월 22일   (주)하나전자에 제품을 판매하고 전자세금계산서를 발급하였다. 아래의 전자세금계산서를 보고 매입매출전표에 입력하시오.(3점)

전자세금계산서(공급자 보관용)

| | | | | 승인번호 | 20190822 - 15454645 - 58844486 |

	사업자등록번호	214-81-29167	종사업장번호			사업자등록번호	137-81-30988	종사업장번호	
공급자	상호(법인명)	(주)세진전자	성명(대표자)	김 사부	공급받는자	상호(법인명)	(주)하나전자	성명	문 민영
	사업장주소	서울시 영등포구 국회대로 70길 18				사업장주소	서울 영등포구 국회대로 50길 9		
	업태	제조	종목	전자부품		업태	도소매	종목	컴퓨터
	이메일					이메일			

작성일자	공급가액	세액	수정사유
2019. 8.22	8,000,000	800,000	

비고								
월	일	품 목	규격	수량	단가	공급가액	세액	비고
8	22	전자부품		200	40,000	8,000,000	800,000	

합계금액	현금	수표	어음	외상미수금	이 금액을 영수/청구 함
8,800,000	3,300,000			5,500,000	

[3] 8월 23일   영업팀에서 해외 거래처에게 선물하기 위해 AI스피커 1대를 (주)K마트 에서 1,300,000원(부가가치세 별도, 전자세금계산서 수취)에 구입하고 대금은 당좌수표를 발행하여 지급하였다.(3점)

[4] 9월 1일   미국 ABC Co.에 제품 100개(단가 $1,000)를 직접 수출하고 대금은 외상으로 하였다.(단, 선적일인 9월 1일의 적용환율은 1,000원/$ 이 다)(3점)

[5] 9월 8일   원재료 매입처인 (주)필테크의 창 립기념일을 맞아 꽃동산화원에서 화환(50,000원)을 구입하여 증정 하고 대금은 비씨카드로 결제하였 다.(3점)

신용카드매출전표
CREDIT CARD SALES SLIP
인터뱅크(주)
전표번호( ) BILL NO

카드발급처 CREDIT CARD CO	비씨카드		
일련번호 CARD NUMBER	ISP*****		
유효기간 EXPRY	**/5/9	판매일자 TRANSE. DATE	2019/09/08
일 반 PURCHASE		품명 / DESCRIPTION	
할 부 INSTALLMENT	00개월	금 액 AMOUNT	50000
매 장 명 CORNER		세 금 TAXES	
판 매 원 CASHIER		봉사료 S/C	
		합 계	50000
대표자/MANAGER		TOTAL	

가맹점명/MERCHANT NAME 꽃동산화원	승인번호/APPROVAL CODE 1112233
가맹점번호/MERCHANT NO	사업자등록번호/BUSINESS NO 111-11-11119
가맹점주소/ADDRESS 서울 광진구 구의동 123	

[6] 10월 17일　제조공장에서 사용하는 화물용차량인 포터를 (주)스피드자동차로부터 60,000,000원(부가가치세 별도)에 구입하고 전자세금계산서를 발급받았다. 대금 중 55,000,000원은 보통예금으로 지급하였고, 나머지는 이달 말에 지급하기로 하였다.(3점)

문제4 일반전표입력 및 매입매출전표입력 메뉴에 입력된 내용 중 다음과 같은 오류가 발견되었다. 입력된 내용을 확인하여 정정하시오.(6점)

[1] 7월 25일　회계처리한 세금과공과금은 2018년 1기 확정신고기간에 대한 부가가치세를 보통예금에서 인터넷뱅킹을 통해 납부한 것이다.(회사는 6월 30일자로 부가가치세와 관련한 회계처리를 이미 하였다)(3점)

[2] 10월 12일　(주)쌍두컴퓨터에 컴퓨터 50대(판매단가 500,000원, 부가가치세별도)를 공급하고 상품매출로 회계처리 하였으나 확인한 결과 제품매출로 확인되었다.(3점)

문제5 결산정리사항은 다음과 같다. 해당메뉴에 입력하시오.(9점)

[1] 기말 시점 영업부에서 보관 중인 소모품은 430,000원이다. 기중에 소모품을 구입하면서 모두 비용으로 처리하였다.(3점)

[2] 기말 현재 실제 현금 보유액은 85,500원, 장부상 금액은 70,000원으로 가정한다. 기말 현재 차이금액의 원인을 알 수 없다.(3점)

[3] 결산일 현재 재고자산의 기말재고액은 다음과 같다.(3점)

• 원재료 : 2,300,000원	• 재공품 : 4,500,000원	• 제품 : 10,600,000원

문제6 다음 사항을 조회하여 답안을 │ 이론문제 답안작성 │ 메뉴에 입력하시오.(9점)

[1] 제1기 부가가치세 확정신고기간(4월~6월)의 과세표준 금액은 얼마인가?(3점)

[2] 3월 31일 현재 투자자산은 전기말 대비 얼마가 증가되었는가?(3점)

[3] 5월에 지출된 판매비및일반관리비 계정과목 중 가장 많이 지출한 계정과목명은?(3점)

이론과 실무문제의 답을 모두 입력한 후 「답안저장(USB로 저장)」을 클릭하여 저장하고, USB메모리를 제출하시기 바랍니다.

이 론 시 험

⊙ 다음 문제를 보고 알맞은 것을 골라 │이론문제 답안작성│ 메뉴화면에 입력하시오.
(※ 객관식 문항당 2점)

─< 기 본 전 제 >─
문제에서 한국채택국제회계기준을 적용하도록 하는 전제조건이 없는 경우, 일반기업회계기준을 적용한다.

01 다음 손익항목 중 영업이익을 산출하는데 반영되는 항목들의 합계액은?

• 상품매출원가 10,000,000원	• 기부금 400,000원	• 복리후생비 300,000원
• 매출채권처분손실　　350,000원	• 접대비 500,000원	• 이자비용　150,000원

① 11,350,000원　　② 11,200,000원　　③ 10,800,000원　　④ 10,300,000원

02 다음 중 회계상의 거래가 아닌 것은?

① 자산매매 대금의 수령
③ 기부금 현금 지급
② 화재, 도난에 의한 자산 소멸
④ 직원 회식을 위한 식당 예약

03 다음은 (주)나라가 당기에 구입하여 보유하고 있는 단기매매증권이다. 기말 단기매매 증권 평가 시 올바른 손익은 얼마인가?

종　류	액면가액	취득가액	공정가액
(주)금나와라뚝딱	50,000원	100,000원	80,000원
(주)은도깨비	30,000원	20,000원	35,000원

① 단기매매증권평가손익 없음
② 단기매매증권평가손실　5,000원
③ 단기매매증권평가이익　5,000원
④ 단기매매증권평가이익　35,000원

04 다음 (가), (나)의 거래를 분개할 때, 차변에 기입되는 계정과목으로 바르게 짝지은 것은?

> (가) 일반적 상거래 외 거래에서 외상으로 발생하는 채권에 대해서 (가) 계정을 사용한다.
>
> (나) 상품 등을 인수하기 전에 상품 등의 대금을 지급한 경우 (나) 계정으로 처리한다.

① (가) 외상매출금 (나) 선급금   ② (가) 미수금 (나) 선급금
③ (가) 외상매출금 (나) 선수금   ④ (가) 미수금 (나) 선수금

05 다음 중 자본잉여금으로 분류하는 항목을 모두 고른 것은?

> 가. 주식을 할증발행하는 경우에 발행금액이 액면금액을 초과하는 부분
> 나. 자기주식을 처분하는 경우 취득원가를 초과하여 처분할 때 발생하는 이익
> 다. 주식 발행금액이 액면금액에 미달하는 경우 그 미달하는 금액
> 라. 상법규정에 따라 적립된 법정적립금

① 가, 나   ② 가, 다
③ 다, 라   ④ 가, 나 ,다

06 다음 중 재무상태표의 설명으로 틀린 것은?

① 정보이용자들이 기업의 유동성, 재무적 탄력성, 수익성과 위험 등을 평가하는데 유용한 정보를 제공한다.
② 일정 기간 동안 기업의 경영성과에 대한 정보를 제공한다.
③ 자산·부채·자본으로 구성된다.
④ 자본은 자본금, 자본잉여금, 자본조정, 기타포괄손익누계액 및 이익잉여금(또는 결손금)으로 구분한다.

07 다음 중 현금 및 현금성자산이 아닌 것은?

① 우표   ② 타인발행당좌수표
③ 보통예금   ④ 통화대용증권

08 다음은 (주)마포의 제7기(1. 1 ~ 12. 31) 재고자산 관련 자료이다. 총평균법에 의한 기말재고자산 계산 시의 단가로 옳은 것은?

일 자	적 요	수 량	단 가
1월 1일	기초재고	10개	100원
1월 14일	매 입	30개	120원
9월 29일	매 출	20개	140원
10월 17일	매 입	10개	110원

① 125원   ② 120원   ③ 114원   ④ 110원

09 다음 자료에 의할 때 제조지시서#2의 직접재료비는 얼마인가?(단, 제조간접비는 직접재료비를 기준으로 배분한다)

분 류	제조지시서 #2	총 원 가
직접재료비	( )원	1,500,000원
직접노무비	1,500,000원	2,200,000원
제조간접비	1,000,000원	3,000,000원

① 500,000원   ② 1,000,000원   ③ 1,250,000원   ④ 1,500,000원

10 다음은 공손에 대한 설명이다. 틀린 것은?

① 정상 공손이란 효율적인 생산과정에서도 발생하는 공손을 말한다.
② 정상 및 비정상공손품의 원가는 발생기간의 손실로 영업외비용으로 처리한다.
③ 공손품은 정상품에 비하여 품질이나 규격이 미달되는 불합격품을 말한다.
④ 공손품은 원재료의 불량, 작업자의 부주의 등의 원인에 의해 발생한다.

11 다음은 원가에 대한 설명이다. 틀린 것은?

① 직접노무비와 제조간접비를 합하여 가공원가라 한다.
② 조업도와 관련성 여부에 따라 변동비와 고정비로 구분할 수 있다.
③ 의사결정과 관련성 여부에 따라 관련원가와 비관련원가로 구분할 수 있다.
④ 기회비용이란 특정 행위의 선택으로 인해 포기해야 하는 것들의 가치 평균액을 말한다.

12 (주)도봉회사는 종합원가계산에 의하여 제품을 생산한다. 재료는 공정의 초기단계에 투입되며, 가공원가는 전체 공정에 고르게 투입된다. 다음 자료에서 평균법에 의한 재료비와 가공비의 당기 완성품 환산량은 얼마인가?

> • 기초재공품 : 5,000개(완성도 50%)　• 당기착수량 : 35,000개
> • 당기완성품 : 30,000개　　　　　　　• 기말재공품의 완성도 40%

① 재료비 : 35,000개,　가공비 : 31,500개
② 재료비 : 40,000개,　가공비 : 34,000개
③ 재료비 : 40,000개,　가공비 : 40,000개
④ 재료비 : 35,000개,　가공비 : 34,000개

13 다음은 부가가치세법상 사업자와 관련된 내용이다. 틀린 것은?

① 개인사업자는 일반과세자 또는 간이과세자가 될 수 있다.
② 법인사업자는 간이과세자가 될 수 없다.
③ 면세사업자는 부가가치세법상 사업자가 아니다.
④ 간이과세자는 직전 연도의 공급가액의 합계액이 4천800만원 이하인 자를 말한다.

14 부가가치세법상 다음의 매입세액 중 매출세액에서 공제되는 매입세액은?

① 접대비 관련 매입세액
② 면세사업 관련 매입세액
③ 화물차 구입 관련 매입세액
④ 사업과 직접 관련 없는 지출에 대한 매입세액

15 다음 중 부가가치세법상 세금계산서의 필요적 기재사항이 아닌 것은?

① 공급하는 사업자의 등록번호와 성명 또는 명칭
② 공급받는 자의 등록번호
③ 공급받는 자의 상호 또는 성명
④ 작성 연월일

실무시험

(주)예지전자(회사코드 : 0763)는 전자부품을 제조하여 판매하는 중소기업이며, 당기(제11기) 회계기간은 2019. 1. 1. ~ 2019. 12. 31. 이다. 전산세무회계 수험용 프로그램을 이용하여 다음 물음에 답하시오.

─────< 기 본 전 제 >─────

문제에서 한국채택국제회계기준을 적용하도록 하는 전제조건이 없는 경우, 일반기업회계기준을 적용한다.

문제1 다음은 기초정보관리에 대한 자료이다. 각각의 요구사항에 대하여 답하시오.(10점)

[1] 당사는 퇴직급여제도로 확정기여형(DC형) 퇴직연금에 가입하였다. 퇴직급여 (0806) 계정 대체적요 2번에 "확정기여형 퇴직급여 납부"를 추가등록 하시오.(2점)

[2] 전기분 손익계산서를 검토한 결과 다음과 같은 오류 사항이 발견되었다. 전기분 손익계산서, 전기분이익잉여금처분계산서, 전기분재무상태표 중 관련된 부분을 수정하시오.(5점)

• '세금과공과금' 금액이 7,300,000원인데 7,100,000원으로 잘못 입력된 것을 확인하였다.

[3] 신규로 통장을 개설하였다. 다음의 내용을 거래처등록메뉴에 입력하시오.(3점)

• 코드번호 : 98000   • 계좌번호 : 123-456-789   • 유형 : 보통예금
• 계좌개설은행/지점 : 한국은행/여의도점   • 계좌개설일 : 2017년 7월 1일

문제2 다음 거래 자료를 일반전표입력 메뉴에 추가 입력하시오.(일반전표입력의 모든 거래는 부가가치세를 고려하지 말 것)(18점)

─────< 입력시 유의사항 >─────

• 일반적인 적요의 입력은 생략하지만, 타계정 대체거래는 적요번호를 선택하여 입력한다.
• 채권·채무와 관련된 거래는 별도의 요구가 없는 한 반드시 기 등록되어 있는 거래처코드를 선택하는 방법으로 거래처명을 입력한다.
• 제조경비는 500번대 계정코드를, 판매비와 관리비는 800번대 계정코드를 사용한다.
• 회계처리시 계정과목은 별도제시가 없는 한 등록되어 있는 계정과목 중 가장 적절한 과목으로 한다.

[1] 7월 12일 (주)초인유통에 지급할 외상매입금 15,000,000원 중 12,000,000원은 3개월 만기 약속어음을 발행하여 지급하고 나머지는 면제받았다.(3점)

[2] 7월 15일 매출처 (주)이도상사의 외상매출금 1,000,000원이 당사의 당좌예금 계좌로 입금되었다.(3점)

[3] 7월 25일 제품매출처인 국제통신의 외상매출금 10,000,000원 중 570,000원은 제품불량으로 에누리하여 주고 나머지는 보통예금으로 송금받았다.(3점)

[4] 9월 10일 태성산업과 공장건물의 임대차계약을 체결하고 임차보증금 15,000,000원 중 3,000,000원은 보통예금으로 지급하고 나머지는 당좌수표를 발행하여 지급하였다.(3점)

[5] 9월 22일 이자수익 200,000원이 발생하여, 원천징수세액 30,800원을 차감한 나머지 금액이 보통예금계좌로 입금되었다.(단, 원천징수세액은 자산으로 처리할 것)(3점)

[6] 9월 30일 제품을 매출하고 (주)상조로부터 수취한 어음 3,000,000원이 부도처리 되었다는 것을 좋은은행으로부터 통보받았다. 당일자로 회계처리 하시오.(3점)

문제3 다음 거래 자료를 매입매출전표입력 메뉴에 입력하시오.(18점)

───── **< 입력시 유의사항 >** ─────

- 일반적인 적요의 입력은 생략하지만, 타계정 대체거래는 적요번호를 선택하여 입력한다.
- 별도의 요구가 없는 한 반드시 기 등록되어 있는 거래처코드를 선택하는 방법으로 거래처명을 입력한다.
- 제조경비는 500번대 계정코드를, 판매비와 관리비는 800번대 계정코드를 사용한다.
- 회계처리시 계정과목은 별도제시가 없는 한 등록되어 있는 계정과목 중 가장 적절한 과목으로 한다.
- 입력화면 하단의 분개까지 처리하고, 전자세금계산서는 전자입력으로 반영한다.

[1] 8월 2일 (주)카페인나라에 제품을 판매하고 신용카드매출전표를 발행하였다.(3점)

카드종류		거래종류	결제방법
비씨카드		신용구매	일시불
회원번호(Card No)		취소 시 원거래 일자	
6250-0304-4156-5955			
유효기간		거래일시	품명
/		2019.8.2. 15:33	
전표제출		금 액	1,000,000
		부 가 세	100,000
전표매입사 비씨카드		봉 사 료	
		합 계	**1,100,000**
거래번호		승인번호/(Approval No.)	
		30017218	
가맹점 (주)예지전자			
대표자 박명수		TEL 02-3289-8085	
가맹점번호 234567		사업자번호 130-81-10661	
주소 서울 영등포구 영등포로 384			
서명(Signature) **카페인나라**			

[2] **8월 14일** (주)무역(해외수출대행업체임)에 구매확인서에 의하여 제품 1,400개 (개당 12,500원)를 17,500,000원에 납품하고, 영세율 전자세금계산서를 발급하였다. 대금 중 2,000,000원은 동사 발행 당좌수표로 받고, 잔액은 1개월 후에 받기로 하였다.(3점)

[3] **8월 25일** 당사의 영업부 과장인 김영철의 결혼식을 축하하기 위해 다음의 화환을 구입하고 전자계산서를 발급받았다. 대금은 다음 달에 주기로 하였다.(3점)

전자계산서(공급받는 자 보관용)						승인번호	20190825-21058052-11726691	
공급자	사업자등록번호	116-90-52390	종사업장번호		공급받는자	사업자등록번호	130-81-10661	종사업장번호	
	상호(법인명)	탑플라워	성 명(대표자)	김꽃님		상호(법인명)	㈜예지전자	성 명(대표자)	박명수
	사업장주소	서울 서초구 강남대로 465				사업장주소	서울 영등포구 영등포로 384		
	업 태	소매	종 목	꽃		업 태	제조	종 목	전자부품
	이메일					이메일			

작성일자	공급가액		수정사유	
2019.8.25	**77,000**			
비고				

월	일	품 목	규격	수량	단 가	공 급 가 액	비 고
8	25	화환				77,000	

합 계 금 액	현 금	수 표	어 음	외상미수금	이 금액을 영수/청구 함
77,000				77,000	

[4] 9월 10일   미국의 거래처로부터 원재료를 수입하면서 평택세관으로부터 전자수입세금계산서(공급가액 8,000,000원)를 발급받고 부가가치세 800,000원을 현금으로 납부하였다.(3점)

[5] 9월 13일   생산직 사원을 위한 교육을 (주)일학습컨설팅으로부터 제공받고, 전자계산서 3,300,000원을 발급받았다. 대금은 전액 보통예금에서 이체하였다.(3점)

[6] 9월 20일   영업부 업무용 승용차(개별소비세 과세대상)의 주유비 77,000원(공급대가)을 송로주유소에서 현금으로 결제하고 전자세금계산서를 수령하였다.(3점)

문제4 일반전표입력 및 매입매출전표입력 메뉴에 입력된 내용 중 다음과 같은 오류가 발견되었다. 입력된 내용을 확인하여 정정하시오.(6점)

[1] 10월 27일   일반전표에 한국유통의 외상매출금 30,000,000원 전액이 보통예금 입금된 것으로 회계처리 하였으나, 10,000,000원만 보통예금으로 회수되었고 나머지는 한국유통이 발행한 약속어음(만기: 2019년 12월 31일)으로 받았음이 확인되었다.(3점)

[2] 11월 9일   공장기계 수선비로 3,000,000원(부가가치세 300,000원 별도)을 전액 현금으로 지출하고 엘에스산전으로부터 수취한 전자세금계산서에 대하여 수익적지출로 전부 회계처리하였으나 이 중 2,000,000원은 자본적지출임이 확인되었다.(3점)

문제5 결산정리사항은 다음과 같다. 해당메뉴에 입력하시오.(9점)

[1] 기말 외상매입금 중에는 미국 로리알회사의 외화외상매입금 13,000,000원(미화 $10,000)이 포함되어 있다.(결산일 현재 적용환율 : 1,100원/$) (3점)

[2] 기말현재 국민은행 차입금(3년 만기) 중 5,000,000원의 상환기간이 1년 이내로 도래하였다.(단, 유동성대체를 위한 요건은 모두 충족되었다고 가정한다) (3점)

[3] 결산일 현재 재고자산의 기말재고액은 다음과 같다.(3점)

> • 원재료 : 15,500,000원   • 재공품 : 1,200,000원   • 제품 : 76,500,000원

문제6 다음 사항을 조회하여 답안을 │이론문제 답안작성│ 메뉴에 입력하시오.(9점)

[1] 6월 말 현재 외상매입금 잔액이 가장 큰 거래처명과 그 금액은 얼마인가?(3점)

[2] 2019년 제1기 예정신고기간(1 ~ 3월) 동안 (주)수영으로 발행한 매출세금계산서의 매수와 공급가액은 얼마인가?(3점)

[3] 1월부터 4월까지 판매비와관리비 현금지급액이 가장 큰 월과 금액은 얼마인가?(3점)

이론과 실무문제의 답을 모두 입력한 후 「답안저장(USB로 저장)」을 클릭하여 저장하고, USB메모리를 제출하시기 바랍니다.

(주)평창상사 / 일반전표입력 분개문제 답안

No.	차변과목	금액	대변과목	금액
01	보통예금 미지급비용(대성빌딩)	194,000,000 6,000,000	임대보증금	200,000,000
02	보통예금	3,200,000	단기매매증권 단기매매증권처분이익	2,800,000 400,000
03	선급금	1,000,000	현금	1,000,000
04	기계장치	30,000,000	선급금[(주)광속테크] 보통예금 미지급금[(주)광속테크]	5,000,000 22,000,000 3,000,000
05	보통예금	7,000,000	보험수익	7,000,000
06	선납세금	24,000,000	현금	24,000,000
07	여비교통비(제) 접대비	136,000 30,000	가지급금(이익동) 현금	150,000 16,000
08	보통예금 매출할인(제) (제품매출액에차감)	7,469,000 231,000	외상매출금(길음상사)	7,700,000
09	토지	300,000,000	자산수증이익	300,000,000
10	선납세금 보통예금	42,000 258,000	이자수익	300,000
11	현금	45,000,000	자본금 주식발행초과금	25,000,000 20,000,000
12	개발비	2,000,000	보통예금	2,000,000
13	예수금 세금과공과(제)	382,000 162,000	현금	544,000
14	세금과공과(제)	2,500,000	현금	2,500,000
15	수선비(판)	1,500,000	당좌예금	1,500,000
16	미지급비용(도시가스공사)	54,000	보통예금	54,000
17	기계장치	6,000,000	현금	6,000,000
18	토지 건물	206,000,000 26,000,000	보통예금 현금	220,000,000 12,000,000
19	단기대여금[(주)인성상사]	100,000,000	보통예금 외상매출금[(주)인성상사]	80,000,000 20,000,000
20	대손충당금(109) 대손상각비(판)	280,000 720,000	외상매출금(길음상사)	1,000,000
21	보통예금 매출할인(제)	10,780,000 200,000	외상매출금[(주)무상랜드]	10,980,000
22	단기매매증권 수수료비용(영)	6,000,000 8,000	보통예금	6,008,000
23	건설중인자산	1,000,000	보통예금	1,000,000
24	차량운반구 만기보유증권(투자자산)	19,000,000 500,000	현금	19,500,000
25	세금과공과(판)	500,000	현금	500,000
26	미지급금[(주)청계전자]	35,000,000	보통예금 채무면제이익	32,000,000 3,000,000
27	이자비용	1,500,000	예수금 현금	412,500 1,087,500
28	부도어음및수표[(주)암석]	5,000,000	받을어음[(주)암석]	5,000,000
29	원재료(제) 수수료비용(판)	1,200,000 2,000	보통예금	1,202,000
30	선급금(상화빌딩)	2,000,000	현금	2,000,000
31	예수금 복리후생비(제) 복리후생비(판)	280,000 180,000 100,000	현금	560,000
32	보통예금 수수료비용(판)	69,900,000 100,000	받을어음[(주)송도전자]	70,000,000
33	퇴직급여(판) 수수료비용(판)	9,500,000 500,000	보통예금	10,000,000
34	보통예금 외환차손	26,000,000 4,000,000	외상매출금(벤카인터내셔날)	30,000,000
35	감가상각누계액(건물) 유형자산처분손실	40,000,000 12,000,000	건물 보통예금	50,000,000 2,000,000
36	세금과공과(제) 세금과공과(판)	1,250,000 2,100,000	현금	3,350,000
37	미교부주식배당금	20,000,000	자본금	20,000,000
38	지급어음[(주)희망]	18,700,000	당좌예금	18,700,000
39	광고선전비(판)	100,000	미지급금(BC카드) 또는 미지급비용	100,000
40	현금 미수금[(주)덕산]	5,000,000 10,000,000	임대보증금[(주)덕산]	15,000,000
41	외상매입금[(주)두리산업]	20,000,000	받을어음[(주)대전상사]	20,000,000
42	대손충당금(외상) 대손상각비(판)	5,000,000 1,900,000	외상매출금(평화상사)	6,900,000
43	기계장치 감가상각누계액(기계)	15,000,000 15,000,000	기계장치	30,000,000
44	미지급배당금	20,000,000	현금	20,000,000
45	여비교통비(판)	3,000,000	미지급금(하나카드) 또는 미지급비용	3,000,000
46	기부금	300,000	제품(제) (적요8:타계정으로 대체액 손익계산서반영분)	300,000
47	투자부동산[(주)부동산개발]	310,000,000	현금 미지급금[(주)부동산개발]	110,000,000 200,000,000
48	외상매입금[(주)독도]	10,000,000	받을어음[(주)세마] 당좌예금	8,000,000 2,000,000
49	차량운반구	600,000	현금	600,000
50	여비교통비(제)	560,000	전도금 보통예금	500,000 60,000
51	퇴직급여충당부채	30,000,000	예수금 보통예금	1,000,000 29,000,000
52	수수료비용(제)	1,000,000	현금 예수금	967,000 33,000
53	소모품	200,000	원재료 (적요8:타계정으로대체액 손익계산서반영분)	200,000
54	당좌예금 매출채권처분손실	8,250,000 750,000	받을어음(주)신정정밀	9,000,000
55	원재료(제)	160,000	현금	160,000
56	당좌예금	600,000	대손충당금(외상)	600,000
57	교육훈련비(제)	3,000,000	예수금 보통예금	99,000 2,901,000
58	미지급금[(주)저스트윈]	70,000,000	당좌예금 채무면제이익	50,000,000 20,000,000
59	보통예금 선납세금	86,000 14,000	이자수익	100,000
60	부가세예수금	31,000,000	부가세대급금 미지급세금	19,600,000 11,400,000

【해설】

10. 법인세를 미리 부담한 원천징수법인세와 중간예납법인세는 선납세금으로 자산 처리했다가 결산 시 법인세등(또는 법인세비용)으로 처리한다.

11. ① 보통주자본금 = 1주당 액면금액×발행주식수
    5,000원×5,000= 25,000,000원
    ② 주식발행비는 주식발행초과금에서 차감한다.
    ③ 주식발행초과금(주식발행비를차감 한 후) 25,000,000−5,000,000
    = 20,000,000

13. 국민연금 회사부담분은 실무적으로 세금과공과로 처리한다. 또한, 문제에서 세금과공과로 처리하라고 되어 있으므로, 복리후생비로 처리하면 안된다.

15. 유형 자산의 취득 또는 완성 후 지출에 대하여 생산능력 증대, 내용연수 연장, 상당한 원가절감 도는 품질향상을 가져오는 경우 등에 해당하면 자본적지출로 처리하고, 단순히 수선유지를 위한 지출은 수익적지출로서 발생한 기간의 비용으로 인식하도록 규정하고 있으므로 수선비로 처리 하여야 한다.

18. ① 토지의 취득원가 : 200,000,000원+1,000,000원+2,000,000원 +3,000,000원 = 206,000,000
   건물의 취득원가 : 20,000,000원+6,000,000원 = 26,000,000원
   ② 토지의 취득 후 진입로, 배수 및 하수공사, 조경공사 등 영구적인 지출은 토지의 취득원가에 포함하고, 주차장 및 교량 등의 내용연수가 반영구적인 지출은 구축물계정으로 처리한다.
   ③ 해당 배수로 및 하수처리장의 경우, 설치 후 지방자치단체에서 유지보수 책임을 부담하므로, 감가상각대상자산이 아닌 토지로 회계처리 한다.
   ④ 창고건물의 리모델링을 위한 지출은 건물의 취득원가에 포함한다.

22. 단기매매증권은 공정가치의 변동을 당기손익으로 인식하는 금융자산에 해당하므로 최초 인식 시 공정 가치로 측정한다. 수수료비용을 단기매매증권에 가산하면, 최초 인식 시 공정가치가 아닌 가치로 측정하게 되므로 영업외비용으로 회계처리 하여야 한다.

23. 자본화한다는 의미는 당기비용처리하지 않고 해당자산의 취득원가로 처리한다는 의미이다. 공장신축에 소요되는 비용이고, 해당 공장은 현재 건설중으로 건설중인자산으로 회계처리 되고 있으므로 이에 소요되는 비용은 건설자금에 대한 이자이므로 역시 건설중인자산으로 회계처리 되어야 할 것이다.

24. 만기가 확정된 채무증권으로서 상환금액이 확정되었거나 확정이 가능한 채무증권을 만기까지 보유할 적극적인 의도와 능력이 있는 경우에는 만기보 유증권으로 분류한다.

25. 일반적으로 간주임대료에 대한 부가가치세를 임차인이 부담하는 경우 임차인은 (차)"세금과공과"로 임대인이 부담하는 경우는 (차) 세금과공과(대) 부가세예수금으로 회계처리 한다.

27. 원천징수 의무자 : 예수금으로, 원천징수 당한 자는 선납세금으로 처리한다.(비영업대금의 이자소득세율은 25%이다.)

29. 대금지급을 위해 지급되는 이체수수료는 원칙상"수수료비용(판)"으로 처리한다. 그러나 원재료 취득과정에서 발행한 지출로 보아 원재료 원가로 회계 처리한 경우도 정답으로 인정하였다.

34. 외화자산의 회수 또는 회화부채의 상환이 실 발행하는 외화관련 손익은 이미 실현된 손익으로 외환차익 또는 외환차손으로 인식한다.

35. 건물을 신축하기 위하여 사용 중인 기존 건물을 철거하는 경우 그 건물의 장부금액은 제 거하여 처분손실로 반영하고, 철거비용은 당기비용으로 처리한다.

38. 거래처원장 조회 후 회계처리 한다

42. 대손충당금은 해당 채권 바로 다음 코드번호를 사용하고 대손충당금은 합계잔 액시산표의 외상매출금에 대한 대손충당금을 조회하여 계산한다.

43. 동일한 업종 내에서 유사한 용도로 사용되고 공정가액이 비슷한 동종자산과의 교환으로 유형자산을 취득하거나, 동종자산에 대한 지분과의 교환으로 유형자산을 매각하는 경우에는 제공된 유형자산으로부터의 수익창출과정이 아직 완료되지 않았기 때문에 교환에 따른 거래손익을 인식하지 않아야 하며, 교환으로 받은 자산의 취득원가는 교환으로 제공한 자산의 장부가액으로 한다. 그러나 취득한 자산의 공정가액에 비추어 볼 때 제공한 자산에 감액손실이 발생하였음을 알 수 있는 경우에는 감액손실을 먼저 인식하고 감액손실 차감 후의 장부가액을 수취한 자산의 취득원가로 한다. 교환되는 동종자산의 공정가액이 유사하지 않은 경우에는 거래조건의 일부로 현금과 같이 다른 종류의 자산이 포함될 수 있다. 이 경우 교환에 포함된 현금 등의 금액이 중요하다면 동종자산의 교환으로 보지 않는다.

49. 차량운반구의 취득과 관련된 등록세와 취득세는 취득원가에 가산한다.

60. ① 실무상 부가가치세에 대한 미지급세금을 미지급금으로 사용하는 경우가 많기 때문에 이를 방지하기 위하여 문제상 '미지급금' 으로 하라는 조건을 제시하였기 때문에 '미지급금' 으로 처리하면 정답으로 인정하지 않는다.
   ② 부가가치세 정리가 끝나면 각 과세기간 종료인 현재 합계잔액시산표 조회시 부가세예수금과 부가세대급금의 잔액은 "0"으로 표시되며, 부가세예수금과 매출액과의 상관관계를 확인하기 위해 회계처리 한다.

(주)평창상사 / 매입매출전표입력 분개문제 답안

[01] 유형: 11.과세매출 거래처:(주)일진상사 전자:여 분개:외상

| (차) 외상매출금 | 12,540,000 | (대) 제품 매출 | 11,400,000 |
| | | 부가세예수금 | 1,140,000 |

[02] 유형: 54.불공제 거래처:(주)오산 전자:여. 불공제사유:(4) 접대비 및 이와 유사한 비용 관련. 분개:혼합

| (차) 접 대 비(판) | 2,200,000 | (대) 미 지 급 금 | 2,200,000 |

[03] 유형: 54.불공제 거래처:제2컨설팅 전자:여. 불공제사유 (6)토지의 자본적 지출 관련. 분개:현금

| (차) 토 지 | 2,200,000 | (대) 현 금 | 2,200,000 |

[04] 유형: 51.과세매입 거래처:(주)해피카센타 전자:여 분개:현금

| (차) 차량유지비(판) | 200,000 | (대) 현 금 | 220,000 |
| 부가세대급금 | 20,000 | | |

[5] 유형: 11.과세매출 거래처:(주)동우전자 전자:여 분개:혼합

| (차) 받 을 어 음 | 20,000,000 | (대) 제품 매출 | 20,000,000 |
| 현 금 | 2,000,000 | 부가세예수금 | 2,000,000 |

[06] 유형: 11.과세매출 거래처:(주)미연상사 전자:여 분개:혼합

| (차) 받 을 어 음 | 30,250,000 | (대) 제품 매출 | 27,500,000 |
| | | 부가세예수금 | 2,750,000 |

[07] 유형: 61.현금과세 거래처:한마음문구 전자:0 분개:현금

| (차) 사무용품비(판) | 90,000 | (대) 현 금 | 99,000 |
| 부가세대급금 | 9,000 | | |

[08] 유형:16 수출. 거래처:봉쥬르 전자:0. 영세율구분(1) 직접 수출(대행수출 포함) 분개:외상

| (차) 외상매출금 | 20,000,000 | (대) 제품 매출 | 20,000,000 |

[09] 유형: 51.과세매입 거래처:(주)까마귀 전자: 0 분개:외상

| (차) 원 재 료 | 2,000,000 | (대) 지 급 어 음 | 2,200,000 |
| 부가세대급금 | 200,000 | | |

[10] 유형: 53.면세매입 거래처:(주)꽃나라 전자:여 분개:혼합

| (차) 복리후생비(제) | 100,000 | (대) 보 통 예 금 | 100,000 |

[11] 유형: 11.과세매출 거래처:강변패션(주) 전자:여 분개:혼합

| (차) 받을어음[(주)샛별의류] | 10,000,000 | (대) 제품 매출 | 15,000,000 |
| 외 상 매 출 금 | 6,500,000 | 부가세예수금 | 1,500,000 |

[12] 유형: 51.과세매입 거래처:(주)까치 전자:여 분개:혼합

(차) 부 재 료	5,000,000	(대) 현 금	550,000
부가세대급금	500,000	외상매입금	4,950,000

※ 회계처리 시 계정과목은 별도 제시가 없는 한 등록 되어있는 계정과목 중 가장 적절한 계정과목이다. '원재료'와 '부재료'는 서로 다른 계정 과목으로, 부재료로 하여야 정답으로 인정된다.

[13] 유형: 53.면세매입 거래처:(주)생산성 전자:여 분개:혼합

(차) 교육훈련비(판)	3,000,000	(대) 선 급 금	1,000,000
		현 금	2,000,000

[14] 유형: 11.과세매출 거래처:(주)대성상사 전자:여 분개:혼합

(차) 미 수 금	22,000,000	(대) 차량운반구	35,000,000
감가상각누계액(209)	16,500,000	부가세예수금	2,000,000
		유형자산처분이익	1,500,000

[15] 유형: 57.카드과세 거래처:(주)삼부프라자 전자:0 분개:혼합

(차) 비 품	5,000,000	(대) 미지급금(비씨카드)	5,500,000
부가세대급금	500,000		

[16] 유형: 12.영세율. 거래처:(주)상기물산. 전자:여. 영세율구분 (3) 내국신용장 구매확인서에 의하여 공급하는 제화. 분개:혼합

(차) 받 을 어 음	4,000,000	(대) 제품매출	8,000,000
외상매출금	4,000,000		

[17] 유형: 52.영세율. 거래처:(주)신성정밀 전자:여 분개:혼합

(차) 원 재 료(제)	35,800,000	(대) 받을어음((주)영진전자)	15,000,000
		지급어음((주)신성정밀)	20,800,000

[18] 유형: 11.과세매출. 거래처:(주)용문. 전자:여. 분개:혼합

(차) 외상매출금	20,000,000	(대) 제품매출	20,000,000
현 금	2,000,000	부가세예수금	2,000,000

[19] 유형: 14.건별(무증빙). 거래처:최준열. 전자:0. 분개:현금

(차) 현 금	462,000	(대) 제품매출	420,000
		부가세예수금	42,000

[20] 유형: 51.과세매입. 거래처:하나마트. 전자:여. 분개:현금

(차) 소모품비(판)	40,000	(대) 현 금	44,000
부가세대급금	4,000		

※ 복리후생비(판)도 정답으로 인정한다.

[21] 유형: 54.불공 거래처:(주)호이마트 전자:여. 불공제사유(2) 사업과 직접 관련 없는 지출 분개:현금

(차) 가지급금	5,500,000	(대) 현 금	5,500,000

[22] 유형: 51.과세매입. 거래처:(주)일신산업 전자:여. 분개: 현금

(차) 외주가공비(제)	10,000,000	(대) 당 좌 예 금	5,500,000
부가세대급금	1,000,000	미지급금(신한카드)	5,500,000

[23] 유형: 11.과세매출 거래처:(주)척척상사 전자:여 분개:외상

(차) 외상매출금	33,000,000	(대) 제품매출	30,000,000
		부가세예수금	3,000,000

[24] 유형: 62.현금면세 거래처:유일정미소. 전자:0. 분개:현금

(차) 복리후생비(제)	1,200,000	(대) 현 금	1,200,000

[25] 유형: 12.영세율 거래처:(주)조조물산 전자:여 영세율구분 (3) 내국신용장 구매확인서에 의하여 공급하는 제화 분개:혼합

(차) 현 금	2,000,000	(대) 제품매출	20,000,000
외상매출금	18,000,000		

[26] 유형: 54.불공 거래처:(주)깔끔도시락 전자:여 불공제사유 (4) 접대비 및 이와 유사한 비용 관련 분개:현금

(차) 접 대 비(판)	5,500,000	(대) 현 금	5,500,000

[27] 유형: 51.과세매입 거래처:독도소프트(주) 전자:여. 분개:혼합

(차) 소프트웨어(240)	20,000,000	(대) 미지급금	22,000,000
부가세대급금	2,000,000		

[28] 유형: 55.수입분. 거래처:인천세관. 전자:여. 분개:현금

(차) 부가세대급금	1,000,000	(대) 현 금	1,000,000

[29] 유형: 52.영세율. 거래처:(주)대풍 전자:여 분개:혼합

(차) 원 재 료(제)	50,000,000	(대) 지 급 어 음	50,000,000

[30] 유형: 61.현금과세 거래처:김철수 전자:0 분개:현금

(차) 현 금	3,300,000	(대) 제품매출	3,000,000
		부가세예수금	300,000

[31] 유형: 11.매출과세 거래처:(주)씨엘 전자:여 분개:혼합

(차) 선 수 금	2,000,000	(대) 제품매출	10,000,000
받 을 어 음	5,000,000	부가세예수금	1,000,000
현 금	4,000,000		

[32] 유형: 53.면세(계산서) 거래처:양재화원 전자:여 분개:혼합

(차) 접 대 비(제)	100,000	(대) 미지급금	100,000

[33] 유형: 11.매출과세. 거래처:(주)대성 전자:여 분개:혼합

(차) 현 금	1,000,000	(대) 제품매출	10,000,000
받 을 어 음	10,000,000	부가세예수금	1,000,000

[34] 유형: 12.영세율 거래처:(주)세모. 전자:여. 영세율구분 (3)내국 신용장 구매확인서에 의하여 공급하는 제화 분개:외상

(차) 외상매출금	20,000,000	(대) 제품매출	20,000,000

[35] 유형: 51.과세매입 거래처:(주)성심 전자:여 분개:혼합

(차) 비 품	6,000,000	(대) 받을어음((주)진흥)	3,300,000
부가세대급금	600,000	미 지 급 금	3,300,000

[36] 유형: 61.현금과세 거래처:클린세상 전자:0 분개:혼합

(차) 수수료비용(제)	3,000,000	(대) 당 좌 예 금	3,300,000
부가세대급금	300,000		

[37] 유형: 11.매출과세. 거래처:(주)크로바 전자:여 분개:혼합

(차) 받 을 어 음	1,100,000	(대) 제품 매출	2,000,000
외상매출금	1,100,000	부가세예수금	200,000

[38] 유형: 16 수출. 거래처:맨유상사 전자:0. 영세율구분(1) 직접 수출(대행수출 포함) 분개:혼합

(차) 선 수 금	8,000,000	(대) 제품 매출	40,000,000
외상매출금	32,000,000		

[39] 유형: 51.과세매입 거래처:상록빌딩 전자:여. 분개:혼합

(차) 임 차 료(판)	500,000	(대) 보 통 예 금	550,000
부가세대급금	50,000		

[40] 유형: 11.매출과세 거래처:최명수(신규2000번, 1.주민등록 기재분 전자:여. 분개:현금

(차) 현 금	1,650,000	(대) 제품 매출	1,500,000
		부가세예수금	150,000

[41] 유형: 54.불공 거래처:서울카센터 전자:여 불공제사유 (3)비영업용 소형승용자동 구입, 유지 및 임차 분개:현금

(차) 차량유지비(판)	220,000	(대) 현 금	220,000

[42] 유형: 11.매출과세 거래처:(주)북부 전자:여 분개:외상

(차) 외상매출금	1,100,000	(대) 제품 매출	1,000,000
		부가세예수금	100,000

[43] 유형: 51.과세매입 거래처:(주)서울신문 전자:여 분개:현금

(차) 광고선전비(판)	500,000	(대) 현 금	550,000
부가세대급금	50,000		

[44] 유형: 54.불공 거래처:삼성전자 전자:여 불공제사유 (4)접대비 및 이와 유사한 비용 관련 분개:혼합

(차) 접 대 비(제)	1,100,000	(대) 보 통 예 금	1,100,000

[45] 유형: 51.과세매입 거래처:명성공업사 전자:여 분개:혼합

(차) 차량운반구	5,000,000	(대) 당 좌 예 금	5,500,000
부가세대급금	500,000		

[46] 유형: 53.면세(계산서) 거래처:(주)아산 전자:여 분개:혼합

(차) 토 지	15,000,000	(대) 보 통 예 금	10,000,000
		미 지 급 금	5,000,000

[47] 유형: 51.과세매입 거래처: 하나안전사 전자:여 분개:혼합
　　　＜복수거래＞

(차) 복리후생비(제)	500,000	(대) 미 지 급 금	550,000
부가세대급금	50,000		

※ 소모품비(제)도 정답으로 인정한다.

[48] 유형: 11.매출과세 거래처:(주)조이넛 전자:여 분개:혼합

(차) 외상매입금	3,350,000	(대) 제품 매출	5,000,000
현 금	2,150,000	부가세예수금	500,000

[49] 유형: 54.불공 거래처:다팔아쇼핑 전자:여 불공제사유 (4)접대비 및 이와 유사한 비용 관련 분개:현금

(차) 접 대 비(제)	220,000	(대) 현 금	220,000

[50] 유형: 14.건별(무증빙) 거래처:한동엽 전자:0 분개:현금

(차) 현 금	330,000	(대) 제품 매출	300,000
		부가세예수금	30,000

 실기 실전유형문제 답안

❖ 3034 (주)그린소프트컴 실무 답안

【문제1】 전기분 오류내용과 거래처 변경사항 수정

[1]
1. 전기분원가명세서 : 당기원재료매입액 153,700,000원 입력
2. 전기분손익계산서 제품매출원가 : 당기제품제조원가 162,662,000원 입력하고 반드시 Enter로 저장을 완료한다. (당기순이익 : 240,193,800원이 된다.)
3. 전기분손익계산서의 당기순이익은 전기분이익잉여금처분계산서 당기순이익에 자동으로 반영된다.(금액이 맞지 않으면 상단 툴바의 불러오기를 클릭하면 된다.)
4. 전기분이익잉여금의 미처분이익잉여금 278,193,800원을 전기분재무상태표의 이월이익잉여금으로 입력한다.
5. 전기분재무상태표의 대차 일치금액은 958,285,805원이 된다.

[2]
1. [회계관리] − [기초정보등록] − [계정과목적요등록]에 클릭
2. 계정체계 → 판매관리비 → 819
   임차료 → 대체적요 7.번 "임차료 선급비용 대체"라 입력

【문제2】 일반전표입력메뉴에 추가 입력

No.	차 변 과 목	금 액	대 변 과 목	금 액
(1)	보 험 료 (제)	620,000	현　　금	620,000
(2)	특정현금과예금 [제일은행](당죄[두정지점]	5,000,000	현　　금	5,002,000
	수수료비용 (판)	2,000		
(3)	미지급금(국민카드)	1,500,000	보통예금(한일은행)	1,500,000
(4)	예　　수　　금	126,000	현　　금	126,000
(5)	도서인쇄비(판)	35,000	보 통 예 금	35,000
(6)	당 좌 예 금	1,965,000	받을어음(세흥상사㈜)	2,000,000
	매출채권처분손실	35,000		
(7)	세금과공과(판)	100,000	현　　금	100,000
(8)	투 자 부 동 산	7,150,000	당 좌 예 금	6,000,000
			미지급금(김해남)	1,000,000
			현　　금	150,000
(9)	외 상 매 입 금 [코리아 (주)]	34,000,000	당 좌 예 금	30,000,000
			채무면제이익	4,000,000
(10)	퇴 직 급 여 (제)	9,000,000	예　　수　　금	230,000
			보통예금(믿음은행)	8,770,000

【문제3】 매입매출전표메뉴에 추가 입력

[1] 유형:51,과세 거래처 : ㈜영일상사 전자 : 여 분개 : 3.혼합

(차) 원재료	4,500,000	(대) 받을어음(신흥전자㈜)	3,000,000
부가세대급금	450,000	외상매입금	1,950,000

[2] 유형 : 54, 불공 거래처:㈜미진자동차 전자: 여 불공제사유: (3)비영업용 소형승용자동차 구입·유지 및 임차 분개 : 3.혼합

(차) 차량운반구	12,100,000	(대) 미 지 급 금	11,000,000
		현　　금	1,100,000

[3] 유형 : 11, 과세 거래처 : 강동전자㈜ 전자: 여 분개 : 3.혼합

(차) 받 을 어 음	3,000,000	(대) 제 품 매 출	5,000,000
외상매출금	2,500,000	부가세예수금	500,000

[4] 유형:12, 영세, 거래처: ㈜national, 영세율구분:3. 내국신용장 구매확인서에 의하여 공급하는 재화, 전자 : 여, 분개:현금,3.혼합

(차) 현　　금	3,000,000	(대) 제품 매출	3,000,000

[5] 유형 : 51, 과세 거래처 : ㈜한양건설 전자: 여 분개 : 3.혼합

(차) 건　　물	100,000,000	(대) 미 지 급 금	110,000,000
부가세대급금	10,000,000		

[6] 유형 : 52, 영세 거래처 : 성진기업 전자: 여 분개 : 3.혼합

(차) 원 재 료	22,000,000	(대) 지 급 어 음	11,000,000
		보 통 예 금	11,000,000

[7] 유형 : 54, 불공 거래처 : 동성주유소 전자: 여 불공제사유: (3)비영업용 소형승용자동차 구입·유지 및 임차 분개 : 3.혼합

(차) 차량유지비(판)	550,000	(대) 보 통 예 금	550,000

[8] 유형 : 11, 과세 거래처 : (주)미연상사<신규등록>전자: 여 분개:3.혼합

(차) 받 을 어 음	30,250,000	(대) 제 품 매 출	27,500,000
		부가세예수금	2,750,000

[9] 유형 : 51, 과세 거래처 : (주)보물섬 전자: 여 분개 : 1.현금

(차) 광고선전비(판)	1,000,000	(대) 현　　금	1,100,000
부가세대급금	100,000		

[10] 유형:51,과세(복수거래)거래처:(주)광원개발 전자:여분개:3.혼합

(차) 임 차 료 (제)	2,100,000	(대) 당 좌 예 금	2,640,000
전 력 비 (제)	300,000		
부가세대급금	240,000		

【문제4】 일반전표 및 매입매출전표 입력 오류 수정

[1] 9월 8일 :
− 수정전 : (차) 통신비(판) 210,000　(대) 현　금 210,000
− 수정후 : (차) 통신비(판) 153,000　(대) 현　금 210,000
　　　　　　 통신비(제) 57,000

[2] 9월 25일 : 거래처 강동전자㈜를 ㈜정일전자로 수정

(차) 원 재 료	20,000,000	(대) 외상매입금	22,000,000
부가세대급금	2,000,000	[㈜정일전자]	

【문제5】 결산정리의 회계처리 수동결산 및 자동결산

[1]
− 외상매출금 : 450,041,496×1%−150,000 = 4,350,415(원미만 반올림)
− 받을어음 : 156,800,000×1%−890,000 = 678,000
※ 결산 자료 입력 대손상각비 : 외상매출금 4,350,415원, 받을어음 678,000원

[2] 결산자료입력란에 직접 입력

계정과목	구 분	금 액
건　　물	본사사무실 (판)	2,300,000원
	공　　장 (제)	3,500,000원
기 계 장 치	공 장 용 (제)	1,000,000원
비　　품	본사사무실용(판)	300,000원
	공 장 용 (제)	200,000원

[3] 12월 31일 : 일반전표

(차)소 모 품	500,000	(대) 소모품비(판)	500,000

[4] 결산자료입력란 해당란에 기말재고자산을 직접 입력

원재료 : 20,000,000원, 재공품 : 19,900,000원, 제품 : 50,000,000원

※ 결산자료입력 후 상단 툴바의 [추가]키를 클릭하여 결산대체분
개를 일반전표에 생성시킨다.

【문제6】 장부조회 답안 입력

[1] [부가가치세] – [부가가치세신고서] : 26,745,273원

[2] [회계관리] – [장부관리] – [현금출납장] : 12,741,767원
  *47,532,000 – 34,790,233 = 12,741,767

[3] [전표입력/장부] – [거래처별원장 잔액란] :
  00106 코리아(주) : 8,000,000원
  00115 성진기업 : 20,000,000원
  00130 송희상회 : 9,000,000원
  00160 신흥전자(주) : 23,000,000원

[4] [부가가치세] – [부가가치세신고서] : 13,166,100원

[5] [회계관리] – [장부관리] – [월계표] : 16,450,000원

❖ 3035 (주)제일가방 실무 답안

【문제1】 [기초정보관리]메뉴에서 다음과 같이 입력한다.

① [전기분재무상태표]메뉴에서 153.원재료 2,500,000원을 입력
한다.
② [전기분원가명세서]상단툴바의 조회(F12) 단추를 클릭하여 전
기분재무상태표에서 데이터를 다시 불러 오시겠습니까? 메시지
에서 예를 클릭한다.
③ 원재료비 박스에서 기말원재료재고액 반영되어 있음을 확인을
하고, 반드시 [Enter]로 빠져 나온다. 원재료비 82,500,000원을
확인한다.
④ 전기분원가명세서 우측화면
  – 기초제공품제공액 5,000,000원을 직접 입력한다.
⑤ 기말재공품은 0원이기 때문에 당기제품제조원가는 153,074,000
원이 된다.
⑥ 전기분원가명세서의 당기제품제조원가 153,074,000원은 전기
분손익계산서 제품매출원가 박스 당기제품제조원가와 일치하
는지 확인한다.
⑦ 전기분손익계산서의 당기순이익 114,181,800원이 전기분잉여
금처분계산서에서 불러오기를 한 다음 당기순이익이 일치하는
지 확인한다.
⑧ 전기분잉여금처분계산서의 미처분이익잉여금 157,281,800원
과 전기분재무상태표의 375 이월이익잉여금과 일치하는지 확
인한다.
⑨ 이로 인하여 전기분재무상태표의 차변과 대변 일치금액은
660,247,000원이 된다.

【문제2】 일반전표입력메뉴에 추가 입력

No.	차 변 과 목	금 액	대 변 과 목	금 액
(1)	급 여(판)	1,350,000	예 수 금	61,600
	임 금(제)	1,400,000	현 금	2,688,400
(2)	수 선 비(제)	450,000	현 금	450,000
(3)	선급금(재경건설)	2,500,000	현 금	2,500,000

No.	차 변 과 목	금 액	대 변 과 목	금 액
(4)	406.매출할인	60,000	외상매출금(효성물산)	3,000,000
	현 금	2,940,000		
(5)	외 상 매 입 금 [(주)고산상사]	12,265,000	지 급 어 음 [(주)고산상사]	12,265,000
(6)	복리후생비(제)	85,000	현 금	85,000
(7)	통 신 비(판)	93,500	보 통 예 금	93,500
(8)	비 품	1,750,000	현 금	250,000
			미지급금(천풍전자)	1,500,000
(9)	보 통 예 금	7,000,000	토 지	5,000,000
	미수금(하림물산)	1,000,000	유형자산처분이익	3,000,000
(10)	당 좌 예 금	1,500,000	가 수 금	1,500,000

※ (4) 제품매출에 대한 할인이므로 406.매출할인계정을 사용함.
  (5) [거래처원장]메뉴에서 251.외상매입계정의 (주)고산상사에
  대한 6월 30일 현재의 잔액 12,265,000을 확인한 다음 위 분개
  를 한다.

【문제3】 매입매출전표메뉴에 추가 입력

[1] 유형:51.과세매입 거래처:조간신문사 전자 : 여 분개:3.혼합

(차) 광고선전비(판)	450,000	(대) 미 지 급 금	495,000
부가세대급금	45,000		

[2] 유형:12.영세매출 거래처: 두산상사 전자 : 여 분개:3.혼합
  영세율구분 : 3.내국신용장. 구매확인서에 의하여 공급하는 재화

(차) 당 좌 예 금	6,800,000	(대) 제 품 매 출	6,800,000

[3] 유형:51.과세매입 거래처:정밀전자 전자 : 여 분개:3.혼합

(차) 비 품	1,100,000	(대) 미 지 급 금	1,210,000
부가세대급금	110,000		

[4] 유형: 11.과세매출 거래처:카이로상사 전자 : 여 분개: 3.혼합

(차) 받 을 어 음	1,320,000	(대) 제 품 매 출	1,200,000
		부가세예수금	120,000

[5] 유형:51.과세매입 거래처:118 진진상사(신규거래처등록) 전자:여 분개:3.혼합

(차) 원 재 료	1,300,000	(대) 현 금	430,000
부가세대급금	130,000	외상매입금	1,000,000

【문제4】 일반전표 및 매입매출전표 입력 오류 수정

[1] 6월 5일 :

– 814.통신비 175,600의 출금전표 금액을 113,000으로 수정하
고, 514.통신비 62,600의 출금전표를 추가 입력한다.

– 또는 6월 5일 : 대체전표

(차) 814.통신비(판)	113,000	(대) 현 금	175,600
514.통신비(제)	62,600		

【주의】 대체전표로 입력 할 경우 전표번호가 일치하지 않으면 '상단
툴바' 의 [번호수정]키를 이용 전표번호가 일치하도록 하여야 한다.

2019 년 월 06 ▼ 월 5 ▼ 일 변경현금잔액:	263,828,100 대차차액:			번호수정
일	번호	구분	계 정 과 목	거 래 처	적 요	차 변	대 변
5	00001	차변	0814 통신비		전화료및 전신료 납부	113,000	
5	00002	출금	0530 소모품비		소모자재대 지급	50,300	(현금)
5	00003	차변	0514 통신비		전화일 전신료 미지급	62,600	
5	00001	대변	0101 현금		전화료 전신료 미지급		175,600

[2] 6월 10일 :
- 수정전 : (차) 외상매입금 3,300,000 (대) 현   금 3,300,000
  　　　　　　(108.하림물산)
- 수정후 : (차) 외상매입금 3,300,000 (대) 지급어음   300,000
  　　　　　　(108.하림물산)　　　　　(108.하림물산)
  　　　　　　　　　　　　　　　　　　　현   금 3,000,000

[3] 6월 15일 :

> 253.미지급금 500,000 / 101.현 금 500,000의 거래처 (주)메탈자동차를 신라자동차(주)로 수정한다.

【문제5】결산정리의 회계처리 수동결산 및 자동결산

※ 일반전표입력메뉴에서 입력해야 할 정리분개를 먼저 입력하고, 결산자료입력메뉴에서 자료를 입력한 다음 전표추가를 하여 분개를 자동으로 생성시킨다.

① 일반전표입력 12월 31일자로 다음 전표를 입력한다.
   (차) 장기차입금 1,000,000 (대) 외화환산이익 1,000,000

② 결산자료입력메뉴에 다음 사항을 입력하고 상단 툴바의 [전표추가]키를 클릭하여 12월 31일자 일반전표에 결산대체분개를 생성시킨다.
   - 1. 재고자산 : 해당란에 입력
     원재료 20,000,000, 재공품 19,900,000, 제품 50,000,000
   - 2. 제조원가 : 퇴직급여(전입액) 란에 1,000,000원
     판매비와관리비 : 퇴직급여(전입액) 란에 2,000,000원을 직접 입력하거나
     * 결산자료입력란 상단 툴바의 [퇴직충당]을 클릭 나타나는 [퇴직충당부채]화면에 다음과 같이 입력하고 하단 [결산반영]을 클릭하면 된다.

코드	계정과목명	퇴직급여추계액	설정전 잔액				추가설정액(결산반영)	유형
			기초금액	당기증가	당기감소	잔액	(퇴직급여추계액-설정전잔액)	
0508	퇴직급여	61,000,000	60,000,000			60,000,000	1,000,000	제조
0806	퇴직급여	5,000,000	4,000,000			4,000,000	2,000,000	판관

   - 3. 대손상각비 : 외상매출금란 : 774,814원 / 받을어음란: 4,531,900원 직접입력하거나 다음과 같은 순서로 입력

> ㉠ 결산자료입력란 상단 툴바의 [대손상각]을 클릭
> ㉡ 나타나는 [대손상각]화면에서 [대손율(3%)]를 입력한다.
> ㉢ 단기대여금과 선급금 금액을 삭제한다.
> ㉣ 하단 오른쪽 결산반영을 클릭한다.
> ㉤ 외상매출금란(774,814원),받을어음란(4,531,900원) 자동 반영된다.

	대손율(%)	3.00					
코드	계정과목명	금액	설정전 충당금 잔액		추가설정액(결산반영)	유형
			코드	계정과목명	금액	(금액(대손율)-설정전충당금잔액)	
0108	외상매출금	559,160,496	0109	대손충당금	16,000,000	774,814	판관
0110	받을어음	180,730,000	0111	대손충당금	890,000	4,531,900	판관
0114	단기대여금	10,000,000	0115	대손충당금			영업외
0131	선급금	7,800,000	0132	대손충당금			영업외
	대손상각비 합계					5,306,714	판관

대손율 3% 입력 후 삭제

* 외상매출금 금액 : (559,160,496×3%)−16,000,000
  = 774,815원(원미만 반올림)
* 받을어음 금액 : (180,730,000×3%)−890,000= 4,531,900

4. 제조원가 − 감가상각비
   206.기계장치 2,000,000, 208.차량운반구 500,000

5. 영업부 − 감가상각비
   208.차량운반구 350,000
   212.비품 800,000을 해당란에 직접 입력

③ 이익잉여금처분계산서 작성
   결산자료입력메뉴입력 후 전표추가를 하여 전표를 발생시킨 다음 손익계산서 메뉴에서 당기순이익을 검토하고 이익잉여금처분계산서에서 다음과 같이 입력한다.
   - 당기 처분예정일 : 2020. 03. 15 입력
     전기 처분확정일 : 2019. 03. 15 입력
   - 351.이익준비금 1,000,000
     265.미지급배당금 10,000,000 입력 후

④ 이익잉여금처분계산서 입력 후 상단 툴바의 [전표추가]를 클릭한 다음 재무상태표 출력하면 결산이 완료된다.

【문제6】장부조회 답안 입력

[1] 부가가치세 신고서 조회 : 23,936,500원

[2] 세금계산서합계표 조회
    : (주)전자우진 10건 → 전자외<75,080,000원>

[3] 합계잔액시산표(3월) 조회 또는 월계표(1월~3월)
    : 14,050,000원

[4] 월계표 조회 : 7,006,160원

[5] 거래처원장 조회 : 1004.(주)전자우진

[6] 일계표 조회 : 55,000원

❖ 3036 (주)창조의류 실무 답안

【문제1】입력자료 수정 및 추가 입력

[1] 거래처등록 메뉴의 102.(주)멋쟁이 옷가게를 (주)호진의류로 상호를 수정하고 업태를 도매에서 제조로 수정

[2] 일반전표입력메뉴 4월 25일 거래 중 (출)복리후생비(판) 25,000을 계정과목 도서인쇄비(판)로 정정

[3] 일반전표입력 5월 7일자로 전표추가 입력

| (차) 운반비(판) | 150,000 | (대) 현   금 | 150,000 |

【문제2】일반전표입력메뉴에 추가 입력

No.	차 변 과 목	금 액	대 변 과 목	금 액
(1)	보 험 료 (판)	700,000	현 금	1,200,000
	보 험 료 (제)	500,000		
(2)	급 여 (판)	900,000	예 수 금	86,900
	임 금 (제)	850,000	현 금	1,663,100
(3)	예 수 금	33,000	현 금	66,000
	복리후생비(판)	16,500		
	복리후생비(제)	16,500		
(4)	예 수 금	53,900	현 금	53,900
(5)	현 금	11,000,000	외상매출금[(주)아영의류]	11,000,000
(6)	보통예금(국민은행)	5,500,000	외상매출금[(주)양평상사]	5,500,000
(7)	외상매입금[한일섬유(주)]	22,000,000	지급어음[한일섬유(주)]	22,000,000

No.	차 변 과 목	금 액	대 변 과 목	금 액
(8)	현　　　　금	550,000	배 당 금 수 익	550,000
(9)	차 량 운 반 구	250,000	현　　　　금	250,000
(10)	(406) 매 출 할 인	100,000	외상매출금(실물상사)	5,000,000
	현　　　　금	4,900,000		

[문제3] 매입매출전표메뉴에 추가 입력

[1] 유형:51.과세매입 거래처:108.보성의류 전자:여 분개:혼합

(차) 외주가공비(제)	8,000,000	(대) 당 좌 예 금	8,800,000
부가세대급금	800,000		

[2] 유형:51.과세매입 거래처:2003.국제신문(신규등록) 전자:여 분개:혼합

(차) 광 고 선 전 비(판)	2,100,000	(대) 미 지 급 금	2,310,000
부가세대급금	210,000		

[3] 유형:52.영세매입 거래처:106.우리상사 전자:여 분개:혼합

(차) 원 　 재 　 료	20,000,000	(대) 당 좌 예 금	20,000,000

[4] 유형:54.불공 거래처:신용카센타 전자:여 불공제사유: (3)비영업용 소형승용자동차 구입·유지 및 임차 분개:혼합

(차) 차 량 유 지 비(판)	440,000	(대) 미 지 급 금	440,000

[5] 유형:11.과세매출 거래처:118.명동의류 전자:여 분개:외상

(차) 외 상 매 출 금	26,400,000	(대) 제 품 매 출	24,000,000
		부가세예수금	240,000

[6] 유형:11.과세매출 수량:-10, 단가:150,000 거래처:118.명동의류 전자:여 분개:외상

(차) 외 상 매 출 금	-1,650,000	(대) 제 품 매 출	-1,500,000
		부가세예수금	-150,000

[7] <복수거래> 유형:12.영세매출 거래처:130.여진상사 영세율구분:3.내국신용장.구매확인서에 의하여 공급하는 재화 전자:여 분개:외상

(차) 외 상 매 출 금	94,000,000	(대) 제 품 매 출	94,000,000

[8] 유형:51.과세매입 거래처:127.복지상사 전자:여 분개:혼합

(차) 복 리 후 생 비(제)	1,500,000	(대) 미 지 급 금	1,650,000
부가세대급금	150,000		

[9] 유형:51.과세매입 거래처:115.새나라자동차(주) 전자:여 분개:혼합

(차) 차 량 운 반 구	20,000,000	(대) 미 지 급 금	22,000,000
부가세대급금	2,000,000		

[10] 유형:11.과세매출 거래처:113.(주)양평상사 전자:여 분개:외상

(차) 외 상 매 출 금	95,700,000	(대) 제 품 매 출	87,000,000
		부가세예수금	8,700,000

[문제4] 결산정리의 회계처리 수동결산 및 자동결산

[1] 일반전표 입력 (12. 31)

(차) 외화환산손실	2,000,000	(대) 장기차입금(우리은행)	2,000,000

[2] 일반전표 입력 (12. 31)

(차) 소 　 모 　 품	330,000	(대) 소모품비(판)	180,000
		소모품비(제)	150,000

[3] 다음과 같이 계산된 금액을 결산자료입력메뉴에 입력한다.
　– 외상매출금 잔액 : 722,389,600×1%-150,000 = 7,073,896
　– 받을어음 잔액 :140,550,000×1%-890,000 = 515,500

[4] 결산자료입력메뉴의 해당란에 금액을 입력한다.
　① 제품매출원가의 감가상각비 :
　　– 기계 장치 : 3,000,000　– 차량운반구 : 540,000
　　– 비품 : 1,000,000
　② 판매관리비의 감가상각비
　　– 차량운반구 : 700,000　– 비　품 : 2,400,000

[5] 결산자료입력메뉴의 해당란에 금액을 입력한다.
　① 제품매출원가의 퇴직급여(전입액) : 18,900,000
　② 판매관리비의 퇴직급여(전입액) : 22,000,000
　[3]대손충당금 설정과 [5]퇴직급여충당부채의 완전자동 입력방법은 교재 p.365 실무시험(자동결산) 부분을 참고하기 바란다.

[6] 결산자료입력메뉴의 해당란에 금액을 입력한다.
　– 기말원재료재고액 : 38,000,000
　– 기말재공품재고액 : 15,000,000
　– 기말제품재고액 : 34,000,000

※ 일반전표입력메뉴에 해당하는 결산정리사항을 입력한 다음 결산자료입력메뉴의 해당란에 위와 같이 입력하고 화면상단의 [추가]키를 이용하여 결산대체 분개를 자동으로 생성시킨다.

[문제5] 장부조회 답안 입력

[1] 일계표 조회 : 판매비와관리비 30,000원

[2] 월계표 조회 : 노무비 18,700,000원

[3] 세금계산서합계표 : 공급가액　272,120,000원
　　　　　　　　　　부가가치세　24,802,000원

[4] 월계표 조회 : 받을어음 수취액 15,000,000원

[5] 거래처원장 조회 : 명동의류 받을어음 잔액 30,000,000원

 실전모의고사문제 답안

❖ 제1회 모의고사 이론 답안

1	④	2	④	3	③	4	②	5	①
6	④	7	④	8	③	9	③	10	③
11	④	12	④	13	①	14	③	15	③

[해설]

01 영업용 건물의 증축은 자본적지출로서 자산의 증가로 처리해야 할 것을 수선비계정인 비용으로 처리했으므로 자산이 과소계상되고 비용이 과대계상되어 순이익이 과소계상된다.

02 분개를 하면 (차) 현금 15,000,000 (대) 보통주자본금 10,000,000원 주식발행초과금 5,000,000원으로 법정자본금이 10,000,000원 증가하고, 자본잉여금이 5,000,000원 증가하고 이익잉여금은 영향이 없고 주주지분(자본)이 15,000,000원 증가한다.

03 일반기업회계기준에서는 화재로 인한 손상차손과 보험금수익은 별개의 사건으로 보아 총액으로 처리한다. 따라서 손상차손은 20,000,000-10,000,000=10,000,000원이고, 보험금수익은 보상액으로 받은 7,000,000원이다.

04 건물 취득에 따른 취득세, 중개수수료, 등록세, 등기비 등은 취득원가에 포함해야하고 보험료, 재산세 등은 비용으로 처리한다.

05 건물을 원가로 매각하면 자산총액에 변동이 없다.

06 외상매입금 200,000원+유동성장기부채 300,000원+단기차입금 300,000원+미지급비용 100,000원+선수금 280,000원 = 1,180,000원

07 매출총이익 : 매출액−매출원가 = 270,000원
당기순이익 : 매출총이익+이자수익−급여−광고선전비−통신비 = 180,000원

08 중요하지 않은 항목은 성격 또는 기능이 유사한 항목에 통합하여 표시할 수 있으며, 통합할 적절한 항목이 없는 경우에는 기타항목으로 통합할 수 있다. 이 경우 세부내용은 주석으로 기재한다.

09 재공품계정을 이용하여 기초재공품에 임의의 금액 100,000원을 대입하면 기말재공품은 300,000원 증가했으므로 400,000원이 된다.

재 공 품

기초재공품원가	100,000	당기제품제조원가	900,000
당기총제조원가	(1,200,000)	기말재공품원가	400,000

당기총제조원가는 직접재료비와 직접노무비, 제조간접비의 합계이다. 따라서, 제조간접비는 1,200,000×3/6 = 600,000원이다.

10 보기3번은 종합원가계산의 설명이다.

11 기초제품이 20,000원이면 기말제품은 25,000원이다. 따라서 판매가능제품=기초제품+당기제품제조원가=기말제품+매출원가이므로, 105,000−25,000=80,000원이 매출원가이다.

12 문제의 지문은 고정비에 대한 제시문이다. 따라서 직접재료비나 직접노무비는 변동비에 속한다.

13 재료비는 공정초기에 전량 투입되므로 25,000개+(5,000개×100%)=30,000개
가공비는 25,000개+(5,000개×50%)=27,500개

14 보기3번은 매입세액을 공제 받을 수 있다.

15 금전이외의 대가를 받는 경우에는 자기가 공급한 재화 또는 용역의 시가를 과세표준으로 한다.

❖ 4037 (주)광명조명 실무 답안

[문제1] 전기분이익잉여금처분계산서 수정 입력

※ 전기분 이익잉여금처분계산서상 당기순이익은 전기분손익계산서의 당기순이익이 자동으로 반영 되기 때문에 전기분손익계산서의 당기순이익을 수정하여야 한다.

① 전기분원가명세서를 조회하여 당기제품제조원가 192,035,000원을 전기분손익계산서 제품매출원가 보조박스 당기제품제조원 가로 추가 입력하고 반드시 Enter로 빠져 나오면 당기순이익 51,455,000원이 된다.

② 전기분잉여금처분계산서 : 상단툴바의 [불러오기(F6)]를 클릭하면 당기순이익 51,455,000원이 자동 반영이 되면서 미처분이익잉여금 합계는 163,324,048원이 된다.

③ 전기분재무상태표 : 이월이익잉여금 163,324,048원으로 수정입력한다.

④ 전기분재무상태표 : 일치금액 787,952,000원이 된다.

[문제2] 일반전표입력메뉴에 추가 입력

No.	차 변 과 목	금 액	대 변 과 목	금 액
(1)	보 험 료 (판)	750,000	현 금	750,000
(2)	소 모 품 비 (제)	250,000	현 금	250,000
(3)	복 리 후 생 비 (제)	330,000	당 좌 예 금	330,000
(4)	현 금	3,500,000	외상매출금(동북상사)	3,500,000
	접 대 비 (판)	50,000	현 금	50,000
(5)	단 기 매 매 증 권	1,700,000	당 좌 예 금	1,700,000
(6)	당 좌 예 금	900,000	단 기 매 매 증 권	850,000
			단기매매증권처분이익	50,000
(7)	외상매입금((주)천일상사	5,000,000	지급어음((주)천일상사	5,000,000

※ (3) 입력 날짜 순서대로 입력하지 않아도 된다. 항상 날짜 순서대로 자동 배열이 되며 오른쪽 마우스를 이용[데이타정렬방 식] [입력순]을 선택하면 최근 입력한 자료를 바로 확인 할 수가 있다.
(5) 유가증권 매입시 매입한 금액으로 계산한다. 2,000,000×85/100 = 1,700,000
(6) − 처분가격 : 10,000주 X @₩90/100 = 900,000원
− 장부가격 : 1,700,000 x 1/2 = 850,000원
또는 (2,000,000−1,000,000) x @₩85/100 =850,000원
− 처분이익 : 900,000 − 850,000 =50,000원

[문제3] 매입매출전표메뉴에 추가 입력

[1] 유형 : 51 거래처 : (주)천일상사 전자 : 여 분개 : 현금

(차) 원 재 료	7,500,000	(대) 현 금	8,250,000
부가세대급금	750,000		

[2] 유형 : 51 거래처 : 은정아트방 전자 : 여 분개 : 혼합

(차) 소모품비(판)	6,000,000	(대) 당 좌 예 금	6,600,000
부가세대급금	600,000		

[3] 유형 : 51 거래처 : 상일가구 전자 : 여 분개 : 혼합

(차) 비 품	300,000	(대) 현 금	165,000
부가세대급금	30,000	미 지 급 금	165,000

[4] 유형 : 11 거래처 : 남도상사 전자 : 여 분개 : 현금

(차) 현 금	3,080,000	(대) 제 품 매 출	2,800,000
		부가세예수금	280,000

[5] 유형 : 11 거래처 : 동북상사 전자 : 여 분개 : 혼합

(차) 당 좌 예 금	5,500,000	(대) 제 품 매 출	5,000,000
		부가세예수금	500,000

[문제4] 일반전표 및 매입매출전표 입력 오류 수정

※ 부가가치세와 관련 있는 문제는 매입매출전표입력에서 없는 것은 일반전표입력 내용을 정정

[1] 9월 8일 :

(차) 통 신 비 (제)	57,000	(대) 현 금	210,000
통 신 비 (판)	153,000		

[2] 9월 25일 :

[F2]−'(주)오덕'을 '상일기구점'으로 거래처만 수정한다.

【문제5】 결산정리의 회계처리 수동결산 및 자동결산

– 외상매출금 : 511,840,000×1%−540,000 = 4,578,400

– 받을어음 : 93,270,000×1%−890,000 = 42,700

(1) 대손충당금 입력 (자동) : 외상매출금란 : 4,578,400원 / 받을어음란 : 42,700원 직접 입력하거나 다음과 같은 순서로 입력

① 결산자료입력란 상단 툴바의 [대손상각]을 클릭
② 나타나는 [대손상각]화면에서 [대손율(1%)]를 확인한다.
③ 단기대여금 350,000원을 삭제한다.
④ 하단 오른쪽 결산반영을 클릭한다.
⑤ 외상매출금란(4,578,400원), 받을어음란(42,700원) 자동 반영된다.

(2) 당기의 감가상각비 입력 (자동) : 해당란에 직접 입력

건물(판) 2,000,000 건물(제) 3,000,000 입력
비품(판) 300,000 비품(제) 200,000 입력

(3) 12월 31일 일반전표입력 (수동)

(차) 소 모 품 500,000 (대) 소모품비(판) 500,000

(4) 기말재고액 입력 (자동)

원재료 : 20,000,000, 재공품 : 10,200,000, 제품 : 60,000,000
※ 결산자료입력 후 [추가]키를 클릭하여 결산대체 분개를 일반전표에 생성시킨다.

【문제6】 장부조회 답안수록 메뉴에 입력

[1] [부가가치세]−[부가가치세신고서] : 매출세액 21,841,600원

[2] [전표입력/장부]−[거래처원장 잔액]−[지급어음] : 상일가구점 37,380,000원

[3] [전표입력/장부]−[매입매출장] 또는 [세금계산서 합계표] :
– 기간 : 2017. 01. 01 ~ 2017. 06. 30
– 구분 : 2.매출
– 유형선택 : 12.영세의 전자를 선택 → 43,450,000원

❖ 제2회 모의고사 이론 답안

1	②	2	④	3	③	4	②	5	②
6	③	7	④	8	④	9	②	10	②
11	④	12	④	13	①	14	①	15	③

[해설]

01 자산과 부채는 서로 상계하지 않고 총액에 의하여 표시해야 한다.

02 기말재고자산을 실제보다 낮게 계상한 경우에는 매출원가는 실제보다 증가하고, 그 결과 매출총이익과 당기순이익이 감소한다. 당기순이익이 감소하면, 자본총계는 실제보다 감소한다.

03 시용판매는 매입의사 표시를 받은 날에 수익으로 인식한다.

04 창업비는 판매비와 관리비에 속한다.

05 유동성장기부채는 유동부채에 속한다.

06 매도가능증권평가손실은 기타포괄손익누계액으로 차기에 매도가능증권을 처분시 처분손익에 반영된다.

07 (4,900,000−400,000)×4/5+4+3+2+1 = 1,200,000

08 퇴직급여 외의 종업원급여는 임금, 사회보장분담금(CH 국민연금), 이익분배금, 상여금, 현직 종업원을 위한 비화폐성급여(CH 의료, 주택, 자동차, 무상 또는 일부 보조로 제공되는 재화나 용역), 명예퇴직금(조기퇴직의 대가로 지급하는 인센티브 등을 포함) 등을 말한다. 퇴직급여는 종업원이 퇴직한 이후 지급해야 하는 종업원급여로 퇴직일시금, 퇴직연금, 퇴직 후 급여, 퇴직 후 생명보험, 퇴직 후 의료급여 등을 망라한다.

09 직접노무비+변동제조간접비+고정제조간접비 = 700,000원

10 준고정원가란 특정범위의 조업도구간(관련범위)에서는 원가발생이 변동없이 일정한 금액으로 고정되어 있으나, 조업도 수준이 그 관련범위를 벗어나면 일정액만큼 증가 또는 감소하는 원가로서 투입요소의 불가분성 때문에 계단형의 원가행태를 지니므로 계단원가라고도 한다. 생산량에 따른 설비자산의 구입가격 또는 임차료, 생산감독자의 급여 등이 이에 해당한다.

11 기초재공품재고액 + 당기총제조비용 – 기말재공품재고액 =375,000원

12 보기4번은 손익계산서 표시항목이다.

13 원가는 그 발생한 기간에 제품제조원가가 된다. 수익을 얻기 위해 소비된 경제적가치를 비용이라하고 그 발생한 기간에 비용화한다.

14 보기2, 3, 4번은 과세표준에 포함되지 않는 것이다.

15 연탄과 무연탄은 면세대상이지만 유연탄, 갈탄, 착화탄(연탄용 불쏘시개), 숯, 톱밥은 면세하지 아니한다.

❖ 4038 (주)영진컴퓨터상사 실무 답안

【문제1】

※ 전기분 이익잉여금처분계산서서상 당기순이익은 전기분손익계산서의 당기순이익이 자동으로 반영 되기 때문에 전기분손익계산서의 당기순이익을 수정하여야 한다.

① 전기분원가명세서조회 당기제품제조원가 214,547,406원을 손익계산서 "제품매출원가 보조상자"란 당기제품제조원가에 입력을 하고, [Enter]를 쳐서 빠져나오면, 손익계산서의 당기순이익이 28,942,594원이 된다.

② 이익잉여금처분계산서 상단툴바의 [불러오기]를 클릭 당기순이익 자동 반영된다.
– 이익잉여금처분계산서 전기이월이익잉여금 26,057,406을 입력하면, 미처분이익잉여금은 55,000,000원이 된다.

③ 전기분재무상태표에 전기분이익잉여금처분계산서의 미처분이익잉여금 55,000,000원을 375 이월이익잉여금으로 입력한다.

④ 전기분재무상태표 일치 금액은 623,602,005원이 된다.

【문제2】 일반전표입력메뉴에 추가 입력

No.	차 변 과 목	금 액	대 변 과 목	금 액
(1)	건설중인자산	3,000,000	미지급금(동인건설)	3,000,000
(2)	건 물	600,000	당 좌 예 금	2,000,000
	수 선 비(판)	1,400,000		
(3)	예 수 금	42,810	현 금	42,810
(4)	예 수 금	60,000	현 금	120,000
	복리후생비(판)	60,000		
(5)	현 금	2,500,000	배 당 금 수 익	1,500,000
			이 자 수 익	1,000,000

No.	차 변 과 목	금 액	대 변 과 목	금 액
(6)	현　　　금	3,000,000	단기차입금[(주)조광상사]	3,000,000
(7)	당 좌 예 금 사채할인발행차금	48,500,000 1,500,000	사　　　채 (거래처등록 생략)	50,000,000

※ (1) 신축건물이 완공하여 영업에 사용하기 전까지 든 모든 신축 제비용은 자본적지출로서 건설중인자산으로 처리한다.
　(6) 1년기준은 재무상태표 작성일로부터 1년 기준이므로 단기차입금으로 처리하고, 약속어음(차용증서)에 의한 금전대차는 단기대여금/ 단기차입금으로 처리한다.
　(7) 주식회사가 사업자금을 조달하기 위하여 상법규정에 의해서 사채를 발행할 경우 비유동 부채인 "사채계정"(액면금액)으로 처리하며, 할인발행 시 액면금액과 처분금액의 차이는 사채계정에 대한 차감적평가계정인 (292)사채할인발행차금계정으로 회계 처리한다.

[문제3] 매입매출전표메뉴에 추가 입력

[1] 유형:51.과세 거래처:(주)조광상사 전자 : 여　분개:혼합

(차) 원 재 료	8,000,000	(대) 보통예금	8,800,000
부가세대급금	800,000		

유형:51.과세 거래처:대진화물(주) 전자 : 여　분개:현금

(차) 원 재 료	50,000	(대) 현　　금	55,000
부가세대급금	5,000		

[2] 유형:11.과세 거래처:(주)종로상사 전자 : 여　분개:외상

(차) 외상매출금	11,000,000	(대) 제품 매출	10,000,000
		부가세예수금	1,000,000

[3] 유형:11.과세 거래처:강남상사 전자 : 여　분개:현금

(차) 현　　금	11,000,000	(대) 제품 매출	10,000,000
		부가세예수금	1,000,000

[4] 유형:51.과세 거래처:한국전력공사 전자 : 여　분개:혼합

(차) 전력비 (제)	700,000	(대) 보통예금	770,000
부가세대급금	70,000		

[5] 유형:11.과세 거래처:(주)종로상사 전자 : 여　분개:외상

(차) 외상매출금	−1,650,000	(대) 제품 매출	−1,500,000
		부가세예수금	−150,000

※ 공급가액에 −1,500,000을 입력한다.

[문제4] 결산정리의 회계처리 수동결산 및 자동결산

(1) 일반전표 입력 (수동) : 12월 31일

(차) 소 모 품	500,000	(대) 소모품비(제)	500,000

(2) 재고자산 입력 당기감가상각비 입력 (자동)

원재료 : 15,000,000　재공품 : 10,000,000　제품 : 50,000,000

(3) 감가상각비 입력 (자동)
　– 제조경비 : 기계장치 3,250,000, 건물 352,000
　– 판매비와일반관리비 : 건물 528,000, 차량운반구 1,230,000

(4) 대손상각비 입력 (자동) : 원미만 반올림
　– 외상매출금 : 509,815,896×1%−540,000 = 4,558,159
　– 받을어음 : 104,410,000×1%−890,000 = 154,100
　– 외상매출금 4,558,159 받을어음대손 : 154,100 각각 입력

　또는 다음과 같은 순서로 입력

> ① 결산자료입력란 상단 툴바의 [대손상각]을 클릭
> ② 나타나는 [대손상각]화면에서 [대손율(1%)]를 확인한다.
> ③ 미수금 10,000원을 삭제한다.
> ④ 하단 오른쪽 결산반영을 클릭한다.
> ⑤ 외상매출금란(4,558,159원), 받을어음란(154,100원) 자동 반영된다.

※ 결산자료입력 후 [전표추가]키를 클릭하여 결산대체 분개를 일반전표에 생성시킨다.

[문제5] 장부조회 답안수록 메뉴에 입력

[1] [결산및재무제표]−[손익계산서] : 666,531,710원
[2] [장부관리]−[거래처원장 잔액란] :
　– 외상매입금 : 114 조은상사　38,098,500원
　– 받을어음 : 114 조은상사　20,000,000원
[3] [부가가치세]−[세금계산서 합계표] 매출
　: 29매 332,290,000원
[4] [결산및재무제표]−[재무상태표] : 1,102,231,172원
　※ 합계잔액시산표를 조회하면 안된다.

❖ 제3회 모의고사 이론 답안

1	③	2	②	3	③	4	②	5	②
6	③	7	③	8	④	9	②	10	③
11	④	12	③	13	④	14	②	15	③

[해설]

01　당기 매입액 : 6,000+28,000−4,000 = 30,000원
　　당기 외상매입 : 30,000−9,000 = 21,000원
　　당기 외상매입금 상환액 : 5,000+21,000−2,000 = 24,000원

02　• 7월 10일 처분이익 = (150주×44,000원)−(150주×38,000원) = 900,000원
　　• 6월 5일 매입시 평균단가 = (200주×40,000원+200주×36,000원) ÷ 400주 = 38,000원
　　• 단기매매증권의 평가이익 = 평가금액 − 장부금액
　　　= 350주×40,000원 − 350주×38,000원 = 700,000원

03　보기1번과 4번은 미지급금으로 처리하고, 보기2번은 선수금으로 처리한다.

04　매출액 50,000,000−매출원가 30,000,000−인건비 3,000,000−보험료 3,000,000 = 15,000,000원

05　비용처리할 것을 자산처리하면 자산이 과대계상된다. 즉 가공의 자산이 계상된다. 자산이 과대하므로 감가상각비도 과대계상된다.

06　보기3번은 재무상태표 작성기준이다.

07　보기3번은 손익계산서에 대한 정보이다.

08　복리후생비는 판매비와관리비에 속한다.

09 정상원가계산의 경우 직접재료비와 직접노무비를 실제원가로 측정하고 제조간접비는 예정배부액으로 산정하는 원가계산방법이다.

10 재공품계정을 이용하여 기초재공품에 임의의 금액 100,000원을 대입하면 기말재공품은 300,000원이 된다.

재 공 품

기초재공품원가	100,000	당기제품제조원가	400,000
당기총제조원가	(600,000)	기말재공품원가	300,000

당기총제조원가는 직접재료비와 직접노무비, 제조간접비의 합계이다. 따라서, 직접노무비는 600,000×2/6 = 200,000원이다.

11 당기제품 완성품제조원가를 의미한다.

12 예정 배부율 : 255,000원÷100,000시간 = 2.55
예정 배부액 : 2.55×105,000시간
=267,750원 − 실제발생액 260,000원 = 7,750원(과대)

13 20,000개+(4,000개×50%) = 22,000개

14 간이과세자는 직전 1억년의 재화와 용역의 공급에 대한 대가가 4,800만원에 미달하는 개인사업자를 말하며, 제조업, 도매업, 변호사, 회계사, 세무사 등은 간이과세자 배제업종이다. 양장점은 최종 소비자와의 주 거래를 하기 때문에 간이과세적용신고를 한 자는 간이과세자가 될 수가 있다.

15 보기3번은 재화의 실질적인 공급에 해당하므로 과세되고, 나머지는 과세 대상이 아니다.

❖ 4039 (주)유나산업 실무 답안

[문제1] [기초정보관리] 메뉴에서 다음과 같은 순서로 입력한다.

① 기말원재료재고액은 전기분재무상태표 원재료 2,000,000원 입력하면 자동 반영된다.

② 519.임차료 2,730,000원을 입력하고, 마우스를 이용하여 기초재공품 2,898,000원과 10번 타계정으로 대체액 1,000,000원을 직접 입력한다.

③ 전기분원가명세서의 당기제품제조원가 98,902,000원을 전기분손익계산서 제품매출원가 박스 당기제품제조원가란에 입력을 한 후 [Enter]로 빠져 나오면 손익계산서 당기순이익은 53,078,000원이 된다.

④ 전기분이익잉여금처분계산서 상단툴바의 불러오기를 클릭하면 당기순이익은 53,078,000원이 자동으로 반영되며, 미처분이익잉여금이 90,078,000원이 된다.

⑤ 전기분재무상태표에 375 이월이익잉여금 90,078,000원을 입력하면, 전기분재무상태표상 대차 일치금액은 427,400,000원이 된다.

[문제2] 일반전표입력메뉴에 추가 입력

No.	차 변 과 목	금 액	대 변 과 목	금 액
(1)	보 통 예 금 매출채권처분손실	9,750,000 250,000	받을어음[(주)동신상사]	10,000,000
(2)	당 좌 예 금 수수료비용-(판) 매출채권처분손실	9,975,000 2,000 23,000	받을어음[(주)세진상사]	10,000,000
(3)	외상매입금[(주)거봉상사]	8,000,000	당 좌 예 금 매입할인(155)	7,760,000 240,000

No.	차 변 과 목	금 액	대 변 과 목	금 액
(4)	현 금 매출할인(406)	14,700,000 300,000	외상매출금(대림상사)	15,000,000
(5)	외상매입금[(주)대일상사]	5,000,000	받을어음(동신상사)	5,000,000
(6)	받을어음[(주)전라상사]	3,000,000	외상매출금(한국상사)	3,000,000
(7)	세금과공과(판)	1,500	현 금	1,500

※ (3) 원재료에 대한 외상매입금 이므로 (155)매입할인을 선택한다.
　(4) 제품매출에 대한 외상매출금 이므로 (406)매출할인을 선택한다.
　(7) 수입인지대금 : 세금과공과계정, 수입증지대금 : 수수료비용으로 처리한다.

[문제3] 매입매출전표메뉴에 추가 입력

[1] 유형:51.과세 거래처: 현대자동차(주) 전자 : 여 분개:혼합

(차) 차량운반구	15,000,000	(대) 당 좌 예 금	16,500,000
부가세대급금	1,500,000		

[2] 유형:11.과세 거래처: (주)한국상사 전자 : 여 분개:혼합

(차) 외상매출금	57,000,000	(대) 제 품 매 출	70,000,000
현 금	20,000,000	부가세예수금	7,000,000

[3] 유형:51.과세 거래처:(주)두정상사 전자 : 여 분개:혼합

(차) 원 재 료	18,000,000	(대) 지 급 어 음	10,000,000
부가세대급금	1,800,000	외상매입금	9,800,000

[4] 유형:51.과세 복수거래 거래처:영풍빌딩 전자 : 여 분개:현금

(차) 임차료(판)	2,000,000	(대) 현 금	2,750,000
건물관리비(판)	500,000		
부가세대급금	250,000		

□⇒	종목	규격	수량	단가	공급가액	부가세	합계	비고	
1	사무실 임차료				2,000,000	200,000	2,200,000		미결금계산서 현재라인인쇄
2	건물관리비				500,000	50,000	550,000		거래명세서 현재라인인쇄
3									전 표 현재라인인쇄
	합 계				2,500,000	250,000	2,750,000		

[5] 유형:51.과세 거래처:당산건설(주) 전자 : 여 분개:혼합

(차) 수선비(판)	2,000,000	(대) 미 지 급 금	2,200,000
부가세대급금	200,000		

[문제4] 결산정리의 회계처리 수동결산 및 자동결산

[1] 기말재고액 입력 (자동)

원재료 : 20,000,000원,	재공품 : 11,000,000원
제품 : 66,000,000원	

[2] 대손상각비 입력 (자동)
– 외상매출금 : 2,017,500 (221,750,000×1%−200,000)
– 받을어음 : 2,297,500 (264,750,000×1%−350,000)

* 외상매출금란 : 2,017,500원, 받을어음란 : 2,297,500 직접 입력하거나 다음과 같은 순서로 입력

① 결산자료입력란 상단 툴바의 [대손상각]을 클릭
② 나타나는 [대손상각]화면에서 [대손율(1%)]를 확인한다.
③ 미수금 10,000원을 삭제한다.
④ 하단 오른쪽 결산반영을 클릭한다.
⑤ 외상매출금란(2,017,500원), 받을어음란(2,297,500원) 자동 반영된다.

[3] 일반전표 입력(수동)

| (차) 외상매입금((주)원주상사 | 2,200,000 | (대) 현 금 | 2,200,000 |

[4] (수동)

| (차) 부가세예수금 | 42,757,508 | (대) 부가세대급금 | 19,510,335 |
| | | 미지급세금 | 23,247,173 |

[5] 감가상각비 입력 (자동)
 – 제조경비 : 기계장치 2,050,000원, 차량운반구(제품수송용 화물차) 1,000,000원
 – 판매비와일반관리비 : 승용차 830,000원
 ※ 결산자료입력 후 [전표추가]키를 클릭하여 결산대체 분개를 일반전표에 생성시킨다.

【문제5】 장부조회 답안수록 메뉴에 입력

[1] [부가가치세] – [세금계산서 합계표] – [조회기간 4월~6월 구분(매출)] : 153. 서울상사, 공급가액 51,000,000원, 부가가치세 5,100,000원

[2] 부가가치세 신고서[기간 10/1 ~ 12/31]
 : 과세표준 133,744,546원

[3] [월계표] – [급여] : 37,900,000원

[4] [전표입력/장부] – [현금출납장] : 현금 지출액 1,000,000원 10월 10일 현재 현금 잔액 182,992,562원

❖ 제4회 모의고사 이론 답안

1	④	2	②	3	③	4	④	5	③
6	②	7	①	8	④	9	③	10	③
11	②	12	②	13	④	14	①	15	④

【해설】

01 이자수익은 현금을 수취하는 시점이 아니라 이자수익이 발생한 기간에 인식한다. 즉 차기에 속하는 이자수익이 있다면 선수수익으로 차기로 이연시켜야 하고 당기에 발생하였지만 회수하지 못한 이자수익은 미수수익으로 당기 수익으로 인식해야 한다. 재화의 판매수익은 재화를 인도한 시점이고 상품권을 이용한 판매수익은 상품을 인도하고 해당 상품권과 교환한 시점이다. 상품권을 판매한 시점은 대변에 상품권선수금계정이라는 부채계정을 설정해야 한다.

02 이익준비금의 적립은 상법이 개정되어 금전배당의 10%에서 주식배당을 제외한 이익배당(금전+현물)의 10%이다. 따라서 $5,000,000 \times 0.2 = [1,000,000 \times (50\% + 20\%)] \times 1/10 = 70,000$원이다.

03 분개를 하면 (차) 건물 (대) 건설중인자산, 현금 등이므로 자산은 불변이다.

04 9월 5일 배당금수익 300,000원과 12월 31일 평가이익350,000원이 영업외수익의 합계이고, 재무제표에 표시되는 단기매매증권의 금액은 보고기간 말의 공정가치(시가)이다.

05 현금+외상매출금+건물+당좌예금+미수금-외상매입금-감가상각누계액-미지급금-지급어음 = 640,000원

06 • 6월 12일 매입 시 평균난가 : $[(200개 \times 2,000원) + (400개 \times 2,600)] \div (200개 + 400개) = 2,400$

• 8월 16일 평균단가 : $[(600 \times 2,400) + (600 \times 2,200)] \div (600개 + 600개) = 2,300$

07 보기1번은 이익잉여금에 속한다.

08 이동평균법은 단가가 다른 상품을 매입할 때마다 평균단가를 산출하여 매출상품의 단위 원가로 적용하기 때문에 기말 총평균단가를 적용하는 총평균법보다 현행원가의 변동을 반영시킬 수 있다.

09 • 제품매출액 – (기초제품 + 완성품원가 – 기말제품) = 250,000원(매출총이익)
• 영업이익 : 매출총이익 – 판매비와관리비 = 170,000원

10 원가의 회계처리방법과 기준은 기업회계기준(원가계산준칙)을 따라야 하지만 원가의 관리와 통제는 기업의 경영진의 방침에 의하여 할 수 있으며 원가는 이미 투입된 것으로 기업의 미래경제적 효익의 창출이 기대되는 원가를 미소멸원가라 한다.

11 판매부에서의 감가상각비이므로, 고정비이며 기간비용이다.

13 생산량이 증가하면 단위당 고정비는 감소한다.

14 공급대가의 지급 지연으로 인하여 받는 연체이자는 소비대차로 전환여부 및 이자율에 관계없이 과세표준에 포함하지 아니한다.

15 개인적 공급(자가공급, 사업상 증여 포함)의 경우 재화가 사용, 소비되는 때이다.

❖ 4040 (주)서울텔레콤 실무 답안

【문제1】 전기분재무상태표 수정 및 추가 입력

① 비품에 대한 감가상각누계액 700,000원 추가
② 차량운반구 13,600,000원을 15,600,000원으로 수정
③ 이익준비금 14,000,000원 추가

【문제2】 일반전표입력메뉴에 추가 입력

No.	차 변 과 목	금 액	대 변 과 목	금 액
(1)	보 통 예 금	3,000,000	외상매출금(개나리상사)	3,000,000
(2)	소모품비(판)	28,000	현 금	28,000
(3)	예 수 금 복리후생비(판)	167,000 35,000	현 금	202,000
(4)	복리후생비(판)	200,000	보 통 예 금	200,000
(5)	차량유지비(제)	35,000	현 금	35,000

【문제3】 매입매출전표메뉴에 추가 입력

[1] 유형:11, 과세 거래처:개나리상사 전자:여 분개:혼합(외상)

(차) 외상매출금	5,500,000	(대) 제품 매출	5,000,000
운반비(판)	70,000	부가세예수금	500,000
		현 금	70,000

또는 유형:11, 과세 거래처:개나리상사 전자:여 분개:혼합(외상)

| (차) 외상매출금 | 5,500,000 | (대) 제품 매출 | 5,000,000 |
| | | 부가세예수금 | 500,000 |

일반전표

| (차) 운반비(판) | 70,000 | (대) 현 금 | 70,000 |

[2] 유형:51, 과세 거래처:경기상사 전자:여 분개:혼합(외상)

(차) 원 재 료	12,000,000	(대) 당 좌 예 금	5,000,000
부가세대급금	1,200,000	외상매입금	8,200,000

[3] 유형:54, 불공 거래처:제일모직 전자:여 분개:혼합(4번카드)
불공사유:접대비 및 이와 유사한 비용 관련

(차) 접대비(판)	1,650,000	(대) 미지급금(BC카드)	1,650,000

[4] 유형:51,과세 거래처:산도컴퓨터<신규등록>, 전자:여 분개:혼합

(차) 비 품	3,400,000	(대) 당 좌 예 금	3,740,000
부가세대급금	340,000	(※거래처등록:203 산도컴퓨터)	

[5] 유형:51, 과세 거 래처:(주)한솔건설 전자:여 분개:혼합

(차) 건 물	300,000,000	(대) 미지급금	330,000,000
부가세대급금	30,000,000		

【문제4】 일반전표 및 매입매출전표 입력 오류 수정

[1] 추가분개 4월 1일 :

(차) 선급비용	1,200,000	(대) 보험료(판)	1,200,000

또는 삭제후 분개입력 4월 1일 :

(차) 보험료(판)	2,400,000	(대) 현 금	3,600,000
선 급 비 용	1,200,000		

[2] 4월 7일 매입매출전표

(차) 현 금	2,000,000	(대) 제 품 매 출	32,000,000
외상매출금(까나리상사)	33,200,000	부가세예수금	3,200,000

【문제5】 결산정리의 회계처리 수동결산 및 자동결산

[1] 대손상각비 : 결산자료입력란에
 - 외상매출금 : 545,921,496×1%-430,000 = 5,029,215원
 (원미만반올림)
 - 받을어음 : 140,910,000×1%-260,000 = 1,149,100원
 ※ 결산자료입력란에 외상매출금 5,029,215원, 받을어음
 1,149,100원을 직접 입력
 또는 다음과 같은 순서로 입력

 ① 결산자료입력란 상단 둘바의 [대손상각]을 클릭
 ② 나타나는 [대손상각]화면에서 [대손율(1%)]를 확인한다.
 ③ 단기대여금 100,000원을 삭제한다.
 ④ 하단 오른쪽 결산반영을 클릭한다.
 ⑤ 외상매출금란(5,029,215원), 받을어음란(1,149,100원)
 자동 반영된다.

[2] (주)한성 보통주 : (12,000-10,000)×2,000주 = 4,000,000원
 (주)강화 보통주 : (10,000-8,000)×1,500주 = 3,000,000원
 (주)도전 보통주 : (15,000-15,000 = 0)

(차) 단기매매증권	7,000,000	(대) 단기매매증권평가이익	7,000,000

[3] 12월 31일 :

(차) 소 모 품	200,000	(대) 소모품비(판)	200,000

[4] 결산자료입력란에 기말재고자산을 원재료 3,200,000원, 재공품 270,000원, 제품 7,500,000원을 입력한다.(합계잔액시산표 상의 재고자산 잔액과 일치하여야 함)
※ 결산자료입력 후 [전표추가]키를 클릭하여 결산대체분개를 일반전표에 생성시킨다.

【문제6】 장부조회 답안수록 메뉴에 입력

[1] [부가가치세] - [부가가치세신고서] : 32,187,200원

[2] [부가가치세] - [세금계산서합계표] : 13건, 90,995,000원

[3] [장부관리] - [계정별원장] : 138,648,000원

[4] [장부관리] - [총계정원장] : 7월, 126,890,000원

[5] [장부관리] - [월계표] : 295,214,000원

❖ 제5회 모의고사 이론 답안

1	④	2	②	3	④	4	②	5	④
6	②	7	③	8	④	9	②	10	③
11	④	12	②	13	④	14	②	15	③

【해설】

01 재무제표는 재무상태표, 손익계산서, 현금흐름표, 자본변동표로 구성되며, 주석을 포함한다. 이익잉여금처분계산서와 결손금처리계산서는 개정기준서에서 제외되었다.

02 2018년 6월 30일에 20%인 20만원을 상환하였고 2018년 말 현재는 미상환액 80만원이 있다. 여기서 2019년 6월 30일에 상환할 20만원은 2018년 12월 31일 결산 시 만기가 6개월 남았으므로 장기차입금에서 유동성장기부채계정으로 대체하여 유동부채로 분류하고 나머지 60만원은 비유동부채로 분류한다.

03 분개는 (차) 건물 300,000 (대) 현금 200,000, 미지급금100,000

04 선입선출법은 기말재고상품은 가장 현행원가로 표시된다.

05 당기 이익잉여금의 처분사항은 차기 주주총회의 처분결의가 있은 후에 회계처리되므로 보고기간 말 재무상태표상의 미처분이익잉여금은 당기 이익잉여금의 처분사항이 반영되기 전의 금액이다.

06 보기1번은 주식의 할인발행이지만 자본이 증가하고, 보기3번도 매도가능증권의 평가이익이 발생하므로 자본이 증가한다. 보기4번도 자기주식처분이익이 발생하므로 자본이 증가한다. 그러나 보기2번은 주식배당이므로 자본금은 증가하지만 총자본에는 영향이 없다.

07 주식배당과 현금배당은 (차) 미처분이익잉여금 (대) 미교부주식배당금, 미지급배당금으로 분개하고, 잉여금의 자본전입은 무상증자로서 (차) 잉여금 (대) 자본금으로 분개한다. 그러나 주식의 분할은 액면금액을 줄여 주식수를 늘린다든지 하는 절차로서 순자산 금액에 변동을 주지 않기 때문에 회계상의 거래로 보지 않는다

08 보기3번은 변동비에 대한 설명이다.

09 간접노무원가를 누락하면 예정배부액이 과소계상되므로 당기 제품제조원가도 과소계상된다.

10 개별원가계산에서는 완성품환산량을 고려하지 않는다.

11 동력부문의 총원가 : X , 수선부문의 총원가 : Y
X=400,000+0.2Y, Y=760,000+0.4X
X=400,000+0.2(760,000+0.4X)
그러므로 X=600,000원, Y=1,000,000원
(600,000×0.2)+(1,000,000×0.4) = 520,000원

12 건물 전체의 청소비는 각 입주기업의 임대면적으로 배부한다.

13 • 원재료소비액 : 10,000+160,000−30,000 = 140,000원
• 당기제품제조원가 : 월초재공품+재료비+노무비+제조간접비−월말재공품 = 450,000원
• 매출원가 : 월초제품 + 당기제품제조원가 − 월말제품 = 360,000원

14 부가가치세의 납세의무자는 영리목적의 유무에 불구하고 사업상 독립적으로 재화 또는 용역을 공급하는 사업자이다.

15 폐업시 잔존 재화의 공급 시기는 폐업하는 때 또는 사실상 사업을 개시하지 아니하게 된 때이다.

❖ 4041 (주)동원사무기 실무 답안

【문제1】 전기분손익계산서 오류 수정 및 추가 입력

① 전기분재무상태표 : 제품 20,000,000 추가 입력
② 전기분손익계산서 : 제품매출원가 박스 입력
 – 전기분손익계산서 당기제품제조원가 99,902,000원을 입력하고 반드시 [Enter]로 등록을 완료한다.
③ 전기분잉여금처분계산서의 상단툴바의 [불러오기]를 클릭하면 전기분손익계산서의 당기순이익 28,942,290 당기순이익에 자동으로 반영된다.
④ 전기분잉여금처분계산서 미처분이익잉여금 100,000,000원과 전기분재무상태표의 이월이익잉여금이 일치하는가를 확인한다.
⑤ 전기분재무상태표 일치금액은 623,602,005원이 된다.

【문제2】 일반전표입력메뉴에 추가 입력

No.	차 변 과 목	금 액	대 변 과 목	금 액
(1)	재 해 손 실	9,000,000	건　　　　물	10,000,000
	(203)감가상각누계액	3,000,000	제품 (적요8번)	2,000,000
	(8번)타계정으로 대체 적요등록			
(2)	미수금(동원화재보험사)	10,000,000	보 험 금 수 익	10,000,000
(3)	당 좌 예 금	18,900,000		
	수수료비용(판)	100,000	받을어음(서초상사)	20,000,000
	매출채권처분손실	1,000,000		
(4)	현　　　　금	5,500,000	(109)대손충당금	5,500,000
(5)	보 험 료 (판)	700,000	현　　　　금	1,200,000
	보 험 료 (제)	500,000		
(6)	보 통 예 금	5,500,000	외상매출금((주)동일사무기)	5,500,000
(7)	현　　　　금	550,000	배 당 금 수 익	550,000

※ (1) 유형자산손상차손 계정이 없으므로 "재해손실"로 처리한다.
　(4) 전기에 대손처리된 채권의 회수 : 대손처리 당시 대손충당금잔액으로 충당했든 안했든 대변에 대손충당금으로 처리

【문제3】 매입매출전표메뉴에 추가 입력

[1] 유형:11.과세 거래처:남일사무기 전자:여 분개:혼합

(차) 받을어음(천수상사) 11,000,000	(대) 제품매출 10,000,000
	부가세예수금 1,000,000

[2] 유형:51.과세 거래처:한진택배 전자:여 분개:4.카드

(차) 운반비(판) 200,000	(대) 미지급금(국민카드) 220,000
부가세대급금 20,000	

[3] **복수거래** 유형:11.과세 거래처:해수사무기 전자:여 분개:외상

(차) 외상매출금 11,594,000	(대) 제품매출 10,540,000
	부가세예수금 1,054,000

[4] 유형:51.과세 거래처:제복상사 전자:여 분개:혼합

(차) 복리후생비(제) 2,000,000	(대) 미 지 급 금 2,200,000
부가세대급금 200,000	

[5] 유형:11.과세 거래처:(주)남일사무기 전자:여 분개:혼합

(차) 현　　　금 8,700,000	(대) 제품매출 87,000,000
외상매출금 87,000,000	부가세예수금 8,700,000

【문제4】 일반전표 및 매입매출전표 입력 오류 수정

[1] – 거래처등록란으로 이동하여 변경된 사항을 수정 입력
 – 상호 : (주)호방사무기
 – 종목 : 사무기
[2] 4월 25일 복리후생비를 도서인쇄비(판)으로 수정
[3] 5월 7일 (차) 운반비(판) 150,000 (대) 현금 150,000을 추가 입력

【문제5】 결산정리의 회계처리 수동결산 및 자동결산

[1] 일반전표입력 : 12월 31일 <직접 입력>

(차) 장기차입금 5,000,000	(대) 유동성장기부채 5,000,000
(국민은행)	(국민은행)

[2] 대손충당금 입력
 – 외상매출금 : 601,059,896×1%−6,040,000 = −29,401원
 – 받을어음 : 125,410,000×2%−890,000 = 1,618,200
 ※ 일반전표입력 : 12월 31일 <직접 입력>

(차) (109)대손충당금 29,401	(대) (851)대손충당금환입 29,401

 ※ 대손충당금환입분개를 할 경우 영업외수익에 속한 대손충당금환입액(코드번호:908)을 선택하면 오답이다. 즉, 대손충당금환입은 판매비와관리비의 차감항목에 속하기 때문에 코드번호:851의 대손충당금환입을 선택하여야 한다.

(차) 대손상각비 1,618,200	(대) (111)대손충당금 1,618,200

[3] 감가상각비 입력(자동)
① 제조경비 : 건물 2,000,000, 차량운반구 2,550,000
② 판매비와일반관리비 : 건물 2,600,000, 차량운반구 800,000

[4] 재고자산 입력(자동)
• 원재료 12,000,000 재공품 : 21,000,000 제품 : 66,000,000
 ※ [자동결산] 결산자료입력 후 [전표추가]키를 클릭하여 결산대체분개를 일반전표에 생성시킨다.

[문제6] 장부조회 답안수록 메뉴에 입력

[1] [부가가치세] – [세금계산서합계표(매입)]
: 주국상사 공급가액 53,450,000원

[2] [부가가치세] – [세금계산서합계표(매출)]
: 53건, 438,244,905원

[3] [전기분손익계산서] : 99,902,000원

❖ 제6회 모의고사 이론 답안

1	④	2	③	3	③	4	②	5	③
6	①	7	④	8	④	9	①	10	③
11	②	12	④	13	②	14	①	15	④

[해설]

01 연구비는 판매비와관리비에 속한다.

02 분개를 하면, (차) 자본금 5,000,000 (대) 현금 4,000,000, 감자차익1,000,000으로 총자산과 총자본이 감소한다.

03 보기3번은 발생주의 회계에 대한 설명이다.

04 6/18 매출 이후의 재고상품을 계산한다. (100개×250)+6/25 매입분 = 39,000원

05 상품매입에 직접 소요된 제비용은 매입액에 포함한다.

06 물가상승시의 당기순이익의 크기는 보기1번처럼 선입선출법이 가장 크고 후입선출법이 가장 작다. 나머지 보기는 반대로 보면 된다.

07 재고자산의 평가는 종목별평가를 원칙으로 한다. 재고자산의 감액이 회복되는 경우에는 장부금액을 한도로 한다. 평가손실은 재고자산평가충당금을 설정하여 차감표시한다.

08 보기4번은 충당부채에 속한다.

09 24,000원÷120시간 = 200

10 부문직접비는 해당 부문에 부과한다.

11 1,600,000+1,500,000+(1,500,000×0.5)=3,850,000원

12 변동비와 고정비는 원가행태에 따른 분류이고 제조원가명세서에 간접원가로 표시되며, 조업도가 변동하면 단위당고정비도 증감한다.

13 공장분을 먼저 구한다. (240,000÷6)+(360,000÷12)+(100,000+20,000)+100,000 = 290,000×4/5 = 232,000원

14 상가의 임대는 과세대상의 용역의 공급이지만 나머지 보기는 부가세 과세대상이 아니다.

15 의제매입세액은 매출세액에 공제항목이지만 나머지는 매입세액 불공제항목들이다.

❖ 4042 (주)행복가구 실무 답안

[문제1] 전기분원가명세서 오류 수정 및 추가 입력

① 전기분재무상태표 : 원재료 5,200,000원과 재공품 10,150,000원을 입력하면 전기분원가명세서상 기말재료재고액란에 5,200,000원과 기말재공품재고액란에 10,150,000원이 자동으로 반영된다.

② 전기분원가명세서 : (상단툴바의 조회키를 클릭하여 전기분 재무상태표의 자료를 불러온다.) 당기원재료매입액 87,150,000을 입력하고 반드시 [Enter]로 빠져나온다.

③ 마우스를 이용하여 기초재공품 500,000원을 직접입력 한다. 당기제품제조원가는 109,000,000이 되며, 이는 전기분손익계산서상 제품매출원가 박스의 당기제품제조원가와 일치하게 된다.

④ 이익잉여금처분계산서상의 미처분이익잉여금 101,356,000과 재무상태의 이월이익잉여금 금액이 일치하는가를 확인한다.

⑤ 전기분재무상태표 일치금액은 605,497,005원이 된다.

[문제2] 일반전표입력메뉴에 추가 입력

No.	차 변 과 목	금 액	대 변 과 목	금 액
(1)	당 좌 예 금	60,000,000	사 채	40,000,000
			사채할증발행차금	19,850,000
			현 금	150,000
(2)	예 수 금	75,000	현 금	165,000
	복리후생비(판)	75,000		
	세금과공과(판)	15,000		
(3)	건 물	200,150,000	건설중인자산	20,000,000
			당 좌 예 금	180,000,000
			현 금	150,000
(4)	이 자 비 용	70,000	단기차입금(기업은행)	10,000,000
	당 좌 예 금	9,930,000		
(5)	현 금	6,000,000	단기매매증권((주)상도상사)	7,000,000
	단기매매증권처분손실	1,050,000	현 금	50,000
(6)	가스수도료(제)	200,000	현 금	200,000
(7)	기 부 금	300,000	현 금	300,000

※ (1) 사채발행비는 사채발행가액에 차감하여 처리한다.
(5) 처분수수료는 단기매매증권처분손실에 가산 처리한다.

[문제3] 매입매출전표메뉴에 추가 입력

[1] 유형:51.과세 거래처:(주)청도기업 전자:여 분개:혼합

(차) 외주가공비	8,000,000	(대) 당 좌 예 금	8,800,000
부가세대급금	800,000		

[2] 유형:51.과세 거래처:(주)청도기업 전자:여 분개:혼합

(차) 외주가공비	5,000,000	(대) 미 지 급 금	5,500,000
부가세대급금	500,000		

[3] 유형:51.과세 거래처:2003 서울신문 전자:여 분개:혼합

(차) 광고선전비	2,100,000	(대) 미 지 급 금	2,310,000
부가세대급금	210,000		

[4] 유형:51.과세 거래처:(주)청도기업 전자:여 분개:혼합

(차) 원 재 료	–10,000	(대) 외상매입금	–11,000
부가세대급금	–1,000		

[5] 유형:51.과세 거래처:현대자동차(주) 전자:여 분개:혼합

(차) 차량운반구	18,000,000	(대) 장기미지급금	18,000,000
부가세대급금	1,800,000	현 금	1,800,000

[문제4] 결산정리의 회계처리 수동결산 및 자동결산

[1] 일반전표 입력 : 12월 31일 [4]번 문제

(차) 이 자 비 용	250,000	(대) 미지급비용	250,000

[2] 재고자산 입력 <자동결산>

• 원재료 5,000,000 재공품 10,000,000 제품 40,000,00

[3] 대손충당금 입력 <자동결산>
 - 외상매출금 : 505,460,496×1%－1,500,000 = 3,554,605
 - 받을어음 : 104,410,000×1%－890,000 = 154,100
 ※ 외상매출금란 : 3,554,605원 / 받을어음란 : 154,100원 직접
   입력하거나 다음과 같은 순서로 입력

> ① 결산자료입력란 상단 툴바의 [대손상각]을 클릭
> ② 나타나는 [대손상각]화면에서 [대손율(1%)]를 확인한다.
> ③ 단기대여금 100,000원을 삭제한다.
> ④ 하단 오른쪽 결산반영을 클릭한다.
> ⑤ 외상매출금란(3,554,605원), 받을어음란(154,100원)자동
>   반영

[4] 감가상각비 입력 <자동결산>
 - 제조경비 : 건물 800,000, 기계장치 700,000, 비품 430,000,
   차량운반구 875,000
 - 판매비와일반관리비 : 건물 500,000, 차량운반구 330,000

[5] 법인세등 입력 :<자동결산>
 ① 1)란에 선납세금 5,000,000원 결산반영금액란에 입력
 ② 15,000,000－5,000,000=10,000,000원을 2)결산반영금액
   란 추가계상액 10,000,000원 입력
 또는
 - 수동입력 : (차) 법인세등 5,000,000 (대) 선납세금   5,000,000
 - 자동입력 : (차) 법인세등 10,000,000 (대) 미지급세금 10,000,000

 ※ [자동결산] 결산자료입력 후 [전표추가]키를 클릭하여 결산
   대체분개를 일반전표에 생성시킨다.

[문제5] 장부조회 답안수록 메뉴에 입력

[1] [장부관리]－[월계표] : 8,529,870원

[2] [부가가치세]－[매입매출장 : 매입(불공) 부가가치세신고서
   16번란] : 1,110,000원

[3] [결산/재무제표]－[6월 합계잔액시산표 제출용]
   : 217,884,893원

❖ 제7회 모의고사 이론 답안

1	④	2	④	3	④	4	②	5	④
6	④	7	③	8	④	9	③	10	③
11	②	12	③	13	①	14	④	15	④

[해설]

01 평가손실의 환입은 매출원가에서 차감한다.

02 매입가액＋매입운임－매입할인－매입에누리
   = 500,000÷1,000개 = 500원

03 선급비용은 자산으로 생각하고, 선수수익을 부채로 생각하면
   정답구하기가 쉽다. 자산이 과대계상되면 순이익도 과대계상되
   고, 부채가 과대계상되면 순이익은 과소계상된다.

04 보기2번은 판매비와 관리비에 속한다.

05 성격과 가치가 유사한 재화나 용역간의 교환은 수익을 발생시
   키는 거래로 보지 않는다. 이러한 예로는 정유산업 등에서 공급
   회사 간에 특정지역의 수요를 적시에 충족시키기 위해 재고자
   산을 교환하는 경우가 있다.

06 재무제표는 추정에 의한 측정치를 포함하고 있다.

07 무상으로 증여받은 유형자산은 공정가치로 취득원가를 계상
   한다.

08 무형자산의 상각방법은 유형자산에 준하고, 합리적인 방법을
   정할 수 없는 경우에는 정액법으로 한다. 상각금액의 기장방법
   은 직접법을 원칙으로 한다.

10 전기와 당기발생원가를 각각 구분하여 완성품환산량을 계산하
   기 때문에 보다 정확한 원가계산이 가능하고 원가통제 등에 더
   유용한 정보를 제공하는 물량흐름의 가정은 선입선출법이다.

12 기초와 기말재공품이 없다는 가정하에 제조원가에서 전환원가
   (가공비)를 차감한 금액은 직접재료비이다.

13 • 평균법에 의한 가공비의 완성품환산량
     = 340,000개＋20,000개×0.4 = 348,000개
   • 선입선출법에 의한 가공비의 완성품환산량
     = 340,000개＋20,000개×0.4－40,000개×0.2=340,000개
   • 그러므로 348,000개－340,000개 = 8,000개

14 영세율 적용대상 중 재화의 수출에 대하여는 원칙적으로 세금
   계산서의 교부가 면제되지만 내국신용장 등에 의한 수출재화에
   는 교부되어야 한다.

15 약사의 조제용역은 의료보건용역에 해당되어 면세대상이지만
   조제행위가 없이 소매하는 일반의약품은 재화의 공급에 해당하
   므로 과세대상이다.

❖ 4043 (주)하나전자 실무 답안

【문제1】 전기분손익계산서 토대로 관련 결산제표 완성

[1] 전기분원가명세서의 당기제품제조원가 205,113,000를 조회하
   여 전기분손익계산서 제품매출원가 박스에 입력하고 [Enter]로
   빠져나오면 전기분손익계산서의 당기순이익 79,950,048원이
   된다.

   1. 전기손익계산서의 당기순이익은 자동으로 전기이익잉여금처
      분계산서로 반영된다.
   2. 상단툴바의 불러오기를 클릭하 여 당기순이익75,950,048원
      을 불러온다.
   3. 전기분잉여금처분계산서의 미처분이익잉여금은 전기재무상
      태표로 반영된다.
   4. 전기분잉여금처분계산서의 미처분이익잉여금 119,050,048원
      을 전기분재무상태표에 375 이월이익잉여금으로 반영한다.
   5. 전기분재무상태표의 일치금액은 741,595,000원이 된다.

【문제2】 일반전표입력메뉴에 추가 입력

No.	차 변 과 목	금 액	대 변 과 목	금 액
(1)	보 통 예 금	50,000,000	단 기 차 입 금 (한국은행광명지점)	50,000,000
(2)	여비교통비(판)	4,000	현 금	4,000
(3)	선급금(왕과비상사)	1,000,000	당 좌 예 금	1,000,000
(4)	당 좌 예 금 매출채권처분손실	11,800,000 200,000	받을어음((주)한국상사)	12,000,000

No.	차 변 과 목	금 액	대 변 과 목	금 액
(5)	가 지 급 금	100,000	현 금	100,000
(6)	현 금	60,000,000	자 본 금	50,000,000
			주식발행초과금	10,000,000

※ (4) 12,000,000×0.1×2/12 = 200,000원

【문제3】 매입매출전표메뉴에 추가 입력

[1] 유형:21 과세 거래처:신흥전자(주) 전자:여 분개:외상

(차) 원재료(제)	10,500,000	(대) 외상매입금	11,550,000
부가세대급금	1,050,000		

[2] 유형:51 과세 거래처:한국공업사 전자:여 분개:현금

(차) 차량유지비(제)	300,000	(대) 현 금	330,000
부가세대급금	30,000		

[3] 유형:11 과세거래처:우리컴퓨터(주) 전자:여 분개:외상

(차) 외상매출금	13,200,000	(대) 제품 매출	12,000,000
		부가세예수금	1,200,000

[4] (거래처 500번으로 신규등록)
유형:12 영세 거래처:(주)대한무역 전자:여 분개:현금
영세율구분:3.내국신용장.구매확인서에 의하여 공급하는 재화

(차) 현 금	20,000,000	(대) 제품 매출	20,000,000

[5] 유형:54 불공 거래처:(주)제일자동차 전자:여 분개:현금
불공사유:비영업용 소형승용자동차 구입·유지 및 임차

(차) 차량운반구	16,500,000	(대) 현 금	16,500,000

【문제4】 일반전표 입력 오류 수정

[1] 7월 14일 일반전표 수정
외상매출금의 거래처 왕과비상사를 (주)한마음컴퓨터로 수정

[2] 10월 2일 일반전표 수정
수정 전

(차) 수 선 비(판)	7,000,000	(대) 미지급금(자양건설)	7,000,000

수정 후

(차) 수 선 비(판)	2,000,000	(대) 미지급금(자양건설)	7,000,000
건 물	5,000,000		

【문제5】 결산정리의 회계처리 수동결산 및 자동결산

[1] 12월 31일 : 일반전표

(차) 잡 손 실	104,196	(대) 현 금	104,196

※ 현금과부족 계정은 임시적 계정(가계정)이므로, 결산 시는 현금과부족 계정을 사용하지 않고 바로 잡손실로 처리한다.

[2] 12월 31일 : 일반전표

(차) 선 급 비 용	150,000	(대) 보 험 료(판)	150,000

[3] 결산자료에 감가상각비 입력
 – 제조경비 : 건물 1,500,000원, 차량운반구 150,000원, 비품 400,000원, 기계장치 2,000,000원
 – 판매비와관리비 : 건물 2,000,000원, 차량운반구 350,000원, 비품 850,000원

[4] 결산자료에 기말재고자산 직접 입력
 – 원재료 20,500,000원, 재공품 10,000,000원, 제품 24,000,000원으로 한다.(합계잔액시산표상의 잔액이 기말재고액과 일치하여야 한다.)
 ※ 결산자료입력 후 상단 툴바의 [전표추가]키를 클릭하여 일반전표에 결산대체분개를 생성시킨다.

【문제6】 장부조회 답안수록 메뉴에 입력

[1] [장부관리] – [월계표] : 4월, 3,110,800원

[2] [부가가치] – [부가가치세신고서](1월~3월) : 공제받지 못할 매입세액 16번란 : 공급가액 40,000,000원

[3] [부가가치] – [부가가치세신고서](4월~6월) 9번란 : 매출세액 12,491,600원

제8회 모의고사 이론 답안

1	④	2	③	3	①	4	①	5	③
6	③	7	②	8	①	9	④	10	①
11	①	12	④	13	①	14	①	15	④

【해설】

01 유가증권의 보유의도와 보유능력에 변화가 있어 재분류가 필요한 경우에는 다음과 같이 처리한다.
 (1) 단기매매증권은 다른 범주로 재분류할 수 없으며, 다른 범주의 유가증권의 경우에도 단기매매증권으로 재분류할 수 없다. 다만, (일반적이지 않고 단기간 내에 재발할 가능성이 매우 낮은 단일한 사건에서 발생하는) 드문 상황에서 더 이상 단기간 내의 매매차익을 목적으로 보유하지 않는 단기매매증권은 매도가능증권이나 만기보유증권으로 분류할 수 있으며, 단기매매증권이 시장성을 상실한 경우에는 매도가능증권으로 분류하여야 한다.
 (2) 매도가능증권은 만기보유증권으로 재분류할 수 있으며, 만기보유증권은 매도가능증권으로 재분류할 수 있다.
 (3) 유가증권과목의 분류를 변경할 때에는 재분류일 현재의 공정가치로 평가한 후 변경한다.

02 주식회사의 잔여지분은 마지막으로 우선주 주주 다음으로 보통주 주주이다.

03 유형자산의 취득시 강제적으로 매입하는 공채증서의 액면금액과 현재가치와의 차액은 취득원가에 포함한다.
 따라서, 500,000 + 취득세및등록세 + 공채(50,000−46,000) =524,000원

04 개발비와 같은 무형자산은 계속기업의 전제가 없는 경우 전체를 당기의 비용으로 계상해야 하고 자산으로 이월시켜 상각을 할 수 없다.

05 매출원가 : 260,000×(1−0.2)=208,000원,
 기말상품재고액=기초상품+순매입액−매출원가=132,000원

07 배당기준일은 보고기간(사업연도)종료일이므로 회계처리를 하지 않고, 배당결의일은 배당선언일, 주주총회 개최일이므로 처음으로 배당에 관한 회계처리를 한다. 배당지급일은 가장 나중에 회계처리를 한다.

10 • 원재료 : 기초+매입액−기말 = 9,260,000원
 • 기초재공품+원재료+노무비+제조간접비−기말재공품 = 21,820,000원

11 직접노무원가+(변동간접원가 300,000÷0.4)=1,000,000원

12 1, 2, 3번은 간주공급에 해당되며, 내국신용장에 의한 재화의 공급은 영세율세금계산서를 발급하여야 한다.

13 선입선출법은 전기와 당기의 작업을 확실히 구분해야 한다.

14 보기2, 3, 4번은 공제받지 못하는 매입세액이다.(의제매입세액 공제대상인 면세농산물은 농·축·임·수산물과 소금, 면세농산물을 1차 가공한 것과 두부, 김치 등이다.

15 부동산업 및 임대업 중 전, 답, 과수원, 목장용지, 임야 또는 염전임대업은 용역의 범위에서 제외한다.

❖ 4044 (주)합격상사 실무 답안

[문제1] 전기분 제조원가명세서 오류 및 수정

① 당기원재료매입액 98,685,000원을 입력 후 반드시 Enter 로서 빠져나와야 정확하게 반영이 된다.

② 외주가공비 37,904,200원을 입력한다.

③ 기초재공품 500,000원을 직접 입력<마우스 또는 Tab키를 이용>

④ 전기분원가명세서의 당기제품제조원가 186,376,000원은 전기분손익계산서 제품매출원가 박스의 당기제품제조원가와 일치하는지를 확인한다.

⑤ 전기분손익계산서의 당기순이익 57,114,000원은 전기분잉여금처분계산서의 당기순이익 57,114,000원과 일치하는지를 확인한다.

⑥ 전기분잉여금처분계산서의 미처분이익잉여금 169,483,048원은 전기분재무상태표의 이월이익잉여금 169,483,048원과 일치하는지를 확인한다.

⑦ 전기분재무상태표 대차 일치금액은 596,732,005원이 된다.

[문제2] 일반전표입력메뉴에 추가 입력

No.	차 변 과 목	금 액	대 변 과 목	금 액
(1)	특정현금과예금	20,000,000	현 금	20,025,000
	도서인쇄비(판)	25,000		
(2)	단기매매증권	9,500,000	당 좌 예 금	9,550,000
	미 수 수 익	50,000		
(3)	예 수 금	1,190,480	현 금	1,190,480
(4)	미 지 급 세 금	4,000,000	현 금	4,000,000
(5)	임차보증금(대성빌딩)	20,000,000	현 금	20,000,000
(6)	원 재 료	548,000	현 금	548,000
(7)	미 지 급 배 당 금	40,000,000	예 수 금	6,160,000
			보 통 예 금	33,840,000

[문제3] 매입매출전표메뉴에 추가 입력

[1] 유형:11, 과세 거래처:한신자동차매매(주) 전자:여 분개:혼합

(차) 감가상각누계액	6,000,000	(대) 차량운반구	10,000,000
보 통 예 금	3,850,000	부가세예수금	350,000
유형자산처분손실	500,000		

[2] 유형:51, 과세 거래처:(주)코리아 전자:여 분개:혼합

(차) 원 재 료	10,000,000	(대) 선급금[(주)코리아]	5,000,000
부가세대급금	1,000,000	받을어음[(주)영일상사]	6,000,000

[3] <거래처 1,000번 신규등록>

유형:53, 면세 거래처:항도문구 전자:0 분개:현금

(차) 도서인쇄비(판)	70,000	(대) 현 금	70,000

[4] 유형:12, 영세 거래처:(주)아시아 전자:여 분개:현금

영세율구분:3내국신용장.구매확인서에 의하여 공급하는 재화

(차) 현 금	20,000,000	(대) 제품 매출	20,000,000

[5] 유형:54, 거래처:한일자동차서비스 전자:여 분개:현금

불공사유:비영업용 소형승용자동차 구입.유지 및 임차

(차) 차량유지비(판)	262,900	(대) 현 금	262,900

[6] 유형:11, 과세 거래처:(주)세일상사 전자:여 분개:혼합

(차) 외상매출금	88,150,000	(대) 제 품 매 출	80,000,000
		부가세예수금	8,000,000
		현 금	150,000

※ (주)세일상사 부담 발송운임을 대신 지급하여 주었으므로 외상매출금에 가산하여 처리하면 된다.

[7] ※ 환경등록 ② 신용카드 매출채권:120.미수금을 108.외상매출금으로 수정되어 있는지 확인

유형:17, 카과 복수거래 거래처:권대리 전자:0 분개:4.카드

(차) 외상매출금(비씨카드)	5,335,000	(대) 제품 매출	4,850,000
		부가세예수금	485,000

※ 입력 요령

– 과세 유형은 17번 카과를 선택

– 상단 툴바의 복수거래 아이콘을 클릭하여 입력한다.

– 문제상 부가가치세 포함이란 제시가 있으므로 입력 시 화장대 : 공급대가 3,850,000을 장식장 1,485,000을 입력

– 화장대는 공급가액 3,500,000 부가가치세 350,000, 장식장은 공급가액 1,350,000 부가가치세 135,000으로 자동으로 나누어진다.

– ESC로 빠져 나온다.

– 거래처 권대리 선택하여 등록

– 신용카드사: '비씨–외환은행 선택

– 분개유형 : 4번 카드 선택을 하면 입력이 완료된다.

[문제4] 결산정리의 회계처리 수동결산 및 자동결산

[1] 대손충당금 입력 <자동>

– 외상매출금 : 608,825,000×1%−540,000 = 5,548,250원

– 받을어음 : 93,170,000×1% −890,000 = 41,700원

※ 외상매출금란 : 5,548,250원 / 받을어음란 : 41,700원 직접 입력하거나 다음과 같은 순서로 입력

① 결산자료입력란 상단 툴바의 [대손상각]을 클릭
② 나타나는 [대손상각]화면에서 [대손율(1%)]를 확인한다.
③ 단기대여금 350,000원을 삭제한다.
④ 하단 오른쪽 결산반영을 클릭한다.
⑤ 외상매출금란(5,548,250원), 받을어음란(41,700원)자동반영

[2] 감가상각비(자동)

– 제조경비 : 건물 7,000,000원, 기계장치 3,300,000원, 비품 529,000원

– 판매비와관리비 : 건물 2,020,000원, 비품 700,000원

[3] 결산자료에 기말재고자산(자동)

– 원재료 7,200,000원, 재공품 22,000,000원, 제품 66,500,000원 해당란에 직접 입력(결산 후 합계잔액시산표 상의 재고자산 잔액과 일치하여야 함)

[4] 일반전표 입력(수동)

(차) 외화환산손실 14,500,000	(대) 장기차입금 14,500,000
	(거래처등록 : 신라은행)

※ 50,500,000÷50,000 = 1\$ 1,010
　(1,300－1,010)×50,000 = 14,500,000

※ (50,000×1,300)－50,500,000 = 14,500,000

[문제5] 장부조회 답안수록 메뉴에 입력

[1] [장부관리]－[월계표] : 33,717,870원

[2] [부가가치]－[세금계산서합계표]－[매입]
　: 18건, 132,240,000원

[3] [결산및재무제표]－[제조원가명세서]
　당기노무비소비액(52,820,000원)－전기노무비소비액(33,500,000) = 증가 19,320,000원

[4] [결산및재무제표]－[손익계산서] : 증가 193,165,827원

최근 기출문제 답안

❖ 제81회 기출문제 이론 답안

1	①	2	③	3	②	4	①	5	③
6	④	7	③	8	①	9	④	10	②
11	②	12	③	13	②	14	④	15	②

[해설]

01 박스 안의 내용은 자본조정에 대한 설명이며, 자기주식, 주식할 인발행차금, 감자차손, 자기주식처분손실 등이 있다. 임의적립금 : 이익잉여금, 주식발행초과금 : 자본잉여금, 이익준비금 : 이익잉여금이다.

02 기초 대손충당금 73,000원 － 기중 대손발생액 30,000원 = 대손충당금 잔액 43,000원, 이때 기말 대손충당금을 110,000원으로 한다면, 결산수정분개로 67,000원을 추가로 설정하여야 한다. (차) 대손상각비 67,000원 (대) 대손충당금 67,000원

대 손 충 당 금

기	중	30,000	기	초	73,000
기	말	110,000	**대손상각비**		**67,000**

03 • 현금배당이 결의된 시점 :
　　(차) 이 익 잉 여 금　×××　　(대) 미지급배당금　×××

• 현금배당이 지급된 시점 :
　　(차) 미지급배당금　×××　　(대) 현　　　금　×××

04 통화대용증권(200,000원) ＋ 보통예금(300,000원) = 500,000원이다. 정기예금과 만기100일 남아있는 단기금융상품은 단기금융상품에 속한다. 현금성자산은 취득 시 만기가 3개월 이내인 단기금융상품을 말한다.

05 회계상의 거래는 기업의 재무상태와 영업성과에 영향을 주어야 하며, 화폐단위로 측정할 수 있어야 한다. 따라서 은행과의 대출 결정이나 종업원의 채용, 부동산임대차계약, 상품의 주문 등은 회계상의 거래가 아니다.

06 (상품＋대여금＋현금＋비품) － (매입채무＋미지급금) = 140,000원(자본, 순자산)

07 • 기초상품＋당기상품매입－당기상품판매 = 기말상품재고수량은 200개이다.

• 총평균법의 상품원가는 단위당 2,900원 = {(100개×@2,000원 ＋ 900개×@3,000원)÷1,000개}이므로 기말상품재고액은 580,000원(200개×@2,900)이다.

08 주주나 제3자 등으로부터 현금이나 기타 재산(부동산 등)을 무상으로 증여받을 경우 생기는 이익은 자산수증이익으로 처리한다.

09 전월선급액 ＋ 당월지급액 = 500,000원

10 당기 기말제품재고액은 손익계산서에서 매출원가를 산출하는데 필요한 자료이므로 제조원가명세서와는 상관없는 자료이다.

11 • 직접재료비 = 기초원재료재고＋당기매입원재료－기말원재료재고 = 3,500,000원

• 당기총제조원가 = 직접재료원가＋직접노무원가＋제조간접원가
3,500,000원＋3,500,000원＋2,000,000원 = 9,000,000원

12 당기 완성품 수량 4,000개 ＋ 기말 재공품 수량 1,000개 × 100% = 5,000개

13 • 매출액 70,000,000원 － 매출에누리 5,000,000원 = 과세표준 65,000,000원

• 매출에누리, 매출환입, 매출할인은 과세표준에서 차감항목이며, 대손금, 판매장려금은 과세표준에서 공제되지 않는 항목이다.

14 총수입금액조정명세서는 소득세신고 서류이다.

15 우리나라의 부가가치세는 거래물품에 비례하여 과세되는 것으로 역진성이 발생한다. 반면 면세품으로 역진성 완화가 되고 있으며, 전단계세액공제법, 일반소비세, 국세의 특징이 있다.

❖ 0813 (주)동강 실무 답안

[문제1] 기초정보관리에 대한 자료 요구사항 답안

[1] 기초정보등록 메뉴의 금융기관 탭에 신규거래처 "98004 소미은행" 추가 등록

[2] 거래처별 초기이월 자료에 맞게 추가입력 정정 삭제

① 거래처별초기이월 메뉴 108.외상매출금의 ㈜하늘상사 잔액을 3,200,000원에서 2,300,000원으로 수정

② 108.외상매출금 계정으로 잘못 이월된 연못상회 5,200,000원을 삭제하고 131.선급금으로 연못상회 입력
　– 외상매출금으로 잘못 이월된 연못상회 5,200,000원을 선급금(연못상회) 5,200,000원으로 수정하는 문제이다. 외상매출금(연못상회)은 0원으로 하면 삭제와 같은 효과가 있으나 선급금(연못상회) 5,200,000원을 추가로 입력하여야 정답으로 인정된다.
　– 잘못 표시된 계정과 거래처를 맞는 계정과 거래처로 표시하여야 하므로 잘못된 계정의 거래금액을 0원으로 표시하였더라도 맞는 계정과목과 거래처를 별도로 입력하여야 한다.

③ 253.미지급금 계정에 누림전자 3,500,000원을 추가 입력

[3] 전기분원가명세서 및 전기분손익계산서를 수정
　　① 전기분원가명세서의 제조경비에서 복리후생비 3,000,000원 추가입력 한 후 당기제품제조원가 188,000,000원 확인한다.
　　② 전기분손익계산서의 당기제품매출원가에서 당기제품제조원가 185,000,000원을 188,000,000원 수정 입력한 후 복리후생비 3,000,000원을 삭제하면 된다.

[문제2] 일반전표입력메뉴에 추가 입력

No.	차 변 과 목	금 액	대 변 과 목	금 액
(1)	잡　급(판)	100,000	현　　　금	100,000
(2)	부가세예수금	13,450,000	부가세대급금	17,640,000
	미　수　금	4,190,000		
(3)	특　허　권	2,200,000	보 통 예 금	2,200,000
(4)	보 통 예 금	14,700,000	외상매출금(수미마트)	15,000,000
	매출할인(제품)	300,000		
(5)	퇴직급여(판)	6,000,000	보 통 예 금	14,000,000
	퇴직급여(제)	8,000,000		
(6)	수수료비용(판)	4,500	현　　　금	4,500

(1) • 일용직근로자의 소득 지급 시 '잡급(판)'으로 처리한다.
　 • 일용직 소득자료 원천징수신고를 하는 것으로 정확하게 문제 출제의도를 제시하고 있다.

(2) • 단, 기존 입력된 자료는 무시한다. 라고 조건을 제시하였으므로, 기존에 부가세예수금과 부가세대급금 계정의 금액을 조회해서 입력하지 말라는 의미이며, 문제에서 [미수금] 계정으로 회계처리하는 내용을 정확하게 언급하였다.
　　－ 부가세예수금이 부가세대급금금액보다 클 경우는 납부할 세액이 발생하므로 '미지급세금'으로 처리하며, 부가세대급금이 부가세예수금보다 클 경우는 환급세액이 발생하므로 '미수금' 계정으로 처리한다.

(3) 개발 활동이란 상업적인 생산 또는 사용 전에 연구결과나 관련 지식을 새롭거나 현저히 개량된 재료, 장치, 제품, 공정, 시스템 및 용역의 생산을 위한 계획이나 설계에 적용하는 활동을 말한다. 문제에서 '신제품을 개발하고 특허권을 취득하기 위하여 지출한 수수료'는 개발 활동 이후 별도의 권리를 취득하기 위한 행위에서 발생된 거래금액의 회계처리문제이므로 개발활동과는 상관이 없으며 '특허권'으로 처리하는 것이 타당하다.

(4) 매출할인은 약정기일 전에 회수함으로써 회수일로부터 그 기일까지의 일수에 따라 일정한 금액을 할인해 주는 것이고, 매출에누리는 물품의 판매에 있어서 그 품질 · 수량 및 인도 · 판매대금 기타 거래조건에 따라 그 물품의 판매 당시에 통상의 매출가액에서 일정액을 직접 공제하는 금액과 매출한 상품 또는 제품에 대한 부분적인 감량 · 변질 · 파손 등에 의하여 매출가액에서 직접 공제하는 금액을 말한다.

(5) 확정기여형에서는 모두 비용 처리하므로
　　－ 영업부 직원에 대한 것은 0806 퇴직급여(판)
　　－ 제조부 직원에 대한 것은 0508 퇴직급여(제)로 처리한다.

(6) 관리활동에서 발생하는 일반적인 수수료비용의 경우 판매관리비로 회계처리한다.

[문제3] 매입매출전표 입력

[1] 유형 : 12영세(구분:3), 거래처 : (주)핀인터내셔널, 공급가액 : 13,000,000, 부가세 : 0, 전자 : 여, 분개 : 외상

(차) 외상매출금	13,000,000	(대) 제품매출	13,000,000

※ 분개유형은 외상 또는 혼합이라도 상관없다. 다만 분개의 결과는 정답과 일치하여야 한다.

※ 본 문제는 거래처로부터 매출채권을 직접 회수하는 거래이므로 외상매출금 계정을 사용한다.

[2] 유형 : 51.과세매입, 공급가액 : 4,000,000, 부가세 : 400,000, 거래처 : 알리다광고, 분개 : 혼합, 전자 : 여

(차) 비　　　품	4,000,000	(대) 미 지 급 금	4,400,000
부가세대급금	400,000		

※ 간판이 건물의 가치를 상승시키거나 내용연수를 연장시키는 효과를 가져오는 것이 아니므로 건물의 자본적 지출이 아니라, 비용으로 회계처리한다. 통상적으로 건물을 양도하는 경우에, 특정기업의 광고에 해당하는 간판은 양수자에게 필요한 사항이 아니므로 철거해야할 비품에 해당한다. 또한, 간판은 그 내용연수가 건물의 내용연수와는 다르고 구분하여 관리할 자산이므로 기업실무에서 건물의 일부로 분류하지 아니한다.

※ 자산으로 처리하라는 제시가 있으므로, 광고선전비가 아니라 비품으로 처리한다.

[3] 유형: 11.과세, 공급가액 : 1,000,000, 부가세 : 100,000, 거래처 : K오토스중고차상사, 전자자 : 여, 분개 : 혼합

(차) 209감가상각누계액(차량)	3,200,000	(대) 차량운반구	5,000,000
미수금(K오토스중고차상사)	1,100,000	부가세예수금	100,000
유형자산처분손실	800,000		

[4] 유형 : 54(매입-불공)-⑥(토지의 자본적 지출관련), 공급가액 : 15,000,000, 부가세 : 1,500,000, 거래처 : (주)부동산건설팅, 전자 : 여, 분개 : 혼합

(차) 토　　　지	16,500,000	(대) 당 좌 예 금	16,500,000

※ 토지는 과세가 아니라 면세이기 때문에 토지 취득과 관련한 중개수수료는 비용으로 처리하지 않고 토지의 취득원가에 포함되므로 불공으로 처리하여야 한다.

[5] 유형 : 17(매출-카과), 공급가액 : 1,500,000, 부가세 : 150,000, 거래처 : (주)부산, 신용카드사 : 비씨카드 분개 : 혼합

(차) 외상매출금	1,650000	(대) 제 품 매 출	1,500,000
(비씨카드)		부가세예수금	150,000

※ 분개 유형을 혼합, 외상, 카드로 하여도 분개가 맞는 경우 정답으로 인정된다.

[6] 유형 : 53.면세, 공급가액 : 350,000, 거래처 : (주)콩콩세상, 전자 : 여, 분개 : 혼합

(차) 복리후생비(제)	350,000	(대) 미 지 급 금	350,000

※ 미가공식품은 면세대상이며, 해당채무는 확정된 채무로서 결산일 기준 발생 및 이연항목의 조정이 아니므로 미지급비용이 아니라 미지급금으로 회계처리한다.

[문제4] 입력된 내용 오류 정정

[1] 8월 9일 일반전표 수정(계정과목 수정)

－ 수정 전

(차) 보 통 예 금	4,500,000	(대) 외상매출금[(주)진주]	4,500,000

－ 수정 후

(차) 보 통 예 금	4,500,000	(대) 선수금[(주)진주]	4,500,000

[2] 9월 1일 일반전표 수정

- 수정 전

| (차) 복리후생비(제) | 540,000 | (대) 현 금 | 540,000 |

- 수정 후

| (차) 복리후생비(제) | 270,000 | (대) 보 통 예 금 | 540,000 |
| 예 수 금 | 270,000 | | |

【문제5】 해당 메뉴에 입력

[1] 12월 31일 : 일반전표 입력

| (차) 기 부 금 | 3,000,000 | (대) 제 품 | 3,000,000 |
| | | (적요: 8번 타계정으로 대체) | |

※ 입력 시 유의사항에 타계정관련 계정은 적요선택하여 입력하라고 정확히 명시되어 있으므로 적요등록(8번 타계정으로 대체)를 선택하여 입력하여야 정답으로 인정한다.

[2] 12월 31일 : 일반전표 입력

| (차) 외화환산손실 | 90,000 | (대) 외상매입금(헤이바오) | 90,000 |

※ 2,970,000원÷165원 = 18,000위안
※ 외화환산손실 = 18,000위안×(165원−170원) = − 90,000원

[3] <수동결산> 12월 31일 일반전표입력

차 변 과 목	금 액	대 변 과 목	금 액
감가상각비 (제)	4,500,000	207 감가상각누계액(기계)	4,500,000
감가상각비 (판)	3,750,000	209 감가상각누계액(차량)	3,750,000
감가상각비 (판)	960,000	213 감가상각누계액(비품)	960,000

<자동결산을 할 경우>
- 결산자료 입력란에서 아래자료 입력 후 전표추가
 • 기계장치 : 4,500,000원
 • 차량운반구(영업부) : 3,750,000원
 • 비품(영업부) : 960,000원

<자동결산> 결산자료입력란을 이용하여 자동결산을 할 경우

1. 재고자산 : 원재료 재공품 제품
2. 대손충당금 설정
3. 감가상각비 계상
4. 퇴직급여충당부채 설정
5. 무형자산의 상각
6. 법인세등 계상은 해당란에 계산된 금액을 입력을 한 후 반드시 결산자료입력 화면 상단의 ([F3]전표추가) 단추를 클릭하여 결산전표를 자동생성 시킨 후 [일반전표 입력]에서 12월 31일자로 결산자동 분개를 확인한다.

【문제6】 이론문제 답안작성 메뉴에 입력

[1] [일계표(월계표) 조회기간 : 1월～6월 조회] : 425,000원

[2] [당기 재무상태표 조회(3월 말 현재 유동자산 507,368,450원 − 전기말 유동자산 313,208,450원 = 차액 194,160,000원)] : 194,160,000원

[3] [부가가치세 신고서(4월~6월) 조회] : 125,526,000원

❖ 제80회 기출문제 이론 답안

1	④	2	④	3	④	4	②	5	②
6	④	7	①	8	②	9	①	10	③
11	①	12	③	13	③	14	①	15	④

【해설】

01 결산 시 화재보험료 미경과분의 분개는 (차) 선급비용 1,000,000 (대) 보험료 1,000,000이다.

02 분개와 결합관계는 (차) 기계장치(자산의 증가) 17,000,000 (대) 건설중인자산(자산의 감소) 1,700,000, 미지급금(부채의 증가) 15,300,000이다. 단, 유형자산을 취득하기 위해 지급한 계약금은 선급금 계정이 아닌 건설중인 자산 계정으로 처리하여야 한다.

03 • 목적적합성의 하부개념 : 예측가치, 피드백가치, 적시성
 • 신뢰성의 하부개념 : 중립성, 표현의 충실성, 검증가능성

04 소모품은 증가 시 차변에 기록하고, 감소 시 대변에 기록하며 결산 시 잔액은 차변에 남는다.

05

매 출 채 권			
8/2 상품매출	5,000,000	8/4 반 품	100,000
		20 회 수	3,000,000
		31 잔 액	(1,900,000)

06 무형자산은 물리적 실체가 없는 자산이다.

07

상 품			
기초상품재고액	700,000	매 출 액	2,600,000
당기총매입액	1,200,000	매입환출및에누리	150,000
매입시운반비	20,000	기말상품재고액	400,000
매 출 총 이 익	(1,230,000)		
	3,150,000		3,150,000

08 보기1번 : 자본조정, 2번 : 자본잉여금, 3번 : 영업외수익, 4번 : 기타포괄손익누계액

09 직접배부법은 보조부문 상호간의 용역제공관계를 무시하므로 계산이 가장 간단한 방법이다.

10 화학공업은 대량생산방식이므로 종합원가계산을 주로 사용한다.

11

재 공 품			
기 초 재 공 품	450,000	완 성 품 원 가	650,000
당기총제조원가	800,000	기 말 재 공 품	600,000

제 품			
기 초 제 품	300,000	매 출 원 가	400,000
완 성 품 원 가	650,000	기 말 제 품	550,000

12 기본원가는 직접원가라고도 하며 직접재료비+직접노무비+직접조경비이고, 직접노무원가와 제조간접원가의 합계액은 가공원가라고 한다.

13 폐업한 사업자의 부가가치세 확정신고기한은 폐업한 날이 속하는 달의 다음 달 25일까지이다.

14 부가세의 과세표준은 해당 과세기간에 공급한 재화와 용역의 공급가액을 합한 금액으로 부가세가 포함되지 않은 금액이다. 공급대가는 공급가액에 부가세가 포함된 금액이다.

15 예술 및 문화행사는 부가가치세법상 면세대상 거래에 해당된다.

657

❖ 0803 (주)남한강 실무 답안

【문제1】 기초정보관리에 대한 자료 요구사항 답안

[1] 전기분손익계산서, 전기분이익잉여금처분계산서, 전기분재무상태표와 관련된 부분을 수정
　① 제품매출원가의 기말제품은 재무상태표에서 17,000,000원을 입력한다.
　② 복리후생비 계정금액을 5,500,000원으로 수정입력한다.
　③ 손익계산서의 당기순이익 65,565,000원을 확인한 후, 이익잉여금처분계산서에서 불러오기로 6.당기순이익 65,565,000원을 반영한다.
　④ 재무상태표의 이월이익잉여금 89,300,000원을 입력한다.
　－ 이익잉여금의 처분은 전기로부터 이월된 미처분이익잉여금과 당기순이익을 가산한 당기말 미처분이익잉여금을 주주총회에서 처분하는 절차를 말한다. 전기분재무제표의 잉여금처분내용은 처분예산안으로써 주주총회에서 예산안이 통과되었을 때 처분확정하는 회계처리를 하며 사내에 유보되어 있는 것이 사외로 유출되는 것이다.

[2] 기초정보관리－거래처등록 메뉴에 "4200 (주)진주전자" 추가 등록

[3] 전기분재무제표－거래처별 초기이월 메뉴에서 수정 또는 추가 입력
　① 미 수 금 : (주)경기 2,700,000원 → 1,500,000원 수정입력, (주)충청 1,200,000원 추가입력
　② 미지급금 : (주)제주 1,200,000원 → 2,100,000원 수정입력, (주)경상 1,200,000원 추가입력

【문제2】 일반전표입력메뉴에 추가 입력

No.	차 변 과 목	금 액	대 변 과 목	금 액
(1)	보 통 예 금	75,000,000	자 본 금	50,000,000
			주식발행초과금	25,000,000
(2)	상 여 금(제)	1,500,000	예 수 금	495,000
	상 여 금(판)	3,000,000	보 통 예 금	4,005,000
(3)	당 좌 예 금	750,000	선수금 [(주)청주]	750,000
(4)	건설중인자산	50,000,000	보 통 예 금	50,000,000
(5)	단기매매증권	550,000	현 금	650,000
	차 량 운 반 구	100,000		
(6)	선 납 세 금	92,400	이 자 수 익	600,000
	보 통 예 금	507,600		

(2) 생산부와 영업부의 상여지급에 관한 회계처리를 분리하여 회계처리 해도 정답으로 인정한다.

(3) 제품매출이 실행되지 않은 상태에서 계약금만 수령한 상태이기 때문에 계약금에 대한 분개만 이뤄져야 한다.

(4) 공장을 신축하기 위한 대금의 지출은 자산 계정에 해당되며 신축중인 공장은 '건물'이라는 자산 계정이 아니라 '건설중인자산'이라는 자산 계정을 사용한다. 문제에서 공장을 신축하기 위하여 소요될 총금액 4억원 중 5천만 원이 지출되었으므로 공장신축이 진행 중에 있는 것이기 때문에 완성된 건물이 아니라 건설중인자산으로 처리하는 것이다. 또한 문제의 조건에서 부가가치세를 고려하지 않으므로 세금계산서 수취여부는 고려할 필요가 없다. 고정자산인 건물의 취득 혹은 신축 중에 있는 자산은 '건설중인자산'이라는 계정이 가장 적합한 계정이므로 문제의 조건에 따라 선급금 등의 계정은 사용될 수 없다.

(5) 일반기업회계기준 제10조 8항의 유형자산 취득원가 (5)에서 '유형자산의 취득과 관련하여 국·공채 등을 불가피하게 매입하는 경우 당해 채권의 매입금액과 일반기업회계기준에 따라 평가한 현재가치와의 차액'은 유형자산의 취득원가에 포함하도록 한다.

【문제3】 매입매출전표메뉴에 추가 입력

[1] 유형 : 53.매입면세, 공급가액 200,000원, 거래처 : 하나로마트, 전자 : 여, 분개 : 현금 또는 혼합

(차) 복리후생비(제)	200,000	(대) 현　　금	200,000

※ 원재료는 제품의 생산에 직접 투입되는 물품으로서 원가계산시기에 대부분 직접비(원재료비)로 집계된다. 직원의 식당에서 발생하는 복리후생비(식자재 구입비 등)는 해당 비용을 특정한 제품에 직접 배분할 수 없으므로 제조간접비로 집계할 사항이다.

※ 직접재료비에 해당하는 부분과 제조간접비에 해당하는 부분은 구분하여 집계하여야 원가계산이 적절하게 이루어지기 때문에 (0511) 복리후생비(제)를 선택하여 입력한다. 기업회계실무에서는 당연히 구분하여 회계처리를 한다.

[2] 유형 : 55.수입, 공급가액 : 70,000,000, 부가세 : 7,000,000, 거래처 : 부산세관, 전자 : 여, 분개 : 혼합

(차) 부가세대급금	7,000,000	(대) 보 통 예 금	7,000,000

※ 문제 중 '~부가가치세를 보통예금계좌에서 이체 납부하였다.(부가가치세액에 대한 회계처리만 할 것).'이라고 명시되어 있다. 본 문제는 단순하게 부가가치세 납부에 대한 분개만 진행하는 문제이므로 원재료와는 상관이 없다.

[3] 유형 : 57카과, 공급가액 : 1,600,000원, 세액 : 160,000원, 거래처 : (주)인별전자, 신용카드사 : 하나카드, 분개 : 카드 또는 혼합

(차) 비　　품	1,600,000	(대) 미지급금(하나카드)	1,760,000
부가세대급금	160,000		

[4] 유형 : 54.불공(사유③), 공급가액 : 30,000,000원, 부가세 : 3,000,000원, 거래처 : (주)달리는자동차 전자 : 여, 분개 : 혼합

(차) 차량운반구	33,000,000	(대) 보 통 예 금	25,000,000
		미 지 급 금	8,000,000

[5] 유형 : 11.과세, 공급가액 : 6,800,000원, 부가가치세 : 680,000원, 거래처 : 빠른유통상사, 전자 : 여, 분개 : 현금 또는 혼합

(차) 보 통 예 금	7,480,000	(대) 제 품 매 출	6,800,000
		부가세예수금	680,000

[6] 유형 : 16, 공급가액 : 54,000,000, 부가세 : 0, 거래처 : 뉴욕사, 영세율구분 1, 분개 : 혼합

(차) 보 통 예 금	32,400,000	(대) 제 품 매 출	54,000,000
외상매출금	21,600,000		

※ 제품을 수출할 경우 수익의 인식시점은 수출한 제품의 선적시점이므로 선적시점(12월 10일) 기준환율을 적용하여 환전하여야 한다.

【문제4】 입력된 내용 오류 정정

[1] 7월 25일 일반전표 수정

－ 수정 전

(차) 세금과공과(판)	9,274,100	(대) 현　　금	9,274,100

－ 수정 후

(차) 미지급세금	9,274,100	(대) 보 통 예 금	9,274,100

[2] **9월 20일** 일반전표 수정

– 수정 전

(차) 퇴직연금운용자산	8,000,000	(대) 보통예금	8,000,000

– 수정 후

(차) 퇴 직 급 여	8,000,000	(대) 보통예금	8,000,000

【문제5】 해당 메뉴에 입력

** 수동결산 관련 결산정리사항을 12/31자로 입력 후 자동결산을 하도록 한다.

[1] 일반전표 입력

(차) 단기매매증권평가손실	400,000	(대) 단기매매증권	400,000

※ 12,000,000(2018.12.31.공정가치) – 11,600,000(2019.12.31.공정가치) = 400,000(평가손실)

※ 일반기업회계기준 6조 30항에서 "단기매매증권과 매도가능증권은 공정가치로 평가한다." 6조 31항에서는 "단기매매증권에 대한 미실현보유손익은 당기손익항목으로 처리한다." 이는 단기매매증권에 대한 기말 평가 시 단기매매증권평가손익은 손익계산서의 영업외손익항목으로 차기로 이월이 되지 않기 때문에 전년도말의 공정가액과 당해년도말의 공정가액과의 차액으로 평가하는 것이다.

[2] **〈자동결산〉** 결산자료 입력란에서 아래자료 입력 후 전표추가

· 원재료 : 3,500,000원   · 재공품 : 9,000,000원
· 제품 : 22,000,000원

[3] **〈수동결산〉** 12월 31일 일반전표입력

※ 외상매출금 : 299,540,000원×1% – 600,000 = 2,395,400원
※ 받을어음 : 62,750,000원×1% – 180,000 = 447,500원

(차) 대손상각비(판)	2,842,900	(대) 109 대손충당금(외상)	2,395,400
		111 대손충당금(받을)	447,500

〈자동결산을 할 경우〉
– 결산자료 입력란에서 아래자료 입력 후 전표추가
· 외상매출금 2,395,400원 · 받을어음 447,500원

〈자동결산〉 결산자료입력란을 이용하여 자동결산을 할 경우
1. 재고자산 : 원재료 재공품 제품
2. 대손충당금 설정
3. 감가상각비 계상
4. 퇴직급여충당부채 설정
5. 무형자산의 상각
6. 법인세등 계상은 해당란에 계산된 금액을 입력을 한 후 반드시 결산자료입력 화면 상단의 ([F3]전표추가) 단추를 클릭하여 결산전표를 자동생성 시킨 후 [일반전표 입력]에서 12월 31일자로 결산자동 분개를 확인한다.

【문제6】 이론문제 답안작성 메뉴에 입력

[1] [매입매출장] [조회기간 4월~6월] [구분에서 2.매출] [유형에서 12.영세]로 조회
 – 1기 확정 신고기간 중에 발행된 영세율 매출 세금계산서상 공급가액 합계액 : 38,450,000원

[2] [재무상태표] 메뉴에서 [투자자산]을 조회 : 5월 31일 현재 투자자산은 전기 말 대비 증가된 금액 : 4,000,000원
 (당기 5월 31일의 금액 5,500,000원 – 전기 12월 31일의 금액 1,500,000원 = 4,000,000원)

[3] [총계정원장] 조회, 월별 탭, 조회기간(1월 ~ 6월) : 상반기 중 세금과공과(판)가 가장 적게 발생한 월은 2월

❖ **제79회 기출문제 이론 답안**

1	②	2	①	3	④	4	③	5	③
6	④	7	③	8	①	9	①	10	②
11	②	12	③	13	④	14	④	15	②

【해설】

01 유형자산의 수선유지를 위한 지출은 발생한 기간의 비용으로 인식한다. 나머지 보기들은 지출이 발생한 기간의 자산으로 인식하는 자본적지출에 해당한다.

02 퇴직급여충당부채는 영업주기와 관계없이 비유동부채로 분류하고, 당좌차월, 단기차입금 및 유동성장기차입금 등은 보고기간종료일로부터 1년 이내에 결제되어야 하므로 영업주기와 관계없이 유동부채로 분류한다.

03 경영진이 미래에 특정 자산을 취득하겠다는 의사결정만으로는 자산·부채·자본 및 수익·비용의 변화가 없으므로 회계상의 거래가 아니다.

04 이자수익 중 차기의 수익 28,000원은 선수수익으로 당기순이익의 감소이고, 임차료 중 차기의 비용 500,000원은 선급비용으로 당기순이익의 증가, 보험료 중 차기의 비용 100,000원도 선급비용으로 당기순이익의 증가이다. 따라서 500,000+100,000–28,000 = 572,000원의 증가이다.

05 박스 안의 내용은 선입선출법에 대한 설명이다. 후입선출법은 매출원가가 최근의 가격인 현행원가를 나타내고 수익·비용의 대응이 적절하게 이루어지는 장점이 있다.

06 보기4번은 단기금융상품으로 분류한다. 단, 취득 당시 3개월 내 만기가 도래하는 기업어음(CP)은 현금성자산으로 분류한다.

07 기타의 대손상각비는 영업외비용에 속한다.

08 단기매매증권은 결산 시 시가(공정가치)로 표시되므로 100주×110,000 = 11,000,000원이고, 영업외수익은 7/1 배당금수익 50,000원 + 결산 시 평가이익(11,000,000–10,000,000 = 1,000,000원) = 1,050,000원이다.

09 · 2번 : 관련 범위 내에서 조업도가 증가하더라도 단위당 고정비는 감소한다.
· 3번 : 관련 범위 내에서 조업도가 증가함에 따라 총 변동비는 증가한다.
· 4번 : 관련 범위 내에서 조업도가 증가함에 따라 총 고정비는 일정하다.

10 · 기말재공품 재료비 : 300개×350원 = 105,000원
· 기말재공품 가공비 : (300개×0.8)×200원 = 48,000원
· 기말재공품 원가 : 105,000원+48,000원 = 153,000원

11 기말 제품은 제품 계정 대변에 표시된다.

12 보기1, 2, 4번은 개별원가계산에 대한 설명이다.

13 무인판매기를 이용하여 재화를 공급하는 경우 해당 사업자가 무인판매기에서 현금을 꺼내는 때를 재화의 공급시기로 본다.

14 면세사업자는 재화를 공급하는 경우 계산서를 발급하여야 한다.

15 총매출액 1,000,000–매출할인 50,000+폐업 시 잔존재화의 시가 400,000 = 1,350,000원, 단, 공급대가의 지급지연에 따른 연체이자는 과세표준에 포함하지 않는다.

❖ 0793 (주)달래유통 실무 답안

【문제1】 기초정보관리에 대한 자료 요구사항

[1] [거래처등록]메뉴에서 제시된 신규거래처 "01032 은천마루"의 내역을 등록한다.

[2] 거래처별초기이월메뉴에서 다음과 같이 수정한다.
- 계정과목 : 외상매출금
- 거래처 (주)가나상사 : 잔액 −5,300,000원을 0원으로 수정 또는 삭제
- 거래처 (주)갑을상사 : 잔액 0원을 5,300,000원으로 수정

[3] • 전기분 재무상태표 : 개발비 1,000,000원 삭제 → 대차차액 1,000,000원 발생
- 전기분 손익계산서 : 경상연구개발비 1,000,000원 입력 → 당기순이익이 7,500,000원으로 변동(감소)
- 전기분 잉여금처분계산서 : 당기순이익이 7,500,000원으로 변동되었는지 확인 → 미처분이익잉여금이 8,700,000원으로 변동(감소)
- 전기분 재무상태표 : 375.이월이익잉여금(9,700,000원)을 8,700,000원으로 수정 → 대차 차액이 없어짐

※ 경상연구개발비를 전기분원가명세서에 반영한 것도 정답으로 인정 됨

【문제2】 일반전표입력메뉴에 추가 입력

No.	차 변 과 목	금 액	대 변 과 목	금 액
(1)	보 험 료(제)	600,000	보 통 예 금	600,000
(2)	109 대손충당금(외상)	756,500	외상매출금[(주)대현전자]	1,500,000
	대 손 상 각 비	743,500		
(3)	퇴직급여충당부채	11,000,000	보 통 예 금	13,150,000
	퇴 직 급 여(판)	3,500,000	예 수 금	1,350,000
(4)	선 납 세 금	1,800,000	보 통 예 금	1,800,000
(5)	급 여(판)	2,400,000	예 수 금	400,000
			보 통 예 금	2,000,000
(6)	보 통 예 금	15,000,000	자 기 주 식	13,250,000
			자기주식처분손실	1,500,000
			자기주식처분이익	250,000

(1) 원재료를 보관하는데 소요되는 경비이므로 제조경비로 회계 처리한다. 또한 실무문제는 '전자제품을 제조하여 판매하는 중소기업'으로 경비는 제조경비(500번대)와 판매비와 관리비(800번대)로 구분한다.

(2) 7월 31일 합계잔액시산표 외상매출금의 대손충당금 잔액 확인 (756,500원)

(3) 퇴직급여충당부채의 잔액을 확인하기 위해 관련메뉴인 합계잔액시산표, 총계정원장 등을 8월 8일자로 조회하면 금액이 11,000,000원임을 확인할 수 있다. 퇴직금과의 차액은 영업부서 직원의 퇴직이므로 판매비와 관리비인 퇴직급여로 회계 처리한다.

(5) 따로 차량유지비 계정을 만들지 않는다. 원천세 신고시만 차량에 대한 자가운전보조금을 비과세 급여로 반영되는 것이고 회계장부에는 모두 급여(판)로 처리한다. 급여, 제수당 모두 회계장부에는 급여(판) 계정과목으로 표시한다.

(6) 자기주식을 처분하는 경우 처분금액이 장부금액보다 크다면 그 차액을 자기주식처분이익으로 하여 자본잉여금으로 회계처리한다. 처분시 자기주식처분손실이 존재하면 자기주식처분이익과 우선적으로 상계한다. 계정과목은 문제에서 제시하고 있다.

【문제3】 매입매출전표메뉴에 추가 입력

[1] 유형:53.면세, 공급가액:120,000,000원, 거래처:강남부동산, 전자:여, 분개:혼합

(차) 토 지	120,000,000	(대) 보 통 예 금	12,000,000
		미 지 급 금	108,000,000

[2] 유형:12.영세, 공급가액:30,000,000원, 부가세:0, 거래처:대한무역, 영세율구분:3, 전자:여, 분개:혼합

(차) 보 통 예 금	3,000,000	(대) 제 품 매 출	30,000,000
받을어음[(주)명보]	27,000,000		

※ 영세율 구분은 '3. 내국신용장·구매확인서에 의해서 공급하는 재화'를 선택하여야 한다. 또한 부가세란은 빈란(공백)으로 처리된다.

[3] ※ 7월 5일 일반전표입력에서 선수금 2,000,000원 확인.
유형:11.매출, 공급가액: 20,000,000원, 부가세 2,000,000원, 거래처:금강상사, 전자:여, 분개:혼합

(차) 받 을 어 음	20,000,000	(대) 제 품 매 출	20,000,000
선 수 금	2,000,000	부가세예수금	2,000,000

[4] 유형:51.과세, 공급가액:5,000,000원, 부가세:500,000원, 거래처:장훈빌딩, 전자:여, 분개:혼합

(차) 임 차 료(판)	5,000,000	(대) 미 지 급 금	5,500,000
부가세대급금	500,000		

[5] 유형:54.불공, 공급가액 30,000,000원, 부가세 3,000,000원, 거래처:(주)현구자동차, 전자:여, 분개:혼합, 불공제사유:3

(차) 차량운반구	33,000,000	(대) 미 지 급 금	33,000,000

※ 개별소비세가 부가되는 '1,000CC이상 8인승이하의 비영업용 소형승용자동차 구입' 관련 비용은 불공매입세액으로 54. 불공 처리한다. (문제에서 개별소비세 과세대상 자동차(3,000CC)라고 언급하고 있다.)

※ 외상매입금은 기업의 일반적 상거래(주된 영업활동)에서 발생하는 채무, 미지급금은 기업의 일반적 상거래(주된 영업활동) 이외의 거래에서 발생한 채무라는 차이가 있으므로 미지급금으로 처리하여야 한다.

[6] 유형:61.현과, 공급가액: 20,000원, 부가세:2,000원, 거래처:스타문구, 분개: 현금 또는 혼합

(차) 사무용품비(판)	20,000	(대) 현 금	22,000
부가세대급금	2,000		

※ 지문에 문구류는 사무용품비로 처리한다고 되어있으므로 사무용품비로 분개해야 정답으로 인정된다.

【문제4】 입력된 내용 중 오류 확인 정정

[1] 8월 20일 일반전표 입력 수정

− 수정 전

(차) 받을어음(명선상사)	10,000,000	(대) 외상매출금(명선상사)	15,000,000
현 금	5,000,000		

− 수정 후

(차) 받을어음[(주)동서유통]	10,000,000	(대) 외상매출금(명선상사)	15,000,000
현 금	5,000,000		

[2] **10월 10일** 일반전표 입력 수정

– 수정 전

| (차) 복리후생비(판) | 100,000 | (대) 현 금 | 100,000 |

– 수정 후

| (차) 접 대 비(판) | 100,000 | (대) 현 금 | 100,000 |

【문제5】 해당 메뉴에 입력

＜수동결산＞

[1] 일반전표 입력

| (차) 외화환산손실 | 1,000,000 | (대) 장기차입금 | 1,000,000 |
| | | (미국BOA은행) | |

※ 당초의 해당 차입금이 장기차입금(0293코드)의 계정으로 집계되어 있다. 그렇다면 기말의 환율변동에 따른 차입금의 변동금액도 동일한 장기차입금(0293코드)계정에 반영하여야 할 사항이다. 문제에서도 '장기차입금 중에 외화장기차입금이 포함되어 있다.'는 표현을 하고 있으므로 '장기차입금'으로 처리해야 정답으로 인정된다.

[2] 일반전표 입력

| (차) 무형자산상각비 | 4,000,000 | (대) 영 업 권 | 4,000,000 |

＜자동결산＞

결산자료입력란을 이용하여 주어진 자료를 해당란에 입력 후 전표 추가

※ 무형자산상각비(영업권)에 4,000,000원 입력

※ ・상품 : 500,000원　　・원재료 : 3,300,000원
　　・재공품 : 2,800,000원　　・제품 : 15,000,000원

＜자동결산＞ 결산자료입력란을 이용하여 자동결산을 할 경우

1. 재고자산 : 원재료 재공품 제품
2. 대손충당금 설정
3. 감가상각비 계상
4. 퇴직급여충당부채 설정
5. 무형자산의 상각
6. 법인세등 계상은 해당란에 계산된 금액을 입력을 한 후 반드시 결산자료입력 화면 상단의 ([F3]전표추가) 단추를 클릭하여 결산전표를 자동생성 시킨 후 [일반전표 입력]에서 12월 31일자로 결산자동 분개를 확인한다.

【문제6】 이론문제 답안작성 메뉴에 입력

[1] [재무상태표 6월 조회] : 96,378,000원(비유동자산 162,378,000원 − 비유동부채 66,000,000원)
→ 문제를 푸는 시점에서 자기데이터로 정확하게 계산한 답안을 정답으로 인정한다.

[2] 월계표 5, 6월분 조회(5월분 : 12,500,000원, 6월분 : 14,000,000원) : 1,500,000원 또는 −1,500,000원

[3] [부가가치세 신고서 1월~3월 매입세액−세금계산서수취분−고정자산매입−세액을 검색한다.] 고정자산의 매입세액 : 7,000,000원

1	③	2	①	3	④	4	②	5	②
6	②	7	①	8	③	9	②	10	③
11	④	12	①	13	②	14	①	15	③

【해설】

01 임차보증금은 기타비유동자산에 해당한다.

02 주식회사 등의 외부감사에 관한 법률 (외부감사법) 제7조에서는 재무제표의 작성과 표시에 관한 책임은 대표이사와 회계담당 임원(회계담당 임원이 없는 경우에는 회계업무를 집행하는 직원)에게 있다고 규정하고 있다. 그러나 한국세무사회 시험은 일반기업회계기준을 적용하기 때문에 재무제표의 작성과 표시에 관한 책임은 경영진에게 있다(일반기업회계기준 문단 2.6)가 정답이다.

03 할부판매상품은 재고자산을 고객에게 인도하고 대금의 회수는 미래에 분할하여 회수하기로 한 경우 대금이 모두 회수되지 않았다고 하더라도 상품의 판매시점에서 판매수익으로 인식하기 때문에 판매자의 재고자산에서 제외한다.

04 단기매매증권처분이익, 단기매매증권평가이익, 매도가능증권처분이익은 손익계산서의 영업외수익 항목이다. 매도가능증권평가이익은 재무상태표의 기타포괄손익누계액(자본 계정) 항목이다.

05 회계 정보가 갖추어야 할 가장 중요한 질적 특성은 목적적합성과 신뢰성이다.

06 단기 투자목적의 주식매입수수료는 영업외비용 항목인 수수료비용 계정으로 처리한다. 단, 장기투자목적으로 보유하는 매도가능증권이나 만기보유증권의 매입수수료는 취득원가에 포함한다.

07 무형자산을 최초로 인식할 때에는 원가로 측정한다.

08 재무상태표 계정은 차기이월 방식을 통하여 장부마감을 하여야 하며, 손익계산서 계정은 집합손익 원장에 대체하는 방식으로 장부마감을 하여야 한다. 따라서 자산 계정인 개발비만 차기이월을 통하여 장부마감을 하여야 한다. 광고선전비, 접대비, 기부금은 모두 비용 계정이다.

09 ・재료비 : 40,000원+400,000원−120,000원 = 320,000원
　・당기총제조원가 : 320,000원+3,000,000원+(3,000,000원×30%) = 4,220,000원

10 공정별로 규격화된 제품의 원가계산에는 종합원가계산제도가 적합한 방법이다.

11 매몰원가는 과거의 의사결정의 결과로 이미 발생된 원가로, 현재의 의사결정에는 아무런 영향을 미치치 못하는 원가를 말한다.

12

재 공 품			
기 초 재 공 품	2,000,000	당기제품제조가	10,000,000
직 접 재 료 비	3,000,000	기 말 재 공 품	2,000,000
직 접 노 무 비	2,000,000		
제 조 간 접 비	(5,000,000)		
	12,000,000		12,000,000

13 과세의 대상이 되는 행위 또는 거래의 귀속이 명의일 뿐이고 사실상 귀속되는 자가 따로 있는 경우에는 사실상 귀속되는 자에 대하여 부가가치세법을 적용한다.

14 납부세액 = 매출세액 − 매입세액
매출세액(4,400,000원) = 48,400,000원 × 10/110
매입세액(3,080,000원) = 30,800,000원 × 0.1
납부세액(1,320,000원) = 4,400,000원 − 3,080,000원
신용카드에 의한 승용차(1,200CC) 구입 : 공제받지 못할 매입세액이다.

15 일반의약품 판매는 부가가치세법상 과세거래에 해당된다.

❖ 0783 (주)해준산업 실무 답안

【문제1】

[1] 기초정보관리 거래처등록메뉴에 신규거래처 "204 (주)양촌통상 추가입력

[2] 계정과목및적요등록에 "0217 냉난방설비" 주어진 내용 입력

[3] ・전기분손익계산서 : 운반비 3,200,000원을 2,300,000원으로 수정입력, 후 당기순이익 확인
・전기분잉여금처분계산서 : 당기순이익 35,500,000원이 36,400,000원으로 상단 [F6]불러오기하여 반영, 후 미처분이익잉여금 합계 확인
・전기분재무상태표 : 이월이익잉여금 135,100,000원을 136,000,000원으로 수정입력
・전기분잉여금처분계산서에서 당기순이익은 상단 [F6]불러오기 또는 직접 입력하셔도 동일하게 채점된다.

【문제2】 일반전표입력메뉴에 추가 입력

No.	차 변 과 목	금 액	대 변 과 목	금 액
(1)	기　부　금	500,000	제　　품	500,000
	(적요8 : 타 계정으로 대체액 손익계산서 반영 분)			
(2)	임대보증금((주)인성)	4,950,000	미수금 ((주)인성)	4,950,000
(3)	토　　지	42,000,000	자산수증이익	40,000,000
			현　　금	2,000,000
(4)	미지급금((주)소망자동차)	1,500,000	보 통 예 금	1,503,750
	이 자 비 용	3,750		
(5)	보 통 예 금	535,000,000	자 본 금	500,000,000
			주식발행초과금	35,000,000
(6)	현　　금	1,000,000	109 대손충당금(외상)	1,000,000

(4) 할부에 따른 이자를 별도로 지급한다는 표현이 있지만, 결제금액에 원금상환액과 이자금액이 포함되어 있음을 알 수 있다. '문제[4] 9월 24일' 로 명시되어 있고, 1회차 결제일이 9.24로 나와 있으며, 당일 결제금액도 1,503,750원으로 명시되어 있다.

(5) 주식발행 시 액면을 초과해서 발행한 경우 주식발행초과금(자본잉여금)에서 발행비용을 차감하여 회계처리 한다.

(6) 전기 대손처리한 외상매출금이 당기에 회수된 경우 대손충당금 계정과목으로 회계처리 한다.

【문제3】 매입매출전표메뉴에 추가 입력

[1] 유형 : 52.영세, 공급가액 30,000,000원, 부가세 : 0원, 거래처 : (주)동해, 전자 : 여, 분개 : 혼합

(차) 원 재 료	30,000,000	(대) 받을어음((주)윤천)	13,000,000
		지급어음((주)동해)	17,000,000

[2] 유형 : 51.과세, 공급가액 : 2,000,000원, 부가가치세 : 200,000원, 거래처 : 필테크, 전자 : 부, 분개 : 현금

(차) 원 재 료	2,000,000	(대) 현　　금	2,200,000
부가세대급금	200,000		

[3] 유형 : 22.현과, 공급가액 : 4,000,000원, 부가세 : 400,000원, 거래처 : 최하나, 전자 : 부, 분개 : 현금(혼합)

(차) 현　　금	4,400,000	(대) 제 품 매 출	4,000,000
		부가세예수금	400,000

※ 문제에서 '현금영수증' 이라고 제시되어 있으므로 과세유형을 22.현과를 선택하여 입력한다.

[4] 유형 : 54.불공, 공급가액 : 530,000원, 부가세 : 53,000원, 거래처 : (주)삼마트, 전자 : 여 분개 : 혼합, 불공제사유 : 4.접대비 및 이와 유사한 비용 관련

(차) 접 대 비(판)	583,000	(대) 보 통 예 금	583,000

※ 문제에서 접대목적의 구입이라고 명시되어 있다. 불공제사유는 4번 '접대비 및 이와 유사한 비용 관련' 이 되어야 정답으로 인정된다.

[5] 유형 : 57.카과, 공급가액 : 5,000,000원, 부가세 : 500,000원, 거래처 : (주)명선테크, 분개 : 혼합 또는 카드

(차) 비　　품	5,000,000	(대) 미지급금(조은카드)	5,500,000
부가세대급금	500,000		

[6] 유형 : 16.수출, 공급가액 : 60,000,000원, 부가세 : 0원, 거래처 : 리얼테크, 영세율구분 : 1.직접수출, 전자 : 부, 분개 : 혼합(외상)

(차) 외상매출금	60,000,000	(대) 제 품 매 출	60,000,000

※ 직수출은 영세율세금계산서 발행하는 유형과는 달리 '유형 : 16.수출' 로 입력하여야 한다.

【문제4】 입력된 내용 중 오류 정정

[1] 7월 11일 일반전표입력에서 삭제하고 매입매출전표 입력에 추가 입력

- 수정 전 : 일반전표

(차) 수선비(판)	220,000	(대) 미지급금(현대카드)	220,000

- 수정 후 : 매입매출전표
유형 : 57.카과, 공급가액 : 200,000, 부가세 : 20,000, 거래처 : 대한설비, 신용카드사 : 현대카드, 분개 : 혼합(또는 카드)

(차) 수 선 비(제)	200,000	(대) 미지급금(현대카드)	220,000
부가세대급금	20,000		

[2] 8월 10일 일반전표 수정

- 수정 전

(차) 세금과공과(판)	536,000	(대) 현　　금	536,000

- 수정 후

(차) 예 수 금	536,000	(대) 현　　금	536,000

※ '7월 25일' 에 급여 지급 시 원천징수하였다는 것은 '예수금' 계정으로 회계처리 하였다는 것이다. 이 예수금을 납부한 것이므로 '세금과공과' 가 아닌 '예수금' 계정으로 회계 처리하여야 한다.

【문제5】 해당 메뉴에 입력

[1] **<수동결산>** : 12월 31일 일반전표입력란에 직접입력

(차) 외상매출금(Angel)	800,000	(대) 외화환산이익	800,000

※ 결산 전 외상매출금 계정의 잔액 10,000,000원을 $10,000로 나누면 그 당시의 환율은 1,000원/$임을 알 수 있다. 결산 시(회계기간 종료일 현재) 환율이 인상되었으므로 외상매출금 계정의 금액이 증가함을 알 수 있다. 이 금액을 외화환산이익으로 회계처리하는 것이다.

[2] **<수동결산>** : 12월 31일 일반전표입력란에 직접입력

(차) 퇴직급여(제)	8,000,000	(대) 퇴직급여충당부채	15,000,000
퇴직급여(판)	7,000,000		

※ 퇴직급여충당부채는 보고기간 말 현재 전종업원이 일시에 퇴직할 경우 지급하여야 할 퇴직금에 상당하는 금액으로 한다.

<자동결산> 결산자료입력란을 이용 할 경우 입력 후 전표추가
- 퇴직급여(제) : 28,000,000원-(25,000,000원-5,000,000원) = 8,000,000원
- 퇴직급여(판) : 17,000,000원-(14,000,000원-4,000,000원) = 7,000,000원

[3] 결산일 현재 당기의 감가상각비를 다음과 같이 계상
<수동결산> 12월 31일 일반전표입력

(차) 감가상각비(판)	3,000,000	(대) 209 감가상각누계액(차량)	3,000,000
감가상각비(제)	11,000,000	209 감가상각누계액(차량)	11,000,000

<자동결산> : 결산자료입력란을 이용 할 경우 입력 후 전표추가
※ 판매비와관리비 : 감가상각비-차량운반구 3,000,000원
※ 제조경비 : 일반감가상각비-차량운반구 11,000,000원 입력

【문제6】 이론문제 답안작성 메뉴에 입력

[1] 1,600,000원[일계표(월계표) 조회 판매비및관리비로 분류되는 현금으로 지급된 여비교통비(판) 금액]

[2] 299,109,290원[합계잔액시산표 조회 6월 30일 현재 유동부채의 잔액]

[3] 1,500,000원[부가가치세신고서 또는 매입매출장 조회, 제1기 확정신고기간 중 공제받지 못할 매입세액]

❖ 제77회 기출문제 이론 답안

1	②	2	④	3	④	4	②	5	④
6	③	7	④	8	②	9	④	10	④
11	②	12	③	13	④	14	③	15	①

【해설】

01 재무제표는 발생주의에 따라 작성되어야 하는 것이 원칙이다. 단, 현금흐름표는 현금주의회계에 따라 작성된다.

02 • 1기 (8,500,000원+500,000원)×0.45 = 4,050,000원
• 2기 [(8,500,000원+500,000원)-4,050,000원]×0.45 = 2,227,500원

03 보기4번 (차) 자산의 증가(현금) (대) 수익의 발생(상품매출)

04 구입가액(50,000,000원)+법률자문비용(3,000,000원)+철거비용(1,500,000원)-철거후 잡수익(500,000원) = 취득원가(54,000,000원)

05 만기보유증권은 상각후원가로 평가하여 재무상태표에 표시한다. 만기보유증권을 상각후원가로 측정할 때에는 장부금액과 만기 액면금액의 차이를 상환기간에 걸쳐 유효이자율법에 의하여 상각하여 취득원가와 이자수익에 가감한다.

06 매출액-매출원가=90,000,000(매출총이익)-접대비-광고비=50,000,000(영업이익)+단기매매증권처분이익-기부금=42,430,000원(법인세비용차감전순이익)이다. 매도가능증권 구입 시 지출한 지급수수료는 비용으로 처리하지 않고 매도가능증권의 취득원가에 포함하므로 본 문제와 관련이 없다. 단, 단기매매증권 구입 시 지급수수료는 영업외비용으로 처리한다. 또한 법인세비용은 당기순이익 계산 시 차감한다.

07 자산·부채·자본 계정은 차기이월을 하므로 이월시산표에 표시되고, 수익·비용 계정은 마감하기 위해서 임시적으로 집합손익 계정을 사용한다.

08 자기주식은 자본조정으로 분류되며, 자기주식처분이익, 주식발행초과금, 감자차익은 자본잉여금으로 분류한다.

09 보기 1번, 2번, 3번은 과거의 의사결정으로 이미 발생한 원가로서 의사결정에 영향을 미치지 않는 매몰원가이다.

10 재료비 완성품 환산량 : 당기 완성품 수량 3,000개(100%) + 기말 재공품 수량 1,200개(100%) = 4,200개

11 매출원가는 제품, 상품 등의 매출액에 대응되는 원가로서 판매된 제품이나 상품 등에 대한 제조원가 또는 매입원가이다. 매출원가의 산출과정은 손익계산서 본문에 표시하거나 주석으로 기재한다.

12 종합원가계산은 물량 흐름의 계산 때문에 원가계산이 다소 복잡하고 개별원가계산이 종합원가계산보다 정확한 원가계산을 할 수 있다.

13 내국신용장·구매확인서에 의하여 공급하는 재화는 국내사업자 간의 거래이므로 발급의무가 면제되지 않기 때문에 영세율세금계산서를 발급하여야 한다.

14 승용차는 1000cc 초과분부터 매입세액불공제이다.

15 매출할인및에누리액과 매출환입액은 과세표준의 차감항목이고, 대손금은 과세표준에서 공제하지 않는 금액이다. 과세표준 108,000,000원 = 120,000,000원 - 5,000,000원 - 7,000,000원

❖ 0773 (주)세진전자 실무 답안

【문제1】 기초정보관리에 대한 자료 요구사항

[1] ① 거래처별초기이월 메뉴 108.외상매출금의 (주)한국상사 잔액을 3,200,000원에서 13,200,000원으로 수정
② 253.미지급금 계정에 코끼리상사 15,500,000원을 추가 입력

[2] 계정과목 및 적요등록 : 제시된 각 항목내용 입력

[3] ① 전기분손익계산서 : 이자수익 5,000,000원을 500,000원으로 수정입력, 당기순이익 25,500,000원 확인
② 전기분잉여금처분계산서 : 당기순이익 30,000,000원이 25,500,000원으로 상단 F6(불러오기)하여 자동반영, 미처분이익잉여금 50,000,000원 확인
③ 전기분재무상태표 : 이월이익잉여금 54,500,000원을 50,000,000원으로 수정입력
※ 3가지 모두 관련된 부분을 수정해야 정답으로 인정된다.

【문제2】 일반전표입력메뉴에 추가 입력

No.	차 변 과 목	금 액	대 변 과 목	금 액
(1)	207 감가상각누계액(기계)	27,000,000	기 계 장 치	27,000,000
	유형자산처분손실	3,250,000	현 금	3,250,000
(2)	건 물	300,000,000	건설중인자산	300,000,000
(3)	기 부 금	1,000,000	현 금	1,000,000
(4)	보 통 예 금	200,000,000	장기차입금(나라은행)	200,000,000
(5)	예 수 금	83,870	현 금	83,870
(6)	미지급배당금	15,000,000	보 통 예 금	15,000,000

(1) 기계장치 처분에 관한 회계처리 문제이며, 폐기라는 거래사실이 제시되어 있으므로 처분에 준하는 거래로 입력하여야 한다.

(2) 완성건물은 재고자산으로 건설업에서 사용하는 계정과목임. 본 문제에서의 세진전자는 제조업이라고 명시되어 있으므로 유형자산인 건물계정을 사용해야 한다.

(6) 미지급배당금은 부채 성격의 계정이고, 중간배당금은 이익잉여금 성격의 계정으로 이 둘은 전혀 다른 계정이다. 결의 시점에 대변에 부채인 미지급배당금을 계상하여야 한다. 그러므로 지급 시에는 차변에 미지급배당금이 올바른 회계처리이다.

【문제3】 매입매출전표메뉴에 추가 입력

[1] 유형 : 51.과세, 공급가액 : 6,000,000원, 부가세 : 600,000원
거래처 : (주)도원테크, 전자 : 여, 분개 : 혼합

(차) 원 재 료	6,000,000	(대) 지 급 어 음	3,400,000
부가세대급금	600,000	(대) 현 금	3,200,000

[2] 유형 : 11.과세, 공급가액 : 8,000,000원, 부가세 : 800,000원,
거래처 : (주)하나전자, 전자 : 여, 분개 : 혼합

(차) 현 금	3,300,000	(대) 제 품 매 출	8,000,000
외상매출금	5,500,000	부가세예수금	800,000

[3] 유형 : 54.불공(사유4번), 공급가액 : 1,300,000원, 부가세 :
130,000원, 거래처 : (주)K마트, 전자 : 여, 분개 : 혼합

(차) 접 대 비(판)	1,430,000	(대) 당 좌 예 금	1,430,000

[4] 유형 : 16 수출(영세율구분1), 공급가액 : 100,000,000원, 부
가세 : 0원, 거래처 : 미국ABC CO., 분개 : 외상

(차) 외상매출금 100,000,000	(대) 제 품 매 출 100,000,000

[5] 유형 : 58 카면, 공급가액 : 50,000원 거래처 : 꽃동산화원, 분
개 : 혼합

(차) 접 대 비(제)	50,000	(대) 미지급금(비씨카드)	50,000

[6] 유형 : 51.과세, 공급가액 : 60,000,000원, 부가세 : 6,000,000
원, 거래처 : (주)스피드자동차, 전자 : 여, 분개 : 혼합

(차) 차 량 운 반 구	60,000,000	(대) 지 급 어 음	55,000,000
부가세대급금	6,000,000	(대) 미 지 급 금	11,000,000

※ 부가가치세법집행기준에는 비영업용승용자동차의 구입에 관련된 매
입세액 불공제 범위를 규정하고 있다. 불공제 승용자동차는 개별소비
세가 과세되는 승용자동차로서 1,000cc이상 8인승이하인 승용차 를
말한다. 화물용차량인 포터는 개별소비세가 과세되는 승용자동차가 아
니므로, 불공제대상이 아니고 공제대상이다. 문제에서 화물용차량을
구입했다고 제시했으므로, 차량운반구로 회계처리해야 한다.

【문제4】 입력된 내용 중 오류 확인 정정

[1] 7월 25일자 일반전표 수정 입력
※ 6월 30일 부가가치세에 대한 회계처리를 조회하여 미지급세금
9,724,000원을 확인한 뒤 일반전표입력 7월 25일에서 수정

- 수정 전

(차) 세금과공과(판)	9,724,000	(대) 보 통 예 금	9,724,000

- 수정 후

(차) 미 지 급 세 금	9,724,000	(대) 보 통 예 금	9,724,000

[2] 매입매출전표입력
- 수정 전
유형 : 11.과세, 공급가액 : 25,000,000원, 부가세 : 2,500,000
원, 거래처 : (주)쌍두컴퓨터, 전자 : 여, 분개 : 외상

(차) 외상매출금	27,500,000	(대) 상 품 매 출 25,000,000
		부가세예수금 2,500,000

- 수정 후
유형 : 11.과세, 공급가액 : 25,000,000원, 부가세 : 2,500,000
원, 거래처 : (주)쌍두컴퓨터, 전자 : 여, 분개 : 외상

(차) 외상매출금	27,500,000	(대) 제 품 매 출 25,000,000
		부가세예수금 2,500,000

※ 이 문제는 계정과목을 수정하는 문제이다. 문제를 수정하기 위해 매
입매출전표입력메뉴에서 10월 12일자 거래를 확인하면 '전자' 란에
'여' 라고 입력되어 있는 것을 확인할 수 있다. 화면 하단에서 '상품
매출'을 '제품매출'로 수정하면 된다.

【문제5】 해당 메뉴에 입력

[1] **<수동결산>** 12월 31일 일반전표 입력

(차) 소 모 품	430,000	(대) 소 모 품 비	430,000

※ 소모품 구입 시 비용으로 처리하였으므로 미사용분을 자산으로 처리
하여야 한다.

[2] **<수동결산>** 12월 31일 일반전표 입력

(차) 현 금	15,500	(대) 잡 이 익	15,500

※ 본 문제는 결산문제로 결산 시 현금 차액은 임시계정인 현금과부족
계정과목이 아닌 잡손실 또는 잡이익 계정으로 처리하여야 한다.

[3] **<자동결산>**

- 결산자료입력 메뉴를 선택한 후 해당 칸에 원재료 2,300,000원,
재공품 4,500,000원, 제품 10,600,000원을 입력 후 전표 추가

<자동결산> 결산자료입력란을 이용하여 자동결산을 할 경우

1. 재고자산 : 원재료 재공품 제품
2. 대손충당금 설정
3. 감가상각비 계상
4. 퇴직급여충당부채 설정
5. 무형자산의 상각
6. 법인세등 계상은 해당란에 계산된 금액을 입력을 한 후 반
드시 결산자료입력 화면 상단의 ([F3]전표추가) 단추를
클릭하여 결산전표를 자동생성 시킨 후 [일반전표 입력]
에서 12월 31일자로 결산자동 분개를 확인한다.

【문제6】 이론문제 답안작성 메뉴에 입력

[1] [부가가치세신고서 4월 ~ 6월 조회]
: 과세표준 금액 349,285,000원

[2] [재무상태표 메뉴에서 투자자산 조회] : 증가액 9,300,000원
(당기 3월 31일의 금액 100,500,000원 − 전기말 3월 31일 금
액 91,200,000원)

[3] [월계표 조회] : 수수료비용

❖ 제76회 기출문제 이론 답안

1	③	2	④	3	②	4	②	5	①
6	②	7	①	8	③	9	①	10	②
11	④	12	②	13	④	14	②	15	③

[해설]

01 • 매출액 – 상품매출원가 = 매출총이익 – 판매비와관리비 =
영업이익
• 상품매출원가 10,000,000원+복리후생비 300,000원+접대
비 500,000원=10,800,000원
• 기부금, 이자비용, 매출채권처분손실은 영업외비용이다.

02 직원 회식을 위한 식당 예약은 사회통념상 거래일 뿐 아직 대금
지출이 없어 화폐 금액으로 측정할 수 없으므로 회계상의 거래
가 아니다.

03 • (주)금나와라뚝딱 : 당기 취득가액(100,000)–공정가액
(80,000)= 평가손실 20,000원
• (주)은도깨비 : 당기 취득 가액(20,000)–공정 가액
(35,000)= 평가이익 15,000원
• 20,000–15,000=5,000원 (평가손실)

04 (가)는 상품 및 제품 외의 외상 거래의 채권은 미수금 계정을,
채무는 미지급금 계정을 사용한다. (나)는 계약금을 먼저 지급
할 때는 선급금, 받을 때는 선수금 계정을 사용한다.

05 • 가. 주식발행초과금(자본잉여금)
• 나. 자기주식처분이익(자본잉여금)
• 다. 주식할인발행차금(자본조정)
• 라. 이익준비금(이익잉여금)

06 보기2번은 재무상태표가 아닌 손익계산서에 대한 설명이다.

07 우표는 통신비 또는 소모품(비)으로 분류한다.

08 [(10개×100원)+(30개×120원)+(10개×110원)] ÷ (10개
+30개+10개) = 114원

09 • 3,000,000원(총제조간접비)×(#2의 직접재료비 : X / 총재
료비 1,500,000)
= 1,000,000원
• 제조지시서 #2의 직접재료비 = 500,000원

10 정상 공손품은 제조원가에 포함되고, 비정상공손품은 영업외비
용으로 처리한다.

11 기회비용이란 특정 행위의 선택으로 인해 포기해야 하는 것들
중 가장 가치가 큰 것을 말한다.

12 • 기초재공품수량+당기착수량–당기완성품 = 10,000개(기말
재공품 수량)
• 재료비 : 30,000개+(10,000개×100%) = 40,000개
• 가공비 : 30,000개+(10,000개×40%) = 3,400개

13 간이과세자는 직전 연도의 공급대가의 합계액이 4천 800만원
에 미달하는 개인사업자를 말한다.

14 화물차 구입 관련 매입세액은 공제되는 매입세액이다.

15 필요적 기재사항은 ①,②,④와 공급가액과 부가가치세액이다.

❖ 0763 (주)예지전자 실무 답안

[문제1] 기초정보관리에 대한 자료 요구사항

[1] 계정과목 및 적요등록 메뉴 퇴직급여(0806) 계정 대체적요 2
번에 "확정기여형 퇴직급여 납부"를 추가등록

[2] ① 전기분손익계산서 : 금액 7,300,000원으로 수정 입력, 당기
순이익 62,500,000원 확인
② 전기분이익잉여금처분계산서 : 불러오기로 변경사항반영,
미처분이익잉여금 173,379,324원 확인
③ 전기분재무상태표 : 이월이익잉여금 173,379,324원으로
변경 입력

[3] [거래처등록] 메뉴의 '금융기관' 탭에 제시한 내용을 추가 입
력한다.
※ 제시된 사항이 모두 정확하게 입력되어야 하며, 거래처명 등
문제에 언급하지 않은 내용은 점수에 영향을 주지 않는다.

[문제2] 일반전표입력메뉴에 추가 입력

No.	차 변 과 목	금 액	대 변 과 목	금 액
(1)	외상매입금[(주)초인유통]	15,000,000	지급어음[(주)초인유통]	12,000,000
			채무면제이익	3,000,000
(2)	당 좌 예 금	1,000,000	외상매출금[(주)이도상사]	1,000,000
(3)	보 통 예 금	9,430,000	외상매출금[국제통신]	10,000,000
	매출환입및에누리	570,000		
(4)	임차보증금[태성산업]	15,000,000	보 통 예 금	3,000,000
			당 좌 예 금	12,000,000
(5)	선 납 세 금	30,800	이 자 수 익	200,000
	보 통 예 금	169,200		
(6)	부도어음과수표[(주)상조]	3,000,000	받을어음[(주)상조]	3,000,000

(3) 제품 불량으로 인한 에누리는 '매출환입및에누리(제품)' 계정을 사
용해야 한다.

(4) 임차보증금은 임차한 기업의 자산(기타비유동자산)으로 계약 종료
시점에 돌려받을 수 있는 채권이기 때문에 거래처를 등록을 하여야
정답으로 인정한다.

(6) 부도어음이란? 어음소지인(어음상 채권자)이 지급기일에 발행인에
게 지급제시를 하였음에도 불구하고 지급이 거절되는 어음을 말한
다. 부도사유로는 예금부족 또는 지급 자금의 부족, 무거래, 형식불
비(인감누락, 서명, 기명누락, 인감불분명 등) 등 여러가지 사유가
존재한다. 어음부도가 발생하면 [받을어음(유동자산)]을 [부도어음
과 수표(투자자산)]계정으로 처리하고 결산시점 회사 가능 여부를
판단한다.

[문제3] 매입매출전표메뉴에 추가 입력

[1] 유형 : 17.카과, 공급가액 : 1,000,000원, 부가세 : 100,000원,
거래처 : (주)카페인나라, 분개 : 혼합 또는 카드

(차) 외상매출금 (비씨카드)	1,100,000	(대) 제 품 매 출	1,000,000
		부가세예수금	100,000

[2] 유형 : 12.영세(영세율구분:3), 공급가액 : 17,500,000원, 부가
세 : 0, 거래처 : (주)무역, 전자 : 여, 분개 : 혼합

(차) 현 금	2,000,000	(대) 제 품 매 출	17,500,000
외상매출금	15,500,000		

※ 주어진 문제는 영세율 전자세금계산서를 발행하면서 내국신용장과
구매확인서에 의하여 공급하는 재화에 대한 문제이다. 영세율 매출
내용에 따라 제출해야 하는 영세율 첨부서류가 다르므로 영세율구
분코드3으로 구분해야 한다.

[3] 유형 : 53.면세, 공급가액 : 77,000원 부가세 : 0, 거래처 : 탑플라워, 전자 : 여, 분개 : 혼합

| (차) 복리후생비(판) | 77,000 | (대) 미지급금 | 77,000 |

※ 회계상 미지급금은 지급기한이 도래한 확정부채를 의미하고, 미지급비용은 지급기한이 미 도래하였으나 기간경과분에 해당하는 추정부채를 의미한다. 본 문제는 화환구입에 대한 확정부채 금액이므로 미지급금 계정을 사용하여 회계처리하여야 한다.

[4] 유형 : 55.수입 공급가액 : 8,000,000원, 부가가치세 : 800,000원, 거래처 : 평택세관, 전자 : 여, 분개 : 현금

| (차) 부가세대급금 | 800,000 | (대) 현　　금 | 800,000 |

※ 수입과 관련하여 세관장으로부터 전자세금계산서를 발급 받은 경우 부가가치세만 처리하는 것이다.

[5] 유형 : 53.면세, 공급가액 : 3,300,000원, 거래처 : (주)일학습컨설팅, 전자 : 여, 분개 : 혼합

| (차) 교육훈련비(제) | 3,300,000 | (대) 보통예금 | 3,300,000 |

※ 일반적으로 복리후생비 계정은 직원회식비, 경조사비, 피복비, 건강보험료의 회사부담금 등이 있고, 교육훈련비 계정은 임직원의 직무능력향상을 위한 교육 및 훈련에 대한 지출을 말한다.

[6] 유형 : 54.불공(사유:③), 공급가액 : 70,000원, 세액 : 7,000원, 거래처 : 송로주유소, 전자 : 여, 분개 : 현금

| (차) 차량유지비(판) | 77,000 | (대) 현　　금 | 77,000 |

※ 운수업, 자동차 판매업, 자동차 임대업에서와 같이 승용차를 직접 영업에 사용하는 것 외의 목적으로 사용하는 승용차로써 개별소비세 과세대상은(2000cc초과하는차량) 불공제 대상이다. 문제에서 영업부 업무용 승용차라고 했고 개별소비세 과세대상이라고 제시되어 있기 때문에 54.불공으로 처리하여야 한다.

[문제4] 입력된 내용 중 오류 확인 정정

[1] 10월 27일 일반전표 입력수정

－ 수정 전

| (차) 보통예금 | 30,000,000 | (대) 외상매출금(한국유통) | 30,000,000 |

－ 수정 후

| (차) 받을어음(한국유통) | 20,000,000 | (대) 외상매출금(한국유통) | 30,000,000 |
| 보통예금 | 10,000,000 | | |

[2] 11월 9일 매입매출전표 입력 하단 분개수정

－ 수정 전

| (차) 수선비(제) | 3,000,000 | (대) 현　　금 | 3,300,000 |
| 부가세대급금 | 300,000 | | |

－ 수정 후

(차) 기계장치	2,000,000	(대) 현　　금	3,300,000
수선비(제)	1,000,000		
부가세대급금	300,000		

[문제5] 해당 메뉴에 입력

[1] **<수동결산>** 12월 31일 일반전표 입력

| (차) 외상매입금(로리알) | 2,000,000 | (대) 외화환산이익 | 2,000,000 |

[2] **<수동결산>** 12월 31일 일반전표 입력

| (차) 장기차입금(국민은행) | 5,000,000 | (대) 유동성장기부채(국민은행) | 5,000,000 |

[3] **<자동결산>**

－ 결산자료입력 메뉴를 선택한 후 해당 칸에 원재료 15,500,000원, 재공품 1,200,000원, 제품 76,500,000원을 입력 후 전표 추가

<자동결산> 결산자료입력란을 이용하여 자동결산을 할 경우

1. 재고자산 : 원재료 재공품 제품
2. 대손충당금 설정
3. 감가상각비 계상
4. 퇴직급여충당부채 설정
5. 무형자산의 상각
6. 법인세등 계상은 해당란에 계산된 금액을 입력을 한 후 반드시 결산자료입력 화면 상단의 ([F3]전표추가) 단추를 클릭하여 결산전표를 자동생성 시킨 후 [일반전표 입력]에서 12월 31일자로 결산자동 분개를 확인한다.

[문제6] 이론문제 답안작성 메뉴에 입력

[1] [거래처원장에서 외상매입금 과목으로 조회]
　: 소나무유통, 105,000,000원

[2] [2019년 제1기 예정신고기간(1~3월) 매출세금계산서의 매수와 공급가액] : 4매, 29,600,000원(세금계산서합계표(1~3월), 매출) － 전체데이터)

[3] [일계표(월계표)의 월계표 1월부터 4월까지 각 월별 조회] : 4월, 17,116,600원